西北大学世界一流学科建设项目

西北大学2019年度本科人才培养建设项目
——高水平教材建设项目

资 助

西北大学考古学系列教材

中国考古学十八讲

（第二版）

张宏彦　翟霖林　著

科学出版社
北　京

内 容 简 介

本书是一部中国考古学基础性知识的入门教材，分为十八讲。内容可分为考古学及其理论与方法、考古学分支学科、古代主要遗迹、古代主要遗物4个大的部分。为方便阅读和理解，全书共收录400余幅插图，图文并茂，便于读者在实践中鉴识各类考古遗迹、遗物，掌握中国考古学的理论方法和系统知识。

本书可作为高校考古学科、历史学科的基础教材或基本参考书，也可作为文物考古爱好者的基础入门阅读书籍。

审图号：GS 京（2022）0719 号

图书在版编目（CIP）数据

中国考古学十八讲 / 张宏彦，翟霖林著 . —2 版 . —北京：科学出版社，2022.9
西北大学考古学系列教材
ISBN 978-7-03-073099-2

Ⅰ. ①中… Ⅱ. ①张… ②翟… Ⅲ. ①考古学－中国－高等学校－教材 Ⅳ. ① K87

中国版本图书馆 CIP 数据核字（2022）第 164792 号

责任编辑：王光明　董　苗／责任校对：王晓茜
责任印制：霍　兵／书籍设计：北京美光设计制版有限公司

科学出版社 出版
北京东黄城根北街 16 号
邮政编码：100717
http://www.sciencep.com

北京汇瑞嘉合文化发展有限公司印刷

科学出版社发行　各地新华书店经销

*

2022年9月第　一　版　开本：720 × 1000　1/16
2026年1月第五次印刷　印张：34
字数：686 000

定价：328.00元

（如有印装质量问题，我社负责调换）

目　　录

第五讲 环境考古

第六讲 农业考古

第七讲 聚落考古

第八讲 古代人类

第九讲 古代城址（上）

第一讲

中国考古学概说

一、考古学及其分支

“考古”这一名词，在汉语中出现很早，北魏郦道元《水经注·滱水》中有“望都县在南，今此城南对卢奴故城，自外无城以应之，考古知今，事义全违”的记述，“考古”一词自此始。北宋时期的学者吕大临曾著《考古图》一书。但当时所谓的“考古”，仅限于对一些传世的青铜器和石刻等物的搜集、整理和著录，与近代意义上的考古学含义有较大的区别。

考古学最早出现于欧洲，英文的考古学（archaeology）一词源于希腊语，意为“研究古代之学”。archaeology在欧洲的17～18世纪，一般是指对含有美术价值的古物和古迹的研究，到了19世纪，才泛指对一切古物和古迹的研究，并成为世界通用的学科名称。

在亚洲，日本较早就接受了欧洲的考古学，最初是考古学和古物学两个名称并行，1887年（明治二十年）以后便专用考古学一名称了[1]。因此，美国学者张光直认为，中国近代“考古学这三个字，可能是经过日本人翻译西文Archaeology而来的”[2]。而这一词语大约在20世纪之初出现在中国学术界。

关于对考古学的理解和定义，在世界各国甚至不同学者中，均有所不同。如英国学者格林·丹尼尔认为：“考古学在今天有两种涵义——对人类历史时期物质遗存的研究，和对人类史前时期物质遗存的研究。”[3]张光直认为：“考古学从实质上说就是历史学，但是它有独特的对象和独特的技术、方法，是一种特殊的历史学。”“现代的考古学基本上是实地研究与实地发掘地上材料与地下材料的学科。”[4]上述看法虽有不同，但均认为考古学的研究对象是古代的物质遗存。

中国现代考古学一词，主要有三种含义：一是指考古学研究所得的历史知识，有时还引申为记述这种知识的书籍；二是指借以获得这种知识的考古方法和技术，包括搜集和保存资料、审定和考证资料、编排和整理资料的方法和技术；三是指理论性的研究和解释，用以阐明包含在考古资料中的因果关系，论证存在于古代社会历史发展过程中的规律。

考虑到上述三种含义，夏鼐先生将考古学定义为："考古学是根据古代人类通过各种活动遗留下的实物以研究人类古代社会历史的一门科学。"[5]这一定义包括三个方面的内容：一是考古学研究的时间范围是古代，古代的时间限定对于不同国家、不同民族来说有所不同，中国考古学研究的时间范围一般是明代以前（即1644年前）；二是考古学的研究对象主要是实物资料，即古代人类活动遗留下的看得见、摸得着的实实在在的东西；三是考古学研究的目标是探索古代社会的历史及其发展演变规律。

考古学是以古代人类活动遗留的实物资料为主要研究对象，以古代社会历史为研究目的的。考古学的学科体系由资料、技术、方法、理论等方面构成，并形成了若干分支，如收集、整理研究资料的田野考古学，利用现代科学技术进行勘探、调查、分析和研究的科技考古，以及美术（或艺术）考古、宗教考古、建筑考古、环境考古等各类专门领域的考古学研究。就考古学研究的时间范围而言，一般可分为史前考古学和历史考古学两大分支。

二、考古学的研究对象

考古学研究的主要对象是古代人类活动遗留下的实物资料。这里所指的实物资料，一般应是古代人类有意识加工过的人工制品，如工具、武器、日常生活用品等，或是人类修造的房屋、墓葬、城堡等。如果是未经人类加工的自然物，则必须确定其与人类活动有关，或是能够反映人类的活动，如用于修筑房屋用的自然石块和采集渔猎活动遗留的动植物遗存等，这些也属于考古学研究的对象。例如，1987年，西北大学考古专业在西安老牛坡商代遗址第二号建筑基址的柱洞底部，均发现有用河卵石堆砌的柱础石（图1-1），"础石均未加工，显系经人工从300米外的灞河河床上搬来直接使用的"[6]。毫无疑问，这些自然的石块，同当时人类的建筑

图1-1 老牛坡柱础石

活动有关，故属考古学研究的对象。

就古代人类的文化遗存而言，一般可分为遗物、遗迹、遗址和由相关的文化遗存构成的考古学文化。

1. 遗物

遗物指的是古代人类活动遗留下的各种具有可移动性的器物。所谓可移动性是指即使发生空间位移也不会改变这些器物的性质和价值。古代人类制造的各种产品或与人类活动有关的自然物均属此类，如虢季子白盘（图1-2），高0.395米，长方形，长1.37米，是著名的西周青铜重器。传其出土于清道光年间陕西宝鸡，后辗转流至江苏常州，先后为太平天国护王陈坤书和淮军将领刘铭传所得。1950年，刘铭传四世孙刘肃曾将此盘献给国家，现藏于中国国家博物馆。该盘盘内底部有铭文111字，记录了西周时期虢季子白的一些史事，具有很高的史料价值。

图1-2 西周虢季子白盘

遗物一般依器物的原料或用途、功能进行分类。如依器物原料可分为木器、石器、玉器、陶器、骨器、铜器、金银器、漆器、瓷器等；依用途或功能可分为工具、武器、生活用具、装饰品、艺术品等。

2. 遗迹

图1-3 西安半坡遗址房屋基址

遗迹指的是古代人类活动遗留下的具有不可移动性的迹象。所谓不可移动性，是指遗迹本体和周围的人文环境、自然环境联系在一起，不可能整体移动。如西安半坡遗址房屋基址（图1-3）和唐大明宫含元殿基址，与当地的自然环境紧密结合在一起，是不可能移动的，移动则会受到毁坏。而就某些单体建筑而言，如故宫博物院的某一建筑虽可迁移，但脱离了原来的环境或与群体环境的关系改变了，其价值就要受到很大的影响。

遗迹主要依据其功能或用途分类并命名，如储物的窖穴或灰坑、埋葬死者的墓葬、房屋废弃后的基址、防御性的城墙或壕沟、汲水的井、道路等。为了便于考古记录，一般以遗迹名的第一个汉字的第一个拼音字母大写为代号，如墓葬的代号为“M”。如有重复，则以第二个汉字的第一个字母大写为代号，如灶的代号为“Z”，柱洞的代号用“D”，道路的代号则用“L”。常见的遗迹代号如表1-1所示。

表1-1　考古常见遗迹名称及字母代号

遗迹名	代号	遗迹名	代号	遗迹名	代号
窖穴或灰坑	H	井址	J	墓葬	M
壕沟	G	灶址	Z	瓮棺	W
房址	F	柱洞	D	墙址	Q
窑址	Y	道路	L	烧土	S

一般遗迹中，均包含有数量不等的遗物。这些遗物有些是当时人们无意识丢弃的，如在废弃的窖穴或壕沟中倾倒的生活垃圾和破损的陶器、工具等。有些则是人们有意识地放入的，如墓葬中的随葬品等。

3. 遗址

遗址指古代某一社群居民日常居住、生活范围内遗留的连续分布的遗迹、遗物集合体。古代遗址大部分是由各种性质、功能不同的房屋及防卫、经济设施等组成的村社聚落或城址的废墟（图1-4）。例如，著名的西安半坡史前遗址和汉、唐长安城遗址等。对聚落遗址的研究亦即聚落考古学研究，主要在于搞清遗址中各种遗迹与遗物的性质、空间分布及相互关系；聚落结构所反映的社会组织和居民生活方式；聚落与所处自然环境及资源的关系等。

图1-4 内蒙古额济纳旗黑城

4. 考古学文化

所谓考古学文化，是指代表同一时代的、集中于一定地域的、有一定地方性特征的古代人类遗存共同体。一种考古学文化，一般由若干性质、特征、年代相同的遗址组成，它们应属于古代某一特定的社会集团（部落、部落联盟、民族等）。同一社会集团具有共同的生活方式、文化传统、审美观念和价值观念等，反映在遗迹、遗物上，表现出较多共同性，而不同人类集团的遗存之间则往往有着明显的差异。因此，考古学文化是由人类文化遗存构成的，是依据遗迹、遗物的特征区别的；考古学文化的研究，就是对各种遗迹、遗物、遗址及其反映的技术的、社会的、精神的等方面的全面的综合研究。考古学文化的概念一般适用于史前考古研究，特别是新石器时代考古用得较多。考古学文化的名称，一般以首次发现的典型遗址所在地的小地名命名。

上述遗物、遗迹、遗址等考古学研究资料主要来源于田野考古调查和发掘。因此，田野考古不仅是考古学研究的基础，而且考古发掘的科学性和水平，决定着所获资料的可靠性。实际上，考古学研究的资料远不限于那些看得见、摸得着的实物遗存。随着研究的深入和科学技术的进步，现代科学技术中的测年技术、分析技术、勘探技术等广泛应用于考古学研究，使考古学获得研究资料的途径和手段越来越多，从古代实物遗存中获得的研究信息和资料也日益增多。正如张光直先生指出的：

> 一件木器是资料，它的碳十四年代也是资料，一件玉器是资料，它的产地分析也是资料，它们彼此之间与和其他遗物、遗迹之间的关系，也都是资料[7]。

遗物、遗迹、遗址和考古学文化，形成了考古学研究的不同层次的资料，而对不同层次的考古学资料的研究，反映出一个由微观到宏观的考古学研究过程，即从以器物为本位的遗物、遗迹观察入手，通过中间阶段的以聚落遗址为本位的诸遗迹、遗物间相互关系的分析，最后上升到以文化为本位的全面而宏观的考古学文化研究。最后通过更大时空范围各种考古学文化的比较，建立起人类文化发展的时空框架，进而阐明人类文化的发生、发展、演变过程及其规律性。

三、中国考古学简史

在中国，科学意义上的考古学虽然是近代才出现的，但对诸如青铜器和碑刻等古物的观察和研究却在古代就已经有了，并形成了盛极一时的金石学。然而，中国考古学并非直接由古代的金石学发展而来，而是近代从国外传入的。尽管如此，古代的金石学仍同近代考古学有着或多或少的联系，至少可视为中国考古学的组成部分。因此，中国考古学史可分为古代的金石学、近代考古学的兴起和现代考古学的发展三大阶段。

（一）中国古代的金石学

“金石”一词，最早见于北宋时曾巩的《金石录》（其书不传）一书，清代的王鸣盛、王昶等正式提出“金石之学”的名称[8]。所谓金石学，是以传世的或少量出土的商周以来有铭文的铜器（金）和秦汉以来的石刻文字（石）等为主要研究对象，是一门偏重于著录和文字考证，以达到证经补史之目的的学问。至少从先秦时起，人们就已经开始注意古代的遗迹、遗物了；到了北宋时，形成了具有一定学术意义的金石学；清代时，金石学发展到了鼎盛阶段，做出了许多值得珍视的业绩。

1. 汉唐金石学的萌芽

在中国古史中，从传说中的禹铸九鼎始，青铜器就被神化而看作王权的象征；商殷时期，青铜器在人们的社会生活中成为地位、等级的标志；西周时，“藏礼于器”的观念进一步加强，礼乐制度逐渐形成，各个等级的贵族，无论是宗庙祭祀、日常宴饮，还是死后随葬，其用礼器多寡，均有严格的规定。从春秋战国时期开始，王室衰微、诸侯争霸导致“礼崩乐坏”，但旧制度的衰落并没有使传统的观念完全消失，反而逐渐产生了由怀古而好古进而根据古代实物研究古代制度的风尚。

秦汉时，虽然建立了新的封建制度，但人们重视并研究古物的传统并未衰减，如张敞好古文，汉宣帝时，曾对美阳（今陕西武功西北）出土的周鼎铭文进行过考释（《汉书·郊祀志》）。特别是先秦青铜器的出土，常被统治阶级看作祥瑞之兆。如汉武帝时，曾因“得鼎汾水上”而改年号为元鼎（《汉书·武帝纪》）；汉人相信“周鼎亡在泗水中”的传说，故汉画像石中，常见“泗水捞鼎”图。统治阶级对古物的重视，导致学者士人好古之风日盛，研究古物之风也由此而起。如司马迁为写《史记》曾上会稽、探禹穴，到访过许多古迹。东汉时许慎撰《说文解字》时，注意收录郡国山川出土之鼎彝上的“前代之古文”（《说文解字·序》）。尤其值得注意的是，袁康在《越绝书·宝剑篇》中提出了“轩辕神农赫胥之时，以石为兵……；至黄帝之时，以玉为兵……；禹穴之时，以铜为兵……；当此之时，作铁兵”的古代兵器发展序列。很难想象，袁康如没经过对古代兵器的观察研究，能够做出与19世纪西方考古学“三期说”基本相同的看法。

汉以后到隋唐五代，类似的研究活动仍时有所见。例如，曹魏正始二年（241年），曾用古文、小篆、汉隶三种字体刻石刊立《尚书》《春秋》（即“三体石经”，又叫“正始石经”）等，以供人学习。西晋太康二年（281年），汲郡人盗发魏国古墓，出土大批竹简，学者们从中整理出《竹书纪年》和《穆天子传》等多种佚书；北魏郦道元为注《水经》曾考察、记录了许多古代遗迹和遗物；南朝宋、齐史书中，还专列《符瑞志》《祥瑞志》记载得到的古物。唐初，在陕西凤翔发现先秦时期的“石鼓”，学者和书家多有著述。总体看来，汉唐时期虽有学者对古物偶作研究，但尚未形成学问，金石学处于萌芽状态。

2. 宋代金石学的创立

经过唐末五代的割据、战乱，到了北宋时期，社会渐趋安定，经济文化日益繁荣。由于统治者为巩固政权而大力奖励经学，加之史学、古文字学、书学等的不断发展，在一定程度上刺激了学者对新资料的追求。于是，朝野人等竞相收藏古物，研究古物之风日盛，逐渐形成了一门学问——金石学。而唐代以来的造纸、雕版印刷术的发达，对金石学的发展和流传提供了条件。

对宋代金石学有开创之功的是仁宗时的刘敞，他首先将家藏的古器，使人摹其铭文，绘其图像，刻之于石，名为《先秦古器图碑》（已佚），又在《先秦古器记》中提出，古器物的研究可使“礼家明其制度，小学正其文字，谱牒次其世谥”。现存最早的研究金石铭刻的著作是宋代著名学者欧阳修的《集古录》（即《集古录跋尾》），据作者自序，书成于嘉祐八年（1063年）。现存最早的古器物图录是元祐七年（1092年）吕大临所撰的《考古图》，书中共收录了商周、秦汉时期的铜、石、玉器224件，每器皆摹绘图形、款识，记录尺寸、容量和重量，注明收藏地和出土地，并附考释。《考古图》和以后宋徽宗敕撰、王黼编纂、成书于宣和五年（1123年）、收录了皇室宣和殿所藏自商到唐839件铜器的《宣和博古图》，反映了宋代金石学研究的水平。此外，还有薛尚功的《历代钟鼎彝器款识法帖》、王厚之的《钟鼎款识》、王俅的《啸堂集古录》等。石刻方面，除欧阳修的《集古录》外，还有赵明诚的《金石录》、王象之的《舆地碑记目》、陈思的《宝刻丛编》、洪适的《隶释》和《隶续》等。其他方面，除钱币有洪遵的《泉志》传世和若干玺印谱录留存外，铜镜、玉器、画像石、砖瓦等物虽有个别著录，但为数极少。

宋以后的元、明两代，金石学总体说来虽少有成就，但也有一些重要著作传世。例如，元初入仕中国的色目人葛逻禄迺贤，曾在黄河中下游一带多方搜寻古刻名碑，并注意考察古代的城郭、宫苑、寺观、陵墓等遗迹。至正二十三年（1363年），他根据调查记录并参考文献撰成《河朔访古记》一书，突破了一般金石学家闭门考释的学风。元代朱德润的《古玉图》，则是现存最早的一部专录玉器的著作。明洪武二十一年（1388年）曹昭撰的《格古要论》三卷，则是现存最早的关于古铜器、古碑刻、古书画、古瓷器、古漆器、古玉器等方面文物鉴赏的专著。

总体说来，宋代金石学已经肇创，初步形成了一个著录、研究古代金石器物的学者群，做出了许多值得珍视的成绩。如他们的著作中记录、保存了许多今已不见的铜器和石刻方面的宝贵资料，至今仍有重要参考价值；在著述方面也创立了图录、录文、鉴识三种体例，成为后世著录家们奉行的准则。

3. 清代金石学的兴盛

清代初期由于民族矛盾仍很尖锐，许多知识分子在清朝统治者屡兴文字狱的高压下，为避祸而潜心金石和故纸堆中以求安宁。乾隆二十年（1755年）梁诗正等奉敕编定了《西清古鉴》；乾隆五十八年（1793年），王杰等奉命编纂了《西清续鉴甲编》《西清续鉴乙编》《宁寿鉴古》。以上四书俗称“西清四鉴”，共收录了清宫所藏铜器4000余件。于是金石考据之风日盛，又有阮元于嘉庆初年编录的有关铜器的专著《积古斋钟鼎彝器款识》，孙星衍、邢澍于嘉庆七年（1802年）合撰的历代石刻目录《寰宇访碑录》，王昶于嘉庆十年（1805年）所著的石刻文字和铜器铭文汇编《金石萃编》，冯云鹏、冯云鹓合著的《金石索》等。逐渐形成所谓的“乾嘉学派”，金石学发展到了鼎盛阶段。

清代金石学著作除了继承了宋人的存目、录文、摹写、鉴识的旧体系外，还出现了断代、地域、通论、发展史等新类别，在鉴别、分类、考证等方面的水平也有了明显的提高。此外，金石学的研究范围也在不断扩大，除了传统的铜器、碑刻外，钱币、玺印、玉器、镜鉴、封泥、瓦当、兵符等也成为著录和研究的对象。例如，地域方面的金石著作有阮元的《两浙金石志》、毕沅的《中州金石记》、翁方纲的《粤东金石略》等；断代方面的金石著作有翁方纲的《两汉金石记》、缪荃孙的《辽金石存目》、黄本骥的《元碑存目》等；石刻方面的通论著作有叶昌炽的《语石》等；各类器物专论有李佐贤的《古泉汇》，吴式芬、陈介祺合撰的《封泥考略》、陈介祺的《十钟山房印举》、梁上椿的《岩窟藏镜》、翁大年的《古兵符考略》、吴大澂的《古玉图考》、程敦的《秦汉瓦当文字》、端方的《陶斋藏砖》等。据容媛所辑《金石书录目》统计，现存的金石著作中，北宋到乾隆以前的700年间仅有67种，而乾隆以后的200年间却有906种之多。又据统计，清代以前的金石学家有360人，而有清一代达1058人，占总数的三分之二以上。

清末到民国初年，金石学的研究范围进一步扩大，不仅增加了新发现的甲骨和简牍，而且涉及其他遗物。清朝末年，刘鹗著录了中国第一部甲骨文材料的专著《铁云藏龟》（1903年），孙诒让撰写了中国第一部考释甲骨文字的著作《契文举例》（1904年）等。民国初年，王国维受西方学术思想的影响，提出了文献史料与地下文物相印证的“二重证据法”，他一生著作甚丰，取得了前辈和同辈学者无法比拟的成就；罗振玉博学广闻，在甲骨、金文、石刻和古器物等方面的研究业绩斐然，他曾亲临殷墟进行考察，注意到甲骨文字以外的其他殷代遗物，为金石学向古器物学转化做出了积极贡献。其中罗振玉代表作有《殷墟书契》五种、《殷墟古器物图录》《三代吉金文存》《历代符牌图录》等；王国维的重要著作有《宋代金文著录表》《国朝金文著录表》《殷周制度论》《古礼器略说》等；罗振玉与王国维据法人沙畹提供的斯坦因在甘肃、新疆发现的汉晋简牍资料合著《流沙坠简》（1914年）。他们的研究成果代表了金石学研究的最高水平，堪称近代金石学家中之集大成者，被称为“罗王之学”。近代考古学传入中国后，仍有一些学者对传世的铭刻资料进行整理研究，并出版了一批较有影响的著作，如容庚的《颂斋吉金图录》、罗福颐的《古玺汉印文字徵》、容媛的《金石书录目》、陈直的《汉晋木简考略》等。但这时的金石学已成为中国考古学的组成部分，作为独立学问的金石学已不复存在。

（二）中国近代考古学的兴起

中国古代虽然有发达的金石学，但金石学与近代考古的关系，正如“炼丹学之与现代化学；采药学之与现代植物学”[9]，既有一定的历史联系，又有根本的区别。以田野发掘为基础的中国近代考古学并非是直接由古代的金石学发展而来的，而是由国外传入的。大约在20世纪初期，西方新史学和考古学思想传入中国，到了20年代，中国考古学终于诞生，并在20世纪前半期有了初步发展。

1. 近代考古学的传入

大约从20世纪初开始，西方新史学和考古学思想逐渐传入中国。1900年，章太炎在《中国通史略例》一书中最早介绍了西方的新史学思想，并认为“今日治史，不专赖域中典籍，凡皇古异闻，种界实迹，见于洪积石层，足以补旧史所不逮者”。1901年，梁启超在《中国史叙论》中介绍了汤姆森考古分期的“三期说”，并第一次试图用近代考古学的概念，对中国史前史进行分期：把神农以前划入石器时代，神农以后划入铜器时代。1902年，汪荣宝在《史学概论》中介绍了考古学及其研究范围，并指出“一般所谓考古学者，常分为书契以前（史前）和书契以后（历史）之两部分”。这些新史学和考古学思想的传入，开阔了历史学家的视野，从而使其对传统的三皇五帝古史观产生了怀疑。因此，20世纪初期，西方新史学和考古学思想的传入，对以田野考古发掘为主要基础的近代考古学在中国的兴起起到了积极作用。

从19世纪末期到20世纪20年代，许多外国学者随着帝国主义势力的扩张而进入中国，进行探险和考古活动。1893～1907年，瑞典地理学家斯文·赫定（S. Hedin）曾三次进入新疆考察，发现了著名的楼兰古城和许多古代遗物。从1895年开始，日本学者鸟居龙藏、白鸟库吉、八木庄三郎等调查和发掘了东北地区的许多遗址。1900～1905年、1906～1914年，匈牙利人斯坦因（M. A. Stein）多次进入新疆、甘肃等进行调查和盗掘，不仅发现了许多古城，采集了许多古物，而且从敦煌盗走了大量的古代文书、经卷等珍贵文物。1902～1907年，日本学者关野贞调查了山东的画像石和华北的石窟。1906～1908年，法国学者伯希和（P. Pelliot）在新疆、甘肃进行考察期间，发现了早期佛寺遗址和大量的文字材料，又从敦煌盗走大量的经卷等珍贵文物。1906～1910年，足立喜六调查了西安附近的秦汉隋唐城址和帝陵等。上述学者的活动，都是在帝国主义势力的保护和支持下，采取了不正常甚至盗窃的手段进行的，造成了我国许多珍贵文物的流失，因此遭到中国学者的谴责。但另一方面，他们多具有一定的专业知识，故他们的调查报告和研究成果，不仅对研究中国古代史有一定的参考价值，而且在一定程度上对中国考古学的诞生起到了刺激作用。

2. 近代考古学的诞生

从1920年起，北洋政府开始聘请外国学者或与外国学者合作进行考古工作。1920年，法国学者桑志华（E. Licent）在甘肃庆阳附近的黄土层中发现了3件人工石制品，成为中国旧石器的首次发现。1921年，受聘于北洋政府作农商部矿政司顾问的瑞典学者安特生（J. G. Andersson）和奥地利古生物家师丹斯基（O. Zdansky），在北京周口店发现了龙骨山遗址，并在以后从采掘到的动物化石中清理出1枚人类牙齿化石；同年，安特生发现并发掘了河南渑池县仰韶村遗址，并提出了“仰韶文化”的命名。1922年，桑志华同法国学者德日进（P. T. de Chardin）在萨拉乌苏河畔黄土时期的河湖堆积中发现了一批石制品和1枚人类牙齿化石，其后来被称为“河套人”；1923年，他们又在宁夏灵武水洞沟发现一处旧石器时代遗址，并将其同萨拉乌苏遗存等统称为“河套文化”。1923～1924年，安特生又去甘肃、青海进行史前遗址的调查和发掘，并将甘青地区的史前文化分为齐家、仰韶、马厂、辛店、寺洼、沙井六期。

与此同时，20世纪20年代出现了以顾颉刚为首的古史辨派，他们对中国传统的上古史进行了无情的批判，几乎否定了一切构成上古史体系的史料，而重建中国上古史体系就成为史学界面临的最迫切的任务。然而，当时既缺少史料又缺少方法，史学界一时陷入了困境。而史前考古的一系列重要发现，使人们看到了希望，并认识到"要建立真正的古史，只有从实物上着手的一条路是大路"[10]。于是，在这样的背景下，中国学者由最早的信古到疑古，最终走向考古的道路。

1922年，北京大学研究所国学门成立了考古研究室，聘请马衡为主任；1924年，北京大学考古研究室设立考古学会。但马衡是一位金石学家，20年代除了曾在河南孟津、新郑、洛阳考察过铜器出土地点和汉魏太学遗址外，没有做过考古发掘工作。1926年，留美归来的李济主持了对山西夏县西阴村遗址的发掘，这是由清华学校研究院同美国弗里尔美术馆合作、第一次由中国学者主持的田野考古工作。1927年，黄文弼代表北京大学考古学会参加了中瑞西北考察团在新疆进行的考古调查和发掘。1928年，中央研究院成立历史语言研究所，内设考古组；同年10月，派董作宾前往安阳小屯遗址进行调查和试掘。1929年，李济作为当时中国唯一具有近代考古学知识和发掘经验的学者被聘为历史语言研究所考古组主任。1929年，北平研究院史学研究会设立考古组，由徐炳昶任主任；中国地质调查所成立新生代研究室，专门从事新生代地质学、古生物学和古人类学研究。这样，在20年代末，中国开始有了专门从事田野考古发掘和研究的学术机构，并开始了独立的考古发掘和研究工作。特别是中央研究院历史语言研究所考古组的成立和安阳殷墟的发掘，标志着中国考古学的诞生。

3. 近代考古学的初步发展

中国考古学诞生后，即开始了一系列田野考古发掘与研究工作。从1928年开始到1949年止，田野考古调查、发掘与研究主要由中央研究院历史语言研究所考古组、北平研究院史学研究会考古组和中国地质调查所新生代研究室承担。

中央研究院历史语言研究所考古组在这一时期进行的考古发掘工作最

多，先后发掘了河南安阳殷墟遗址，浚县辛村、汲县山彪镇、辉县琉璃阁等西周和东周时期的墓地，山东历城城子崖、日照两城镇等龙山文化遗址，甘肃宁定阳洼湾齐家文化墓地等，并在许多地方进行过调查。其中，1928～1937年，在著名考古学家李济和梁思永的先后主持下，对安阳殷墟遗址进行了15次发掘，累计发掘面积46000多平方米，清理了50多座夯土建筑基址和包括商王陵在内的大量墓葬和祭祀坑，发现了大量的有字甲骨、青铜器和其他珍贵文物。1930年，在美国专攻考古学的梁思永学成归来后，先后主持了黑龙江昂昂溪、山东城子崖和两城镇、殷墟等重要遗址的发掘工作，他不仅确认了不同于仰韶文化的另一种新石器时代文化——龙山文化，而且使中国的田野考古发掘方法大为改进。特别是在1931年，梁思永发掘安阳后岗遗址时，发现了著名的商文化、龙山文化和仰韶文化依次叠压的“三叠层”，解决了三者之间的相对年代关系，从而标志着中国考古地层学方法的成熟。1944年，夏鼐在甘肃宁定阳洼湾发掘齐家文化墓葬时，发现了齐家文化晚于仰韶文化（马家窑文化）的地层证据，从而纠正了安特生在甘肃远古文化分期上的错误。

北平研究院史学研究会考古组于1930年与北京大学考古学会合作，对河北易县燕下都遗址进行了调查和发掘。1930～1935年，在徐炳昶的领导下，对陕西关中地区的古文化遗存进行了调查，发现了新石器时代的遗址，发掘了周、秦和汉代的墓葬。特别是从1934年起，苏秉琦参加了陕西渭水流域的田野考古调查和宝鸡斗鸡台墓地的发掘；40年代，他应用类型学的方法，对斗鸡台沟东区墓地出土的陶鬲进行了细致的分类、分析和研究，提出了探索周文化渊源的线索问题，奠定了考古类型学与周文化研究基础，对中国考古学的发展做出了突出的贡献。

中国地质调查所早在1927年，就同美国主办的北京协和医学院合作，由美国洛克菲勒基金会资助，开始正式发掘北京周口店龙骨山遗址。1929年，新生代研究室成立后，在中国学者裴文中的主持下，发现了第一具北京猿人的头盖骨化石，成为世界古人类研究史上的划时代重要事件。1931年，在周口店首次发现了大量的人工石制品和人类用火遗迹，从而确认了北京猿人文化。1933年，又在龙骨山的山顶洞遗址发现3具完整的晚期智人头骨化石，被命名为“山顶洞人”。

在20多年中，经过许多考古学家田野考古发掘的实践和研究，终于摸索出一套适合中国特点的田野考古工作方法，中国近代考古学作为一门新兴的学科已初具规模，并为以后考古学的进一步发展奠定了基础。20多年的发掘和研究积累了一批重要的发掘资料和研究成果，先后出版了《西阴村的史前遗存》（李济，1927年）、《甲骨文断代研究例》（董作宾，1932年）、《周口店洞穴层采掘记》（裴文中，1934年）、《城子崖》（傅斯年、李济、董作宾等，1934年）、《斗鸡台沟东区墓葬》（苏秉琦，1948年）、《罗布淖尔考古记》（黄文弼，1948年）等重要著作。

（三）中国现代考古学的发展

1949年以后，随着中华人民共和国的成立和基本建设的快速发展，中国考古学的发展也进入了一个全新的阶段，经过半个多世纪的发展，取得了许多为世界考古学界所瞩目的辉煌成就，具体表现在文物考古事业的管理体制和科研教学体系逐步建立、考古学研究的理论方法不断进步以及考古发掘与研究取得前所未有的巨大成就等许多方面。

1. 管理、科研和教学体系的建立

1949年中华人民共和国成立伊始，中央人民政府即颁布了《古文化遗址及古墓葬之调查发掘暂行办法》的法令，并在文化部设立文物局，主管全国的文物考古工作。以后又相继在各省、自治区、直辖市成立了文物管理委员会，负责当地的文物管理和保护等工作。80年代以后，随着文物考古事业的蓬勃发展，管理体制进一步健全，在许多省、市、县相继成立了文物行政管理机构——文物局或文物管理委员会，在重要的文物古迹分布区或重要的文物保护单位设立文物保护管理机构——文物管理所。从而形成了自上而下的较为完善的文物考古管理体制。特别是1982年由第五届全国人民代表大会常务委员会第25次会议通过，1982年11月19日施行的《中华人民共和国文物保护法》，使得文物保护有了法律依据，文物考古事业进一步受到社会各界的重视。

1950年，在原“中央研究院”历史语言研究所和北平研究院史学研究

会一部分的基础上，成立了中国考古学界的中心研究机构——中国科学院考古研究所。1957年，在原中国地质调查所新生代研究室的基础上，经改组和扩充为研究所；1959年改名为中国科学院古脊椎动物与古人类研究所，内设古人类研究室，专事古人类化石和旧石器时代考古的研究工作。1973年，成立了直属文化部、由国家文物局管理的中国文物保护科学技术研究所；1990年，与文化部古文献研究室合并组成中国文物研究所，负责考古与出土文献研究、古建维修和文物保护方面的研究工作。此外，从20世纪50年代起，在各省、自治区、直辖市相继成立了文物考古研究所或文物考古工作队，作为地方考古发掘与研究中心。这样逐步形成了从中央到地方的考古发掘与研究体系。

1959年，开始酝酿成立全国性的考古学术团体；1964年曾成立以郭沫若为首的筹备委员会；1979年，在西安成立了考古学界的学术团体——中国考古学会，成为中国考古事业走向繁荣的标志。80年代以来，又相继成立了与考古学关系密切的古文字、古陶瓷、古钱币、铜鼓等方面的研究会；各省、自治区、直辖市也成立了地方考古学会（或文物、博物馆学会）或地域性的古文化研究会。多年来，以上述学会或研究会为中心，开展了各种研究活动，大大促进了中国考古学研究的深入和发展。

1952～1955年，由中央文化部、中国科学院和北京大学联合连续举办了考古工作人员训练班，为各地文物考古机构培训了专业人员300多名，成为中华人民共和国培训出的第一批文物考古专门人才，大多数成为五六十年代各地方文物考古方面的业务骨干。1952年，北京大学创办考古专业；1956年，西北大学也设立了考古专业；自此开始了正规的考古高级专门人才的教育和培养。70年代以后，又相继在吉林大学、山西大学、山东大学、郑州大学、南京大学、四川大学、厦门大学、中山大学等设立考古专业或考古系，形成了覆盖全国的考古学教育体系。多年来上述学校为各级、各地文物考古机构培养了大批专科、本科生和硕士、博士研究生等不同层次的考古专门人才，使我国的文物考古研究力量不断发展壮大。

2. 考古学理论与方法的进步

首先，马克思主义成为指导考古学研究的理论基础。过去的金石学家和考古学家，在他们的研究活动中，或是仅限于对古代遗存的描述，或是热衷于对古器物的考订，甚至有少数为挖宝而考古者，很少有人能从考古学的角度对古代社会进行卓有成效的研究。中华人民共和国成立后，考古学家普遍接受了马克思主义理论，并在辩证唯物主义和历史唯物主义的指导下，以实事求是的态度、根据考古资料对古代社会组织、经济生活、文化面貌等方面进行了积极的探讨，并把究明古代文化的发展过程及其规律作为考古学研究的目的，从而使中国考古学的发展进入了一个全新的阶段。

其次，考古学的理论和方法不断进步。20世纪50年代以来，经过许多考古学家大量的考古实践和总结，过去已建立起来的考古地层学和类型学进一步完善，成为考古学基础研究方法论的两大支柱；田野考古调查和发掘更加科学、细致和规范化，达到了较高的水平。20世纪80年代以来，苏秉琦先生提出了“考古学文化区系类型”的理论，并初步建立了中国史前文化发展的时空框架，使人们有可能从更高的层次、更广阔的视野去观察和认识中国古代文化多中心不平衡的发展过程；聚落考古和环境考古的出现和发展，不仅开拓了考古学研究的新领域，而且增强了学者们多学科综合研究的意识。20世纪90年代以来，随着国内外和学科间学术交流的不断发展，各种理论方法相互渗透和影响，促使考古学家更多地关注、思考有关考古学理论方法的改进和21世纪中国考古学的发展问题。

再次，现代自然科学技术和方法不断应用于考古学中。20世纪50年代以来的数十年，是世界范围内应用现代自然科学技术和方法解决有关考古学问题收获最大的时期，以致有人称之为考古学史上的“技术革新”时期。考古学的技术革新尤以断定年代技术最为显著，特别是放射性碳素断代法的发明和应用，被认为是史前考古领域中的一场革命。我国于1965年在中国科学院考古研究所建立了第一个放射性碳素断代实验室，1972年开始公布年代数据。之后，北京大学考古专业等单位也相继建立了实验室，断代方法也增加了热释光、钾-氩法、铀系法等。至今已测定了数千个数据，基本建立了中国史前考古的编年序列。此外，现代自然科学技术如X射线荧光分析、电子探针显微分析、同位素质谱分析等还广泛用于各种遗物的原料、成分、产地和制造工艺的鉴定与分析；航空摄影、遥感、全球卫星定位仪等技术则被用于田野考古调查等，计算机技术则被用于考古资料的储存、检索和分析等。这些新技术的应用大大加快了考古学研究的进程。

3. 田野考古发掘与研究的巨大成就

中华人民共和国刚一成立，就恢复了中断十余年的北京周口店和安阳殷墟的发掘。此后为配合国家基本建设和学术研究的需要，田野考古发掘与调查也广泛地开展。在数十年的时间里，发掘了数以万计的古遗址和古墓葬等，取得了前所未有的巨大成就，“使得国内外许多考古学家认为，20世纪后半叶将被作为中国考古学的黄金时代而写入史册”[11]。

在史前考古学方面，旧石器时代考古取得了令世界学术界瞩目的成就。新发现了比北京猿人及其文化更早的元谋猿人、蓝田猿人和西侯度、小长梁等旧石器时代早期遗存，使中国史前时代开始的年代大为提前；大荔人、丁村人、马坝人、许家窑遗址的发现与研究，填补了早期智人和旧石器时代中期文化的缺环；柳江人、资阳人和峙峪遗址、下川文化等大量晚期智人化石和旧石器时代晚期遗存的发现，使中国成为世界上古人类化石和旧石器时代遗存最为丰富的国家之一。

新石器时代考古也获得了辉煌的成果。20世纪50年代以来先后在黄河中游发掘了西安半坡、宝鸡北首岭、临潼姜寨、陕县庙底沟、芮城西王村、洛阳王湾、郑州大河村、襄汾陶寺等重要遗址，对这一地区仰韶时期和龙山时期诸文化有了更多的认识。特别是70年代后期以来发现和发掘的武安磁山、新郑裴李岗和秦安大地湾遗址，找到了早于仰韶文化的遗存，新石器时代考古有了突破性进展。近年来发掘的河北徐水南庄头、江西万年仙人洞和吊桶环等遗址，则把中国新石器时代开始的年代提前到距今1万年以前。在黄河下游新发现了后李文化、北辛文化和大汶口文化；黄河上游的马家窑文化、齐家文化的发掘与研究也有许多重要收获。长江流域和华南广大地区的新石器时代考古是在中华人民共和国成立以后开展起来的。在长江下游，新发现了马家浜文化、河姆渡文化；在长江中游，新发现了彭头山文化、大溪文化、屈家岭文化、石家河文化等。在华南新发现了西樵山文化、石峡文化和昙石山文化等，在广西发现了桂林甑皮岩等一批新石器时代早期的洞穴遗址。在北方和东北地区，新发现了兴隆洼文化、新乐文化、新开流文化、富河文化、朱开沟文化等，过去发现的红山文化也有了许多新的重要发现。经过多年的发掘与研究，基本建立了中国新石器文化发展的时空框架，认识到了新石器文化多中心不平衡发展的特点，并在聚落考古研究、农业起源研究和文明起源研究等方面，取得了许多重要的研究成果，为复原和重建中国史前史奠定了基础。

在历史时期考古方面，20世纪50年代发现了相当于夏纪年的二里头文化，揭开了探索夏文化的序幕；20世纪70年代以来，豫西和晋西南的发掘使夏文化的探索又有了新的进展。商代考古方面，二里冈早商文化的发现和殷墟文化的分期研究，基本上建立了商文化的发展序列；郑州商城、偃师商城、殷墟刻辞甲骨的新发现和妇好墓、武官村大墓的发掘，为商文化的研究提供了许多重要资料。西周时期的田野考古，基本上是20世纪50年代以来开展起来的，通过丰镐两京遗址的发掘，基本建立了西周考古的断代标尺；周原遗址的发掘，发现了大型建筑基址，出土了一批周初的甲骨文，新发现了许多重要的青铜器窖藏；北京琉璃河燕国早期都城遗址和山西天马-曲村晋侯墓地的发掘等，都取得了许多重要的研究成果。东周考古方面，重要的列国都城遗址几乎都做过勘查或发掘工作，对它们的布局情况有了不同程度的了解和认识；新发掘了数千座东周列国墓葬，为了解当时社会的政治制度、经济状况和列国文化等方面提供了珍贵资料。过去不被重视的秦汉及其以后的考古学也有了很大的发展，研究的年代下限也延伸到了明代。50年代以来，先后勘查、考察或发掘了汉长安城、汉魏洛阳城、曹魏邺城、隋唐长安城和洛阳城、北宋汴梁城、辽中京、金中都和元大都等一系列重要的历代都城遗址，这些调查或发掘资料足以说明中国古代都城建制演变的基本轮廓。历年来，各地发掘的历代墓葬数以万计，其中历代帝王陵的考古工作主要有：秦始皇陵勘查及其兵马俑坑的发掘，西汉诸帝陵的调查和陵园建筑的发掘，六朝陵墓的调查和若干帝陵的发掘，北周武帝孝陵的发掘，北魏方山永固陵的发掘，唐代帝陵的调查和陪葬墓等的发掘，北宋诸陵的调查，南唐二陵、西夏王陵、明定陵的发掘等；已发掘的重要墓葬还有咸阳杨家湾汉墓、河北满城汉墓、长沙马王堆汉墓、北京大葆台汉墓、广州南越王墓及唐永泰公主墓、章怀太子墓、懿德太子墓等。上述调查和发掘，为研究历代陵墓制度、丧葬制度和不同时期的社会经济、科学技术、文化成就等方面的问题提供了大量的资料。边疆地区和历代诸民族文化的考古工作如东北的东胡、高句丽、渤海文化，北方的匈奴、鲜卑遗存，新疆的西域诸民族遗存，西藏的吐蕃和古格王国遗迹，西南的巴蜀文化和南诏、大理遗存等的发掘与研究也都有重要收获。中外关系和文化交流方面的考古研究也备受重视，如有关“丝绸之路”的考古调查、发掘和研究，中日古代文化交流的研究，古代外销瓷问题的研究等，也都有相当程度的开展。

历年来，先后创办了《考古学报》《考古》《文物》《考古与文物》《中原文物》《华夏考古》《江汉考古》《北方文物》《史前研究》等专业期刊；出版了《新中国的考古收获》（1961年）、《文物考古工作三十年（1949～1979）》（1979年）、《新中国的考古发现与研究》（1984年）、《中国大百科全书·考古卷》（1986年）、《中国考古学年鉴》和大量的考古发掘报告及研究论著，在数量和质量上，都超过了历史上的任何时期。

参考书目

[1] 夏鼐：《什么是考古学》，《考古》1984年第10期。
[2] 夏鼐：《关于考古学上的文化定名问题》，《考古》1959年第4期。
[3] 俞伟超：《考古学是什么》，中国社会科学出版社，1996年。
[4] 张光直著，印群译：《古代中国的考古学》，辽宁教育出版社，2002年。
[5] 张光直：《考古学和中国历史学》，《考古学的历史·理论·实践》，中州古籍出版社，1996年。
[6] 〔英〕格林·丹尼尔著，黄其煦译：《考古学一百五十年》，文物出版社，1987年。
[7] 中国社会科学院考古研究所：《新中国的考古发现与研究》，文物出版社，1984年。
[8] 陈星灿：《中国史前考古学史研究》，生活·读书·新知三联书店，1997年。
[9] 易漫白：《考古学概论》，湖南教育出版社，1985年。
[10] 赵辉：《关于考古学文化和对考古学文化的研究》，《考古》1993年第7期。

注释

[1] 夏鼐：《什么是考古学》，《考古》1984年第10期。

[2] 张光直：《考古学专题六讲》，文物出版社，1986年，第53、54页。

[3] 〔英〕格林·丹尼尔著，黄其煦译：《考古学一百五十年》（第一版前言），文物出版社，1987年，第5页。

[4] 张光直：《考古学专题六讲》，文物出版社，1986年，第54、57页。

[5] 考古学编辑委员会：《考古学》，《中国大百科全书·考古卷》，中国大百科全书出版社，1986年，第2页。

[6] 刘士莪：《老牛坡：西北大学考古专业田野发掘报告》，陕西人民出版社，2002年，第108、109页，图版一〇，D12。

[7] 张光直：《考古学专题六讲》，文物出版社，1986年，第58页。

[8] 王世民：《金石学》，《中国大百科全书·考古卷》，中国大百科全书出版社，1986年，第236页。

[9] 李济：《现代考古学与殷墟发掘》，《安阳发掘报告》（第二册），中央研究院历史语言研究所，1929年。

[10] 顾颉刚：《古史辨》（一册），上海古籍出版社，1982年，第60页。

[11] 夏鼐：《新中国考古发现与研究》（前言），文物出版社，1984年。

第二讲

考古学的理论方法

一、关于考古学研究方法

考古学研究的资料有遗物、遗迹、遗址和考古学文化等，它们形成了考古学研究的不同层次的资料，而对不同层次的考古学资料的研究，反映出一个由微观到宏观的考古学研究过程。因此，考古学的研究方法也可以分为以下三个层次。

一是以器物为本位的微观考古学研究方法，即应用考古地层学和类型学对一个考古遗址中出土的遗物、遗迹进行相对年代的判定，对遗迹、遗物进行科学的整理、分类、分析、比较研究，探讨遗址中各时期遗迹、遗物组合特征及演变规律等。一切考古遗存都必须在确定其时空位置后才有科学研究的意义，故考古地层学和类型学研究也是其他层次考古学研究的基础。

二是以聚落（遗址）为本位的中间层次的考古学研究方法，即在用考古地层学和类型学对一个考古遗址的遗迹、遗物进行微观研究的基础上，通过聚落考古，进一步确定聚落遗址的平面布局，分析诸遗迹在时间和空间上的联系及其社会功能，探讨聚落居民的社会组织结构及其演变过程，考察聚落与所处的自然生态环境之间的相互关系等，从而得出一个对古代聚落文化的、社会的、环境的较为全面的认识。在此基础上，再通过文化因素分析，进行若干聚落遗址间乃至聚落遗址群间的比较研究，搞清楚各种文化因素的来源，得出诸聚落遗址间时空关系的认识，进而搞清具有同样特征的考古学文化分布的时空范围。

三是以考古学文化为本位的宏观考古学研究方法，即在聚落考古和文化因素分析的基础上，通过更大时空范围内各种考古学文化的比较，确定若干种考古学文化的早晚关系、文化与文化之间的承袭或并存关系，进而确定它们是属于同一文化系统还是不同文化系统。当确立了若干个考古学文化系统后，又可通过分析比较，确定各文化系统之间的关系，最终建立起一个地区乃至更大范围内的考古学文化的时空框架。

二、考古地层学与类型学

（一）考古地层学

1. 考古地层学的基本概念

地层是地质学中的一个最基本的概念，是指有一定时间和空间含义的一切成层岩石的总称。考古地层学，是借用地质地层学对地层的研究原理，在田野考古发掘中科学地取得研究资料的方法，也是考古学研究中最基础的方法之一。但需要说明的是，地质学中的地层学，是以各种自然堆积（自然层）为研究对象，目的在于搞清地壳形成的历史；而考古学中的地层学，则是以主要因人类活动而形成的各种文化堆积（文化层）为研究对象，目的在于究明人类文化堆积形成的原因和过程。两种地层形成的原因不一样，内涵和存在的形式不同，因此观察和分析地层的方法也不完全相同。此外，考古地层学中还包括了一些地质地层学中没有的内容，即除了观察、分析各种文化层形成的原因外，还要拿这种理解来指导发掘工作，处理各层次的遗迹。为了区别两种地层学，考古学中的地层学就叫"考古地层学"[1]。考古地层学研究的首要问题，就是要尽可能准确地将这些性质、时间不同的文化堆积层次区别开来，确定它们的相对年代，即时间上的先后关系。

在世界考古学史上，第一次把地层学的方法应用于考古发掘的是德国考古学家谢里曼（H. Schliemann），1871年他用这种方法发掘了土耳其小亚细亚半岛的希萨立克城，取得了前所未有的成功。他所开创的新方法，受到学术界极高的评价，以致有人认为近代考古学是"伴随着谢里曼开始的"[2]。

中国科学的田野考古发掘，始于20世纪20年代。当时，对中国田野考古学发端起了十分重要的作用的当属瑞典学者安特生。1921年，他主持发掘了河南渑池仰韶村遗址。安特生是个地质学家，十分重视遗址中的地层叠压关系。在仰韶村发掘过程中他首先使用了探沟法了解地层，并按等深

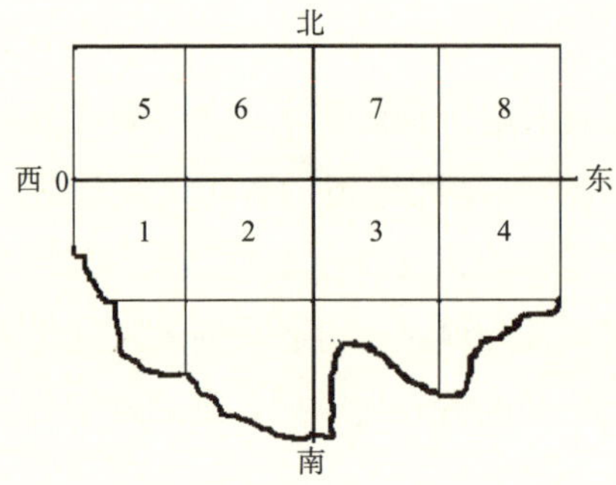

图2-1 西阴村遗址发掘探方布局图

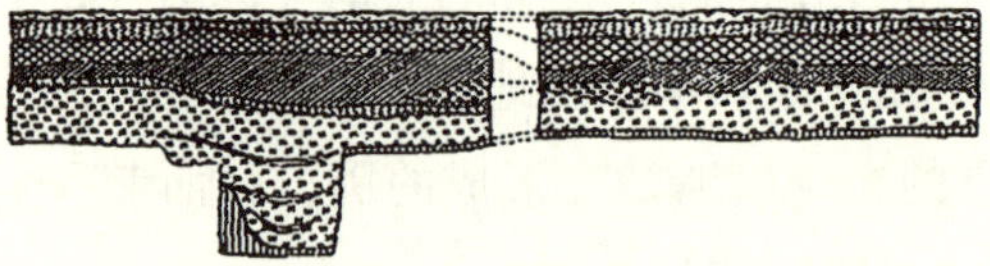

图2-2 安阳后岗遗址第241、243坑东墙剖面图

度的水平层位法来划分地层和收集遗物。这样做的结果，混合了遗址中仰韶时期和龙山时期不同文化层次的遗物，导致了他以后对中国史前文化认识上的一系列错误。

1926年，李济主持了对山西夏县西阴村遗址的发掘，这是由清华大学同美国弗利尔美术馆合作、第一次由中国学者独立主持的田野考古工作。发掘时，将发掘区分为边长各2米的若干正方形探方（图2-1），并采取了“层叠法记录一般遗物”，重要遗物则记录它们的三维坐标位置[3]。尽管李济仍采用按一定深度划分地层和记录遗物的水平层位法发掘，但较之安特生有了不小进步。

1930年，在美国哈佛大学专攻考古学并获得硕士学位的梁思永学成归国。1931年，梁思永先生主持后岗遗址发掘时，开始按土质土色划分地层（图2-2），发现了著名的“三叠层”，第一次从考古地层学上判定了仰韶文化、龙山文化和商文化的相对年代关系[4]。这一事件成为我国考古地层学成熟的标志。

20世纪40年代，夏鼐先生到甘肃进行考古调查时，在临洮寺洼山齐家文化墓葬的填土中发现了马家窑文化马厂类型的陶片，找到了马家窑文化早于齐家文化的地层证据，订正了安特生甘肃史前文化“六期说”（齐家、仰韶、马厂、辛店、寺洼、沙井）序列的错误[5]。20世纪50年代，西安半坡等遗址的发掘，积累了大量宝贵的田野工作经验，逐渐形成了一套符合中国实际的技术与方法，使得考古地层学日益成熟。

2. 文化层形成的基本原理

文化层的形成，就其最基本的原因来说，是由于人类的各种活动的结果。人类的文化堆积，必然包含因人类活动而遗留的各种文化遗迹、遗物，由于各个时期堆积形成的原因不尽相同，反映在土质、土色与包含物等方面均有所区别。考古地层学的主要任务就是区分各个时期文化堆积的层次，判定古文化遗址中各个时期堆积层次的先后顺序，进而确定各层次遗迹、遗物的地层关系。

一般来说，人类对居住地的选择有一定的共同要求，如近水、向阳、安全和生活资源丰富等。因此，在一些符合上述条件的理想地点，往往被历代居民选作居住地。这样，在同一个遗址中，常常包含有不同时代、不同文化或同一文化不同时期的堆积层次，构成了这一遗址不同时期人类活动过程的记录（图2-3）。

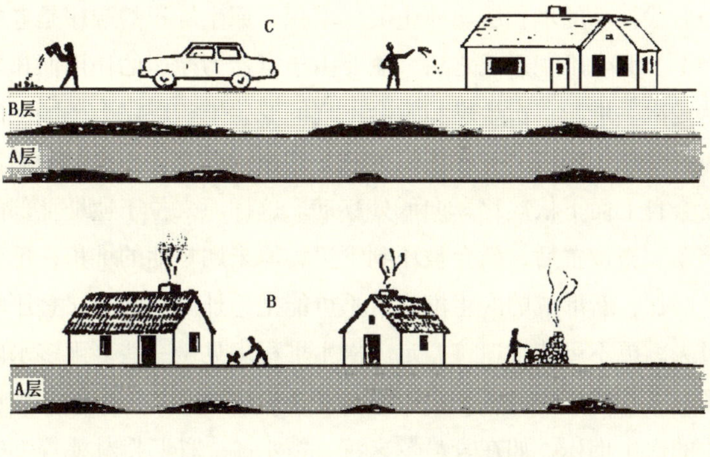

图2-3　文化层形成示意图

（1）文化层形成的顺序

在正常情况下，自然界地层形成的顺序是自下而上依次堆积，即老的在下、新的在上，这叫地层层序律。文化层主要是由人类活动而形成的，文化层的形成过程，较之自然层要复杂得多，其间除了人类活动的影响之外，同时也受到自然力的作用。但在正常情况下，居住于同一地点的历代居民活动形成的堆积，也是按时间早晚，自下而上依次堆积而成的，即年代早的在下，年代晚的在上。下部地层中包含的遗迹、遗物年代也应早于上部地层中包含的遗存。考古地层学就是依据这一基本原理来判定古文化遗址中不同时期堆积层次的先后顺序，进而确定各种遗迹、遗物的地层关系和相对年代的。

（2）原生层和次生层

在自然界中，由各种物理、化学的作用和自然力的影响而最初形成的地层叫原生层。原生层形成之后，又由于风、水等自然力的搬运作用而形成的地层叫次生层。例如，黄土高原的黄土一般认为是风成的，风成黄土就是原生土；黄土形成之后，由于流水的搬运作用再次形成的黄土堆积就属次生黄土。人类的文化堆积也有同样的现象。凡由于人类活动而遗留下的未经后代扰动的堆积层属原生文化堆积，原生堆积的顺序是老的在下，新的在上。原生堆积形成之后，主要由于自然力搬运的作用而再次形成的堆积就是次生堆积。次生堆积常会出现同原生堆积层序上下颠倒的倒装现象。在一些位于断崖、陡壁或高处之上的遗址，由于雨水的冲刷，原生文化层就会自上而下依次逐渐向低处移动。这样原来位于遗址上部的晚期堆积，移动到新位置后，就会被压到下边；原来属早期的堆积，反而堆到了上部。当然，新形成的次生堆积，不可能把遗址原来的地层叠压状况完全搬运过去，更不可能把遗迹搬走。次生堆积多见于一些多雨多水的中国南部地区。在长江三峡地区，由于流水对遗址的冲刷、搬运等，常见所谓倒装现象的次生堆积，如在宜昌覃家沱、清水滩、秭归柳林溪等都曾发现这类堆积[6]。需要说明的是，由于人类活动对早期地层的扰动而形成的新的堆积层次，应为一个新的文化层，不属于次生堆积的范畴。

（3）顶、底界面及厚度

文化层是指有一定时间和空间含义的人类活动堆积的总称。时间含义是指文化层形成的时间（厚度及顶、底界面）；空间含义则指文化层分布的范围。在一个遗址中，每一文化层顶面，均应曾是人类活动的地面。各种自然的和人为的原因，使地面总是坑洼不平的，故文化层的顶面也常常是高低起伏的。文化层的底面之下，可能是原生的自然地面，也可能是更早的人类活动地面。同样，由于自然地面或人类活动面的高低不平，文化层的底面也常常是不平整的。因此，在有多层堆积的遗址中，文化层的叠压在许多情况下都不是水平的。判定地层的相对年代，并非看其距现今地表的深度，而是依据层位的叠压关系。

文化层的厚度是指顶、底界面间的距离（最厚处和最薄处）。在一个遗址中，由于不同地点人类活动的内容不同，形成的堆积内涵、土色和厚度也就有所不同。例如，人们的生活垃圾，总是倾倒在地势较低的地方或废弃的窖穴中，因此，低洼之处的文化堆积较厚，高处较薄甚至没有。此外，一个文化层的厚度虽然同其形成的时间有关，但并非是衡量其形成时间长短的绝对尺度。例如，某一地点由于集中倾倒垃圾，可能在不长的时间内就形成了较厚的堆积。而道路、广场、房屋内的居住面，则在很长时间内也难以形成一个新的地层。

3. 文化层的划分

不同时期人类活动的内容、生存环境等有所不同，故不同时期的文化堆积，在土质、土色和包含物等方面也就会产生差异。这些就成为划分文化层的主要依据。人类文化总是不断发展变化的，不同时期的人类文化遗存的内涵和形态有所差异，故文化遗存的变化也是划分文化层的依据之一。考古地层学研究的主要任务，就是依据土质土色的变化并参考包含物的变化及遗迹现象等，准确地将不同时期的人类文化堆积层次划分开来，并确定它们在时间上的先后关系（图2-4）。

图2-4　陕西旬邑下魏洛遗址地层剖面图

（1）土质

堆积物的岩性如颗粒成分（黏土、粉砂土、砂土等）、结构（疏松、紧密等）、质地（软、硬等），是划分地层的重要依据之一。有些层次的土色虽相近，但结构或颗粒成分不同，即可划分为不同的层次。

（2）土色

土色是指堆积物呈现的颜色，由于不同时期堆积中的包含物或形成的原因、气候等不同，土色也常有区别。常见的土色有灰色（浅灰、深灰）、黑色（浅黑、深黑等）、褐色（黄褐、红褐、灰褐等）、红色（浅红、深红）、黄色（浅黄、棕黄等）等。

（3）包含物

每一文化层均含有数量不等的人类遗物（残破的或较为完整的），由于文化是发展变化的，遗物的形态、制法、质地等也会发生变化。在发掘中，如果堆积中的包含物发生了明显的变化（特别注意本层最晚的器物），则表明堆积的时代可能已经发生了变化。此时应特别注意文化层的区分。

（4）遗迹现象

每一遗迹（如窖穴、地穴式房屋、水井、墓葬等）都应开口于当时的地面，即使当时的地面被晚期破坏，现在发现的遗迹开口部位也应是被破坏时的平面，与叠压于其上的地层不应属同一个层次。每当遗迹开始露头时，应特别注意土质、土色等方面的变化，以确定遗迹的开口层位。

总之，划分文化层主要依据土质、土色，只要土质、土色发生了变化，就应划分出新的层次。此外，包含物和遗迹现象等也是区分不同层次的重要依据，只有把这几个方面有机地结合起来，地层的划分才能保证准确无误。

4. 地层关系

所谓地层关系，指的是不同时期人类活动形成的地层之间的相对年代关系。地层关系包括叠压关系、打破关系和共存关系等。考古发掘中的一切遗迹、遗物，都要依据其所处的地层关系来确定它们的相对年代。

（1）叠压关系

是指两层或两层以上的文化堆积自上而下依次叠压而形成的地层关系，在这一地层关系中，叠压者及其包含物要晚于被叠压者。例如，在案板遗址GNX区T1南壁剖面图（图2-5）中，第1～5C层及其下的H3、H4自上而下依次叠压，形成了叠压关系。如甲器物出在第4层，乙器物出在第3层，那么依据这一地层关系所确定的甲、乙器物的相对年代关系应是甲早于乙。

就一个遗址的整体来看，文化层的早晚依次叠压是绝对的。但就局部而言，则常常呈现出跳跃式的地层叠压关系。例如，甲地点是第2层压着第3层，乙地点是第3层压着第4层，丙地点则是第2层直接压在第4层之上。上述3个地点的地层叠压关系均有所不同，但就总体而言，自上而下仍是2→3→4这样一个绝对叠压顺序（“→”表示叠压）。

（2）打破关系

指的是晚期人类活动的遗迹打破早期的地层或遗迹而形成的地层关系（图2-6）。在这一地层关系中，打破者的年代要晚于被打破者，打破者之中包含的遗物的年代一般也应晚于被打破者。如不同时期的人类在同一地点先后活动的情况下，后期人类在挖井、建屋、修墓时，可能会挖穿同一

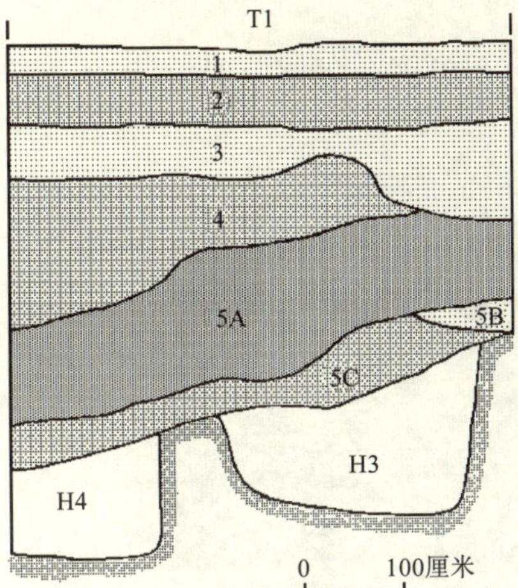

图2-5 扶风案板遗址GNX区T1南壁剖面图

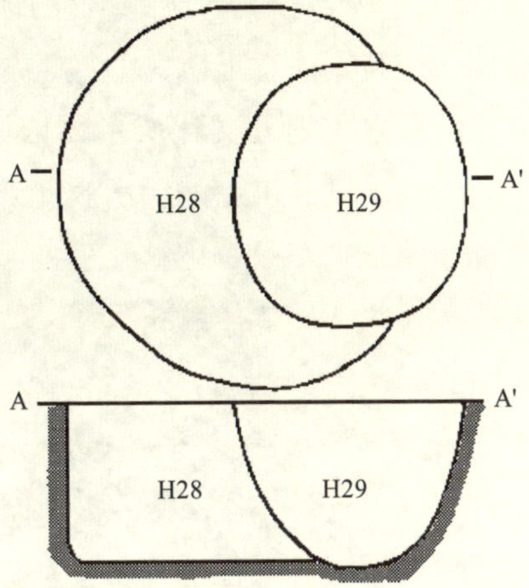

图2-6 案板遗址灰坑打破关系图

地点早期的堆积层或打破早期的窖穴或房基等，从而形成打破关系。在有多层文化堆积并代表了不同时期几个聚落的遗址中，遗迹间或遗迹与地层间的打破关系，是最常见的地层关系之一。

（3）共存关系

在上述地层关系中，每一地层单位或遗迹单位（如一座墓葬、一座窖穴、一座房基等）中包含的各种遗物，构成了共存关系。凡属有共存关系的遗物，从考古地层学的角度来看，它们的年代可视为是同时的。但这种同时性更多地表现为遗物被埋入的时间，而非制造的时间。实际上，共存的遗物制造时间可能是同时的，如郑韩故城发现一青铜器窖藏（图2-7），出土了一套由九鼎八簋等组成的铜礼器，它们可能是同时制造并同时埋入的。但更多的情况是由于晚期人类的活动，往往会对早期地层有破坏或扰动现象，从而在晚期地层和废弃的窖穴填埋过程中，会混入一些早期的遗物，这就需要依据考古类型学来识别了。

总之，田野考古发掘是考古学研究资料的主要来源，也是考古学研究的基础。考古发现的任何遗物、遗迹，都必须借助于地层关系来确定其相对年代，如果失去了地层依据或层位关系混乱，就会使出土物失去应有的

图2-7　河南郑韩故城青铜器窖藏

科学研究价值。即使是在日益广泛地应用现代科学技术手段测定年代的今天，考古地层学的作用也并没有削弱。因为任何一种测定年代的方法都离不开正确的地层划分，若地层混乱，不同时代、不同文化的遗存混杂，那么，即使测出的数据再精确，也很难起到应有的作用。

（二）考古类型学

1. 何谓考古类型学

考古类型学，最初是在欧洲创立起来的。1903年，瑞典学者蒙特柳斯（O. Montelius）出版了《东方和欧洲古代文明诸时期》一书，并在第一章“方法论”中专门总结了考古类型学的原理及方法。20世纪30年代，蒙氏的方法论被介绍到中国[7]。中国学者从30年代起，便开始运用类型学的方法来研究发掘资料。1930年，梁思永先生研究山西西阴村遗址仰韶时期遗存时，就曾对出土的陶片进行过分类[8]；1948年，苏秉琦先生研究宝鸡斗鸡台沟东区墓地出土物时，应用了类型学的方法，对出土的陶鬲进行了仔细的分类整理[9]，从而把考古类型学进一步完善化，奠定了中国考古类型学的基础。

考古类型学，是借用生物学对生物分类的原理，对考古发掘出土的遗物、遗迹，进行科学的整理、分类、分析、比较研究的方法。当然，考古学中的类型学并非简单搬用生物学中的类型学，而是有着自身的特点，为区别起见，一般称为“考古类型学”[10]，也叫“标型学”[11]或“器物形态学”[12]。考古类型学的目的，在于通过对遗迹、遗物形态演变规律及谱系的认识，推断有关遗迹、遗物的相对年代，进而探讨不同考古学文化间的相互关系和发展序列。

2. 考古类型学的基本原理

考古类型学的基本原理，一是一般进化原理，即人类文化也是由低级向高级、由简单向复杂进化的，作为人工制品的各种器物也是不断演化的，不同时代、不同文化的器物形态会有所不同；二是相似性原理，即依据器物或遗迹的相似性进行分类、分析、比较、研究。

一般说来，作为人类生产品的各种器物的形态或样式，取决于人们生产、生活的需要，同时也受到意识形态方面，如审美观、价值观等的影响。这几种因素往往综合成一种特定的力量、形成牢固的文化传统，决定着器物特定形态。在历史的发展过程中，如果上述因素基本无变化，已有的器物形态就会基本稳定不变；如果这些因素，哪怕是其中之一发生了变化，就可能影响到器物形态相应地发生变化。人类文化又是多种多样的，不同的人类共同体由于生产、生活方式的差异和价值观、审美观的不同，生产物的形态也不尽相同；而同一共同体，在同一时期内，由于生产、生活方式和观念等方面的一致性和稳定性，器物形态也就具有相对稳定的、共同的特点。由于人类社会是不断进步的，各种文化因素也是不断发生变化的，器物的形态也常常随之改变。因此，器物的稳定性是相对的，变化性则是绝对的，器物的形态既具有历史阶段的稳定性，又具有明显的时代与文化特色。既然器物形态是不断发展变化的，不同时代、不同文化的器物形态就会有所不同，这就为依据器物形态特征及其变化研究不同时代、不同文化器物形态演变规律提供了可能，进而依据这种规律性的认识，判定遗迹、遗物的相对年代，确定与区分不同的考古学文化，进而建立人类社会及其文化发生、发展、演变的时空框架，探讨各民族文化间的相互关系及其演变过程。

3. 遗物相对年代的研究

作为考古学研究对象的一切遗迹、遗物，都必须确定其时空位置。没有时间定位的资料，将大大失去科学价值。考古类型学研究的首要任务，就是确定大量的出土物的相对年代关系（同时的或先后的关系）。这是类型学分析研究的基础。因此，考古类型学的研究，可在地层关系研究的基础上，通过对器物本身的研究，进一步检验地层关系所确定的遗物的相对年代，将不同时期制作的器物区别开来。

（1）依据地层关系来判定遗物的相对年代关系

考古发掘的一切遗物均出土于地层或处于一定地层关系的遗迹中，故考古类型学研究必须建立在考古地层学对遗址中各类遗迹、遗物相对年代研究的基础之上。然而依据地层关系判断出土遗物的相对年代关系（先后关系或同时关系），一般指的是它们废弃或埋入的年代，而并非制造的年代。遗物在地层中的关系还需要做进一步的分析才能确定。

依据地层关系，出土于同一地层单位（同一文化层、同一灰坑或同一墓葬等）的遗物构成共存关系，它们的年代应视为同时；出土于有叠压或打破关系各地层单位中的遗物，被废弃或埋入的时间有早有晚，它们之间的相对年代应是先后关系。如前所述，依据地层关系确定遗物间的关系，指的是它们的埋藏时间。实际情况是，即使有共存关系的器物，它们各自的制造年代也可能会有差异，有时还会有很大的差异。因为器物形态是在制造时而不是在废弃时确定的。有些器物使用时间很长，有些则很短。同时制造的不一定同时废弃，而同时废弃的不一定同时制造。造成这种情况的原因：一是有些耐用的器物（如石器和金属器等）可能使用了很长时间后才与其他一些较晚制作的易碎器物（如陶器）一同被废弃埋入地层或某一遗迹单位中。二是晚期人类的活动可能经常把一些早期地层中的遗物扰动上来，并最后混入晚期形成的地层或遗迹单位中，故晚期地层单位中经常会或多或少地包含早期的遗物。因此，同一地层或遗迹单位中的一些遗物的制作年代可能会有差别。此外，如果甲器物很早以前就被制造并使用了很长时间才废弃，乙器物制造不久就损坏并先于甲器物埋入地下，这样乙器物就会处于下层而甲器物反而会处于上层。在整理过程中，为了避免因这种偶然事例造成的年代颠倒，我们应尽可能多地用多组地层关系和共存关系进行互证。如果有几组地层关系证明某几种器物共存或有先后关系，那么所得出的认识的可靠性就较高。如果有多组地层关系反复证明了这种认识，那么认识的可能性就成为必然性了。总之，地层关系越多、器物的种类越多，可靠性也就越大。

（2）依据器物的分析判定遗物的相对年代关系

人类生产制作的物品具有多样化的特点。不同质地、不同用途的物品，使用的时间可能不同；质地和用途不同的物品，使用的时间可能相同或相近。分析器物的质地和用途，对于判定它们的相对年代关系也有一定的帮助。

1）耐用品和非耐用品

耐用品具有不易损坏、使用时间较长、变化较慢的特点。例如，有些青铜器特别是青铜容器，可以沿用很长时间，仅仅从地层关系来确定它们制作的时间，产生的误差就可能较大。而共存于同一遗迹单位的非耐用品，由于易损坏、使用时间较短、变化较快，它们同时的可能性就较大。

2）珍贵品与普通品

有些珍贵品尽管不一定很结实，但由于人类重视而保存的时间很长。而大量的普通品，特别是那些易碎的日用陶器，使用的时间较短、易更新、易变化。因此，同一地层单位中的陶器同时的可能性较大。依据陶器来判定某些遗迹、遗物的相对年代的准确性也就较高。在类型学研究中，特别是在史前考古学研究中，陶器是最受考古学家重视的一类器物。

3）实用品和明器

实用品不管其耐用与否，总是要使用一段时间。而专为死者制作的明器，多是同时整套制作的，除了随葬再无其他用途。因此，出于同一座墓葬的随葬明器的同时性最大，根据明器来判定有关墓葬及其随葬品的相对年代，就最为准确。

（3）依据遗物的埋藏情况判定相对年代关系

不同地层单位中的器物，由于埋入的情况不同，其同时性也就有所差异。对地层单位的分析，有助于判定其中包含的遗物间的关系。

1）墓葬中的随葬品，多是一次性埋入的，属于同时的可能性较大。特别是明器，多为同时制作的，属于同时的可能性最大。

2）突然废弃（地震、火灾等）的房屋、作坊内留存的成批陶器和石、骨器等，它们的同时性也较大。

3）一般灰坑或窖穴、水井等废弃后，不会马上填埋起来，往往会延续一段时间，其包含物的同时性虽不如墓葬等，但相距的时间不会太长。

4）文化层形成的时间一般较长，加之发掘过程中对层界线的划分很难做到十分准确，故同一层中出土的器物的同时性也就相对较小。

在整理过程中，应尽可能依据墓葬、灰坑等可靠性较好的遗迹中出土的器物，来判定地层中遗物的关系。此外，在原生文化堆积序列中，虽然晚期地层或遗迹单位中可能含有早期的遗物，而早期地层或遗迹中，不应含有晚期的遗物。据此，要求发掘者依据地层关系自早至晚依次整理各个地层单位中的遗物。当整理者熟悉了早期遗物的形态特征后，就能比较容易地把混入晚期地层单位中的早期遗物区别开来。

4. 器物的类型学研究

在通过类型学研究检验、确定了遗物的相对年代关系后，即可对器物形态、质地、纹饰、制法、用途等方面进行全面考察，进行类、型、式的划分与典型器物发展序列的研究。

（1）器物的分类

类是最大的分类单位，主要依据器物的质料、用途进行划分。如依据器物的质料可分为石器、陶器、木器、骨器、铜器等若干大类。每一大类器物中又依据其主要用途细分为若干亚类，如生产工具、武器、生活用具、装饰品、艺术品等。每一亚类器物中又可根据具体功用再细分为若干次类，如生产工具中有农业工具类、手工业工具类、渔猎工具类等；生活用具中有炊器类、水器类、食器类等。每一次类都由若干用途相同或相近而形态各异的器物组成。

（2）器物的分型

型是类别之下的次一级分类单位，是对某一形态器物共性的概括，主要依据器物形态进行划分，如炊器类的陶器有鼎、鬲、釜等；水器类有瓶、壶、罐、缸等；食器类有盘、碗、钵、盆等。有些类别中可能包括了两个或两个以上的形态，如鼎有盆形鼎、罐形鼎等；鬲有分裆鬲、联裆鬲等；瓶有尖底瓶、平底瓶等。这些不同形态的器物，可能有各自的源流，各自的形态演变过程，故型是对一类有演变序列的器物总的特征的概括，如凡具有小口尖底特征的瓶类器，均可归为一个型别。型别号一般用大写拉丁字母A、B、C……表示，如A型鼎、B型鼎等。有时为了充分表达器物形态变化层次，型之下还可再分亚型，亚型号用小写拉丁字母a、b、c……表示，如Aa型鼎、Ab型鼎等。

（3）器物的分式

式是型之下的次一级分类单位，每一型器物依其形态演变过程的阶段性变化，选出从早到晚各个阶段的标准器形，分为若干式，代表这一型器物各个演化阶段的特征。例如，仰韶文化的小口尖底瓶，早期为杯形口，中期为重唇口，晚期为喇叭口。它们分别代表了小口尖底瓶自早到晚的三

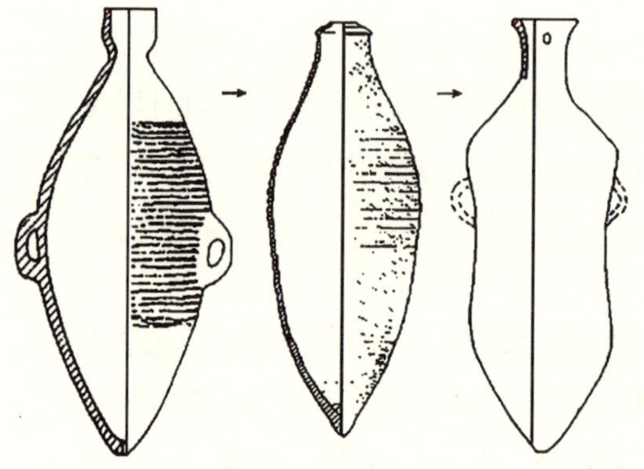

图2-8 仰韶文化小口尖底瓶演变图
1. Ⅰ式 2. Ⅱ式 3. Ⅲ式

个演变阶段，可分为3个式别（图2-8）。式别号一般用罗马数字Ⅰ、Ⅱ、Ⅲ……表示。

（4）典型器物及其发展序列的类型学研究

当我们观察各类器物后，就会发现有些种类的器物存在时间很短，有些器物存在时间很长；有些器物变化得很快，有些器物则变化得很慢。由于每一类别的器物种类很多，为了能够看出器物在不同发展阶段的演变特征，在分类过程中，可以选出若干典型器物进行型式的划分与排比。

所谓典型器物，是指那些数量多、易损坏、变化快的器物。数量多的器物不仅在文化遗存中具有普遍的代表意义，也广泛存在于同时或不同时代的多个地层单位中，便于纵向和横向的比较研究；易损坏的器物说明它们的制作时间与废弃时间相差不远，便于确定它们较准确的年代关系；变化快的器物易于观察它们的形态演变过程，便于较精细地把握器物形态在各发展阶段的变化及其规律性。

典型器物选定之后，即可进行型、式的划分与排比。在这里，型是质地、制法、用途相同的某一形态器物共性的概括，一个型就是一个发展序列。式则是该型器物在一定阶段许多个体共性的概括，代表了该阶段该型器物的突出特征。一个型包括了若干式，表示了一个完整的器物演变序列。当我们把一型器物的各式由早到晚排列起来，就可看出该型器物的发展演变过程。型式的划分既要注意对器物的总体观察，以便把握该型器物的共性；又要注意对许多个体器物各部位（口、唇、颈、耳、肩、腹、底、裆、纹饰等）的观察，以便区分不同阶段器物的形态变化。

（5）器物的组合与分期的类型学研究

当研究者建立了若干器物的形态演变序列后，可以看出每一序列的器物演变速度不尽相同。如某型器物分为四式，另一类器物则在大体相同的时间范围内可分为二式；有些类型的器物出现较早，有些则在较晚阶段才产生；有些器物的演变与该文化共始终，有些器物则只存在于早期或晚期阶段。如果以各型序列为标准分别进行分期的话，可能会产生若干个很不相同的分期方案，使人无所适从。但如果将它们排列在一起进行对比（表2-1），即可看出，某几型器物常在同一时间范围内共存，构成较为稳定的型别器物组合关系，而在较晚阶段，或是某型器物消失了，或是在原有的器物组合中增加了新型器物。这种型别器物组合一般变化较慢，应是一种时代特征的集中概括。型别组合间的差别，应表现为较大的文化期别甚至文化间的差别，如仰韶文化墓葬中常见瓶、盆、钵、罐组合，西周墓葬中常见鼎、鬲、豆、罐组合，东周墓葬中常见鼎、豆、壶组合，汉代墓葬中则常见鼎、盒、壶组合等。而式别器物组合的变化，反映的应是较小文化期别的差异或更小的文化发展阶段的差别，如渭水流域仰韶文化早期是杯口尖底瓶、直口圜底钵、圜底盆、直腹罐等组合，仰韶中期是重唇口尖底瓶、敛口平底钵或曲腹钵、曲腹盆、斜腹罐等组合，仰韶晚期则是喇叭口尖底瓶、浅腹钵、浅腹盆、厚唇罐（缸）等组合。仰韶文化分期正是依据这些式别组合变化划分的。

表2-1　典型器物演变分期表

分期与分段		小口瓶	平底盆	直腹罐	细颈壶	圈足杯
分期	分段					
一期	1段	Ⅰ	Ⅰ	Ⅰ	Ⅰ	
	2段	Ⅱ		Ⅱ	Ⅱ	
二期	3段	Ⅲ	Ⅱ	Ⅲ		Ⅰ
	4段	Ⅳ		Ⅳ		Ⅱ

当这种分期认识经过若干次发掘的地层学和类型学的检验和修正后，即可成为一种文化器物分期断代的标尺，用于指导以后的发掘或遗址间的比较研究。

三、文化因素分析法与文化区系研究

（一）文化因素分析法

1. 文化因素与文化因素分析法

任何一种人类文化，都是由物质的（衣、食、住、行等）、社会的（社会制度、社会组织等）、精神的（价值观、道德观、审美观、宗教观等）许多内容组成的。俞伟超先生认为，考古学上的所谓文化因素

> 其具体内涵几乎可以包括考古遗存中凡因人力作用而形成的各种物品的一切方面的特征，诸如居住址的位置选择、聚落的规划、建筑物的营造技术和形式、生产的内容和手段、墓葬的形制、葬式、随葬品的组合以及各种器物的形态和纹饰的特征等等[13]。

任何一种人类文化不仅存在于一定的自然环境中，而且生存于一定的文化环境中。所谓文化环境，是指一种文化与周邻其他文化的关系。一种人类文化形成之后，便不断地向外传播自己的文化因素，同时也在文化间的交流过程中，不断地吸收其他文化的因素以促进自己的发展。两种或两种以上的文化间的相互接触、交流、借鉴等，都会使文化内部出现一些来自其他文化的因素。因此，文化总是在传统的基础上不断创新、不断吸收其他先进文化因素而发展的，都是由自身的传统因素和新因素（创造的或外来的）等整合而成的。

所谓文化因素分析，就是通过一定时空范围的类型学比较研究和定性定量的分析、统计，确定考古学文化中各种因素所占的比例，究明各文化因素的来源，判定文化的属性，探讨文化的形成和发展过程。

文化因素的分析研究，是建立在若干遗址的考古地层学、考古类型学研究的基础上的。特别是一些典型遗址的文化遗存和分期研究，可为我们建立比较研究的标尺。当考古学家建立了若干个文化的器物类型学的分期

断代标尺后，便可在更大范围内对不同文化间的器物进行对比研究，搞清诸考古学文化的时空分布范围，探讨各种文化因素的来源，究明不同文化的各自特征及文化间的相互关系等问题。当然，这些标尺本身还需要在发现与研究过程中不断修订和完善。

2. 典型器与标型器

所谓典型器物，是指那些数量多、易损坏、变化快的器物。数量多的器物不仅在文化遗存中具有普遍的代表意义，也广泛存在于同时或不同时代的多个地层单位中，便于纵向和横向的比较研究；易损坏的器物说明它们的制作时间与废弃时间相差不远，便于确定它们较准确的年代关系；变化快的器物易于观察它们的形态演变过程，便于较精细地把握器物形态在各发展阶段的变化及其规律性。

标型器，即标准形制器物，是从某类典型器中选出的具有时空方面代表意义或标尺作用的器物。标型器应能代表某类典型器的主要共性特征，如小口、尖底是仰韶文化尖底瓶的共性特征，不仅广泛存在于仰韶文化各遗址中（空间），而且伴随仰韶文化始终（时间）。器物形态是变化的，同一类典型器物在不同的时间范围内有所变化，故不同发展阶段上又应选出阶段性的标型器，以代表该类器物的纵向发展过程。选择的标准应首选完整器形者，在没有完整器形的情况下，应选择那些最能反映该阶段器物演变特征的部位，如口部或底部。

3. 形态标准与数量标准

如何界定文化的属性？有两个标准，即形态标准和数量标准。

形态标准是一种考古学文化区别于其他考古学文化的物质遗存形态特征。以陶器为例，一种区别于其他文化的典型陶器即为一种形态标准，凡属同一种考古学文化遗存，同类陶器的形态、制法、纹饰应相同或相似。

数量标准是由若干形态标准集合而成，即若干种能代表该文化特征的典型陶器构成了该文化的数量标准，即为了防止判断的主观性，在确定文化属性时，要求不仅某一文化因素相同或相似，而且同时必须有若干主要的文化因素相同（或相似）而并存，从而构成判断的数量的标准。

以上两个标准成为捕捉文化因素谱系关系的基础。因为文化因素是空间性传播的，所以如果实际情况是分布在连续性空间的话，那么某一因素的发源地和现在分布地之间必然留有传播的痕迹，而若干相同形态的文化因素分布的空间范围就形成了文化区。两个遗址如果有大量文化因素相同，即可判断属同一文化。

4. 传统因素与新因素

任何一种人类文化总是在传统基础上不断创新、不断吸收其他文化因素而发展的。在文化因素的分析中，传统因素是探索文化渊源的主要线索，新因素则是分析文化发展阶段和文化间相互关系的关键。对一种考古学文化而言，尽管由于文化的逐渐进步和外来文化的影响，文化会或多或少地发生变化而产生新因素，但如果自身的传统因素始终占主导地位，那么该文化的属性不变。如果遗址中某一层次遗存中新因素占据了文化的主体，则表示其内涵发生了重大的变化，或是文化发展进入了一个全新的发展时期，或是应归属于主体因素显示的其他文化体系。

在文化因素的分析过程中，应尽可能对文化的各个方面包括生产工具、生活用具、建筑形式和技术、墓葬形制、埋葬习俗、随葬品组合等进行全面的分析、比较。其中，对各遗址中都普遍存在的大量陶器的分析、比较尤为重要。对陶器来说，不同文化因素的特征主要表现在陶质、陶色、器类、形态、纹饰、制法这6个方面，特别是器类、形态、纹饰方面的特点最为突出。具体做法：先做好陶系、纹饰、制法、器形等方面的统计，然后将各类统计结果同其他遗址或文化进行比较，依据同类相比的原则，通过器物的相似性与量的统计区别各种文化因素及其来源；通过器物相异性与量的统计来判断各自的特点及其属性。例如，甲文化存在大量的A类陶器，与甲文化同时或稍晚的乙文化仅有少量的这类陶器，即可判定A类陶器是甲文化的传统因素，乙文化出现这类陶器是受甲文化影响的结果。统计各种文化因素在遗存中所占的比例，确定何种文化的因素居主要地位，何种文化因素居次要地位，就可判断该遗存的文化属性。如果甲遗址中有大量与乙遗址不同的因素，而与丙遗址基本相同，则可判断甲遗址与丙遗址属同一文化，而与乙遗址分属不同的文化。如果甲遗址的特征不同于已知的任何考古学文化，那么就可确定为一种新的考古学文化。

5. 微观比较与宏观比较

遗迹与遗迹间、遗物与遗物间的比较属微观比较，由此可确定文化层、遗迹乃至遗址的文化属性，或某种文化因素的来源。由此文化因素分析的时空范围可进一步扩大，上升到一个宏观的层面，确定了若干种考古学文化的早晚关系、文化与文化之间的承袭或并存关系，进而确定它们是属同一文化系统还是不同文化系统。当确立了若干个考古学文化系统后，又可通过文化因素的分析比较，确定各文化系统之间的关系，最终建立起一个地区乃至更大范围内的考古学文化的时空框架，为进一步探索人类的历史奠定基础。在这样一个过程中，微观和宏观是相对的，如遗址的研究对于具体的遗迹、遗物研究来说是宏观的，但相对于遗址与遗址间的比较研究即遗址群的研究又是微观的，遗址群的研究对于文化的研究来说又是微观的，而一个文化的研究相对于一个文化系统乃至一个大区域的文化框架来说又是微观的。这样就形成了一个由微观到宏观递进的分析研究过程。

（二）文化区系研究

考古学文化区系研究（即考古学文化区系类型论）是1981年苏秉琦等先生在《关于考古学文化的区系类型问题》[14]一文中正式提出的。之后，经过许多学者的不断探索，这一理论与方法日渐趋于完善。

考古学文化区系研究是建立在中间层次的聚落考古和文化因素分析研究的基础之上，宏观地进行文化间、文化系统间比较研究的理论与方法。目的在于建立古代文化发展的基本时空框架体系。考古学文化区系类型论的基本概念有三个，即文化区（区）、文化系统（系）和文化类型（类型）。这三个概念既有区别，又有密切的关系。

1. 考古学文化

考古学文化，是指代表同一时代的、集中于一定地域的、有一定地方性特征的古代人类遗存共同体。一种考古学文化，一般由若干性质、特征、年代相同的遗址组成，它们应属于古代某一特定的社会集团（部落、部落联盟、民族等）。由于同一社会集团具有共同的生活方式、文化传统、审美观念和价值观念等，反映在遗迹、遗物上，表现出较多共同性，而不同人类集团的遗存之间则往往有着明显的差异。因此，考古学文化是由人类文化遗存构成的，是依据遗迹、遗物的特征区别的；考古学文化的研究，就是对各种遗迹、遗物、遗址及其反映的技术的、社会的、精神的等方面的全面的综合研究。

然而，在一个考古学文化分布区域内，往往由于微环境条件的差异和邻近其他文化的影响，同一时期不同地方的文化遗存在主体因素基本一致的前提下，又表现出某种程度的差别，这种地域性差异，一般用文化类型来表示。一种考古学文化，可能由若干个文化类型构成，因此文化类型可理解为考古学文化的分支或亚文化。每一文化类型，都由分布在同一地域、具有共同特征的若干聚落遗址——聚落遗址群构成。因此，考古学文化的构成是可分层次的，即聚落遗址—聚落遗址群—考古学文化。

2. 考古学文化区

考古学文化区，指的是考古学文化分布的地理空间范围。考古学文化区的划分，主要是依据考古地层学和类型学，对有关遗迹、遗物的研究而确定的。当考古学家通过调查、发掘与研究，搞清了一种考古学文化的基本特征后，即可通过地层学和类型学的研究，在更大范围内、不同遗址间进行比较，确定相同考古学文化遗存分布的空间范围。一种考古学文化分布的空间范围就是一个考古学文化区；分为“中心区”和“边缘地区”或“边区”，由中心区到边区典型文化因素依次减少。需要说明的是，文化区的概念是一个历史的范畴，文化区的文化特色、文化中心和文化区的界线在一个具体的历史时期内是大体固定的，但也会随着文化的发展与演变而不断变化。考古学文化区的划分，目的在于搞清各种考古学文化在一定时期内的空间分布，从而为文化间的横向比较研究奠定基础。

3. 考古学文化系统

所谓文化系统，即文化发展系统，指的是考古学文化的纵向发展过程。一个文化发展系统，一般由若干有纵向发展关系的考古学文化构成。考古学文化不仅具有分布空间上的统一性，而且具有发展过程中的连续性的特点，某些文化要素甚至能成为世代相传的连续体，相同的生活方式能够延续很长时间，从而形成文化传统。那些具有前后相承关系的考古学文化，即构成文化发展系统。文化发展系统的建立，目的在于阐明考古学文化的形成、发展及消亡过程，以及不同文化区、系之间的关系。

当我们确定了若干种考古学文化及其早晚关系后，又可通过文化间的比较研究，确定各种考古学文化之间的关系，即它们是属于同一文化系统还是不同文化系统。当确立了若干个考古学文化系统后，又可通过文化系统间的分析比较，确定各文化系统之间的关系，最终建立起一个地区乃至更大范围内的考古学文化的时空框架。如中国新石器时代可分为华北、西北、东北、华中、华南等五大文化区，每大区之下又可分为若干小区，每小区自早至晚由若干文化构成相对独立的文化系统，若干文化系统纵横关系构成中国新石器时代考古学文化的基本时空框架。

参考书目

[1] 苏秉琦、殷玮璋：《关于考古学文化的区系类型问题》，《文物》1981年第5期。

[2] 苏秉琦：《地层学与器物形态学》，《文物》1982年第4期。

[3] 严文明：《考古遗址发掘中的地层学研究》，《走向21世纪的考古学》，三秦出版社，1997年。

[4] 严文明：《考古资料整理中的标型学研究》，《考古与文物》1985年第4期。

[5] 俞伟超：《关于“考古地层学”问题》，《考古学是什么》，中国社会科学出版社，1996年。

[6] 俞伟超：《关于“考古类型学”的问题》，《考古学是什么》，中国社会科学出版社，1996年。

[7] 俞伟超：《楚文化的研究与文化因素的分析》，《考古学是什么》，中国社会科学出版社，1996年。

[8] 张忠培：《地层学与类型学的若干问题》，《文物》1983年第5期。

[9] 李伯谦：《论文化因素分析方法》，《中国文物报》1988年11月4日第3版。

[10] 汤惠生：《中国考古类型学的形成与发展》，《文博》2006年第5期。

注释

[1] 俞伟超：《关于“考古地层学”问题》，《考古学是什么》，中国社会科学出版社，1996 年。

[2] 〔英〕格林·丹尼尔著，黄其煦译：《考古学一百五十年》，文物出版社，1987 年，第 161 页。

[3] 李济：《西阴村史前的遗存》，《三晋考古》（第二辑），山西人民出版社，1996 年。

[4] 梁思永：《后岗发掘小记》，《梁思永考古学论文集》，科学出版社，1959 年。

[5] 夏鼐：《齐家期墓葬的新发现及其年代之改订》，《中国考古学报》（第三期），商务印书馆，1948 年。

[6] 张昌平：《关于三峡地区田野考古工作的几点认识》，《中国文物报》1998 年 7 月 15 日第 3 版。

[7] 〔瑞典〕蒙特柳斯著，滕固译：《先史考古学方法论》，商务印书馆，1937 年。

[8] 梁思永：《山西西阴村史前遗址的新石器时代的陶器》，《梁思永考古学论文集》，科学出版社，1959 年。

[9] 苏秉琦：《瓦鬲的研究》，《苏秉琦考古学论述选集》，文物出版社，1984 年。

[10] 俞伟超：《关于“考古地层学”问题》，《考古学是什么》，中国社会科学出版社，1996 年。

[11] 严文明：《考古资料整理中的标型学研究》，《考古与文物》1985 年第 4 期。

[12] 苏秉琦、殷玮璋：《地层学与器物形态学》，《文物》1982 年第 4 期。

[13] 俞伟超：《楚文化的研究与文化因素的分析》，《考古学是什么》，中国社会科学出版社，1996 年。

[14] 苏秉琦、殷玮璋：《关于考古学文化的区系类型问题》，《文物》1981 年第 5 期。

第三讲

中国考古学的年代与分期

一、考古学年代概念与分期方法

（一）考古学年代的基本概念

从时间范围来讲，考古学是研究古代社会历史及其发展规律的学科，是在时间的过程中考察人类文化的发展变化过程的，可以说是“时间”的科学。因此，年代的概念在考古学研究中是十分重要的，由于没有时间定位的资料是没有什么科学研究的意义的，所以对遗迹、遗物年代的断定是研究工作中最基本的一环。考古学年代的基本概念，包括相对年代和绝对年代两个方面。

1. 相对年代

所谓相对年代，是指遗迹、遗物在时间上的先后关系，即文化遗存先后时序的年代，如“旧石器时代”“新石器时代”和“仰韶文化早期”“龙山时代”“商代后期”等。断定相对年代主要依靠考古地层学和类型学的方法，这是考古学范围内的两种主要的断代方法。在正常情况下，地层形成的顺序是早期的堆积在下，晚期的堆积在上；在考古发掘中，考古地层学断代的要旨是，先确定各层文化堆积形成的先后顺序，然后依据这一相对年代关系进而确定包含于各地层中的遗迹、遗物的相对年代关系。考古类型学断代的要旨是，在考古地层学确定了遗迹、遗物早晚关系的基础上，依据器物（或遗迹）型式差异程度排比出一类或几类器物从早到晚的形态演变“系列”，并确定每一“系列”中各类器物各阶段的标准型式。这样这些“系列”既代表了各类器物的演化过程，又体现了这些“系列”中各个阶段标准型式间的相对年代关系。

2. 绝对年代

所谓绝对年代，是指遗迹、遗物做成的具体时间。断定绝对年代的方法，在历史时期的考古学领域，主要依据文献记载、年历学和各种有纪年文字的遗物；在没有文字记载的史前时期，则主要依赖于现代科学技术中的测年技术与方法。常用的测定绝对年代的方法有放射性碳素（^{14}C）法、古地磁法、钾-氩法、铀系法等（表3-1）。其中，放射性碳素法适用于5万年的范围内，主要用于新石器时代考古断代。我国自1965年开始应用^{14}C测年技术以来，测定了大量的数据，基本上建立了新石器时代各时期、主要文化的编年体系。古地磁法、钾-氩法、铀系法等主要用于旧石器时代。

表3-1　年代测定方法表

断代技术	样品物质	测年范围
放射性碳素（^{14}C）	含碳物质（动植物遗体）	5万年以内
古地磁	黏土	3万年以上
热释光（TL）	陶器、火烧土	100万年以内
含氟量（F）	骨、牙	数百万年以内
钾-氩（K-Ar）	火成岩	10万年以上
裂变径迹（FT）	火山灰、玻璃、石器、陶器	数千年至数百万年
树木年轮	木	1万年以内
氨基酸外消旋	骨	数千年至数百万年
黑曜岩水合	黑曜岩制品	几十万年以内
铀系	碳酸岩、骨、牙、贝壳	数千年至45万年

（二）考古学的分期方法

在考古学研究史上，分期是人们最早关注的问题之一。所谓分期，就是对文化发展阶段的划分，旨在揭示人类文化发展过程各个阶段的特征。关于考古学分期，依据不同的分期标志和不同的目的，有不同的分期方法。各种分期法在不同的场合发挥着不同的作用。

1. 二分法

二分法就是以文字记载的有无为标志，将人类文化史分为“史前时期”和“历史时期”两大发展阶段的分期法。

“史前”这一名词，是由英国学者丹尼尔·威尔逊，在他1851年出版的《苏格兰考古及史前史年鉴》中首先使用的[1]。史前时期是指文字出现以前的人类历史时期，史前时期的考古学称为史前考古学。人类的史前史没有任何文字记载可供依据，主要依靠考古学资料、应用考古学方法来复原，故史前考古学几乎承担了重建人类史前史的最主要责任，史前考古学对于史前史研究尤为重要。也正是由于史前考古学研究中没有可供参证的文献记载，故在遗迹、遗物绝对年代（即遗迹、遗物做成的具体时间）的断定、人类的起源及其体质的演变、人类生存环境的复原、器物用途的认识、社会组织的探讨等方面，需要自然科学技术、地质学、古人类学、古生物学、民族学、民俗学等学科的紧密配合，才能卓有成效地进行。

历史时期是以文字出现为开始标志的，这一时期的考古学称为历史考古学。历史考古学以有文献记载以后的人类历史为研究的时间范围。虽然仍以人类的文化遗存为主要研究对象，但可用文献资料来互证而与史前考古学有较大的区别，如断定绝对年代主要依靠文献记载和考古调查发掘中获得的碑刻、墓志、简牍以及其他各种有纪年铭文的器物及年历学的研究。历史考古学在其研究过程中必须同历史学紧密配合，二者相辅相成，才能共同完成究明历史时期人类社会的任务。此外，历史考古学在探索有关古建筑的结构与特点、了解各种器物的原材料成分及产地、研究器物的制造工艺等方面时，也需要借用古建筑学、物理学、化学及工艺学的研究成果。

2. 三分法

三分法是以人类制作生产工具或武器的原料与技术的演变，将人类文化史划分为石器时代、青铜器时代、铁器时代三大时期的分期法。这一分期法，是1819年，丹麦国家博物馆馆长汤姆森（C. J. Thomsen）依据馆藏古物的分类，提出的欧洲史前文化依次发展的三个阶段，被称为“三期说”[2]；1836年，他在《北欧古物导论》一书中，明确地讲述了“三期说”的概念。以后经田野考古发掘中地层关系的证实而为世界考古学所承认，并为世界考古学界所通用。

3. 六分法

六分法是在汤姆森“三期说”基础上的进一步细分。1865年，英国考古学家约翰·卢伯克（J. Lubbock）在《史前时代》一书中，依据石器制作方法的演变，进一步把石器时代细分为旧石器时代和新石器时代两个阶段[3]。其中旧石器时代是打制石器时代，完全依靠采集和渔猎生活；新石器时代是磨制石器时代，至少部分地依靠栽培农作物和驯养家畜为生。卢伯克的这一分期提出后，很快为考古学界所接受，成为石器时代最常用的分期术语。

1892年，英国学者艾伦·布朗，建议在新、旧石器时代之间，加上一个居中的时代，称之为“中石器时代”[4]，作为旧石器时代与新石器时代之间过渡的桥梁。20世纪30年代，英国考古学家克拉克（G. Clark）在其《英国的中石器时代》（1932年）和《北欧的中石器文化》（1936年）著作中，确立了“中石器时代”在欧洲考古学分期的地位[5]。在欧洲，一般认为中石器时代属地质时代的全新世，经济生活以采集、渔猎为主；石器以几何形细石器为主要特色，尚无磨制石器和陶器。中国属于这一时期的人类文化遗存目前发现很少，因此，中国的石器时代考古分期序列中有无中石器时代，在学术界尚有不同的看法。

1877年，意大利学者G. 基耶里克提出在新石器时代和青铜器时代之间，增加一个过渡时期，称之为“铜石并用时代”[6]。其特征是已开始用冷锻或铸造法制造红铜工具，但主要的工具仍是各类石器。1984年，严文明先生依据仰韶时代晚期和龙山时代已出现小型的红铜和青铜器的情况，提出了“中国铜石并用时代”的观点，并将这一时代划分为早、晚两期。指出：“因为铜石并用时代只是一个过渡时代，它有时也可以包括在广义的新石器时代之中。”[7]

这样，在三分法的基础上，经过许多学者的进一步研究，人类文化史的发展被分为六大阶段，即旧石器时代、中石器时代、新石器时代、铜石并用时代、青铜器时代、早期铁器时代。需要说明的是，首先，对这种分期学术界尚存在不同的看法，如有的学者认为所谓中石器时代和铜石并用时代，只是人类文化发展过程中的短暂的过渡时期，不宜作为独立的文化发展阶段。其次，这一分期是就世界人类文化的总体发展的过程而言的，并不一定适用于所有的具体的民族文化，如日本文化的发展过程中就没有经过青铜器时代，而是从相当于新石器时代的绳纹文化直接进入铁器时代的弥生文化。

二、中国史前考古学分期

（一）中国史前考古分期的历史回顾

中国考古学也可以分为史前考古和历史考古两大分支。中国历史时期考古由于有大量文献记录的年代框架为依据，故多据文献资料和考古资料进行划分。而中国史前考古分期，一方面由于无文献可据，主要依据考古资料进行划分；另一方面随着史前考古的新发现和研究的深入，分期的标准等也在不断发生变化，史前考古分期问题也就成为不断探索的问题之一。

早在东汉时期，袁康在《越绝书·宝剑篇》中提出了“轩辕、神农、赫胥之时，以石为兵……至黄帝之时，以玉为兵……禹穴之时，以铜为兵……当此之时，作铁兵”的古代兵器发展序列。很难想象，袁康如没经过对古代兵器发展演变的观察研究，能够做出与19世纪西方考古学“三期说”基本相同的结论。因此这一认识可看作中国文化分期的萌芽。

1. 中国旧石器时代考古分期的历史回顾

中国旧石器时代考古分期研究始于20世纪二三十年代的一系列考古发现。1921年，北京周口店第1地点发现了人类牙齿化石。1922～1923年，又在河套地区相继发现并发掘了宁夏灵武水洞沟、内蒙古乌审旗大沟湾等旧石器地点，并在大沟湾发现一枚人类牙齿化石[8]。经研究，这些材料被命名为“河套人”和“河套文化”，属旧石器时代中期[9]。以后，随着周口店人类化石和文化遗址的不断发现，北京猿人被确定为直立人阶段的人类，北京猿人文化早于“河套文化”而属于旧石器时代早期。1933年，山顶洞人及其文化的发现与确立，使得旧石器时代考古三分法分期的框架基本建立，即旧石器时代早期的北京猿人及其文化，旧石器时代中期的河套人及其文化（以后的发现与研究确定其为旧石器时代晚期）、旧石器时代晚期的山顶洞人及其文化。因此，在中国的史前考古学中，首先建立起分期体系的是旧石器时代考古。

20世纪50年代以来，大量的古人类化石发现使得人类发展阶段的划分逐渐明晰。“大荔人”“丁村人”“长阳人”“马坝人”化石的发现填补了旧石器时代中期人类化石的空白；“蓝田直立人”“元谋直立人”“巫山直立人”化石的发现则将中国内陆人类的出现时间推向距今100多万年以前。基于上述发现与研究，人类发展的早期猿人、晚期猿人、早期智人、晚期智人四阶段划分基本确立[10]。人类发展阶段的划分，为中国旧石器时代考古分期提供了重要参考。

20世纪50年代以来，旧石器时代的人类文化遗存有了许多突破性发现。特别是早更新世地层中石器的发现，使得中国旧石器时代开始的时间大大向前推移。截至20世纪末，中国已报道的早更新世旧石器时代遗址或地点已达24处，“在中国，早更新世的旧石器时代考古虽然有这样或那样的问题，但早更新世存在人类遗迹的事实已经被世人所接受”[11]。特别是在泥河湾盆地，发现了马圈沟、小长梁等一系列早更新世的旧石器遗存，使得中国的旧石器文化可能上溯到距今200万年前[12]。山西襄汾丁村和阳高许家窑旧石器的发现大大丰富了旧石器时代中期的文化内涵。内蒙古萨拉乌苏河一带的调查和发掘，重新确定了“河套人”及其文化的期属地位；山西朔县峙峪、沁水下川等遗存的发掘与研究，对于探索华北地区旧石器时代晚期的文化特征和细石器的起源与发展提供了重要的资料。于是重新考虑业已建立起来的旧石器时代考古分期就成为不得不面对的事情。

基于上述旧石器考古的发现与研究，大部分学者是在过去三分法的基础上对旧石器时代早期进行了更细阶段性划分，如将西侯度、小长梁等早更新世地层中的人类文化遗存置于旧石器时代早期前段，北京猿人文化等中更新世的人类遗存则归于旧石器时代早期后段。也有学者将中国旧石器时代早期文化分为前、中、后三个阶段[13]。

值得注意的是，有的学者将西侯度旧石器、元谋猿人及其文化、蓝田猿人及其文化、东谷坨文化等早更新世地层中的遗存从旧石器时代早期分离出来，称为“中国最早的旧石器文化”[14]。这一划分已有将中国旧石器时代文化发展阶段四分的趋势，即最早、早期、中期、晚期四个阶段。但“最早”并非是一个合适的分期术语，从旧石器时代考古发现史上看，不同时期均有当时发现的“最早”遗存。而事实上，上述遗存也并非是中国“最早的旧石器时代遗存”。近年来，在泥河湾马圈沟等地点发现了更早的旧石器，这也许还不是中国最早的旧石器时代遗存。故中国旧石器时代考古分期仍需进一步探索。

2. 关于新石器时代开始的标志问题

史前考古分期涉及的一个重要问题是旧、新石器时代的划分。自卢伯克第一次提出“新石器时代”的概念到20世纪初，虽然新石器时代的基本特征和内涵已被考古学界认识，但当时由于考古学尚处于不太成熟的阶段，有关新石器时代遗址的发掘也多集中在欧洲和地中海沿岸，故有关上述特征的形成及新石器时代开始的标志，尚未成为学术界关注的研究课题。人们一般以磨光石器与陶器的有无来区别旧、新石器时代遗址。

新石器时代是以使用磨制石器、烧造陶器、营定居生活的原始种植农业和饲养家畜为基本特征的，文化面貌与旧石器时代相比，有了巨大的变化。然而，上述特征并非同时出现，而是随着社会生产力的发展而逐步产生的。于是有人提出了“中石器时代”的概念，作为由旧石器时代向新石器时代过渡的桥梁。但在中国，所谓“中石器时代”的遗存发现很少，中石器时代的特征尚不清楚。有学者认为，中石器时代最显著的特点是石器向细小化发展，在石器制作方法上大量采用间接打击技术及压制法，由这些方法产生的细石器工具广泛应用于当时的一些主要生产领域；发明了弓箭这一远射程狩猎工具；狗作为人类最早驯养的动物，也是这一时期的产物；陕西大荔沙苑和河南许昌灵井遗存，可作为中石器时代文化的代表[15]。还有学者把华南发现的一些只出简单的局部磨制石器而不见陶片的全新世初期洞穴遗址归入中石器时代[16]。但上述特征与华北旧石器时代晚期文化特征并无显著区别，故对中国是否存在“中石器时代”这一问题，学术界仍有不同的看法[17]。

从20世纪50年代开始，在西亚一些遗址的不含陶器地层中发现了农作物种子。据此，有的学者提出了“前陶新石器时代”的概念，并认为陶器已不能成为新石器时代开始的标志，应该以农业为标志，将新石器时代与其以前的时代区别开来[18]。于是在新石器时代开始的标志问题上出现了争议和分歧。

磨制石器是最早认识的新石器时代的重要特征之一，“新石器时代”这一名称本身，就突出了磨制石器的重要地位。因此，有些学者认为，新石器时代开始的起点和标志，应该是磨制石器。否则“抹杀了新石器时代是以磨制石器为主的特征，就抹杀了新石器时代与旧石器时代的区别，新石器时代就不称其为新石器时代了”[19]。在这种认识的基础上，将华南地区一些属于全新世初期、只出简单的局部磨制石器而不见陶器和可靠的农业遗存的洞穴遗址，划归到新石器时代早期[20]。

以陶器的出现作为新石器时代开始的标志的观点，主要流行于苏联考古学界。早在19世纪中期，俄国考古学家A. A. 伊诺斯特兰采夫，就根据拉多加湖附近的发掘，对磨制石器是新石器时代的特征提出了不同的意见[21]。20世纪以来，中亚和西伯利亚发现了许多有陶器的遗址，出土的石器除了极少数局部磨制者外，大多数为打制石器，但在时间上和文化特征上却与旧石器遗存有着显著不同。此外，由于恩格斯肯定了摩尔根关于人类文化分期的标准，故苏联考古学家认为，过去那种称新石器时代为磨制石器时代的说法已经过时了，主张“新石器时代是从陶器的出现开始的”，甚至有人把新石器时代称为“陶器时代”[22]。在考古学研究中，陶器是重要的研究内容之一，陶器的变化，不仅能在一定程度上反映出文化的发展变化，而且是比较文化间异同的主要标尺之一。但是，如果把这一特征扩大化并作为新石器时代开始的唯一标准，就有片面强调陶器重要性之嫌。因为西亚的考古发现表明，在陶器出现之前，就已经有了农业；墨西哥高原中部的特瓦坎遗址（Tehuacan site），在公元前3400～前2300年就已有了发达的农业，但直到公元前2000年左右才从南美输入了一些陶器[23]。在日本列岛，早在距今12000年前的绳文时代草创期，就已出现了陶器，但直到距今3000多年前的绳文时代晚期，才有了农业。

有的学者则强调农业的重要性，认为新石器时代与旧石器时代有许多不同之处，但最主要的区别应该是人类生产、生活方式的改变。农业的出现，使人类由采集经济转变为生产经济，这是一次革命性的变化，因此，他们认为以农业的出现作为一个新的经济时代——新石器时代开始的标志最为有力[24]。还有的学者依据西亚的考古发现，认为早在陶器发明之前就已有了农业，华南全新世早期一些洞穴遗址中出土有打制或局部磨制石斧，但无陶器共存，说明当时人类大量砍伐林木，从事“砍倒烧光”的“火耕农业”，进而提出中国也曾有过一个“前陶新石器”阶段[25]。但由于在华南地区的早期洞穴遗址中，目前尚未发现可靠的农业遗存，故上述观点仍需进一步经受考古发现的验证。

一般说来，以农业的出现作为新石器时代开始的标志，对于世界大多数地区是比较适用的，但鉴定农业遗存方面还存在一些有待解决的问题。一方面，史前时期的农作物种子要保留至今很不容易，所以并非所有的农业文化遗址中都能发现农作物种子；另一方面，人类最初栽培的作物应与其野生祖本差别不大，因而鉴定最初的农作物种子具有一定的难度；而能看出与野生祖本有明显差异的农作物种子，应是人类已经栽培了很长时间的标本，用这些标本来断定农业起源的时间，显然是不合适的。

综上所述，作为新石器时代开始的标志，农业或许可作为一项主要的指标，但同时也要参考文化的其他方面因素，这样得出的判断才有可能是准确的。此外，在具体的研究中，还应注意不同地区古文化所处的自然环境的差异性，因为，生活在不同自然生态环境中的人群，其适应自然和改造自然的方式不同，所创造的文化也不尽相同。如果忽视了自然环境的差异性，总是试图把根据某一地区考古发现所得出的认识作为整个人类文化发展的一般规律，则往往会得出不符合事实的结论。

3. 中国新石器时代考古分期的历史回顾

中国新石器时代考古学分期研究，始自20世纪20年代。1925年，瑞典学者安特生出版了《甘肃考古记》一书，他主要采用类型学和由简单到复杂的一般进化理论，将甘青古文化分为六期，即齐家、仰韶、马厂、辛店、寺洼、沙井期[26]。其中前三期属新石器时代和铜石并用时代，后三期属于早期青铜器时代。尽管这一分期被后来的考古发现证实并不准确，但却开中国史前考古分期研究之先河。

20世纪三四十年代，地层学的建立，使人们开始认识到考古分期必须建立在可靠的地层关系基础之上。1931年，梁思永后岗"三叠层"的发现，确定了仰韶文化和龙山文化的早晚关系。1945年，夏鼐先生在甘肃宁定县发掘齐家文化墓葬时，在墓葬填土中发现了马家窑文化的陶片，从而确定了马家窑文化早于齐家文化。

20世纪50年代，一系列重要的考古发现促进了新石器时代的考古分期研究。1951年，苏秉琦先生在长安县沣河流域调查时，在客省庄遗址发现了仰韶文化、客省庄二期文化和周文化三叠层[27]，从而第一次确定了仰韶文化同客省庄二期文化的相对年代关系。1956年，中国科学院考古研究所在河南陕县庙底沟遗址发现了晚于仰韶文化而早于"河南龙山文化"的第二期遗存[28]。这一系列发现，确定了黄河中游几种主要的新石器文化的相对年代关系。尹达（刘曜）先生发表了《论中国新石器时代的分期问题》一文，不仅纠正了安特生的分期错误，而且指出："要想把氏族制度在我国的发展序列弄清楚，首先应当把我国业已发现的新石器时代资料的时间序列基本弄清。"[29]

1958年，北京大学考古专业师生在陕西华县、渭南一带调查时，在华县老官台遗址找到了一些有别于已知文化的陶片。为了搞清这类遗存的性质，1959年他们对老官台遗址等进行了试掘，清理了编号为H1和H2两个灰坑，出土了一些特征明显的陶片。在元君庙遗址，发现了一些同老官台遗存相同而和当地半坡类型文化有明显区别的陶器。特别是在元君庙半坡类型墓葬填土中，发现了老官台式陶片，第一次为认识老官台类型遗存和半坡类型文化的关系提供了地层证据[30]。

20世纪70年代，河北武安磁山和河南新郑裴李岗遗址的发掘，分别发现并确立了早于仰韶文化的磁山文化和裴李岗文化，使人们对仰韶文化以前的新石器时代遗存有了较多的认识。中国新石器时代被分为以前仰韶时期诸遗存为代表的早期，以仰韶文化为代表的中期和以龙山时期诸文化为代表的晚期三个阶段。此外，临潼姜寨遗址的发掘，第一次较为完整地揭露了一处仰韶文化早期的聚落遗址，促进了中国史前聚落形态考古的开展，史前考古学研究也开始逐渐由器物本位向聚落本位转变。河姆渡遗址大量稻谷遗存的发现，促进了农业起源及其发展问题的研究。人们对新石器文化内涵的认识大大丰富，从而促使文化分期由单一的陶器或石器研究向较为全面的研究转化。

20世纪80年代初，在学术界积极探讨早期新石器时代文化的同时，严文明先生根据各地所谓“龙山文化”遗存的联系与区别，一方面将其划分为几个不同的考古学文化，另一方面则将这些考古学文化所处阶段概括为“龙山时代”[31]。这种认识明显超越了不同文化遗存之间相对编年问题的讨论范畴，其中包含着对大致处于同一发展阶段的若干考古学文化共性的概括。1984年，严文明先生又发表了《论中国的铜石并用时代》一文，提出了“中国铜石并用时代”的观点，并将这一时代划分为早、晚两期。认为仰韶文化晚期可能已经进入铜石并用时代（早期），而龙山时代则属于铜石并用时代（晚期），同时指出：“因为铜石并用时代只是一个过渡时代，它有时也可以包括在广义的新石器时代之中。”[32]

1986～1987年，在河北徐水县南庄头遗址，发现有小灰沟等遗迹，出土了夹砂红陶片，还有石磨盘、磨棒、骨锥、角锥等遗物[33]，^{14}C年代测定为距今10500～9700年[34]。1993年、1995年，在江西万年县仙人洞和吊桶环遗址上部堆积（距今1.4万～0.9万年）中，发现了野生和栽培稻的植硅石陶片[35]。1993年和1995年，在湖南道县玉蟾岩洞穴遗址发现了古栽培稻遗存和陶器，年代距今约1万年前[36]。上述新发现将中国新石器时代开始的时间推进到距今1万年前，这些遗址中发现的文化遗存具有新石器时代萌芽性质的特点，将其归入前仰韶阶段的新石器时代早期显然是不合适的。因此，中国新石器时代考古分期再次面临新的问题。

20世纪90年代，严文明先生将中国史前农业发展过程划分为四个阶段，即萌芽期（约距今13000～9000年）、确立期（约距今9000～7000年）、发展期（约距今7000～5000年）、兴盛期（约距今5000～4000年）[37]。这种分期虽然是以农业的发展程度为基础的，但农业的发展必然会影响到文化的其他方面，故也应是史前考古分期必须考虑的重要因素。

（二）关于史前考古分期的标准问题

中国大陆是一个相对独立的地理单元，史前文化相对独立发展的特征较为显著。所以，中国史前考古的分期自然需要根据中国史前文化的具体发展状况进行划分。这一研究又与考古发现及相关问题的研究密切相关。多年来，许多学者曾对史前考古中的时代划分与分期问题进行探索，促进了分期问题研究的不断深入。

如前所述，分期工作是考古学最基础的研究工作。在进行史前考古分期研究时，有些认识必须廓清，即作为文化分期的考古分期，究竟以什么为标准的问题。英国学者格林·丹尼尔指出，“史前考古学家的主要任务可以认为就是区分不同的时间阶段。……作为时间阶段特征的器物组合实际上乃是人类群体物质文化的特征”。而在这一研究过程中，“有两个因素加强了这种史前史的‘时间阶段’概念。第一个是地质学的影响，史前考古学有一部分就是从地质学中衍生出来的。第二个是进化思想的广泛传播，它认为万物都是进化而产生的，无论是动物界的肉体还是人类世界的器物”[38]。显然，史前考古学分期既然是文化发展阶段的划分，人类的文化遗存理应是分期研究的最主要对象和分期标准。

然而，史前时期特别是旧石器制作技术的简单性，使得不同时期的石器特征很难区分。故在实际的分期作业中，人们常常是依据地质、古生物学的研究来判断人类化石和文化遗存的相对年代，第四纪的地质年代也常常成为旧石器时代考古分期的基本年代框架，以致旧石器时代考古分期乃至研究术语中都带有许多地质学的色彩。如旧石器时代考古分期常与地质学的更新世分期相对应，即旧石器时代早期与更新世早期和中期对应，旧石器时代中期与更新世晚期前段对应，旧石器时代晚期与更新世晚期后段对应。

在世界旧石器时代考古领域，这种把考古学上的时代划分与地质学上的分期相对应，甚至完全从古生物学的角度对旧石器时代进行分期的做法由来已久，至少可追溯到19世纪后半叶。如拉代根据古生物学的证据，将法国南部洞穴中的发现分为洞熊时期、猛犸象与披毛犀时期、驯鹿时期、野牛时期四个时期[39]。这种分期受到了当时一些学者的批判，博伊德·道金斯认为，拉代利用古生物作为分期的想法毫无用处，“既不能适用于英国和比利时的洞穴，也不适用于法国的洞穴”[40]。德·莫尔蒂耶坚持史前考古分期必须根据考古学，认为“一种理想的分期不应以动物群为基础”。1869年，他在论文《论洞穴与居住遗址的分期——根据人工制品作为分期基础》中将法国南部的旧石器时代分为：莫斯特期、梭鲁特期、奥瑞纳期、马格德林期[41]。这一分期方案，以后虽有所修订，但均是以典型遗址的石器组合特征划分和命名的。

在中国，有关旧石器时代考古分期问题，仍未有完全一致的认识。如有学者提出，对于一个考古分期来说，第一位的是“年代”还是“文化”的问题？并认为由于“各地区文化发展不平衡和地方特色也在很大程度上制约‘文化’在较大范围内发挥分期的标志作用。与‘文化’在时空上表现出来的局限性和不稳定性相比，地层层序则具有相对稳定的特点。而且，通过综合第四纪有关领域的研究成果，可以建立起不同地区对比的统一的年代框架”[42]。这种认识显然是把“年代”放在分期工作的首位，并极力寻找中国旧石器时代考古分期与地层分期的对应关系，将文化分期完全置于地质分期的框架之内。

毫无疑义，考古学是在时间过程中研究人类文化变化的，年代对于考古学分期是十分重要的，没有年代序列的考古遗存是无法进行分期研究的，因而地层层序所确定的各文化遗存的相对年代关系是考古分期的年代学基础。但是仅有年代序列而不对文化变化的阶段性特征进行研究，或者将文化的阶段性变化完全置于地质年代的框架之内而生硬地对应地质年代序列，只要是某一地质年代范围内的文化遗存即属于某文化期，则未必完全符合人类文化发展演变的实际。这是因为地质分期主要是依据自然层及生物演化确定的，而人类文化的分期主要是依据文化层及文化的变化划分的，二者分期的主要依据不同，可以相互借鉴，但不能相互替代。

诚然，依据田野考古的程序来说，首先要依据地层关系，确定遗迹、遗物的相对年代关系，然后依据遗迹、遗物的特征确定它们的文化属性。这仅仅是研究工作中的程序，在文化研究或分期作业中，“年代”与“文化”二者相辅相成，同样重要。没有年代的文化遗存是没有什么科学研究价值的，也是无法进行分期工作的，而仅仅依据年代来划分文化遗存的期属也是难以客观地反映人类文化的阶段性变化的。

分期工作应该是在年代学的基础上依据文化的特征来划分的，亦即在文化发展的时间链条上，其阶段性的节点是由文化的特征来确定的。无论是汤姆森的石器时代、青铜器时代、铁器时代的考古分期，还是摩尔根的史前文化发展三期7段划分，无不是在时间的过程中以人类文化的特征作为分期的主要依据的。正如英国学者格林·丹尼尔指出的："作为时间阶段特征的器物组合实际上乃是人类群体物质文化的特征。"[43]

此外，人类文化的发展有着显而易见的不平衡性，无论是史前时期还是历史时期。这种不平衡性是由各地的自然和文化环境条件决定的。当黄河、长江流域大部分史前文化已进入农业经济阶段时，南岭以南和长城以北的文化仍营采集、狩猎、渔捞经济；当中原地区已进入发达的青铜文明阶段时，边远地区的文化仍处于十分落后的阶段。重庆万州中坝子遗址的发掘表明，该遗址相当于中原商周时期的遗存中，包含有数量惊人的打制石器[44]。因此，考古分期，主要体现的应是一个大区域主体文化发展的演变规律。

在史前考古分期特别是旧石器时代考古分期中，除了人类文化方面的特征外，人类体质的阶段性变化，也是旧石器时代考古分期的重要标志之一。这是因为人类是自然界的一部分，有自然的属性，但人类又生活在一定的社会文化中，又具有社会文化的属性。由于人类具有两重属性，所以考古学在考察人类文化的变化时，不能不考虑人类体质方面的变化。这是因为，不同阶段的人类文化，正是由不同阶段的人类所创造的。同样的道理，由于不同地区人类体质变化的不平衡性，人类学家主要是依据人类化石的特征来确定其在发展过程中的位置，而不是仅仅依据年代。

如前所述，随着考古学的发展，史前考古分期正由单一的标准向综合的标准变化。因此我们在进行文化分期时，应综合考虑人类文化、人类体质和地层及地质年代等综合因素。单纯以地质年代划分旧石器时代人类文化的阶段性变化显然是不可取的。

（三）中国史前考古学分期

依据目前中国考古学的发现，中国史前时期距今约200万～0.4万年前。中国的史前时期相当于石器时代，并可细分为旧石器时代和新石器时代两个发展阶段；每一阶段又可细分为初期、早期、中期、晚期四期。现综合中国史前考古学、体质人类学、地质学和年代学的研究成果，做出中国史前考古学分期表如下（表3-2）。

表3-2　中国史前考古学分期表

<table>
<tr><th colspan="3">第四纪划分</th><th>人类发展阶段划分</th><th colspan="2">史前文化分期</th><th>距今时间/万年</th></tr>
<tr><td rowspan="5">全新世</td><td colspan="2" rowspan="5">冰后期</td><td rowspan="5">现代人</td><td colspan="2">历史时期</td><td>0.4～</td></tr>
<tr><td rowspan="4">新石器时代</td><td>晚期</td><td>0.5～0.4</td></tr>
<tr><td>中期</td><td>0.7～0.5</td></tr>
<tr><td>早期</td><td>0.9～0.7</td></tr>
<tr><td>初期</td><td>1.2～0.9</td></tr>
<tr><td rowspan="4">更新世</td><td rowspan="2">晚期</td><td>后段</td><td>晚期智人</td><td rowspan="4">旧石器时代</td><td>晚期</td><td>5～1.2</td></tr>
<tr><td>前段</td><td>早期智人</td><td>中期</td><td>20～5</td></tr>
<tr><td colspan="2">中期</td><td>晚期直立人</td><td>早期</td><td>100～20</td></tr>
<tr><td colspan="2">早期</td><td>早期直立人</td><td>初期</td><td>200～100</td></tr>
</table>

1. 旧石器时代考古分期

旧石器时代从距今约200万年前开始，到距今1.2万年前后结束，属史前时代的早期，是人类主要使用打制石器进行采集、狩猎、渔捞等活动的阶段。依据石器制作技术的进步和人类体质的演进，可进一步细分为初期、早期、中期、晚期四个发展阶段。

初期：距今约200万～100万年，相当于地质年代的更新世早期。以巫山直立人、元谋直立人、蓝田直立人为代表的人类，还保留有较多的猿的性状，脑量只有700毫升左右，属早期直立人（早期猿人）阶段的人类。

这一时期的人类，已能用直接打击法制作原始、简单、粗糙的石器；从事采集与狩猎经济。但尚未发现可靠的用火证据。

早期：距今约100万～20万年，相当于地质年代的更新世中期的大部分时间。这一时期的人类体质有了一定的进步，以北京猿人为代表的古人类，脑量有所增加，但仍保留有较多的原始性，属晚期直立人（晚期猿人）阶段的人类。石器的制作仍较粗糙，但类型增多。已经有了可靠的用火证据。营群居生活，实行血缘群婚，处于前氏族公社阶段。

中期：距今约20万～5万年，相当于地质年代的中更新世之末到晚更新世前一阶段。这一时期的人类体质有了较大的进步，以大荔人、丁村人等为代表的古人类的体质特征，介于直立人和现代人之间，属于早期智人阶段的人类。早期智人在石器制作方面，虽然仍沿用传统的直接打击技术，但显得更为熟练，表现在石器加工较为规范化和类型多样化上。采集和狩猎经济有了一定的发展，并可能有了捕鱼活动和发明了人工取火方法。在社会组织方面，开始由前氏族公社向氏族公社过渡。

晚期：距今约5万～1.2万年，相当于地质年代的更新世晚期后一阶段。以山顶洞人、柳江人为代表的人类，已基本完成了体质上的进化，达到了现代人的水平，属于晚期智人阶段的人类。晚期智人在石器制作方面，除了沿用直接打击法外，还发明了新的剥片与加工技术——间接打击法，出现了主要用于装备复合工具的细石器。在骨器和装饰品制作方面，开始使用刮、磨、钻孔等新技术。采集和狩猎业都发展到了高级阶段，捕鱼业可能已成为社会经济的组成部分之一。在社会组织方面，也发展到了一个全新的阶段——氏族公社时期。

2. 新石器时代考古分期

新石器时代距今约12000～4000年，属史前时代的晚期。是人类主要使用磨制石器从事种植（农业）和养殖（家畜饲养）经济的阶段，并开始制作和使用陶器。依据文化发展变化的阶段性特征，也可进一步细分为初期、早期、中期、晚期四个阶段。

初期：距今约12000～9000年。开始使用磨制石器，在广东阳春独石仔、封开黄岩洞、广西柳州白莲洞等遗址，均发现有局部磨制石器，但大多数石器仍为打制石器或细石器。开始制作陶器，在江西万年仙人洞和吊桶环、湖南道县玉蟾岩、广东贵德庙岩、河北徐水南庄头和阳原于家沟等遗址，均发现距今1万年前的少量陶器。在仙人洞、吊桶环和玉蟾岩等遗址，还发现有稻的遗存，原始农业处于萌发期。

早期：距今约9000～7000年。磨制石器的使用已普遍。华北的磁山、裴李岗、老官台等文化，东北地区的兴隆洼文化，长江流域的湖南澧县彭头山文化等，普遍发现有磨制石器，但仍多为局部磨制者。陶器已成为日常生活的必需品，以红陶为主，陶色多不纯正，陶质较粗疏。出现了有一定规模的定居聚落和氏族公共墓地。原始农业有了一定程度的发展，并形成了以黄河流域为中心的粟作农业和以长江流域为中心的稻作农业两大文化体系，原始农业处于确立期。

中期：距今约7000～5000年。磨制石器已由局部磨光向通体磨光过渡。陶器仍以红陶为主，彩陶的大量流行是这一时期制陶业最鲜明的特征；陶器制作技术有了明显的进步，已出现了慢轮修整口沿的技术。聚落形态进一步发展，各地遗址分布的密度大大增加，反映出农业生产的提高和人口的增多；开始出现了一些规模较大的中心聚落。黄河流域普遍发现粟类作物遗存，长江流域普遍发现稻类作物遗存，原始农业处于发展期。

晚期：距今约5000～4000年。石器的制作技术进一步提高，多为通体磨光者，还出现了较多的玉器。在黄河流域龙山时期诸遗存中，发现了一些小型铜工具。陶器制作中轮制技术已较普遍应用，陶器以灰陶为主，烧造的火候较高，陶质较硬。聚落进一步分化，防卫设施进一步加强，黄河中下游龙山时代诸文化、长江中游江汉平原的屈家岭文化、石家河文化和长江上游成都平原的宝墩文化，均发现有原始城堡。粟作农业进一步发展，稻作农业开始向北方传播，原始农业处于兴盛期。

三、中国历史时期考古学分期

中国历史时期始于夏代，距今4000年左右。以夏商西周文化为代表的文化相当于青铜器时代，大约在春秋、战国时期，开始由青铜器时代向铁器时代过渡。秦、汉及其以后的文化发展，又可再细分为几个连续的发展阶段，其下限到明末为止（1644年）。明代以后，则一般不属于考古学研究的范围。现做出中国历史时期考古学分期表如下（表3-3）。

表3-3　中国历史时期考古学分期表

年代	历史考古分期	三分法	二分法
960 AD～1644 AD	宋元明考古	铁器时代	历史时期
581 AD～960 AD	隋唐五代考古		
220 AD～581 AD	魏晋南北朝考古		
221BC～220 AD	秦汉考古		
4000 ± BP～221BC	夏商周考古	青铜器时代	
1.2 ± 万年～4000 ± BP	新石器时代考古	石器时代	史前时期
200 ± 万年～1.2 ± 万年BP	旧石器时代考古		

说明：BP，距今年代；BC，公元前；AD，公元

（一）夏商周考古分期

这一时期始自夏王朝建立（前2070年），迄于秦始皇统一中国（前221年），包括夏商周三代，故这一时期的考古一般称之为“夏商周考古”或“三代考古”。夏商周文化的特点：出现了以甲骨文、金文等为代表的比较成熟的文字，已进入历史时期；出现了发达的青铜文化，大部分时间属青铜时代（夏、商、西周），并完成了由青铜时代向早期铁器时代的过渡（春秋、战国）；出现了大型都城，标志着社会形态和经济生活发生了重大变化，已进入国家时期。

1. 夏文化的年代框架

夏文化，是指夏王朝时期夏人活动区域内遗留的物质文化遗存。夏代是历史记载中最早的王朝。据《史记·夏本纪》和《竹书纪年》记载，夏代自禹至桀历14代17王（表3-4）。据《夏商周年表》[45]，夏代约从公元前

表3-4 夏（约公元前2070～前1600年）

禹	少康	不降	发癸（guǐ）
启	予	扃（jiōng）	
太康	槐	廑（jǐn）	
仲康	芒	孔甲	
相	泄	皋（gāo）	

2070年开始，至公元前1600年结束，前后历时400余年。河南偃师二里头遗址发现有大型宫殿基址和宫城，还发现青铜爵等礼器和玉器等，可能是夏代的都城遗址。故一般认为，分布于豫西、晋西南的二里头文化就是夏文化。二里头文化的年代为公元前1900～前1500年，依据二里头遗址的地层和典型器物，可分为四期[46]，大体反映了夏文化的发展过程。

2. 商文化分期

据《史记·殷本记》和《竹书纪年》等记载，从成汤灭夏到帝辛（纣）被周族所灭，共历凡17代30王。据《夏商周年表》，商代始于公元前1600年，终于公元前1046年，前后延续近600年。关于商文化的分期，一般认为，以盘庚迁殷为界，可分为前、后二期，前期以郑州二里冈遗址为代表，后期以殷墟为代表。

商前期（约公元前1600～前1300年），大体相当于《史记·殷本纪》记载的从成汤代夏到盘庚迁殷的所谓“先王”时代（表3-5）。这一时期的商文化以河南郑州商城及二里冈遗址、偃师尸乡沟商城、河北藁城台西遗址、湖北黄陂盘龙城等遗址为代表，青铜时代文化开始进入兴盛时期。其

表3-5 商前期（公元前1600～前1300年）

汤	沃丁	中丁	沃甲
太丁	太庚	外壬	祖丁
外丙	小甲	河亶甲	南庚
中壬	雍己	祖乙	阳甲
太甲	太戊	祖辛	盘庚（迁殷前）

中，最具代表性的郑州二里冈商代前期堆积可分为上、下两层，分别代表了商代前期文化发展的前、后两个阶段[47]。

商后期（公元前1300～前1046年），大体相当于盘庚迁殷到帝辛被灭的时期。这一时期的商文化主要以殷墟文化为代表。殷墟位于河南安阳市西北的洹河两岸，面积约24平方千米。据文献记载，自盘庚迁都于此至纣亡国的整个商代晚期均以此为都，共历8代12王（表3-6）。一般将殷墟文化分为四期[48]。

表3-6 商后期（公元前1300～前1046年）

王	年代	年数
盘庚（迁殷后） 小辛 小乙	公元前1300～前1251年	50
武丁	公元前1250～前1192年	59
祖庚 祖甲 廪辛 康丁	公元前1191～前1148年	44
武乙	公元前1147～前1113年	35
文丁	公元前1112～前1102年	11
帝乙	公元前1101～前1076年	26
帝辛（纣）	公元前1075～前1046年	30

第一期：相当于盘庚、小辛、小乙时代；
第二期：相当于武丁、祖庚、祖甲时代；
第三期：相当于廪辛、康丁、武乙、文丁时代；
第四期：相当于帝乙、帝辛时代。

3. 西周文化分期

西周始自武王克商，终于平王东迁。因此，武王克商之年是确定商、西周分界的关键。但据有关统计，对于这一时间，已有50多种说法。夏商周断代工程确定了公元前1046年为武王克商之年，并确定了西周各王的在位年（表3-7）。武王克商后，以沣河之西的镐京为都，史称“西周”。依据丰镐遗址的考古发掘资料，西周遗存可分为三期[49]。

表3-7　西周（公元前1046～前771年）

王	年代	年数
武王	公元前1046～前1043年	4
成王	公元前1042～前1021年	22
康王	公元前1020～前996年	25
昭王	公元前995～前977年	19
穆王	公元前976～前922年	55（共王当年改元）
共王	公元前922～前900年	23
懿王	公元前899～前892年	8
孝王	公元前891～前886年	6
夷王	公元前885～前878年	8
厉王	公元前877～前841年	37（共和当年改元）
共和	公元前841～前828年	14
宣王	公元前827～前782年	46
幽王	公元前781～前771年	11

早期（公元前1046～前922年）：相当于武、成、康、昭、穆王时期；
中期（公元前922～前878年）：相当于共、懿、孝、夷王时期；
晚期（公元前877～前771年）：相当于厉王、共和行政和宣、幽王时期。

4. 东周文化分期

东周文化始于公元前770年周平王东迁洛邑为都，至公元前221年秦统一中国止，共549年，可分为春秋、战国两大阶段。

春秋时期（公元前770～前476年）：平王东迁至周敬王四十四年，共295年。因鲁国编年史《春秋》而得名。可细分为早、中、晚三期，每期100年左右。

战国时期（公元前475～前221年）：因诸侯国间战争频繁而得名。从周元王元年至公元前221年秦始皇统一中国止，共255年；可细分为早、中、晚三期，每期85年左右。

（二）秦汉考古分期

这一时期起自秦始皇统一中国的公元前221年，至220年东汉灭亡，前后共约440年，包括秦、西汉（包括王莽新朝）、东汉三个主要文化发展时期。秦汉时期是中国铁器时代的发展期、统一的中央集权帝国形成和确立期，也是汉民族及其文化的形成期。反映在考古文化方面，秦汉时期的遗迹、遗物十分丰富，在全国范围内既有相当大的共同性，又存在一定的地域性差异，形成以汉文化为主、多种民族文化共存并密切交流的文化格局。

秦代（公元前221～前206年）始于秦始皇统一中国，终于秦灭亡，共15年。以关中地区的秦文化遗存为代表，如秦始皇帝陵园、秦咸阳城遗址和大量的秦墓等。秦帝国存续的时间很短，故仍保持了战国秦文化的特点，如土洞墓、屈肢葬和随葬陶囷等。其他地区文化也较多保留了战国时期各地域文化的特色。通行秦“半两”。

西汉（公元前206～公元25年）时期的文化遗存，依据考古发掘的墓葬和相关遗迹、遗物资料，可分为早、中、晚三期。

早期（公元前206～前118年）：自汉高祖至汉武帝元狩五年（以武帝元狩五年始铸“五铢”为早、中期的界标之一）；流行木椁墓、土洞墓和空心砖墓等；随葬品中出现仓、灶等模型明器；通行汉“半两”。

中期（公元前118～前74年）：自武帝元狩五年至昭帝；中原地区出现砖室墓；随葬品中出现釉陶，仓、灶、井等模型明器流行；武帝元狩五年始铸“五铢”并通行全国。

晚期（公元前73～25年）：自汉宣帝包括王莽新朝至刘玄更始年间；砖室墓广泛流行，画像石室墓兴起，釉陶器和各种陶明器增多；王莽时期铸行“大泉五十”“货泉”“货布”等货币。

东汉（25～220年）时期的文化遗存，一般分为前后两期。

前期（25～105年）：自汉光武帝至和帝年间；空心砖墓在中原消失，砖室墓在全国普及，画像石室墓分布范围扩大；随葬品中流行鸡、狗、羊、猪等动物俑和陶楼阁等模型明器，出现买地券；东汉光武帝建武十六年重铸“五铢”。

后期（106～220年）：自安帝到献帝年间；流行砖室墓和画像石墓，盛行随葬镇墓瓶；江南出现青瓷器，五铢钱中有“四出五铢”“剪轮五铢”等。

（三）魏晋南北朝考古分期

自220年曹操之子曹丕代汉至581年隋文帝灭北周称帝止。在此期间，除西晋有过短期的统一外，大部分时间处于封建割据和军阀混战局面；北方少数民族相继进入中原建立政权，因此此时期是中国历史上的又一次民族文化大融合时期。反映在考古学文化上，不少遗迹、遗物突出了军事方面的需求；反映民族文化交流的遗存显著；佛教遗存大量出现。这一时期，北方可大体分为魏晋时期、十六国时期和北朝时期三个阶段。南方则为东吴、东晋、宋、齐、梁、陈六朝时期。

1. 魏晋南北朝考古分期

魏晋时期（220～316年）：从220年曹魏代汉始到316年西晋被匈奴族所建的汉国灭止，共历96年。可分为前后两段。

前段（220～280年）：从曹魏代汉到吴为西晋所灭止，为魏、蜀、吴三国鼎立时期。三国时期的文化，还保持了东汉时期文化的一些特征，如墓葬形制方面，仍流行东汉以来前室方形、后室长方形、两侧带耳室的砖墓，但有所简化；随葬品仍以陶俑和模型明器为主，但数量减少，品质较差。

后段（280～316年）：从西晋灭吴统一到西晋被匈奴所灭止。西晋都城洛阳附近的墓葬有砖墓和土洞墓两种，形制已由多室墓向单室墓过渡，墓室平面略呈方形而四壁外弧；随葬品中瓷器的数量增加，主要有杯、盘、碗、壶和唾盂、虎子等；出现了陶镇墓兽。西晋时曾禁止墓前立碑，于是出现将墓碑小型化而埋入墓内的习俗，实为后世墓志的滥觞。

十六国时期（317～439年）：从西晋灭亡到北魏统一北方止。西晋末年，北方的匈奴、鲜卑、氐、羌、羯五个民族相继进入中原，先后建立了成汉、前赵、后赵、前秦、后秦、西秦、前燕、后燕、南燕、北燕、前凉、后凉、南凉、北凉、西凉、夏等十六个政权，史称“五胡十六国”。十六国时期民族关系复杂，战争和政权更替频繁，故墓葬形制各异，但随葬品中出现军事气氛极浓的出行仪仗俑群，有铠甲武士和马俑、鼓吹和牛车等。

北朝时期（439～581年）：从北魏统一北方始到北周被隋所代止。439年北魏灭北凉而统一北方，同年由平城（今山西大同）迁都洛阳；534年分裂为东魏和西魏；550年高洋代东魏称齐，都邺（今河北临漳西南），史称“北齐”；557年宇文觉代西魏称帝，国号周，都长安，史称“北周”；581年北周为隋所代。北魏迁洛以前，保留了较多的鲜卑旧俗，孝文帝改革汉化之后，接受了大量中原文化因素。开始流行长斜坡、多天井及过洞单室砖墓或土洞墓；壁画题材多天象、四神等，与汉墓相似；随葬品仍以武装仪仗和伎乐侍女俑为主，出现西方“胡人”形象的陶俑。墓志逐渐定型化，出现了平置带盖、方形盝顶的墓志。

2. 六朝考古分期

从222年东吴建立到589年隋统一止。3世纪以来，先后有孙吴（222～280年）、东晋（317～420年）和南朝的宋（420～479年）、齐（479～502年）、梁（502～557年）、陈（557～589年）六个朝代在建康（今南京）建都，史称“六朝”，故南方这一时期的考古也称六朝考古。依据长江中下游地区墓葬资料，六朝时期的考古学文化大体可分为三期。

第一期（222～280年），孙吴时期。

第二期（280～420年），西晋后期和东晋时期。

第三期（420～589年），南朝时期。

（四）隋唐五代考古分期

起于隋代建立，止于五代后周为宋所代（581～960年）。隋唐五代，特别是隋唐时期，是中国古代社会文化的又一个昌盛时期，在许多方面均居世界领先地位；隋唐帝国同世界许多国家和民族有着频繁的经济、文化交往，在当时有着广泛的世界影响力；隋唐文化有着兼容和开放的特点，在其发展过程中吸纳了许多外来文化因素。隋唐五代时期的文化遗存正体现了上述特点，既有大量工艺精湛的陶瓷器、金银器、丝织品等，又有较多反映中外交往的各国文物。因此，隋唐考古在世界文化史研究上也居有重要的地位。这一时期的考古学文化，可大体分为隋、唐、五代十国三个发展阶段。

1. 隋代考古（581～618年）

起于581年隋文帝杨坚代北周称帝，止于618年隋灭，共38年。隋代存续时间较短，文化上仍保持了较多北朝时期的传统，如在墓葬方面流行长斜坡、多天井、多小龛的单室砖墓或土洞墓；随葬的陶俑仍为出行仪仗俑和仆侍俑。

2. 唐代考古（618～907年）

长安和洛阳两京是唐代的政治、经济、文化中心，文化遗存非常丰富。依据唐两京地区墓葬形制和随葬品变化等，一般将唐文化遗存分为三期[50]。

第一期：初唐时期，约7世纪初期至7世纪晚期。多为长斜坡、多天井单室墓，与隋墓相似；三彩陶器开始出现；陶俑多体态清瘦、呆板而有北朝遗风，镇墓俑只有武士和镇墓兽，无天王俑。

第二期：盛唐时期，约7世纪晚期至8世纪中期。出现墓道位于墓室南壁偏东处的直背刀形单室墓，大墓则多为前、后室砖墓；三彩陶器盛行；女俑体态丰腴，装饰华丽；足下踏怪兽或小鬼的天王俑逐渐代替了武士俑；镇墓兽恐怖气氛更加浓厚。

第三期：中晚唐时期，约8世纪中期至10世纪初。墓道变短，天井、小龛数量减少，流行竖井式墓道墓；三彩陶器衰落；陶俑造型趋于纤小繁缛，女俑仍丰满甚至显得臃肿；镇墓兽更加凶猛可怖。

3. 五代十国时期考古（907～960年）

自907年朱温灭唐称帝至960年赵匡胤代后周称帝止。这一时期中国北方相继建立了后梁、后唐、后晋、后汉、后周五个国家，史称“五代”。同时南方和山西等地先后建立了吴、南唐、吴越、楚、闽、南汉、前蜀、后蜀、荆南（即南平）、北汉（都太原）十个政权，史称“十国”。五代十国时期可确认的考古遗存相对较少，一般而言，仍较多地保留了唐代文化的遗风。

（五）宋元明考古分期

始于960年北宋建立，止于1644年明代灭亡。宋元明时期的民族关系复杂，是中国古代又一次民族文化大融合的时期。反映在考古学文化上，不同民族文化既有各自的特点，又相互影响，呈现出多姿多彩的景观。宋元明时期都城规划方面最大的变化是开放式街巷代替了过去封闭式里坊；瓷器制造业发达，出现许多著名的官、民窑，瓷器远销世界许多国家；葬俗方面流行焚烧纸明器，墓葬中的陶俑等随葬品减少。宋元明考古一般按朝代区分为宋、辽、金、元、明考古，各个朝代考古再依据考古资料进行分期。

参考书目

[1] 裴文中、安志敏：《史前考古学》，《中国大百科全书·考古卷》，中国大百科全书出版社，1986年，第476～478页。

[2] 吴耀利：《史前考古学中的时代划分问题》，《史前研究》1985年第1期。

[3] 张宏彦：《关于中国旧石器时代考古分期问题》，《西部考古》（第一辑），三秦出版社，2006年。

[4] 严文明：《龙山文化和龙山时代》，《文物》1981年第6期。

[5] 严文明：《论中国的铜石并用时代》，《史前研究》1984年第1期。

[6] 北京大学历史系考古教研室商周组：《商周考古》，文物出版社，1979年。

[7] 王仲殊：《汉代考古学概说》，中华书局，1984年。

[8] 宿白：《三国两晋南北朝考古》，《中国大百科全书·考古卷》，中国大百科全书出版社，1986年，第418～429页。

[9] 中国科学院考古研究所：《西安郊区隋唐墓》，科学出版社，1966年。

[10] 徐苹芳：《宋元明考古》，《中国大百科全书·考古卷》，中国大百科全书出版社，1986年，第486～492页。

注释

[1] 转引自〔英〕格林·丹尼尔著，黄其煦译：《考古学一百五十年》，文物出版社，1987 年，第 76 页。

[2] 转引自〔英〕格林·丹尼尔著，黄其煦译：《考古学一百五十年》，文物出版社，1987 年，第 30 页。

[3] 转引自〔英〕格林·丹尼尔著，黄其煦译：《考古学一百五十年》，文物出版社，1987 年，第 75 页。

[4] 转引自〔英〕格林·丹尼尔著，黄其煦译：《考古学一百五十年》，文物出版社，1987 年，第 119 页。

[5] 转引自〔英〕格林厄姆·克拉克著，陈星灿译：《中石器时代的概念及其由来》，《考古学的历史·理论·实践》，中州古籍出版社，1996 年。

[6] 考古学编辑委员会：《史前考古学》，《中国大百科全书·考古卷》，中国大百科全书出版社，1986 年，第 692 页。

[7] 严文明：《论中国的铜石并用时代》，《史前研究》1984 年第 1 期。

[8] 林圣龙：《中国古人类学的历史回顾》，《中国远古人类》，科学出版社，1989 年，第 1 页。

[9] 任式楠：《旧石器时代晚期文化》，《新中国的考古发现与研究》，文物出版社，1984 年，

第 18 页。
[10] 吴汝康：《人类发展史》，科学出版社，1978 年。
[11] 卫奇：《中国早更新世旧石器》，《文物春秋》2000 年第 2 期。
[12] 侯亚梅：《在泥河湾盆地可望找到二百万年前的人类遗迹》，《第四纪研究》1999 年第 1 期。
[13] 张之恒：《中国旧石器时代文化》，南京大学出版社，1991 年，第 139 页。
[14] 贾兰坡：《中国最早的旧石器文化》，《中国远古人类》，科学出版社，1989 年，第 81 ～ 92 页；李炎贤：《中国最早旧石器时代文化的发现与研究》，《中国文物报》1999 年 1 月 27 日第 3 版。
[15] 张忠培：《从灵井到磁山》，《中国通史》（第二卷），上海人民出版社，1994 年，第 45 ～ 50 页。
[16] 何乃汉、覃圣敏：《试论岭南中石器时代》，《人类学学报》1985 年第 4 期。
[17] 黄其煦：《“中石器时代”概念雏议》，《史前研究》1987 年第 3 期；张瑞岭：《再谈中国的“中石器时代”问题》，《史前研究》辑刊，1988 年。
[18] 北京大学、东北师大历史系世界古代史教研室：《世界古代史论丛》（第一集），生活・读书・新知三联书店，1982 年，第 25 ～ 126 页。
[19] 吴耀利：《史前考古学中的时代划分问题》，《史前研究》1985 年第 1 期。
[20] 安志敏：《关于华南早期新石器的几个问题》，《文物集刊》（第 3 集），文物出版社，1980 年；彭适凡：《试论华南新石器时代早期文化——兼论有关几个问题》，《文物》1976 年第 2 期。
[21] 〔苏〕阿尔茨霍夫斯著，楼宇栋等译：《考古学通论》，科学出版社，1956 年，第 7 页。
[22] 〔苏〕蒙盖特著，中国科学院考古研究所资料室译：《苏联考古学》，1963 年，第 67 页。
[23] 黄其煦：《美洲中部原始农业的起源》，《农业考古》1981 年第 2 期。
[24] 黄其煦：《裴李岗、耶利哥与特瓦坎——农业起源问题探索之二》，《农业考古》1983 年第 1 期。
[25] 张之恒：《试论前陶新石器文化》，《东南文化》（第一辑），江苏古籍出版社，1985 年；张之恒：《华南地区的前陶新石器文化》，《考古与文物》1985 年第 4 期。
[26] 安特生：《甘肃考古记》，农商部地质调查所印行，1925 年。
[27] 苏秉琦、吴汝祚：《西安附近古文化遗存的类型和分布》，《考古通讯》1956 年第 2 期。
[28] 中国科学院考古研究所：《庙底沟与三里桥》，科学出版社，1959 年。
[29] 尹达：《论中国新石器时代的分期问题》，《考古学报》（第九册），科学出版社，1955 年。
[30] 北京大学考古教研室华县报告编写组：《华县渭南古代遗址调查与试掘》，《考古学报》1980 年第 3 期。
[31] 严文明：《龙山文化和龙山时代》，《文物》1981 年第 6 期。收入严文明《史前考古论集》，科学出版社，1998 年。
[32] 严文明：《论中国的铜石并用时代》，《史前研究》1984 年第 1 期。
[33] 保定地区文物管理所、徐水县文物管理所、北京大学考古系等：《河北徐水南庄头遗址试掘简报》，《考古》1992 年第 11 期。

[34] 保定地区文物管理所、徐水县文物管理所、北京大学考古系等：《附录 2：南庄头遗址 ^{14}C 年代测定与文化层孢粉分析》，《河北徐水南庄头遗址试掘简报》，《考古》1992 年第 11 期。

[35] 张弛：《江西万年早期陶器和稻属植硅石遗存》，《稻作、陶器和都市的起源》，文物出版社，2000 年，第 43 ～ 49 页。

[36] 袁家荣：《湖南道县玉蟾岩 1 万年以前的稻谷和陶器》，《稻作、陶器和都市的起源》，文物出版社，2000 年，第 31 ～ 41 页。

[37] 严文明：《中国稻作农业和陶器的起源》，《农业发生与文明起源》，科学出版社，2000 年，第 24 ～ 28 页。

[38] 〔英〕格林·丹尼尔著，黄其煦译：《考古学一百五十年》，文物出版社，1987 年，第 121 页。

[39] 转引自〔英〕格林·丹尼尔著，黄其煦译：《考古学一百五十年》，文物出版社，1987 年，第 90、91 页。

[40] 转引自〔英〕格林·丹尼尔著，黄其煦译：《考古学一百五十年》，文物出版社，1987 年，第 93 页。

[41] 转引自〔英〕格林·丹尼尔著，黄其煦译：《考古学一百五十年》，文物出版社，1987 年，第 94、95 页。

[42] 黄慰文：《中国旧石器文化序列的地层学基础》，《人类学学报》2000 年第 4 期。

[43] 〔英〕格林·丹尼尔著，黄其煦译：《考古学一百五十年》，文物出版社，1987 年，第 121 页。

[44] 西北大学考古队、万州区文物管理所：《万州中坝子遗址发掘简报》，《重庆库区考古报告集·1997 卷》，科学出版社，2001 年，第 347 ～ 380 页。

[45] 李卫、解冰：《夏商周断代工程成果重大〈夏商周年表〉正式公布》，《中国文物报》2000 年 11 月 12 日第 1 版。

[46] 中国社会科学院考古研究所：《偃师二里头——1959 年～ 1978 年考古发掘报告》，中国大百科全书出版社，1999 年。

[47] 河南省文化局文物工作队：《郑州二里岗》，科学出版社，1959 年。

[48] 中国社会科学院考古研究所：《殷墟的发现与研究》，科学出版社，1994 年。

[49] 参阅北京大学历史系考古教研室商周组：《商周考古》，文物出版社，1979 年，第 149 ～ 154 页。

[50] 中国科学院考古研究所：《西安郊区隋唐墓》，科学出版社，1966 年。

第四讲

田野考古

一、田野考古调查

（一）田野考古调查的目的和形式

1. 田野考古调查的目的

考古调查是田野考古工作的重要一环，是发现遗物、遗迹、遗址的重要途径之一。田野考古调查是通过实地勘察，寻找、发现、了解有关古代文化遗存的分布状况，并进行客观的、科学的观察与记录，为文物保护或考古发掘与研究提供科学依据。

通过调查，可了解一个地区古代人类文化遗存分布的基本状况（古建筑、古城址、古遗址、古墓葬、石窟寺、碑刻等），为文物部门保护、管理、研究提供依据。通过调查可了解一种考古学文化或某类文化遗存（如石窟寺、古建筑）的分布范围，为考古学文化的研究提供资料与信息（空间分布、自然环境、与其他相邻文化的关系等）。通过调查，可了解一个遗址的人类文化遗存分布状况（分布范围、中心区、居住区、墓葬区、堆积厚度与层次等），为正式考古发掘做好准备。

2. 田野考古调查的形式

依据调查的目的、范围及方法的不同，田野考古调查一般可分为普查、复查和专题调查等几种形式。

（1）普查

普查是对某一地区现存的所有具有历史意义和科学价值的文化遗存的普遍性调查。调查对象包括一切可见的地上和地下的文化遗存。目的在于全面掌握本地区文化遗存的基本情况，建立档案资料，为制定文物保护措施和科学研究提供条件。

普查多以行政区划为单位实施，可分为全国性的、全省性的或县、乡范围的等。也可按自然地理区划，如水系（如黄河流域、渭水流域等）、盆地（如关中盆地）、平原（如江汉平原）等进行。后者往往跨省、县、乡，需要多方协调、组织、配合。

1956～1958年，陕西省组织专业人员对全省101个县进行了第一次全省文物普查。共发现古遗址1188处，古墓葬3663座，石刻2271处，古建筑多处，古脊椎动物化石点50余处，征集各类文物20余万件[1]。

1980～1982年，陕西省进行了第二次文物普查。新发现各个时代的遗址821处，古墓葬576座，古建筑（城堡）124处，石窟寺98处，石刻1207件，近现代史迹297处，征集到各类文物12927件[2]。

1987～1989年，陕西省进行了中华人民共和国成立以来规模最大的一次全省文物普查。这次普查对全省107个县（市、区）的行政村跑到率达99%，自然村跑到率达90%以上，总行程46.26万千米。全省共发现各类文物点3.5万处，经过重新分类、合并、筛选，录入《中国文物地图集·陕西分册》中的重要文物点达21021处。其中，古遗址8685处，占总数的41.3%；古墓葬5703处，古建筑2243处，石窟寺及石刻2495处，近现代史迹897处，近现代代表性建筑158处，其他文物点840处[3]。截至目前，陕西普查的文物点总数、古遗址数、新石器时代遗址数以及录入《中国文物地图集》的文物点总数均居全国第一。以这次普查资料为基础编写的《中国文物地图集·陕西分册》，是陕西省遗漏率最低、最全面的文物基础档案，从而为今后的文物保护、考古发掘和科学研究提供了重要依据。

2007～2011年，陕西省在全省范围内组织开展了第三次全国文物普查。第三次全国文物普查是国务院统一安排部署、各级人民政府承担的国情国力资源调查，是确保历史文化遗产安全的重要措施，是我国文化遗产保护领域的一项国家工程。与往次普查相比，这次普查最大的特点就是高科技设备和技术手段的广泛应用。在这次文物普查过程中，GPS全球卫星定位系统、GIS地理信息系统、CAD、PHOTOSHOP制图软件、遥感技术以及数码技术得到普遍使用，保证了文物普查数据的真实性、科学性和完整性。这次文物普查，普查队员踏遍了全省1747个乡镇（街办），31197个行政村、1989个居委会，总行程60多万千米，实地文物调查覆盖率达到100%。全省共调查对象52842处，登记不可移动文物点49058处（其中古遗址23453处、古墓葬14367处、古建筑6702处、石窟寺及石刻1068处、近现代重要史迹及代表性建筑3213处、其他255处）。新发现不可移动文物34187处，复查不可移动文物14871处，采集各类标本10万余件[4]。填写普查表格84328份计50万页、约5000万字，普查采集的所有数据全部录入电脑，并有专人管理。普查对调查对象进行了数码照相记录，拍摄照片180余万张。通过本次普查，基本掌握了陕西省不可移动文物的数量、分布、特征、保存现状、环境状况等基本情况，建立了全国第一座文物普查标本库，发现了一批重要文化遗产，锻炼和壮大了文化遗产保护队伍，扩大了文物保护工作的社会影响力。为了切实巩固文物普查成果，推进文化遗产保护事业健康有序发展，陕西省文物局编辑出版了《陕西第三次全国文物普查丛书》（11卷共107册）。各册内容均主要依据第三次全国文物普查成果资料，立足于知识性和可读性，力图从多角度、多层面系统介绍各县区文化遗产资源现状及文物保护机构建设情况。

（2）复查

复查是建立在过去调查或普查基础上的有重点、有目的（如为发掘做准备或了解某种文化的分布等）的再次或多次调查。目的是进一步了解有关遗存的文化内涵、性质、时代、研究价值等。在调查或普查中发现了某些遗址，并已初步了解了它的内涵及其学术意义，为了进一步了解其内涵，确定保护或发掘措施，就必须进行再次或多次调查。这种复查一般由相关的专业人员组织进行，调查中不仅包括仔细的地面踏查，有时还要配合考古钻探或小面积试掘。复查的工作越细致，对以后的发掘和保护规划越有利。

例如，陕西扶风县案板遗址是1953年春西北文物清理队调查发现的[5]。之后，在平整土地和当地文物部门调查中，多次发现有仰韶时期、龙山时期和周代的遗物。1983年秋，西北大学历史系考古专业教师刘士莪、戴彤心、王世和等，在宝鸡地区进行考古调查时，着重复查了案板遗址，了解到该遗址范围较大、文化堆积较厚、内涵丰富；不仅有仰韶时期的遗物，而且有龙山时代和周代的遗存；不仅是较为理想的考古教学实习地点，而且对研究渭水流域史前与西周文化有重要的意义。因而选定其为西北大学考古专业发掘实习教学基地。1984年春，经国家文物局审批同意，组成考古发掘队，开始对案板遗址进行正式发掘，至1993年，共发掘了6次，取得了重要收获[6]。

（3）专题调查

专题调查是为了解决某一学术课题而进行的专门的调查。这种调查也一般是在普查的基础上进行的，如某一文化分布区域调查、石窟寺调查、长城调查、岩画调查、瓷窑址调查等，均属此类。

例如，考古学探索夏文化的工作，是从20世纪50年代开始的，主要是在传说的夏人活动区域内进行。根据文献记载，夏人的活动与以下两个地区关系密切：一是河南西部的颍水上游和洛阳附近的伊河、洛河下游地区；二是山西南部的汾水下游、涑水一带。传说的夏国都邑与重要事件多与这两个地区有关。1959年，著名学者徐旭生先生在豫西就“夏墟”和夏文化问题进行专题调查时，在偃师二里头村南发现了早于二里冈早商文化的二里头遗址[7]，从而揭开了在豫西地区探索夏文化的序幕。之后，中国科学院考古研究所对二里头遗址进行发掘[8]。经过几十年的发掘与研究，学术界大多数学者认为二里头文化就是夏文化。

又如，1991年和1994年，西北大学文博学院考古专业，为了进一步搞清案板三期类文化和常山下层文化遗存的分布范围，两次对关中西部的渭水北岸和泾水流域龙山时代早期遗存的分布进行了考古调查[9]。调查得知，案板三期类文化遗存主要分布在西安以西、宝鸡以东的渭水中游地区。目前已确认或基本确认的案板三期文化遗址30余处，最东的一处是在泾水东岸的三原县岳村遗址，向西分布到宝鸡附近，北界大约在长武与彬县之间，南边有可能到达渭水南岸的眉县一带。其中在武功、扶风的漳河、漆水河一带分布最为密集，应为该文化中心所在。这两次调查进一步加深了对这一地区龙山时代早期诸文化遗存分布的认识。

（二）田野考古调查的一般方法

1. 踏查

即实地步行调查。通过观察冲沟断崖（图4-1）或村民取土处暴露出的地层及遗迹、遗物，了解遗址文化层的堆积、保存情况和文化属性、时代等。

图4-1 陕西岐山王家嘴遗址断面露出的遗迹

1）确定遗址的地理位置、行政隶属和所处环境。

2）确定遗存的分布范围、面积，绘制图表。

3）采选遗物标本，分类记录。

4）依断面观察文化层的堆积情况。

5）初步判定遗址的文化性质、年代、保存状况等。

要求：

1）遗址的范围及周边均需跑到。

2）尽可能多地采收各类遗物标本。

3）尽可能详细地做好各种文字、图表、影像记录。

［附］考古调查举例——城址调查

城址一般面积较大，要全面揭露较为困难，故地表调查就显得十分重要，常成为此类遗迹获得研究资料的主要方法之一。具体要求如下。

1）城址所处的地理位置及周边的环境。特别应注意地形、水源、交通等条件，以总结当时人们选址的原则。

2）城址的方向、平面形状、面积等。如城垣残留于地面部分较少，则辅以钻探，并测绘平面图。

3）城墙及防御设施的结构特点。城墙的长、宽、高，建造方法（夯层数、厚度、土质土色等）、马面、垛口、护城壕沟等。必要时可用探沟法解剖城墙基槽。

4）城门的位置及城内的布局。城门的位置、数量，城内的道路、主要建筑遗迹等（可借助探沟法了解）。

5）城周边相关遗迹的调查。建筑基址、水利设施、墓群、道路等。

6）依据遗迹遗物判定城址的年代（修筑与废弃年代）、性质等。

7）写出详细的调查记录或报告，并附各种图表及摄影照相记录。

2. 钻探

在地面遗迹露头不多或不足以了解有关地下埋藏状况时，配合钻探的方法进一步了解。考古钻探常用的工具为探铲。

（1）布孔

钻探时，先要在确定钻探的区域或部位规划布设探孔，并确定布孔的方法，绘制布孔平面图。常用的布孔法主要有以下几种（图4-2）。

梅花点式布孔法 一般每平方米5孔，适用于大面积地下遗存的了解，如遗址、墓地的范围和墓位等。

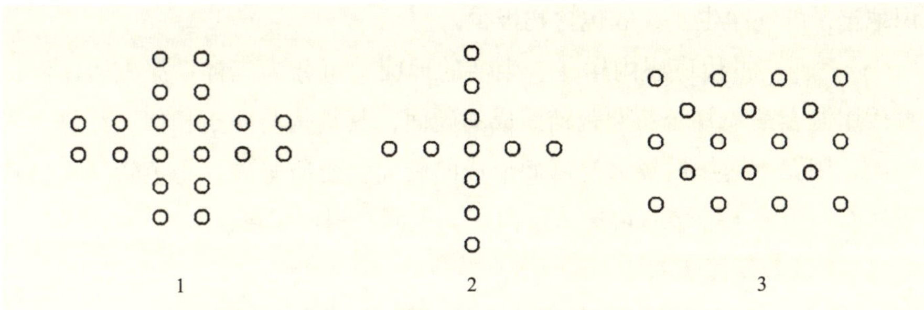

图4-2 考古钻探布孔示意图

1. “井”字形布孔法 2. “十”字形布孔法 3. 梅花点式布孔法

“井”字形布孔法　相当于打两条十字交叉探沟。主要用于了解遗址的纵横不同深度的堆积情况。

“十”字形布孔法　用于了解遗址的堆积情况或某一具体遗迹的形制等。可根据需要适当调整钻孔的密度，并辅以卡边法等，确定遗迹的形制或范围。

（2）辨识土样

考古钻探主要是从探孔中提取土样，以确定钻探部位文化堆积深度、层次，遗迹的结构等。因此，辨识土样是了解地下文化遗存的关键。常见的土有灰土（文化层堆积）、五花土（墓葬填土）、路土、夯土、居住面土等。

灰土　人类居住和生活过的地方，土中一般有较多的有机物腐殖质和生活垃圾等，土色呈黑灰、褐灰等不同的颜色，习称“灰土”。灰土的质地一般较松软，多包含有木炭、烧土块、残骨块、陶片等，构成考古学的文化层堆积。

五花土　人们在挖墓穴时，必然把不同颜色不同层次的熟土和生土翻到地面上，下葬后，又会把这些土回填到墓穴内。这种经混合后呈不同颜色的土就叫“五花土”。这种土中混合的生土块体较大，包含物较少，有时经夯打。

路土　古代的道路，因长期踩踏和碾压而形成的土叫“路土”。这种土一般质地较硬，结构为若干小薄层叠压。

夯土　多见于墙和房屋基础等建筑遗迹，特点是土色一致、土质坚硬、结构紧密、多层叠压，可见夯窝或夯面。建筑夯土由于多是人们有意识地选择的纯净生土，故包含物极少。

居住面　古代房屋内居住、生活的地面，可分为三种：泥土居住面，直接用泥土铺垫并经长期践踏而成的硬面，其结构与路土相似；红烧土居住面，用泥土铺垫后经火烧烤而形成的硬面，土质坚硬，土色较红；白灰居住面，用泥土铺垫后再抹一层白灰，表面光滑而坚硬。

（3）做好钻探记录

1）填写钻探记录表（表4-1）；原始记录，要求在现场完成。

2）绘制钻探成果图：遗迹平面图（地面标桩或画白线，并标在平面图

表4-1 ××遗址钻探记录表（表一）

工作单位： 底册号：

第 区			钻探现象						备 注
排号	孔号	地层	深（米）	厚（米）	土质	土色	遗迹	遗物	

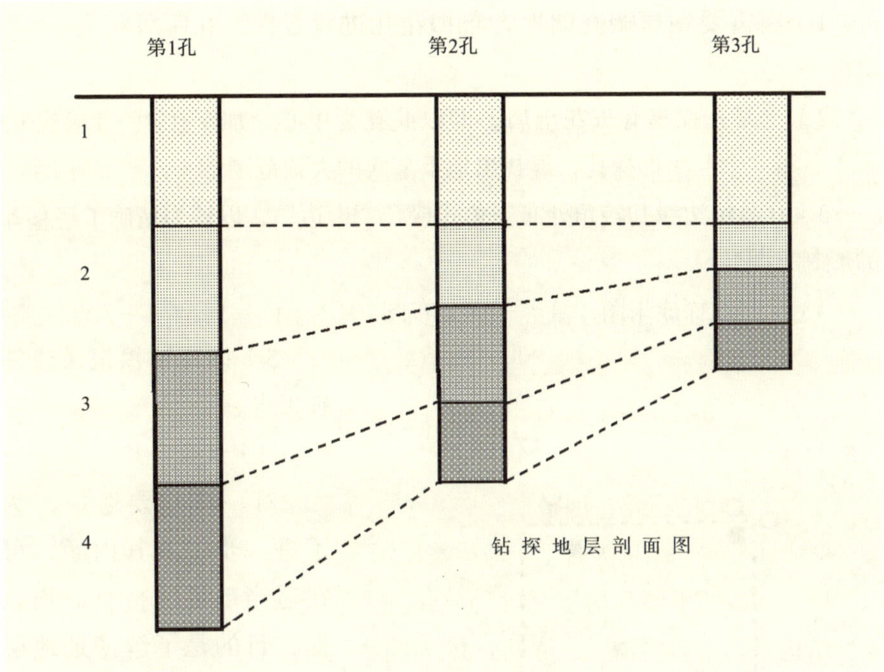

图4-3 ××遗址××排孔钻探地层图

上）、地层柱状剖面图（图4-3）。

［附］考古调查举例——墓葬调查及钻探

（1）有封土墓调查

1）墓区范围：墓区平面形状，有无陵园墙垣，墙垣长、宽、高，建筑方法；门及道路的情况等。绘制墓区墓葬平面分布图。

2）地面墓葬封土分布情况，封土的构筑方法（堆土、夯筑、砖包砌等），形制，丈量长、宽、高（或直径）。

3）地面建筑及碑刻、石像生、神道柱等；文字记录，拓印抄录碑文，照相等。

4）墓区周边的情况：同遗址或城址的关系等。

5）依据遗迹遗物判定墓葬的年代。

6）写出详细的调查记录或报告，并附各种图表及摄影照相记录。

（2）无封土墓调查

1）在需要钻探调查的地方布梅花孔进行普探，孔距可稍大（5米以内）。

2）当某孔探出有五花土后，即以此孔为中心，加密孔距（1米或0.5米），布“十”字形探孔，寻找出地下墓穴的大致范围。

3）在墓坑边缘和转角处布三角式探孔“卡边”，以较为精确了解墓葬的形制（图4-4）。

4）绘制钻探成果图：墓葬平面分布图。

5）撰写钻探记录或钻探报告。

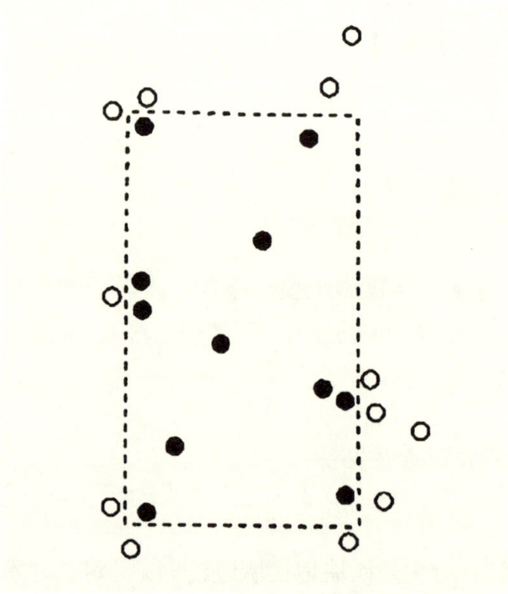
图4-4　墓葬钻探“卡边”示意图

（3）试掘

对一些重要遗址，为了进一步了解其内涵，可在适当部位进行小面积试掘，目的是了解遗址地层堆积或遗迹关系。试掘一般采用探沟法，有时也可用探方法。

1）试掘应在踏查或钻探的基础上进行。

2）在需要了解的部位划布探沟（探沟代号为“T”）。

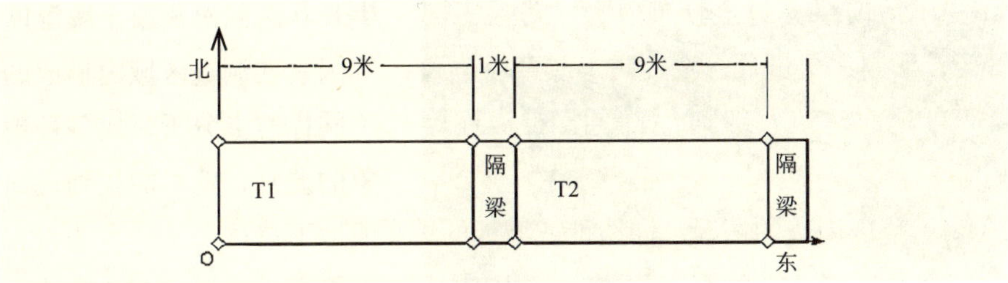

图4-5 “一”字形探沟布置示意图

3）正常情况下探沟应采用正方向（即正南北或正东西方向），有时可根据地形或需要布方。如为了解城墙或围沟转角处的情况而必须在该处布设的探沟，就不一定要采用正方向。

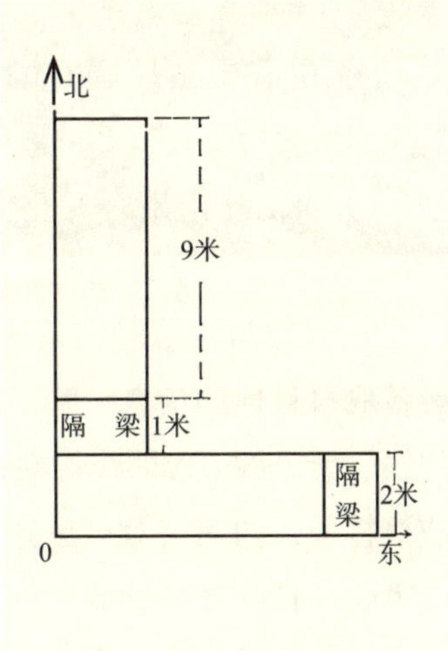

图4-6 曲尺形探沟布置示意图

4）常用布沟法有“一”字形（图4-5）、“十”字形、曲尺形（图4-6）等。

5）探沟面积一般为10米×2米或5米×2米为宜。过深的探沟为安全起见，根据需要可适当加长、加宽。如果长度超过10米，则应每隔5米或10米左右设一宽1米的隔梁，以便把握地层的变化。

（三）利用现代科学技术调查

随着现代科学技术的进步，许多技术应用于考古调查，并取得了显著的效果。目前，我国应用于考古调查的勘测技术主要有空中摄影、遥感勘测和地下勘测等[10]。

1. 空中摄影调查

空中摄影调查，即利用卫星、飞机等航空器从空中向地面观察和摄影（图4-7）。由空中鸟瞰，视野广阔，比较容易发现地面上难以观察到的现象，如土壤、地形的细微差别，阳光斜射产生的地物阴影，不同季节植物

图4-7 彭头山遗址航空摄影图

生长状态的对比及土壤湿度等因素在调查区域内形成的不同标志。分析对比各种现象的差别，就可能找到地面或地下遗迹。这一方法可大大提高大型遗址或沙漠地区的考古调查工作效率。

2. 遥感调查

遥感调查，是空中摄影调查技术的扩展。人眼观察物体是由于来自物体可见光刺激而产生的视觉。而遥感设备取自目标的信息，除了靠物体辐射或反射的可见光外，还靠微波、红外线、紫外线、X射线等在遥感设备中产生的反应。不同物体具有不同的波谱特征，如霜雪对可见光是全反射的，看起来是白色的；对红外线则是全吸收，在红外遥感器中就成为黑色的了。调查时，使用能接收多个波段地面目标信息的多光谱遥感设备，就能同时获得被勘查地区的、突出显示不同目标的多幅图像或信息。分析这些图像或信息，就可了解到地面遗迹的分布情况。

3. 地下勘探

地下勘探，是采用地球物理勘探技术，根据大地物理性质的差异勘查地下遗迹、遗物的方法。古代的遗迹、遗物同周围土壤的电阻率不同，并存在着磁性差异，可用地电阻率计（电探测）和磁性测量仪器（磁法探测）或地震雷达等进行探测，对获得的信息进行计算机处理分析和人工解读，从而对地下的遗迹、遗物做出准确的判断。

我国的航空与遥感考古勘查工作起步较晚，但起点较高。近年来，华东师大遥感中心和地矿部遥感中心等单位曾对江南的土墩墓、安徽寿春古城、敦煌莫高窟、秦始皇陵等遗址进行过遥感考古调查工作，取得了显著的成果；1996年，中国历史博物馆对洛阳地区1000平方千米范围内的古遗址、古墓葬进行了航空摄影调查，不仅印证了以往的调查成果，还新发现了一批遗迹现象。1997年7月，我国成立了第一个遥感与航空摄影考古专门机构——中国历史博物馆遥感与航空摄影考古中心，标志着这些技术将在考古学领域内得到更为广泛的应用[11]。

当然，空中摄影、遥感与地下勘探等技术的应用，仍需要地面调查的密切配合才能更为有效。而具体的遗迹确定，仍必须由地面工作才能完成。

二、田野考古发掘

（一）田野考古发掘的目的与形式

1. 田野考古发掘的目的

田野考古发掘是考古研究的基础，其目的是科学地获得研究资料。从某种意义上讲，考古发掘是一种破坏性的获取资料的方法，已发掘的遗迹及埋藏状况，不可能完全恢复原状。故要求发掘者尽可能科学地、完备地获得系统的研究资料，尽可能避免失误，将损失减少到最小。因此，在发掘过程中，要严格按照《田野考古工作规程》操作，做好每一环节的工作。

2. 田野考古发掘的形式

（1）抢救性发掘

对处于被破坏状态遗存的考古发掘，如因偶然情况（村民取土等）或基建施工中突然发现的遗迹，因破坏性灾害（地震、水灾等）暴露出的古代遗存，由于种种原因已暴露出的墓葬，处于被破坏的遗址和墓葬（如被盗墓葬）等。为避免遭受更大的破坏，由有关文物主管部门或研究单位组织力量进行考古发掘，如陕西扶风法门寺塔地宫的考古发掘。

（2）配合基本建设发掘

在经批准的工区范围内，先行进行考古调查和发掘，如水库、道路、工厂修建前，对占用地、取土地及周边可能遭受破坏的范围进行考古调查和发掘。如洛阳中州路西工段的发掘、黄河小浪底和长江三峡淹没区的考古调查和发掘。

（3）主动性发掘（学术发掘）

为解决某些学术问题而选择遗址进行的考古发掘，如西安半坡遗址的发掘、临潼姜寨遗址的发掘、扶风案遗址的发掘、西安汉长安城的发掘、凤翔秦公一号大墓的发掘、河南偃师二里头遗址和尸乡沟商城的发掘等。

（二）考古发掘的原则

1. 按正方向布方

除特殊情况外，一般均需按正东、西、南、北方向布方，以便于发掘时的测量和记录。划布探方前，先应由测量总基准点（0点），引出两条相互垂直的正方向控制基准线：一条为正南北向（Y线），一条为正东西向（X线），两条线相互垂直并交于基点。然后，由Y线引出数条等距离（与探方边长相等）且与X线平行的直线；由X线引出数条等距离且与Y线平行的直线。这样就在发掘区域内布置出规整划一的方格网。每一个方格就是一个独立的发掘探方。为了便于在发掘中观察探方四壁剖面的变化，并方便运土，还要在相邻探方之间预留隔梁。隔梁一般宽1米，留在每一探方的东、北面（图4-8）。

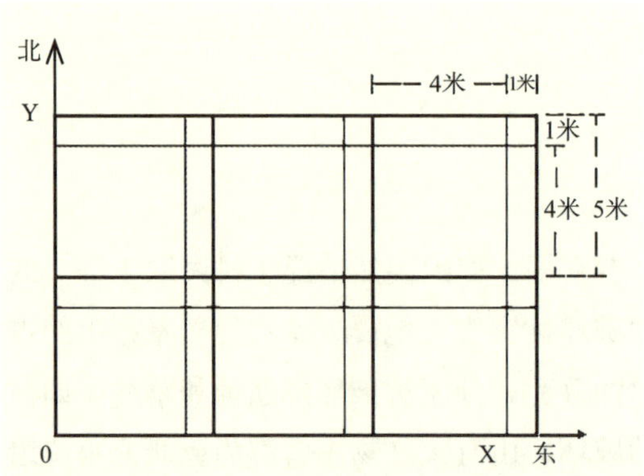

图4-8　5米×5米探方划布示意图

探方（探方代号为“T”）是考古发掘和记录的基本单位，发掘清理遗迹和遗物编号、考古记录等，都以探方为基础进行。因此，划布探方是考古发掘时首先要做的一项工作。常用的探方为5米×5米，即平面为边长5米的正方形。但如果发掘地点堆积过厚，或发掘文化堆积较为单一、遗迹现象较为单纯的大型建筑遗址时，为了便于观察遗迹的整体面貌，在不影响剖面层位关系控制的情况下，也可使用大型探方。常用的大型探方有10米×10米、20米×20米、50米×50米等几种。但一般要求同一发掘区内探方的大小应当一致，不能有大有小。

2. 自上而下逐层下挖

发掘时应自上而下逐层下挖，自上而下依次编地层号（1、2、3……）。一个遗址或一个发掘区，尽可能统一地层。为此，先做出一个遗址或一个发掘区的纵横标准剖面是必要的。各探方依土质、土色等划分地层，并依标准剖面确定各层序号（图4-9）。确定标准剖面的方法有：

（1）连续“一”字形或“十”字形探沟法。

（2）连续“一”字形或“十”字形探方法。

（3）相邻探沟或探方对比确定地层层序。

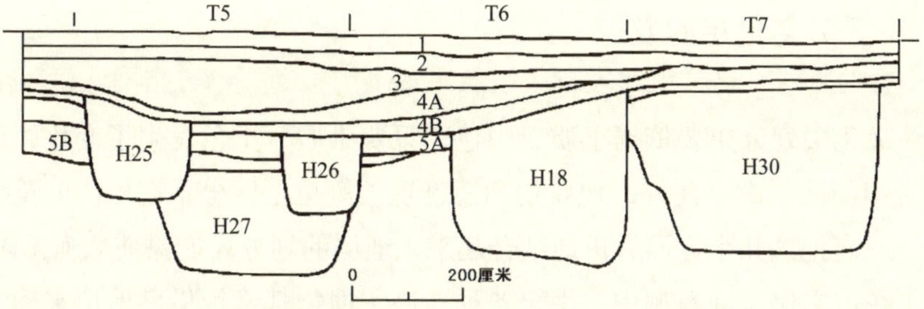

图4-9　陕西扶风案板遗址GND区T5～T7北壁地层剖面图

3. 依据地层关系，先清理最晚的遗迹

发掘时应依据地层的叠压或打破关系，先清理最晚期的地层或遗迹，以防止晚期单位的遗物混入早期单位中。对大型遗迹应先做1/2或1/4发掘。遗迹编号依清理的先后顺序给号，如H1、H2、H3……编号应全遗址

统一，尽可能避免重号。

4. 依地层和遗迹单位收集遗物和编号

每一地层或遗迹均为考古发掘时不可再分的最小单位。遗物的收集和编号应以每一探方为基础，以每一地层或遗迹单位为一编号序列。完整的编号内容应包括发掘的时间、遗址、发掘区（工区）、探方、遗迹单位、器物序号，如1993FAGN区T24⑤：6（1993年扶风案板遗址沟南区探方24第5层第6件器物）。重要遗物或小件器物（可复原或完整器物）应测量并填写标签，记录出土的三维坐标，即以每一探方的西南角为测量基点，分别量出横坐标、纵坐标和深度并记录。

5. 下挖到生土

除有重要遗迹需保留外，一般探方均需下挖至生土为止。所谓生土，即不含有任何人类活动的遗迹、遗物的自然堆积。发掘时注意“间歇层”（即两层文化层之间的自然堆积）。必要时，可进行钻探，了解一定深度地层的情况。

（三）文化层的发掘

文化层划分主要依据土质、土色，只要土质、土色发生了变化，就应划分出新的层次。此外，包含物和遗迹现象等也是区分不同层次的重要依据，只有把这几个方面有机地结合起来，地层的划分才能保证准确无误。

在古文化遗址发掘中，由于各种遗迹、遗物都必须借助地层来确定其相对年代关系，故文化层的发掘尤显重要，发掘中应注意以下几个方面。

1）以5～10厘米为一次发掘的深度，每一发掘面都需铲平，注意平、剖面结合，观察遗迹或下层文化层露头。

2）一旦有遗迹或下层文化层局部露头，即不能再水平下挖，而首先要找清遗迹范围或清理完全部上层堆积，使新层全部露头，并清理完露出的遗迹（特别是打破下层的较深遗迹，原则上要全部清理到底），才可继续下挖。

3）对介于两层之间无法搞清层位关系的遗物，应归于上层。

4）为及时了解地层变化情况，可在探方的每一下挖深度先挖1/2或1/4。

5）当在同一平面上同时出现两个新层、剖面上又无法反映其叠压关系时，可在交界处横挖一小探沟，从小沟的剖面上搞清两层的叠压关系后，先清理晚期堆积。

6）清理完每一文化层面的遗迹并做好各种记录后，再行下挖。

（四）遗迹的发掘

1. 灰坑或窖穴（H）的发掘

灰坑是考古学对填埋灰土和生活垃圾的坑穴的总称，包括储物的窖穴、水井、穴居址等。这类遗迹在初露头时，并不能判定其性质，只有清理完后才能依据结构、坑底遗迹现象和出土物等确定其用途。灰坑是考古发掘中最常见的一类遗迹，数量较多，相互间的关系复杂，在考古发掘和研究中，具有重要的意义。灰坑的发掘应注意以下几点。

1）灰坑露头后，首先要找清范围，确定开口层位或打破关系及坑口周围的遗迹（如柱洞等）。灰坑中的填土一般较松软，且颜色较深，不难区别。确定开口层位时，应注意剖面上的层位关系和平面上的打破关系。

2）分割和分层清理。搞清地层及打破关系后，先清理较晚者。大型灰坑应先分1/2或1/4清理（图4-10）；清理时应遵循分层下挖、分层收集遗物的原则。

3）注意坑壁上有无加工修整或工具的痕迹，尽可能避免做过而破坏这些迹象。

图4-10 灰坑1/2清理法

4）注意坑底的遗迹和遗物，如用火烧烤的痕迹或木板、席痕、柱洞和有无或炭化粮食等。

2. 房址（F）的发掘

我国史前和夏商周时期的房屋主要有竖穴式、横穴式、地面式和干栏式等（参阅第七讲）。各类房址的发掘如下。

（1）竖穴式房址的发掘

竖穴式房址的发掘与灰坑的发掘基本相同，发掘时除应搞清口部的范围和形状（圆形、方形等）外，还应注意口部周边有无柱洞和道路遗迹，对穴内的堆积则应注意有无屋顶倒塌后的迹象（如朽木和印有椽木痕迹的泥块等），特别要注意底部有无居住面、柱洞、灶坑或红烧土面、土床等居住、生活和建筑遗迹。而这些正是区别储物的窖穴与竖穴式房屋的最重要的标志。对坑壁的清理过程中要注意修建方法、工具痕迹和供出入上下的台阶、斜坡道等。对居住面的清理除注意灶坑等遗迹外，还要解剖居住面的铺筑材料（草拌泥、混合土、白灰面等）和方法（夯实、烧烤等）。对分布于居住面上的遗物（陶器、工具等）则要注意其放置或保存的部位，在未绘图、照相、记录之前，切不要轻易起取和移动其位置。

（2）横穴式房址的发掘

旧石器时代人类多居住在天然的岩洞中，如北京猿人遗址、山顶洞人遗址等。新石器时代人类充分利用黄土的特性，利用自然断崖或人工断面修建冬暖夏凉的横穴式（窑洞式）房屋。

对于旧石器时代的洞穴，由于其为自然生成物，故考古学家主要关心的是洞内堆积的层次及其包含的人工制品、人类及动物化石、居住面及其他人类活动生活的痕迹等。对这类洞穴的发掘，应大体与文化层发掘相同，一般在洞内划1米见方的小方格，并给予编号，以便观察和记录。发掘时应特别注意各种遗物的层位关系和分布位置。

新石器时代人工修筑的横穴式房址，由于年代的久远和各种自然力的作用，其顶部多已塌陷，在发掘中应特别注意观察当时的地形，残存墙壁有无向上内弧收的迹象，内部堆积有无大块或成层的顶部塌落的生土块，以便做出判断。此外，这类房址的居住面一般不应有柱洞。对洞壁和居住面的发掘大体与竖穴式房址相同，注意其修造痕迹、铺垫方法、有无灶址和其他居住遗迹，注意各种遗物的分布位置等（图4-11）。

图4-11 陕西旬邑下魏洛遗址窑洞式房址

（3）地面式房址的发掘

地面式房屋是一种修筑于地面或夯土台基上的土木结构建筑。地面式建筑有单间房、套间房、多间组合房等。发掘时，首先应搞清房屋的平面结构、门的位置和方向、墙的构筑方法（木骨泥墙、夯土墙、红烧土墙、土坯墙等）和有无墙基槽等。柱洞是研究房屋间架结构的最重要资料之一，故要特别注意柱洞的分布规律、间距和直径等。对居住面及分布于其上的遗物的清理同竖穴式房址。此外，还要注意房址周边有无散水、附属建筑和道路等。

3. 墓葬（M）的发掘

我国古代的墓葬形式多样，从地面情况来看，可分为有封土墓、土墩墓、积石墓等；从墓室构造来看，可分为竖穴墓、洞室墓（土洞、崖墓）；从墓的建筑材料来看，可分为土圹墓、石圹墓、土洞墓、砖室墓、石室墓等。

（1）封土的发掘

封土是墓葬的重要组成部分，里面可能埋有反映丧葬礼仪的重要遗迹和遗物。据有关文献记载和考古发现，史前和夏商西周时期的墓葬无封土，东周时期开始出现封土墓（参阅第十二讲）。发掘前，先在封土顶部中央设一基点，按正方向引出两条相互垂直的基线。发掘时，一般先清理1/2或1/4，清理1/2时最好先清理对角的各1/4，留出隔梁，以了解封土的结构和构筑方法；严格按分层下挖的原则划分地层、分层发掘，注意各层次中有无埋葬时的礼仪性遗迹或遗物。

（2）竖穴土坑墓的发掘

这是一种直接从地面下挖而形成墓室的墓，曾是秦汉以前十分流行的一种墓葬形制。史前时期的竖穴土坑墓多无墓道，商周以来的大型墓葬均带有数量不等的墓道。竖穴土坑墓的发掘程序如下。

1）寻找墓口和墓道。早期的竖穴土坑墓一般地面上无封土，发掘时先用探沟法、探方法或钻探法寻找墓口和墓道，搞清墓地的墓葬平面分布情况。

2）确认层位关系。清理墓口或墓道上部的堆积，确认开口层位和打破关系。

3）清理墓口和墓道口。找清墓口和墓道口的确切范围，仔细观察墓口部位有无建筑遗迹（柱洞、排水设施）或遗物（砖、瓦等），确认有无墓上建筑。注意墓口有无盗洞及其范围。

4）发掘墓室和墓道填土。如有盗洞，应首先发掘盗洞内的堆积，并注意收集其内出土的遗物，以判断被盗掘的时间。填土的发掘仍应分层下挖，注意填土的变化（积石、积砂、积炭等）和填土中的遗迹（殉人、人牲墓，车的朽痕等）的辨识、清理和遗物的收集。

5）搞清墓室结构。注意是否有二层台（生土或熟土台），坑壁上有无脚窝，坑底是否有放置枕木的沟槽，棺椁底部是否有腰坑。

6）葬具及人骨架的清理。葬具一般有草席、木（石）棺、木（石）椁等。草、木质的葬具易朽，清理时应特别注意它们的朽痕，根据朽痕的形状和分布范围，推测葬具的形制及大小。人骨架清理时，要特别仔细，注意不要搞乱骨骼原来的摆放位置，根据骨骼的放置情况判断头向、面向和葬式（仰身、俯身、直肢、屈肢等）。

7）随葬品的清理。发现的每件随葬品，都不要轻易移动和起取，应清理出整个墓室葬具和随葬品的平面，并做好编号与各种记录。注意各种随葬品在墓室或棺椁中的放置位置和排列方式，以推测它们的功用及反映的葬俗。注意各种易朽器物（竹、木、漆器等）的朽痕，尽可能搞清其形态，并做好资料的记录和保护工作。

（3）洞室墓的发掘

洞室墓是指利用断崖横向挖掘成窑洞式墓室，或先挖竖井或斜坡墓道，再在底部一侧横向挖掘窑洞状墓室，或用砖、石在地下砌筑成窑洞式的墓。这种墓可能出现于史前时期，流行于秦汉隋唐等各个历史时期。典型的土洞墓的结构可分为墓道、甬道、墓室3部分。隋唐时期的洞室墓结构复杂，往往是长斜坡、多天井、多过洞、多壁龛，并有前、后墓室，棺椁放置在后室内，其上的地面上为封土。

1）墓道的清理。土洞墓的发掘首先要寻找并清理墓道（图4-12）。发掘墓道时，须分层下挖，注意有无填土的变化，有无再次或多次开挖填土入葬的现象。对于有壁画的墓，切忌太靠近墓道壁，一般要留下厚10厘米左右的土，用竹签等仔细剔剥，特别注意不要损伤壁画。

2）天井、过洞、壁龛的清理。对有天井、过洞、壁龛的，应先清理天井和过洞中的填土，清理时要特别注意保存情况，防止坍塌伤人，还要注意有无壁画。壁龛是放置陶俑和其他随葬品的地方（图4-13），清理时注意俑的放置及排列，及时编号、记录。彩俑清理时应注意避免损伤彩绘，及时做好现场保护工作。

3）墓门、甬道的清理。墓门上如有封门，首先要观察封门的情况（砖封、石封、木封等），砖、石封门堆砌方法及有无盗扰的痕迹等，木封门的朽痕及支撑方式等。甬道是连接墓道和墓室及前、后室之间的部分，这里多是放置墓志的地方。

4）墓室的清理。清理完封门后，应观察墓室的保存情况，如顶部已坍塌，则应在采取了可靠的加固措施后再进入，或采取大揭顶的方法发掘，

图4-12　西北大学南校区唐墓墓道

图4-13　西北大学南校区唐墓壁龛

以保证发掘人员的安全。发掘墓室内，应注意墓室的结构、顶部的形态（平顶、弧形顶、穹隆顶等）。对多室墓，应从前到后依次清理，对有淤土堆积的墓室，应自后而前、自上而下逐层下挖，直至清理出全部遗迹和随葬品。对有壁画的墓室，应注意清理和保护。对有砖铺地的墓室，在墓室清理工作、记录工作全部结束，遗物起取后，应揭地砖，查看有无隐藏坑，防止遗漏。

其他砖室墓、石室墓、崖墓、土墩墓、积石墓的发掘，可参考上述各类墓的发掘方法。

三、考古发掘资料的整理

考古发掘资料的整理主要包括三个方面的内容，即发掘资料（遗迹、遗物和考古记录）的整理、考古类型学研究、编写发掘报告。

（一）发掘资料的整理与类型学研究

1. 考古发掘记录的整理

在田野考古发掘工作基本结束、发掘现场即将回填之前，要对所有的发掘记录（文字的、图表的、影像的）进行一次核实和检查，确保各种记录准确无误。特别是遗迹、遗物记录的核查，必须在回填之前结束。核查工作由领队统一领导、安排和验收，以探方为基本单位进行。

2. 出土遗物的整理与类型学研究

（1）出土物的清洗

长期埋藏于地下的遗物，其表面常沾有泥土、水垢、锈蚀等。为便于观察器物的形态、花纹、制法，必须进行清洗和清除。金属器的除锈，需要有专门的技术，一般应请有关专家来做。出土遗物中最常见的大量的陶片，则应由考古发掘队自己组织人员进行。清洗时应注意以下几点。

1）清洗以既能去掉泥土又不致损伤器物为原则。

2）清洗时应严格以地层和遗迹单位进行，避免不同单位的陶片混合。

3）陶片的硬度较低，洗刷时可用毛刷蘸水清洗，刷净表面及碴口的泥土水垢，切忌用金属刷，以免损伤陶片。对于彩陶，则更要小心，可用软布、竹签等工具轻轻地将泥土剔净。

4）清洗后的陶片晾干后，要在不明显的部位写上遗址、遗迹或地层单位的编号。

5）完整或可复原的器物，要填写“出土器物登记卡”，一器一卡（一式二份），按项目填写，并贴上器物图或照片。

（2）出土物的统计

清洗后的出土物应按地层或遗迹单位进行统计。以便说明文化遗存的器物特征。统计内容如下。

1）陶系的统计。包括陶质（泥质、夹砂）、陶色（红、褐、灰、黑陶）、纹饰（绳纹、篮纹、弦纹、附加堆纹、刻划纹、彩陶等）等内容。可设计“陶系统计表”，按单位统计，并计算出各种陶质、陶色、纹饰的数量和百分比。

2）器形统计。器形统计可按单位依器物的类别、型、式进行统计，如陶器、石器、骨器、青铜器等。每一类器物又可按器别，如罐、盆、碗、鼎、斝、鬲、杯等进行统计。如果在整理时已做出型式划分的，可再进行更细的型式统计，如A型罐、B型盆、A型钵等。统计时，应包括完整器、可复原器和可看出器形的器物残片。对残片的统计，可主要依据器物的口沿或底部进行，每一片不同器物的口沿或底部，可代表该类型的一件器物。最后，计算出各类型器物的数量和百分比。

（3）出土物的绘图、照相、拓印

器物的绘图、照相或纹样、文字的拓印是取得器物形态资料的重要手段。因实物资料并非是任何人、任何时间都可以直接观察到的，故绘图、摄影资料就成为许多学者用于比较研究的最重要资料之一。因此，绘图和摄影是遗物整理工作中必不可少的重要一环。原则上讲，凡完整器、可复原器和有重要意义的器物残片等，均要绘图和照相；各类器物的花纹、文字都应做拓本资料。

3. 出土遗迹的整理与类型学研究

（1）遗迹的分类

遗址中常见的遗迹有房址、窖穴、水井、道路、窑址、墓葬等。这些遗迹在发掘过程中已经初步进行了分类、记录和编号。在整理中，需要依据形制，对各类遗迹进一步分类。如墓葬依墓室的结构可分为竖穴土圹墓、洞室墓等形式；灰坑（窖穴）依据口、底部形态和结构可分为圆形直筒状坑、圆形桶状坑、圆形袋状坑、圆形锅底状坑；椭圆形直筒状坑、椭圆形桶状坑、椭圆形袋状坑、椭圆形锅底状坑；方形或长方形直筒状坑、方形或长方形桶状坑；不规则形坑等。

（2）遗迹的统计

在上述分类研究的基础上，填写“灰坑登记表”“墓葬登记表”“房址登记表”等，并用表格的形式，把各类遗迹的数量、形式、尺寸等统计出来。

（二）考古报告的编写

编写考古报告是田野考古的最后一项内容。考古报告并非是一般的工作总结或汇报，它是对调查、发掘所获得的资料的科学报道，具有很强的资料性质；也是田野考古工作各个环节最基础的研究，具有很强的专业性。因此，要求编写者用科学的态度、实事求是的原则、考古界惯用的语言和体例来撰写。考古报告依据田野工作的性质，可分为考古调查报告和考古发掘报告两类。

1. 考古发掘报告

考古发掘报告是对重要遗址（或墓葬）的发掘或多年连续性发掘遗址所获全部资料的研究总结。考古报告应在整理了全部发掘资料后撰写，一般按章节编写。主要内容和体例如下：

×××遗址发掘报告

第一章　遗址的地理环境与历史沿革

第一节 地理环境（附地理环境及遗址位置图）

第二节 历史沿革

第二章　发掘分区与地层堆积

第一节　发掘区规划与分区（附布方规划与分区图）

第二节　地层堆积

一、Ⅰ区地层堆积

1. 典型地层堆积剖面举例（附地层剖面图）

2. 遗迹打破关系（附典型遗迹打破关系图）

二、Ⅱ区地层堆积

……

第三章　第一期文化遗存

第一节　遗迹

一、灰坑（附分类统计表）

二、房址（附分类统计表，典型房址平、剖面图）

……

第二节　遗物

一、陶器（附陶系统计表、器形统计表、器物图）

1. 鼎

2. 斝

……

二、石器（附石器分类统计表、器物图）

三、铜器（附铜器分类统计表、器物图）

……

第四章　第二期文化遗存

……

第五章　有关问题的研究

第一节　各期文化的性质问题研究

第二节　同周边其他文化关系问题的研究

……

编后记：各章节执笔者；对发掘、研究、出版过程中协力者的谢忱等。

附表：

1. 灰坑登记表

2. 墓葬登记表

3. 房址登记表

4. 出土物索引表

附录：

1. 动物遗存鉴定报告

2. 植物孢粉分析报告

3. 人骨鉴定研究报告

4. 石器岩性鉴定报告

5. 绘画颜料分析报告

6. 有关金相分析报告

图版：

1. 彩版

2. 黑白版

2. 考古调查报告

考古调查报告往往是对一个较大范围（一个盆地、一条河流域或一个地、县）系统调查后，全面整理调查所获得的各种资料，最后提出的科学报道和综合研究形式。其体例如下。

第一章　前言（基本情况）

一、调查缘起及性质（普查、配合基本建设、为解决某个学术问题的专题调查等）。调查的时间、组织者（省、市文化主管部门或学术团体）、负责人和参加者。调查的方法及路线等（分组、分区情况、拉网式调查、钻探、试掘等）。调查的范围，所属行政区划归属等情况（附地理位置及遗址分布图）。

二、既往调查研究史

前人在本地区所做过的调查或发掘、研究情况简介（注明各种资料的出处）。

第二章 调查的收获

先简要叙述本次调查、复查或新发现的各类遗址数目概况（附调查遗址统计表）。然后分时代、分文化自早至晚介绍各类遗址中的典型遗址。

一、老官台文化遗址

（一）××遗址

1. 位置、面积、地层堆积等

2. 遗迹（附平、剖面图）

3. 遗物（附器物图）

（二）××遗址

……

二、仰韶文化遗址

（一）××遗址

……

三、客省庄二期文化遗址

（一）××遗址

……

第三章 有关问题的研究与讨论

一、调查区域各类遗址分布的特点

二、各类遗址的特征及文化属性

三、有关学术问题的讨论

四、有关调查方法得失的总结

参考书目

[1] 石兴邦：《田野考古方法——调查、发掘与整理》，《考古工作手册》，文物出版社，1982年。

[2] 于海广、任相宏、崔大勇等：《田野考古学》，山东大学出版社，1995年。

[3] 栾丰实：《考古学理论·方法·技术》，文物出版社，2002年。

[4] 赵辉：《遗址中的“地面”及其清理》，《文物世界》1998年第2期。

[5] 考古学编辑委员会：《现代科学技术在考古上的应用》，《中国大百科全书·考古卷》，中国大百科全书出版社，1986年，第575～578页。

[6] 张寅生：《一种考古勘探的新技术——应用电阻率法勘探地下文物》，《文物》1987年第4期。

[7] 高立兵：《地面透射雷达（GPR）及其在考古勘探中的应用》，《考古》2000年第8期。

[8] 刘建国：《安阳殷墟遥感考古研究》，《考古》1999年第7期。

[9] 张维玺：《考古地磁学及其在考古学中的应用》，《考古》1989年第10期。

[10] 钱复业、田中保士、马继贤等：《地面电探CT技术及其在三峡考古中的应用试验》，《考古》1997年第3期。

注释

[1] 陕西省地方志编纂委员会：《陕西省志·文物志》，三秦出版社，1995 年。

[2] 陕西省地方志编纂委员会：《陕西省志·文物志》，三秦出版社，1995 年。

[3] 张廷皓：《历史的责任 历史的事业——陕西省第三次文物普查的重大收获》，《文博》1997 年第 3 期；国家文物局：《中国文物地图集·陕西分册》，西安地图出版社，1998 年。

[4] 陕西省文物局：《陕西第三次全国文物普查丛书》，陕西旅游集团、陕西旅游出版社，2012 年；陕西省文物局：《踏遍青山——陕西第三次全国文物普查纪实》，三秦出版社，2010 年。

[5] 何修龄：《陕西扶风县案板乡古代遗址》，《文物参考资料》1954 年第 10 期。

[6] 西北大学文博学院考古专业：《扶风案板遗址发掘报告》，科学出版社，2000 年。

[7] 徐旭生：《1959 年夏豫西调查“夏墟”的初步报告》，《考古》1959 年第 11 期。

[8] 中国科学院考古研究所洛阳发掘队：《河南偃师二里头遗址发掘简报》，《考古》1965 年第 5 期。

[9] 王世和、钱耀鹏：《渭北三原、长武等地考古调查》，《考古与文物》1996 年第 11 期。

[10] 考古学编辑委员会：《现代科学技术在考古上的应用》，《中国大百科全书·考古卷》，中国大百科全书出版社，1986 年，第 575 ～ 578 页。

[11] 蒋迎春：《中国历史博物馆成立遥感与航空摄影考古中心》，《中国文物报》1997 年 9 月 7 日第 2 版。

第五讲

环境考古

一、环境与环境考古学

（一）环境基本概念与环境考古学

环境考古学的一个中心概念是“环境”。所谓环境是相对中心事物而言的。与某一中心事物有关的周围事物，就是这个事物的环境[1]。考古学上的环境，可分为自然环境和文化环境两大部分。自然环境以人类及其文化为中心事物，是指以人类为主体的外部世界，即人类赖以生存和发展的自然条件。文化环境是指以某一人类文化或某一区域文化为中心，其周边的其他人类文化即构成该文化或该区域文化的文化环境。

环境考古学是研究古代自然环境与人类文化相互关系的学科，在考古学中，一般认为它是考古学的一个分支学科[2]。环境考古学主要是通过对古文化遗址中所包含的能够反映环境的遗存研究，来恢复古代人类及其文化的生存环境，分析自然环境对人类文化的影响，探讨人类文化适应、利用自然环境过程中形成的特色和对环境的改造过程，最后对古代自然环境的变迁史和人类文化的发展史之间的关系做出全面的解释。

（二）环境考古学的产生及发展

1. 环境考古学产生的理论基础

环境考古学首先出现于欧洲，它的产生和发展，既有理论方面的基础，又与科学技术方面的进步密切相关。

环境考古学的产生与有关自然科学和文化理论的发展有着密切的关系，也可以说是二者相结合的产物。环境考古学综合了考古学、地质学、生物学等学科的理论与方法，故环境考古学实际是一门综合学科。从理论的层面上来讲，环境考古学有两个学术来源，一是基于地质学、地理学、生物学理论与方法，另一是基于新进化论的新考古学理论与方法。

环境考古学的理论基础是文化生态学，而文化生态学理论又是在生物生态学理论基础上产生的，故生态学的一些基本概念对于环境考古学来说，是非常重要的。

生态学是1866年由德国生物学家恩斯特·海克尔（E. Haeckel）建立的，他把研究有机体与环境的科学命名为“生态学”[3]。生态学是研究活的生物的生存条件，以及生物与赖以生活的环境之间的相互关系的科学。生态学以生物的个体、种群、群落、生态系统为主要研究对象。其中生态系统［是指生物群落和其他生物及无生命的环境之间，由于不断进行的物质循环（食物链）和能量转化过程而形成系统结构］的概念的建立，给人类学家和考古学家很大的启示。

美国人类学家斯图尔德（J. H. Steward）由此而提出了文化生态学的理论，并由此解释文化的进化。他认为，世界各地文化由于生态环境的不同，导致彼此之间有着不同的特殊进化过程。他特别强调文化和环境之间的适应关系的重要性，认为在社会发展过程中起决定性作用的是生态环境。因此斯图尔德的进化论又被人们称为“文化生态学”。

文化生态学认为，人类文化是生态系统的组成部分，文化的发展不仅受到所处环境的影响，而且文化的变化也会影响到生态系统的平衡。因此，任何复原史前环境的尝试，都不仅要考虑环境资源及其限制，也要考虑人类利用资源、干预和改变环境的方式。

到了20世纪60年代，美国的考古学家已心照不宣地接受了进化论的思想，于是在美国学者路易斯·宾福德（L. Binford）的倡导下，产生了一个新的考古学流派，被称为“新考古学”。美国的新考古学进一步强调了文化生态学，认为人类文化是在一定环境（自然和社会的）下的一个体系（技术的、社会的、意识的），要了解文化变化的原因，就必须了解这种变化的背景（自然的和社会的），而要了解这种背景，就需要多学科间的相互协作。因此，考古学不仅要与人类学相结合，而且应与地质学、地理学、生物学、民族学、社会学、哲学等自然科学和社会科学的专家携手合作。于是大约起自20世纪六七十年代，注重人类文化与所处的生态环境关系研究的环境考古学兴起，并很快成为考古学的一个重要分支，取得了许多引人注目的新的研究成果。

2. 环境考古学发展的技术条件

环境考古学研究的深入还有赖于现代科学技术的进步，现代科学技术使得从古遗址中获得的环境信息越来越多，相关的年代数据越来越精确，促进了相关环境与文化研究的不断深入。

第二次世界大战以后，科学技术有了较大的发展，出现了一些新的方法与技术，如新的测年技术和动植物、显微分析技术等，使得从古文化遗址中获得的有关古环境的信息量大为增加，从而使分析古文化与古代环境的能力大为增强。于是考古学家与地质、地理、生物学等学科专家合作，开始了有关古文化与古环境关系方面的研究。20世纪六七十年代，西方一些国家成立了专门的研究机构，如英国成立了专门性的环境考古学研究会；美国一些大学建立了专门的环境考古实验室，他们相继出版了一批研究成果，如布泽尔（K. W. Butzer）的《环境与考古学》、伊文斯（J. G. Evens）的《环境考古学导论》等[4]。因此，科学技术的发展是环境考古学产生的技术条件。

3. 中国环境考古学简史

在中国，环境与人类及其文化的关系很早便受到关注。在先秦文献中，均有一些环境方面的记录，如在《尚书》《周札·地官·司徒》《管子·水地篇》《荀子》《吕氏春秋·月令篇》《山海经》等文献中均有一些有关地理状况、动植物及矿产资源方面的记录。

在《尚书·禹贡》（作者不详，可能成书于战国时期）中，用自然分区的方法，把全国分为九州，即冀州、兖州、青州、徐州、扬州、荆州、豫州、梁州、雍州，并对各地的山川、土壤、物产、交通等方面进行了记述。

古代的“五行”说认为，“水火者，百姓之所饮食也；金木者，百姓之所兴作也；土者，万物之所资生，是为人用”（《尚书大传》）。

中国秦汉时期的古书《尔雅》将植物区分为草本和木本，并将相近的物种排列在一起以示同类。如将动物分为虫、鱼、鸟、兽、畜，又将其中相近的物种排在一起，还使用了“牛属”“马属”等名称。

古代学者对人与自然关系的认识，内容相当丰富，特别是在“天人合一”问题上有多种观点。其中一种看法是把“天”当“天神”，如孔子说“获罪于天，无所祷也”（《论语·八佾》）。一种“天”是义理的“天”，将道德中的“仁”与天命结合起来，如“天生德于予”。还有一种是把“天”看成产生各种自然现象的天，如“天何言哉？四时行焉，百物生焉”（《论语·阳货》）。部分人主张“人与天调”，即主张调整人与自然的关系，以达到天与人的和谐。特别是在农业方面主张天、地、人统一，《吕氏春秋·审时篇》中说：“夫稼，为之者人也，生之者地也，养之者天也。”这种“人与天调”观点应是我国最早对生态体系的认识。

两千多年前的学者荀子更是提出了生物之间的食物链关系（相食养）：“昆虫万物生其间，可以相食养者，不可胜数也。”生物之间通过“相食养”来维持彼此数量的相对稳定，只有不破坏这种平衡关系，生物才会“不可胜数”。他又说：“上得天时，下得地利，中得人和，则财货浑浑如泉源，滂滂如河海，暴暴如丘山。”（《荀子·富国》）也就是说，只有协调天、地、人的关系，各种资源才会如江河滚滚，源源不断供人利用。

但是，中国古代对政治思想、伦理道德的关注，远远多于对生态的关注，所以这些宝贵的思想并没有发展起来，当然也就不可能发展成为一门学科。

一般认为环境考古在中国的出现是20世纪80年代考古学界受欧美新考古学思潮影响的结果，但实际上，早在这之前，中国学者对环境与人类文化的关系就已有了一些认识。

早在20世纪50年代，我国著名考古学家裴文中先生就指出：“在不同的地区，有不同的自然环境，有不同的人类，当然有不同的文化。”[5]

20世纪60年代初，裴文中先生就开始了利用动物化石复原远古人类的生活环境的研究，并根据哺乳动物的生活习性，将常见的动物化石分为五个大类，提出了利用动物化石进行古环境气候分析的简便方法[6]。不久，周昆叔先生也首次对半坡遗址进行孢粉分析，孢粉分析成为环境考古研究最常用的研究方法之一。

20世纪70年代，竺可桢先生应用考古、动植物和古文献资料，对中国近五千年来的环境气候进行了研究[7]，使得古文化环境研究受到了普遍重视。

20世纪80年代，不仅孢粉分析普遍受到了考古学界的重视，而且地质学、地理学、动物学等学科的许多学者也逐渐加入古环境研究的行列中，并在各自的研究领域内做出了一些新的研究成果。

20世纪90年代以后，中国的许多地区开展了环境考古研究。1990年10月，在陕西省临潼县召开了第一届“中国环境考古学术讨论会”，标志着考古学的一个新的分支学科——“环境考古学”在我国正式建立。之后，出版了《环境考古研究》（第一辑）[8]，成立了中国第四纪研究委员会环境考古分委员会。再之后，出现了大量介绍国外环境考古学的理论、方法、实践的文章，环境考古研究遍及全国。研究的内容以探讨古文化遗址的生态环境为主，还包括对聚落变迁与地理环境变化关系、古遗址内动植物遗存的分析等。

早期环境考古研究，从研究内容上多数都是关于单个古遗址的生态环境研究，而对区域环境的研究较少；侧重于认识环境对人类文化的影响，缺乏分析人类活动对环境的作用。从研究方法上看，研究者多是通过植被或地貌等的环境指标来认识环境特点，缺乏对古环境进行系统的综合研究。环境变化是包含多方面内容的，气候是最主要的因素，动植物、地貌都会受到气候的影响，只有综合研究各种环境指标，才能正确认识环境演化特点，进而探讨其与文化发展之间的关系。

近年来，中国的环境考古研究进入了新阶段，多学科合作研究不断加强。环境考古研究是需要多学科相互配合、相互协作的课题，无论是自然科学中的地质学、地理学、生物学，还是人文社会科学中的考古学、历史学等，不但越来越关注环境问题，而且合作精神与意识也在不断加强，其直接结果便是促进了环境考古研究的不断深入。

二、环境考古学的研究方法

（一）关于环境考古学的研究方法问题

环境考古学研究的时间范围主要是古代，对古生态环境的复原，主要依据对第四纪沉积物和各种古生物遗存的分析研究，如无脊椎动物、脊椎动物的化石和植物的孢粉、硅酸体等。但对现代生物与环境关系的研究是认识过去的钥匙。第四纪的古生物属种，大多数同现代属种相同或相近，而现代生物的生存与分布是与一定的环境气候条件相适应的，故各学科普遍应用“将今证古”的方法和原则，即根据现代生物与环境的关系去推论古代同一属种生物所反映的气候及地理条件等。

需要指出的是，无论以哪一种化石为依据去分析复原古环境，都有其局限性，如无脊椎动物对环境的适应性较低，在确定古环境方面很有用处，但它们形成化石的机会较少，尤其是陆生无脊椎动物，由于缺少硬体部分，很难形成化石。脊椎动物与人类的关系较为密切，保留下来并形成化石的机会相对较多，但由于其移动性较大，一个化石群中往往包含有两个或两个以上的生态环境成员，所反映的古环境状况较为复杂。植物由于移动性较小而对环境的适应性较差，故其孢粉常常被作为反映环境气候变化的灵敏的“温度计”，但孢粉微粒很小，在风的吹扬下能够被搬运到数十、数百千米甚至更远，从而给环境的分析带来很大的困难。因此，环境考古学对古代人类生存环境的研究，应尽可能综合各学科的研究成果，进行综合性分析研究，才有可能得出较为接近实际的结论。

（二）环境考古中的地层学问题

1. 考古地层学与地质地层学

环境考古学的方法可以分为获取资料的方法和综合性研究方法。获取资料的途径主要是野外调查。古代的环境信息大多埋藏在地层中，故对古代地层堆积的研究，是进行环境考古研究的最基本作业之一。无论是获取研究资料（动植物遗存、沉积环境分析及人类遗存反映的环境信息等），还是进行年代学研究（相对年代与绝对年代）；无论是探讨环境的演变过程，还是分析环境与文化的相互关系，都离不开对相关地层的研究。然而，考古地层学研究的主要内容与环境考古学对地层的研究有所不同。

考古地层学是田野考古工作中科学地获取资料的方法，自20世纪30年代建立以来，其已广泛应用于田野发掘和相关的文化研究（特别在分期研究）中。一般认为考古地层学主要是对地层堆积层序及早晚关系的研究。考古学所研究的地层，主要是由于人们活动而形成的。过去，考古工作者在田野发掘中大多只注意文化层和遗迹上下层位的划分，并不太重视不同文化层成因的探讨。在室内整理或分期研究时，虽也常常罗列一系列地层关系，但是目的在于为分期提供年代关系的依据，至于地层中所蕴含的环境信息则往往关注不够，甚至只字不提。

与考古地层学相比，地质地层学是以各种自然堆积（自然层）为研究对象，除了划分地层外，还比较注重探讨地层堆积反映的古地貌和古环境变迁的过程。例如，刘东生先生等对黄土地区地层堆积的划分和沉积环境研究，取得了举世瞩目的成就[9]。此外，随着地质学的发展，产生了多种地层分类概念，以及多种地层划分和对比方法，如岩石地层学、生物地层学、年代地层学等。然而，自然层中不包含人类活动的信息，故仅对自然层的研究，难以反映自然环境与人类文化的关系。特别是随着人类社会的发展，人类对环境的影响日益扩大，不考虑人类文化的因素，是很难搞清环境变化的全部原因的。

2. 文化层与自然层

（1）文化层

考古学家通常把古文化遗址中的地层分为两大类：生土层和人类文化堆积，即所谓的自然层与文化层[10]。生土层是指因自然营力而形成的地层堆积，其主体未经人类扰动，不包含任何人工遗物，在古文化遗址内，它通常位于最底层的文化层之下。

文化层是指人类在某个地点生存、活动遗留下来的各种遗迹、遗物等的堆积的总和。文化层主要因人力作用形成，其间也掺杂各种自然力的作用，致使文化层堆积复杂多样。在一般情况下，这些人类的遗存总是掺杂在被人们移动的泥土中，所以大多数文化层是一层夹杂着人工遗物的土层；有些经人们翻过的土层，即使不包含人工遗物，因为曾经人力搬动，结构发生变化，与因自然营力形成的土层不同，亦应归之于文化层的范畴。人类文化是适应环境而形成特色的，故古文化遗址中的不少遗迹含有丰富的环境信息。

首先，由于人类文化特别是史前文化，是在适应、利用和改造不同自然环境的过程中形成各自特征的，因此，人类文化遗存在某种程度上保存着古环境气候变化的信息。例如，史前人类在房屋设计与营造时，主要是从避暑、御寒、防潮等实用角度考虑的，这样不同形式的房屋，能够反映地理环境与气候条件方面的差异。在黄土地带的史前文化中，房屋的营造主要有地穴式、半地穴式、地面式建筑三种形式。地穴式和半地穴式房子具有冬暖夏凉的特点，但不适宜多雨潮湿的气候；地面式建筑则具有较好的防潮性，而保暖性较差。在冬季盛行西北风的地区，门窗的朝向一般背风朝南，也反映出适应气候的特征。渭水流域新石器时代早期的老官台文化，已发现的房屋均为地穴式或半地穴式，反映出当时的气候比较干燥；新石器时代中期的仰韶文化，则出现较多的地面式建筑，如姜寨一期文化遗存中，地面木架构的房屋占60.8%，房屋的门均朝向聚落中心，说明当时气候已变得较为暖湿[11]。此外，窖穴、墓葬、房屋等遗迹中不仅含有植物花粉，而且有不少人们食余扔掉的或有意识随葬的动物骨头。这些都是复原古环境的理想材料。

其次，环境气候变迁史和人类文化史的研究，都离不开时间的标尺。对时标的要求首先是可靠性，其次是精密度。不可靠的时标，必然导致错误的结论；虽然可靠但精密度差的时标，仅适用于粗略的研究。随着研究的不断深入，对时标精密度的要求会越来越高。以植物孢粉分析、动植物群演化、沉积环境等为主要研究手段的古环境气候研究，是建立在地质学对地层研究的基础之上的。但由于自然堆积具有堆积厚、延续时间长、区域性变化显著、不同沉积之间的可比性差等特点，特别是在黄土地区，由于黄土堆积厚、无层理，给详细的地层划分带来一定的困难，从而使环境气候史的研究很难把握较小时间尺度的变化规律。但是，建立在古文化堆积层次研究基础之上的考古学，则对古文化遗址堆积层次的划分要准确和精细得多。如果能充分利用考古地层学和类型学建立起来一个地区乃至一个较大范围的、较为精确的古文化堆积层序和编年，对各个时期的古遗址进行有关环境气候的研究，则可大大提高时标的可靠性和精密度。因此，古文化遗址是进行环境气候研究的理想地点之一。

但是，文化层主要是人类活动而形成的，故遗址或文化层在环境考古研究方面也有其局限性。因为人类活动都是有目的的，这可能造成保存在遗址中的动植物种类、数量与自然的动植物种群与数量不尽相符。如在狩猎中，某一地区的人类对狩猎对象是有选择的，故该遗址中某些动物的数量可能较多。人们在日常活动中，也会有意识地采集某些植物，故遗址中这些种类的植物遗存或花粉量也可能较多。如果仅仅依据遗址中出土的动植物遗存来分析环境就可能会出现偏差。

（2）自然层

多年来考古工作者通常只研究“文化层”，不少的考古报告对文化层之下的生土层情况甚至一字不提。其实生土层层面往往是某古文化遗址先民们最初活动的地面。生土层层面上往往保存着人们最初活动于此的各种遗存，因而是研究其最初文化遗存空间关系及周围环境状况的理想层面。此外，生土层的土体未经人类移动，内含的各种环境信息不曾或较少受到人为破坏，由此得出的环境信息往往较文化层更为真实和全面，据此可以复原某遗址人类活动之初的环境状况。总之，对生土层的研究并非可有可无。

然而，如前所述，自然层中不包含人类活动的信息，故仅仅对自然层的研究，难以反映自然环境与人类文化的关系。特别是随着人类社会的发展，人类对环境的影响日益扩大，不考虑人类文化的因素，是很难搞清环境变化的全部原因的。

3. 环境考古对地层的研究

环境考古对地层堆积的研究不仅包括考古学中的文化层，而且也研究文化层之下的生土层。不仅将地层、遗迹之间的叠压或打破关系作为确立地层和遗迹相对年代关系的依据，而且要以地层为线索探索环境变迁的轨迹。不仅研究地层和遗迹中的人类遗物，而且要研究其中的土壤特征、物理化学特征及各种动植物遗存。

因此，环境考古学对地层的研究，就是尽可能地把考古地层学和地质地层学的理论与方法结合起来，在田野考古工作中，尽可能多地收集有关人类文化的和自然环境的资料。把文化的研究和环境的研究结合起来，探讨自然环境和人类文化相互关系和相互作用的过程。而如何选取这样的结合点，则是环境考古对地层研究的关键。在可能的情况下，一个古文化遗址的发掘，应有第四纪地质学家和环境考古学家的参与。

在进行环境考古地层学研究时，应选取古文化遗址中含自然因素较多的代表性地层作为研究的主要对象。所谓有代表性的含自然因素较多的地层，是指那些具有时代特征又能反映该时期自然环境状况的地层。它由位于文化层之下的生土层上部和部分含有较多自然因素的文化层构成[12]。含自然因素较多的文化层，通常分布在遗址边缘或遗址中其他人类活动较少的部位。这类文化层的形成虽有人类活动的因素，但受自然力作用更强；文化层堆积厚度一般较为均匀，土质土色也比较一致，地层内出土人工遗物较少且大多为碎片，但又可辨识其时代和文化属性。在这类地层堆积中采样分析，既可把握好时间的尺度而便于将环境变化与人类文化对应起来，又可将人类活动的影响降到最低程度。

一定时期的环境考古地层堆积序列，往往由某一遗址内几个地点的剖面对比接续或由同一地区几个遗址地层的对比，才能建立起来。如在某一区域内，甲遗址发现前仰韶时期的理想地层剖面，乙遗址发现仰韶时期各阶段的堆积，丙遗址则发现龙山时期的文化层，通过对比就可建立起该地区前仰韶时期至龙山时期的环境考古地层堆积序列。如渭水流域已做过孢粉分析的遗址共5处，即渭水上游的甘肃天水西山坪和师赵村遗址，渭水中、下游的陕西关中地区扶风案板遗址、西安半坡遗址、临潼姜寨遗址，对比各遗址的地层，即可做出这一区域孢粉地层堆积序列[13]（表5-1）。

此外，还应尽可能地利用某一地理单元内有关地质地层和相关的气候环境研究成果，尽可能建立一个地区的地质地层与考古地层的对应关系，

表5-1　渭水流域典型遗址孢粉地层对比表

<table>
<tr><th colspan="3" rowspan="3">考古分期</th><th colspan="5">孢粉地层对比关系</th><th rowspan="3">年代
（距今）</th></tr>
<tr><th>姜寨</th><th>半坡</th><th>案板</th><th>西山坪</th><th>师赵村</th></tr>
<tr><th>王开发
(1985年)</th><th>柯曼红
(1990年)</th><th>王世和
(1991年)</th><th>赵郁
(1991年)</th><th>赵郁
(1991年)</th></tr>
<tr><td rowspan="9">新石器时代</td><td rowspan="2">龙山期</td><td>晚</td><td></td><td></td><td></td><td>1</td><td></td><td rowspan="2">5000～4000</td></tr>
<tr><td>早</td><td></td><td></td><td>Ⅳ</td><td>2</td><td>1、2、9</td></tr>
<tr><td rowspan="3">仰韶期</td><td>晚</td><td></td><td>Ⅲ</td><td rowspan="2">Ⅲ</td><td>3</td><td>3、8</td><td rowspan="2">6000～5000</td></tr>
<tr><td>中</td><td></td><td>Ⅱ</td><td>4</td><td></td></tr>
<tr><td>早</td><td>4、6</td><td>Ⅰ</td><td></td><td>5</td><td></td><td>7000～6000</td></tr>
<tr><td rowspan="2">前仰韶期</td><td>晚</td><td></td><td></td><td rowspan="2">Ⅱ</td><td>6</td><td></td><td rowspan="2">8000～7000</td></tr>
<tr><td>早</td><td></td><td></td><td>7</td><td></td></tr>
<tr><td colspan="2"></td><td></td><td></td><td rowspan="2">Ⅰ</td><td></td><td></td><td>9000～8000</td></tr>
<tr><td colspan="2"></td><td></td><td></td><td></td><td></td><td>10000～9000</td></tr>
</table>

把古遗址置身于更大的自然环境背景中，才有可能对更多的（如资源和资源利用问题）有关环境与文化的关系进行探讨。

（三）环境考古学研究中的样品采集

环境考古研究的对象主要是遗址中出土的动植物遗存、部分人类文化的遗存和年代测定样品等。如前所述，环境考古学研究的一切对象，都必须确定其时空位置。没有时间定位的资料，大大失去了其科学研究价值，而地层学正是解决这一问题的有效方法。但实际上，地层学并不能解决所有的问题，如绝对年代问题等。同时，同一层位或同一遗迹单位的遗存并非一定是同时的，这需要依据具体情况再做分析，否则会出现较大的误差而影响甚至严重影响环境或年代分析的结果。因此，样品采集及其年代分析是环境考古学研究的重要一环，也是最基本的一环。采集样品时，对相关遗存的埋藏情况也应做一定的分析，以保证其准确性与精确性。

1. 地层中的样品采集

地层是地质地层学和考古地层学研究的最基本对象。考古发掘的一切遗物均出土于地层或处于一定地层关系的遗迹中，故环境考古学研究必须建立在考古地层学对遗址中各类遗迹、遗物相对年代研究的基础之上。但由于地层形成过程的复杂性，同一层位的遗存并非一定是同时的。

对于有多层堆积的遗址，位于最下层的遗存的同时性最强，在这一层位采集的年代测定样品、动植物遗存基本能代表这一时期的年代和环境。但其上堆积中的样品采集则应慎重。因为每一时期人类的活动都会或多或少地对以前的堆积产生破坏作用，都不可避免地会把早期的遗存扰动到晚期的地层中。因此，晚期地层中的样品，要做必要的埋藏情况或类型学分析（如作为年代测定样品的陶片等），确定其相对年代后才可采集。

此外，人类活动都是有目的的，这可能造成保存在遗址中的动植物种类、数量与自然的动植物种群与数量不尽相符。在进行孢粉采样时，应尽可能地选取古文化遗址中含自然因素较多的代表性地层作为研究的主要对象。含自然因素较多的文化层，通常分布在遗址周边或遗址中其他少有人类活动的部位，这些地层内出土人工遗物较少，而且大多为碎片。这类文化层的形成虽有人类活动的因素，但受自然力作用更强。这些地层通常要由某一遗址内几个地点的剖面结合起来，才能构成完整的能够反映古环境变迁过程的地层剖面。样品采集时应自下而上逐层采集，并做好记录。

2. 关于遗迹单位中的样品采集

一般说来，窖穴、房址、墓葬、壕沟等遗迹单位中的遗存的同时性较地层好，但采样时也应注意其埋藏情况，做必要的分析。

墓葬中的动物遗存和葬具等，多是一次性埋入的，属于同时的可能性较强。利用人骨、动物骨骼或棺木等做年代测定样品比较理想。虽然这些动植物样品测定的实际上是它们死亡的年龄，但它们和墓葬做成及被葬者死亡的时间相差不会太远。

房址中的柱洞、灶坑中的遗存的同时性也较好。尽管柱子的年龄可能早于房子的年龄，但二者相差不会太远；房屋中灶坑中的灰烬和其他遗存应是房屋的使用者生活期间的遗存，它们的同时性也应较好，故采集柱洞中的朽灰或灶坑中的灰烬、炭化物作为测年样品应较好。

窖穴中的堆积，大多数情况应是废弃后生活垃圾的填埋物。位于最下层窖穴中遗物的同时性最大，而上层窖穴中可能会有早期的遗物。在有打破关系的遗迹中，被打破单位中遗存的同时性较强，而打破者的同时性相对较差。

壕沟中的堆积情况较为复杂，有自然堆积，也有文化堆积，而且作为防御性壕沟的使用时间可能较长。一方面，人类可能有清淤的行为，故沟底的堆积不一定是最早的堆积，要依据包含的文化遗存进行分析。另一方面，由于有自然堆积和文化堆积互层，有利于环境考古研究。样品的采集须弄清楚相关层位的相对年代再进行。

3. 关于样品的记录问题

准确的样品记录是实验室工作的重要依据。过去，由于种种原因，对遗址中出土的动植物遗存的记录不够精确，有时把不同层位出土的动物骨骼混在一起。其结果对以后的环境分析带来了很大的困难。近年来，这种现象有了很大的改善。

实际上，考古发掘过程中精细的记录（文字、图表、影像）是至关重要的，因为考古发掘在某种意义上讲，是一种破坏性的工作，已发掘的遗存永远不会再恢复原状，已清理掉的遗存也不可能完全复原。因此，考古发掘过程中的记录就显得非常重要。原则上讲，考古发掘的一切遗迹、遗物现象均需尽可能用多种手段和方法做准确的、科学的记录。作为环境考古学研究对象的动植物遗存，也应同其他人类遗存一样，按照田野考古的记录要求，做尽可能详尽的记录。

对于动物遗存来说，应该严格地按地层及遗迹单位进行收集，按规定填写标签并在有鉴别意义的骨骼上写上编号。只有这样，我们才有可能把动物遗存与文化遗存及其编年对应起来。对于发现的完整骨骼，还应做好照相、录像、绘图等工作，记录其埋藏和出土状况。

对于植物类遗存，如果发现有炭化的籽实、果壳，也应严格地按出土单位做好相应的记录，并注意做好保护工作。如果是采集孢粉，则应在考古地层学研究的基础上，选择合适的剖面分层采集，并应绘剖面图，标注样品编号，说明地层堆积情况及土质、土色等。

三、环境考古研究的主要成果

严文明先生曾指出："从全球角度来看，环境考古应力求回答诸如人类是在什么地方，在什么样的环境起源的，农业为什么只在少数几个地方起源，那些地方的环境到底提供了哪些特殊条件使得农业有可能在那里发生而不是在别的地方发生。人类的早期文明又为什么只在少数几个地方发生，各自发生的环境条件又是什么？这是环境考古的最高层次。"[14]近年来的环境考古研究，对于上述问题的研究均取得了一些进展，产生了一批成果。

（一）人类起源与扩散的环境考古学研究

1. 人类起源的环境气候研究

大量灵长类化石的发现，为研究人类起源于古猿类提供了可靠的证据，人是由古猿逐渐进化而来的结论已得到科学界的普遍认同。古人类学家通过对大量的古猿类和古人类化石的比较研究后认为，在第三纪众多的古猿类中，与人类最为接近的是主要分布在非洲约距今500万～100万年前的"南方古猿"。

南方古猿一般分为两大类型，即纤细型和粗壮型。其中纤细型南方古猿最早出现于距今400万年前后，体型较小，脑子较发达，已能直立行走。在坦桑尼亚莱托里发现了距今约370万年前的这类生物的足迹。因此人类学界一般认为南方古猿是人科的最早成员，是人类的直接祖先。不仅如此，非洲还发现目前已知最早的人属成员“能人”，他们生存在距今约200万年前或更早。还发现大量距今170万～70万年前的直立人化石[15]。更为重要的是在埃塞俄比亚奥莫地区，发现了大约250万年前的砾石工具[16]。鉴于上述一系列重要发现和研究，人类学界一般倾向于非洲特别是东非是人类最初的起源地。

科学研究表明，人类起源的外界条件是环境气候的变化。大约在新生代第三纪的后半期，新构造运动使得许多高大山脉形成，地球上环境气候发生了显著变化，表现为热带森林面积缩小，出现了大面积的林间空地。大约从距今1000万年前开始，非洲大陆东部地壳逐渐发生变化，沿着从今天的坦桑尼亚、肯尼亚、埃塞俄比亚到红海一线裂开，在东非形成了从北到南的一条长而弯曲的峡谷，总长6000多千米、平均宽48～65千米、深达几百米的东非大裂谷。这一被称地球脸上的“刀疤”的大裂谷的形成，改变了非洲东部的地貌和气候。

在距今260万年前后发生的气候转型是全球古环境发生重大调整的一个事件。当时北美和欧洲等北半球地区的陆冰迅速积累，非洲大陆气候的干旱程度大大加强[17]。典型的中国黄土在距今260万年前后开始堆积。原来成群生活在森林里的树栖猿群——“攀树的猿群”，为了生存不得不下到地面上觅食。由于生活方式的改变，古猿在平地上移动时逐渐摆脱了用手帮助的习惯，开始直立行走，并逐渐向人的方向演化。人类的祖先为了生存，开始使用石块、棍棒等天然工具进行“劳动”，获取食物，促使手、脑等身体各部分发生了一系列变化。一旦“正在形成中的人”开始有意识地制造工具，就产生了质的飞跃，变成了“完全形成的人”。

2. 早期人类迁徙的环境气候研究

到目前为止，与人类关系最近的南方古猿化石只发现于非洲；最早的人类化石和石器也发现于非洲，其年代可达距今200万年或250万年前左右，比亚洲和欧洲已公布的材料要早。这些事实使得学术界多数人倾向于认为非洲是人类的发祥地，那么，早期人类是何时走出其非洲家园，迁徙到其他地区的呢？

吴文祥、刘东生等研究认为，早期人类的迁徙可能与气候的变化密切相关。全球三大季风区（东亚季风区、印度季风区和西非季风区）上新世—更新世古气候记录中，分别记录了距今280万～250万、距今180万～160万年和120万～60万年前发生的3次气候转型。更新世早期可能发生了两次人类迁徙浪潮，时间分别在180万～160万和100万年左右，而气候转型期的环境变化是人类迁徙浪潮的主要驱动力[18]。

（1）第一次迁徙

距今180万～160万年前的气候转型表现为从以前的较复杂多周期转变为以41000年的周期为主。这一时期，大区域甚至全球性气候和环境也发生了重要的转变。在非洲，粉尘堆积在距今180万～160万年前显著增加，指示非洲大陆干旱程度进一步增加。在中国，黄土地层的风化程度指示了气候进一步趋于干旱。

在东亚地区陆续发现了一些年代较早的人类遗存，如中国的西侯度、元谋人、巫山人地点，印度尼西亚的莫佐克托（Mojokerto）和桑吉兰（Sangiran）遗址等。从目前的研究来看，不同遗址年代有早有晚，但基本集中于距今180万年左右。

尽管考古学界和古人类学家对上述遗址的年代或石制品的性质还存在争议，但越来越多的更新世早期的旧石器遗址的发现表明人类走出非洲的时间比以前人们认为的要早。第一阶段古人类走出非洲，主要迁徙至其他中低纬度的热带–亚热带地区。这些地区与人类起源地区的环境类似，不存在大的适应调整问题。

（2）第二次迁徙

120万年前后的气候转型是全球气候变化的又一个重要事件，从深海氧同位素记录看，100000年周期的产生主要始于此时。与前期相比，表现为环境变化幅度增大，冰期—间冰期对比加强。总体上表现为冰期时更加寒冷，间冰期时更加温暖。这种增大的间冰期效应为早期人类开始由中低纬度的热带–亚热带地区迁徙至中高纬度的温带和内陆干旱–半干旱地区，由海拔较低的地区迁徙至海拔较高的地区提供了环境条件。

考古发现表明，约距今100万年以来，在欧、亚、非大陆上中高纬度地区，均发现有人类化石和旧石器遗存。例如，法国的阿布维利（Abbeville）文化，德国的海德堡人化石，中国的黄土地带和泥河湾盆地的东谷坨、飞梁、小长梁遗址等，年代均在距今100万年前后。说明在距今100万年左右，直立人开始占据中高纬度的温带和干旱–半干旱地区。

（二）农业起源的环境气候研究

人类生存环境的巨大变化，是促使文化变化的重要外部条件之一。一旦由于环境气候的变化（如冰期发生造成动植物的大量灭绝）或是人类的活动（滥捕滥杀造成某些种类动物的灭绝等）等，打破了原有的文化生态系统的平衡状态，造成人口相对过剩危机，人类就迫切需要谋求新的经济形式，以维持生存和发展。

末次冰期冰消期是地球历史上一个重要的时期，一方面全球气候发生了急剧变化，末次冰期由极盛期转为冰消期，并进入冰后期；另一方面人类文化也出现了重大变化，延续了200多万年的旧石器时代向新石器时代过渡。而这一现象的出现使人们不得不联系两者之间的关系。因此，这一时期的气候特征及其对人类文化的影响，就自然成为学术界关心的热点问题。

在旧石器时代晚期，发生了更新世以来影响面最大、最为冷酷的一次冰期——末次冰期。最近2万年来中国古环境变迁的研究表明，距今18000～15000年，处于末次冰期的极盛期，当时的东亚一带：

> 气候相当干冷恶劣，东部海平面下降到–150至–160米，海岸线向东撤推800～1000千米，内陆的大陆度急剧增加，沙漠急剧扩张，干旱–半干旱的冻土带和草原地带（以风成粉尘堆积为代表）较现在向东南推进了约8个纬度，现今南部的热带雨林地带消失[19]。

反映在动物群落方面，华北各地普遍出现耐干凉的披毛犀、野马、野驴、河套大角鹿和原始牛等草原性动物群，特别是喜冷的披毛犀，广布于长江以北地区。在北纬41° 以北，即燕山以北的东北地区，距今11000±年前，适应寒冷苔原环境的冰期动物——猛犸象广泛分布[20]，可知这一带比华北更寒冷。由于气候寒冷，植被稀疏，难以为一些动物提供足够的食物，迫使它们向南迁徙。在距今18000±年前后，北方型哺乳动物南侵到江南杭州、溧水一带，正是这次更新世最严酷的降温事件的反映[21]。

在植物群落方面，陕西渭南北庄村的孢粉分析表明，距今18000±年的孢粉组合中，草本灌木花粉几乎达100%，反映了极端干冷的无林环境。估计距今3万～2万年前较现在的降温值为8.7～12.8℃，极端干冷的时期甚至在13℃以上，渭水流域的气温降到了更新世以来的最低点[22]。北京房山西坟村距今16500～15500年的孢粉组合中，草本花粉的比例较高，少量的针叶树中以冷杉、云杉及落叶树为主，反映了干冷的气候[23]。估计当时的降温值在12.6～13.6℃，年均温度最高为–2～–1℃，年降水量约在200毫升以下[24]。可知当时华北的植被已大面积草原化了，华中甚至华南地区，也受到不同程度的影响。

近年来发掘的山西吉县柿子滩遗址，正是一处旧新石器时代过渡的代表性遗址。1999年，配合遗址的发掘，夏正楷等系统地采集了孢粉样品，通过孢粉分析和年代测定表明：该遗址所在的黄河中游地区在距今35000～9400年始终是草原环境，其中距今35100～17000年属末次冰期，气候寒冷干燥，属荒漠草原环境，晚期出现寒冷较阴湿的草原环境；距今17000～11900年属末次冰消期早中期，以温和干燥的草原植被与温和半干燥的、生长有少量落叶阔叶树的草原植被多次交替为特征；距今11900～10500年再次出现寒冷干燥的冰期气候，为荒漠草原环境；距今10500～9400年气候温和半干旱，并向温暖方向发展，前期为草原环境，后期过渡为有较多落叶阔叶树的草原环境。细石器作为新旧石器文化过渡的标志，主要分布在距今17000～11900年，末次冰期早中期相对温暖干燥且多变的草原环境有助于细石器文化的出现和发展。因此，夏正楷等认为："末次冰期冰消期相对温暖且有一定波动的气候环境，可能是促进文化发展和石器工业发展的主要原因。"[25]

此外，近年来在河北阳原泥河湾盆地相继发现了于家沟等由旧石器时代向新石器时代过渡时期的遗存，并发现有距今1万年以前的陶片（参阅第十六讲）。夏正楷等研究了这一地点的旧新石器过渡时期的环境气候，也显示出大体相同的特征[26]（表5-2）。

表5-2　于家沟剖面主要气候阶段划分与人类文化的演进表

<table>
<tr><th colspan="2">时代</th><th>层位</th><th>年代/KaBP</th><th>气候特征</th><th>人类文化演进</th></tr>
<tr><td rowspan="5">冰后期</td><td>后期</td><td>1</td><td>＜2.1</td><td>比较温暖湿润的森林草原气候</td><td>历史时期文化</td></tr>
<tr><td rowspan="3">中期</td><td rowspan="3">2</td><td rowspan="3">6.6～2.1</td><td rowspan="3">温暖湿润的森林草原气候</td><td>较多的磨制石器</td></tr>
<tr><td>细石器明显减少</td></tr>
<tr><td>动物碎骨少见</td></tr>
<tr><td>早期</td><td>3</td><td>9.7～6.6</td><td rowspan="3">持续的温暖干燥草原和疏树草原气候</td><td>丰富的细石器</td></tr>
<tr><td rowspan="5">末次冰消期</td><td rowspan="2">晚期</td><td>4</td><td>11.5～9.7</td><td>大量的动物碎骨</td></tr>
<tr><td>5</td><td>11.9～11.5</td><td>出现磨制石器和陶片</td></tr>
<tr><td rowspan="3">早期</td><td>6</td><td>12.2～11.9</td><td rowspan="3">寒冷干燥的疏树草原气候</td><td>少数细石器</td></tr>
<tr><td>7</td><td>12.9～12.2</td><td rowspan="2">较多的动物碎骨</td></tr>
<tr><td>8</td><td>13.7～12.9</td></tr>
</table>

注：KaBP，距今千年

环境气候的巨大变化，使各地文化原有的平衡状态遭到极大的破坏，人们或者被迫离开原居地迁往他乡，或者改变原有的经济模式以适应这种干凉的草原性环境与气候。于是文化随之不断发生适应性变化，北方各地的石器普遍向小型化发展，并最终演化出典型细石器。从东北的松嫩平原、三江平原、呼伦贝尔草原、辽河及西拉木伦河流域，到华北北部的桑干河流域、山西的汾水流域、陕西的渭水流域、山东沂河和沭河流域及华北平原，以及西北的甘肃、青海、新疆等省（自治区），均发现大量的典型细石器遗存，它们共同构成整个北方旧石器时代晚期文化的主流。上述细石器遗存绝大多数分布在沙漠、草原或高原地带，说明细石器主要是适应草原或稀树草原环境而产生和发展的，反映的应是草原地带的采集和渔猎经济。

在这样一种自然环境和文化发展背景之下，传统的采集经济也随之发展到高级阶段，即食物的收集阶段。晚期智人在长期的草原环境的采集、狩猎活动中，逐渐对某些适于驯化的动植物的生长习性有了进一步的了解。在华北地区，人们可能用嵌有细石刃的镰刀定期收集某些谷类植物，用石磨盘、磨棒加工这些野生谷，人们甚至还可能已知道怎样保存这些谷物以备不时之需。在长江流域，野生稻也可能成为人们主要的食物资源。一旦某种野生谷物成为人们一年中主要的食物来源的时候，人们可能开始思考如何进一步开发和利用这种资源。此外，旧石器时代晚期高级阶段的狩猎活动中，人们逐渐掌握了某些动物的习性和生长规律，为家畜饲养的出现奠定了基础。当末次冰期结束，冰后期的气温渐渐开始上升的时候，人们开始有意识地通过种植或养殖来生产食物，于是新石器时代革命就发生了。

（三）中国文明起源的环境气候研究

中国古代文明的起源或复杂社会的初现，一直是学术界普遍关注并进行深入研究的重大课题。越来越多的例证表明，人类社会发展固然有其内在的演化和发展规律，气候环境变化的外在影响作用也不可忽视。研究表明，距今12000年以来的新石器时代，黄河流域曾经有过多次气候暖湿和干凉变化，可概括为前仰韶升温期、仰韶最暖期和龙山降温期几个主要阶段[27]。不同阶段的气候变化，都会对人类文化产生不同程度的影响，而史前人类文化正是在适应、利用环境气候变化的过程中得以发展的。

1. 仰韶时期的气候与文化变化

研究表明，仰韶早、中期是我国全新世气候最适宜期，当时中纬度地区陆地上的温度可较现代高2～3℃，我国东部平均气温较现代高2.5℃[28]。这一时期是我国原始人口增长和古文化发展的一个黄金时期，经过这次增长基本上奠定了中国史前人类的活动范围和人口规模。然而，许多环境记录都表明，全新世最宜期也曾有过气候波动，距今5500年前后气候转变是世界上许多地区全新世最为显著的气候变化之一[29]。

在欧洲，全新世最适宜期停止活动的阿尔卑斯山冰川在距今5300年前开始发育；在非洲大约距今5500年前后发生了变幅大、影响广、发生突然的“撒哈拉干旱”事件或“气候危机”，并直接导致了非洲地区全新世最适宜期的结束；在两河流域，对波斯湾海底沉积物堆积通量的变化分析表明，距今5500年前后发生了重要气候转变。

在中国，距今5500年前后的气候事件也有较为明显的反映。如在我国西部，天山乌鲁木齐河源的冰川发生冰进，墩德冰芯记录也肯定了冰峰出现于距今5300年前后；在黄土高原，关中盆地全新世古土壤在距今6000～5000年发育中断，反映了一次较为明显的环境变化；内蒙古岱海在距今5500年左右出现低湖面；北京地区距今5600年±100年前后云杉花粉再次繁盛；杭嘉湖平原的孢粉研究也表明低温值的高峰大约发生在距今5445年。

这一时期气候虽然发生变化，但毕竟是发生在全新世适宜期中的气候转变，因此不足以对人类活动产生特别不利的影响，相反一定程度的气候转变带来的刺激反而可能促进人类文化的发展变化。

首先，社会群体内部开始出现贫富分化和社会地位的分化，接着社群之间也出现分化，在考古学遗存中出现中心聚落和贵族墓葬，如大地湾仰韶晚期遗址，红山文化中晚期的牛河梁、东山嘴以及良渚文化、石家河文化等出现的一些功能特殊、规格较高、面积较大的聚落、遗址群或原始宗教设施。

其次，这一时期随葬武器开始成为时尚，以前的墓很少用武器随葬，而到了这一时期，在山东的大汶口文化、江浙的崧泽文化、安徽的薛家岗文化和两湖地区的大溪文化晚期的墓葬中则普遍用制作精良的石钺随葬，可能表明战争开始成为经常性的社会现象[30]，这一时期城堡的出现也更加证实了这一点。最早的城址发现于湖南澧县的城头山遗址，属大溪文化时期；河南郑州西山城址，距今约5300～4800年，属仰韶晚期[31]。值得注意的是，在西山城址发掘的10多个坑内发现扔弃的完整或散乱的人骨，其中一些人骨明显呈挣扎状，有的尸骨不全，身首异处，可能说明当时氏族间掠夺性战争的情况。

上述这些考古学现象的出现表明，气候变化可能促使当时的社会逐渐向复杂化演进，中国古代文明的一些要素开始出现。

2. 龙山时代的气候变化与文明的起源

距今5000～4000年，是考古学上的龙山时期。这一时期正值史前文化向文明时代演化的过渡时期，向来为学术界所关注。多年来，许多学者对这一时期的考古学文化与环境气候演变进行了积极的探索，取得了许多引人注目的成果。特别是近十多年来，自然环境与古文化的关系已经成为许多学科的学者共同探索的领域，特别是环境考古学研究产生了许多新的研究成果，给我们宏观地考察黄河流域史前文化的发展变化乃至文明的起源问题提供了许多新的信息。

（1）龙山时期降温事件的环境记录

距今5000年前后以来气候变化的总体趋势是降温。朱艳、陈发虎等依据我国东北、华北、西北等地的孢粉记录、黄土发育和^{14}C测年研究认为，距今5000年左右发生了环境恶化事件[32]，表现为古土壤停止发育，孢粉浓度降低或缺失，孢粉组合中松、蒿花粉大增，榆、椴花粉明显减少。在季风区的北方的内蒙古地区、黄土区、黄河流域部分地区，表现为沙漠化、荒漠化的加剧。

靳桂云、刘东生先生对河北怀来太师庄泥炭剖面进行了^{14}C测年、孢粉和氧同位素分析，获得了距今6000～3000年高分辨率环境演化记录，其中距今4800～4200年气候发生突变，出现了降温事件[33]。孢粉记录表现为喜温的落叶阔叶树显著减少，枫杨、化香树和芸香科等亚热带树种突然消失，发育以松树为主要成分的明亮针叶林植被。氧同位素记录温度显著下降。并认为太师庄泥炭记录的环境演化序列，在中国北方的其他地区乃至北半球的一些地点的环境记录中有较好的对应性，故降温事件在北半球有普遍性。

方修琦、孙宁先生对内蒙古中部的研究认为，距今4300年出现了寒冷事件，当时的温度较现在低3℃[34]。

气候变冷事件也反映在考古学文化的变化方面，如龙山时代，在陕西、甘肃东部和山西的黄土地带，窑洞式住居的普遍出现，就是人类适应气候变化的典型事例。

各地记录该事件的时间略有差异，这可能与测年的材料、方法、精度有关。但大体可以确定距今5000年前后，发生了普遍而广域的降温事件，并延续到距今4000年前后。其间虽然可能有过短期的暖湿波动，但总的气候演变趋势是向凉的方向发展，全新世以来的气候变化进入龙山降温期。

（2）距今4000年前后的洪水事件的环境与考古记录

近年来的环境考古研究表明，距今4000年前后是我国北方异常洪水多发的时期，黄河流域、淮河流域和海河流域在这一时期普遍出现不同形式的史前异常洪水事件。异常洪水事件的出现与当时的降温事件有密切的关系，气候变冷引发的相对湿度加大和降雨量增多可能是造成这次异常洪水事件的主要原因[35]。

湿度的变化是直接与洪水事件相联系的。湖泊是记录气候变化的较好载体，当时河西走廊到内陆腹地的中国西部湖泊，普遍处于高湖面状态，反映的是较为湿润的环境。东部平原地区此时也处于一个湖泊发育期，仅在河北平原上就有大名湖、肥乡湖、宁晋湖和任丘湖等古湖泊。海平面的变化与沿海地区的洪水有着较好的对应关系。距今4000年前，中国的海平面处于上升时期，很多地区有海侵事件的记录[36]。

黄河流域龙山时代文化的特征之一，就是出现了数量较多的古城。城堡的出现一方面可能因文化间的冲突加剧而为加强防御的需要有关，另一方面在洪水频发的时期也起到了防御水患的作用。距今4000年前后的洪水事件也在相关城址中有所反映：袁广阔先生的一项研究认为，河南辉县孟庄古城发现有水毁的遗迹，可能毁于洪水[37]。河南登封王城岗古城“东、西两座城都是在王城岗龙山文化二期修筑和使用的，不过，从某些迹象看，两座城修筑有早有晚。……东城修筑应略早于西城，……可能由于东城被五渡河西移冲毁后，才利用东城的西墙作为东墙又修筑起西城”[38]。王城岗二期的^{14}C数据为公元前2107年[39]，东城是在距今4000多年前被洪水冲毁的。

黄河下游龙山文化多城堡、多夯土台基和堌堆遗址[40]，长江下游良渚文化多土墩遗址和墓地。这些堌堆、土墩都应是当时当地文化对多水害环境的一种适应方式。种种迹象表明，大约在距今4000年前后，是一个洪水肆虐的时代。在洪水的危害下，一些饱受洪水之害的文化衰落了，如黄河下游的龙山文化和长江下游的良渚文化，可能就毁灭于洪灾[41]。

（3）环境气候变化与文明的产生

距今5000年以来，环境气候变化对龙山时代文化的变化和文明的起源产生了重要的外部影响。

一是距今5000年以来，全新世大暖期结束，气温开始下降，进入龙山降温期。气温下降使得西、北方高纬度地区的农业文化难以为继，开始向东、南迁徙移动。表现为西部的马窑文化东渐，北方长城沿线的文化和东北地区红山文化之后的小河沿文化也开始南移，形成了向黄河中游聚合的趋势。由于西、北文化向黄河中游聚合，仰韶最暖期的文化格局被打破，可能出现多个社会集团对同一地区资源的争夺，从而引起外来文化与本土文化间的冲突与融合，导致不同文化间文化因素的大规模传播，黄河中、下游早期城堡、铜器、空三足陶器（斝、鬲）等一系列新文化因素的出现，正是文化聚合导致文化传播与变化的体现。

二是距今4000年前后是我国各地异常洪水多发的时期，与传说的“鲧筑城”与“大禹治水”事件的自然背景相吻合。洪水事件对不同地区的危害程度不同，有些文化可能由于洪水而毁灭。如许多良渚文化遗址都发现堆积有淤泥层，说明在良渚文化期间，曾经发生过多次水域扩大事件。这些水域扩大事件大多发生在良渚文化中期以后，暗示着良渚文化中、晚期多次洪涝灾害对良渚文化的衰落有着直接的影响。有些文化在抵御洪水的过程中进一步发展。城堡既有防御外敌的作用，又有抵御水患的功能。一方面黄河中下游各地出现较多城堡和堌堆遗址，王城岗、孟庄城址的水毁遗迹正是人类文化积极抵御洪水侵袭的遗存；另一方面治水也成为黄河中游诸氏族部落生存的共同需要和联合起来的契机，使这一地区最早进入文明的门槛。

参考书目

[1] 汤卓炜：《环境考古学》，科学出版社，2004年。

[2] 夏正楷：《第四纪环境学》，北京大学出版社，1997年。

[3] 尤玉柱：《史前考古埋藏学概论》，文物出版社，1989年。

[4] 周昆叔：《花粉分析与环境考古》，学苑出版社，2002年。

[5] 竺可桢：《中国近五千年来气候变迁的初步研究》，《考古学报》1972年第1期。

[6] 严文明：《环境考古学研究展望》，《走向21世纪的考古学》，三秦出版社，1997年。

[7] 荆志纯：《西方环境考古学简介》，《环境考古学研究》（第一辑），科学出版社，1991年。

[8] 张宏彦：《试论史前考古与古环境研究的关系》，《西北大学学报（自然科学版）》1995年第6期。

[9] 王增林：《植物硅酸体研究及其在史前农业研究中的应用》，《考古求知集》，中国社会科学出版社，1997年。

[10] 赵春青：《环境考古中地层学研究的几个问题》，《东南文化》2001年第11期。

注释

[1] 中国大百科全书环境科学编委会：《中国大百科全书·环境科学卷·环境科学条》，中国大百科全书出版社，1983 年。

[2] 袁靖：《环境考古学研究》，《中国文物报》1997 年 12 月 7 日第 3 版。

[3] 参阅周鸿：《文明的生态学透视：绿色文化》，安徽科学技术出版社，1997 年，第 1 页。

[4] 荆志纯：《西方环境考古学简介》，《环境考古学研究》（第一辑），科学出版社，1991 年。

[5] 裴文中：《中国石器时代》，中国青年出版社，1954 年，第 42 页。

[6] 裴文中：《中国原始人类的生活环境》，《古脊椎动物与古人类》1960 年第 1 期。

[7] 竺可桢：《中国近五千年来气候变迁的初步研究》，《考古学报》1972 年第 1 期。

[8] 周昆叔：《环境考古研究》（第一辑），科学出版社，1991 年。

[9] 刘东生、卢演俦、袁宝印等：《黄土与环境》，科学出版社，1985 年。

[10] 王建新：《文化层与自然层次》，《中国历史博物馆馆刊》1995 年第 1 期。

[11] 巩启明、王社江：《姜寨遗址早期生态环境的研究》，《环境考古研究》（第一辑），科学出版社，1991 年。

[12] 赵春青：《环境考古中地层学研究的几个问题》，《东南文化》2001 年第 11 期。

[13] 张宏彦：《渭水流域新石器时代环境气候变化的初步研究》，《远望集——陕西省考古研

究所华诞四十周年纪念文集》，陕西人民美术出版社，1998 年，第 121 ～ 128 页。
[14] 严文明：《环境考古研究的展望》，《走向 21 世纪的考古学》，三秦出版社，1997 年，第 127 页。
[15] 吴汝康：《人类起源研究的新进展和新问题》，《人类学学报》1994 年第 4 期。
[16] 吴汝康：《古人类学》，文物出版社，1989 年，第 128 页。
[17] 吴文祥、刘东生：《气候转型与早期人类迁徙》，《海洋地质与第四纪地质》2001 年第 4 期。
[18] 吴文祥、刘东生：《气候转型与早期人类迁徙》，《海洋地质与第四纪地质》2001 年第 4 期。
[19] 安芷生、吴锡浩、卢演俦等：《最近 2 万年中国古环境变迁的初步研究》，《黄土·第四纪地质·全球变化》（第二集），科学出版社，1991 年。
[20] 周本雄：《披毛犀和猛犸象的地理分布、古生态与有关的古气候问题》，《古脊椎动物与古人类》1978 年第 16 卷第 1 期。
[21] 徐钦琦：《东亚更新世哺乳动物的南迁活动及其与气候演变的关系》，《中国古生物学会第十三、十四届学术年会论文选集》，安徽科学技术出版社，1984 年。
[22] 安芷生、吴锡浩、卢演俦等：《最近 2 万年来中国古环境变迁的初步研究》，《黄土·第四纪地质·全球变化》（第二集），科学出版社，1991 年。
[23] 孔昭宸、杜乃秋：《北京地区距今 30000 ～ 10000 年的植物群发展和气候变迁》，《植物学报》1980 年第 4 期。
[24] 浦庆余：《中国东部地区的大理冰期和冰后期——三万年以来我国气候变迁的初步探讨》，《中国科学院地质力学所所刊》1982 年第 2 号。
[25] 夏正楷、陈戈、陈公望等：《黄河中游地区末次冰消期新旧石器文化过渡的气候背景》，《科学通报》2001 年第 14 期。
[26] 夏正楷、陈福友、陈戈等：《我国北方泥河湾盆地新旧石器文化过渡的环境背景》，《中国科学》D 集 2001 年第 5 期。
[27] 张宏彦：《渭水流域全新世环境变化的初步研究》，《环境考古研究》（第二辑），科学出版社，2000 年。
[28] 施雅风、孔昭宸、王苏民等：《中国全新世大暖期气候与环境的基本特征》，《中国全新世大暖期气候与环境》，海洋出版社，1992 年。
[29] 参阅刘东生、吴文祥：《全新世中期气候转变在中国古代文明起源中的可能作用》，《中国社会科学院古代文明研究中心通讯》2002 年总第 3 期。
[30] 严文明：《东方文明摇篮》，《农业发生与文明起源》，科学出版社，2000 年，第 148 ～ 178 页。
[31] 杨肇清：《试论郑州西山仰韶文化晚期古城址的性质》，《华夏考古》1997 年第 1 期，第 55 ～ 59 页。
[32] 朱艳、陈发虎、张家武等：《距今五千年左右环境恶化事件对我国新石器文化的影响及其原因的初步探讨》，《地理科学进展》2001 年第 20 卷第 2 期。本节有关资料均引自该文。
[33] 靳桂云、刘东生：《华北北部中全新世降温气候事件与文化变迁》，《科学通报》2001 年第 46 卷第 20 期。

[34] 方修琦、孙宁：《降温事件：4.3Ka BP 岱海老虎山文化中断的可能原因》，《人文地理》1998 年第 13 卷第 1 期，第 71 ～ 76 页。
[35] 夏正楷、杨晓燕：《我国北方 4 Ka B. P. 前后异常洪水事件的初步研究》，《第四纪研究》2003 年第 6 期。
[36] 崔建新、周尚哲：《4000 a 前中国洪水与文化的探讨》，《兰州大学学报（自然科学版）》2003 年第 3 期。
[37] 袁广阔：《关于孟庄龙山城址毁因的思考》，《考古》2000 年第 3 期，第 39 ～ 44 页。
[38] 河南省文物研究所、中国历史博物馆考古部：《登封王城岗与阳城》，文物出版社，1992 年，第 35 页。
[39] 方燕明：《登封王城岗遗址的新发现与夏文化研究》，《中国文物报》2005 年 1 月 28 日第 7 版。
[40] 郅田夫、张启元：《菏泽地区的堌堆遗存》，《考古》1987 年第 11 期，第 1002 ～ 1008 页。
[41] 程鹏、朱诚：《论良渚文化的中断的成因及其去向》，《东南文化》1999 年第 4 期。

第六讲

农业考古

一、农业考古的理论与方法

（一）农业与农业考古

所谓农业，一般指的是种植农作物的生产业。《汉书·食货志上》曰：“辟土殖谷曰农。”广义的农业包括种植业和养殖业。农业是人类文化史上最主要的成就之一，英国考古学家柴尔德（V. G. Childe）认为由农耕、畜牧而达到食物生产，是人类自掌握用火以来历史上一次“最伟大的经济革命”，这种革命唯有近代的工业革命可相比拟[1]。因此，关于农业的起源及早期发展问题，历来为学术界所关注，也是考古学研究的重要课题之一。

所谓农业考古，就是依据古文化遗址中发现的有关农业的遗存，如农作物的籽实、农业生产与加工工具、储存设施及与农业相关的其他遗迹等，来探索有关农业起源及其发展过程。农业考古是随考古学发展而出现的，早在1866年，在瑞士苏黎世湖边的湖居遗址中发现了农作物遗存之后，人们就开始关心农业起源问题的探索。1882年，法国学者坎德里（A. de Candolle）发表了《植物耕作的起源》一文，首次系统地从生物进化的角度，结合历史地理的分布，提出并分析了野生植物和作物之间的关系，对栽培植物的起源提出了自己的见解，从而开创了作物学的研究[2]。

中国有着悠久农业历史，对农业历史的记述也可以追溯到遥远的古代，但仅仅依据文献研究古代农业有着很大的局限性，特别是对关于农业的起源和史前农业的发展问题研究方面往往无能为力。1931年，在山西万泉荆村瓦渣斜遗址发现了“黍稷及黍稷之皮壳”[3]。之后，相关的农业遗存不断被发现，人们逐渐意识到利用考古发现的农业遗存研究史前的农业的问题，是最有效的途径，于是农业考古产生了。20世纪30年代，徐中舒先生发表了《耒耜考》一文[4]，应用古文字、考古学和文献学资料，对先秦时期的两种主要农具“耒”和“耜”的形制、通行地区及其流变以及先秦时期的农业生产状况、社会关系等进行了研究。

近几十年来，随着农业遗存的考古发现不断增多，农业考古研究也在不断深入，考古学与农史学、环境考古等学科及现代科学技术的合作与协作也日益紧密，在中国农业起源、史前农业的发展等问题的研究方面，取得了许多引人注目的新成果。

（二）农业起源的理论

从20世纪50年代起，史前考古学研究获得了空前的成绩，其中最重要的研究成果，无疑是有关农业起源问题研究的不断深入。特别是西亚一系列早期的农业遗存的发现，引发了学者们就有关导致农业起源的原因问题的热烈的讨论。主要有以下几种假说。

1. 环境决定说

这一假说主要是从外部的自然环境变化来解释人类由食物采集者转化为食物生产者的原因。其中较有代表性的是英国学者柴尔德的“绿洲说”。他认为，导致这一转变的原因，是由于更新世、全新世交替之际，近东（即西亚）气候恶化而日益变得干旱所致：

> 当食物生产经济确立的时期，气候出现危机，而危机恰恰对最初的农业出现的干旱的亚热带地区——驯养动植物的祖先生存的地方——产生了不利的影响……为了获得到食物和水源，食草动物者大概会集中在日益减少的泉水和绿洲周围。……这种被迫的共同生活可能促进了人与动物之间的所谓共生也即驯化的发生[5]。

由于这一有限的区域内野生动物很少，人们被迫去采集绿洲周围的野生禾本科植物的种子，最后他们不得不耕种这些植物以获得足够的食物。由于绿洲吸引了饥饿的动物，如野山羊和绵羊、牛等，它们来到这里吃庄稼地里割剩的草，于是人和野生动物发生了共生现象，最后导致家养动物的起源。

但是，后来人们发现，几乎没有具体的证据能证实柴尔德的“绿洲说”。美国学者布雷伍德在“肥沃的新月形地带”工作多年，并吸收了动植物学、地质学、孢粉学家参加。他不相信环境决定论，并提出疑问：更新世末期之前也曾发生过几次大的冰期，其间也曾有过比较温暖的间冰期，人与动物的这种不得已的共栖关系早就发生过，然而，为什么驯化没有发生于这些较早的时期呢？“不仅如此，最近的研究已证明，农业在肥沃的新月形地区周围的山地发生时，该地的气候并无很大的变化。”[6]

2. 人口压力说

这一假说认为，人口的增长在由采集狩猎经济向生产经济的转变过程中起到了关键作用。在中国，类似的说法可以追溯到很早的古代，如：

> 古之人，皆食禽兽肉，至于神农，人民众多，禽兽不足，于是神农因天之时，分地之利，制耒耜，教民农作……（《白虎通·号》）
>
> 至于神农，以为行虫走兽，难以养民，乃求可食之物，尝百草之实，察酸苦之味，教民食五谷。（《新语·道基》）

由上述记载可见，古人认为，农业产生的社会需要是因为“人民众多，禽兽不足”而“难以养民”之故，于是人们需要寻求新的可食之物，在“尝百草之实，察酸苦之味”的种种实践的基础之上发明了农业。

20世纪60年代，美国学者路易斯·宾福德提出，是人口而非环境变化的压力导致了食物生产的发生。宾福德认为，除了文化手段外，向外移民也是保持人口平衡的常用方式。当人口尚未达到饱和时，就分出新的群体，是维持平衡的好办法。而一个文化系统向外输出其分支群体时：

> 从接受区域已有的人类群体的眼光来看，新移入的群体是一种侵入，它将打破该地区原有的人口平衡系统，使人口密度达到削减食物资源的水平。这时候接受群体必须采取新的手段以提高生产力。而另一方面，移入群体则不得不调整自己以适应新的环境。总

之，两个群体都面临着采纳新的取食技术的压力[7]。

人群的迁移导致某些地方人口增加，使得人均占有的生活资源土地面积相对减少，人们日益面临着生活资源短缺的威胁，于是不得不寻找一些新的可以提供足够食物的方法。当然，这种压力并非必然促成新技术的产生。只有那些既有人口压力，又有具备驯化潜能的动植物资源的地方，才有条件成为最初的农业发生地。具有这一条件的地方，往往是那些具备资源优势的中心区域的边缘地带，而这些边缘地区人口均衡状态失调，正是由于中心区域人口增加和移民造成的。

然而，正如绿洲理论存在许多问题一样，人口压力说也有一些不能解释的问题。民族学研究表明，采集狩猎民族一般把人口稳定在本地区资源所能够维持的水平下，即在一定的获取食物技术水平上，可获取资源与可以维持生存的人数基本处于平衡状态。

他们从来不使自己的人口增长超出食物来源所许可的范围。相反，倒是采取堕胎、停止哺乳和杀死新生婴儿等办法来降低自己的人口数，以度过一年中食物来源不足的月份[8]。

杀婴、流产、避孕、禁欲等都是降低出生率、控制人口、维持平衡的有效办法。而“人口压力说”不能解释的是当时人们为什么要把人口繁殖到需要迁移并寻求新的提供食物的方法的过剩状态[9]。

3. 文化自然进化说

这种观点认为，农业的产生是人类几千年经验的积累以及对植物栽培和动物驯化方法的逐步掌握的自然结果。美国的考古学家布雷伍德（R. J. Braidwood）不同意柴尔德“绿洲说”的观点，他认为，没有必要用外部原因把这个问题复杂化，食物生产的出现实际上是人类文化不断进化的结果。因为

食物生产的最初成功经验，发生在西南亚洲“肥沃的新月地

带”的山坡上。后来的农业实验也在中国（可能是独立的）和新大陆（当然也是独立的）出现过。农业革命的多处实现，意味着它很可能是先前人类文化的进化与自然环境的独特结合的必然结果。因此，追寻农业的起源，必须沿着文化进化的径迹[10]。

布雷伍德把人类经济的发展，分为食物采集、食物收集和食物生产三个时期，并进一步论述了从距今25万年到距今1万年前后，人类体质的进化、工具制作技术的进步、对不同环境适应能力的提高以及从食物采集到食物生产的变化过程：

在大约公元前8000年前，肥沃的新月形地区周围的山地居民对他们周围环境的认识，达到了这样一个程度，以至于使他们开始栽培以前一直是采集的植物，驯养以前一直是猎食的动物。在稍后的岁月里，在中美洲，也可能在安第斯山地，在东南亚和中国，人类文化也达到了同样水平。通过文化传播，新的生活方式从这些核心（nuclear）地区，扩散到世界其他地区[11]。

显然，布雷伍德着重从人类文化的内在因素方面来说明农业革命发生在西亚的原因，而与自然环境、气候变化决定的外因论相对立。但中国有的学者认为，布雷伍德的论述，与其说是探索农业革命发生的原因，不如说是说明农耕畜牧起源的结果[12]。美国学者宾福德则认为：

这是一种生物进化论式的观点，在这种观点中，影响事物发展的决定因素乃根植于人类的本性之中，对于驯化的起源来说，这些决定性的因素就是人类不断提高的实验和感受。……从文化进化过程中观察到的趋向需要有具体的解释，而用人类的先天品质作为这些趋向的原因并不是解释[13]。

上述几种观点都具有一定的道理，但又都不完备。因为人类的任何发明创造都是在一定的文化基础上，适应当时人类社会的需要，经过发明者的多次社会实践才有可能实现的。可以设想，史前人类只有经过长期的采集活动，对某种植物的生长规律有一定认识，才有可能发明农业。

自然环境并非是导致农业发生的唯一原因。但不可否认，史前人类对大自然的依附性，在人类文化的各个方面都留下了深深的印记。特别是当人类生存环境发生重大的变化时，人们不得不改变生存方式以求得生存。因此，自然环境始终是导致史前文化变化的最重要的外部条件。可以想象，当人类经过几百万年的采集生活后，可能在农业发生前，就已对当地的各种植物的生长规律有了一定的了解。有关调查表明，现代有些原始民族对农业毫无所知，可对当地植物的特性和生长情况却非常熟悉：

> 他们知道：种子萌芽，长出植物；有了水分和阳光，植物才会茂盛；植物在某种土壤可生长得很好，而在另一种土壤却不行。这一知识的获得，对现代原始人来说，是必不可免、很自然的。道理很简单，因为他们的生存取决于对周围动植物的实际了解[14]。

既然史前人类早在农业发生以前就已知道了一些植物的生长规律，但为什么没有在更早些时候发明农业呢？一个最主要的原因是，在供求平衡的状态下，缺乏一种改变原有生活模式的推动力。

> 在正常情况下，原始人不仅有充足的食物，而且还有大量的空闲时间。只要狩猎到足够的动物，采集到足够的植物果实，他们就不再有任何进一步工作的动机[15]。

可知如果不发生某种变化来打破旧石器时代采集狩猎者们业已习惯了的文化与生态间的平衡状态，人们有足够的食物资源，那么就不会有发明生产经济的需要，农业的发生也就不一定是必然的。当然，即使发生了足以使原有平衡状态变化的情况，也并非任何时间、任何地方都可以发生农业。只有那些分布有适宜于栽培的野生植物的地方（如西亚的野生麦类、黄河流域的野生粟类、长江流域的野生稻类、中美洲的野生玉米等），当人们对这些植物的生长习性有相当程度的了解，适应变化了的社会生活需要，才有可能栽培这些植物。因此，农业起源是多种因素综合作用的结果，用任何单一因素都很难合理地解释这一过程。

（三）农业考古的方法

农业考古是多学科综合性研究，在研究过程中，资料的收集、鉴别、整理等涉及考古学、农史学、环境考古学等许多学科。古代农业遗存如栽培作物的种子、各种农业生产工具和粮食加工工具、粮食的保存设施等，主要依靠考古调查发掘获得，需要应用考古地层学、类型学确定相关遗存的年代和文化属性等。其中，农作物的籽实是探索农业起源最直接的证据。而考古发现的这类籽实需经农学家鉴定后，才能成为有用的资料。环境考古则可提供农业发生与发展的自然条件。

然而，由于植物性遗存不易保留至今，并非所有的农业文化遗址都能发现农作物种子。因此，国内外常用对植物微体化石的分析，如孢粉分析和植硅酸体分析等，来寻找栽培作物的遗存。

1. 孢粉分析法

“孢粉”是植物孢子和花粉的简称。孢子，是指苔藓、蕨类等植物的繁殖细胞；花粉，是指裸子和被子植物的繁殖细胞。孢粉具有体积小、重量轻、产量大的特点，故广布于各种类型的沉积之中。孢子和花粉虽小，但却具有坚硬、耐酸、耐碱、耐压的外壳，在埋藏的过程中，尽管里面的有机质腐烂了，但外壳却能抵抗外界的腐蚀，长久保存，形成一种微体化石[16]。孢粉具有的以上特点，使利用孢粉研究古植被成为可能。由于不同植物孢粉的外表形态不同，在显微镜下，可根据孢粉的形态判定出植物的种类。在江西万年县大源乡的仙人洞和吊桶环遗址的上部堆积（距今1.4万～0.9万年）中，曾发现接近于水稻的花粉，为探索稻作农业的起源提供了重要线索。

2. 植物硅酸体分析法

一般植物体的成分主要是有机质和水分，而无机质甚少。一旦植物由于燃烧或其他原因变成朽灰，就很难从外形上判断它的种属了。但学者们发现，沉积于某些植物体中的玻璃质的二氧化硅骨架耐酸碱、耐高温，具有很大的稳定性，被称为植物硅酸体或植物蛋白石、植硅石。硅酸体多存在于植物的细胞壁上，在植物体因种种原因被破坏后，仍可长期保存下来，并保持其原有的形态不变，形成微体化石。植物硅酸体广泛保存在土壤中，不同植物硅酸体形态有所不同，可根据植物硅酸体的形态鉴别古植物的属种。其中，禾本科植物（包括绝大多数农作物）的果实、皮壳和叶子中含量较高，故常用于禾本科农作物的鉴定[17]。如在江西万年仙人洞和吊桶环遗址发现了距今1万年前的类似于水稻的植硅石[18]。

二、中国农业起源研究

早在20世纪30年代，苏联学者瓦维洛夫（N. I. Vavilov）就认为，东亚（主要指中国）是世界农业起源的中心之一。但长期以来，由于缺乏必要的考古资料证实，关于中国农业的发生问题，在20世纪中期以前，一直存在许多不同意见，主要有“外来说”和“本土发生说”两种看法。“外来说”认为，中国的旱地农业是从西亚传来的，而水田稻作农业则是从南亚、东南亚、印度传到华南的。50年代以后，特别是70年代以来，我国发现了大量的较早的史前农业遗存，这些遗存所反映的作物品种、农具形式、耕作方式以及家畜种类等不同于西亚等地而独具特色，构成了完整的、独立的原始农业体系。于是关于中国农业起源的原因及史前农业的发展过程等，就成为学者们普遍关心的研究课题。

（一）中国粟作农业的起源

所谓粟作农业，指的是以粟（*Setariaitalica*）为主要栽培作物的旱作农业。粟，即中国先秦古籍中所记载的“稷”，也就是北方的谷子，其米称“小米”[19]。除了粟之外，还有黍（*Panicum miliaceum*，也称“糜子”，其米为“黄米”）等谷物。粟（稷），在北方新石器时代遗址中发现最为普遍，是黄河流域新石器时代诸文化的主要农作物。进入历史时期以后，其仍然是这一地区占居首位的粮食作物，受到普遍重视，以至人们常用“社稷”（土地与粮食）作为国家的代名词。因此，关于粟作农业的起源问题，历来为中国学者所重视。

1. 中国史前粟作农业遗存的考古发现

中国最早发现的史前粟的遗存，是1931年在山西万荣（原万泉）荆村瓦渣斜遗址出土的“黍稷及黍稷之皮壳”[20]。之后，日本学者和岛诚一将标本带到日本，经东京帝国大学鉴定为粟和高粱[21]。但荆村遗址包含了仰韶文化和龙山时代遗存，标本出土层位不明确，有的学者对上述鉴定结果，特别是高粱，持怀疑态度。此外，1934～1937年，曾在陕西宝鸡斗鸡台戴家沟新石器时代的遗存中，“出土的瓦鬲中发现谷子粒”[22]。该发现未做详细报道，具体的情况不甚清楚。但既出土于鬲中，推知其年代不会早于龙山时代晚期。

从20世纪50年代开始，史前的粟类遗存开始有了较多的发现。1954～1957年，在发掘西安半坡遗址时，在一些陶罐和窖穴中出土了较多的谷类遗存。其中在一件陶罐（P.4716）内保存有完好的谷壳，经华北农学院鉴定为粟（图6-1）。此外，还在一件完整的陶罐内发现有炭化的菜籽，经中国科学院植物研究所鉴定为芥菜或白菜一类的种子[23]。之后，在黄河流域及北方地区史前时期诸文化遗址中普遍发现有粟类作物遗存。

图6-1 西安半坡遗址陶罐中保存的粟

在黄河中游地区，已知最早的粟类遗存发现于前仰韶时期的老官台文化、裴李岗文化和磁山文化。其中，出土数量最多的是河北武安磁山遗址，1976年以来，共发掘了345座窖穴，其中有80座残留有炭化粟，一般厚0.3～2米，有10座厚2米以上，约相当于新鲜粮食10万余斤[24]。在秦安大地湾一期和新郑裴李岗遗址中还发现有黍。进入仰韶时期后，粟类遗存的发现更为普遍，在陕西西安半坡、宝鸡北首岭、彬县下孟村、华县元君庙和泉护村；河南洛阳王湾和孙旗屯、临汝大张、郑州大河村和林山砦等遗址均有发现。龙山时期的陕西武功赵家来遗址、山西襄汾陶寺等遗址也曾出土过粟的遗存。

在黄河上游地区的马家窑文化诸类型遗址中，也发现有粟和黍等遗存。在甘肃东乡林家遗址（马家窑类型）中出土了粟、黍和大麻籽，其中19号窖穴中发现有捆成小把的谷穗[25]。1974～1975年，在青海柳湾墓地发掘的318座马厂类型墓葬中，半数以上的墓都随葬有容积较大、装有粮食（粟）的粗陶瓮1～4件[26]。此外，在兰州白道沟坪和红古城、永靖马家湾、永昌鸳鸯池等遗址中也发现粟的遗迹。

在黄河下游地区，山东胶县三里河遗址大汶口文化晚期的一个窖穴中（图6-2），曾发现体积达1立方米的粮食，经鉴定为粟[27]。此外，江苏邳州市大墩子遗址属北辛文化的下层遗存中发现有炭化粟遗存。早于北辛文化的后李文化中，虽然没有发现农作物遗存，但由于有石磨盘、磨棒等谷物加工工具，其文化发展水平也与磁山文化、裴李岗文化相当，无疑也应有了农业[28]。

在东北地区，已知最早的粟的遗存发现于沈阳新乐遗址下层。在稍晚的红山文化中也发现有粟。此外，在西北甚至长江流域和华南的云南、台湾等地区也发现少量的粟类作物遗存，但一般年代较晚。

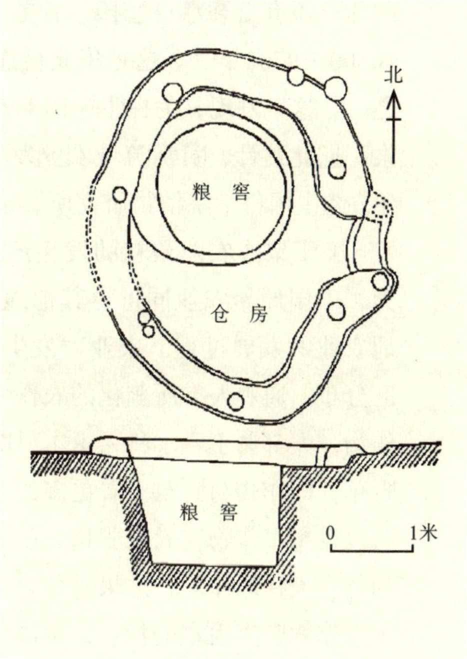

图6-2　三里河遗址大汶口文化晚期粮窖

2. 粟作农业的起源研究

粟的野生祖本是狗尾草，在中国古籍中称为“莠”。野生狗尾草广泛分布于黄河流域和北方黄土高原地区，与粟易于杂交，田间常见的一种谷莠子，便是粟与狗尾草杂交后形成的一种中间类型的后代[29]。在旧大陆的栽培作物起源的几个重要地区如西亚、中美洲等地，均没有发现粟类作物；欧洲发现的最早的粟为公元前3000年[30]。因此，中国黄河流域出土的粟，是目前世界最古老的栽培粟类实物遗存，粟起源于中国的黄河流域已成为国内外比较一致的意见。

黄河流域处于温带地区，年降水量少而气候干燥，大部分地方分布着结构松软而易于耕作的黄土或黄土状土。特别是在黄土高原，黄土广阔丰厚，土壤的渗水性强而地下水位较深。与这种环境相适应，最早经人工驯化出的栽培作物是耐干旱、易生长的粟类，并逐渐产生出以旱田粟作农业为主要特征的繁荣史前文化。目前，在黄河流域已发现的最早的农业遗存，是距今8000～7000年左右的河北的磁山文化、河南的裴李岗文化、陕西渭水流域的老官台文化等。从这些文化的生产工具、聚落规模等方面综合分析，其已是发展到一定程度的农业文化，推测还应有更早的、更为原始的农业遗存存在。1986～1987年，在河北徐水县南庄头遗址，发现并试掘的新石器时代初期的遗存[31]，发现有小灰沟等遗迹，出土少量的夹砂红陶片，还有石磨盘、磨棒、骨锥、角锥等遗物。据^{14}C测定，年代为距今10500～9700年[32]。这是华北目前已知最早的含有陶器的新石器时代遗存之一。这一发现，为探索中国陶器和粟作农业的起源等问题提供了重要线索。据此估计，黄河流域农业发生的时间，有可能早到距今10000～9000年左右。

关于粟作农业最初的发生地点，有的学者考察了植物生存环境后认为，中国原始农业同世界其他地区一样，也经历了一个由山地农业到低地农业的发展过程。农业“发生”的地点不同于农业“发展”以后的地区分布。通观人类所驯化的农作物，无论是麦、粟、稻类，还是其他粮食作物，大都属于禾本科，禾本科既包括大多数的谷类作物，也包括大量的野草，即作物与野草有着更多的亲缘性。人类是从野草中驯化出作物的，可以设想，作物在尚未驯化之前，它们的祖本与其他植物之间曾有过激烈的物竞天择的斗争，结果是各自占据了适合于其特点的生存空间。因此，观察作物野生祖本的特点，可以追溯到它们最原始的分布地点。在土质优良、水肥充足的地方，是没有它们的立足之地的，多年生的乔木林或枝叶

茂盛的灌木丛早已夺去了营养和阳光，而只有土质贫瘠、干湿明显、大型树木无法生长之地，野草才容易扎根。因此，

> 农业的契机很可能就是在林地边缘杂草地中发生的。根据野草的原生地多在贫瘠地区这一事实，可以推测：农业最初并不是发生在“适于”农耕的地点，而是相对来讲环境更恶劣一些，从现代眼光来看，“不大适于”农耕的地方[33]。

也有的学者主张“多元分散起源论”。王震中先生认为，既然粟和黍的野生祖本在我国东西南北有着广泛的分布，而目前在整个黄河流域和辽河地区发现的距今七八千年的新石器时代诸文化都是种植粟或黍的考古学文化，并都进入初期农耕阶段，那么主张以粟和黍为大宗的中国旱作农业起源于某一中心的说法显然是片面的，难以成立的。中国北方的旱作农业只能是多元分散式的起源，而绝非起源于某一中心地然后向外扩散传播。不仅如此，

> 黄河流域或长江中下游地区的农耕起源如同这里的新石器文化的出现一样，是依赖自然生态条件而广泛发生的一种区域现象。如果再将华南、西南和东北地区的情况考虑在内，那么将中国农耕起源称为多元分散式的起源似乎更合乎实际[34]。

综上所述，粟作农业最初发生在黄河流域似乎已是中外学术界较为一致的意见。但由于在这里尚未见到早于距今8000年前的栽培粟的遗存，已知的粟作遗存也不是最早的。因此有关这类作物起源的时间、地点（单中心或多中心）、传播等问题的探讨，还需更多的考古发现来论证。

（二）中国稻作农业的起源

稻（*Oryza sativa*）是中国最早的栽培作物之一，所谓稻作农业，指的是以稻为主要栽培作物的农业。世界上的栽培稻分属两个种，一种通称

为“亚洲稻”（*O. sativa*），另一种是“非洲稻”（*O. Glaberrima*），但在世界农业史上，亚洲稻的重要性远远大于非洲稻。对于亚洲稻亚种的分类，各国学者有不同的看法。早在1928年，日本学者加藤茂包就曾将亚洲稻分为印度型亚种（长型）和日本型亚种（圆型），并为国际学术界采用。中国农业科学院著名农史学家丁颖先生经过长期研究之后，对栽培稻的多型性和多生态性做了全面的、系统的论述，他不同意把籼稻和粳稻分别称为印度型和日本型，认为中国早在汉代的《说文》中就有关于区分籼、粳两种稻特性的记载，因此他重新肯定了籼、粳稻的定名，命名为籼亚种（*O.sotiya, L. subsp, H sien. Ting*）和粳亚种（*O. satiua, L. subsp, Keng Ting*）两种类型[35]。

1. 史前稻作农业遗存的发现

早在1921年，瑞典学者安特生就曾在著名的河南渑池仰韶村遗址的一块烧土块上发现了谷物压痕，后将标本带回瑞典经形态观察和灰像法鉴定为稻。这是中国考古学史上稻谷的首次发现。但由于仰韶村遗址包含有从仰韶文化中期到龙山时期的文化堆积，该烧土块具体的出土层位不清，故这一发现的文化性质一直不能肯定[36]。

20世纪五六十年代，陆续在长江流域发现了一些史前稻谷遗痕，如1956年，在江苏无锡仙女墩遗址下层（良渚文化？）发现有稻壳凝块。1956年、1958年，在浙江吴兴钱山漾遗址（良渚文化）发现有稻谷和米粒及遗留在陶片上的压痕，经鉴定为稻。1958～1959年，在浙江杭州水田畈遗址（良渚文化）发现有大量的炭化稻谷。1961年，在上海市青浦遗址下层（马家浜文化）发现有稻谷及其茎、叶等，经鉴定为籼型稻。丁颖先生指出，籼、粳稻同属一个祖先，籼稻是基本型，粳稻是变异型，它们主要是因栽培地带温度高低不同而分化形成的地理的气候生态型[37]。

20世纪70年代开始，稻作农业遗存有了突破性发现。最重要的发现是，1973～1974年，发掘河姆渡遗址时，在第4层（约距今7000年）约400平方米的范围内发现有大量的稻谷、稻秆、稻叶，有的地方厚20～50厘米；谷壳和稻叶保存完好，有的稻叶色泽如新、叶脉清楚，有的颖壳上连稃毛也清晰可辨。经浙江农业大学鉴定为栽培稻籼亚种晚稻型水稻，还有的学者认为可能有粳稻存在[38]。1972～1973年，在江苏吴县草鞋山遗址的第10层（属马家浜文化）中，发现有可能是粳稻和籼稻的炭化谷粒。浙江农业大学的游修龄教授指出，早在7000年前已有粒形似籼似粳的区分，特别以太湖地区最为突出，这表明栽培稻之分化为籼、粳两个亚种是极早的事[39]。

20世纪80年代以后，又有了一系列重要发现。1979～1980年发掘的浙江桐乡罗家角遗址（属马家浜文化）中发现有籼稻和粳稻。1988年发掘的湖南澧县彭头山遗址中发现了更早的稻谷遗存，在一些红烧土块中包含有许多稻壳，有些陶器也是掺和稻壳碎屑而烧成的，初步观察为栽培稻[40]。1983～1987年，在属裴李岗文化的河南舞阳贾湖遗址中，发现许多炭化稻类籽实，在一些红烧土块上也发现有稻壳印痕，经鉴定为粳稻（74.4%）和籼稻（23.3%），并有一粒野生稻[41]。据统计，截至80年代末，共发现有稻谷遗存的遗址72处，其中长江流域有57处，黄、淮河流域9处，广东2处，福建2处，台湾2处[42]。到1993年底，史前稻作农业遗存的发现已有140多处[43]。

20世纪90年代又有了一些新的重要发现。1993～1997年，对澧县八十垱彭头山文化遗址连续进行了6次发掘，在遗址西北古河道中的黑色淤泥中拣选和浮选出近1.5万粒稻谷和稻米，其特征既区别于现代的籼稻，又区别于现代粳稻[44]。1995年，对江西万年县大源乡的仙人洞和吊桶环遗址再次进行了发掘。在上部堆积（距今1.4万～0.9万年）中，发现的禾本科植物花粉的粒度较大，接近于水稻花粉的粒度；植硅石分析中发现有类似水稻的扇形体[45]。1993年和1995年，在湖南道县玉蟾岩洞穴遗址中，先后两次发现有稻的遗存，其中1993年的标本鉴定为普通野生稻，1995年发现的2枚稻壳鉴定为栽培稻，但兼有野、籼、粳稻的特征，是一种由野生稻向栽培稻演化的古老栽培稻类型，年代估计距今约1万年前[46]。

上述新发现表明，中国栽培稻历史可追溯到距今1万年前后。中国不仅发现有较多的史前稻作农业遗存，而且有丰富的野生稻资源。1963年以来，经过较为全面的调查研究，确定了我国主要分布在北纬18°～25°区域内的三种多年生野生稻，即普通野生稻、药用野生稻、疣粒野生稻的特性及其地理分布[47]。至今，农学家们还充分利用水稻的杂种优势，把普通野生稻与栽培稻自然杂交，培育出许多水稻新品种。因此，多数学者认为，中国普通的栽培稻就是由这种普通野生稻驯化培育而成的。

2. 稻作农业的起源

关于亚洲稻的起源地，最初多认为是在印度，故有的日本学者将籼稻定名为“印度亚种”。但从考古发现方面来看，印度已发现的稻作遗迹均较晚，其中古吉拉特邦的洛塞尔遗址（Lothal）为公元前2300年，兰加普尔遗址（Rangpur）为公元前2000年。20世纪60年代在泰国东北部的能诺他（Non Nok Tha）和班清（Ban Chiang）遗址也发现了稻谷遗迹，年代分别为公元前3590年 ± 320年和公元前3600年左右，于是又将一些学者的注意力引向东南亚地区。发掘了上述遗址的美国考古学家戈尔曼（C. F. Gorman）等认为，东南亚应是古代栽培稻的起源中心[48]。然而，70年代以来，长江流域发现了数量众多、年代最早的稻谷遗存，使得国内外越来越多的学者倾向于中国南部是亚洲稻的起源与演化中心这一看法。虽然国内外多数学者主张亚洲稻起源于中国，但在具体起源地问题方面，却存在着不同的看法，主要有以下几种观点。

（1）云贵高原说

这一观点主要是从生物学的角度，根据自然地理条件和野生稻资源来论证的。例如，日本学者渡部世忠认为，在南亚、东南亚和中国的云南一带，广泛分布有与栽培稻有亲缘关系的野生稻，故主张水稻的原产地是从印度的阿萨姆邦到中国云南地区的“阿萨姆·云南说”[49]。中国的一些学者认为水稻起源于云南的可能性最大，因为云南的植物种类有15000余种，约占全国的一半，素有“植物王国”之称；云南现有3000个水稻品种，稻谷种植的垂直分布从海拔40米直到2600米。云南地理、环境、气候的特点，使其成为作物变异的中心。对云南稻种进行同工酶分析表明，这里的现生栽稻种的亲缘关系十分接近于现代普通野生稻，所以云南现代栽培稻的祖先很可能就是云南的普通野生稻[50]。鉴于云贵高原野生植物的情况，中国学者柳子明认为：

> 根据云南、西江流域、长江流域、海南岛、台湾岛等广泛地区，都分布有野生稻的事实和文献记录，可能说明起源于云贵高

> 原的稻种沿着西江、长江及其发源于云贵高原的河流顺流而下，分布于其流域或平原地区各处[51]。

菲律宾学者张德慈则认为：早期稻作农业的传播，“可能系自尼泊尔—阿萨姆—云南地区经由云南引入黄河流域，且自越南经由海路引入长江下游盆地”[52]。

然而，尽管云南有着丰富的野生稻资源，但由于已知最早的稻谷遗存没有超出公元前3000年，远远晚于长江中下游地区。已有的考古记录既不支持“云贵起源说”，也不支持所谓的“阿萨姆·云南说”。这些假说，都有待于以后考古发现的验证。

（2）华南说

这一观点主要着眼于华南地区广泛分布的野生稻资源。早在1949年，著名的农学家丁颖先生就提出：“中国之稻种来源，与古之海南即今之华南有关。”[53]20世纪50年代，他再次著文提出：

> 根据我国五千年来稻作文化创建过程并由华南与越泰接连地带的野稻分布和稻作民族的地理的接壤关系，特认定我国的栽培稻种是起源于华南[54]。

李润权先生则更明确地提出：

> 在我国范围内追溯稻作栽培的起源中心应该在江西、广东和广西三省的旧石器晚期遗址多作努力，其中西江流域是最值得重视的[55]。

考古学家童恩正先生也主张华南起源说。他认为东南亚及中国南部，包括福建、广东、广西、云南、台湾诸省（自治区），以及越南、老挝、缅甸、泰国、柬埔寨诸国，属热带或亚热带气候，更新世之末至全新世之初，本地区的生态条件及植物的种类大同小异。因此，在旧石器时代向新石器时代过渡期中，亦即人类由单纯仰仗自然的狩猎采集经济向生产经济转变期中，这里的文化也呈现出某些一致性，这一地区在农业起源问题上存在着若干共同规律；根据泰国北部仙人洞遗址（距今11690年±560年～8750年±140年）和我国台湾台北县大坌坑、高雄凤鼻头遗址的发现，这一带从很早时候起，就可能开始了豆类、硬果类、根茎类、果树类等人工栽培植物的种植了。因此，华南地区农业的起源，可能具有自己独特的发展道路。中国南方的野生稻无论从数量还是品种来看都要超过杭州湾邻近地区，因此，

> 根据现有的资料，基本上可以肯定亚洲栽培稻的起源地就在中国长江以南地区。它可能在浙江省的杭州湾一带，但更有可能在纬度较南的云南、广东、广西地区。认为中国境内或邻近地区有若干栽培稻起源地的说法，似不符合客观规律[56]。

然而，尽管野生稻的存在是栽培稻产生的先决条件，但并非所有有野生稻资源的地方都会发生农业。华南的自然资源十分丰富，受更新世冰期影响很小。当人们无须费很大的力气就可得到充裕的食物的时候，发明农业就不是那么迫切的事了。已有的考古证据表明华南的农业出现较晚，或许正好说明这一点。

（3）长江中下游说

主张这一观点的学者，主要是依据考古发现的稻谷遗存和文献记载中关于长江流域有野生稻存在的情况来论证的。这一观点最早是因考古发现而提出的，1979年，农史学家闵宗殿先生根据河姆渡等遗址的稻作遗存发现，提出了中国栽培稻起源于长江下游的观点[57]。80年代初期，严文明先生进一步论述了以长江下游为起源中心的稻作农业波浪式传播过程：

> 由于河姆渡第4层的年代最早，它所在的杭州湾及其附近自然是最有条件被当作起源中心来看待的。接着第一个波浪到达长江三角洲近海一侧，即马家浜文化期所代表的范围，年代约在公元前4300～前3700年之间。第二个波浪沿长江向西发展，直达两湖盆地，就是北阴阳期和大溪文化分布的范围，年代约在公元前

3800～前2900年左右。第三个波浪是在公元前2900～前2100年左右发生的，长江下游和杭州湾地区的良渚文化，两湖盆地的屈家岭文化，北江流域的石峡文化以及分布于黄淮平原、江汉平原和长江以南许多地区的属于龙山时代诸文化的范围之内，都已有了水稻种植[58]。

20世纪80年代末在湖南澧县彭头山遗址发现了早于河姆渡的稻作遗存后，稻作农业的起源地也随之被扩展到了包括长江中游在内的广大地区。严文明先生认为，至今中国已发现的栽培稻作遗存中，绝大部分分布在长江中下游，黄淮地区和华南很少，这固然与长江流域考古工作开展较多有关系，但所占比例如此之高，加之所发现稻谷遗存早、数量多，就不能完全用考古工作开展较多来解释，而是在很大程度上反映了历史的真实。究其原因，应与长江中下游所处的地理位置有很大的关系。

长江流域是普通野生稻分布的北部边缘地区，自然状态下生长的数量不多。正是因为如此，才有必要加以人工培植，稻种才能安全过冬而得以继续大量繁殖[59]。

从生态环境方面来看，长江中下游同华南相比，冬夏的差别显著，即夏季炎热，植物性食物较多，而冬季寒冷干燥，草木凋零，人们很难从大自然直接索取植物性食物，对动物的捕猎也难以保持经常而稳定的收获。随着文化的发展和人口的增加，这个矛盾就会日益尖锐起来，选择能食用而又耐储藏的植物加以培育已成为社会的需要。然而，长江中下游野生稻远不如华南那样普遍，因而更增加了用人工方法加以繁殖的必要性和紧迫性。这大概就是长江中下游稻作农业产生的较早并且发展的比较快的一个根本原因[60]。此外，严文明先生依据水稻首先在其野生祖本分布范围的边缘被栽培的事实，提出了“边缘起源论”[61]。并认为：

考古发现证明栽培稻最早发生在公元前一万二三千年，那时的最佳边缘应在长江流域偏南的地方，玉蟾岩等遗址正是在那个地方[62]。

综上所述，就目前的考古发现而言，缺乏对“云贵说”和“华南说”的支持，而似乎对“长江中下游说”较为有利。特别是近年来，由于在江西万年仙人洞和吊桶环、湖南道县玉蟾岩遗址发现了距今1万年前后稻的遗存，不仅有可能把中国的水稻栽培史提前数千年，而且给长江中下游起源说增添了新的重要证据。因此，大多数学者相信长江中下游地区是稻作农业起源的中心。

三、中国史前农业的发展过程

中国是世界农业的主要起源地之一，自古以来就对农业生产十分重视，有着根深蒂固的“以农为本”的思想。中国地域辽阔，各地的自然环境相差较大，大体以秦岭、淮河一线为界，南、北方在气候、土壤、植物分布等方面存在着明显的差异。就农业的起源而言，由于自然环境和作物野生种分布的不同，新石器时代生活在各地的史前先民们，因地制宜，分别驯化出不同的栽培作物种类，并以此为基础形成了各具特色的农业文化，即以黄河流域为中心的北方旱田粟作农业文化和以长江流域为中心的南方水田稻作农业文化两大农业文化体系。它们既并行发展，又相互影响，共同推动了中国新石器时代社会与文化的不断进步，并奠定了中国古代农业生产的基本格局。

1. 史前农业的发生期

约距今12000～9000年的新石器时代初期，是中国史前农业的发生期。关于中国新石器时代初期文化和农业发生问题，在很长一段时间内，一直是中国史前考古学家致力探索的课题。20世纪70年代，当黄河流域的磁山、裴李岗、老官台文化和长江下游的河姆渡文化稻作农业遗存发现后，许多学者认为这些都是发展到一定阶段的农业文化，相信还有更早的农业遗存。20世纪80年代，湖南澧县彭头山遗址发现了更早的栽培稻遗存，学术界就中国稻作农业起源问题展开了热烈的讨论。90年代以来，史前农业考古终于取得了一些突破性的进展。

1995年，在江西万年仙人洞和湖南道县玉蟾岩（蛤蟆洞）遗址都发现了距今超过10000年前的稻谷花粉和硅酸体，尤其玉蟾岩遗址还发现了几粒稻谷的实体。根据整体形态及其稃面双峰乳突研究，说明玉蟾岩遗址出土的几粒稻谷既保留着某些野生稻的特征而又不同于野生稻。这些重要发现不仅为稻作农业长江流域起源说提供了有力的证据，也为进一步探索中国史前农业的发生问题提供了重要的线索。

黄河流域新石器时代粟作农业起源问题，目前虽无重大进展，但在河北徐水南庄头遗址已经发现距今10000年前后的文化遗存，包括谷物加工工具石磨盘、磨棒及一些动物骨骼等[63]。这一发现无疑为探索黄河流域种植和养殖农业的起源提供了重要线索。

2. 史前农业的确立期

约距今9000～7000年的新石器时代早期，是史前农业的初步发展期。这一时期的稻作农业遗存在长江流域尤其是中游地区多有发现，特别是在湖南澧县八十垱遗址发现了1.5万粒稻谷和稻米，其特征既区别于现代的籼稻，又区别于现代粳稻[64]。在淮河流域的河南舞阳贾湖裴李岗文化遗址则发现粳、籼两种稻的遗存[65]。表明水稻栽培已经历了一定的时间，稻的品种已有了初步的分化。从而说明稻作农业在长江流域已经确立。

在黄河流域及辽宁西部地区的老官台文化、磁山文化、裴李岗文化、北辛文化、兴隆洼文化中，常常发现有粟作农业遗存。作物品种有粟（磁山）、黍（大地湾、裴李岗、新乐下层）和油菜籽（大地湾）等。同时，收割用石刀、石镰及加工用磨盘、磨棒等也是上述文化中常见的工具。在裴李岗文化中，磨盘、磨棒往往成套出于女性墓葬[66]，反映出农业生产中男女已有所分工，进而说明农业生产已有一定程度的发展。

3. 史前农业的发展期

约距今7000～5000年的新石器时代中期，是史前农业的发展期。长江流域的河姆渡文化、马家浜文化、崧泽文化、大溪文化等，均发现有稻的遗存。特别是河姆渡遗址发现有大量稻谷、稻壳和稻草堆积和数量较多的骨耜、木耜等挖掘翻土工具，一般认为已进入了“耜耕农业”阶段。在江苏苏州唯亭草鞋山遗址[67]和湖南澧县城头山遗址[68]分别发现马家浜文化时期和早于大溪文化的水田遗迹，表明稻作农业已进入发展期。

黄河流域的仰韶文化、大汶口文化、红山文化、马家窑文化等粟作农业同样有了新的发展。在仰韶文化时期人们的食物结构中，粟、黍等C_4植物接近50%[69]。在马家窑文化中出现了以粟随葬的现象，如柳湾马厂期的17座墓葬随葬有以罐或瓮盛放的粟[70]。作物除粟、黍外，甘肃东乡林家遗址还发现有大麻籽[71]，西安半坡遗址还发现有芥菜或白菜籽[72]。在农业工具方面，仰韶文化中常见用于松土翻地的石铲、用于收割的长方形石刀和陶刀、用于粮食加工的磨盘和磨棒等。特别是石刀、陶刀数量很多。此外，从遗址分布的密度来看，仰韶时期大大超过前仰韶时期，说明了人口的增加和农业生产有了较大的发展。

4. 史前农业的兴盛期

约距今5000～4000年的新石器时代晚期，是史前农业发展的兴盛期。其标志之一是稻作农业遗存的分布已遍及长江流域，进而扩散至黄河流域及南岭以南地区。在良渚文化发现有三角形石犁和家养水牛的骨骼，或许犁耕甚至牛耕技术已经出现。黄河流域的龙山时代诸文化粟作农业也继续发展。在山西襄汾县陶寺遗址中也发现有三角形大石犁[73]。农业工具的改进在一定程度上体现着农业生产技术的进步和发展。有关分析表明，陶寺人的食物结构中有70%为粟、黍类等C_4植物，说明粟类已成为当时人们的最主要食物。

与兴盛期农业生产发展相应的是这一时期遗址分布的密度和规模进一步增大，并在长江、黄河流域普遍出现了原始城堡，有些城堡的规模超过100万平方米。在陶寺墓地则出现了规模和随葬品悬殊的大、中、小三类墓。这些情况说明新石器时代晚期的农业生产已有了较大的发展，产品已有了剩余，促使社会出现了城乡和阶层分化，进而迈向文明社会的门槛。

参考书目

[1] 〔英〕柴尔德著，周进楷译：《远古文化史》第五章，中华书局，1958年。

[2] 安志敏：《中国的史前农业》，《考古学报》1988年第4期。

[3] 〔英〕普·辛格：《新石器早期文化与农业的起源》，《考古学的历史·理论·实践》，中州古籍出版社，1996年。

[4] 〔美〕罗伯特·J. 布雷伍德：《农业革命》，《考古学的历史·理论·实践》，中州古籍出版社，1996年。

[5] 〔美〕路易斯·宾福德：《后更新世的适应》，《考古学的历史·理论·实践》，中州古籍出版社，1996年。

[6] 任式楠：《我国新石器—铜石并用时代农作物和其他食用植物遗存》，《史前研究》1986年第Z2期。

[7] 黄其煦：《黄河流域新石器时代农耕文化中的作物——关于农业起源问题的探索》（三），《农业考古》1983年第2期。

[8] 丁颖：《中国栽培稻种的起源及其演变》，《稻作科学论文选集》，农业出版社，1959年。

[9] 严文明：《中国稻作农业和陶器的起源》，《远望集——陕西省考古研究所华诞四十周年纪念文集》，陕西人民美术出版社，1998年。

[10] 严文明、安田喜宪：《稻作、陶器和都市的起源》，文物出版社，2000年。

注释

[1] 〔英〕柴尔德著，周进楷译：《远古文化史》第五章，中华书局，1958 年。

[2] 童恩正：《略述东南亚及中国南部农业起源的若干问题》，《农业考古》1984 年第 2 期。

[3] 董光忠：《本校与山西图书馆美国福利尔艺术陈列馆发掘山西万泉石器时代遗址之经过》，《师大月刊》1933 年第 3 期。

[4] 徐中舒：《耒耜考》，《中央研究院历史语言研究所集刊》第 2 本第 1 分册，1930 年；《农业考古》1983 年第 1 期。

[5] 〔英〕柴尔德：*Man makeshimself*，1936 年，转引自〔英〕普·辛格：《新石器早期文化与农业的起源》，《考古学的历史·理论·实践》，中州古籍出版社，1996 年。

[6] 〔美〕罗伯特·J. 布雷伍德：《农业革命》，《考古学的历史·理论·实践》，中州古籍出版社，1996 年。

[7] 〔美〕路易斯·宾福德：《后更新世的适应》，《考古学的历史·理论·实践》，中州古籍出版社，1996 年。

[8] 〔美〕费根：《地球上的人们——世界史前史导论》，文物出版社，1991 年，第 264 页。

[9] 〔美〕斯塔夫里阿诺斯：《全球通史》，上海社会科学院出版社，1999 年，第 83 页。

[10] 〔美〕罗伯特·J. 布雷伍德：《农业革命》，《考古学的历史·理论·实践》，中州古籍出版社，1996 年。

[11] 〔美〕罗伯特·J. 布雷伍德：《农业革命》，《考古学的历史·理论·实践》，中州古籍出版社，1996 年。

[12] 日知：《关于新石器革命》，《世界古代史论丛》（第一辑），生活·读书·新知三联书店，1982 年。

[13] 〔美〕路易斯·宾福德：《后更新世的适应》，《考古学的历史·理论·实践》，中州古籍出版社，1996 年。

[14] 〔美〕斯塔夫里阿诺斯：《全球通史》，上海社会科学院出版社，1992 年，第 83 页。

[15] 〔美〕斯塔夫里阿诺斯：《全球通史》，上海社会科学院出版社，1992 年，第 83、84 页。

[16] 周昆叔、严富华、叶永英：《花粉分析法及其在考古学中的运用》，《考古》1975 年第 1 期。

[17] 王增林：《植物硅酸体研究及其在史前农业研究中的应用》，《考古求知集》，中国社会科学出版社，1997 年，第 478 ～ 485 页。

[18] 刘诗中：《江西仙人洞和吊桶环发掘获重要进展》，《中国文物报》1996 年 1 月 28 日第 1 版。

[19] 任式楠：《我国新石器—铜石并用时代农作物和其他食用植物遗存》，《史前研究》1986 年第 Z2 期。

[20] 董光忠：《本校与山西图书馆美国福利尔艺术陈列馆发掘山西万泉石器时代遗址之经过》，《师大月刊》1933 年第 3 期。

[21] 和岛诚一：《山西省河东平野及び太原盆地北半部に於ける先史调查の概要》，《人类学杂志》1943 年 58 卷 4 号。

[22] 齐思和：《毛诗谷名考》，《农业考古》2001 年第 1 期。

[23] 中国科学院考古研究所、陕西省西安半坡博物馆：《西安半坡——原始氏族公社聚落遗址》，文物出版社，1963 年，第 11、33、46 ～ 48、124 页。

[24] 佟伟华：《磁山遗址的原始农业遗存及其相关的问题》，《农业考古》1984 年第 1 期。

[25] 张学正：《谈马家窑、半山、马厂类型的分期和相互关系》，《中国考古学会第一次年会论文集》，文物出版社，1980 年。

[26] 青海省文物管理处考古队、中国科学院考古研究所青海队：《青海乐都柳湾原始社会墓地反映出的主要问题》，《考古》1976 年第 6 期。

[27] 昌潍地区艺术馆、考古研究所山东队：《山东胶县三里河遗址发掘简报》，《考古》1977 年第 4 期。

[28] 栾丰实：《试论后李文化》，《海贷地区考古研究》，山东大学出版社，1997 年。

[29] 参阅吴梓林：《古粟考》，《史前研究》1983 年第 1 期。

[30] 任式楠：《我国新石器—铜石并用时代农作物和其他食用植物遗存》，《史前研究》1986 年第 Z2 期。

[31] 保定地区文物管理所、徐水县文物管理所、北京大学考古系等：《河北徐水南庄头遗址试掘简报》，《考古》1992 年第 11 期。
[32] 原思训、周昆叔、陈铁梅等：《南庄头遗址 ^{14}C 年代测定与文化层孢粉分析》，《考古》1992 年第 11 期。
[33] 黄其煦：《黄河流域新石器时代农耕文化中的作物——关于农业起源问题的探索》（三），《农业考古》1983 年第 2 期。
[34] 王震中：《中国文明起源的比较研究》，陕西人民出版社，1994 年，第 31 ～ 36 页。
[35] 丁颖：《中国栽培稻种的起源及其演变》，《稻作科学论文选集》，农业出版社，1959 年。
[36] 黄其煦：《关于仰韶遗址出土的稻谷》，《史前研究》1986 年第 Z1 期。
[37] 丁颖：《中国栽培稻种的起源及其演变》，《稻作科学论文选集》，农业出版社，1959 年。
[38] 周季维：《长江中下游出土古稻考察报告》，《云南农业科技》1981 年第 6 期。
[39] 游修龄：《我国水稻品种资源的历史考证》，《农业考古》1981 年第 2 期。
[40] 湖南省文物考古研究所、湖南省澧县博物馆：《湖南省澧县新石器时代早期遗址调查报告》，《考古》1989 年第 10 期。
[41] 张居中、孔昭宸、刘长江：《舞阳史前稻作遗存与黄淮地区史前农业》，《农业考古》1994 年第 1 期。
[42] 陈文华：《中国稻作的起源和东传日本的路线》，《文物》1989 年第 10 期。
[43] 严文明：《中国史前的稻作农业》，《东亚稻作起源与古代稻作文化》（日文），1995 年。
[44] 张文绪、裴安平：《澧县梦溪八十垱出土稻谷的研究》，《文物》1997 年第 1 期。
[45] 刘诗中：《江西仙人洞和吊桶环发掘获重要进展》，《中国文物报》1996 年 1 月 28 日第 1 版；张弛：《江西万年早期陶器和稻属植硅石遗存》，《稻作、陶器和都市的起源》，文物出版社，2000 年，第 43 ～ 49 页。
[46] 袁家荣：《湖南道县玉蟾岩 1 万年以前的稻谷和陶器》，《稻作、陶器和都市的起源》，文物出版社，2000 年，第 31 ～ 41 页。
[47] 广东农林学院农学系：《我国野生稻的种类及其地理分布》，《遗传学报》1975 年第 2 期；全国野生稻资源考察协作组：《我国野生稻资源的普查与考察》，《中国农业科学》1984 年第 6 期。
[48] 参阅童恩正：《略述东南亚及中国南部农业起源的若干问题》，《农业考古》1984 年第 2 期。
[49] 〔日〕渡部世忠：《日本稻の源流》，《稻—その源流への道》，东亚文化交流史研究会，1990 年，第 20 ～ 22 页。
[50] 李昆声：《亚洲稻作文化的起源》，《社会科学战线》1984 年第 15 期；李昆声：《云南在亚洲栽培稻起源研究中的地位》，《云南社会科学》1981 年第 1 期；汪宁生：《远古时期的云南稻谷栽培——云南少数民族科学史学习札记》，《思想战线》1977 年第 1 期。
[51] 柳子明：《中国栽培稻的起源及其发展》，《遗传学报》1975 年第 1 期。
[52] 张德慈：《致〈农业考古〉编辑部的信》，《农业考古》1983 年第 2 期。
[53] 丁颖：《中国稻作之起源》，中山大学农学院《农艺专刊》第 7 号，1949 年。

[54] 丁颖：《中国栽培稻种的起源及其演变》，《农业学报》第1957年第3期。
[55] 李润权：《试论我国稻作的起源》，《农业考古》1984年第2期。
[56] 童恩正：《略述东南亚及中国南部农业起源的若干问题》，《农业考古》1984年第2期。
[57] 闵宗殿：《我国栽培稻起源的探讨》，《江苏农业科学》1979年第1期。
[58] 严文明：《中国稻作农业的起源》，《农业考古》1982年第1期。
[59] 严文明：《我国稻作起源研究的新进展》，《考古》1997年第9期。
[60] 严文明：《中国史前稻作农业遗存的新发现》，《江汉考古》1990年第3期。
[61] 严文明：《我国稻作起源研究的新进展》，《考古》1997年第9期。
[62] 严文明：《中国稻作农业和陶器的起源》，《远望集——陕西省考古研究所华诞四十周年文集》，陕西人民美术出版社，1998年。
[63] 徐浩生、金家广：《突破万年的南庄头新石器早期遗址》，《文物春秋》1991年第2期；保定地区文物管理所：《河北徐水县南庄头遗址试掘简报》，《考古》1992年第11期。
[64] 裴安平：《澧县八十当遗址出土大量珍贵文物》，《中国文物报》1998年2月8日第1版。
[65] 张居中、孔昭宸、刘长江：《舞阳史前稻作遗存与黄淮地区史前农业》，《农业考古》1994年第1期。
[66] 杨育彬、袁广阔：《20世纪河南考古发现与研究》，中州古籍出版社，1997年，第120～128页。
[67] 李民昌：《苏州市唯亭草鞋山新石器时代水田遗迹》，《中国考古学年鉴（1996）》，文物出版社，1998年。
[68] 湖南省文物考古研究所：《澧县城头山古城址1997～1998年度发掘简报》，《文物》1999年第6期。
[69] 蔡莲珍、仇士华：《碳十三测定和古代食谱研究》，《考古》1984年第10期。
[70] 青海省文物管理处考古队、中国社会科学院考古研究所：《青海柳湾》，文物出版社，1984年。
[71] 西北师范学院植物研究所、甘肃省博物馆：《甘肃东乡林家马家窑文化遗址出土的稷与大麻》，《考古》1984年第7期。
[72] 中国科学院考古研究所、陕西省西安半坡博物馆：《西安半坡——原始氏族公社聚落遗址》，文物出版社，1963年。
[73] 中国社会科学院考古研究所山西工作队：《山西襄汾县陶寺遗址发掘简报》，《考古》1980年第1期。

第七讲

聚落考古

一、聚落与聚落考古

（一）聚落

“聚落”，本是人文地理学的一个概念，一般指人们聚居的地方或村落。在我国，早在《汉书·沟洫志》就有“稍筑室宅，遂成聚落”的记载。《史记·五帝本纪》中有“一年而所居成聚”。张守节正义曰“聚，谓村落”。《左传》庄公二十五年又有“城聚”一词，可知古代所谓的聚落是人们聚居的地方，包含有城邑和乡村两种居住形态，其中城邑是人类社会发展到一定阶段而产生的一种有别于乡村的高级聚落形态。在考古学研究中，所谓聚落实际是古代某一人类社群曾经居住过的遗址，是一种具有一定空间并延续一定时间的文化单位。

（二）聚落考古

聚落考古，也叫聚落形态考古或聚落形态研究，就是以聚落遗址为研究的基本单位，通过对聚落中各种建筑与设施、聚落的总体布局和聚落与聚落间关系的研究，来分析它们在时间和空间上的联系及其社会功能，探讨建造和使用它们的居民的社会组织结构及其演变，考察人类文化与所处的自然生态环境之间的相互关系。

关于聚落考古的内容，一般认为主要包括三个方面，即单个聚落形态和内部结构的研究，聚落分布和聚落之间关系的研究，聚落形态历史演变的研究[1]。这三个方面既有区别，又有联系。

最早将聚落形态概念引入考古学研究中的是美国学者威利（G. R. Willey）。1953年，他发表了《秘鲁维鲁河谷的史前聚落形态》一文，描绘了几个世纪以来秘鲁的维鲁河谷聚落遗址在形态和分布方面的变化，并将这些变化同自然环境、自然资源结合起来，探索聚落形态所反映的人类社会组织与制度。

由于聚落考古的兴起，遗址整体代替了器物成为考古学研究的基本单位，考古学研究开始由传统的器物本位向聚落本位转变。1967年，张光直先生发表了《聚落》一文，认为：

> 人们知道，按照人类的生活习性将聚落作为考古学单位，是有其理论意义的。我们之所以以聚落代替人工制品，充当考古学的基本单位进行研究，首先是由于我们对生活在社会集团中、具有共同文化传统的古代民族感兴趣[2]。

以后，随着研究的深入，对聚落考古的理解也在不断地发生变化。许多学者认为，不仅自然的生态环境是影响聚落形态的重要因素，而且经济的、技术的、社会组织的甚至观念的等许多方面都可能对聚落形态产生影响。而对聚落形态的研究，又可反过来认识和理解史前社会的各个方面，进而达到复原史前社会、重建史前史的目的。

（三）中国聚落考古简史

中国聚落考古学研究，大约始于20世纪50年代西安半坡遗址的发掘与研究。当时，大规模揭露了半坡遗址，通过对出土的房址、壕沟、窖穴等遗迹平面布局进行研究，发掘者认为它是一个繁荣母系氏族公社的聚落[3]，还对半坡氏族公社的生产生活、社会组织等方面进行了探索。

20世纪70年代末至80年代初，在陕西临潼县姜寨发掘出一个完整的仰韶文化早期的聚落遗址[4]，许多学者对姜寨聚落的平面布局的特征、房屋分类以及反映的社会组织结构等方面进行了有益的探索，进一步引起了学术界对史前聚落遗址整体性研究的关注。

1984年，美国著名考古学家张光直先生在北京大学讲学时，对美国的聚落考古及其方法做了系统的介绍，推动了中国聚落考古的发展。

20世纪90年代以来，随着中国考古学文化区系类型研究的深入，聚落考古研究有了一个比较可靠的时间和空间框架。考古学家通过对甘肃天水大地湾遗址、内蒙古敖汉旗兴隆洼遗址、湖北天门石家河遗址群、浙江良渚遗址群等进行比较深入的聚落形态研究，取得了许多新的重要成果。新的研究不仅对若干聚落遗址进行了比较深入的解剖，而且探索了当时的社会性质和社会组织结构；不仅注意到聚落遗址的不同类型，而且探讨了不同自然地理条件和社会发展阶段对聚落形态的影响；不仅在对聚落遗址的发掘和研究过程中越来越注意同相关学科的合作，而且越来越注意现代科学技术手段的应用。

二、聚落考古研究的步骤与方法

聚落考古并非是一种高层次的理论，而“是以聚落遗址为单位进行田野考古操作和研究的一种方法”[5]。但同时需要说明的是，“聚落形态研究并不是考古学里一个独立的个别的方法体系，而只是整个考古作业的一部分，在作这种研究的同时需要有包括年代学等基本作业在内的其他部分一起进行”[6]。就是说，聚落考古研究对象是古代社会某一族群的遗存，这一作业过程是从田野考古发掘开始的，其间需要考古地层学和类型学、年代学、环境考古学、地理学、社会学、民族学及现代科学技术等方面密切有效的配合，因而聚落考古研究又可以说是以考古学为主的多学科综合研究。

张光直认为，“聚落考古就是在社会关系的框架之内来做考古资料的研究”[7]。并认为这套方法应有聚落单位的整理、聚落布局、同时诸聚落在较大范围内的连接、聚落形态的变迁等几个步骤。

（一）聚落的界定

1. 聚落单位的界定

聚落是古代某一人类社群曾经居住过的遗址，是一个考古学文化研究的单位。而一个考古遗址，可能是单纯的古代某一社群的人们活动的遗存，也可能包含不同时期、不同文化的各种遗迹。因此，聚落考古作业的首要任务是对聚落单位的界定。考古遗址中的每种遗迹，都有一定的时空位置和文化属性，判别哪些遗迹、遗物是属于同一时期、同一文化、同一个聚落的，是聚落研究的基础和关键。

一个考古遗址可能就是一个聚落遗址，也可能是重叠的不同时期的几个聚落遗址。如陕西临潼白家村遗址，是单一的老官台文化堆积，尽管该文化延续了一定的时间，但由于是同一文化人们所建造、利用的聚落遗存，聚落布局等方面没有发生大的变化，故可界定为一个聚落。而长安客省庄遗址自下而上包含了仰韶文化、客省庄文化和西周文化三层堆积，显然这至少是三个历史时期、三种不同文化先后建造和利用过的三个聚落，而不应误认为是一个聚落。当然，即使是同一社群的聚落，也并非是一成不变的。但只要没有发生本质的变化，仍应属一个聚落。正如严文明指出的：

> 假定一个考古学遗址只有一个社群居住，时间较长，社群本身也有小的发展变化，反映在聚落形态上自然也会有些改建、扩建等事情。只要基本格局没有发生本质的变化，还是应当作为一个聚落来对待[8]。

界定聚落单位的方法是考古地层学和类型学。考古学家在发掘中，首先应用考古地层学确定各种遗迹的相对年代，将不同时期的遗迹、遗物区分开来；然后应用考古类型学，通过分类、比较，确定各种遗迹、遗物的文化属性，将各个时期、不同文化的遗迹、遗物区分开来；再通过对同一文化时期诸遗存分布状况的研究，确定不同时期的各个聚落的位置与范围。

2. 聚落区域的界定

聚落遗址是占有一定空间并延续一定时间的文化单位。在对聚落进行研究分析时，还要确定在一定时期内聚落居民的各种活动的范围，如居住区、墓葬区和经济活动区等。在过去的考古调查中，遗址范围的确定，多是依据地表文化遗迹遗物的分布范围而界定的，但实际上，这只是一个聚落居民日常活动范围的一部分，当时人们的经济活动范围要大得多。古代人类在居住地的选择上，一定的水热条件、动植物资源、矿物资源的空间分布、丰富程度及可开发利用性等，是重要的决定因素。因此，聚落范围的界定，应把居住地选择中人与生态环境的相互关系，即人地关系的研究放在首位。

聚落范围的界定，国外也叫遗址区域的分析。这一方法一般是基于这样的假设：人类开发利用环境是以减少所需要的时间和能量的合理方式来进行的。即在一定的技术条件下，离居住地越远，获得资源所需时间和能量越大，这样，随着远离居住地点，资源开发利用的价值减少，最终达到几近无法利用的边界，这样的边界，就构成遗址区域的界线[9]。在诸多资源中，某些资源如水，居于最基本、最重要的地位，获取它的路程必须缩短至最近的距离。所以，人类的居址一般位于河湖旁边或泉水附近。又由于人类对自然资源的利用是有差别和随季节、时间变化的，因此便出现了对聚落周围土地和自然资源利用的差异或分带。据研究，一般人们不会到离开居住地10千米以外的地方去获取资源；农民一般在步行1小时的范围内经营土地；采集狩猎者则主要在距居住地步行2小时左右的范围内活动。将遗址周围不同经济活动的等时线连接起来，便可划分出聚落居民日常不同经济的活动带及遗址区域的界线[10]。

当然，由于古今地貌及资源的差异，在计算并连接上述等时线、划分经济活动带的时候，离开古环境、古地理方面的研究，是很难准确反映当时实际情况的；而通过详细的地貌、土壤、气候、资源等的调查，就可较为准确地划分遗址区域并重建其所处的自然生态环境。

（二）聚落内遗迹单位的整理

一般说来，构成古代聚落的遗迹单位包括：各种类型的房屋、防卫设施（环绕居住区的壕沟、墙垣等）、经济设施（仓储、生产设施等）和墓地等几类。各类单位既相对独立，发挥着不同的功能，又有机地组合在一起，构成聚落的整体。在聚落考古研究的过程中，对上述遗迹单位分类、分析、结构功能的考察与整理是重要的一环。

1. 房址

中国地域辽阔，各地自然环境条件不同，居住形式也各具特色，如适应华南气候炎热、多雨而潮湿的“干栏”式房屋和适应华北地区气候干燥、黄土广阔丰厚的穴居等。史前的房屋，一般可依据面积大小、建造方式、平面形状和房屋结构等进行分类。

（1）依据房屋面积大小分类

依据房屋基址的面积（建筑或居住面积）可分为大、中、小三类。三类房屋表面看是大小的差异，实际上可能反映了性质和用途的不同。

小型房屋面积大多数为15～20平方米，也有小于10平方米者。黄河中游前仰韶时期的房屋均为小型者，如临潼白家村遗址发现的两座圆形房址，面积均在10平方米以下[11]。仰韶时期各遗址中的小型房屋的数量最多，如宝鸡北首岭遗址中发现的50座仰韶时期房屋中，面积一般在12～30平方米[12]。姜寨遗址第一期文化中共发现100多座房址，其中小型房屋最多。小型房屋一般有一个火塘，有成套的日用陶器、生产工具等。如姜寨F14，面积为14.9平方米，室内有火塘和陶器、骨器、石器等[13]。小型房屋一般可供2～4人居住，应代表一个消费单位，可能是家庭。还有一些小型房屋，可能是作为仓库使用的。

中型房屋面积一般为20～60平方米，以40～50平方米的为多。中型房屋也有火塘和日用生活器皿，一般可住10人左右。如姜寨F17，是一座中型半地穴式方形房址，面积31.2平方米，屋内有灶及陶器、石器等。北首岭F17，是一座方形半地穴式房屋，面积32.9平方米，有门道、灶坑和残存陶器等。中型房屋周围常分布若干小型房屋，共同组成一个单元，可能居住着一个家族。中型房屋可能是家族的家长、老年人、未婚青少年的住所，也是家族议事或举行仪式之地。

大型房屋面积60～200平方米，以80～150平方米为多。大型房屋常常位于一组房屋或聚落中心。例如，半坡遗址的方形房屋F1，位于聚落的中心部位，室内面积在100平方米以上[14]；姜寨遗址居住区的房屋可分为5组，每组均有一座面积在80平方米以上的方形大房子，最大的F1，室内面积为124平方米；甘肃秦安大地湾遗址F405为一座大型长方形地面式建筑，面积达150平方米[15]；陕西扶风案板遗址仰韶文化晚期的F3，是一座由前廊和后室组合的大型房址，总建筑面积165.2平方米[16]。大型房屋一般也有灶坑和土床，但土床面积很小，只能住1～3人，显然是氏族或部落首领居住、聚落举行公共集会或宗教仪式的场所。

（2）依据房屋建造方式分类

中国地域辽阔，各地自然环境条件不同，环境因素对房屋建造方式的影响十分明显。依据建造方式可分为竖穴式（或称“地穴式”）、横穴式（即“窑洞式”）、地面式、台基式、干栏式等。

竖穴式房屋即由地面垂直下挖成竖向土坑，将坑壁作为房屋的一部分或全部四周墙壁，坑口利用树干、树枝、树叶、茅草等物搭成屋顶盖；坑的平面有圆形和方形等。竖穴式房屋可再分为深穴和浅穴两类，深穴式的深度一般大于成年人身高，多在1.5米以上；浅穴式（或曰半地穴式）的深度多小于1.5米，大多数小于1米。前仰韶时期的房屋多为浅地穴式，如陕西临潼白家村遗址，房址为半地穴式不规则圆形，面积在10平方米以内；有的屋内有灶坑，有门道，坑穴周围有柱洞。居住面系黄土踩踏而成，一般不甚平整[17]。仰韶文化时期的地穴式房屋也较多，如河南偃师汤泉沟仰韶时期房址H6，为一座小型圆形深穴式房址，口径1.5、深2米，坑底有一柱洞，可能有为上下出入而立的独木梯[18]（图7-1，1）。洛阳涧西孙旗屯遗址的房址则是小型半地穴式的，深约0.9米，底部堆积红烧土块[19]（图7-1，2）。

图7-1 竖穴式房屋示意图（据杨鸿勋）

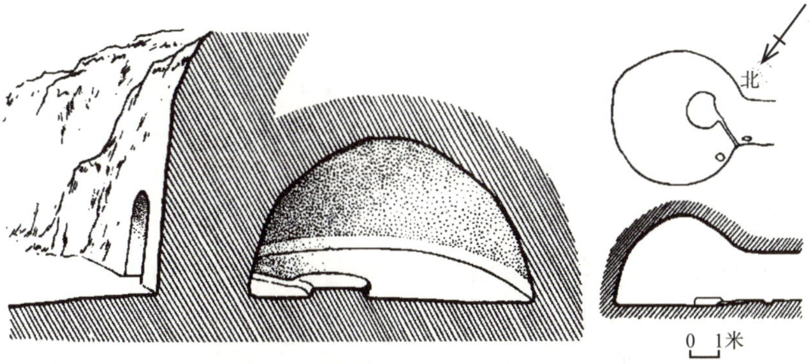

图7-2 甘肃宁县阳坬遗址仰韶文化晚期F10复原图

横穴式即窑洞式房屋，可能是人们仿照天然岩洞建造的一种居住形式。一般是利用断崖或先在斜坡上开挖一垂直断面，然后横向挖掘成与断崖呈直角且与地面平行的洞穴。横穴窑洞式房屋大约出现于仰韶文化晚期，如甘肃宁县阳坬遗址仰韶文化晚期的F10，平面呈球拍形，分洞室与过道两部分；洞室平面为圆形，穹隆顶，直径4.6米，高约2.8米；过道如隧道状，进深1米、高1.6米、宽1.5米，是一所窑洞式住居[20]（图7-2）。龙山时代的陕西、山西的黄土高原地带分布较多，如宁夏海原县菜园村[21]、陕西武功县赵家来[22]和宝鸡市石嘴头[23]、山西襄汾县陶寺[24]和太谷县白燕等遗址中均有发现。

地面式房屋是从地面上筑基、立柱、起墙、盖顶的一种土木结合的建筑形式，从仰韶文化时期开始出现，墙壁的筑法先后有木骨泥墙、夯土墙、土坯墙等。木骨泥墙出现较早，主要流行于仰韶时期。例如，甘肃秦安大地湾遗址的F405，平面略呈方形；墙壁的筑法是先挖墙基槽，然后立柱、填土、夯实，再用草泥垛填于木柱间，抹平墙面而成木骨泥墙[25]。在江汉平原的大溪文化、屈家岭文化、石家河文化中，墙壁和地面多经火烧烤，形成所谓的“红烧土”墙，这种墙壁质地近似于后代的砖，不怕雨淋且防水防潮，是这一带史前房屋建筑的一大特色[26]。夯土墙和土坯墙出现于龙山时代后期，如在安阳后岗、汤阴白营，陕西的临潼康家、武功赵家来等遗址，均发现有夯土墙。在临潼康家[27]、河南永城王油坊[28]和淮阳平粮台[29]等遗址，还发现有土坯墙（图7-3）。

台基式房屋是先夯筑高于地面的台基，然后再在台基上修筑房屋。

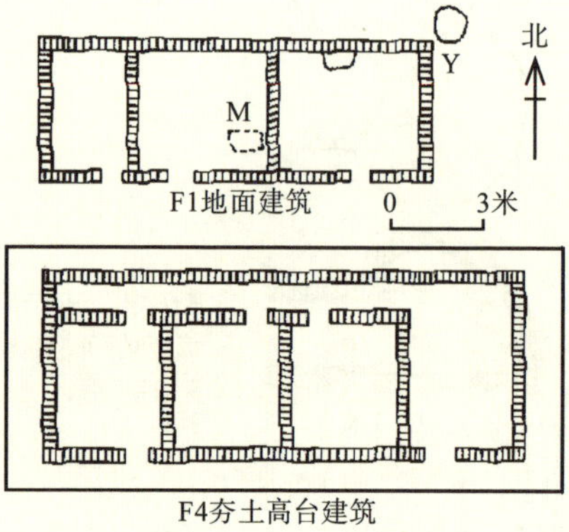

图7-3　河南淮阳平粮台房址

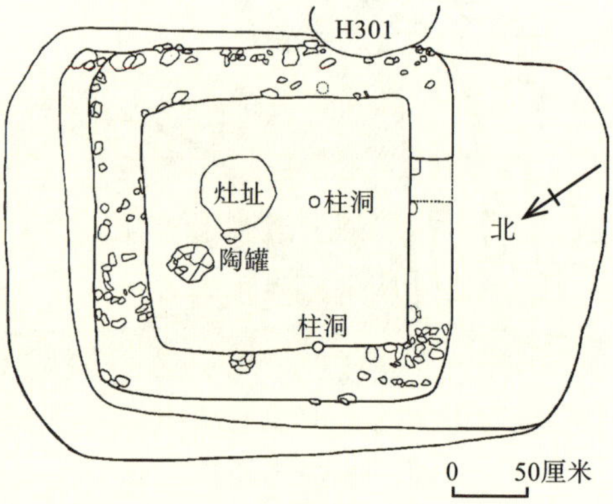

图7-4　山东日照东海峪遗址台基式房址

龙山时代晚期，在山东、河南等地开始出现高筑于地面之上的台基式房屋，如山东日照东海峪遗址的F301，修建于南北长约6米，东西宽约5.7米，高0.32米的夯土台基之上[30]（图7-4）；河南淮阳平粮台城址内也发现有台基式的房址。台基式建筑在排水、防潮等方面较之一般地面式建筑又有明显的改善，它的出现是这一时期建筑技术的重大进步。

干栏式建筑，是指在木柱底架上建筑的、高出地面的房屋。中国古史书中有干兰、高栏、葛栏等名，当是由少数民族语言转译而来的变音[31]。这种建筑适应多雨潮湿的气候，始自新石器时代，一直流行到近现代，广泛分布于长江流域及华南广大地区。目前，考古发现的最早的干栏式房屋，是在浙江余姚河姆渡遗址第4层发现的建筑遗迹[32]。这种房屋是用树木架设而成的，其做法是先在泥地上打桩，然后在桩上架梁，再在梁上铺木板并立柱、设板壁和门窗，最后架屋顶。根据残存痕迹推测，这种房屋至少长23米以上，宽约3.2米，是一种高架长屋，可能是一个家族的住所。干栏式房屋还见于浙江吴兴钱山漾[33]、江苏丹阳香草河[34]、吴江梅堰[35]、云南剑川海门口[36]、广东高要茅岗[37]等遗址，是史前华南地区极富地域特色的一种建筑形式。

（3）依据房屋平面形状分类

依据房屋基址的平面形状，可分为圆形类（包括椭圆形、近圆形）、方形类（包括长方形、圆角方形）两大类。这两类房屋在不同地域文化中的分布有所不同，因而在一定程度上反映了不同文化的居住特色和文化传统。

圆形房屋，包括平面呈圆形、椭圆形、近圆形等几种形式。从房屋面积来看，绝大部分为小型房屋，有少量为中型的，但没有或极少见大型的。圆形类房屋多见于黄河中游一带。前仰韶时期的老官台文化、磁山文化和裴李岗文化的房屋，大都是圆形或近圆形的，面积一般较小，多在10平方米以下；有的有短小门道或台阶；火塘多无固定形式，一般不在房屋中央，有的仅在一隅有红烧土硬面，如秦安大地湾遗址一期遗存发现了3座圆形半地穴式房屋，居住面积仅6～7平方米[38]。仰韶时期的关中东部有较多的圆形房屋，如半坡遗址共发现46座房址，其中圆形房址31座，一般直径5～6米；其中F22是一所圆形地面式住屋，直径4.6米，室内面积约13平方米，中部有长方形灶坑；墙厚25～30厘米，墙中间分布有93个柱洞，应是一座小型木骨泥墙式的建筑[39]（图7-5）。姜寨一期聚落中的小型房屋，也多是圆形的。龙山时代的中原地区，圆形房屋也是一种常见的形式，如河南陕县庙底沟二期文化中曾发现1座圆形半地穴式房址[40]；汤阴白营遗址发现的62座房基中，绝大多数是小型圆屋[41]；后岗遗址中的房址也多为圆形，直径多为3～5米，最大的面积有20多平方米[42]。

图7-5 半坡遗址F22复原图

方形房屋，包括平面呈方形、长方形、圆角方形的各类房屋。方形房屋大部分仍为小型，少量为中型或大型，其中大型房屋全部为方形而不见圆形类的。方形类房屋分布较广，在东北地区、内蒙古中南部、黄河流域、长江中下游和江汉平原上均有发现。东北地区的兴隆洼文化、赵宝沟文化和红山文化的房屋多为方形或圆角方形。在黄河流域，最早的方形房

图7-6 半坡遗址F41复原图

屋见于黄河下游新发现的后李文化，如小荆山遗址发现的30多座房址中，以圆角方形和长方形为主[43]。黄河中游的河南的裴李岗文化中，仅在密县莪沟遗址发现一座方形房址[44]；仰韶时期的庙底沟遗址中，曾发现两座长方形半地穴式房基[45]；郑州大河村遗址的房址均为长方形或方形的[46]。渭水流域方形房屋是常见的类型。在渭水中下游，宝鸡北首岭遗址仰韶时期的房址绝大多数为方形或长方形，最大者面积达88平方米，最小者仅8.7平方米，一般为12～30平方米。在半坡、姜寨等遗址中，方形房屋则多为大、中型者，如西安半坡遗址F41，是一所平面呈方形的半地穴式房屋，斜坡门道上有门棚；长3.2、宽4.4、深0.4米；居住面中部偏门道处有圆形灶坑，西部有高约10厘米的土床[47]（图7-6）。龙山时代的客省庄文化中，方形房屋也很常见，如临潼康家遗址中，多为方形类房址[48]。黄河上游的马家窑文化和齐家文化中，大多数房址也是方形或长方形的。长江流域的大溪文化、屈家岭文化、石家河文化中，方形或长方形房屋也是常见的类型。例如，属大溪文化的湖北枝江关庙山遗址，房屋多为长方形或方形地面式建筑[49]；湖北郧县青龙泉遗址的屈家岭文化堆积中，发现有一座长方形双室房址[50]；河南淅川下王岗遗址的房址也多为长方形[51]。此外，在长江下游的马家浜文化和良渚文化中也发现有方形或长方形房址，如马家浜遗址发现一座长方形房址，长7、宽近3米，周围有13个柱洞，有的柱洞底部垫有作为柱础的木板[52]。

（4）依据房屋结构分类

不同地域文化，不仅房屋的平面形状、建筑方式等方面有所不同，而且房屋的结构也有差异。如北方史前文化中单间房较多，南方则常见多间房连接而成的长屋。大体说来，中国史前的房屋，可分为单间房、套间房、长排房、组合房四大类。

单间房：指由一间居室构成的房子。新石器时代早期的前仰韶时期和仰韶文化早、中期的房屋，不论大、中、小型，均多为单间房。大型单间房多为方形或长方形。如大地湾F405为一座长方形地面式建筑，面积达150平方米；半坡遗址的方形房屋F1，位于聚落的中心部位，室内面积在100平方米以上；姜寨遗址最大的F1，室内面积为124平方米，陕西扶风案板遗址属仰韶文化晚期的F3，为一前廊后室组合的大型单间房（图7-7），其中主室占地面积达134.5平方米，使用面积达104平方米，总建筑面积165.2平方米[53]。

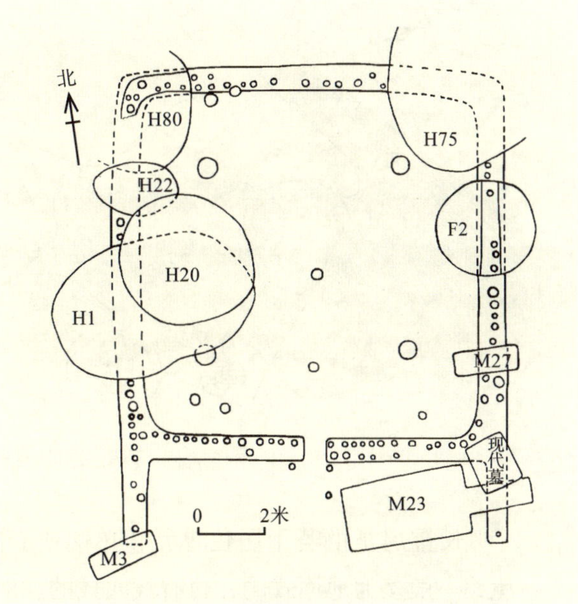

图7-7 案板遗址F3平面图

套间房是由两间相通并连接的房子组合而成。套间房的出现应源于住宅内部不同使用功能的空间区分，或与仰韶文化早期房前门棚的设置与演变有关。套间房的外室一般为储物、遮风之用，后室应为家庭生活之所，一般应为一个生活单元（如对偶家庭）所有。河南荥阳市的点军台遗址F1，为一小型地面式套间房屋，两房之间有门相通[54]。大河村遗址第三期的F17、F18为一组一次性建成的地面式套间房屋。陕西旬邑下魏洛遗址发现16座窑洞式前、后套间房，其中后室为窑洞式，一般均无柱洞，有灶；前室有的发现有柱洞，可能是搭建有简单顶棚的建筑，有的有窖穴；前、后室之间有门道[55]。在B区F9的门道处，还发现有门臼石，故前、后室之间应有木门相隔（图7-8）。前室用于储物等，后室则为居室。这种类型的房屋不仅使内室的私密性空间得以实现，而且扩展出另一不同功能的空间来，为以后居住空间功能的多元化奠定了基础。

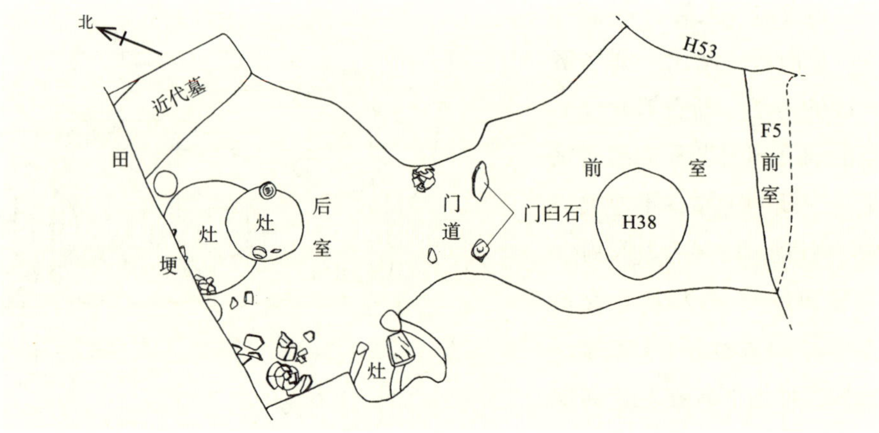

图7-8　下魏洛遗址B区F9平面图

长排房是由若干居住单元（单间或套间房）横向相接组合而成的长屋，一般多为地面式的，也有浅穴式的。例如，陕西临潼康家遗址的房屋多为2～3间连在一起的半地穴式排房，每间房子均单独有灶，各为一个居住单元。河南郑州大河村遗址F1～F4，是一座四开间组合的长屋，其中F1、F2为一次建成，F3、F4为先后扩建而成；F2内隔出一小套间，面积最大，为20.8平方米；F4面积最小，面积仅2.2平方米，可能是储存物品的仓房[56]。河南淅川下王岗遗址发现由29间、17个居住单元组成的长达80米的地面式长排房（图7-9），每个居住单元有单间，也有套房[57]。

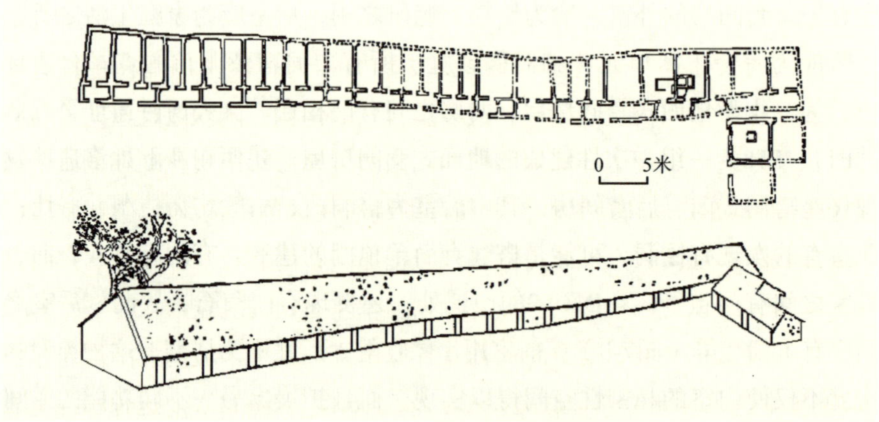

图7-9　下王岗遗址仰韶时期长排房及复原图

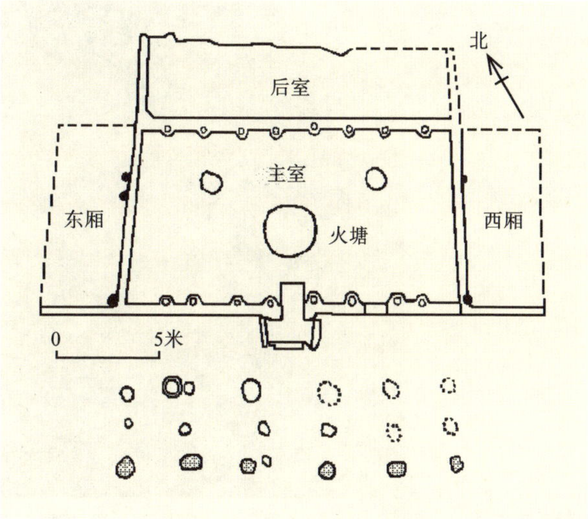

图7-10 大地湾F901平面图

组合房是指由多间形制、功能不同的房子组合在一起的房屋。这类房屋出现于仰韶文化晚期，目前发现较少，主要是一些有特殊功能和性质的大型房屋。如大地湾F901，是目前所见仰韶文化中面积较大、标准较高的一座由主室（或称为前堂）、后室、两侧室构成的大型多间组合房屋（图7-10）。其中主室面积达130平方米，中部有大型灶台，地面先夯实并铺一层红烧土，再填约15厘米厚的、用料姜石烧制的水泥和人造陶质轻骨料的混凝土，最后用水泥抹平表面并打磨光滑。经鉴定其硬度相当于现代100号矾土水泥。后室和侧室地面铺垫黄土，墙壁是木骨泥墙，内壁粉饰料姜石白灰面。房前地面平坦，有横向两排柱洞，柱洞前有一排青石板，可能是附属建筑。整个房子占地面积约290平方米，加上房前的附属建筑，总面积可达420平方米[58]。

2. 防卫设施

古代的聚落还往往有防卫设施，如新石器时代聚落周围往往挖有壕沟，或是在聚落周围设立栅栏，或利用自然的河沟、陡坎之险设防。新石器时代早期就已出现了环壕聚落。如湖南澧县属彭头山文化晚期的八十垱遗址（距今7540～7100年），发现有围绕居住区的围沟（G7）和围墙，围沟形状为不规则长方形或弓背式“刀把形”；南北长210～230、东西宽70～80米，面积约16500平方米；沟口宽4米左右，沟底宽约1.5、深1.5～2米[59]。仰韶文化半坡、姜寨聚落均有环壕围绕。其中半坡的大围沟现存长度300多米，上口宽6～8、底宽1～3、深5～6米（图7-11）。这种围沟明显具有防御性功能[60]。

图7-11　半坡遗址大围沟

内蒙古自治区敖汉旗的兴隆洼一期聚落，周围也有环壕围绕，壕宽1.5～2米，深仅1米左右，西北侧留有出入口[61]。这种较窄而浅的环壕，虽然可能具有一定的防御功能，但也可能具有界定范围的作用，“主要在于使居住区与墓葬区、狩猎区等非居住性区域明确分开”[62]。如内蒙古林西县兴隆洼文化白音长汗聚落分为南北两个居住区，北区共有房址29座，分

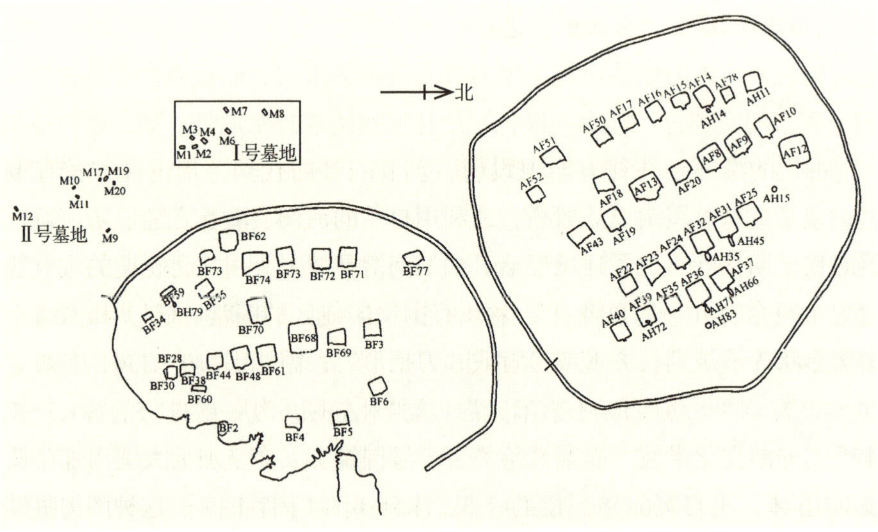

图7-12　兴隆洼文化白音长汗聚落平面图

成4排（图7-12）；南区东南部略有破坏，仅存29座房址。南北两区房址外侧各自环绕一道近圆形的围壕，两道围壕外侧的最近距离仅有10米左右，围壕的宽度和深度均不足1米[63]。壕沟的主要用途是使相邻的两个居住区分开。

从新石器时代中期后段起，开始出现在聚落周围修筑墙垣的城堡。最早的城址发现于湖南澧县城头山遗址，始建于距今约6000年前的大溪文化时期，平面略呈圆形，直径310余米，面积为7.6万平方米左右（参见第九讲图9-8）；城垣系地面堆筑而成，西南城垣基宽31米，顶部残宽约7米。城墙四面各有一门，其中东门铺有卵石路面，路宽约5米，向城外倾斜。城垣外侧有宽约35、深4米左右的护城壕沟，系人工沟壕与自然河道结合而成[64]。

黄河中游最早的城址发现于郑州西山遗址，城址始建于距今5300～5200年，到距今4800年左右废弃，属仰韶晚期；城平面近圆形，城墙系夯筑而成，厚4～8米，墙外壕沟宽5～7.5米，深4米（参见第九讲图9-2）[65]。龙山时代的城址已发现数十处，主要分布在河南、山东、内蒙古河套、长江中游、成都平原等地。从环壕到城垣，从堆筑到夯筑，防卫设施的变化，一方面是技术进步的结果，另一方面是社会发展变化的需要。

3. 经济设施

史前聚落内的经济设施主要有烧制陶器的陶窑、储藏粮食等的窖穴、豢养家畜的圈栏等。陶窑一般位于居住区周边靠近水源处，如兰州白道沟坪遗址的制陶区，发现4组12座陶窑及和泥制坯的土坑，出土有研磨颜料的研磨器和分格的调色陶碟等绘画工具[66]。窖穴多在住屋附近，有桶状、袋状等，有的窖穴内发现有粮食朽粒，可知是储粮用的，如河北武安磁山遗址的许多窖穴中均发现有炭化的粟[67]。山东胶县三里河遗址大汶口文化晚期的一个窖穴中（参见第六讲图6-2），曾发现体积达1立方米的粮食，经鉴定为粟[68]。黑龙江省密山市新开流遗址，则发现一些储鱼的窖穴，内有大量鱼骨[69]。半坡等遗址中发现一些小型建筑，但无灶和陶器等生活设施与用具，但有可能是围栏的柱洞，推测可能是牲畜圈栏一类的遗迹[70]（图7-13）。

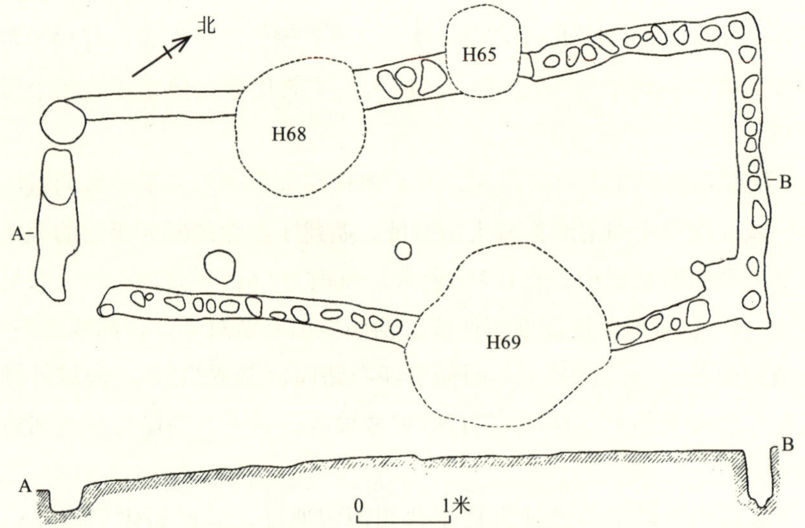

图7-13 半坡遗址第1号圈栏平、剖面图

4. 墓地

史前聚落旁边都有固定的公共墓地，这种聚族而葬的习俗反映了死者生前聚族而居的情形。墓葬的排列组合、形制和随葬品等也在一定程度上反映了聚落居民的生前生活。如仰韶文化的墓地一般位于居住区附近，常常分成几片，可能分属聚落内不同的群体（家族或氏族）；各个墓区的墓坑排列有序，墓向一致，反映出共同的葬俗和信仰等。

以上各类单位是相互联系的，因任何单个的房屋都是在一定的聚落之中，而任何一个聚落又总是由许多单个房屋和防卫及经济设施等组成的，不同形制或不同组合的房屋及其他设施均具有不同的功能和性质，它们共同构成聚落的整体。

（三）单个房屋性质功能分析

史前聚落的居住区一般由许多大小、结构不同的房屋构成；不同类型的房屋在聚落中往往有着不同的功能，即使是同一类型的房屋，由于在聚

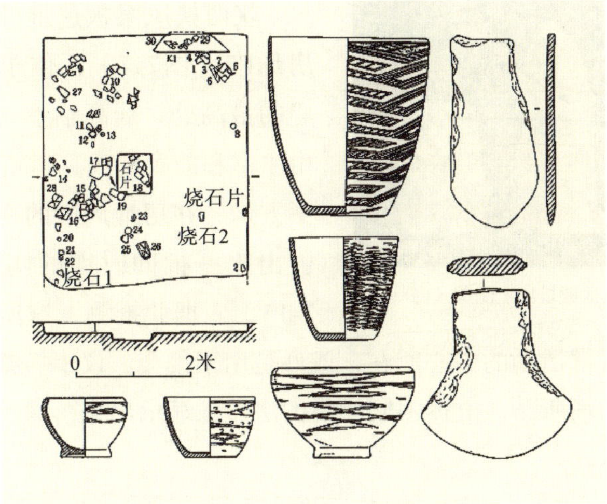

图7-14 内蒙古敖汉旗赵宝沟遗址F105平面图及出土陶、石器

落中所处的位置不同，也可能有着不同的作用。单个房屋的性质、功能判定，主要依据房屋的结构、大小、房内的设施及在聚落中的位置等方面因素分析。

史前聚落的房屋，特别是数量最多的中、小型房屋，屋内均有火塘和日用陶器、石器等，大多仅可供一个生活单元（如对偶家庭）所用。如内蒙古敖汉旗赵宝沟遗址F105，为一长方形半地穴式房址，居住面中部有长方形灶坑，散布有大量的日用陶器和石器等（图7-14），说明这是一个家庭的住屋[71]。

但也有一些其他用途的房屋，如在湖北宜都市红花套遗址的一些半地穴式房址中，发现有大量制作石器的石锤、原料、废料、半成品和管钻留下的石芯等，仅在T1H11就出土了1500件，应是石器制造的场所[72]。

内蒙古敖汉旗兴隆洼一期聚落大部分房址有灶、生产工具和生活用具等，应为居住性的房屋，少数房址居住面上发现有成组摆放的动物头骨，以鹿、猪为主，有的在额头正中还钻有圆孔，具有明显的祭祀用意[73]。兴隆洼文化白音长汗聚落北区F19的居住面上，除出土有日用陶器、石器、骨器等，值得注意的是，出土的一件35.5厘米高的石雕人像，栽立在室内中心部位，面对灶址及门道。研究者认为，这尊石雕人像可能是北区居住者共同崇拜的祖先形象[74]，而这座房屋可能是人们的一处宗教活动场所。

图7-15 案板遗址出土陶塑人像

陕西扶风案板遗址仰韶晚期大型房址F3（图7-7），位于整个遗址中心的最高处，居高临下，坐北朝南；由主室和前廊构成，建筑面积达165.2平方米；在房址周围的一些灰坑中，曾出土一批同时期的陶塑人像（图7-15）。据此推测，这所大型房屋应是聚落居民日常活动的中心所在，或许是用于集会、议事、祭祀及举行某种重要仪式的场所[75]。上述不同性质的房屋，显示出聚落居民日常生活的不同活动中心。

（四）聚落形态与社会组织分析

1. 聚落的平面形态

聚落的平面形态是聚落考古研究的重要内容之一。影响聚落的平面形态因素可能有多种，但主要是自然的地理环境和地形，有时社会组织结构和聚落房屋的布局等也会影响聚落整体的形状。

自然的地理环境特别是地形对聚落平面形态的影响是显而易见的。例如，北方平原地带的聚落（包括城址）多为较规整的圆形或方形、长方形等，房屋排列有序；南方多水地区的聚落则多分布在高地或岗丘之上，并由于地形所限，聚落平面形态多不甚规整；狭窄的河岸边的聚落房屋常呈不规则的带状分布，山坡上的聚落房屋常常按等高线排成若干弧形，河口海湾则常见贝丘遗址等。这些都是特定的地理环境和生态环境在聚落形态上的反映。

社会组织结构对聚落整体形态也有一定的影响。例如，陕西关中地区仰韶文化时期的聚落，整体多呈圆形，房屋呈向心式分布，且组合情况和墓地分区等也与聚落的社会组织结构密切相关。这说明，一定的社会组织结构和不同功能区的划分，是聚落规划时必须考虑的因素之一，进而最终又影响到聚落的整体形态。因此，聚落形态反过来又是探索当时社会组织结构的有效途径。

2. 聚落的结构形态

史前聚落一般由居住区、各种经济活动区和墓葬区等几个部分构成。其中居住是维持人类生存的最基本条件之一，居住区是聚落构成的最基本要素之一。因此，居住区则是聚落的核心区域，其他区域多是围绕居住区而规划建造的。聚落中不同性质、功能的房屋并非孤立存在，房屋与房屋间存在着一定的组合关系，这种组合关系不仅有着功能上的关联或互补，而且有着空间方面的安排，在一定程度上显示出聚落的社会结构。

陕西临潼姜寨聚落，环绕中心广场有5组房屋（图7-16），每组均由一座大型房址、几座中型房址和数量较多的小型房屋构成。每组房屋可能是一个氏族的聚居地，其中小型房屋一般有一个火塘，有日用陶器，有的还有谷物加工工具等，可供2～4人居住，应代表一个消费单位，可能是对偶家庭；中型房屋内也有火塘，可住10多人，可能是家庭内的家长、老人和未婚男女的住所；大型房屋是氏族首领居住及氏族聚会、议事的场所。由

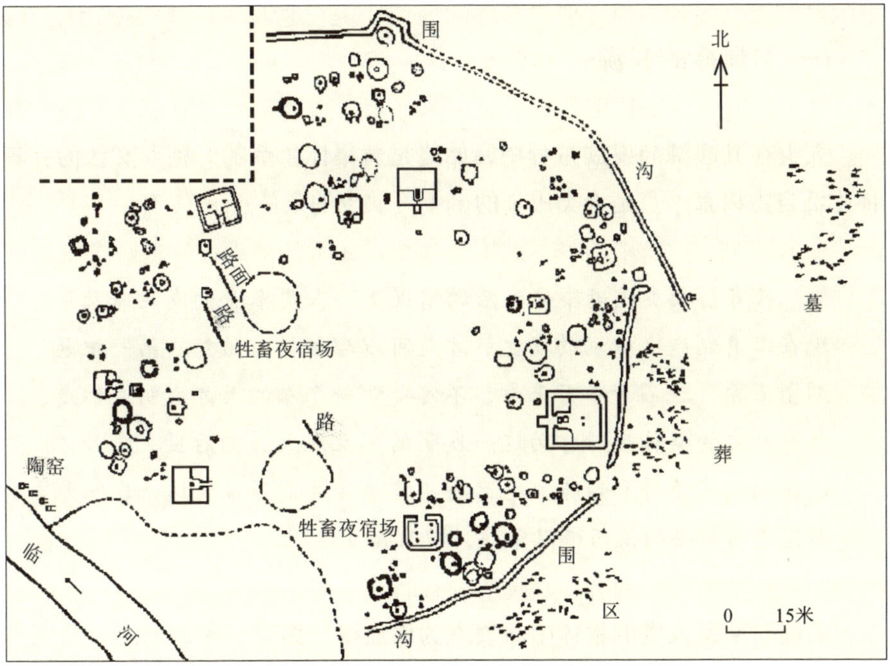

图7-16　陕西临潼姜寨聚落布局结构与遗迹分布示意图

于没有发现可供部落议事使用的公共建筑，整个聚落则可能是一个胞族的聚居地[76]。

河南淅川下王岗遗址发现的长达80米的长排房，可分为17个居住单元，每个居住单元有单间，也有套房，但均应为一个家庭所有，反映的可能是一个由若干小家庭组成的大家庭或大家族的居所。

内蒙古克什克腾旗兴隆洼文化南台子聚落，共有33座平面为方形或长方形的半地穴式房址，按西南—东北走向分成3排，门向多向东南。房屋的居住面上均有灶，并出土陶罐、陶纺轮、石斧、石磨盘和磨棒、骨锥等，应为一般的居所。其中F4最大，位于后排中部，面积约81平方米，可能是聚落集会、议事的地方。这一聚落房屋组合关系反映的社会结构可能为：单个房屋（家庭）—每排房屋（家族）—聚落（氏族）。

三、中国史前聚落形态的演变

（一）聚落的起源

人类在其起源与发展过程中，始终是营集体生活的。柯斯文认为：集体生活自古以来一直是人类进步的、不可缺少的条件：

> 只有在人类过着集体生活的情况下，人类本身的发生以及体现在工具制造上劳动的发生，才是可以理解的。诚然，第一把瑟利型石斧，就石斧本身来看，不定是哪一个人的天才发明。但是只有人类的集体生活才为这一发明的不至泯灭并向后世、向外方流传创造了条件和前提；也只有集体生活才能保证使这一发明愈趋完善所需要的技巧得以保存、增长和流传[77]。

史前时期，人类的集体生活表现为以血缘为纽带，聚族而居，共同生产和生活。最初的人类居住情况如何呢？一个古老的传说是人类曾经有过一个巢居树栖的时期。古人认为“古者禽兽多而人少，于是民皆巢居以避之。昼拾橡栗，暮栖木上，故命之曰‘有巢氏之民’”（《庄子·盗跖》）。所谓“巢居”，顾名思义乃是搭建于树上类似于鸟巢的居所。人类历史上究竟有无一个巢居时代，这在考古学上很难证明。可以想象，如果有的话，由于这种建筑御寒性较差，主要适应于热带、亚热带的森林地区。

也有人认为，人类最初可能就是穴居的。我国已发现的西侯度、小长梁、元谋猿人等化石和旧石器地点，都不是人类的居住场所，故有关旧石器时代初期人类的居住情况目前还不清楚。到了旧石器时代早期，人类已确实住进了天然的山洞里，这一新的情况出现，可能与火的使用有关。例如，北京猿人遗址，就是人类曾居住过的洞穴遗址；洞内堆积中发现了大量的人类化石、石器和用火的遗迹，说明这里曾是北京猿人一个稳定的营地。

旧石器时代中、晚期，天然的洞穴仍是人类最常利用的住所，如辽宁喀左鸽子洞、北京周口店新洞和山顶洞、贵州普定穿洞和兴义猫猫洞等。在山顶洞遗址中，上室南北宽约8、东西长约12米，洞底有成层的黑色土，当是人类居住的地方；下室是埋葬死者的墓地，曾发现随葬有装饰品并撒有赤铁矿粉的人类化石等[78]。可知当时居所内已有了最初的功能区划。

除了洞穴遗址外，从旧石器时代中期开始，就出现过一些旷野类型的遗址，如山西阳高县许家窑、朔县峙峪、阳原虎头梁和四川汉源富林遗址等。在上述遗址中，均发现有灰烬等用火遗迹，可知人类曾居住过。推测这类居址的房屋，可能是树干、树枝、树叶、茅草、兽皮等材料搭造的窝棚式建筑。利用各种材料建造住房，是旧石器时代中、晚期人类文化的主要成就之一，是人类有意识地建造房屋的开始。

在旧石器时代的攫取经济的条件下，一个地区的生活资源是有限的，不可能供养过多的人口。一般的人类群体，可能经常有二三十人在一起活动，最多也就是五六十人。除了少量遗址的文化堆积较厚外，大部分遗址的文化堆积较薄，说明人们在一地居住的时间并不很长。其中有些可能是居住时间较长的营地，还有许多可能是季节性的临时住所。这反映了史前时代早期人类以血缘为纽带的小型公社的生产与生活。

游荡不定是旧石器时代人类居住生活的特点，食物来源的不稳定则是限制人口增长和定居的主要因素。尽管如此，在长达数百万年的集体生活中，人类缓慢地认识从自然界所获得的经验，以及从单纯利用自然到改造自然的技术萌芽的出现，均为新石器时代定居的农耕聚落出现奠定了基础。

（二）新石器时代初期的聚落

新石器时代初期的华北地区聚落目前发现还很少，聚落的结构形态尚有许多不明之处。华南地区的许多史前先民则还居住在洞穴之中，如在江西万年仙人洞中发现20余处火塘遗迹[79]、广西桂林甑皮岩也发现有多处[80]。火塘有的是用石头砌成，有的则是在地面挖的小坑。说明在这些洞穴中有多个家庭性质的生活消费单位。在上述岩洞遗址中还发现有埋葬死者的墓葬。上述发现说明，新石器时代初期的聚落，因社会和经济发展水平等方面的制约而规模较小，居址与墓葬同处一地，看不出分区规划的迹象。反映的社会组织，可能是以氏族为基础的小型公社。

（三）新石器时代早期的聚落

从新石器时代早期开始，聚落的结构形态有了较大的变化。如在山东后李文化的小荆山遗址中，已发现房址30余座，多为圆角方形和长方形，面积在30平方米上下；墓地位于遗址的东南部，距居住区30余米，墓葬分为3排，排列较为整齐[81]。反映出聚落布局已有一定的规划，氏族公共墓地和居住区分开。此外，在东北的兴隆洼文化、湖南的彭头山文化聚落中，均出现了防御性的环壕。如内蒙古自治区敖汉旗的兴隆洼一期聚落，平面略呈不规则椭圆形，长径183、短径166米，面积3万平方米左右，周围有环壕围绕，壕宽1.5～2、深1米左右[82]。围沟内房址共有7排，每排3～7间，均呈西北—东南向分布，排列齐整，每间房址的面积为50～80平方米，位于聚落中心部位的F184，是发掘区内最大的，面积140余平方米[83]。兴隆洼聚落中的每排房，可能是一个家族的聚居地，聚落中心的大房子，应是聚落居民聚会、议事的场所。类似的聚落，在内蒙古克什克腾旗南台子[84]和林西县白音长汗遗址[85]也有发现，故新石器时代早期的聚落，仍反映的是一个以氏族为基础的生产、消费共同体。

（四）新石器时代中期的聚落

新石器时代中期的聚落形态又有了进一步发展，如黄河中游仰韶文化聚落的整体布局多呈凝聚式和内向式，所谓凝聚式，是把整个聚落的房屋，紧密地聚集在一个有限的规定范围之内，所谓内向式，即把所有的房屋大致排成圆形，并使房屋门都朝向中央，如陕西临潼姜寨聚落，大部分房屋均朝向中央广场。这种违背一般房屋要求背风向阳的原则，宁愿使一部分房屋居民在冬季饱受西北风之苦，也要保持整齐而内向的布局做法，表现出极强的群体意识和血亲观念。此外，聚落内不同活动的空间区划也逐渐明晰，如姜寨聚落的墓地多位于聚落周边的环壕之外，陶窑多集中分布在靠近水源处并形成制陶区，还有专门的饲养牲畜的圈栏等。

（五）新石器时代晚期的聚落

新石器时代晚期聚落形态变化的最重要特征之一是环绕墙垣的聚落——城的出现与初步发展（参阅第九讲）。如河南淮阳平粮台城址面积虽较小，但结构最为清楚。该城址平面呈正方形（参见第九讲图9-3），南、北垣正中设门，南门两侧设有门卫房，城垣外侧有较宽的护城河，城内房屋一般有夯土台基，房屋系用土坯砌筑的多间房，还发现有陶窑和铜炼渣等。城的出现，使大多数聚落变成了乡村，并在中国历史上第一次出现了城乡对立，从而使社会的组织结构发生了前所未有的新变化。一般的乡村聚落的结构也发生了较大的变化，家庭、家族在生产、消费方面的独立性有所加强，如陕西旬邑下魏洛龙山时代早期聚落，几乎每座或每组房址旁均有陶窑，显示出陶器的生产似乎以家庭或家族为单位。有些房址内还有储藏粮食的窖穴，或许能看出私有观念的进一步加强。

参考书目

[1] 张光直：《谈聚落形态考古》，《考古学专题六讲》，文物出版社，1986年。

[2] 张光直：《聚落》，《当代国外考古学的理论与方法》，三秦出版社，1991年。

[3] 张光直：《考古学中的聚落形态》，《华夏考古》2002年第1期。

[4] 严文明：《聚落考古和史前社会研究》，《走向21世纪的考古学》，三秦出版社，1997年。

[5] 严文明：《中国新石器时代聚落形态的考察》，《庆祝苏秉琦考古五十五周年论文集》，文物出版社，1989年。

[6] 严文明：《仰韶房屋和聚落形态研究》，《仰韶文化研究》，文物出版社，1989年，第180～241页。

[7] 严文明：《龙山时代城的初步研究》，《农业发生与文明起源》，科学出版社，2000年。

[8] 张忠培：《聚落考古初论》，《中原文物》1999年第1期。

[9] 杨鸿勋：《仰韶文化居住建筑发展问题的探讨》，《考古学报》1975年第1期。

[10] 赵辉：《聚落考古工作方法的尝试》，《中国考古学跨世纪的回顾与前瞻》，科学出版社，2000年。

注释

[1] 严文明：《聚落考古和史前社会研究》，《走向 21 世纪的考古学》，三秦出版社，1997 年。

[2] 张光直：《聚落》，《当代国外考古学的理论与方法》，三秦出版社，1991 年，第 67 页。

[3] 中国科学院考古研究所、陕西省西安半坡博物馆：《西安半坡——原始氏族公社聚落遗址》，文物出版社，1963 年。

[4] 半坡博物馆、陕西省考古研究所、临潼县博物馆：《姜寨——新石器时代遗址发掘报告》，文物出版社，1988 年。

[5] 严文明：《聚落考古与史前社会研究》，《走向 21 世纪的考古学》，三秦出版社，1997 年。

[6] 张光直：《考古学专题六讲》，文物出版社，1986 年，第 75、76 页。

[7] 张光直：《考古学专题六讲》，文物出版社，1986 年，第 74 ～ 93 页。

[8] 严文明：《聚落考古与史前社会研究》，《走向 21 世纪的考古学》，三秦出版社，1997 年。

[9] 荆志淳：《西方环境考古学简介》，《环境考古研究》（第一辑），科学出版社，1991 年。

[10] 多纳 · C. 罗珀：《论遗址区域分析的理论与方法》，《当代外国考古学理论与方法》，三

秦出版社，1991 年。

[11] 中国社会科学院考古研究所：《临潼白家村》，巴蜀书社，1994 年。

[12] 中国社会科学院考古研究所：《宝鸡北首岭》，文物出版社，1983 年。

[13] 半坡博物馆、陕西省考古研究所、临潼县博物馆：《姜寨——新石器时代遗址发掘报告》，文物出版社，1988 年。

[14] 中国科学院考古研究所、陕西省西安半坡博物馆：《西安半坡——原始氏族公社聚落遗址》，文物出版社，1963 年。

[15] 甘肃省博物馆文物工作队：《甘肃秦安大地湾 405 号新石器时代房屋遗址》，《文物》1983 年第 11 期。

[16] 西北大学文博学院考古专业：《扶风案板遗址发掘报告》，科学出版社，2000 年。

[17] 中国社会科学院考古研究所：《临潼白家村》，巴蜀书社，1994 年。

[18] 河南省文化局文物工作队：《河南偃师汤泉沟新石器时代遗址的试掘》，《考古》1962 年第 11 期。

[19] 河南文物工作队第二队孙旗屯清理小组：《洛阳涧西孙旗屯古遗址》，《文物参考资料》1955 年第 9 期。

[20] 庆阳地区博物馆：《甘肃宁县阳坬遗址试掘简报》，《考古》1983 年第 10 期。

[21] 宁夏文物考古研究所、中国历史博物馆考古部：《宁夏海原县菜园村遗址、墓地发掘简报》，《文物》1988 年第 9 期。

[22] 中国社会科学院考古研究所：《武功发掘报告》，文物出版社，1988 年。

[23] 西北大学历史系考古专业 82 级实习队：《宝鸡石嘴头遗址东区发掘报告》，《考古学报》1987 年第 2 期。

[24] 中国社会科学院考古研究所山西队：《陶寺遗址 1983 ～ 1984 年Ⅲ区居住址发掘的主要收获》，《考古》1986 年第 9 期。

[25] 甘肃省博物馆文物工作队：《甘肃秦安大地湾 405 号新石器时代房屋遗址》，《文物》1983 年第 11 期。

[26] 杨权喜：《江陵朱家台出土的大溪文化“砖墙”》，《中国文物报》1994 年 5 月 22 日第 3 版。

[27] 陕西省考古研究所康家队：《陕西省临潼县康家遗址 1987 年发掘简报》，《考古与文物》1992 年第 4 期。

[28] 商丘地区文物管理委员会：《河南永城王油坊遗址发掘报告》，《考古学集刊》（第 5 集），中国社会科学出版社，1987 年。

[29] 河南省文物研究所、周口地区文化局文物科：《河南淮阳平粮台龙山文化城址试掘简报》，《文物》1983 年第 3 期。

[30] 山东省博物馆东海峪发掘小组、日照县文化馆东海峪发掘小组：《一九七五年东海峪遗址的发掘》，《考古》1976 年第 6 期。

[31] “干栏”一词见于《魏书》卷 101、《北史》卷 187、《旧唐书》卷 197、《新唐书》卷 222 等书，

还有称“高栏”、“葛栏”（《蛮书》卷四）、“阁栏”（《太平寰宇记》卷 88）等，当是由少数民族语言转译而来的。参见戴裔煊：《干兰——西南中国原始住宅的研究》，岭南大学西南社会经济研究所，1948 年。
[32] 浙江省文物管理委员会、浙江省博物馆：《河姆渡遗址第一期发掘报告》，《考古学报》1978 年第 1 期。
[33] 浙江省文物管理委员会：《吴兴钱山漾遗址第一、二次发掘报告》，《考古学报》1960 年第 2 期。
[34] 朱江：《江苏丹阳香草河发现文物》，《文物参考资料》1958 年第 9 期。
[35] 江苏省文物工作队：《江苏吴江梅堰新石器时代遗址》，《考古》1963 年第 6 期。
[36] 云南省博物馆筹备处：《剑川海门口古文化遗址清理简报》，《考古通讯》1958 年第 6 期。
[37] 广东省博物馆：《广东高要县茅岗水上木构建筑遗址》，《文物》1983 年第 12 期。
[38] 甘肃省博物馆文物工作队：《甘肃秦安大地湾遗址 1978 至 1982 年发掘的主要收获》，《文物》1983 年第 11 期。
[39] 中国科学院考古研究所、陕西省西安半坡博物馆：《西安半坡——原始氏族公社聚落遗址》，文物出版社，1963 年，第 25 页。
[40] 中国科学院考古研究所：《庙底沟与三里桥》，科学出版社，1959 年。
[41] 河南省安阳地区文管会：《汤阴白营河南龙山文化村落遗址发掘报告》，《考古学集刊》（第 3 集），中国社会科学出版社，1983 年。
[42] 中国社会科学院考古研究所安阳队：《1979 年安阳后冈遗址发掘报告》，《考古学报》1985 年第 1 期。
[43] 栾丰实：《试论后李文化》，《海岱地区考古研究》，山东大学出版社，1997 年。
[44] 河南省博物馆、密县文化馆：《河南密县莪沟北岗新石器时代遗址发掘简报》，《文物》1979 年第 5 期。
[45] 中国科学院考古研究所：《庙底沟与三里桥》，科学出版社，1959 年。
[46] 郑州市博物馆：《郑州大河村遗址发掘报告》，《考古学报》1979 年第 3 期。
[47] 中国科学院考古研究所、陕西省西安半坡博物馆：《西安半坡——原始氏族公社聚落遗址》，文物出版社，1963 年，第 13 ～ 15 页。
[48] 陕西省考古研究所康家队：《陕西省临潼县康家遗址 1987 年发掘简报》，《考古与文物》1992 年第 4 期。
[49] 中国社会科学院考古研究所湖北工作队：《湖北枝江县关庙山新石器时代遗址发掘简报》，《考古》1981 年第 4 期；中国社会科学院考古研究所湖北工作队：《湖北枝江关庙山遗址第二次发掘》，《考古》1983 年第 1 期。
[50] 中国社会科学院考古研究所：《青龙泉与大寺》，科学出版社，1991 年。
[51] 河南省文物研究所、长江流域规划办公室考古队河南分队：《淅川下王岗》，文物出版社，1989 年。

[52] 浙江省文物管理委员会:《浙江嘉兴马家滨新石器时代遗址的发掘》,《考古》1961 年第 7 期。
[53] 西北大学文博学院考古专业:《扶风案板遗址发掘报告》,科学出版社,2000 年。
[54] 郑州市博物馆:《荥阳点军台遗址 1980 年发掘报告》,《中原文物》1982 年第 4 期
[55] 西北大学文化遗产与考古学研究中心、陕西省考古研究所:《旬邑下魏洛》,科学出版社,2006 年,第 174 页,图一二〇。
[56] 郑州市博物馆:《郑州大河村遗址发掘报告》,《考古学报》1979 年第 3 期。
[57] 河南省文物研究所、长江流域规划办公室考古队河南分队:《淅川下王岗》,文物出版社,1989 年。
[58] 甘肃省博物馆文物工作队:《甘肃秦安大地湾 901 号房址发掘简报》,《文物》1986 年第 2 期。
[59] 湖南省文物考古研究所:《湖南澧县梦溪八十垱新石器时代早期遗址发掘简报》,《文物》1996 年第 12 期。
[60] 中国科学院考古研究所、陕西省西安半坡博物馆:《西安半坡——原始氏族公社聚落遗址》,文物出版社,1963 年,第 49 ~ 52 页。
[61] 中国社会科学院考古研究所内蒙古工作队:《内蒙古敖汉旗兴隆洼遗址发掘简报》,《考古》1985 年第 10 期。
[62] 刘国祥:《兴隆洼文化聚落形态初探》,《考古与文物》2001 年第 6 期。
[63] 内蒙古自治区文物考古研究所:《白音长汗——新石器时代遗址发掘报告》,科学出版社,2004 年。
[64] 蒋迎春:《城头山为中国已知时代最早城址》,《中国文物报》1997 年 8 月 10 日第 1 版。
[65] 国家文物局考古领队培训班:《郑州西山仰韶时代城址的发掘》,《文物》1999 年第 7 期。
[66] 甘肃省文物管理委员会:《兰州新石器时代的文化遗存》,《考古学报》1957 年第 1 期。
[67] 邯郸市文物保管所、邯郸地区磁山考古队短训班:《河北磁山新石器遗址试掘》,《考古》1977 年第 6 期。
[68] 昌潍地区艺术馆、考古研究所山东队:《山东胶县三里河遗址发掘简报》,《考古》1977 年第 4 期。
[69] 黑龙江省文物工作队:《密山县新开流遗址》,《考古学报》1979 年第 4 期。
[70] 中国科学院考古研究所、陕西省西安半坡博物馆:《西安半坡——原始氏族公社聚落遗址》,文物出版社,1963 年,第 48、49 页。
[71] 中国社会科学院考古研究所:《敖汉赵宝沟——新石器时代聚落》,中国大百科全书出版社,1997 年。
[72] 红花套考古发掘队:《红花套考古遗址发掘简报》,《史前研究》(辑刊),史前研究编辑部,1990 ~ 1991 年。
[73] 刘国祥:《兴隆洼文化聚落形态初探》,《考古与文物》2001 年第 6 期。
[74] 郭治中:《论白音长汗发现的女神像及其崇拜性质》,《青果集——吉林大学考古专业成立二十周年考古论文集》,知识出版社,1993 年。

[75] 西北大学文博学院考古专业:《案板遗址仰韶时期大型房址的发掘》,《文物》1996年第6期。

[76] 巩启明、严文明：《从姜寨早期村落布局探讨其居民的社会组织结构》，《考古与文物》1981年第1期。

[77] 柯斯文：《原始文化史纲》，人民出版社，1955年，第27页。

[78] 贾兰坡：《山顶洞人》，龙门联合书局，1951年。

[79] 江西省文物管理委员会：《江西万年大源仙人洞洞穴遗址试掘》，《考古学报》1963年第1期；江西省文物管理委员会：《江西万年大源仙人洞洞穴遗址第二次发掘报告》，《文物》1976年第12期。

[80] 广西壮族自治区文物工作队:《广西桂林甑皮岩洞穴遗址的试掘》,《考古》1976年第3期。

[81] 栾丰实：《试论后李文化》，《海岱地区考古研究》，山东大学出版社，1997年。

[82] 中国社会科学院考古研究所内蒙古工作队:《内蒙古敖汉旗兴隆洼遗址发掘简报》,《考古》1985年第10期。

[83] 中国社会科学院考古研究所内蒙古工作队：《内蒙古敖汉旗兴隆洼聚落遗址1992年发掘简报》，《考古》1997年第1期。

[84] 内蒙古文物考古研究所:《克什克腾旗南台子遗址发掘简报》,《内蒙古文物考古文集》(第一辑)，中国大百科全书出版社，1994年。

[85] 内蒙古自治区文物考古研究所：《白音长汗——新石器时代遗址发掘报告》，科学出版社，2004年。

第八讲

古代人类

一、古人类研究与考古学研究的关系

古人类研究，属人类学研究领域。人类学（Anthropology）一词，来源于希腊语，意为“研究人的科学”。人类学是一门综合学科，其研究范围包括体质人类学和文化人类学两个方面。体质人类学是研究人类的起源及其变化规律的科学，包括从猿到人的演变和人类体质发展过程，世界各主要人种的形成、地理分布及相互关系。体质人类学不仅是自然科学的一部分，而且与社会科学有密切的联系。主要分科有人体形态学、古人类学和人种学。

人类是自然界的一部分，有自然的属性，但人类又是生活在一定的社会关系中，又具有社会属性。由于人类本身具有两重属性，所以研究过程中，必须沿着自然（体质方面）和社会（文化方面）两个方面进行考察。自然发展规律和社会发展规律同时辩证地对人类发生作用。一方面，人类在改造自然界的劳动过程中，身体的构造为适应日益复杂的劳动而不断发生变化；另一方面，人类体质的不断进化，又反过来促进文化的进步。因此，研究人体的体质人类学，同研究人类文化的考古学有着密切的关系。

体质人类学研究人类起源和发展的主要材料——人类骨骼，特别是古代人类的骨骼，主要是由考古学提供的，离开了考古学，体质人类学也就失去了主要的材料来源。而体质人类学对古猿类和古人类化石的研究，对究明人类自身的来源问题，具有决定性意义。可以说如果没有体质人类学的研究，我们就不可能知道自身的来源，从而必然陷入“上帝造人”之类的宗教和神话的迷雾之中。

在旧石器时代，人类体质形态的特点与文化发展水平之间存在着密切的关系，确定人类体质形态的发展阶段，是旧石器文化分期的重要参考依据之一。如直立人所创造的文化属旧石器时代初期和早期，早期智人的文化属旧石器时代中期，晚期智人的文化则属旧石器时代晚期。

在新石器时代及其以后的考古研究中，体质人类学对人类种族的研究，对探讨诸如有关民族的渊源和形成、文化的迁徙、交流及相邻的不同种族文化之间的关系等方面的问题，均具有重要的意义。体质人类学对人骨性别、年龄的鉴定，对探讨古代社会的人口结构、不同时期人类的平均寿命及死亡率等，进而估计当时的人类生产、生活状况也很有帮助。

此外，利用现代科学技术，还可从古人骨中提取更多的研究信息，如分析人骨中的碳、氮和锶同位素，可确定古代不同文化的人类食谱；古DNA研究则对探索人类的起源和演化、人类个体之间的亲缘关系提供有用的信息。

总之，考古发掘出土的人骨资料（包括古人类化石），既是体质人类学研究的重要对象，也可为考古学研究人类文化提供许多有用的知识与信息。

二、中国旧石器时代人类

（一）关于中国直立人的来源问题

中国已知最早的人类是直立人（*Homo erectus*，俗称“猿人”）。自20世纪20年代在北京周口店首次发现直立人化石以来，又先后发现元谋直立人、蓝田直立人、郧县直立人、和县直立人、巫山直立人等（表8-1）。有关直立人阶段人类的体质特征等研究方面，取得了许多重要的研究成果，也存在一些还需要进一步探索的问题。其中，关于直立人的来源问题就存在着不同的看法，而这一问题首先涉及人类起源的问题，并由人类起源地的“亚洲说”和“非洲说”进而导引出中国直立人“本土起源说”和“外来说”两种假说。

20世纪60年代，当美国学者匹尔比姆对腊玛古猿权威性的看法发表后，又在云南发现了距今约170万年的元谋直立人牙齿和更多的腊玛古猿化石。许多中国学者相信云南的腊玛古猿是从猿到人过渡时期的代表，是人科的早期成员。由于亚洲腊玛古猿发现的地点最多，时代最早，所以“人类的起源地点在亚洲，滇中高原及其邻区则很可能是亚洲大陆中人类

表8-1　中国主要的直立人化石及其年代表

发现地点	发现时间	化石概况	年代（BP万年)	化石研究者	
重庆巫山龙骨坡	1985	下颌骨1段、牙齿1枚	201～204（M）	黄万波	1985
云南元谋上那蚌	1965	门齿2枚	170（M） 50～60（M）	胡承志	1973
陕西蓝田公王岭	1964	头盖骨1具、牙齿1枚	75～80；100；110～115（M）	吴汝康	1966
陕西蓝田陈家窝	1963	下颌骨1具	50；65（M）	吴汝康	1965
北京周口店第1地点	1921～1954	头盖骨6具、体骨、牙齿	23～58 (A, E, F, U)	Weidcnreich	1936～1940
				吴汝康	1954
安徽和县龙潭洞	1980	头盖骨、牙齿	20～30（A） 15～19（U）	黄万波等	1981
湖北郧县学堂梁子	1989	头骨2具	中更新世早期	李天元	1991
南京汤山葫芦洞	1993	头骨2具	30±（E，U）	汤山考古队	1994

注：A：氨基酸法；E：电子自旋共振；F：裂变径迹法；M：古地磁法；U：铀系法

起源最有希望的区域”[1]。有些学者进一步认为，造成人猿分化的重要外部条件是喜马拉雅山的隆起，“由于中国华南比非洲更具备这种从猿向人转变的条件，因此，中国南方很可能是人类最早的发源地”[2]。在这种认识的基础上，陈恩志先生主张，中国境内最早的人类是在本土演变出来的。

> 根据目前为止的化石材料来看，晚中新世的云南腊玛古猿几乎是在与西部完全隔绝的环境中，在朝向更新世早期人类发展的漫长道路上，逐次地演化成第一批人属中的直立人种及其后裔类群中的早期智人和现代中国人。这就是说，在历史上的现今中国版图范围内，存在着一个从猿到人的独立进化和发展系统[3]。

20世纪80年代中期，随着腊玛古猿被排除出人科系统和元谋直立人的年代发生争论后，本土起源说由于面临着失去立论的基础而受到严重的挑战。然而不久，在云南元谋又发现了上新世人猿超科化石，这些发现对进一步认识腊玛古猿的系统位置有着重要的意义。过去认为，腊玛古猿早在距今800万前就已绝灭，故而得出它们不是人类祖先的结论。而新的发现表明，腊玛古猿可能延续到距今400万年前或更晚。因此，有的学者认为："该地人猿超科化石的发现，在时间上为我们提供了腊玛古猿是人类直系祖先的可能性。"[4]20世纪80年代后期，在巫山龙骨坡发现了距今约200万年前的早期直立人化石，中国直立人出现的时间几乎和非洲的能人同时。据此，有些学者相信，中国存在着一条从古猿到智人的生物演化链[5]。

非洲因发现大量的南方古猿化石而在人类起源研究上居于重要的地位。南方古猿一般分为两大类型，即纤细型和粗壮型。其中纤细型南方古猿最早出现于接近400万年前，包括1973年在埃塞俄比亚阿法地区发现的年代较早的（约370万或340万年前）"南方古猿·阿法种"和1924年在南非发现的稍晚的（约300万～250万年前）"南方古猿·非洲种"。纤细型南方古猿体型较小，脑子较发达，已能直立行走，人类学界一致认为它们是人科的最早成员，是人类的直接祖先，被称为"前人"（pre-human）。不仅如此，非洲还发现有目前已知最早的人属成员"能人"，他们生存在距今约200万年前或更早，通常被认为是直立人的祖先。此外，非洲还发现有约170万～70万年前的直立人化石[6]。鉴于上述一系列重要发现和研究，人类学界一般倾向于非洲特别是东非是人类最初的起源地。基于人类起源非洲说，林圣龙先生认为：

> 在中国，迄今尚无存在南方古猿和能人阶段的人科化石确凿记录。这表明，中国境内生存的最早的古人类是由外面迁入的可能性似乎更大一些[7]。

他进一步从古人类化石和古环境方面论证了直立人迁入中国的途径：从化石证据来看，中国已发现的较早的人类化石主要分布于长江以南地区（元谋、建始、巫山），在以后的发展过程中，有由南向北、进而向东北逐步扩散和分布的主要趋势[8]；从地理环境方面来看，上新世中国内陆开始发生大规模的差异性升降构造变动，青藏高原和喜马拉雅山不断隆起而形成屏障，考虑到只有中国南部和南亚、东南亚发现了较早的古人类化石和旧石器文化，由非洲而来的古人类进入中国比较可能的一条通道在中国南部的喜马拉雅山和北部湾之间[9]。

近年来，有关旧石器文化的研究成果也似乎有利于“外来说”。黄慰文先生认为：

> 中国以及东亚、南亚其他地区存在着一批含手斧的、工具组合与欧非手斧文化相似的石器工业的事实，表明旧石器初期东西方文化交流的可能性[10]。

王幼平先生对华南与旧大陆西侧旧石器时代早期的典型器物和石器组合等方面进行比较研究后认为，华南砾石石器工业与旧大陆奥杜威工业的关系最为密切。解释这种关系的一种可能性是，反映了早期人类可能有共同的起源。依照人类东非起源说，华南砾石工业与奥杜威工业的相似性应与早期人类的扩散过程相关，华南及东亚的早期人类是在人类迁徙的第一次大浪潮中到达的[11]。

总之，对于中国直立人的来源问题存在着不同的看法。大体说来主张“外来说”的学者较多。但这并不意味着已找到了满意的答案，许多问题仍在继续探讨中。由于我国早期直立人阶段的人类化石和石器发现还很少，对这些标本的认识往往是见仁见智，存在着不同的看法和解释。如对元谋直立人的年代问题就存在分歧，对中国有无手斧及其与西方文化的关系也存在着不同的意见。加之对国外的资料了解甚少，更增加了对比研究的困难性。在这种情况下所得出的任何初步的研究成果，都有待于更多的发现和深入研究的检验。

（二）中国智人的来源研究

1. 现代智人及人种起源的理论

智人一般分为早期智人（*Early Homo sapiens*）和晚期智人（*Late Homo sapiens*）。早期智人过去也叫“古人”，出现于距今约20万年前后；晚期智人即现代智人（*Modern homo sapiens*），过去也叫“新人”，是指具有现代人体质特征的人类。现代智人一般依据体质上某些能遗传的性状而划分不同人种（或种族），即白种人（或高加索人种、欧罗巴人种）、黄种人（或蒙古人种、亚美人种）、黑种人（或尼格罗人种、阿非利加人种）三大种族。或把棕种人（或澳大利亚人种、大洋洲人种）从黑种人中划分出来，与其他三大人种并列。所有的人种，都属于同一生物种——智人种，人种间的差异相当于同一物种之下的亚种或更小的地方变种。然而，同古人类研究的其他问题一样，在现代智人及人种的起源方面，人类学界也存在着不同的理论和认识。概括起来主要有两种观点，即现代智人起源的“单中心论”和“多中心论”两种假说。

多中心论者认为，人种早在直立人阶段就已开始分化，现代各人种分别是在不同地区的多个演化中心、由不同类型的直立人经早期智人系统发展而来的（图8-1）。多中心论最初以德国人类学家魏敦瑞（Weidenreich）为代表，他在20世纪40年代就认为亚洲的黄种人的某些体质特征如铲形门齿等可追溯到北京猿人，故从直立人时期起，各人种就基本上是在几个独立地区分别演化而成的。50年代以后，在世界各地又陆续发现了大量的直立人、早期智人和晚期智人阶段的人类化石，为多中心论的演化模式提供了许多新的证据。依据这些新材料，1969年，美国人类学家库恩（C. S. Coon）进一步论证了魏敦瑞的学说。他认为，人种早在猿人阶段就已开始分化，并在各自地区自成系统地发展成为现代各人种。其中，澳大利亚人（棕种人）由爪哇猿人发展而来；蒙古人种（黄种人）由北京猿人发展而来；高加索人种（白种人）由欧洲直立人发展而来；刚果人种（黑种人）由毛里坦猿人发展而来。这种学说被称为“系统发生说”[12]。

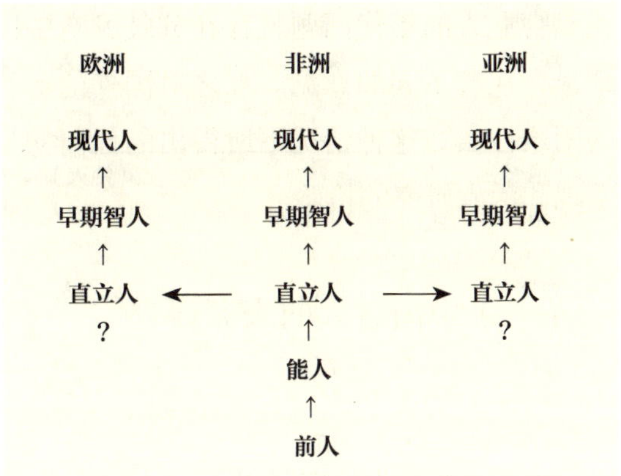

图8-1　现代人多中心起源说模式图
（据吴汝康，1994年）

单中心论者认为，人种形成于智人阶段；在人类的发展过程中，并非世界各地所有的猿人都能进化为智人，或者并非所有的早期智人都能进化为晚期智人，仅是世界某一特定的地区的古人类首先演化为现代体质类型的智人，然后由这单一的中心向亚、非、欧洲等地区迁徙和扩散，最终分别替代了各地原有的古人类，并适应当地的环境而形成了具有不同体质形态的人种。因此，这种观点也被称为“迁徙论”或“替代论”。对于这个单一演化中心的所在地，又主要有“西亚说”和“非洲说”两种假说。

20世纪50年代，美国人类学家豪厄尔（Howell）等认为，在以色列卡美尔山的斯虎尔（Skhul）和卡夫扎（Qafzeh）等地点发现的距今约6万～4万年的智人化石，是世界上已发现的最早的具有现代解剖特征的人类，现代人的祖先正是由西亚这一中心向四周迁徙和扩散，分别替代了各地原有的古人类，最终演化为现代各人种的。但不久，在非洲发现了更早的具有某些现代人解剖性状的智人化石，在欧洲发现了所谓“进步性尼人”化石，亚洲也发现了许多智人化石。于是，西亚说受到了严重的挑战。

非洲因发现有大量的从“前人”到智人的系列化石而历来受到人类学界的特别关注。特别是在南非纳塔尔省的边界洞（Border Cave）、弗洛里斯巴（Florisbad）、克莱西斯河口（Klasies River Mouth），埃塞俄比亚的奥莫盆地的基比什（Omo Kibish），坦桑尼亚的加洛巴（Ngaloba），肯尼亚的古姆德（Guomde）等地点都发现了早于10万年且具有现代人解剖特征的人类化石[13]。许多人类学家相信，非洲是现代智人最早的起源地（图8-2）。非洲智人化石的研究结论得到了分子人类学研究的支持。

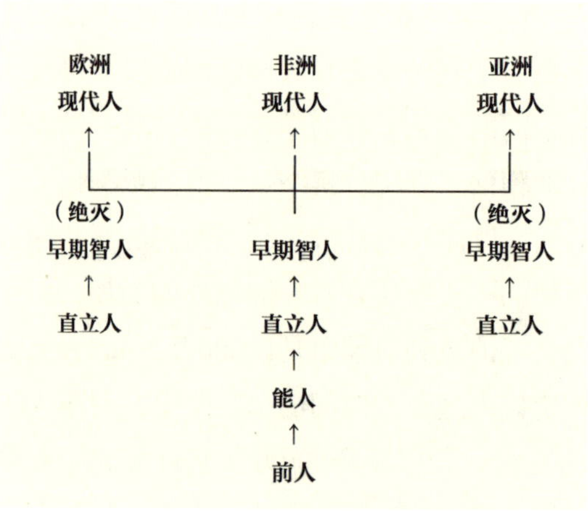

图8-2 现代人非洲起源说模式图
（据吴汝康，1994年）

1987年，美国加州大学伯克利分校的分子生物学家坎恩（Cann）等，选择了现代非洲、欧洲、亚洲、澳大利亚等地147位妇女胎盘细胞内线粒体（mitochondrion）中的脱氧核糖核酸（DNA）进行了分析比较，发现不同类型的线粒体DNA（mtDNA）有些互相接近，有些则差别较大。据此做了一个树状图来表示它们的相互关系（图8-3），结果显示出所有的mtDNA类型分为两大支，其中一支完全由非洲人组成，另一支则由包括非洲人在内的其他类型组成，由此而得出一个结论，现代人类的mtDNA共同祖先起源于非洲。依据已知的mtDNA的突变速度，计算出其年代为距今29万～14万年，平均为20万年。坎恩等由此而提出，所有mtDNA向前追踪，最后追到大约20万年前生活在非洲的一位妇女，这位妇女是现今全世界人类的祖先。大约在距今13万年前，她的一群后裔离开非洲家乡，分散到世界各地，代替了当地的土著居民（猿人或早期智人）[14]。

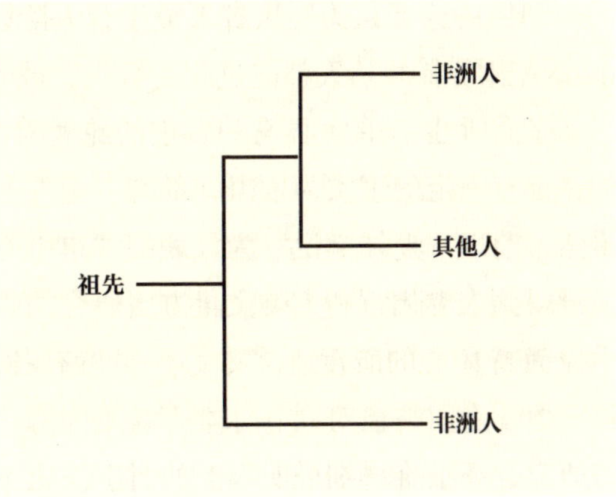

图8-3 mtDNA分析树状图
（据刘武，1995）

坎恩的这一研究成果公布后，很受人类学家及公众舆论的重视，被西方的媒体称为“夏娃学说”。对于可从人类遗传学知识推导现代人类mtDNA类型的共同祖先这一点，所有的遗传学家、人类学家都没有异议。但对计算方法和结果等方面却有不同的意见。有的学者认为，这一结论的错误在于未能正确地使用并过分地相信了系统分析结果。他们依据伯克利研究组已报告的数据，按不同的输入顺序反复计算，结果获得的树状图显示出两大分支中原来属于非洲类型的一支中还含有非洲以外的类型，似乎表明非洲以外的类型更古老[15]。又，伯克利研究组是以600万～400万年前为人类与黑猩猩分支时间来计算现代人起源的时间的。实际上，对于人类和黑猩猩的分支时间并无一致的意见，若以距今900万年来计算，则人类mtDNA祖先起源的时间则超过了距今20万年，反而易为“多中心论”者接受了。此外，这一研究采用的是现代人的mtDNA，其成果还有待化石方面

DNA研究的验证，而要从古人类化石中排除现代污染提取残留的含量极微小DNA很困难。

综上所述，单中心论和多中心论都是在承认单祖论的基础上提出来的，都有一定的事实为依据，都有一定的道理，但也都碰到了一些困难。虽然目前以“夏娃学说”为代表的“单中心论”在国际学术界影响很大，但没得到人类化石和人类文化方面研究的印证，故有许多人类学家和考古学家尚持怀疑的态度。多中心论虽然有各地区不断发现的人类化石的支持，但学者间往往对同一标本存在不同的认识和解释，仅依据形态学的比较研究，还很难详细说明人类的时空演化过程。实际上，人类的起源及其发展是一个相当复杂的过程。一方面，人种主要是适应不同的环境而产生的，如果没有相对独立的地区性环境的选择和变异，就不可能产生人种间的差异。另一方面，各主要人种的演化，也不可能是在绝对隔绝、完全不相往来的环境中进行的。因为长期的隔离机制，也会因环境等因素的选择而导致新物种的产生。如果早在直立人阶段各地区的人类就在完全隔绝的环境中独立演化的话，那么现代各人种就可能属于不同的物种。因此，即使人种是多中心演化的，实际上也并不能排除同一时期相邻地区间的两种猿人或两种智人间的遗传基因交流和融合。总之，关于现代人起源问题的解决， 首先有待于今后人类化石材料的更多发现和综合性研究的进一步开展；其次有待于对世界各地居民进行大规模的调查和研究。力求应用多种方法，把过去和现在、体质和文化有机地联系起来，才有可能最终得出全面的、客观的、科学的结论。

2. 中国现代智人的起源

自20世纪20年代在中国首次发现智人化石——“河套人”以来，又陆续发现了山顶洞人、大荔人、金牛山人、丁村人、马坝人、柳江人、资阳人等许多重要的早期智人和晚期智人化石（表8-2）。尽管人类学界对现代类型的人类起源存在着许多不同的看法，但黄种人最初形成于亚洲，却是所有学者的共识。在亚洲，古人类化石多集中地发现在中国境内。因此，中国古人类化石的研究，对于说明黄种人的起源具有十分重要的意义。

中国学者一般认为，魏敦瑞提出的人种的多中心演化说似乎更具有说

表8-2　中国主要智人化石及其年代表

发展阶段	发现地点	发现时间	化石概况	年代数据（BP万年）	化石研究者	
早期智人	辽宁营口金牛山	1984	头骨1具、体骨若干	21～30（U）	吕遵谔 吴汝康	1985 1986
	陕西大荔甜水沟	1978	头骨1具	18～23（U）	吴新智	1981
	湖北长阳龙洞	1956	上颌骨残块	17～22（U）	贾兰坡	1957
	山西襄汾丁村	1954	牙齿3枚、顶骨1块	16～21（U）	吴妆康	1958
	广东韶关马坝	1958	残头盖骨1具	11.9～14（U）	吴汝康	1959
	安徽巢县银山	1982	上颌骨、枕骨残块	16～20（U）	许春华	1984
	山西阳高许家窑	1976	顶骨、枕骨牙齿	10～12（U）	贾兰坡	1979
晚期智人	广西柳江通天岩	1958	头骨1具，体骨若干	6.7（U）	吴汝康	1959
	黄河河套地区	1922	牙齿、额骨顶骨、下颌骨、股骨	3.5（C） 3.7～5（U）	Bouleetal 吴汝康 黄慰文	1928 1958 1981
	四川资阳黄鳝溪	1951	头骨1具	0.7（C） 3.6～3.9（C）	裴文中等	1957年
	北京周口店山顶洞	1933	头骨3具、下颌骨等	1.04（C） 1.9（U）	Weidenreichk 吴新智	1939 1960
	贵州普定穿洞	1982	头骨、下颌骨肢骨	0.8～0.86（C）	吴茂霖	1989

注：U：铀系法；C：^{14}C法

服力。20世纪40年代，美国人类学家魏敦瑞在研究北京直立人化石时，就提出北京直立人的一系列形态特征与现代蒙古人种（黄种人）的某些类群有特别密切的联系，如颅顶有矢状脊、枕骨上有印加骨、垂直而前突的颧骨、铲形门齿结构、下颌骨圆枕、股骨扁平、肱骨三角肌粗隆粗壮等。据此，他认为北京直立人是黄种人的直接祖先。但魏敦瑞认为，山顶洞人

101号头骨（男性）具有某些欧洲智人化石的特征，102号头骨（女性）属美拉尼西亚类型，103号头骨（女性）则属于因纽特人类型。山顶洞这一家人可能是从外地迁徙而来的，因受到当地的人类攻击而绝灭了。

20世纪50年代，在中国境内先后发现了一系列旧石器时代遗址（或地点）和古人类化石。丁村人、马坝人、柳江人、资阳人等一系列古人类化石，从形态学方面填补了北京直立人和现代黄种人之间的许多缺环。其中，50年代末柳江人化石的发现和研究对于说明黄种人的起源具有重要意义。柳江人头骨化石显示出一系列与新石器时代和现代黄种人相似的性状，如颧骨大而前突，鼻骨低而宽，上门齿舌面呈铲形等。吴汝康先生认为，他们是正在形成中的黄种人的一种早期类型[16]。马坝人头骨上有微显的矢状脊，残存的颧骨表明有前突的倾向，还可能有印加骨，显示出某些黄种人的特征[17]。

20世纪60年代初，中国学者吴新智又据现存的模型标本，对山顶洞人重新进行了研究[18]。新的研究结果表明，全部化石至少代表了男女老幼8个个体。其主要的体质特征为：眉脊减弱为眉弓；额部较丰满，前囟点位置较靠前，头骨最宽处在顶结节附近；牙齿较小，上中门齿舌面呈铲形结构；脑量已有1350～1500毫升，在现代人的变异范围之内；男性身高估计约174厘米，女性身高约159厘米。从整体观察，山顶洞人的许多主要特征同现代人相似，而同丁村人、马坝人不同，应属晚期智人阶段的人类。又从山顶洞人鼻骨狭窄、颧骨前突、具有下颌圆枕、矢状脊和铲形门齿结构等特征来看，与欧洲人种有较大的区别而与蒙古人种相近，因而从总的性状上显示出，他们应是原始蒙古人种的代表。赵一清测量了一批近代南方女性头骨，并就30项数值同山顶洞人女性头骨进行了比较[19]，认为无论绝对值、相对值还是角度，都不出中国近代女性头骨的变异范围，再次肯定了山顶洞人在多方面具有黄种人的特点，是黄种人的祖先。

20世纪70年代以来，大荔人的发现和研究，在一定程度上填补了中国晚期直立人和早期智人之间的空白。各种测年方法的应用，则基本建立了距今约200万年以来中国旧石器文化和古人类发展的年代序列。中国古人类学家对已发现的古人类化石进行了综合研究，初步论证了中国各时期古人类体质特征的传承关系[20]。

近年来，中国古人类学家吴新智等通过对中、外发现的古人类化石的比较研究[21]，进一步证实和完善了魏敦瑞的主张，提出了中国古人类连续进化的学说[22]，并指出从直立人到现代中国人有以下遗传上的联系[23]。

（1）上颌骨颧突

中国发现的古人类化石也普遍有颧骨高而前突的特征，而非洲和欧洲的标本则与此不同。例如，北京直立人的颧骨高达65毫米，大荔人为52.6毫米，马坝人的颧骨较为前突，柳江人的颧骨也相当大而前突，山顶洞人的颧骨也较垂直且前突。中国新石器时代及其以后各时期的人类也都保留了这一特征，如半坡人颧骨最高值达54毫米。颧骨突出度，在现代各主要人种中有明显的区别，其中白种人不突出、黑种人不显、棕种人稍显、黄种人显著。中国发现的古人类化石表明，黄种人颧骨高而突出的特征，早在直立人阶段就已出现了，并一直保持至今。

（2）矢状嵴

矢状嵴是颅骨顶部正中由前向后延伸的一条骨脊。在蓝田直立人、北京直立人、和县直立人、大荔人、金牛山人、马坝人、山顶洞人、资阳人颅顶上都有明显程度不同的矢状嵴，形态上大体一致，位置也大体相同。欧洲的早期智人中只有圣沙拜尔人头骨上可见微弱的矢状嵴，其他有些标本仅见一些微弱的隆起。总体来说，欧洲的标本矢状嵴出现率很低，且比中国的弱。

（3）印加骨

印加骨是顶骨与枕骨之间的三角形小骨，由于在美洲印第安人中出现率较高，并由南美印第安人曾建立的印加帝国而得名。印加骨作为有较高出现率的性状存在于中国的古人类中。北京直立人6具头骨中有3具有印加骨；大荔人头骨上有印加骨，丁村人、许家窑人、马坝人化石上也显示出可能有印加骨的迹象；晚期智人的穿洞人头骨上仍可见到。现代中国人印加骨出现率较低，但常见于同属黄种人的美洲印第安人中。欧洲和非洲的古人类中则少见或不见此骨。

（4）下颌圆枕

下颌圆枕是下颌骨内侧面犬齿与臼齿之间的隆起。早在北京直立人、许家窑人、山顶洞人的下颌骨内侧面均可见这种性状。这种结构，在现代黄色人种中仍较为多见，如据吴定良统计，在南京北阴阳营新石器时代人骨中，有下颌圆枕者占75%；安阳侯家庄殷代人骨中达78%；小屯隋唐人骨中占73%；南京绣球山现代人骨中约占58%。

（5）上门齿的铲形结构

人类门齿的铲形结构，通常发现于上门齿，下门齿偶然也有。在中国发现的古人类化石中，凡发现有上门齿化石者，几乎无一例外地都具有铲形门齿的特征，如元谋直立人、北京直立人、郧县直立人、和县直立人、丁村人、金牛山人、桐梓人、山顶洞人、河套人、柳江人等。在中国新石时代及其以后的人群中，铲形门齿的出现率也很高，如在半坡组中，男性为88%，女性为100%；商代人的铲形门齿出现率也在80%以上。现代中国人中，铲形门齿反映也很突出，以中国女性为例，上内侧门齿显著铲形者高达82.7%，半铲形者占12.5%，微铲形者占1%，非铲形者仅占3.8%；在现代白色人种的女性中，上内侧门齿铲形者仅占2.6%，半铲形者占5.2%，微铲形者占21.8%，非铲形者高达70.4%[24]。其他人种中，显著铲形者出现率有的为0，最高也不超过5%。

此外，上面部低矮、鼻区扁塌、第三臼齿先天缺失等性状也与欧洲和非洲的古人类明显不同。上述几项在中国古人类化石中出现率较高的特征，反映出中国古人类体质发展上存在着肯定的连续性，从而表明中国古人类从直立人阶段起，就在一个相对隔绝的环境中系统演化，最后发展到现代中国人。

考古学研究也显示出中国同西方的旧石器文化存在着明显的区别。早在20世纪40年代，美国学者莫维斯（Movius）就指出了东、西方文化的差异，认为在旧大陆的旧石器时代早期存在着两个互不相同的独立的文化传统，即包括中国在内的东方砍砸器传统和西方的手斧文化传统。以后，尽管国内外学者对莫维斯的理论有不同的意见，但就总体而言，在中国的旧石器文化中，手斧即使不是完全缺乏，数量也非常有限。环境考古学研究表明，由于喜马拉雅山和青藏高原的隆起，东亚地区成为一个与西方世界相对隔绝的独立自然地理单元，中国旧石器文化正是适应这种自然地理环境而相对独立地发展的。中国南、北方的旧石器文化虽然存在着一些区域性差异，但在整个旧石器时代，南方的砾石石器和北方的石片石器的发展具有肯定的连续性。在中国旧石器文化的发展过程中，虽然有少量同西方文化相似的因素，可看作境内外小规模文化交流的证迹，但看不出曾有过大规模外来文化侵入而完全替代本地文化的迹象。

上述中国古人类化石和旧石器文化研究都倾向于这样一种认识，即以中国为中心的东亚地区，是古人类和旧石器文化的演化发展中心之一；中国现代智人是由境内的直立人经早期智人逐渐演化而来的。当然，人类学家在强调中国古人类的特征时，也注意到这些特征并非都绝无仅有地只存在于中国的古人类中，往往只是反映在出现频率的差异方面。如铲形门齿和印加骨在中国的出现率较高，但也偶见于欧洲的古人类中；齿槽突颌在非洲智人中较普遍，中国的山顶洞人和柳江人也有此特征。这些情况可能反映了中国古人类在发展过程中，曾同境外的人群之间有过小规模的基因交流。但就总体而言，似乎始终以连续进化为主体，不曾有过外来古人类大量入侵而替代了原住居民的现象。

三、中国新石器时代人类

中国人类学家在主张境内的古人类连续进化说的同时，也注意到分布于各地、各时期的人群之间，也存在着某种程度的体质上的差异。这种差异，至少可追溯到旧石器时代晚期的山顶洞人和柳江人时期，他们分别代表了黄种人的南、北两个原始类群；到了新石器时代，现代黄种人的典型特征已基本形成，并可进一步分化为若干地域类型[25]。新石器时代人种地理分布的差异，不仅反映了对不同自然环境的适应，也和人群的流动与融合等密切相关。

（一）东北地区居民的体质特征

东北地区是我国史前文化分布的重要区域之一，早在旧石器时代早期就已有了人类活动。新石器时代的文化遗存也很丰富，但人骨材料的发现及研究较少，已有的研究成果多属青铜时代及其以后的。虽然如此，由于这一地区新石器时代至青铜时代的文化发展具有连续性，故这些材料也能大体反映出这一地区古代居民的体质特征。早在20世纪30年代，日本学者曾对辽宁赤峰红山后等地的古代人骨进行过研究[26]。70年代以来，体质人类学家先后对属于青铜器时代的辽宁夏家店上层文化[27]和沈阳郑家洼子遗址[28]、吉林西团山[29]等地的人骨进行过研究。这些地区的居民一般具有中等颇高、面部宽扁、狭鼻等特征，与东亚和北亚人种相似，或认为具有两者相混合的特点。

东北地区地处中温带和寒温带，气候较为冷湿，狭鼻特征的形成应与长期适应寒冷气候密切相关。文化研究表明，东北南部的辽河流域，先后发达的兴隆洼文化、赵宝沟文化、红山文化、小河沿文化和夏家店下层文化等，与黄河流域前仰韶时期、仰韶时期和龙山时期诸文化明显不同而颇具地方特色。虽然自旧石器时代晚期以来，华北地区的文化就对东北地区的古文化有着不同程度的影响，但从经济类型、石器、陶器等方面来看，似乎与东北亚草原地带的古文化的关系更为密切[30]。因此，可以推知，东北地区古代居民的体质发展过程中，与东西伯利亚、蒙古高原等地的基因交流可能更多一些。但到了新石器时代晚期，辽西地区的“后红山文化”——小河沿文化（距今约4500年）[31]，分布远较之前的红山文化稀少，“这从一个侧面暗示，红山文化的流向，除了在本地区有所延续以外，主要部分似有向邻近地区移动的趋势，种种迹象表明，向南移动的可能性更大”[32]。而这种移动，无疑加快了两者之间的人类基因交流，对华北地区居民的体质特征的变化产生较大的影响。

（二）西北地区居民的体质特征

1. 甘青地区居民的体质特征

黄河上游的甘肃、青海地区在新石器时代，主要是马家窑文化和齐家文化的分布区。早在20世纪20年代，加拿大学者步达生（D. Black）就曾对瑞典学者安特生从河南渑池和甘肃永登等地收集的史前人骨进行过研究。但他将两个不同地点和不同文化的人骨混合在一起，无疑影响了其研究结论的科学性。50年代，中国人类学家颜訚对甘肃齐家文化的人骨进行了研究[33]。80年代以来，中国学者又先后对属于马家窑文化半山类型的民和阳山[34]、属于马厂类型和齐家文化的青海柳湾[35]及稍晚的甘肃玉门火烧沟[36]、民乐东灰山[37]等遗址的人骨进行了研究。近年来，有关学者又对宁夏海原菜园村新石器时代墓地的人骨进行了鉴定和研究[38]。这些研究表明，黄河上游史前及青铜器时代居民的体质特征有着明显的一致性，如长而狭的头型、狭而高的面型、较高的头高、中等鼻型及眶型等，同现代东亚和华北人种较为接近。

甘青地区的自然环境同黄河中游有较大的差别，而古文化则与渭水流域有较多的联系，以至过去曾把这一地区的马家窑文化称为“甘肃仰韶文化”。但近年来的发现与研究表明，甘青地区的史前时期马家窑文化—齐家文化，应属一个相对独立的文化体系。体质人类学研究也表明，甘青地区的史前居民，与有明显阔鼻倾向的仰韶文化居民区别明显。可知甘青地区的史前文化的创造者，应以土著居民为主，外来的基因并未对这一地区居民的体质特征的形成与发展产生重大的影响。反之，渭水流域龙山时代古环境与古文化的研究表明，“龙山时代正处于气温下降阶段，降温期的黄土高原文化，由于干冷气候所迫，有南移的趋势”[39]。这种大规模的文化流动，势必对黄河流域同时期居民的体质特征产生较大的影响。

2. 新疆地区居民的体质特征

新疆地区的史前文化及人骨研究，均有许多有待填补的空白。近年来在新疆哈密五堡古墓中出土的约公元前13世纪的干尸，鼻根较深，鼻骨突出，面部扁平度较小，浅棕色头发，具有明显的白种人特征；乌鲁木齐南山矿区鱼儿沟、阿拉沟东口的古车师人和乌孙人墓葬的人骨，也明显具有白种人的特征[40]。但研究表明，白种人在西北地区出现的时间较晚，分布也仅限于新疆一带，对甘青地区史前时期的古代文化和居民的体质特征均看不出有大的影响。

（三）华北地区居民的体质特征

1. 黄河中游居民的体质特征

黄河中游新石器时代文化较为复杂，大体可分为前仰韶时期、仰韶时期和龙山时期三大发展阶段，各阶段人骨发现与年代关系如表8-3所示。

属前仰韶时期的各地各文化许多墓地中均有人骨发现，但做过研究的仅有河南长葛石固遗址[41]和陕西渭南北刘[42]遗址。其中，石固遗址的人骨材料中大部分属裴李岗文化，主要反映的是新石器时代早期人类的体质特征；北刘人骨材料较少，仅有7个个体。大体说来，前仰韶时期的居民具有高颅、中眶、阔鼻的特征，有些特征如梨状孔较宽、鼻梁扁塌等与现代南亚类型更为相近。实际上，旧石器时代晚期的山顶洞人就有阔鼻的倾

表8-3 黄河流域新石器时代人骨发现情况表

<table>
<tr><th colspan="3">文化分期</th><th>黄河上游</th><th>黄河中游</th><th>黄河下游</th><th>年代（BP）</th></tr>
<tr><td colspan="3" rowspan="2">青铜器时代</td><td>玉门（火烧沟）</td><td rowspan="3"></td><td rowspan="5"></td><td rowspan="2">4000</td></tr>
<tr><td>东灰山（四坝文化）</td></tr>
<tr><td rowspan="12">新石器时代</td><td rowspan="3">龙山期</td><td>晚期</td><td>柳湾（齐家文化）</td><td rowspan="3">5000</td></tr>
<tr><td rowspan="2">早期</td><td>柳湾（马厂类型）</td><td rowspan="2">庙底沟（庙底沟二期文化）</td></tr>
<tr><td>阳山（半山类型）</td></tr>
<tr><td rowspan="7">仰韶期</td><td>晚期</td><td rowspan="9"></td><td></td><td rowspan="2">野店（大汶口文化）
西夏侯（大汶口文化）
大汶口（大汶口文化）</td><td rowspan="2">6000</td></tr>
<tr><td>中期</td><td></td></tr>
<tr><td rowspan="5">早期</td><td>横阵（仰韶文化）</td><td rowspan="7"></td><td rowspan="5">7000</td></tr>
<tr><td>元君庙（仰韶文化）</td></tr>
<tr><td>半坡（仰韶文化）</td></tr>
<tr><td>北首岭（仰韶文化）</td></tr>
<tr><td>姜寨（仰韶文化）</td></tr>
<tr><td colspan="2" rowspan="2">前仰韶期</td><td>石固（裴李岗文化）</td><td rowspan="2">8000</td></tr>
<tr><td>北刘（老官台文化）</td></tr>
</table>

向，华北地区的前仰韶时期诸文化具有鲜明的地域性特征，看不出来自南方同时期文化的影响。故这一时期居民的体质特征，应主要承自同一地区的晚期智人，而非来自南方的移民。

仰韶时期的人骨在陕西关中地区的发现和研究较多，主要有西安半坡[43]、宝鸡北首岭[44]、华县元君庙[45]、华阴横阵[46]和临潼姜寨[47]等遗址。大量的研究表明，这几组人骨材料所反映的体质特征较为接近，如中等长的颅型和高颅型，中等面宽和中眶型，具有较普遍的阔鼻倾向和明显的上齿槽突颌。总的特征虽有某些与现代东亚类型相近的性状，但同新石器时代和现代南亚类型接近的程度更大。同黄河上游甘青地区居民相比有显著的差异，同前仰韶时期的石固和北刘居民相比，则有较多的共性。考古学文化研究表明，关中和河南仰韶时期诸文化是分别继承了当地前仰韶时期文化而发展起来的，看不出有大规模外来文化侵入的迹象。故仰韶居民应是前仰韶时期居民的直接后裔。

龙山时代发现的人骨也不少，但目前已发表的研究报告仅有河南陕县庙底沟遗址第二期文化人骨[48]一处。这里的居民有着中等头长和较高的颅高，中等上面高和较阔的面宽，中鼻型和中眶型。晋西南陶寺墓地发现了大量的人骨，但尚未发表正式的研究报告。据初步观察，陶寺居民具有偏长的中颅型和较高的颅高、面高中等、中鼻型和中眶型等[49]。可以看出，龙山时期的居民较之仰韶居民，体质上有了明显的变化，特别是在鼻型等方面，已更多地具有了现代东亚人种的特征。

对于龙山时期居民体质特征的变化，常见的解释是，人种的特征主要是适应自然环境而形成的，龙山时期居民鼻型的变化，可能同当时的气候变凉有关，是适应气候变化的结果。但实际上，进入新石器时代以后，随着人类文化的进步，不同文化间的交往日益增多，影响人种形成的因素除自然环境外，不同地区人群间的基因交流与混合起了更重要的作用。如前所述，龙山时期，气候逐渐向干凉的方向发展，北方和西北地区的文化有向黄河中游移动的迹象。西北地区的居民在较早时候就已基本具有了现代东亚人和华北人的特征，并从龙山时代早期开始，向关中地区移动；东北地区的居民不仅具有较多东亚人种的成分，也有向南移动的趋势。而西北和东北文化的大移动，无疑带来了各地人类基因的大混合。因此，龙山时期黄河中游居民体质特征的变化，反映的可能是主要来自北方、西北和东北地区人类基因大移动和大混合的结果。

2. 黄河下游居民的体质特征

黄河下游的新石器文化，先后有后李文化、北辛文化、大汶口文化和龙山文化。目前，已发表的人骨研究报告均属大汶口文化，有山东泰安大汶口[50]、曲阜西夏侯[51]、邹县野店[52]和江苏邳州市大墩子[53]等。上述人骨材料反映出大汶口居民具有中等长的头型和高颅型，上面部较宽较高，并有颅骨人工变形和拔牙风俗。有的学者认为与生活在太平洋岛屿的波利尼西亚人相近，还有人认为同南亚支系较为接近。但也有学者认为，大汶口与仰韶居民之间的体质形态差异并未超出同种系的范围[54]。最新的研究成果也表明，黄河中下游居民较为接近，二者的差异表现为同一地域类型之下的不同地方亚型间的差别[55]。

（四）华中地区居民的体质特征

1. 长江中游居民的体质特征

长江中游包括汉水流域及江汉平原、洞庭湖地区等。这里的新石器文化先后有彭头山文化、皂市下层文化、大溪文化、屈家岭文化、石家河文化等。在河南淅川下王岗遗址中，曾收集了313个个体的人骨材料，其中286个个体属于仰韶时期[56]。在湖北房县七里河遗址也发现了属屈家岭文化的人骨[57]。研究者认为，下王岗居民与南亚类型较相似，同时与新石器时代黄河下游居民和近代华中居民接近。这批人骨所属的文化遗存带有浓厚的仰韶文化色彩，故他们体质特征的形成应受到来自黄河流域较多的影响。

2. 长江下游居民的体质特征

长江下游的杭州湾以南地区的新石器文化主要是河姆渡文化，太湖地区先后有马家浜文化、崧泽文化、良渚文化。目前已知最早的人骨材料发现于浙江余姚河姆渡遗址[58]。此外，在南京北阴阳营[59]、上海崧泽[60]等遗址墓葬中也发现一些零星的人骨材料。这一地区新石器时代居民的体质特征，一般说来，与现代华南地区的居民接近，特别是河姆渡居民，头型长而窄，鼻骨宽而扁平，眼眶低矮，上面部较低，齿槽突颌等，与华南新石器时代和现代南亚类型更为相似。此外，在上海崧泽等遗址的人骨中，也发现有拔牙风俗，或可认为同黄河下游居民有一定的联系。

（五）华南地区居民的体质特征

位于南岭以南的华南地区，由于湿热多雨，土壤呈酸性，自然环境条件对保存人骨不利，故人骨发现得较少且较破碎。目前已知最早的人骨材料发现于属新石器时代早期的广西桂林甑皮岩遗址[61]，属新石器时代晚期的人骨材料有福建闽侯昙石山（约距今3300年）[62]、广东佛山河宕[63]和增城金兰寺[64]。上述人骨材料均表现出长颅、低面、阔鼻、齿槽突颌更为明显等现代南亚类型及太平洋种族常见的特征。

参考书目

[1] 吴汝康：《古人类学》，文物出版社，1989年。

[2] 吴汝康、吴新智、张森水：《中国远古人类》，科学出版社，1989年。

[3] 吴汝康：《中国猿体质发展不平衡性及其对“劳动创造了人类”理论的意义》，《古脊椎动物与古人类》1960年第1期。

[4] 吴汝康：《现代人起源问题的新争论》，《人类学学报》1989年第2期。

[5] 吴新智：《中国远古人类的进化》，《人类学学报》1990年第4期。

[6] 刘武、叶健：《DNA与人类起源和演化——现代分子生物学技术在人类学研究中的应用》，《人类学学报》1995年第3期。

[7] 朱泓：《体质人类学》，吉林大学出版社，1993年。

[8] 张振标、王令红、欧阳莲：《中国新石器时代居民体征类型初探》，《古脊椎动物与古人类》1982年第1期。

[9] 韩康信：《古代中国人种成分研究》，《考古学报》1984年第2期。

[10] 潘其风：《我国青铜时代居民人种类型的分布和演变趋势》，《庆祝苏秉琦考古五十五年论文集》，文物出版社，1989年。

注释

[1] 张兴永、郑良：《滇中高原与人类起源》，《云南社会科学》1981年第3期。

[2] 潘利、张小华：《太平洋文明初创时期的中国因素》，《史前研究》1985年第3期。

[3] 陈恩志：《论中国境内从猿到人的独自进化和发展系统》，《社会科学评论》1985年第1期。

[4] 钱方、马醒华、凌小惠等：《云南元谋竹棚、小河地区人猿超科化石和地层时代的初步研究》，《黄土·第四纪地质·全球变化》（第1集），科学出版社，1990年。

[5] 徐自强：《中国古代文化源远流长》，《化石》1995年第4期。

[6] 吴汝康：《人类起源研究的新进展和新问题》，《人类学学报》1994年第4期。

[7] 林圣龙：《上新世以来的中国自然环境和中国古人类的进化》，《人类学学报》1989年第3期。

[8] 林圣龙：《早期人类在中国境内扩散和分布的趋势》，《人类学学报》1987年第3期。

[9] 林圣龙：《上新世以来的中国自然环境和中国古人类的进化》，《人类学学报》1989年第3期。

[10] 黄慰文：《中国的手斧》，《人类学学报》1987年第1期。

[11] 王幼平：《华南与旧大陆西侧旧石器时代早期文化关系的讨论》，《汾河湾——丁村文化与晋文化考古学术研讨会文集》，山西高校联合出版社，1996年。

[12] 参阅周国兴：《人怎样认识自己的起源》（下册），中国青年出版社，1980年，第301～303页。

[13] 吴汝康：《古人类学》，文物出版社，1989年，第200～202页。

[14] 吴汝康：《现代人起源问题的新争论》，《人类学学报》1989年第2期。

[15] 刘武、叶健：《DNA与人类起源和演化——现代分子生物学技术在人类学研究中的应用》，《人类学学报》1995年第3期。

[16] 吴汝康：《广西柳江发现的人类化石》，《古脊椎动物与古人类》1959年第3期。

[17] 吴汝康：《广东韶关马坝发现的早期古人类型人类化石》，《古脊椎动物与古人类》1959年第4期。

[18] 吴新智：《山顶洞人的种族问题》，《古脊椎动物与古人类》1960年第2期。

[19] 赵一清：《山顶洞人二女性种族属源问题的研究》，《古脊椎动物与古人类》1961年第1期。

[20] 吴新智、张银运等：《中国古人类综合研究》，《古人类论文集》，科学出版社，1978年。

[21] 吴新智：《中国和欧洲早期智人的比较研究》，《人类学学报》1988年第4期；吴新智、G. 布罗厄尔：《中国和非洲古老型智人颅骨特征的比较》，《人类学学报》1994年第2期。

[22] 吴新智：《论中国古人类的连续发展》，《中国原始文化论集》，文物出版社，1989年。

[23] 吴新智：《中国远古人类的进化》，《人类学学报》1990年第4期。

[24] 贾兰坡：《骨骼人类学纲要》，商务印书馆，1954年，第24页。

[25] 张振标、王令红、欧阳莲：《中国新石器时代居民体征类型初探》，《古脊椎动物与古人类》1982年第1期；陈德珍：《中国新石器时代居民体质类型及其承继关系》，《人类学学报》1986年第2期。

[26] 三宅宗悦：《赤峰红山后石椁的人骨人类学研究》，《赤峰红山后》，似玉堂，1938年，

第89～110页。
[27] 中国科学院考古研究所体质人类学组：《赤峰、宁城夏家店上层文化人骨研究》，《考古学报》1975年第2期。
[28] 韩康信：《沈阳郑家洼子的两具青铜时代人骨》，《考古学报》1975年第1期。
[29] 贾兰坡、颜訚：《西团山人骨的研究报告》，《考古学报》1963年第2期。
[30] 张宏彦：《东亚地区史前石镞的初步研究》，《考古》1998年第3期。
[31] 辽宁省博物馆、昭乌达盟文物工作站、敖汉旗文化馆：《辽宁敖汉旗小河沿三种原始文化的发现》，《文物》1972年第12期；郭大顺：《大南沟的一种后红山文化类型》，《考古学文化论集》（2），文物出版社，1989年。
[32] 郭大顺：《辽宁史前考古与辽河文明探源》，《辽海文物学刊》1995年第1期。
[33] 颜訚：《甘肃齐家文化墓葬中头骨的初步研究》，《考古学报》1955年第1期。
[34] 韩康信：《青海民和阳山墓地人骨》，《民和阳山》，文物出版社，1990年。
[35] 潘其风、韩康信等：《柳湾墓地人骨研究》，《青海柳湾》，文物出版社，1984年。
[36] 韩康信：《古代中国人种成分研究》，《考古学报》1984年第2期。
[37] 朱泓：《东灰山墓地的人骨研究》，《民乐东灰山考古：四坝文化墓地的揭示与研究》，科学出版社，1998年。
[38] 韩康信：《宁夏海原菜园村新石器时代墓地人骨的性别鉴定与体质类型》，《中国考古学论丛》，科学出版社，1995年。
[39] 张宏彦：《渭水流域龙山时代早期诸文化的比较研究》，《史前研究》，三秦出版社，1998年。
[40] 韩康信：《古代中国人种成分研究》，《考古学报》1984年第2期。
[41] 陈德珍、吴新智：《河南长葛石固早期新石器时代人骨的研究》，《人类学学报》1985年第3期。
[42] 高强、张瑞玲：《渭南北刘早期新石器时代人骨的研究》，《史前研究》1986年第Z2期。
[43] 颜訚、吴新智、刘昌芝：《西安半坡人骨的研究》，《考古》1960年第9期。
[44] 颜訚、刘昌芝、顾玉珉：《宝鸡新石器时代人骨的研究报告》，《古脊椎动物与古人类》1960年第1期。
[45] 颜訚：《华县新石器时代人骨的研究》，《考古学报》1962年第2期。
[46] 考古研究所体质人类学组：《陕西华阴横阵的仰韶文化人骨》，《考古》1977年第4期。
[47] 夏元敏、巩启明、高强等：《临潼姜寨一期文化墓葬人骨研究》，《史前研究》1983年第2期。
[48] 韩康信、潘其风：《陕县庙底沟二期文化墓葬人骨的研究》，《考古学报》1979年第2期。
[49] 潘其风：《我国青铜时代居民人种类型的分布和演变趋势》，《庆祝苏秉琦考古五十五年论文集》，文物出版社，1989年。
[50] 颜訚：《大汶口新石器时代人骨的研究报告》，《考古学报》1972年第1期。
[51] 颜訚：《西夏侯新石器时代人骨的研究报告》，《考古学报》1973年第2期。

[52] 张振标：《从野店人骨论山东三组新石器时代居民的种族类型》，《古脊椎动物与古人类》1980年第1期。

[53] 韩康信、陆庆伍、张振标：《江苏邳县大墩子新石器时代人骨的研究》，《考古学报》1974年第2期。

[54] 韩康信：《仰韶新石器时代人类学材料种系特征研究中的几个问题》，《史前研究辑刊》，《史前研究》编辑部，1988年。

[55] 朱泓：《黄河流域新石器时代居民体质特征的聚类分析》，《北方文物》1990年第4期。

[56] 张振标：《下王岗新石器时代居民的种族类型》，《史前研究》1984年第1期。

[57] 吴海涛、张冒贤等：《湖北省房县七里河新石器时代人骨的研究报告》，《北京猿人第一头盖发现五十周年纪念会论文选编》，武汉医学院，1979年。

[58] 韩康信、潘其风：《浙江余姚河姆渡新石器时代人类头骨》，《人类学学报》1983年第2期。

[59] 吴定良：《南京北阴阳营新石器时代晚期人类遗骸（下颌骨）的研究》，《古脊椎动物与古人类》1961年第1期。

[60] 黄象洪：《上海崧泽新石器时代人骨初步研究》，《北京猿人第一头盖发现五十周年纪念会论文摘要汇编之一》，北京猿人第一头盖骨发现五十周年纪念会筹备组，1979年。

[61] 张银运、王令红、董兴仁：《广西桂林甑皮岩新石器时代遗址的人类头骨》，《古脊椎动物与古人类》1977年第1期。

[62] 韩康信、张振标、曾凡：《闽侯昙石山遗址的人骨》，《考古学报》1976年第1期。

[63] 韩康信、潘其风：《广东佛山河宕新石器时代晚期墓葬人骨》，《人类学学报》1982年第1期。

[64] 吴新智：《广东增城金兰寺遗址新石器时代人类头骨》，《古脊椎动物与古人类》1978年第3期。

第九讲

古代城址（上）

一、“城”与城址考古

“城”，本谓环绕聚居地的墙垣，这种形式的聚居地即“城聚”，先秦文献中也称“邑”，如“丰邑”“洛邑”等，“邑，国都也”（《说文·邑部》），常指邦国的都城。古代的聚落形态包含城邑和乡村两种居住形式，其中城邑是人类社会发展到一定阶段产生的一种有别于乡村的高级聚落形态。由于“城，盛也，盛受国都也”（《释名》），故先秦文献中“城”又往往被称为“国”。例如，“客有歌于郢中者，其始曰《下里》《巴人》，国中属而和者数千人”（《左传·僖公三十二年》）。这里的“国中”指的就是“郢中”——楚国国都。

城邑的出现产生了城乡的对立，即“国”与“野”的对立。以“国”（城）为中心，国外之“野”则分布一般农夫、乡民们居住的诸多村落；居住在城中的称“国人”，居住在乡村的称“野人”；由城邑和乡村构成国家的整体。在这样一种以城邑为中心的社会结构体系中，城邑的政治意义尤显重要，“怀德维宁，宗子维城”（《诗·大雅·板》），城在则国在，城亡则国亡。“筑城以卫君”是中国先秦时期城邑修建的主要目的，其政治、军事意义要远大于经济意义。

“城市”一词最早见于《韩非子》：“是故大臣之禄虽大，不得藉威城市，党与虽众，不得臣士卒。”（《韩非子·爱臣》）显然这里的“城市”与“士卒”对应，指城和市，而非现代意义上的城市。“市，买卖之所也。”（《说文》）市，是古代城邑的组成部分，是城内工商业交易的场所。因此，城与市在古代是两个不同的概念，古文献中多不以“城市”并称而指国都或城邑。

对古代城邑遗存的考古学研究，过去也有称“城市考古”的。“城市”是一个晚出的概念，指的是一个地区的政治、文化、经济中心，它比较强调商品集散地的功能和经济方面的意义，而且不一定有环绕的墙垣。而古代的城邑，首先是一个政治中心，比较突出防御功能，一般均有墙垣、壕沟或其他防御设施。在田野考古调查或发掘中，有无城墙是识别这类遗迹的重要标志。因此，这里所说的城址，指具有城墙的古代城邑遗址，城址考古即是对这类遗存的研究。

二、史前城址

有墙垣环绕的城邑，是新石器时代中晚期出现的一种新的聚落形态。据统计，目前已发现的新石器时代城址有百余处，大部分属龙山时代（距今5000～4000年）[1]，主要分布于黄河流域和长江流域，可分为六群，即以河南中部和山西西南部为中心的中原地区，以山东为中心的黄河下游地区，河套地区，长江中游地区，长江下游地区和长江上游的成都平原等（图9-1）。

（一）史前城址的考古发现

1. 中原地区的城址

早在20世纪30年代，就曾在河南安阳后岗遗址发现一段长约70米的城墙[2]。70年代以来，又先后发现了河南登封王城岗、淮阳平粮台、辉县孟庄、郾城郝家台、郑州西山、密县古城寨和山西襄汾陶寺等城址。

郑州西山城址，是目前黄河流域已知最早的一座城址。城址坐落在郑州市北23千米处的黄河南岸邙山余脉东南坡地上，平面不甚规整，近圆形，最大直径约200米（图9-2）。城内现存面积约19000平方米，复原面积约31000平方米。城墙下挖基槽，墙体系用小板夯筑而成，厚4～8米，墙外有壕沟，宽5～7.5、深4米；已探明北墙开有一门。城内中部和东南部分布房址、窖穴和陶窑[3]。城始建于距今5300～5200年，到距今4800年前后废弃，约相当于仰韶时代的晚期阶段。

平粮台城址，位于河南淮阳县城东南、新蔡河东北岸的土丘上，面积虽较小，但结构最为清楚。城址平面呈正方形，边长185米。城垣夯筑而

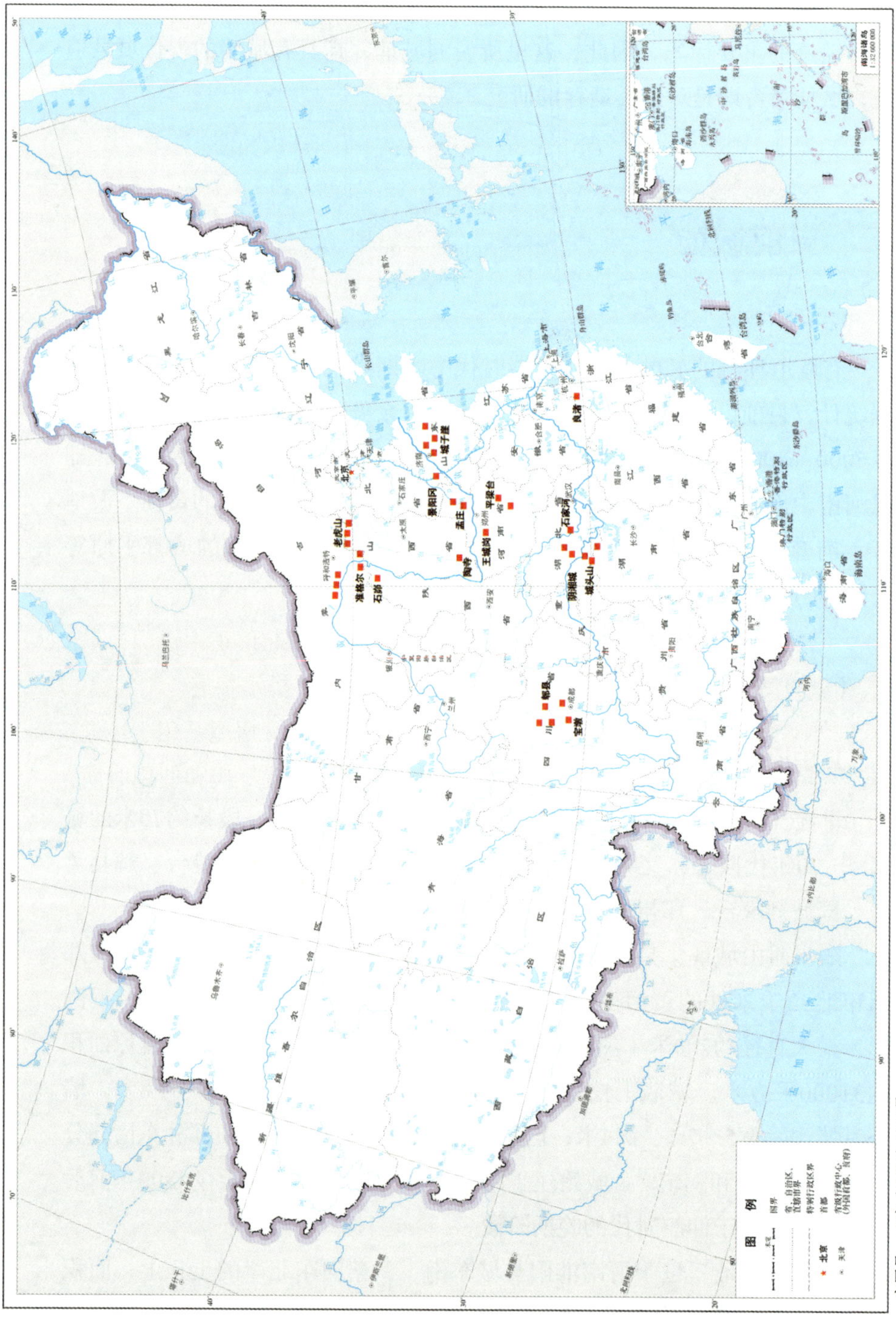

审图号：GS京（2022）0719号

图9-1　史前城址分布示意图

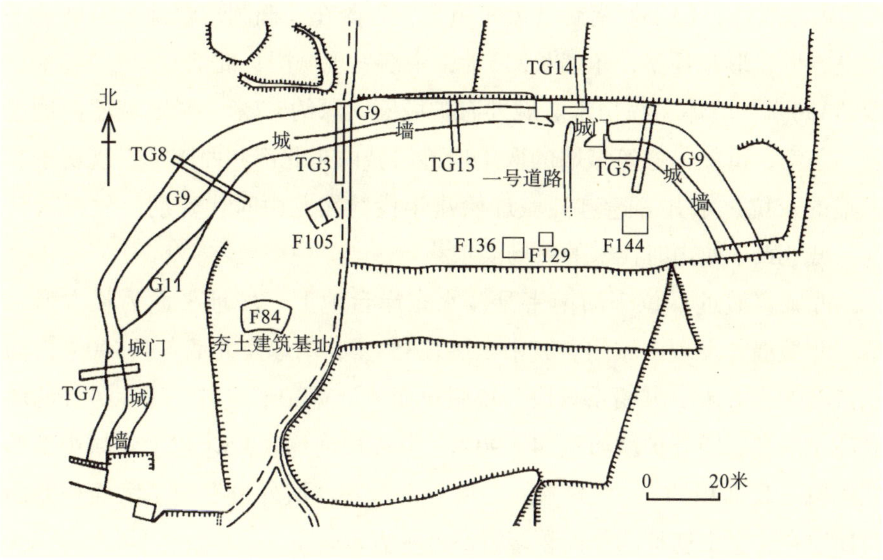

图9-2　郑州西山城址平面图

成，基宽约13、顶宽8～10米，现存高度3.5米。南、北垣正中设门，南门两侧设有门卫房。南门和东城墙中部之下埋设有陶质排水管道（图9-3）。城垣外侧有较宽的护城河。城内房屋一般有夯土台基，房屋系用土坯砌筑的多间房。此外，还发现有陶窑和铜炼渣等[4]。其建造年代和使用时期在龙山时代。

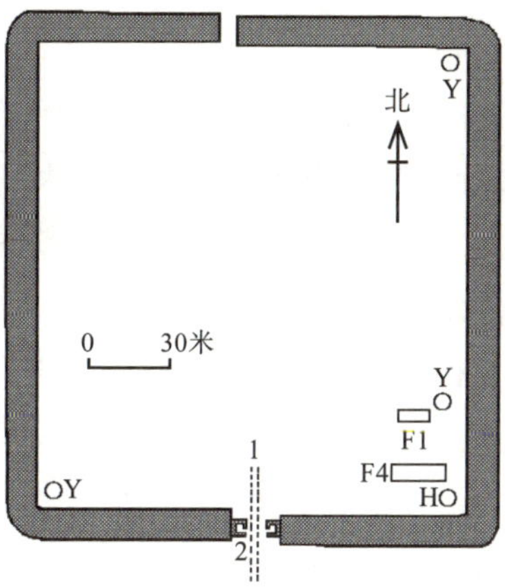

图9-3　平粮台城址平面图与陶排水管

孟庄城址，位于河南辉县孟庄镇东，坐落在一椭圆形台地上。城址平面呈方形，形制规整，东墙长375米，中部发现城门；北墙复原长340米，西墙330米，墙体宽约14米。城外有护城壕，深约5.7米；紧贴城墙内侧也有一条沟，可能是修筑城墙的取土遗迹。城内东北部和西南部发现房子和密集的灰坑、水井等遗迹。城址始建年代约在龙山时代晚期。发掘者认为，城址毁于龙山时代末的一场洪水[5]。

古城寨城址，位于河南密县溱水东岸台地上。城址平面为长方形，南、北城墙各发现一城门。其中东墙长353米，南墙及北墙各长500米，面积176500平方米。城墙系分段分块版筑而成，宽40米左右，保存最好的墙尚高16米多。墙外护城河宽34～90米，其东段河深在4.5米以上。城中部偏北地段发现面积约330平方米的大型夯土台基。城外也发现了大面积龙山时期遗存，整个遗址的总面积接近28万平方米[6]。

陶寺遗址，位于山西襄汾县城东北约7.5千米的塔儿山西麓，由居住区和墓葬区等部分构成，总面积达300多万平方米。20世纪70年代末至80年代初曾重点发掘了遗址东南隅的墓葬区，出土了一大批重要遗物[7]。2000年以来，发现了龙山时代的夯筑城垣，残存高度0.8～1米，基部宽7米多，年代约在公元前2600～前2000年[8]。其中早期城址较小，平面略呈长方形。中期城址分大、小两城；大城平面略呈方形；小城附在大城之东南，城内发现有可能具有天文观测功能的大型建筑基址（ⅡFJ1）和墓地[9]（图9-4）。

2. 黄河下游地区的城址

黄河下游山东境内发现的龙山时代城址有章丘城子崖、邹平丁公、临淄田旺、寿光边线王、阳谷景阳岗等，其中以城子崖和田旺城址规模最大。

早在1930年，就在山东历城城子崖龙山文化遗址中发现了城墙[10]。1989～1990年，山东省文物考古研究所对城子崖遗址进行了勘探试掘，发现了龙山文化、岳石文化和周代的城址，不仅判明了20世纪30年代发现的城址属岳石文化，而且确认了龙山文化城址的存在[11]。龙山文化城址平面近方形，东、南、西三面城垣比较规整，北垣外凸而弯曲，城垣拐角呈弧形（图9-5）。城墙残宽8～13米，大部挖有基槽。城内东西宽约430米，南北最长为530米，面积约20万平方米。城内文化堆积丰富，出有精美的陶

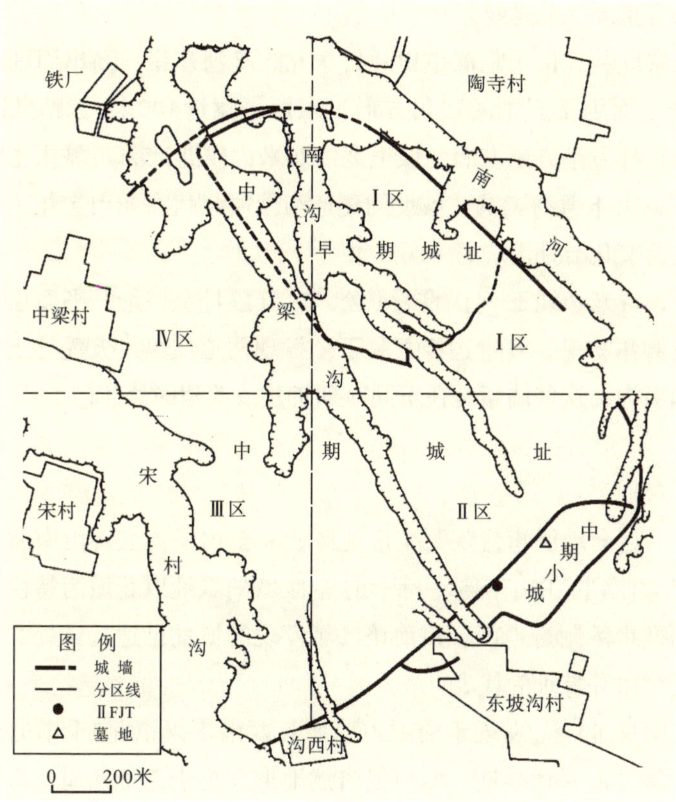

图9-4　陶寺城址遗迹分布示意图

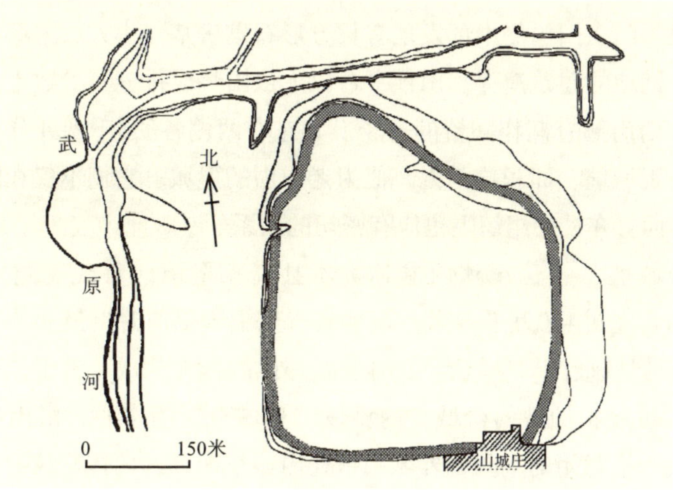

图9-5　城子崖龙山文化城址平面图

器、石器等重要文化遗物。

田旺城址[12]，位于临淄市田旺村东北、乌河东岸，高出周围地面1～3米。城址平面为不规则的圆角方形，东西最宽近400米，南北最长约450米，总面积18万平方米左右。城垣宽约20米，残高2.5米。城内主要为龙山文化堆积，出土遗物丰富。城址的建造与使用年代在龙山文化中晚期，或可延至岳石文化早期。

此外，寿光边线王[13]、邹平丁公[14]、五莲丹土城址[15]平面也都为圆角方形或近圆角方形，其中边线王和丁公发现两道城墙，五莲丹土城发现三道城墙和壕沟，这些墙垣是在不同时期扩建或改建时修筑的。

3. 河套地区的城址

广义的河套地区指晋陕蒙交汇地区，北至内蒙古大青山南麓、岱海一线，南界大体到吴堡、柳林一带，这个区域的城址以石城为特色，主要分布于黄河两岸的附近地区。目前该区域发现的城址已达近50处[16]，其中以石峁和老虎山等城址为代表。

老虎山城址[17]，发现于内蒙古凉城县西南永兴镇北5千米的老虎山南坡，年代属龙山时代早期。城垣依自然地形环绕于遗址四周，系用自然石块垒砌而成。东北和西南两道城垣相交于西北角山顶平台，与平台上的小方城相连。残高0.5米，宽约1米，总面积约13万平方米（图9-6）。小方城北部似设二门，门内侧中部发现有长方形石砌房基。小方城中部最高处还发现石头铺地的建筑遗存。山顶平台以下依山势成排分布着数十座房屋建筑，城外西南侧有制作陶器的窑场。其左右两侧各约5千米处分布着板城址和西白玉城址，面积均不大，似为老虎山的卫城。它们不仅在防卫上相互照应，而且在社会组织上也应有密切的联系。

石峁城址[18]，位于陕西榆林神木县高家堡镇，年代属龙山时代晚期。总面积超过400万平方米，是目前所见中国史前时期最大的城址（图9-7）。石峁城址由“皇城台”、内城、外城3部分构成，其中“皇城台”是四周砌筑层状护坡的台城；内城以“皇城台”为中心，沿山势砌筑石墙，形成一个封闭的空间；外城则依托内城东南部的墙体修筑一道不规则的弧形石墙，与内城东南墙结合构成相对独立的外城区域，内、外城的城

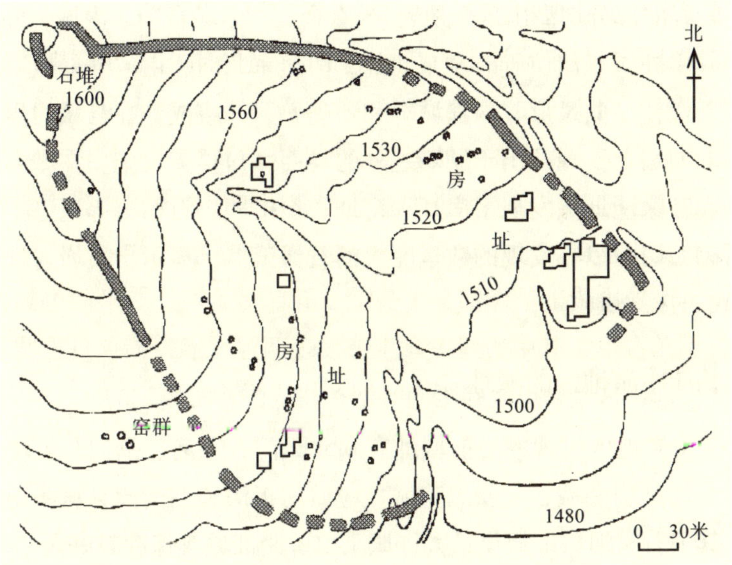

图9-6 老虎山城址平面图

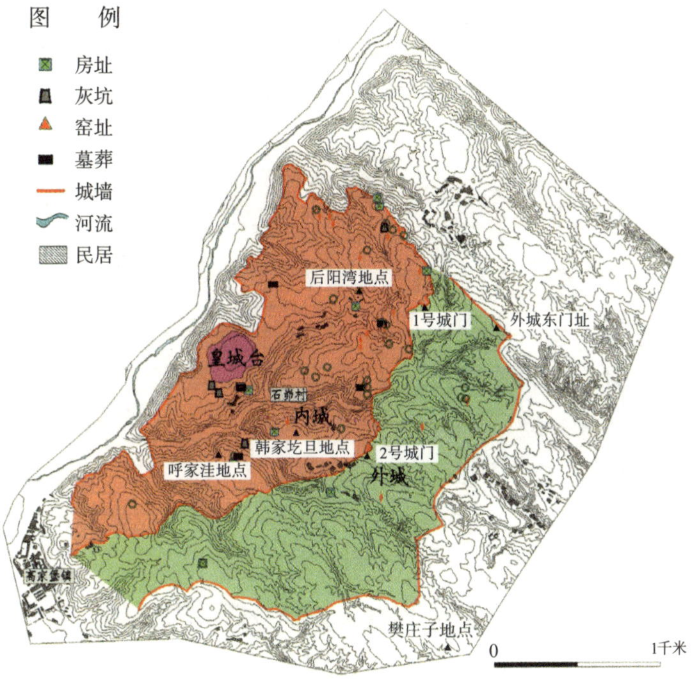

图9-7 石峁遗址平面布局示意图[19]

墙保存较好的部分均高出现今地表1米有余。“皇城台”、内城、外城均有城门，其中外城东门位于外城东北部，门道东北向，由“外瓮城”、两座包石夯土墩台、曲尺形“内瓮城”和“门塾”等组成，在与城门南、北墩台相连的城墙上发现凸出于城墙之外的马面、角楼类设施。在城内的后阳湾地点和呼家洼地点发现了房址、窑址、瓮棺葬、石棺葬等遗迹。规模宏大的石砌城墙与以往发现的数量庞大的石峁玉器，显示出石峁遗址在北方文化圈中的核心地位。

4. 长江中游地区的城址

长江中游地区发现的史前城址有湖北天门石家河、荆门马家垸、石首走马岭、江陵阴湘城、公安鸡鸣城、应城门板湾和湖南澧县城头山、鸡叫城等。其中石家河城址规模最大，城头山、阴湘城等保存较好。

城头山城址[20]，位于湖南澧县车溪乡，是目前已知长江中游最早的城址，距今6000年前后。城址始建于大溪文化早期，之后至屈家岭文化中期又经三次修筑[21]。城址保存较好，平面略呈圆形，直径310余米，面积为7.6万平方米左右（图9-8）。城垣系地面堆筑而成，西南城垣基宽31米，顶部残宽约7米。城墙四面各有一门，其中东门铺有卵石路面，路宽约5

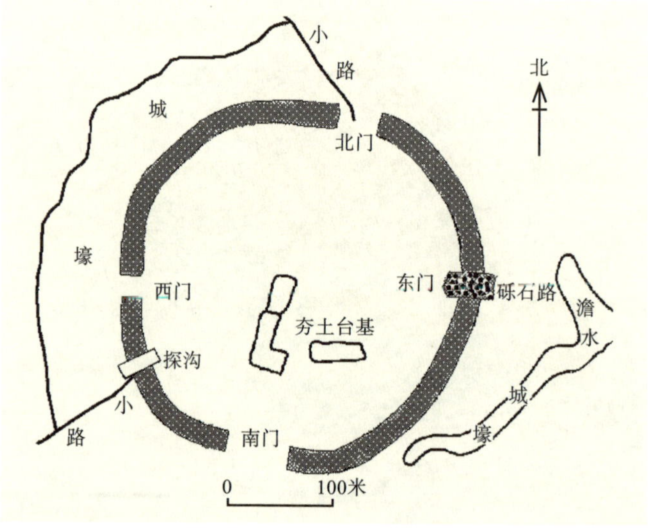

图9-8 城头山城址平面图

米，向城外倾斜。城垣外侧有宽约35、深4米左右的护城壕沟，系人工沟壕与自然河道结合而成。城内中部略偏西南处发现有成片的夯土台基，当为主要建筑所在；城东发现有长径约25米的椭圆形祭坛。城内还发现有道路和制陶区；墓地在西北部，发现有土坑墓和瓮棺葬等。这些遗迹基本属于屈家岭文化时期。

石家河城址[22]，位于湖北天门市石家河镇北，城的始建年代约在屈家岭文化晚期，繁盛于石家河文化早中期。城址平面近长方形，南北长约1200米，东西最宽处约1100米，仅城垣所围面积即达120万平方米（图9-9）。城垣系地面堆筑而成，现存基部宽50余米，顶面宽8～10米，最高6米左右。墙体坡度较小，仅25° 左右。城垣外侧有宽阔的壕沟，一般宽80～100米，最窄也在60米左右，沟底至城垣顶部高差约6米，大部系人工开挖而成，局部则是利用自然冲沟加以修整。城内中央的谭家岭发现有地面式单间或分间式房址，其中有些是土坯砖砌房址，可能是比较特殊的建筑。西南部三房湾也发现房址，并集中出土了数以万计的形制相近、制作粗糙的红陶小杯[23]；西北部邓家湾发现有屈家岭、石家河文化大片墓地以及数以千计的陶塑动物和成百件跪坐人抱鱼像等[24]。这些遗迹遗物可能与宗教活动有关。城外的罗家柏岭发现了一组石家河文化早期的庭院式建筑遗迹，并出土了一批精美的玉器及残铜片等遗物[25]。肖家屋脊除少量房址外，发现了一批墓葬，随葬品丰富者有百余件[26]。

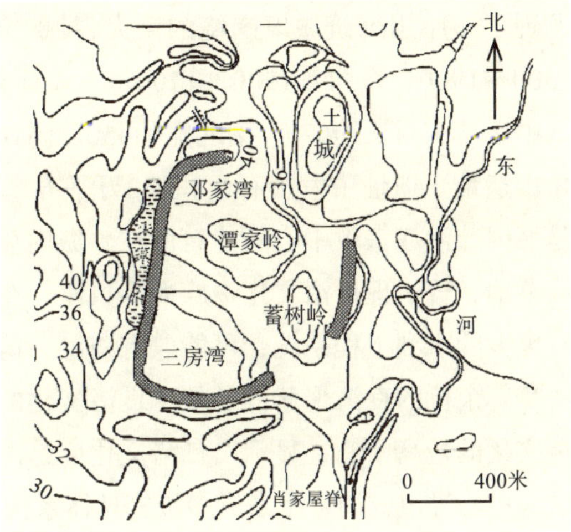

图9-9 石家河城址平面图

5. 长江下游地区的城址

长江下游的太湖周边地区，是良渚文化的分布地。近年来，在这里

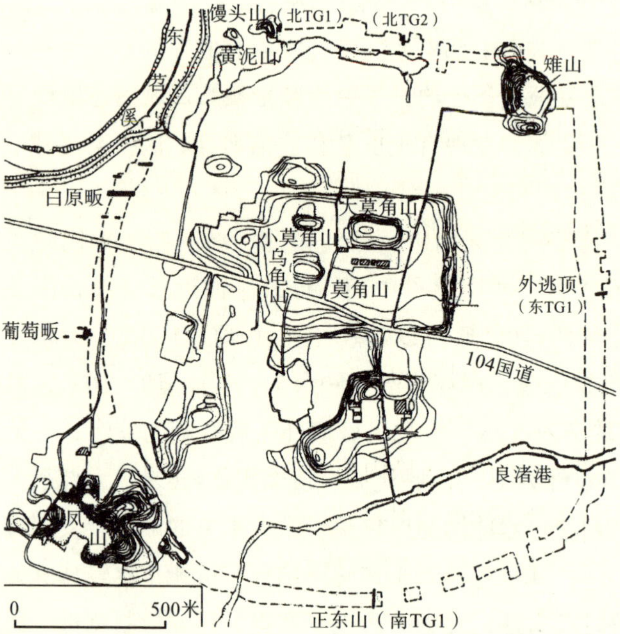

图9-10　良渚文化莫角山城址平面图

发现了一座用堆筑城垣围绕的巨大古城[27]，平面略呈圆角方形，南北长1500～1900、东西宽1500～1700米，总面积约290万平方米（图9-10）。其中心是东西长约670、南北宽约450、高10米，总面积30多万平方米的莫角山遗址。遗址中发现有面积达3万平方米的巨型夯土台基，表明这里应是城内政治或宗教中心的建筑所在。城内莫角山的西北有高等级的反山贵族墓地，曾清理良渚文化贵族大墓11座。在良渚古城的北面和西面，发现有庞大的水利工程系统，可能兼有防洪、运输、用水、灌溉等诸方面的功能[28]。余杭的良渚聚落群是整个良渚文化的核心区，莫角山古城是整个良渚文化的最高中心，显示出良渚文化应是由最高中心和若干区域中心及其次级中心等组成的金字塔形多级管理体系构成的社会。

6. 成都平原的城址

近年来，在四川成都平原发现了一批史前城址[29]，包括新津宝墩城（龙马古城）、都江堰芒城、温江鱼凫城、郫县梓路城（郫县古城）、崇州双河城等。经研究，这些古城址均属相当于龙山时代的宝墩文化。

宝墩城址位于新津县龙马乡附近铁溪河东北的台地边缘。平面形状近长方形，南北长约1000米，东西宽约600米，总面积达60万平方米。城垣夯土堆筑，经解剖北垣东端基宽31.3、顶宽8.8、现高4米。城门所在不明，城外尚未发现壕沟。据研究，城址的始建年代不早于距今4500年[30]。

郫县古城位于郫县古城乡梓路村和梓桐村一带。城址平面呈长方形，长600、宽500米，面积约32.5万平方米（图9-11）。城垣基宽30米，残存最高处约3米。城内南部发现有长50、进深11米的大型建筑基址[31]。

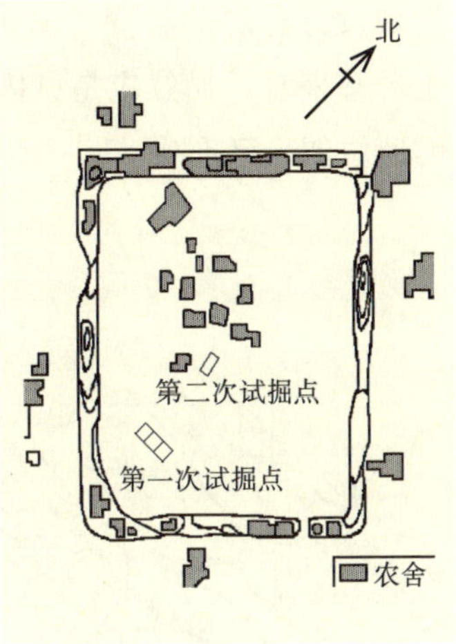

图9-11　郫县古城平面示意图

（二）史前城址研究

城邑是人类聚居的形式之一，同其他聚落一样，影响其平面形态、筑城技术的因素也有自然的地理环境和地形地貌、社会组织结构等诸多方面。但受考古发掘的局限，目前我们并不十分了解诸城址内部房屋和各种设施布局的情况，仅就城址的平面形态、分类与筑城技术方面做一些初步观察。

1. 史前城址的平面形态

长江中游最早的澧县城头山城址平面呈圆形；黄河中游仰韶时期的西山城址，虽然保存不完整，但依据现存墙垣的走向，推测其平面略呈圆形。仰韶文化时期的环壕聚落也多作圆形，这似乎反映了对传统规划设计思想的继承；从城内部分区域发现的房屋和陶窑等情况看，似乎也看不出居民的生活与一般聚落的明显差异。

从仰韶时期到龙山时代，文化发生了较大的变化。黄河流域的登封王城岗、淮阳平粮台、辉县孟庄、郾城郝家台、密县古城寨等城址的平面也多变为方形或长方形；黄河下流山东发现的城址多作圆角方形或近方形；长江中、上游地区的城址也多做长方形或近长方形。这一变化反映了古人规划设计思想的转变。从古城寨城址内发现的面积达330平方米的大型夯土台基来看，显然应是城内权力和地位的象征，表明城邑作为区域性中心的地位似乎已形成。

2. 史前城址的分类与性质

黄河、长江流域发现的史前城址大体可分为两类。

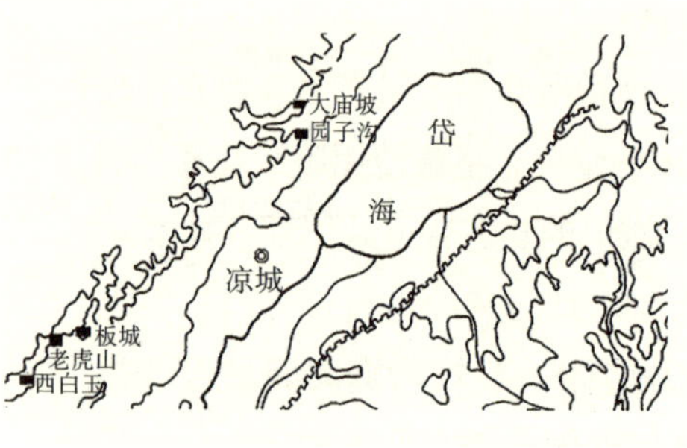

图9-12 岱海地区龙山时代城址分布示意图

一类可能是军事性城堡。这类城址的面积一般较小，仅数千或一两万平方米，如内蒙古中南部岱海地区的凉城老虎山、园子沟、板城等（图9-12），均属位于险要地形的山城，城内只有祭坛和少量的石砌营房。

另一类则是设防的中心聚落[32]。例如，在郫县古城、古城寨城址等发现有大型建筑基址，在城头山和石家河城址中发现有祭坛或与祭祀活动有关的遗迹遗物，不少城址内有陶窑等手工业遗迹，个别城内发现有铜炼渣或残铜片。显然，这类城址是有别于一般聚落的区域性中心。

3. 史前城址的筑城技术

由于自然地理环境与资源的不同，各地史前城址的营建技术也不尽相同。根据现有考古资料来看，大致可以分为黄河中下游的夯筑技术、长江流域的堆筑技术和河套地区的石砌城垣技术三类。

（1）黄河中下游的夯筑技术

黄河流域有着丰厚的黄土堆积，黄土虽松软但易塌陷，但有着较好的直立性，如果使用夯具捣筑而加大其密实度，可大大提高其承载力和直立性。夯筑技术可用于加固房屋、墙的基础和建造墙体。夯筑技术的出现，在中国古代建筑史上有着重要意义。

早在仰韶文化时期，一些大型房屋的建造就已出现了挖基槽并压实以增加墙基承载力的技术。例如，甘肃秦安大地湾F405[33]和陕西扶风县案板遗址的大型房址GNZ区F3[34]，均是先在筑墙处挖一基槽，然后填土、立柱并踩压或夯实使其紧密。郑州西山城址的城墙也是采用先挖基槽，然后在经过修整的基槽底平面上，采用方块版筑技术，分段逐层夯筑墙体。所谓版筑，即在夯土墙的两侧及两端以木板或圆木为模，然后填土夯实，夯实一层后，将模版提升夯筑另一层，直至需要的高度为止。黄河流域龙山时代的城址，如河南密县古城寨城址等多用版筑技术，夯具有石块和集束木棍等。

（2）长江流域的堆筑技术

长江流域气候温暖、降水量较多，土状堆积所含黏土量较多而渗水性较差，多雨的时候十分黏软，干旱的时候又十分坚硬，很难使用版筑技术。因此，在这种条件下，从史前直到商周时期，城垣的建造普遍使用堆筑技术。

所谓堆筑技术，即将墙土层层平铺堆高，其间有的进行过夯打，但土层多厚薄不均。用堆筑技术建造的城垣，墙体一般较为宽大而坡度却很小，难以起到有效的防御作用。因此，城垣外侧多挖有宽大的壕沟以加强其防御功能，如湖南澧县城头山城址西南城垣，基宽达31米，顶部残宽约7米；城垣外侧的护城壕沟宽30余米，深4米左右，系人工沟壕与自然河道结合而成。又如，湖北天门石家河城址的城垣现存基部宽50余米，顶面宽8～10米，墙体坡度仅25°左右；城垣外侧的壕沟，一般宽80～100米，最窄也在60米左右。长江上游成都平原的城址也多用堆筑技术，如新津宝墩城址的北垣东端基宽31.3米，顶宽8.8米；郫县古城城垣基宽也在30米左右。

（3）河套地区的石砌城垣技术

河套地区的城址多位于山前的台地上，城址规模差别较大，具有明显的军事堡垒性质。这里的史前城垣的修筑，多用自然的石块垒砌。在准格尔旗小沙湾遗址[35]，不仅城垣用石块修砌，房屋的墙壁及墓棺均用石块或石板建造，形成鲜明的地域性特点。

内蒙古凉城老虎山石城址，石墙系用自然石块交错叠砌而成，缝隙间充填黄土，外壁比较平齐，内壁则不甚规整。准格尔旗小沙湾石城址的石墙直接建于基岩之上，建造方法是先以石块逐层垒砌内、外壁面，然后再以碎石块、黄褐土等物填充中间墙体部分（图9-13）。准格尔旗白草塔石城址[36]的石墙采用小石块错缝叠砌，以碎石块和褐色土填缝垫平。外侧壁面石块垒砌较为规整陡直，墙体中间及内侧壁面土石混杂，皆以石块和褐色土混筑而成。

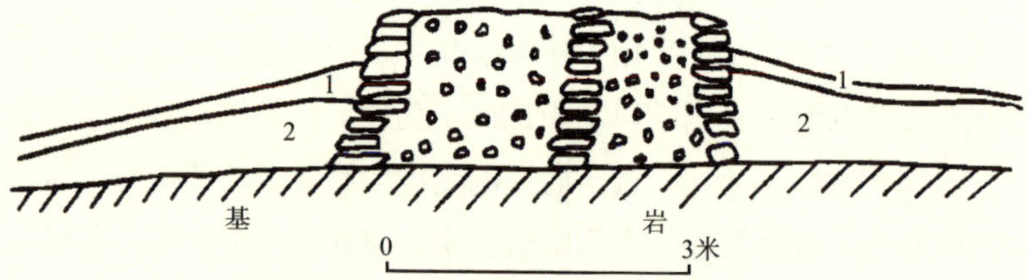

图9-13 准格尔旗小沙湾石城址的石墙剖面图

总之，城的起源是史前聚落形态长期演化的结果，是人类聚落发展史上的重要事件。城的出现，使大多数聚落变成了乡村，并在中国历史上第一次出现了城乡对立，从而使社会的组织结构发生了前所未有的新变化，对文明起源起到了积极的作用。

三、夏商周城址

（一）夏代城址的探索

夏代是历史记载的最早的王朝，据《史记·夏本纪》和《竹书纪年》记载，夏代自禹至桀历14世17王。据《夏商周年表》，夏代约从公元前2070年开始，至公元前1600年结束，前后历时400余年。根据文献记载，夏人主要活动于豫西和晋西南地区，传说的夏王朝都邑与重要事件多与这些区域有关。文献中有一些夏代城邑的记载，如“惟尹躬先见于西邑夏”（《尚书·太甲上》），“封唐叔于夏虚（墟）”（《左传·定公四年》）等。而“大夏在汾浍之间”（《史记·郑世家》）。目前，在上述区域内发现了一些城址，可能与夏代城邑有关。

1.“禹都阳城”的探索——王城岗城址

王城岗城址位于河南登封告城镇西北颍河与五渡河交汇处的高岗台地上（图9-14），由东、西并列二城组成。东城绝大部分已被河水或山洪冲

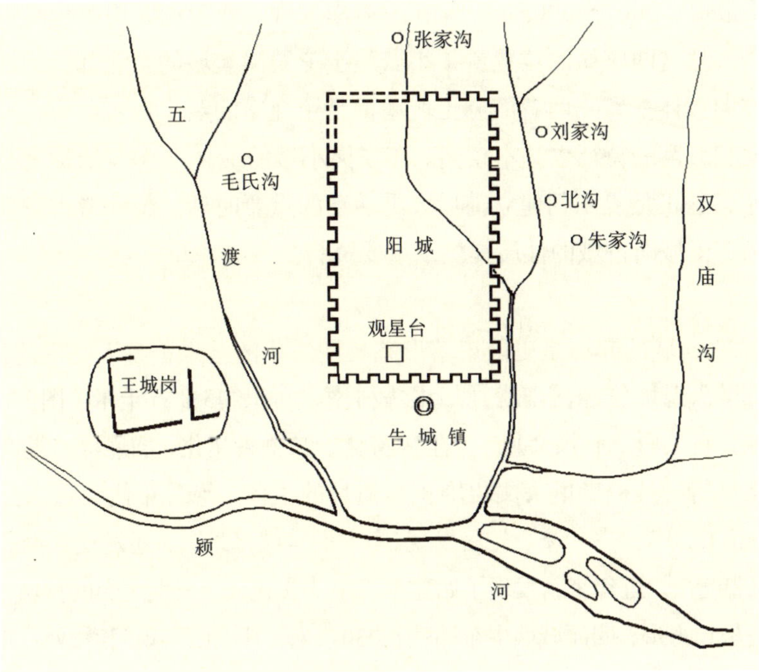

图9-14　王城岗城址与阳城位置示意图

毁，仅存西墙及南墙的一小段。东城之西墙即为西城之东墙，是知西城晚于东城而建。西城平面基本呈正方形，其中西墙长94.8米，南墙长97.6米，北墙仅存一小段，面积近1万平方米。城垣建筑程序一致，均挖有基槽，逐层夯实填平后再建墙体。地面墙体已不存在。仅南墙东端有一缺口，或为城门所在。城垣外侧未见壕沟。城内中西部较高处和东北部一带发现多处夯土基址遗存，还发现有13个奠基坑和101座灰坑及青铜器残片等[37]。此外，在距王城岗古城址不远的告城镇，发现一座东周时期的城址，在出土的战国陶豆上，发现有“阳城”和“阳城仓器”的陶文戳记，从而证明这座城址是东周时期的阳城故址。《古本竹书纪年》和《世本》有“禹都阳城”的记述。《史记·夏本纪》有“禹辟舜之子商均于阳城”。《史记集解》引刘熙曰：“禹居阳城，今颍川阳城是也。”据此，许多学者认为“禹都阳城”应在东周阳城的附近，而王城岗古城址可能就是文献中的“禹都阳城”[38]。也有学者认为，王城岗城址作为都城似嫌太小[39]。

据报道，2002～2005年，又在王城岗发现一座河南龙山时代晚期的大城址[40]。从这两座城的位置看，小城位于王城岗大城的东北部，大城与小城的方向大体一致。两者的夯土城墙都是用纯净的黄土夯筑而成，夯土层的厚度和夯窝的特征也基本相同。王城岗小城的最新^{14}C测年数据为公元前2107年，这正是夏王朝建立前后大禹活动的重要时期。新的考古发现为进一步确定王城岗古城的性质提供了重要资料。

2. 夏代都邑——二里头遗址

二里头遗址位于河南偃师二里头村南，面积约3平方千米（图9-15）。遗址堆积自上而下有汉文化、二里冈文化、二里头文化、庙底沟二期文化和仰韶文化等，其中二里头文化堆积是遗址的主体，绝对年代大致为公元前1750～前1520年。多年来，先后发现2座大型宫殿基址[41]，还发现青铜爵等礼器和玉器等[42]。近年来新发现了始建于二里头文化二、三期之交的宫城，平面总体略呈长方形，四面城墙中东墙残长330余米，其上已发现门道2处；北墙残

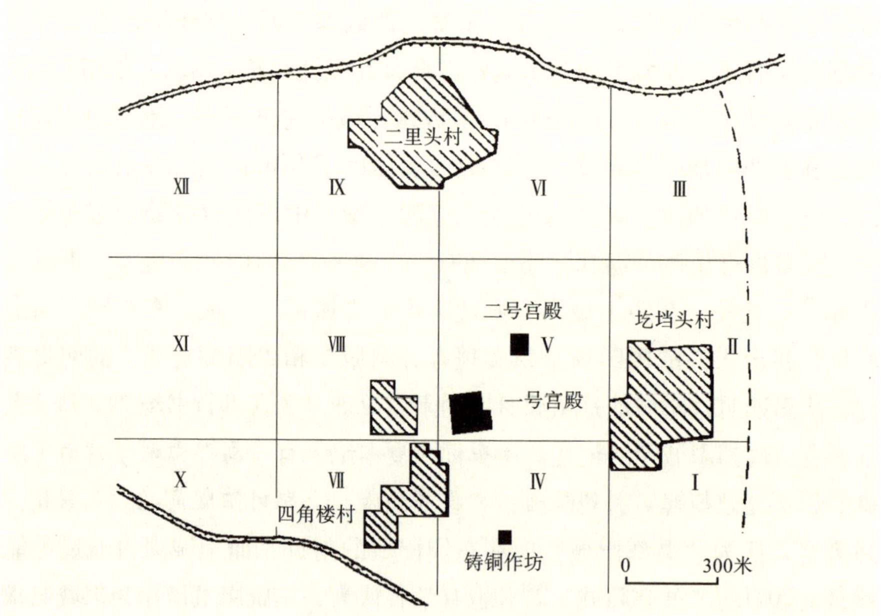

图9-15　二里头遗址平面图

长约250米；南墙残长120余米；西墙残长150余米。东、西墙的复原长度分别约为378、359米，南、北墙的复原长度分别约为295、292米，总面积约10.8万平方米[43]。宫殿区外围发现的四条大路宽10～20米，宫殿区内已发掘的大型建筑基址达9座。上述发现表明，无论从二里头文化的分布地域还是从年代来看，都在夏王朝的范围之内，故二里头遗址应是夏代中晚期的一处大型都邑遗址。更有学者认为，二里头遗址为“太康居斟寻，羿亦居之，桀又居之”（《古本竹书纪年》）的桀都斟寻[44]。

3. 大师姑城址

2002～2003年，郑州市文物考古研究所在郑州市西北郊，荥阳市广武镇大师姑村和杨寨村南地，发现了二里头文化中晚期城址的城垣和城壕[45]。已发现的部分为南墙西段、南墙东段的部分地段、东墙部分地段、西墙北段和北墙西段。城垣长度南墙西段为480米，西墙北段为80米，北墙西段为220米。城壕和发现的城垣平行，大部分保存较好。城址的范围依据城壕计算，东壕南北长为620米；北壕长度为980米；西壕已发现长度为80米，复原长度应为300米；南壕长度已发现为770米，复原长度为950米。总周长已发现长度为2450米，复原长度为2900米。所发现的二里头文化遗存全部集中在城垣和城壕以内，总面积约51万平方米。大师姑夏代城址西距偃师二里头遗址约70千米，研究者认为，城址的性质有两种可能：一是夏王朝设置在东境的军事重镇；二是夏代方国的都城[46]。

（二）商代的都城址

有商一代，经济发展，疆土扩大，筑城之举也增多。《史记·殷本纪》记载商代国都曾多次迁徙：“汤始居亳，从先王居”“帝仲丁迁于隞（嚣）”“河亶甲居相”“祖乙迁于邢”“南庚迁奄”“盘庚迁于殷”。20世纪20年代以来，河南安阳殷墟的考古发掘，被证实是“自盘庚迁殷至纣灭亡，二百七十三年不更徙都”（《史记·殷本纪·正义》）的商后期国都。20世纪50年代以来，郑州商城、偃师尸乡沟商城和殷墟洹北商城的发现，对探索商代国都提供了许多重要资料。

1. 郑州商城

20世纪50年代发现于河南郑州市，以后经多年的发掘与钻探，基本搞清了城垣结构、布局及其建筑时代[47]。城垣平面呈长方形，周长约6960米，其中北墙长约1690米、西墙长1870米、东墙和南墙各长1700米，总面积约300万平方米（图9-16）。四面城垣共发现有11个缺口，有的可能是城门。城垣系用版筑法分段分层夯筑而成，断面呈梯形；残高1～6米，底宽20米左右。此外，从1954年开始，陆续在郑州商城外南、西600～1100米处，发现了3段呈半环状的商代夯土墙基，被认为可能是为加强郑州商城防御的外郭城墙[48]。

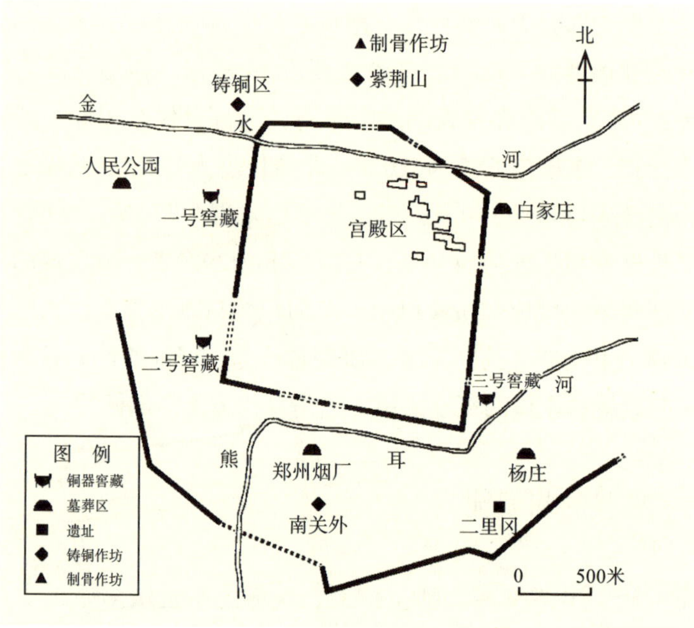

图9-16 郑州商城遗迹分布平面示意图

城内东北部是宫殿区，先后发现20多处夯土台基和3座大型房基，其中有一座房基（编号C8G15）东西长65、南北宽13.6米，依据残存柱础可复原成中间有九室、四周有回廊、重檐顶的大型宫殿（图9-17）。在宫殿区的一条壕沟中埋有人头骨100余具，可能是作为牺牲而被杀的奴隶或战俘。其他地方还分布有中、小型房屋基址。城外分布着铸铜、制骨、制陶作坊遗址。在西垣外的杜岭街，曾发现一处青铜器窖藏，出土有著名的杜岭方鼎等10件青铜器。关于郑州商城的性质主要有两种观点：一是认为是商早期的汤都郑亳；二是认为可能是商中期“仲丁迁敖”的敖都。

图9-17　郑州商城C8G15建筑基址复原图

2. 偃师商城

城址位于河南偃师尸乡沟，1983年发现并进行了连续多年的勘探和发掘[49]。城垣平面呈长方形，残高1～3米，一般宽17～20米；南北长约1700、东西宽740～1215米，总面积约190万平方米（图9-18）。在三面城垣上发现城门7座，其中北垣1座，东、西垣各3座，门宽2.4～9米。

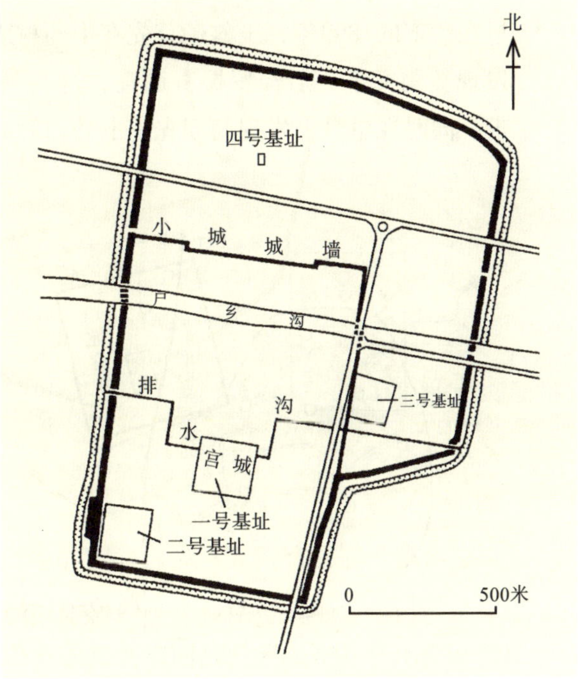

图9-18　偃师尸乡沟商城平面图

城内探出纵横交错的道路11条，其中东西向的5条，南北向的6条，构成棋盘式交通网络；路面一般宽约6米，最宽的可达10米。在东城门门道的路土下和一些大型建筑基址发现有用石板铺砌的排水道。城内中部偏南筑有小城3座，其中宫城居中，平面近方形（北176、东230、西233、南216米），面积约4.5万平方米，南墙正中有一大门；宫城中部有一座大型宫殿基址，长约36.5、宽约11.8米，高出当时地面约0.4米；正殿居于北部正中，两侧及南面均有庑殿，构成一组封闭式的建筑群。在宫城之西南与东北，各有一座平面近长方形的小城，里面有排屋式建筑，可能是库房或营房。

尸乡沟商城始建于二里冈下层期，属商代早期城址。关于城的性质，主要有两种看法：一是认为可能是汤都西亳；另一说则认为可能是早商的离宫，即太甲所居的桐宫。

3. 殷墟与洹北商城

位于河南安阳市西北郊洹河两岸，面积约24平方千米，是商代后期的王都所在（图9-19）。据《史记·殷本纪·正义》："自盘庚迁殷至纣灭亡，二百七十三年不更徙都"，共历8代12王（公元前1300～前1046年）。早在清末的1899年，王懿荣首先在中药材店中的"龙骨"（龟甲兽骨）上发现契刻文字，后经罗振玉调查，这些刻字"龙骨"出自安阳小屯村一带，同时在甲骨上发现商朝先王卜辞，后经王国维考证，不仅证实了《史记》所记载的商王世系的可信性，而且证实了商后期曾建都于此地，于是殷墟遂告发现。《史记·项羽本纪》中有"项羽乃与期洹水南殷虚（墟）上"。

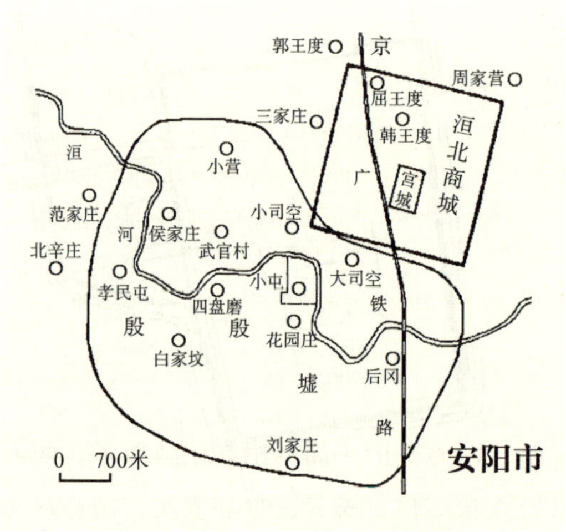

图9-19 殷墟与洹北商城位置示意图

从1928年开始，先后进行了数十次发掘。历年的发掘，揭露出宫殿宗庙基址、手工业作坊遗址、居民点、防卫性的大围沟、王陵区、祭祀场所等，基本搞清了殷墟的布局。宫殿区的位置在今小屯村一带，面积5万平方米左右。已清理出宫殿、宗庙基址56座，其中最大的一座南北长85、东西宽14.5米。基址上普遍发现柱础，有石础和铜础两种。宫殿区之西40余米处，有一条人工挖成的大壕沟，已探出部分长约750、宽7～12、深5～10米，应为护卫宫殿宗庙设施的一部分。铸铜、制骨、制玉作坊遗址散见于各处。王陵区在侯家庄和武官村北一带，一般贵族和平民墓则在孝民屯和大司空村一带[50]。历年的发掘还出土了大量的刻有卜辞的甲骨以及青铜器、玉器、陶器、骨器、石器等，对研究商代后期的社会、经济等方面，提供了非常重要的实物资料。

近年来在殷墟保护区外洹河北岸新发现了大型城址——“安阳洹北商城”。城址略呈方形，四周已确认有夯土城墙基槽，南北长2.2、东西宽2.15千米，总面积约4.7平方千米[51]。宫殿区位于城址南北中轴线南段，南北长500米以上，东西宽200米以上；宫殿区内已发现大型夯土基址30余处。其中规模最大的一号宫殿基址整体结构呈“回”字形，东西长173米，南北宽约90米，面积达1.6万平方米（图9-20），是迄今发现的面积最大的商代单体建筑基址[52]。城址北部（宫殿区以北）近200万平方米的范围内，分布有密集的房址、墓葬、灰坑、水井。洹北商城遗址的年代与性质，有人认为可能是盘庚所迁之殷[53]，也有人认为可能与文献记载的河亶甲所居的相都有关[54]。

图9-20　洹北商城一号宫殿基址

（三）两周城址

西周是先秦城邑的大发展时期。据《史记·周本纪》记载，早在西周建国前，周先王古公于岐下“乃贬戎狄之俗，而营筑城郭室屋，而邑别居之”，是为岐邑；文王时，“伐崇侯虎，而作丰邑，自岐下而徙都丰”；

武王建都镐，成王时，为便于统治东方诸国和监督殷遗民，“使召公复营洛邑，如武王之意”。此外，据文献记载，西周初年，周公“兼制天下，立七十一国，姬姓独居五十三”（《荀子·儒效篇》）。又一说，“周之所封四百余，服国八百余”（《吕氏春秋·观世》）。周初大分封，对城邑的修建起到了很大的促进作用。到了东周时期，列国之间相互攻伐，战乱频繁。各国出于政治军事上的需要，或巩固旧城，或增修新城，大大加速了城邑的兴建。仅《左传》记载，当时的筑城之举就有50余次。除东周王城外，考古发现确认的东周城址有齐临淄故城、燕下都城、赵邯郸故城、晋新田城、曲阜鲁国故城、楚纪南城、秦都雍城等。

1. 丰、镐两京遗址

丰、镐两京遗址位于陕西西安市西南12千米处的沣河两岸，范围大体包括今客省庄、马王村、张家坡、普渡村、斗门镇一带，面积在10平方千米以上。其中沣西为文王的丰京所在，面积约6平方千米；沣东为武王营造的镐京，面积约4平方千米。

在沣西的马王村、客省庄一带，曾发现十多座夯土建筑基址，其中4号基址平面略呈“T”形，东西长61.5米，西部南北最宽35.5米，总面积为1826.98平方米（图9-21）[55]。在其附近发现有残瓦和陶水管等建筑材料。沣东发现10余处夯土建筑基址，主要分布于官庄村、斗门镇、花楼子等地。其中5号建筑基址最大，台基高1.5～1.8米，面积约3393平方米，坐落于台基之上的宫室基址坐北朝南，长59、宽23米，总面积1357平方米，整体布局呈“工”字形[56]。此外还发现有一般民居、制骨作坊、陶窑、青铜器窑藏和大批西周墓葬等。但至今尚未发现丰、镐两京的城垣遗迹，城的形制、布局等也都不清楚。

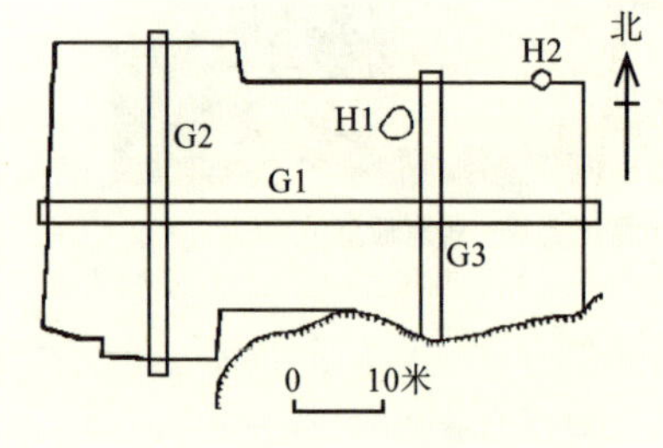

图9-21 沣西四号建筑基址平面图

2. 洛阳东周王城

城址位于河南省洛阳市涧、洛二水交汇处。据史书记载，西周初年，周公东征后，为了震慑东方各国，曾在洛阳营建东都洛邑。公元前771年，西周为犬戎所逼，平王迁都洛邑，到公元前256年周赧王为秦所灭，这里一直是东周王都所在地，史称王城。因此，王城的兴建，至迟不晚于东周初年。1954～1960年，中国科学院考古研究所对此城进行了全面勘察[57]。

城址平面略呈方形，除东南部因地势低洼未发现城墙遗迹外，其余部分保存尚好；北墙在涧河东岸，全长2890米；西墙北段在涧河东岸，南部在涧河西岸，南北两端相距约3200米；南墙和东墙各残存约1000米（图9-22）。城墙用夯土版筑建造，曾经后期修补、增筑加宽，一般宽约10米；北墙外还发现有护城壕沟。城中部被汉河南县城所压，原有建筑遗迹遭毁坏而不明；城北部发现有制陶、制骨、制石和冶铜作坊遗址；南部发现两处大型建筑基址，其中北面的一处东西长344、南北宽182米，附近有大量的板瓦、筒瓦、瓦当等建筑材料，似为宫殿建筑区所在；城内还发现

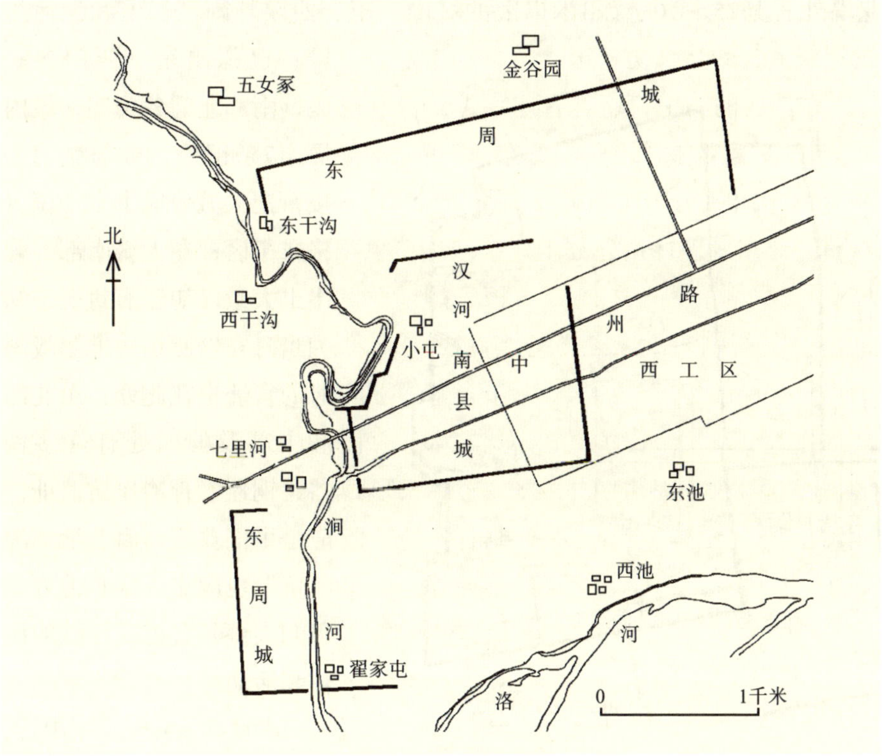

图9-22　东周王城平面图

有居民住址、排水设施等。近年来，在洛阳东周王城东北部（王城广场）发现了一座包括“天子驾六”的车马坑，南北长42.6、东西宽7.4米，共葬车26辆，其中驾马6匹者1辆、4匹者8辆、两匹者15辆[58]。故这一带可能是东周高等级贵族墓区，甚至可能是王陵区。

3. 齐临淄故城

城址位于山东临淄市的西、北部。据史籍记载，周武王灭商后，封姜尚为齐侯，都营邱，至七世献公元年（公元前859年）始都临淄，一直到公元前221年为秦所灭，临淄作为齐国都城达630年之久。又据《战国策·齐策》记载，齐宣王时临淄有7万户、21万男子，是当时最繁华的都市之一。

据1964～1966年的勘查[59]和1971年的发掘，齐临淄城建于淄河西岸，由大城和小城两部分构成（图9-23）。大城平面略呈长方形，南北长约4500、东西宽约1400米；其中东墙因沿淄河而筑，故曲折而不整齐；南、北墙外有宽25～30、深3米以上的城壕，东、西墙外则借淄河和泥河为壕；已探出东、西门各一座，南、北门各两座；城内探出7条街道，皆与城门相接，把大城分成十多个棋盘格式街区；在大城南部，曾出土大量汉初官府封泥，知为当时官署所在，推测战国时的官署也在此处；东北部和中部及偏西处有许多铁器、铜器、骨器作坊遗址，应是手工业区，商业活动的“市”也应靠近这些地方。可知大城是官吏、百姓的居住和活动区。

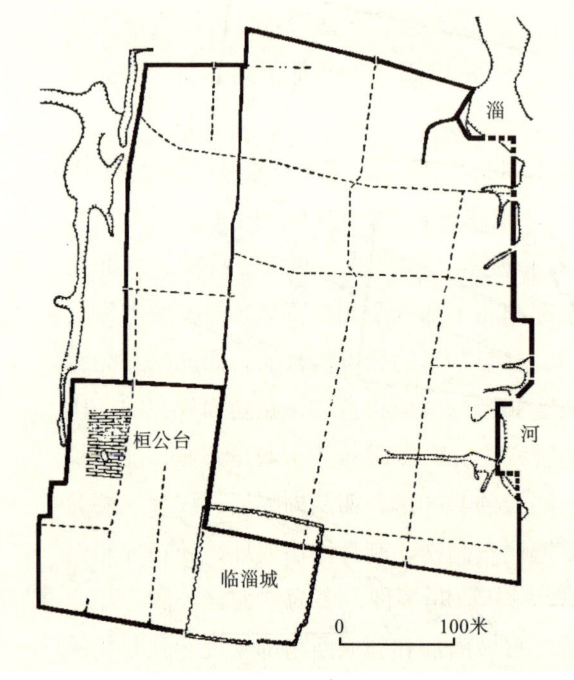

图9-23　齐临淄故城平面示意图

小城在大城的西南隅，部分嵌入大城西南角的高地上，东西约1400、南北约为2200米，平面略呈长方形；城墙墙基一般宽20～30米，有南门2座和东、西、北门各1座，门道宽8.2～20.5米；城外有宽13～25米的护城壕，西壕北端与泥河源头相接；城北部分布有大片夯土基址，是主要的宫殿区，其中心建筑为一高约14、南北长约86米的椭圆形夯土台基，被称为“桓公台”，是全城的制高点；桓公台周围分布有战国和汉代的宫殿基址；城东、南部还分布有制铁、铸铜作坊遗址，当属中央官府手工业遗存。可知小城是齐侯所居的宫城。

大城内曾发现两处春秋时的墓地，已探出大、中型墓葬20余座，其中一座石椁大墓外围的殉马坑中，发现殉马145匹，当是姜齐“公墓”所在。城南10千米的牛山一带，有《水经注》中所记的田齐威、宣、缗、襄王的“四王冢”，自牛山至齐故城间的大片地段，又有多处东周墓地，应为《周礼》所记的“国民所葬”的“邦墓”之地。

4. 郑韩故城

城址位于今河南新郑市。据史书记载，平王东迁后，郑国由原来的封邑郑（今陕西华县北）迁都于此。因是新建，故史称新郑。韩哀侯二年（公元前375年）灭郑，韩自阳翟（今河南禹县）迁都于此。新郑因前后为郑国和韩国所都，故称郑韩故城。

城址位于双洎（ji）河和黄水河交汇处[60]。城平面呈不规则形（图9-24），现存城垣残高15～18米，东西最长约5000米，南北最宽约4500米；城内又有一南北向隔墙将其分为东、西两城。西城是宫城，南北约2800米，东西约2400米；城内中部和北半部夯土相当密集，是主要的宫殿区，曾探出东西长约500米，南北宽约370米的长方形宫墙；西北隅有高约8米、底部南北长约135米，东西宽80米的“梳妆台”，是地面仅存的一座夯土台基；附近还有储存物品的窖穴，并有多眼井。东城是郭城，北墙长约1800米，东墙长约5100米，南墙长约2900米，西墙即隔墙，仅在东墙北段发现一座城门；城内发现许多铸铜、制铁、制骨作坊遗址，还在白庙村北发现铜兵器窖藏，出土戈、矛、剑等180多件，多为“大官”和“郑命（令）”两个系统的官府所督铸。宫城南部和郭城西南部发现春秋时代的贵族墓地；东周时期的平民墓地多分布在城外。

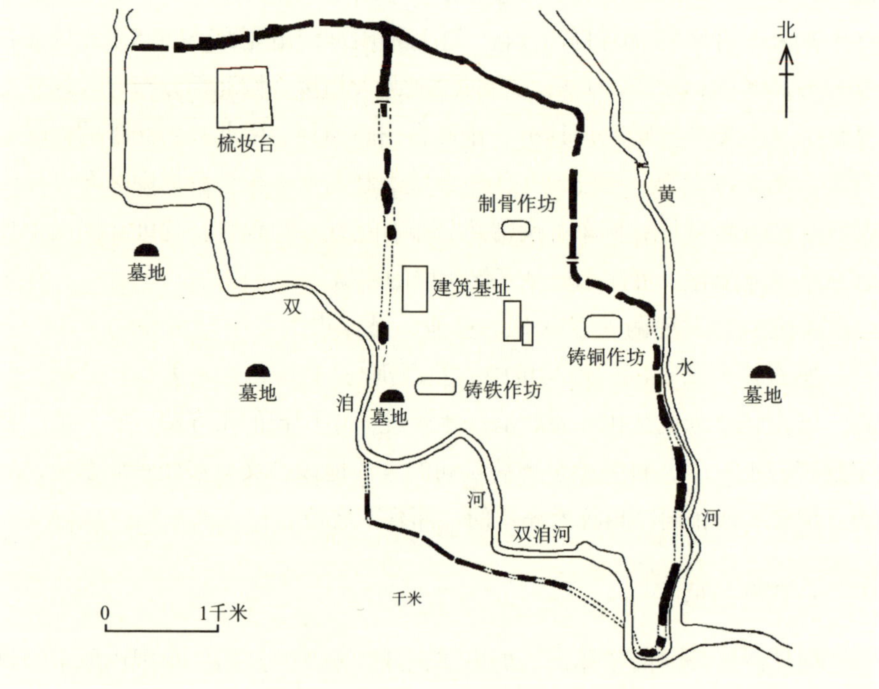

图9-24 郑韩故城平面图

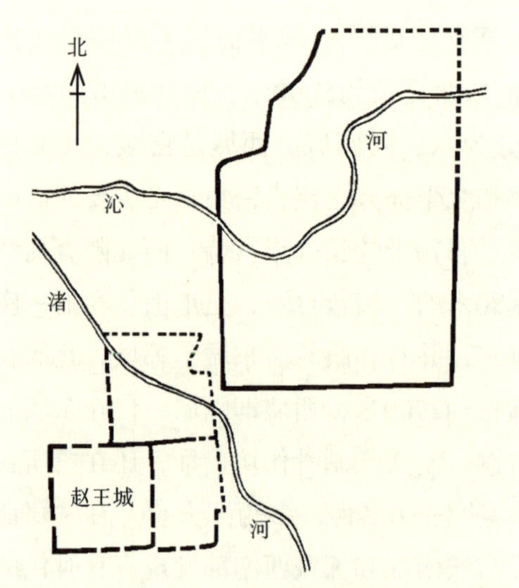

图9-25 赵邯郸城平面图

5. 赵邯郸城

位于河北邯郸市区及其外围，是战国中晚期赵国的都城[61]。赵敬侯元年（公元前386年）自中牟（今河南汤阴）迁都于此，至公元前222年赵被秦所灭，前后共历8世158年。

全城分为宫城和郭城两大部分（图9-25）。宫城墙基宽16米左右，由平面呈“品”字形的三座小城组成，习称赵王城。其中西城最为重要，东西宽约1354、南北长约1390米，南垣有缺口2个，东垣有缺口3个，北垣和西垣各有缺口2个，可能是城门遗迹；中部偏南处有南北长296、东西宽265、高达19米的“龙台”，是战国时最大的夯土台基；城内还有夯土台基5座。东城规模略小，东西最宽处926、南北长1442米，南垣有可能是城门的缺口2个；近西垣处亦有大型夯土台基2座，习称“北将台”和“南将台”。北城东西宽约1410、南北长约1520米，其西垣内外有两个大台基对峙，近南垣中部也有1座较小的台基。各台基周围均发现大量的素面、三鹿纹、涡云纹瓦当和瓦片。

郭城位于宫城东北部，其西南角与宫城东北角相距80米左右。城平面略呈长方形而西北隅曲折不整；东西宽约3200、南北长约4800米；墙基宽一般为20米左右，西北部城墙残高3～12米；城内中部偏东处发现多处战国至汉代的冶铁、制骨、制陶作坊遗址。赵王陵区在城外西北的丘陵地带，一般墓葬分布在沁河北岸。

6. 曲阜鲁故城

位于山东曲阜县城及周围，是西周至战国时期的鲁国都城[62]。周成王时周公长子伯禽在此建都；鲁顷公二十四年（公元前249年）楚灭鲁后，此地为鲁县县治；西汉时鲁王刘恭以此城为都。

城平面略呈长方形（图9-26），东西最长约3700米，南北最宽2700米，四周有城壕环绕；东、西、北各开3门，南垣有1门；城内中部和中南部的周公庙高地及其周围，分布有大型建筑基址群9处，其东、西、北三面发现有夯土墙基，应为春秋至西汉的鲁王宫城。城内已探出南北交叉的街道各5条，皆通向城门或重要遗迹，其中有一条南北街道对准宫城中轴和南垣东侧的“稷门”，该门外两侧有东周的“两观”遗址，其南1500米处为“舞雩台”夯土台基。可知当时城内的重要建筑是按中轴线位置来规划的。又，宫城位于郭城中心，略似《周礼·考工记》所述的都城规划而异于其他东周都城。此外，城内北部和西部发现周代的冶铜、冶铁、制骨、制陶遗址共10处；城内西部还发掘出100余座西周和东周墓。

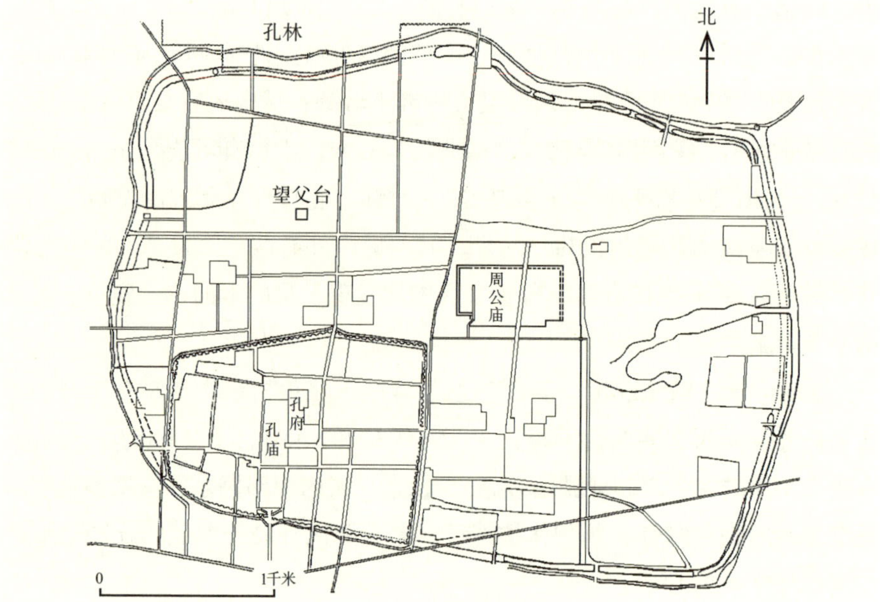

图9-26 曲阜鲁故城平面图

7. 燕下都城

位于河北省易县的易水河畔。公元前311年，燕昭王把都城从上都蓟（约在今北京附近，但至今尚未找到确切的位置）迁移于此，直至公元前222年燕为秦所灭，方始废弃。1961年以后，河北省文化局文物工作队和河北省文物研究所对其进行了详细的勘察和发掘，搞清了城址的基本情况[63]。

城址位于北易水和中易水之间，东西长约8000、南北宽约4000米；城中部有一道南北纵贯的城垣，把燕下都城址分为东西两城（图9-27）。东城是燕下都的主体，平面略呈方形，东西长约4500、南北宽约4000米；城垣为夯土版筑，墙基宽约40米，东、西、北三面各有一座城门，东、西墙外有人工挖掘的城壕，南、北有中易水和北易水为天然城壕；东城中部偏北处有一条横贯东西的隔墙，把东城又分为南、北两部分；北部应为宫城，在隔墙南北两侧有许多夯土台基，以隔墙南侧的武阳台为起点，在向北长约1400米的直线上分布有望景台、张公台和北垣外的老姆台，其中武阳台的规模最大，东西约140、南北约110、残高约11米；武阳台东北、东

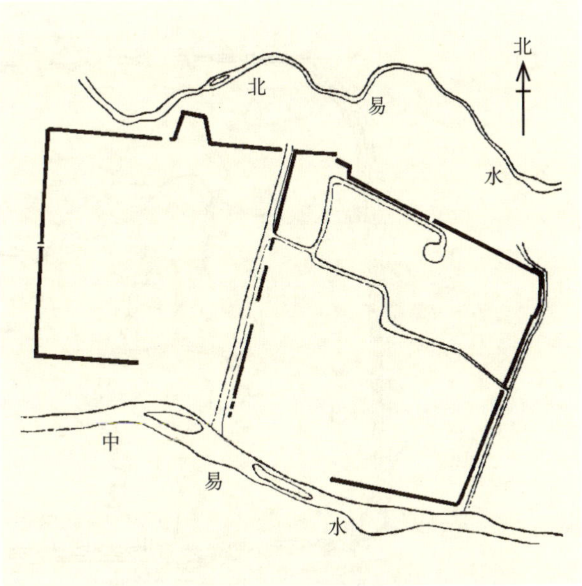

图9-27　燕下都平面图

南、西南还发现有三个宫殿建筑群，围绕宫殿区分布有许多冶铁、冶铜、铸钱、制骨作坊遗址。南部应属郭城性质，一般民居主要分布在这里，也发现有冶铁、制陶作坊遗迹。东城西北角为国君和贵族墓葬区，偏北处的“虚粮冢”有13个高大的封土堆，偏南的“九女台”现存10个封土堆；平民小墓则分布在东、西城外。

西城平面略作方形，因北垣中部向外凸出一块，故又习称北斗城。西城东西约3500米，南北约3700米，墙基宽约40米，地面城垣保存较好，有的高达6.8米。城内堆积极少，仅有个别的战国居址和墓葬。可能是后来为军事防守需要而增筑的附郭城。

8. 楚纪南城

位于湖北江陵县城北5千米处[64]。楚文王元年（公元前689年）自丹阳（今湖北秭归东南）移都于此，称为郢，到楚顷襄王二十一年（公元前278年）秦将白起拔郢，郢作楚都达411年之久。又因该城在纪山之南，故又习称纪南城。

纪南城平面呈圆角长方形（图9-28），东西长约4500、南北宽约3500米，总面积近16平方千米，周长约15.43千米；城墙上宽10～14米，保存最好处残高达7.6米；城垣外有护城城壕，宽40～80米，最宽处可达100米，最窄处仅10米左右，这些城壕有的是人工开挖的，有的是利用天然河道改修的。城垣四周有可能是城门的缺口有7处，其中水门2座、旱门5座。城内中部偏南处是宫殿区，已探出东部和北部的宫城墙基；宫区内分布有夯土台基84座，其中北端的43号台基长宽均在120米以上，已发掘的基址

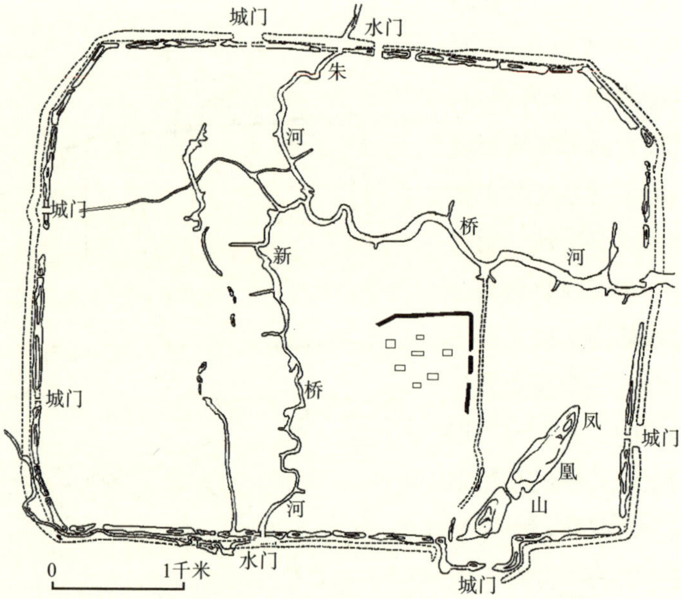

图9-28　楚纪南城平面示意图

发现有成排的柱洞、隔墙、散水和水井等；在宫城以西的陈家台曾发现两座铸锡炉，可能是作坊遗址。城西北为居民区，分布有密集的房址和水井等，仅水井就发现了400余眼。此外，在城外周围30～40千米的范围内分布有25处墓区，其中大墓区当是楚国国君和贵族墓地，中、小型墓区则应是一般平民墓葬所在。

9. 侯马晋新田城

位于山西省侯马市区西北部，是东周时晋国晚期都城新田所在地[65]。春秋时晋景公（公元前585年）自绛（今山西翼城东）迁都新田，故又称为新绛。侯马晋城的使用年代约在春秋中、晚期到战国早期（公元前585～前416年）。

侯马晋城由5座城址组成，其中台神、牛村、平望3座城址连成一片，其东还有呈王古城，东北为马庄古城（图9-29）。台神古城平面为长方形，面积约为1700×1250平方米；牛村古城近长方形，面积约为1100×1650平方米；平望古城也略呈长方形，面积约为900×1250平方米；马庄古城由东、西两座小城组成，东城面积约为300×350平方米，西城面积为200×250平方米；呈王古城为不甚规则的长方形，面积约为450×350平方米。这5座古城均属春秋中、晚期，其中牛村古城一直沿用到战国早期。

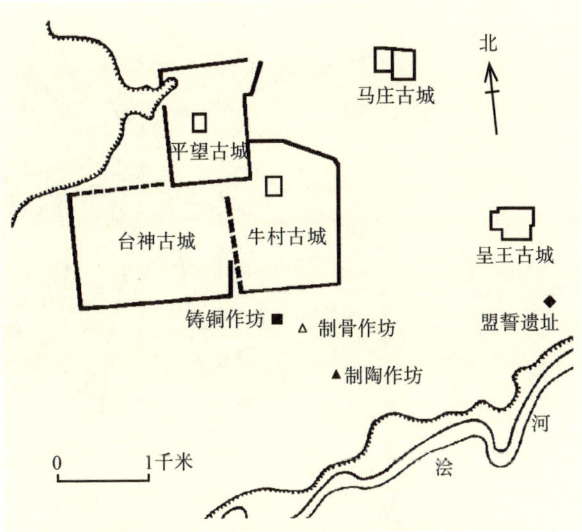

图9-29　侯马晋新田城平面示意图

在牛村和平望古城内，曾发现有夯土建筑台基，推测可能是当时的宫殿所在；牛村古城南郊发现有铸铜、制石、制骨、制陶作坊遗迹。在浍河以南的上马村一带，发现面积约50万平方米的东周墓地。晋侯墓地在翼城县和曲沃县交界的天马–曲村遗址北赵墓地，发现有“中”字形和“甲”字形大墓18座，出土有“晋侯蘇（苏）钟”等重要文物[66]。

呈王古城东南郊发现著名的侯马盟誓[67]遗址，发现春秋晚期晋定公十五年至二十三年（公元前497～前489年）晋国世卿赵鞅同卿大夫之间举行盟誓的大量约信文书（即“侯马盟书”，是用毛笔在圭形玉或石片上书写的盟辞）。盟誓时杀牲取血，然后将盟辞用血书在圭形玉或石片上，一式二份，一份藏在盟府，一份与牲同埋于“坎”（坑）中，以取信神鬼。内容有宗盟类（与盟人效忠盟主），委质类（送人质于新主君后的誓约），纳室类（禁止与盟人再扩充奴隶、土地、财产等），诅咒类（对某些罪行谴责的诅咒文）等。

10. 秦都雍城

位于陕西省凤翔县城南、雍水以北。秦国从德公元年（公元前677年）至献公二年（公元前383年）在此建都近300年，是东周时期秦国早期的重要都城。

城址平面不甚规则（图9-30），东西长约3300米，南北宽约3200米；

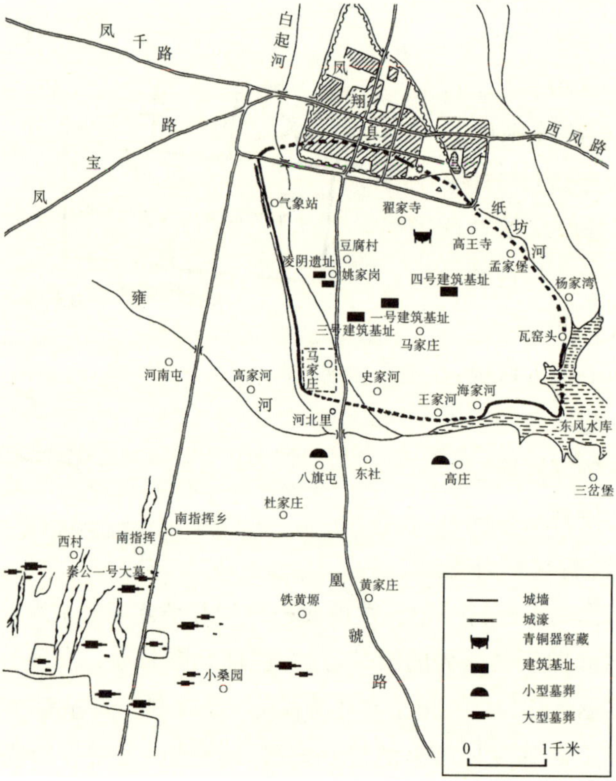

图9-30　秦雍城遗迹分布示意图

城墙为夯土版筑而成，宽度在3～8.8米[68]。城内中部偏西的姚村附近，曾发现3批64件铜质建筑构件，并清理出1座可藏冰190多立方米的“凌阴”（冰窖）遗迹；城内中部偏北的马家庄附近，发掘了一处保存较好的宗庙遗址，三组建筑呈“品”字形排列，其中居中的一组坐北朝南，主体建筑面阔20.8、进深13.9米，前面中庭部分发现178个祭祀坑，多数坑内残存人或牛羊骨。

据调查，雍城近郊四周的高地上，大都分布有当时的宫殿基址；城南10千米的三寺原上，是秦公陵园所在，已探出14座“中”字形大墓、2座“甲”字形大墓、15座长方形坑、1座圆形坑，其中1号“中”字形大墓已发掘，墓室面积为59.4×38.45平方米，深24米，连同墓道通长300米，是目前已知的最大的东周墓。秦公陵园之北的八旗屯、高庄一带是中、小型墓区。

参考书目

[1] 严文明：《龙山时代城的初步研究》，《农业发生与文明起源》，科学出版社，2000年。

[2] 赵辉、魏峻：《中国新石器时代城址的发现与研究》，《古代文明》（第1卷），文物出版社，2002年。

[3] 钱耀鹏：《中国史前城址与文明起源研究》，西北大学出版社，2001年。

[4] 中国科学院考古研究所：《偃师二里头——1959年～1978年考古发掘报告》，中国大百科全书出版社，1999年。

[5] 河南省博物馆：《郑州商代城遗址发掘报告》，《文物资料丛刊》（1），文物出版社，1977年。

[6] 中国社会科学院考古研究所：《殷墟的发现与研究》，科学出版社，1994年。

[7] 山东省文物管理处：《山东临淄齐故城试掘简报》，《考古》1961年第6期。

[8] 山东省文物考古研究所、山东省博物馆、济宁地区文物组：《曲阜鲁国故城》，齐鲁书社，1982年。

[9] 山西省考古研究所侯马工作站：《晋都新田》，山西人民出版社，1996年。

[10] 陕西省雍城考古队：《秦都雍城钻探试掘简报》，《考古与文物》1985年第2期。

注释

[1] 赵辉、魏峻：《中国新石器时代城址的发现与研究》，《古代文明》（第1卷），文物出版社，2002年。

[2] 胡厚宣：《殷墟发掘》，学习生活出版社，1955年。

[3] 国家文物局考古领队培训班：《郑州西山仰韶时代城址的发掘》，《文物》1999年第7期。

[4] 河南省文物研究所、周口地区文化局文物科：《河南淮阳平粮台龙山文化城址试掘简报》，《文物》1983年第3期。

[5] 河南省文物研究所：《河南辉县市孟庄龙山文化遗址发掘简报》，《考古》2000年第3期；袁广阔：《孟庄龙山文化遗存研究》，《考古》2000年第3期。

[6] 蔡全法、马俊才、郭木森等：《龙山时代考古的重大收获》，《中国文物报》2000年5月21日第1版。

[7] 中国社会科学院考古研究所山西工作队、临汾地区文化局：《山西襄汾县陶寺遗址发掘简报》，《考古》1980年第1期；中国社会科学院考古研究所山西工作队、临汾地区文化局：《1978～1980年山西襄汾陶寺墓地发掘简报》，《考古》1983年第1期。

[8] 曲冠杰：《陶寺城址——转向文明社会的典型例证》，《光明日报》2000年7月19日第A3版。

[9] 中国社会科学院考古研究所山西队、山西省考古研究所、临汾市文物局：《山西襄汾县陶寺

中期城址大型建筑ⅡFJT1基址2004～2005年发掘简报》，《考古》2007年第4期。
[10] 傅斯年：《城子崖》，中央研究院历史语言研究所，1934年。
[11] 山东省文物考古研究所：《城子崖遗址又有重大发现》，《中国文物报》1990年7月26日第1版。
[12] 魏成敏：《临淄市田旺龙山文化城址》，《中国考古学年鉴（1993）》，文物出版社，1995年。
[13] 张学海：《寿光边线王龙山文化城堡》，《中国考古学年鉴（1985）》，文物出版社，1985年；杜在忠：《边线王龙山文化城堡的发现及其意义》，《中国文物报》1988年7月15日第3版。
[14] 山东大学历史系考古教研室：《山东邹平丁公遗址第四、五次发掘简报》，《考古》1993年第4期；栾丰实：《邹平县丁公大汶口文化至汉代遗址》，《中国考古学年鉴（1994）》，文物出版社，1997年。
[15] 罗勋章：《五莲丹土村新石器时代遗址》，《中国考古学年鉴（1996）》，文物出版社，1998年。
[16] 王晓毅、张光辉：《兴县碧村龙山时代遗存初探》，《考古与文物》2016年第4期。
[17] 田广金：《凉城县老虎山遗址1982～1983年发掘简报》，《内蒙古文物考古》1986年第4期。
[18] 陕西省考古研究院、榆林市文物考古勘探工作队、神木县文化局：《陕西神木县石峁遗址》，《考古》2013年第7期。
[19] 陕西省考古研究院、榆林市文物考古勘探工作队、神木县文体广电局等：《发现石峁古城》，文物出版社，2016年。
[20] 湖南省文物考古研究所、湖南澧县文物管理所：《澧县城头山屈家岭文化城址调查与试掘》，《文物》1993年第12期。
[21] 蒋迎春：《城头山为中国已知时代最早城址》，《中国文物报》1997年8月10日第1版。
[22] 北京大学考古系、湖北省文物考古研究所、湖北省荆州地区博物馆等：《石家河遗址群调查报告》，《南方民族考古》（第五辑），四川科学技术出版社，1993年。
[23] 石河考古队：《湖北省石河遗址群1987年发掘简报》，《文物》1990年第8期。
[24] 石河考古队：《湖北天门市邓家湾遗址1992年发掘简报》，《文物》1994年第4期。
[25] 湖北省文物考古研究所、中国社会科学院考古研究所：《湖北石家河罗家柏岭新石器时代遗址》，《考古学报》1994年第2期。
[26] 湖北省荆州博物馆、湖北省文物考古研究所、北京大学考古学系：《肖家屋脊》，文物出版社，1999年。
[27] 浙江省文物考古研究所：《杭州市余杭区良渚古城遗址2006～2007年的发掘》，《考古》2008年第7期。
[28] 浙江省文物考古研究所：《杭州市良渚古城外围水利系统的考古调查》，《考古》2015年第1期。
[29] 四川成都市文物考古工作队、四川大学考古教研室：《成都平原发现一批史前城址》，《中国文物报》1996年8月18日第1版；四川成都市文物考古工作队、四川大学考古教研

室：《成都史前城址发掘又获重大成果》，《中国文物报》1997年1月19日第1版。
[30] 成都市文物考古工作队、四川联合大学考古教研室、新津县文管所：《四川新津县宝墩遗址调查与试掘》，《考古》1997年第1期；中日联合考古调查队：《四川新津县宝墩遗址1996年发掘简报》，《考古》1998年第1期。
[31] 成都市文物考古工作队、郫县博物馆：《四川省郫县古城遗址调查与试掘》，《文物》1999年第1期。
[32] 严文明：《东方摇篮》，《农业发生与文明起源》，科学出版社，2000年，第163页。
[33] 甘肃省博物馆文物工作队：《秦安大地湾405号新石器时代房屋遗址》，《文物》1983年第11期。
[34] 西北大学文博学院考古专业：《扶风案板遗址发掘报告》，科学出版社，2000年。
[35] 内蒙古文物考古研究所：《准格尔旗小沙湾遗址及石棺墓地》，《内蒙古文物考古文集》（第一辑），中国大百科全书出版社，1994年。
[36] 内蒙古文物考古研究所：《准格尔旗白草塔遗址》，《内蒙古文物考古文集》（第一辑），中国大百科全书出版社，1994年。
[37] 河南省文物研究所、中国历史博物馆考古部：《登封王城岗与阳城》，文物出版社，1992年。
[38] 安金槐：《近年来河南夏商文化考古的新收获——为中国考古学会第四次年会而作》，《文物》1983年第3期。
[39] 京浦：《禹居阳城与王城岗遗址》，《文物》1984年第2期。
[40] 方燕明：《登封王城岗遗址的新发现与夏文化研究》，《中国文物报》2005年1月28日第7版。
[41] 中国科学院考古研究所二里头工作队：《河南偃师二里头早商宫殿遗址发掘简报》，《考古》1974年第4期。
[42] 中国科学院考古研究所：《偃师二里头——1959年～1978年考古发掘报告》，中国大百科全书出版社，1999年。
[43] 中国社会科学院考古研究所二里头工作队：《二里头遗址发现宫城城墙等重要遗存》，中国文物信息网，2004年7月2日。
[44] 方酉生：《偃师二里头遗址第三期遗存与桀都斟寻》，《夏文化研究论集》，中华书局，1996年，第81～91页。
[45] 郑州市文物考古研究所、荥阳市文物保护管理所：《河南荥阳大师姑遗址2002年度发掘简报》，《文物》2004年第11期。
[46] 郑州市文物考古研究所：《郑州大师姑（2002～2003）》，科学出版社，2004年。
[47] 河南省博物馆：《郑州商代城遗址发掘报告》，《文物资料丛刊》（1），文物出版社，1977年。
[48] 安金槐：《对于郑州商城"外夯土墙基"的看法》，《郑州商城考古新发现与研究》，中州古籍出版社，1993年；宋国定：《1985～1992年郑州商城考古发现综述》，《郑州商城考古新发现与研究》，中州古籍出版社，1993年。
[49] 中国社会科学院考古研究所汉魏故城工作队：《偃师商城的初步勘探和发掘》，《考古》

1984年第6期；中国社会科学院考古研究所河南第二工作队：《1983年秋河南偃师商城发掘简报》，《考古》1984年第10期；中国社会科学院考古研究所河南二队：《1984年春偃师尸乡沟商城宫殿遗址发掘简报》，《考古》1985年第4期。
[50] 中国社会科学院考古研究所：《殷墟的发现与研究》，科学出版社，1994年。
[51] 中国社会科学院考古研究所安阳工作队：《河南安阳市洹北商城的勘察与试掘》，《考古》2003年第5期。
[52] 中国社会科学院考古研究所安阳工作队：《河南安阳市洹北商城宫殿区1号基址发掘简报》，《考古》2003年第5期。
[53] 唐际根、徐广德：《洹北花园庄遗址与盘庚迁殷问题》，《中国文物报》1999年4月14日。
[54] 董琦：《发现安阳洹北商城的启示》，《中国文物报》2001年3月7日第7版。
[55] 中国社会科学院考古研究所丰镐发掘队：《陕西长安沣西客省庄西周夯土建筑基址发掘报告》，《考古》1987年第8期。
[56] 陕西省考古研究所：《镐京西周宫室》，西北大学出版社，1995年，第2页。
[57] 郭宝钧：《洛阳古城勘察简报》，《考古通讯》1955年第1期。
[58] 刘富良、安亚伟：《洛阳：从车马坑找到东周王陵》，《文物天地》2002年第2期。
[59] 山东省文物管理处：《山东临淄齐故城试掘简报》，《考古》1961年第6期。
[60] 河南省博物馆新郑工作站、新郑县文化馆：《河南新郑郑韩故城的钻探和试掘》，《文物资料丛刊》（3），文物出版社，1980年。
[61] 河北省文物管理处、邯郸市文物保管所：《赵都邯郸故城调查报告》，《考古学集刊》（4），中国社会科学出版社，1984年。
[62] 山东省文物考古研究所、山东省博物馆、济宁地区文物组：《曲阜鲁国故城》，齐鲁书社，1982年。
[63] 河北省文化局文物工作队：《河北易县燕下都故城勘察和试掘》，《考古学报》1965年第1期；河北省文物研究所：《燕下都》，文物出版社，1996年。
[64] 湖北省博物馆：《楚都纪南城的勘查与发掘（上）》，《考古学报》1982年第3期；湖北省博物馆：《楚都纪南城的勘查与发掘（下）》，《考古学报》1982年第4期。
[65] 山西省考古研究所侯马工作站：《晋都新田》，山西人民出版社，1996年。
[66] 北京大学考古学系、山西省考古研究所：《天马–曲村遗址北赵晋侯墓地第二次发掘》，《文物》1994年第1期（第3、4次发掘《文物》1994年第8期；第5次发掘《文物》1995年第7期；第6次发掘《文物》2001年第8期）。
[67] 《礼记·曲礼下》："莅牲曰盟。"孔颖达疏："盟者，杀牲歃血（口含血。一说以指蘸血，涂于口旁。古代订盟时的一种仪式），誓于神也。盟之为法，先凿地为方坎，杀牲于坎上，割牲左耳，盛于珠盘，又取血盛于玉敦，用血为盟书，成，乃歃血而读书。"《周礼·司盟》："掌盟载之法。"注："载，盟誓也，盟者书其书于策，杀牲取血，坎其牲，加书于其上而埋之，谓之载书。"
[68] 陕西省雍城考古队：《秦都雍城钻探试掘简报》，《考古与文物》1985年第2期。

第十讲

古代城址（下）

一、秦汉城址

秦汉时期是古代都城发展的新时期，秦咸阳城、西汉长安城和东汉洛阳城等是当时全国的政治、经济、文化中心，这些新建都城的规划与布局，体现了秦汉帝国的文化特色，并对以后都城的营建产生了深远的影响。

（一）秦咸阳城

遗址位于陕西省咸阳市东北15千米的渭城区窑店乡一带。其地在九嵕山之南，渭水之北，山水俱阳，故名咸阳。《史记·秦本纪》载：秦孝公“十二年，作为咸阳，筑冀阙，秦徙都之”。“自秦孝公至始皇帝、胡亥，并都此城。”（《三辅黄图》）前后相沿144年。

咸阳城的营建，经历了战国和秦代两个阶段。自秦孝公在渭北“作为咸阳，筑冀阙”，到惠文王在渭南建章台、秦始皇兴建阿房宫，咸阳城的规模在不断地扩大，直到秦亡仍未完成。但秦主要宫室咸阳宫在渭北，这一带地势北高南低，宫殿区建在城北部的原上。由于城址的南部被渭水北移冲毁，城的整体形状与布局不清，但宫殿区保存尚好。依据历年来的考古勘探、发掘与研究[1]，对咸阳城的布局有了一定程度的了解（图10-1）。

1. 宫殿区

宫殿区在城的北部原上，先后发现大小建筑基址33处，有的现在仍残存高5～6米的长方形夯土台基。据文献记载，秦咸阳城建有咸阳宫、兰池宫、六国宫殿和阿房宫等宫殿建筑群。

咸阳宫　在咸阳城范围的北部聂家沟至姬家道沟之间，发现了东西长843～902、南北宽426～576米的宫城城垣，城内有6处建筑基址，其中第一（图10-2、图10-3）、第二、第三、第四号宫殿建筑基址已发掘或部分发掘，出土有板瓦、筒瓦和龙纹空心砖等大量建筑材料，墙壁上还残存有壁画（图10-4）。

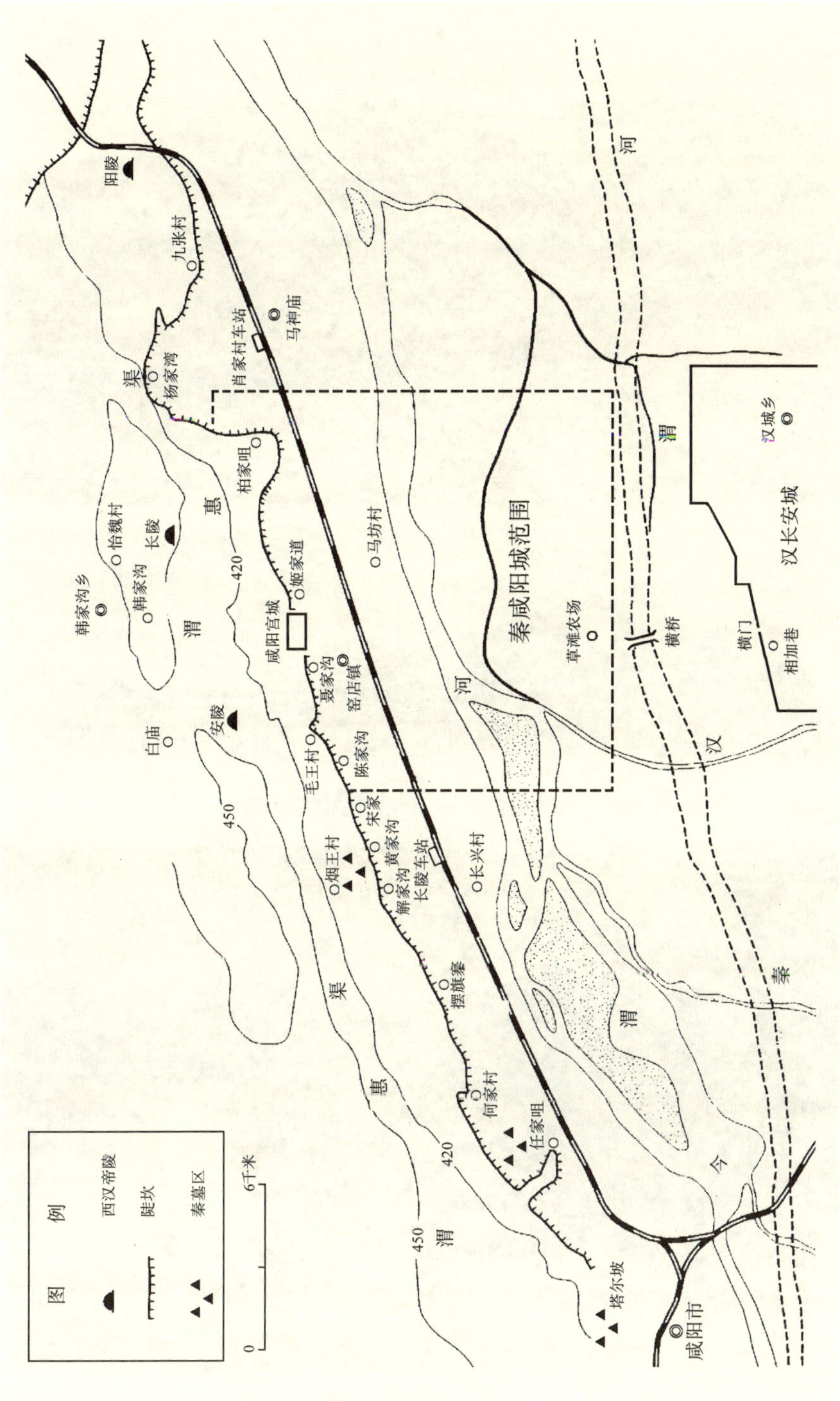

图10-1　秦咸阳城遗址平面示意图

图10-2 秦咸阳宫一号宫殿建筑基址

图10-3 秦咸阳宫一号宫殿建筑基址复原图

图10-4 秦咸阳宫三号宫殿建筑基址出土壁画

从这些建筑基址空间分布和相互关系来看，它们应属于互相关联的一组宫殿建筑群，很可能就是秦咸阳宫所在。

兰池宫　据《雍录》卷四："秦于兰池侧造宫。"兰池宫因池而得名。兰池位于正阳乡柏家嘴原下杨家湾低洼地带，西距第一号宫殿基址约3.5千米。这里至今还遗存有6处大小不等的建筑基址（编号第八～十三号），散布或出露有战国时期砖、瓦等建筑材料。

六国宫殿　《史记·秦本纪》记载："秦每破诸侯，写放其宫室，作之咸阳北阪上。"在汉长陵东北约120米的怡魏村南31号建筑遗址，曾采集到具有齐国风格的瓦当；在胡家沟沟头33号建筑遗址发现具有燕国风格的山云纹半瓦当；在塔尔坡原边的一处建筑遗址发现安邑下官铜钟。上述遗址均分布于西起塔尔坡，东至汉长陵，东西长25千米的咸阳原坡或原边，这一带大概就是"咸阳北阪"的六国宫殿所在。

阿房宫　秦惠文王开始，又在渭水之南大兴土木，营造了章台宫、兴乐宫、诸庙和上林苑等。秦始皇三十五年（前212年），以咸阳人多，先王之宫室小，又在渭南上林苑中兴建一组规模更大的建筑群——阿房宫，但尚未建成秦就灭亡了。近年来，对秦阿房宫前殿遗址进行了勘探和试掘，发现了铺瓦遗迹（图10-5）。查明夯土台基原东西长1270、南北宽426米，

图10-5　秦阿房宫遗址出土铺瓦遗迹

从秦代地面算起，现存最高高度为12米，面积达541020平方米，是迄今所知中国古代规模最大的宫殿建筑基址[2]。

2. 手工业作坊区

在秦咸阳城的范围内，还发现制陶、制瓦、制骨和冶炼遗址等。其中制陶、制骨和冶炼遗址在宫殿区以西约4千米的长陵车站一带，先后发现窑址6座；制瓦作坊分布在宫殿区以西约1千米处的胡家沟东原头和宫殿区以东约3.5千米的兰池宫附近。此外还在宫殿区西侧的聂家沟原边，发现一处冶炼铜铁制作兵器的作坊遗址。

3. 墓葬区

墓葬区位于秦咸阳城以西黄家沟至塔尔坡的原上。近年来，在黄家沟、塔尔坡[3]、任家咀[4]一带发掘了数百座秦墓。有竖穴土圹和土洞墓两类；随葬品以陶器为主，还有铜器和铁器等。这一带当为秦的“邦墓”茔域。

（二）汉长安城

汉长安城遗址位于陕西省西安市西北约3千米处的未央区汉城乡一带。汉长安城是西汉时期的都城，西汉以后的王莽新朝、东汉（献帝）、西晋（愍帝）、前赵、前秦、后秦、西魏、北周等也相继以此为都，至隋文帝开皇二年（582年）建大兴城，汉长安城遂废，前后沿用了近800年。

汉长安城的修建历经三个时期：汉高祖五年（公元前202年），在秦兴乐宫基础上建长乐宫，由栎阳迁都于此；汉高祖七年（公元前200年）建成未央宫；惠帝元年至五年（公元前194～前190年）修筑长安城墙；汉武帝太初元年（公元前104年），兴建了城内的北宫、桂宫、明光宫和城西的建章宫，并在城西修建上林苑，开凿了昆明池等。至此汉长安城基本建成，前后共历时90余年。汉平帝元始二年（2年），长安城的人口已有24万余人，是当时世界上最大的都城之一。

汉长安城的考古工作始自20世纪50年代，主要勘察了城墙、城门、道路和长乐宫、未央宫的地望和范围等；20世纪八九十年代，进一步勘察了未央宫、长乐宫和桂宫的结构与布局，勘察了手工业作坊遗址的分布。在上述工作的基础上，进行了大规模的发掘，先后发掘了城门、南郊礼制建筑、武库、长乐宫、未央宫、官署和角楼等建筑基址，制陶和冶铸等手工业作坊遗址等[5]。通过上述工作，基本搞清了长安城的形制和布局（图10-6）。

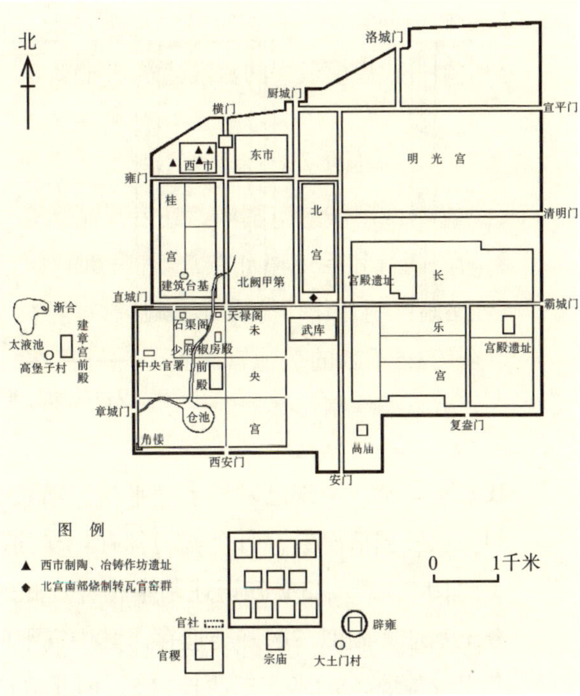

图10-6　汉长安城遗址平面示意图

1. 城墙

城的平面不甚规整，除东城墙较直外，西、南、北墙均有曲折或偏斜。古代有“城南为南斗形，北为北斗形，至今人呼汉京城为斗城是也”（《三辅黄图》卷一）之说。实际上，城墙的修筑晚于长乐宫和未央宫，南墙的曲折应与迁就两宫的位置有关，西、北墙的曲折则可能与渭水河道及地形有关。墙垣全部用黄土夯筑而成，原高度应在12米以上，基部宽度为12～16米。经实测，东城墙长约6000米，西城墙长4900米，南城墙长7600米，北城墙长7200米，四面总长约折合汉代的62里，城内总面积约为36平方千米。墙外有壕沟，经过发掘，得知其宽约8米，深约3米。

2. 城门

城的四面各有3个城门，共12城门。从东墙北端依顺时针方向依次为宣平门、清明门、霸城门、复盎门、安门、西安门、章城门、直城门、雍门、横门、厨城门、洛城门。张衡《西京赋》曰：“三途夷庭，方轨十二。”三国时薛综注曰：“一面三门，门三道，故云三途；途容四轨，

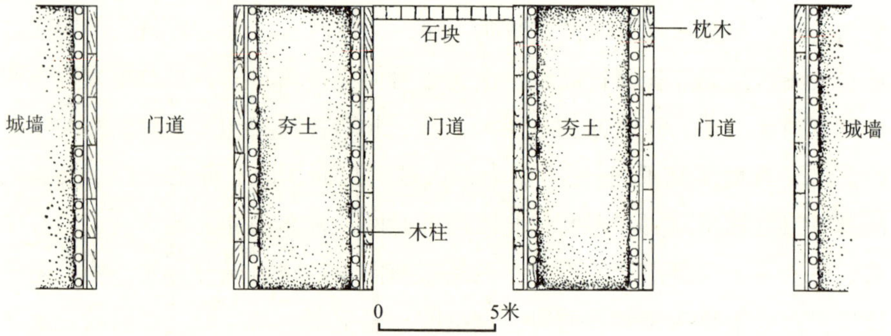

图10-7 汉长安城城门结构示意图

故广十二轨。”现已发掘了宣平门、霸城门、西安门和直城门，试掘了横门。从发掘情况看，每个城门各有3个门道，每道宽6～8米，可容4个车轨（图10-7）[6]，与文献记述基本相合。此外，东面三门址外侧，有凸出的夯土基址，颇似“阙”类遗存。其中宣平门外“阙”址，西距门址20米，夯土台基现高8.2米，东西长13.8、南北宽11.7米。

3. 街道

“长安城中八街九陌。”（《三辅黄图》引《三辅旧事》）何清谷校曰：“八街指城中的八条大街；九陌指城中的大路，同九逵。”[7]考古勘察表明，长安城的12座城门中，除与宫城相对的霸城门、复盎门、西安门、章城门4座外，其余8座城门都与城内一条大街相连，全城共有8条大街。文献记载的街名有章台街、香室街、夕阴街、华阳街等。最长的是安门大街，长5500米；最短的是洛城门大街，长850米。每条大街的宽度都在45米左右，其间有两条排水沟，将大街分成平行的3道，中间的道宽约20米，应是文献所载专供皇帝行走的“驰道”；两侧的道各宽约12米。排水沟通至城门，城门下有砖石砌筑的排水涵洞。

4. 宫殿

汉长安城大部分为宫殿区所占据，有未央宫、长乐宫、桂宫、北宫和明光宫等。其中，开展考古勘察和发掘工作最多的是未央宫，其次是长乐宫，桂宫和北宫只进行了勘察，明光宫还在探寻之中。

未央宫　宫城位于汉长安城西南隅，又称西宫，是皇帝朝会、居住之所。未央宫是刘邦迁都长安后，由丞相萧何主持营建的，平面呈方形，四面筑有围墙，东、西墙各长2150米，南、北墙各长2250米，周长8800米，约合汉代21里。面积约5平方千米，占城内总面积的七分之一。宫城每面各辟一门，称司马门。东面和北面门外有阙，称东阙和北阙。宫城内有干道三条，一条纵贯南北的干道，两条东西向干道将宫城分为北、中、南三部分。宫内主要建筑物有前殿、宣室殿、温室殿、清凉殿、麒麟殿、金华殿、承明殿、高门殿、白虎殿、玉堂殿、宣德殿、椒房殿、昭阳殿、柏梁台、天禄阁、石渠阁等。其中前殿是未央宫的主体建筑，居全宫的正中，坐北朝南，其上南北排列三座大殿[8]；现存基址南北长约350米，东西宽约200米，北端最高处高约15米（图10-8）。宫城北部为后宫和皇室官署所在，其中后宫首殿椒房殿为皇后所居，位于前殿以北约350米处，由正殿、配殿、厢房等建筑组成；皇室官署如少府等多在后宫之西，已发掘的西北部第三号建筑遗址属负责官营手工业的中央官署。宫城北部有藏图书典籍的天禄阁和石渠阁。南部为池苑区，有沧池和渐台等。

图10-8　汉长安城未央宫前殿遗址

长乐宫　长乐宫是在秦兴乐宫的基础上改建的，位于汉长安城的东南部，又称东宫。西汉初年曾为高祖刘邦的临时皇宫，惠帝以后改为太后之宫。对长乐宫的勘探得知，宫城中部有一横贯东西的干道与霸城门和直城门相连接。宫内主要宫殿分布在东西干道南部、南北干道的东侧，已探出东西分布的三组大型宫殿建筑群。其中东边的建筑群规模最大，夯土基址东西宽116、南北长197米，基址上南北排列三组殿址，很可能属长乐宫前殿基址。在宫城的西北部也发现一些宫殿建筑基址，东北部则是池苑区。

桂宫　在未央宫之北，雍门大街以南，东邻横门大街，墙西面靠近汉长安城城墙。经勘探，桂宫平面呈长方形，四面筑围墙，东西宽约880米，南北长约1800米。宫城内南北向干道与南北宫门相连，东西路由宫东门向西至南北干道。宫城中南部有一高台宫殿基址，现存台基高11.5米，底部平面近方形，边长约50米。这座宫殿及附近的建筑遗迹，可能是桂宫的主殿鸿宁殿建筑群基址。

北宫　关于北宫的地望，过去学者多依据文献推断其位置在桂宫东邻，但经勘察，这一带未发现宫城城墙。20世纪90年代在厨城门大街以东、安门大街以西、雍门大街以南和直城门大街以北，勘探出一座长方形宫城遗址，可能是北宫[9]。

5. 武库

武库在长乐、未央两宫之间，安门大街的西侧。平面呈长方形，四周筑围墙，东、西墙各长320米，南、北墙各长880米，共设有7个仓库。中国社会科学院考古研究所汉城工作队对第1和7号建筑遗址进行了全面发掘，出土了大量铁兵器。库房中原设有放置兵器的木架，木架已朽坏，但排列有序的础石尚存[10]。

6. 民里

汉长安城内一般居民的住宅区以“里”为单位，《三辅黄图》有“长安闾里一百六十，室居栉比，门巷修直”的记载，其中有名称可考的有“尚冠里”“修成里”“黄棘里”“宣明里”“建阳里”“昌阴里”“北焕里”“南平里”“大昌里”“戚里”“宜里”“当利里”“棘里”“南里”等。它们主要分布在城的北部，靠近宣平门一带和洛城门大街的东、西两侧。据记载，少数权贵人物的邸宅在未央宫北阙附近，称“北阙甲第”，其地望大概在北宫与桂宫之间。

7. 商市

《三辅黄图》引《庙记》云：“长安市有九，各方二百六十步。六市在道西，三市在道东……夹横桥大道，市楼皆重屋。”其位置在城的西北部，雍门大街以北，横门大街的两侧。三市在街东，称东市；六市在街西，称西市。调查中发现，两市四周均筑有“市墙”，其中东市东西长780、南北宽650～700米；西市东西长550、南北宽420～480米[11]。手工业作坊主要分布在城的北部，尤以西市及其附近分布最为密集，先后发掘了制陶、冶铸和铸币作坊遗址（图10-9）。制陶作坊既有少府所辖的烧制陶俑的“官窑”，也有生产砖瓦及日用陶器的“民窑”；冶铸遗址位于西市中部偏西处，发现有烘范窑和各种器物的陶范等；铸币遗址分布在西市的东北部，这一带曾发现数千计的“五铢”钱范。此外，在北宫之南、武库之北分布有西汉前期烧制砖瓦的窑址群，出土的砖瓦上有“大匠”陶文，应属为未央宫、北宫等宫殿建筑生产砖瓦的“官窑”。

图10-9 汉长安城冶铸遗址烘范窑址

8. 礼制建筑

西汉的礼制建筑主要建于长安城南郊。根据《汉书》的《郊祀志》《王莽传》及有关史籍记载，汉长安城南郊的礼制建筑有平帝元始年间兴建的明堂、辟雍，新莽地皇元年（20年）兴建的“王莽九庙”，还有官社、官稷等。

宗庙　据调查，汉高祖庙，又称高庙，在长安城内，其位置位于长安城内安门大街以东、长乐宫西南[12]。此外，在汉长安城南郊、今西安市大土门村的西北，发现12座形式相同建筑，其中1～11号建筑四面围有墙垣，平面呈正方形，边长1400米；12号建筑在墙垣外南部正中，北距南墙10米。每座建筑又各自围成一个方形院落，边长260～280米，四面各开一门；中心建筑位于院落中央[13]。一般认为这可能是《汉书·王莽传》记载的“九庙”遗址。

辟雍　辟雍“亦曰璧雍，如璧之圆，雍之以水，象教化流行也”（《三辅黄图》）。辟雍遗址位于宗庙遗址东南。根据《汉书·平帝纪》等文献记载，推定为汉平帝元始四年（4年）创建。经发掘，遗址平面外圆内方，中心建筑平面呈“亞”字形，建于直径62米的圆形夯土台上。遗址四面有围墙，四面各开一门，四隅有曲尺形配房。围墙外侧有圜水沟，直径360米，宽2米，深1.8米（图10-10）。

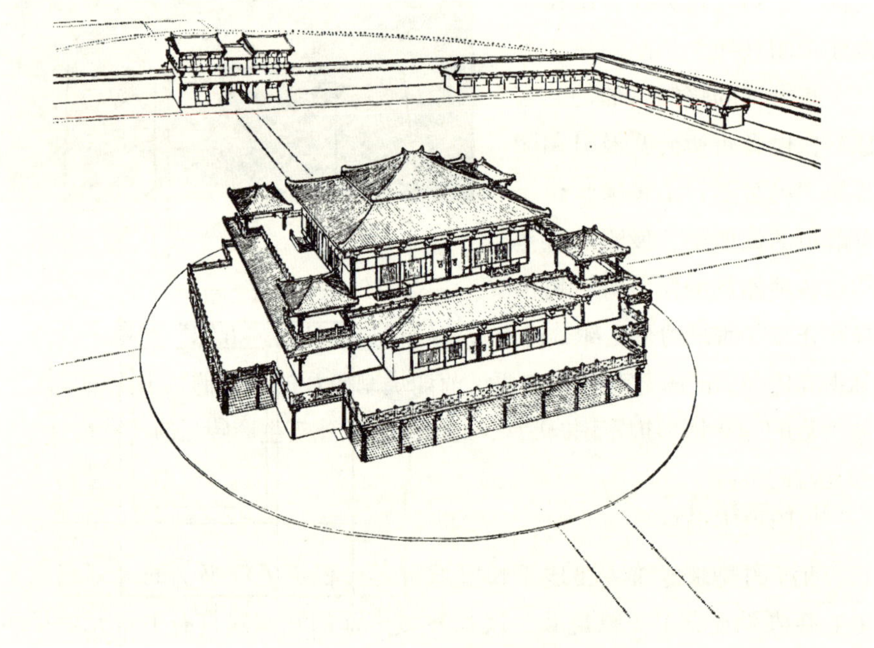

图10-10　汉长安城辟雍建筑复原示意图

社稷　位于宗庙遗址西南，包括官社和官稷遗址。据文献记述“汉初除秦社稷，立汉社稷。其后又立官社”（《三辅黄图》）。官社遗址夯土台基残高4.3米，东西残长240米，南北残宽70米；主体建筑居中，周施廊庑。官稷遗址在官社遗址之南，有两重围墙，平面呈“回”字形，外墙边长约600米，内墙边长273米；内外墙四面各开一门。

（三）汉魏洛阳城

城址位于河南省洛阳市东约15千米，北靠邙山，南临洛河。西周初在此筑城，称成周。西汉的洛阳城是在成周城的基础上营建的。东汉光武帝建武元年（25年）在此建都，又在西汉洛阳城的基础上进行了扩建，至汉献帝初平元年（190年）迁长安时，洛阳城被焚毁。魏文帝黄初元年（220年），在汉洛阳城旧址上建都，西晋继之，至永嘉五年（311年），洛阳城又在战乱中遭到破坏。

20世纪50年代以来，中国科学院考古研究所洛阳工作队对城址进行了多次勘探和发掘，究明了全城的平面形状、城墙的规模、城门和城内主要街道的分布、武库和太仓的位置，并根据城门和街道的分布情形推定南宫和北宫的范围[14]。

洛阳城平面略呈南北向长方形，南北约合汉代的9里，东西约合汉代的6里，故又有“九六城”之说（图10-11）。城墙用土夯筑而成，厚14～25米。东、西、北三面城墙遗迹尚存，南

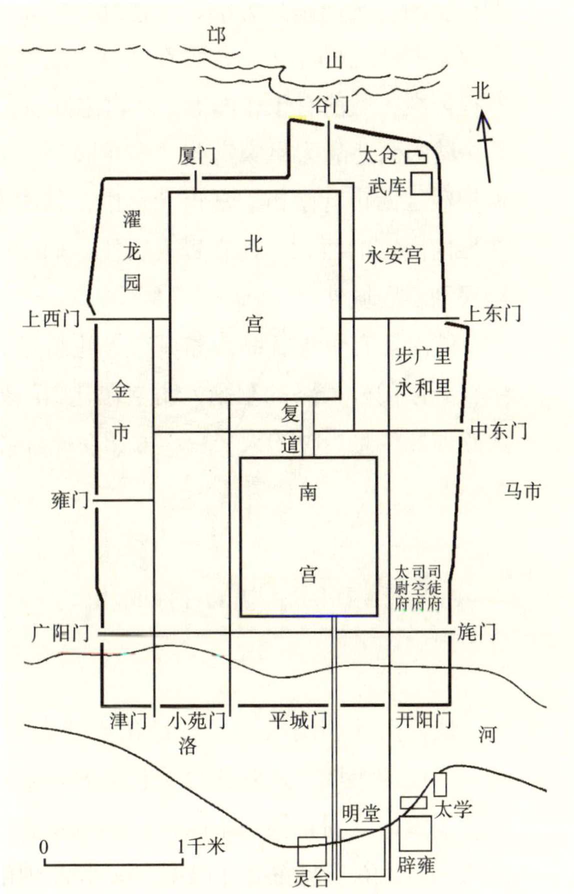

图10-11　东汉洛阳城平面示意图

面城墙因洛河改道而被冲毁。经实测，东城墙长4200米，西城墙长约3700米，南城墙长约2460米，北城墙长约2700米，总长约合汉代的31里。全城四面共有12座城门，东、西各3座，北面2座，南面4座。据保存较好的夏门遗址钻探情况，城门有3个门道。

城内主要大街，都通自城门，大街互相交叉，分隔成24段。这可能就是文献所说的“洛阳二十四街”（《续汉书·百官志》注引《汉仪》）。根据钻探，大街的宽度在20～40米。每条大街都分成平行的三道，唯公卿、尚书等大臣行中道，一般行人皆行左右。

城中主要宫殿是南宫和北宫。南宫是洛阳城的主要宫殿，在西汉时就已具有一定的规模，东汉时又不断扩建，建有规模宏大的“前殿”等。经勘探，南宫平面呈长方形，南北约1300米，东西约1000米。北宫始建于明帝永平三年（60年），位置在南宫之北略偏西，平面亦呈长方形，其内建有德阳殿，殿前有朱雀阙等。两宫之间有复道相连。

城的西北隅为皇家宫苑“濯龙园”，太仓和武库都在城的东北隅。根据记载，商市有南市、马市和金市，其中南市在南郊，马市在东郊，金市在城内南宫的西北。达官贵人居住区如步广里、永和里在上东门内，一般居民则多居城外。

城南郊有明堂、辟雍和灵台等礼制建筑，均建于东汉光武帝时期。辟雍在开阳门外大路的东侧，明堂在开阳门外大路的西侧。灵台在平城门外大路西侧，是当时的天文台。太学在辟雍之北和东北。

二、魏晋南北朝隋唐城址

魏晋南北朝隋唐城址，经初步调查和试掘的有曹魏邺城、北魏洛阳城、六朝建康城、六朝武昌城和隋大兴—唐长安城等。其中曹魏邺城和北魏洛阳城的规划布局在中国古代都城发展史上具有承前启后的重要意义。隋大兴—唐长安城继承了曹魏邺城和北魏洛阳城的布局传统，但又有了进一步的发展，在整体设计规划上，显得更为对称、规整和宏大，是中国古代封闭式里坊制都市的典型，也是当时世界上最大、最繁荣的都市之一，在中国乃至世界古代都城发展史上都具有极为重要的地位。

（一）曹魏邺城

邺城遗址位于今河北省临漳县西南12.5千米处，包括南北毗连的两个城址，称为邺北城和邺南城，邺北城在漳河之北，邺南城在漳河之南。传邺城“本齐桓公所置也，故《管子》曰：筑五鹿、中牟、邺以卫诸夏也”（《水经注·漳水》）。战国时，魏文侯以西门豹为邺令，西门豹治邺的故事就发生于此地（《史记·滑稽列传》）。汉高祖十二年，置魏郡，治邺县。东汉献帝建安九年（204年），魏王曹操营建邺城，定为王都，后魏文帝曹丕受禅移都洛阳，邺城仍为其北都。十六国时期的后赵、冉魏、前燕均建都于此。北朝时，东魏于邺北城之南兴建邺南城，为东魏、北齐的都城，但邺北城仍在使用，至577年北齐亡，邺城衰落。

清代以来，就有中外学者对邺城的平面布局进行过探索。20世纪80年代以来，中国社会科学院考古研究所等先后对邺城遗址进行了勘探和发掘[15]，确定了城址的具体位置和范围。徐光冀先生依据考古资料和左思《魏都赋》、郦道元《水经注》等文献，对邺城遗址进行了复原研究[16]。

邺北城平面呈东西向长方形，东西最宽处2620米，南北1700米，城墙宽度为15～18米（图10-12）。实际范围小于《水经注·漳水》邺城“东西七里，南北五里”的记载。北墙和东墙的发掘地层表明，城墙营建于东汉晚期至曹魏时期，十六国、东魏、北齐时期有修补；西墙南段的斜墙的建筑年代要早于东汉晚期至曹魏时期，是利用了早期的城墙。

经勘探，确定城墙四面共开有7座城门，即南墙有3座，东、西墙各1座，北墙有2座。《水经注》记载的邺城“有七门，南曰凤阳门，中曰中阳门，次曰广阳门，东曰建春门，北曰广德门，次曰厩门，西曰金明门，一曰白门”。考古勘探与文献记载基本相符。

城内道路有6条，其中连接建春门与金明门的东西大道一条，横贯全城，将邺北城分为南、北两区；已探出的部分为2100米，路面宽13米左右。南区有3条南北向大道，自东而西分别通连广阳门、中阳门、凤阳

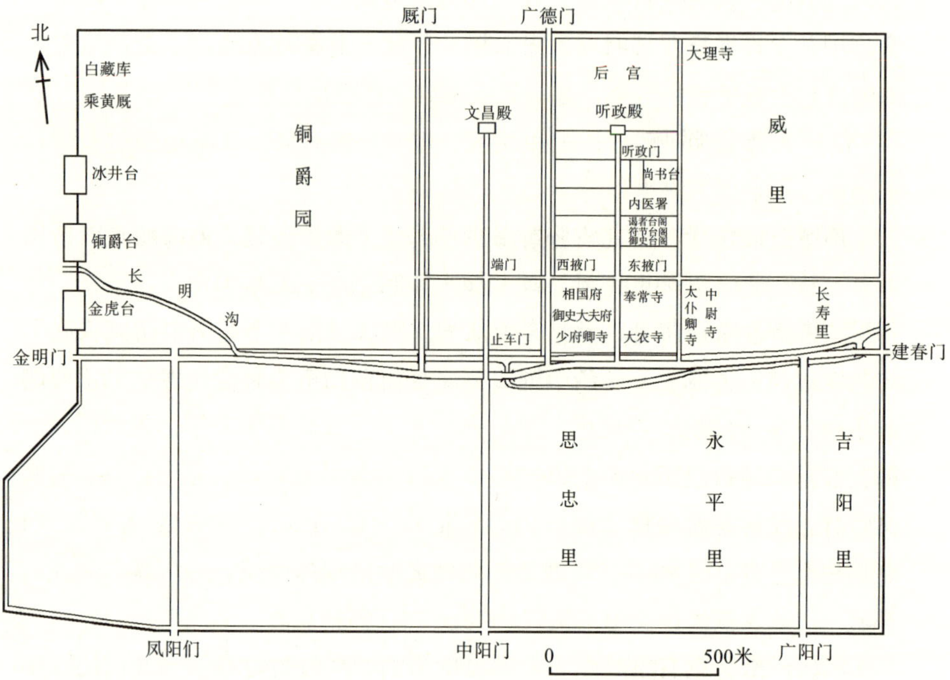

图10-12 曹魏邺城平面复原示意图

门，已勘探的中阳门大道位于全城的中部，长730、宽17米，是邺北城中轴线和最宽的道路。北区有南北大道两条，分别通往广德门与厩门。

北区中部为宫殿区，已勘探发现10座夯土建筑基址，分布于广德门大道东、西两侧。因未发掘，这些建筑基址的年代还不能确定。依据文献记载和遗迹分布情况，宫殿区以广德门大道为中轴线，西为外朝，东为内朝。外朝正殿为文昌殿，是朝会宾客，举行大礼之殿。内朝位于外朝东侧，其主殿是听政殿，听政殿南的听政门外至司马门外，分布有中央官署。听政殿后为后宫的范围。北区西部是铜爵园，园内有鱼池、亭台等，还有马厩、仓库等。《魏都赋》注："文昌殿西有铜爵园""铜爵园西有三台"。故铜爵园应在东西大道之北，三台以东，厩门大道以西，北城墙以南的范围内。《水经注·漳水》曰："城之西北有三台，皆因城为之基，巍然崇举，其高若山""中曰铜爵台""南则金虎台""北曰冰井台"。其中冰井台"上有冰室，室有数井，井深十五丈，藏冰及石墨焉”。铜爵、金虎两台基址，现仍保存于地面之上，两台之间相距83米，修筑于东汉晚期至曹魏时期，十六国、东魏、北齐均有修缮。北区东部、内朝之东为戚里和长寿里，是高等级贵族、官吏居住的地方。

南区大部分为一般居民的里坊区，也有一般官署。文献记载的里坊有吉阳里、永平里、思忠里等。

此外，东魏时于邺北城之南修建了新城，即邺南城，邺南城平面呈长方形，其北城墙即邺北城之南墙。此时邺北城仍被修缮使用。

邺北城布局区划明显，北区中部为宫殿区，南区主要为里坊区；城中部的中阳门大道形成全城的中轴线，使平面布局更为对称和规整。这种规划集中了宫殿和官署的分布，扩大了居民的里坊空间，对北魏洛阳城和隋唐长安城产生了重要影响。

（二）北魏洛阳城

北魏孝文帝太和十九年（495年）自平城迁都洛阳，对洛阳旧城进行了大规模的改建，使城内布局有了很大的变化。孝静帝天平元年（534年）迁都邺城，元象元年，洛阳城又一次在战火中被毁坏。

依据考古勘探[17]得知，北魏洛阳城仍然利用东汉、魏晋时期的城墙和城门（图10-13），但除开阳门外，都在魏晋或北魏时改了名。此外，北魏孝文帝时在西城

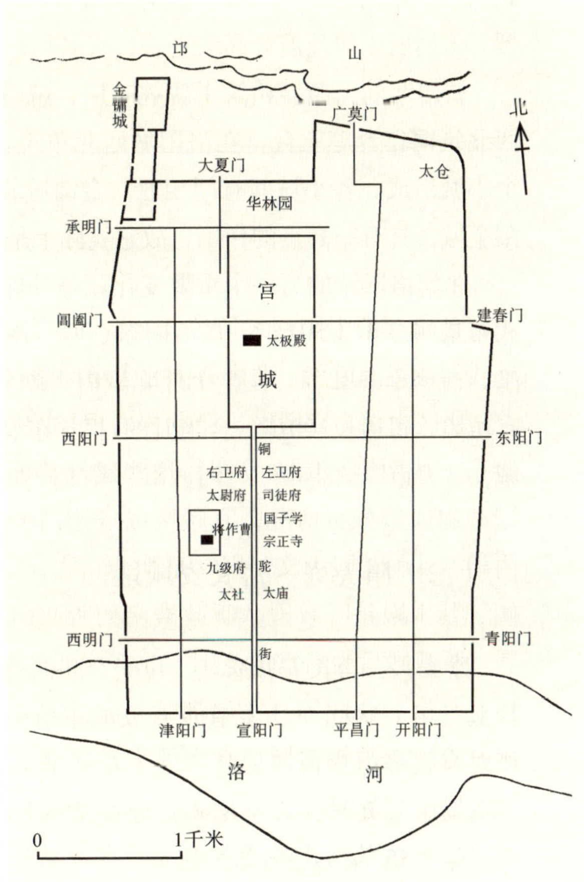

图10-13　北魏洛阳城平面示意图

墙北端开了承明门，从而使城门增加到13个。大城和金镛城外侧均附设马面，进一步加强了城垣的防御功能。

北魏洛阳城布局最重要的变化是废除了东汉以来的南、北两宫制度，在北部正中略微偏西处建立了单一的宫城。根据勘探得知，宫城是在汉魏北宫的基础上兴建的，平面呈长方形，四面筑墙。东西墙长1400米，南北墙长660米。正殿为太极殿，位于宫城的前部，与宫城的南门阊阖门正对。由于宫城范围和个别城门位置的改变，城内的街道也有了变更，在广莫门—平昌门之间有了一条纵贯全城南北的大街。东西向的西阳门—东阳门大街从宫城南墙外通过，成为全城的一条南北分界线，北部主要是皇家的宫殿和园囿，南部则分布着官署、寺院、贵族的宅邸。宫城的南门阊阖门—宣阳门之间的铜驼街成为全城的中轴线，在其两侧分布有宗庙、社稷、太尉府、司徒府等高级官署，有名的永宁寺就在铜驼街的西侧。

城西北的金镛城始筑于曹魏时期，魏明帝曹叡仿效其祖父曹操在邺城西北筑铜雀台等三台，在洛阳城西北角筑了金镛城。金镛城由南北向的3个小城组成，各小城间有门相通。金镛城北依邙山，地势高亢，可俯瞰洛阳全城，具有制高点的作用，故它实际上是军事堡垒。

北魏洛阳城的另一个重要变化就是外郭城的修建。根据文献记载，宣武帝景明二年（501年）在洛阳东、西、南三面兴建外郭城，“东西二十里，南北十五里”。在整个外郭城内，划分320个方形的坊，每坊四周筑有坊墙，每边长300步，合当时的1里。东汉以来的旧城成为北魏洛阳的内城，“大市”“小市”“四通市”等工商业区都设在内城以外。

（三）隋大兴—唐长安城址

隋大兴—唐长安城遗址，位于今陕西省西安市。隋灭北周以后，即于开皇二年（582年）开始在汉长安城东南一带营造新都，隋文帝杨坚命左仆射高颎等为营新都总监，太子左庶子宇文恺为副监。在营建过程中，“高颎虽总大纲，凡所规画，皆出于恺”（《隋书·宇文恺传》）。开皇三年（583年）迁入新都宫城，定名大兴城。唐建国后仍以大兴城为都城，改名为长安城，仅做了局部修建和扩充。如唐太宗贞观八年（634

年），在城东北的龙首原上兴建了大明宫等。唐末天祐元年（904年），朱全忠迫唐昭宗迁都洛阳，并令拆长安宫室屋木自渭水浮入黄河运往洛阳，长安城被废毁。隋大兴—唐长安城作为国都前后共历320余年。

早在盛唐时期，韦述即著有《两京新记》，将长安城的规划和布局做了较详的叙述。其后北宋宋敏求所著《长安志》中，又做了补充和研究。北宋吕大防作图刻石以期永垂后世，此图虽仅残存一部分，但仍是至今保存最古老的隋大兴—唐长安城地图，有很高的参考价值。元代李好文的《长安志图》和清代徐松的《唐两京城坊考》等，也对长安城做了一些考证研究。20世纪初，日本学者足立喜六曾对长安城进行了调查，著有《长安史迹考》。1957年以来，中国考古学家对隋大兴—唐长安城进行了大量的勘察和局部发掘工作，获得了许多新的考古资料与数据，对城址的平面布局、坊市的形制、宫殿与寺观的分布等方面也有了较多的新认识。

隋大兴—唐长安城的总面积达83.1平方千米，由外郭城、宫城、皇城和各坊、市等构成。宫城和皇城位于外郭城北部的中央，宫城和皇城之外的空间，由11条南北向的大街和14条东西向的大街将其划分成棋盘式的格局，其间布列110坊及东西两市。其整体规划，显然是以宫城、皇城为中心，以朱雀大街为中轴，严格按照左右对称的原则设计的（图10-14）。

外郭城　又名罗城，平面呈长方形。经实测东西长9721、南北宽8651.7米，周长36.7千米。城墙遗迹保存在地面上的仅北城玄武门附近和南城安化门处尚各有一小段，残高仅1～2米。其余则仅存城基部分。城墙全用版筑夯土，仅在城门处内外表面砌砖壁。墙宽一般在12米左右，有的仅存3～5米。据记载外郭城“墙高一丈八尺”（《唐六典》卷七），5米多。城墙外侧有与城墙平行的城壕。此外，唐玄宗时期，还在外郭城东墙建筑了一道北至大明宫、南至芙蓉园曲江池的夹城作为复道，以便皇帝往来潜行。

城门　外郭城每面开3门，除北面的芳林门（隋称华林门）、景耀门、光化门和西边的开远门已被现代建筑所压或破坏外，其他各门址均已探查清楚。城门的形制除明德门是5个门道外，其余各门都是3个门道。明德门是南面正门，北对皇城的朱雀门和宫城的承天门，位于长安城的中轴线上，规模宏大壮观。经发掘实测，门址东西长55.5、南北进深17.5米。

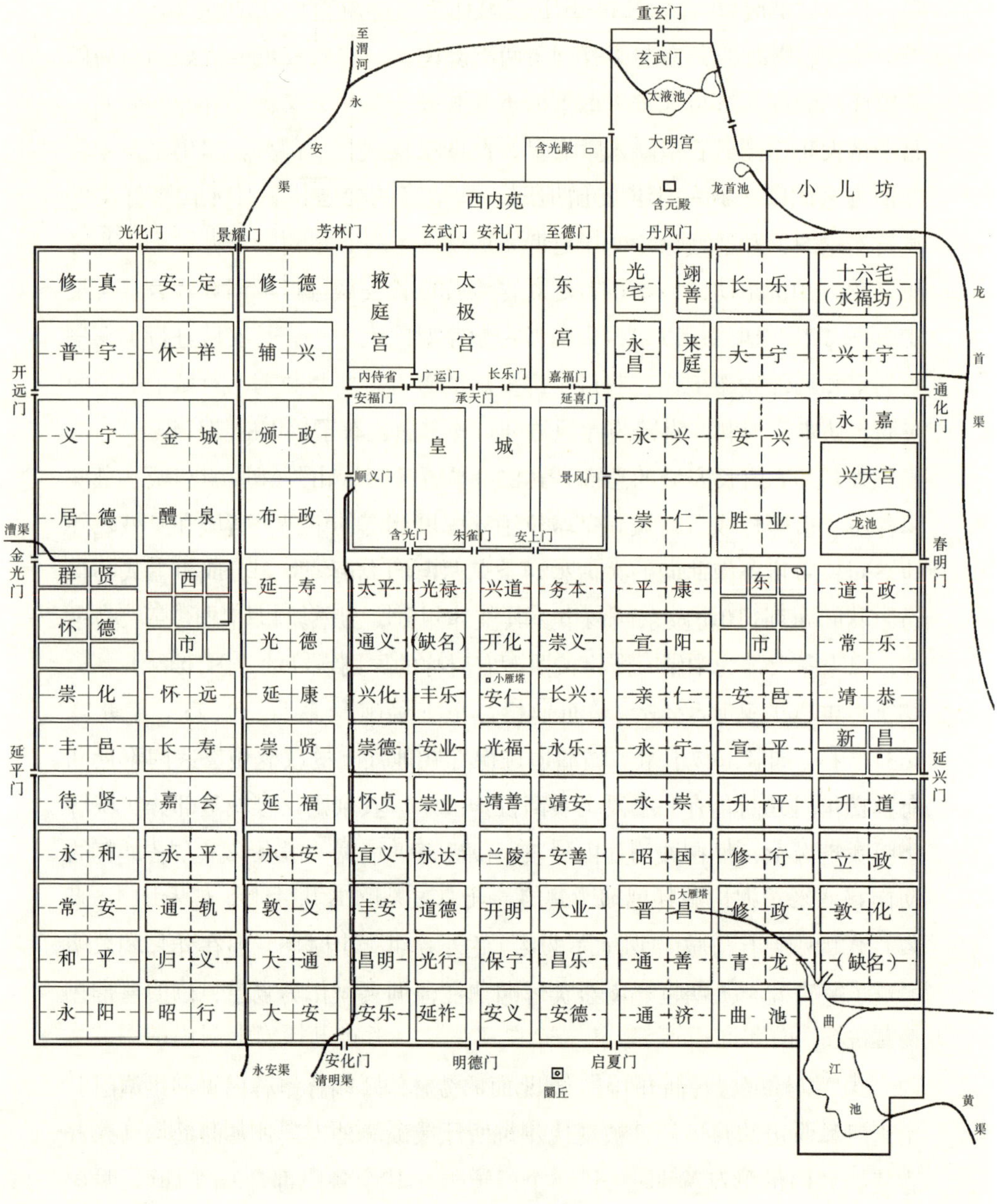

图10-14　唐长安城平面图

门墩为版筑夯土，表面砌砖壁。门道宽均5米[18]（图10-15）。

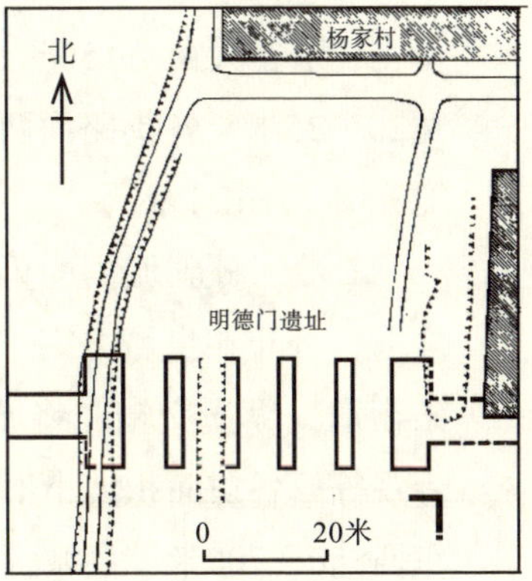

图10-15　明德门遗址平面图

宫城　位于外郭城北部正中，南连皇城，北接禁苑。平面呈长方形，南北长1492.1、东西宽2820.3米，周长约8.6千米。宫城南面正门隋名广阳门，唐改为承天门；北面为玄武门。承天门遗址东西残长41.7、进深19米，有3个门道，门基铺石条或石板，这是其他门址所未有的设置。宫城的中部为太极宫（隋名大兴宫），亦称“西内”，正殿名太极殿（隋称大兴殿），是皇帝的正衙。宫城东部为太子所居的“东宫”，宽约830米；宫城的西部是掖庭宫，为宫女居处，东西宽702.5米。掖庭宫南有内侍省。此外，唐太宗贞观八年（634年）在太极宫东北面禁苑内的龙首原上置永安宫，次年改大明宫，以备太上皇消暑；高宗龙朔二年（662年）又经扩建，次年迁入大明宫听政，亦称“东内”。玄宗开元二年（714年），将春明门内街北兴庆坊（旧称隆庆坊）藩邸置为宫，因本坊为名，称“兴庆宫”，十四年扩建置朝堂，十六年竣工，玄宗常在此听政，亦称“南内”。

皇城　亦名子城，位于宫城之南，北隔横街与宫城相接，无北墙。东西两墙与宫城的东西两墙相接，平面亦为规整的长方形。南北长1843.6米，东西宽与宫城同，周长9.2千米。皇城南面三门，正中为正门朱雀门，向南直通朱雀大街至郭城的明德门，北对宫城的承天门；东为安上门，西为含光门。其中含光门遗址东西长37.4、南北宽19.6米；有三条门道，宽5.35～5.72米，门道两侧排列有柱础石[19]。据文献记载，皇城内有东西向街道7条，南北向街道5条，“皆广百步”。考古勘探安上门内的南北大街，街宽94米，两侧均有3米宽的排水沟。皇城内各街区设置尚书省、秘书省、礼部、吏部、宗正寺、少府监等中央各衙署及其附属机构；东南角为太庙，西南角为大社。

街道　外郭城内有南北向大街11条，东西向大街14条，其中通南面3门及东西6门的6条街道，是主干大街。6条街除南面通延兴门和延平门的东西大街宽55米外，其余5条街宽皆百米以上，特别是明德门内的南北大街——朱雀大街宽150～155米。其他不通城门的各街宽35～65米；顺城街宽20～25米。各街路面两侧建有宽2.5米左右的排水沟，唯朱雀大街两侧沟宽3.3米，深2.1米。

里坊　外郭城内的里坊（隋炀帝时称“里”），占全城总面积的八分之七，分布在皇城之南、皇城和宫城东西两侧。由南北向11条和东西向14条街道，纵横交错，将城内划为108个坊，坊内分布着居民住宅、官衙、寺观等。各坊面积大小不一，朱雀大街两侧的4列坊最小，南北500～590、东西550～700米；皇城两侧的6列坊最大，南北660～838、东西1020～1125米。坊四周都筑有坊墙，墙基宽2.5～3米，除朱雀大街两侧的4列坊只开东西两门、设东西向的一条横街外，其余均是四面开门，内设十字街。据宿白先生研究，坊内的区划，先由宽约15米的十字街，将一坊划为4个大区；又依《两京新记》和《长安志》记录的坊内衙、宅、寺、观用词，推测每坊又可划分16个小区[20]（图10-16）。据永宁坊东部的发掘，在坊的东北一区内设“十”字形小巷，巷道残宽近3米[21]，证实上述推测。

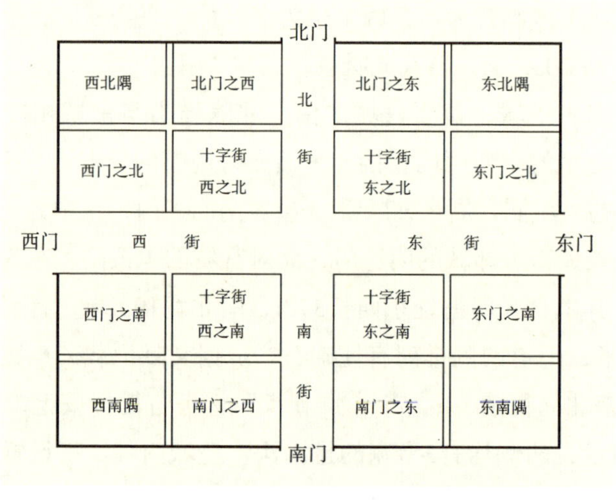

图10-16　唐长安城里坊区划方位示意图

商市　在外郭城的东部和西部，设有东、西两市。东市隋称都会市，西市隋称利人市。经考古勘察和发掘得知，两市平面均呈长方形，每个市的面积占两坊之地。市的四周有版筑夯土墙，每面各开两门。西市的范围，实测南北1031、东西927米；东市的范围南北1000余米，东西924米。市内四周有沿墙街道和“井”字形街道，将市内划分为9个区，每区都四面临街，店铺临街而设。大小几与西市相等。管理市的市署和平准署位于“井”字街当中。

渠水　隋建大兴城时，开掘了龙首、清明、永安三渠，分别从城东和城南引浐水、泬水、洨水入城，以解决宫苑用水问题。唐天宝元年（742年）又于西城开了一条漕渠，“入自金光门，置潭于西市之街，以贮材木”（《唐两京城坊考》）。

三、中国古代城邑的规划思想

中国古代城邑的修建目的主要是“筑城以卫君”，因为“怀德惟宁，宗子维城”（《诗·大雅·板》），“地之守在城”（《管子·度地》），城在则国在，城失则国亡。因此，城邑的政治、军事色彩非常浓厚。基于上述目的，先秦以来，指导城邑特别是国都规划的当然是一种以王、王宫和宗庙为主体的宗法思想，即所谓“古之王者，择天下之中而立国，择国之中而立宫”（《吕氏春秋·慎世》）。

（一）“择天下之中而立国”的都城选址思想

“择天下之中而立国”是基于以帝王和宫城为中心的宗法封建思想，力图在统治疆域内形成一种以都城为中心的向心城邑布局结构，以便对全国实行有效的政治军事控制。

已知的夏商周三代的都城，基本都位于王国疆土的中心区。二里头遗址位于夏人活动的中心地带豫西；商人虽曾多次迁都，但均在商王朝实际控制的中心区范围之内。西周以来各级城邑和一般聚落的分布，则显示了由国都、城邑和乡村构成的向心结构体系，即王城（宗周、成周）居于天下之中，在王畿之外则“封建亲戚，以藩屏周”，从而形成了以王城为中心、列国都城屏护的城邑分布格局。在诸侯国内仍以国都为中心，四野分布有若干附属于国都的卿大夫所居城邑，在这些城邑之外，又分布许多附属于城邑的一般乡村聚落，其结构犹如王朝的缩影。在这种向心的结构体系中，各级城邑的规模和面积可能都有规定，所谓“王城方九里，长五百四十雉；公城方七里，长四百二十雉；侯伯之城方五里，长三百雉；子男之城方三里，长一百雉”（《左传·隐公元年》）。甚至城郭之厚薄、沟壑之浅深、门间之尊卑等也都有差别，宗法等级制度体现在城邑建造的方方面面。

（二）“择国之中而立宫”的都城规划布局思想

在夏商周三代都城中，王宫均占去了全城的主要位置，都邑的建设规划无不以王宫为中心。虽然《周礼·考工记》的“匠人营国，方九里，旁三门，国中九经九纬，经涂九轨，左祖右社，面朝后市”的国都规划，含有后人理想化的成分，但也不应完全是空穴来风，仍含有先秦以宫室为主体的都城规划思想。

夏代城址发现尚少，许多问题还在探索之中。王城岗古城址面积较小，目前还未发现大型建筑基址，有关城的性质尚待进一步确认。从二里头遗址来看，城垣主要围绕宫殿区而建。商代的郑州商城的东北部一带，发现有夯土建筑基址群，其中最大的长度达60米，应是宫殿区所在。城外四周发现若干居民点和制陶、制骨、铸铜作坊遗址。可知郑州商城主要是商王及贵族生活、居住的场所。偃师尸乡沟商城中，宫城位于核心位置，不仅有大城城垣环卫，附近还有屯兵营房拱卫。

两周时期，特别是东周时期的列国都城，普遍分为国君所居的宫城（城）和百姓居住的郭城（郭）两部分。尽管列国城、郭的布局有所不同，如曲阜鲁国故城、楚纪南城的宫城包在郭城之中，齐临淄故城的宫城嵌入郭城一角，郑韩故城的宫城与郭城并列，燕下都的宫城占据郭城的一部分并增修附郭城，晋新田城和赵邯郸城则是宫城与郭城各单独成城等。

宫城内均有建于高大夯土台基上的宫殿宗庙建筑群，如齐临淄故城的“桓公台”，赵邯郸城的“龙台”，燕下都的“武阳台”等，至今仍残高

10多米，邯郸赵王城的“龙台”，南北长296、东西宽265米，高达19米，是已知战国时期最大的夯土台基。居高临下的宫殿建筑群，既显示了国君王室的权威，又便于掌控全城。西汉长安城和东汉洛阳城大部分为宫殿区，居民的里坊仅占据城北的一小块地方，大部分居民可能住在城外。

郭城内的官府、手工业作坊和一般民居的分布，则依据“仕者近宫，不仕与耕者近门，工贾近市”（《管子·大匡》）的原则规划。《周礼》中有“官府”。郑玄注曰：“百官所居曰府。”《左传》中有“官次”。杜预注曰：“次，舍也。”国都中的官府、官次分布在宫城附近。夏商周三代都城的郭城或城外，均发现有各种手工业作坊遗址，并设有工商交易的“买卖之所”——“市”。“工贾近市”，从事工商业者的居所，大概分布住在“市”的附近。汉唐都城的规划，也基本上是依据上述原则布局的。

综上所述，中国古代的城邑，自新石器时代出现，经夏商周和汉唐时期的发展，逐渐形成了城邑规划思想和制度。这些规划思想和制度，显示了浓厚的中国古代文化的特色，并对周边民族和国家产生了较大的影响。

参考书目

[1] 陕西省考古研究所：《秦都咸阳考古报告》，科学出版社，2004年。

[2] 刘庆柱：《汉长安城的考古发现及相关问题研究——纪念汉长安城考古工作四十年》，《考古》1996年第10期。

[3] 中国科学院考古研究所汉城工作队：《汉长安城南郊礼制建筑遗址学发掘简报》，《考古》1960年第7期。

[4] 中国科学院考古研究所洛阳工作队：《汉魏洛阳城初步勘查》，《考古》1973年第4期。

[5] 中国社会科学院考古研究所河北省文物研究所邺城考古工作队：《河北临漳邺北城遗址勘探发掘简报》，《考古》1990年第7期。

[6] 徐光冀：《曹魏邺城的平面复原研究》，《中国考古学论丛》，科学出版社，1993年。

[7] 陕西省文物管理委员会：《唐长安城地基初步探测》，《考古学报》1958年第3期。

[8] 中国科学院考古研究所西安唐城发掘队：《唐长安城考古纪略》，《考古》1963年第11期。

[9] 宿白：《隋唐长安城和洛阳城》，《考古》1978年第6期。

[10] 马得志：《唐代长安与洛阳》，《考古》1982年第6期。

注释

[1] 陕西省考古研究所：《秦都咸阳考古报告》，科学出版社，2004年；刘庆柱：《秦都咸阳几个问题的初探》，《文物》1976年第11期。

[2] 中国社会科学院考古研究所、西安市文物保护考古所阿房宫考古工作队：《秦阿房宫遗址的考古收获与保护设想》，《西安文物考古研究》，陕西人民出版社，2004年。

[3] 咸阳市文物考古研究所：《塔尔坡秦墓》，三秦出版社，1998年。

[4] 咸阳市文物考古研究所：《任家咀秦墓》，科学出版社，2005年。

[5] 刘庆柱：《汉长安城的考古发现及相关问题研究——纪念汉长安城考古工作四十年》，《考古》1996年第10期。

[6] 王仲殊：《汉长安城考古工作的初步收获》，《考古通讯》1957年第5期；王仲殊：《汉长安城考古工作收获续记——宣平城门的发掘》，《考古通讯》1958年第4期。

[7] 何清谷校注：《三辅黄图校注》，三秦出版社，2006年。

[8] 中国社会科学院考古研究所：《汉长安城未央宫发掘报告：1980～1989年考古发掘报告》，中国大百科全书出版社，1996年。

[9] 中国社会科学院考古研究所汉城工作队：《汉长安城北宫的勘探及其南面砖瓦窑的发掘》，《考古》1996年第10期。

[10] 中国社会科学院考古研究所汉城工作队：《汉长安城武库遗址发掘的初步收获》，《考古》1978年第4期。

[11] 刘庆柱：《西安市汉长安城东市和西市遗址》，《中国考古学年鉴（1987）》，文物出版社，1989年。

[12] 刘庆柱、李毓芳：《西汉十一陵》，陕西人民出版社，1987年，第9页。

[13] 中国科学院考古研究所汉城工作队：《汉长安城南郊礼制建筑遗址学发掘简报》，《考古》1960年第7期。

[14] 中国科学院考古研究所洛阳工作队：《汉魏洛阳城初步勘查》，《考古》1973年第4期。

[15] 中国社会科学院考古研究所、河北省文物研究所邺城考古工作队：《河北临漳邺北城遗址勘探发掘简报》，《考古》1990年第7期。

[16] 徐光冀：《曹魏邺城的平面复原研究》，《中国考古学论丛》，科学出版社，1993年。

[17] 中国科学院考古研究所洛阳工作队：《汉魏洛阳城初步勘查》，《考古》1973年第4期。

[18] 中国科学院考古研究所西安工作队：《唐长安城明德门遗址发掘简报》，《考古》1974年第1期。

[19] 中国社会科学院考古研究所西安唐城工作队：《唐长安皇城含光门遗址发掘简报》，《考古》1987年第5期。

[20] 宿白：《隋唐长安城和洛阳城》，《考古》1978年第6期。

[21] 马得志：《唐代长安与洛阳》，《考古》1982年第6期。

第十一讲

古代墓葬（上）

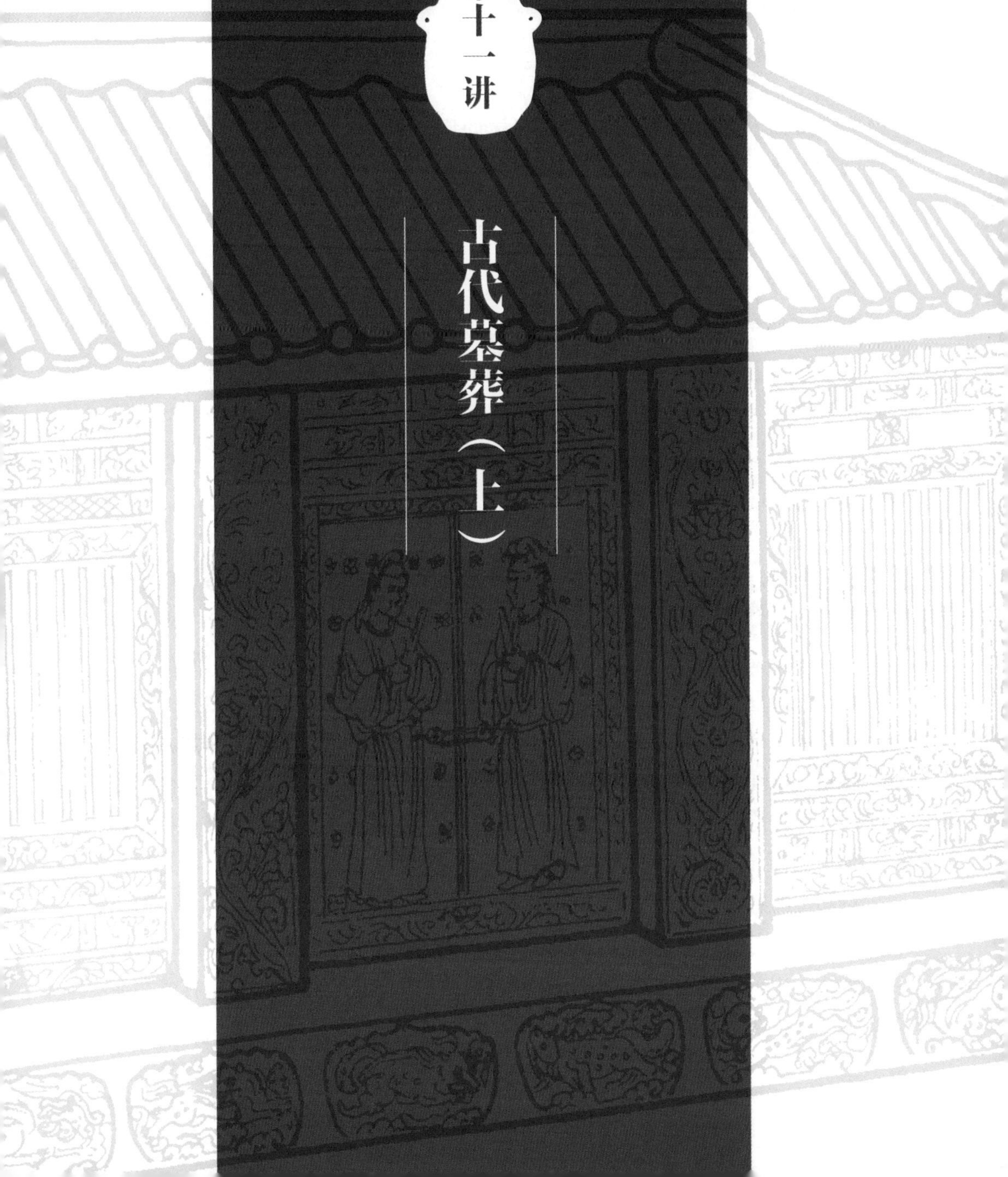

一、葬俗的起源

（一）“墓”与“葬”

所谓“墓”，指的是放置尸体的固定场所，“夫墓，死人所居”（《论衡·四讳》）；所谓“葬”，指的是处置尸体的方式。在考古学上，二者常被合称为“墓葬”，指埋葬死者的地方及其埋葬方式。自古以来，人们对丧葬十分重视，有着“事死如事生”“事亡如事存”（《礼记·祭义》）的传统观念。因此，墓葬资料所提供的就不仅仅是埋葬习俗和墓葬制度本身，往往能在一定程度上反映当时社会的政治、经济、生产、生活、风俗、宗教、观念等方面的情况。故古代墓葬被看作当时社会的缩影，对探讨古代社会具有特殊的重要意义。

（二）葬俗的起源

葬俗，作为人类文化的内容之一，是人类社会发展到一定阶段后出现的。一般认为，葬俗的出现与人类思维的逐渐发达和原始宗教的出现相关，特别是和灵魂观念和祖先崇拜观念的出现有密切的关系。最初的时候，人类没有埋葬死者的习惯，正如《孟子·滕文公》所云：“盖上世尝有不葬其亲者，其亲死，则举而委之于壑。”这种随便处理尸体的情况，反映出史前时代早期，人类的体质较为原始，大脑结构简单，语言极不发达，思维能力较差，感情也不复杂。人们的思维活动只能紧紧围绕获取食物、制作石器、抵御侵害、谋求生存等来进行，尚不会考虑生死大事，对同类的感情也相对较淡漠。故人死之后或弃之于荒野，或委之于沟壑。在食物缺乏时，甚至可能有同类相残相食的现象发生。如著名的周口店北京猿人化石，发现在大约两万平方米的堆积中，同石器和动物化石混在一起，散布在十五处，共代表了40多个个体。研究表明，当时不仅没有埋葬习俗，而且据一些头盖骨上明显的打击痕迹推测，还可能有食人之风[1]。

当人类进化到智人阶段的时候，体质的进步，特别是脑量的增加使思维能力有了显著的增强。于是，长期受到自然力量压迫之下的人类可能开始考虑诸如支配人类所赖以生存的自然环境的力量究竟是什么，人类来源于何处，最后归宿到哪里等问题。在百思不得其解、力图摆脱自然的压力而又无法成功的情况下，把强大的力量想象成超自然的神灵，并认为自然界的一切东西都是神秘而有灵性的，希望在膜拜神灵的活动中获取生存与发展的信心和力量。原始宗教因此而产生。

随着人类意识的复杂化和高级化，人们对自身的生理构造和某些精神活动现象感到困惑，并产生出灵魂观念，据此而对人的某些生理现象进行了解释：一是睡眠和做梦，以为是寓于体内而又独立存在的灵魂的作用，睡眠是灵魂暂时离开肉体，做梦是灵魂随处漫游；二是生病和死亡，以为生病是灵魂与肉体不能复合，死亡则是灵魂永远离开肉体。进而认为“既然灵魂在人死时离开肉体而继续活着，那么就没有任何理由去设想它还会死亡；这样就产生了灵魂不死的观念。”[2]

灵魂观念产生之后，又从灵魂观念中产生出鬼魂观念，即人活着灵魂依附于肉体，死后灵魂离开肉体而成为鬼魂。如《礼记·祭法》云：“大凡生于天地之间者皆曰命，其万物死曰折，人死曰鬼。”与此同时，一方面，人们越来越意识到生命的可贵，感受到亲情的欢乐，产生出强烈的恋生、恋亲之情，既然灵魂是不死的，就希望亲人的鬼魂有一个固定的居所并能在另一个世界继续生活下去。另一方面，人们又相信能够离开人体而独往独来的鬼魂有着超凡的能力和神奇的力量，能够保护或作祟于人类，由此而产生了恐惧和崇拜心理。在这种灵魂观和生死观的交相作用下，便出现了埋葬死者的习俗，并通过埋葬死者来寄托生者的哀思，通过祭祀活动来表达对鬼魂的崇拜。

人口的繁衍对于史前先民来说，是仅次于解决吃饭问题的大事。由于生活的艰难、疾病的流行、灾害频降，史前人类的寿命极低，儿童的夭折率极高。根据北京猿人化石的统计，死于14岁以下的儿童占39.5%，死于50岁以上者仅占2.6%[3]。因此，保护和增殖人口就成为维持人类社会生存和发展的严重问题。当人类开始探索生殖的奥秘时，一个最基本的事实就

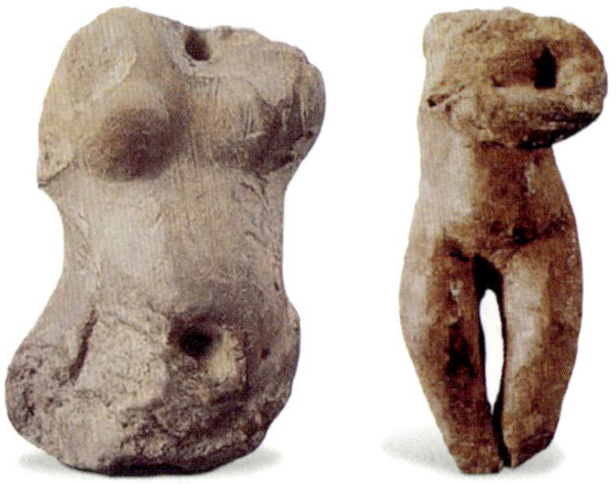

1　　2

图11-1　史前的陶塑女像
1. 陕西扶风案板遗址　2. 辽宁喀左东山嘴遗址

是人人皆生于母亲，于是首先把女性神化，让女性充当生殖之神就成为很自然的事了。旧石器时代晚期欧洲的比利牛斯山到顿河流域的广大地区曾发现许多女性浮雕像[4]；新石器时代的辽宁红山文化[5]和陕西案板遗址[6]仰韶文化遗存中也发现有女性塑像（图11-1）。这些雕像或塑像的共同特征是突出乳房丰满、腹部和臀部肥大等女性特点，显然是为了突出女性的生育功能，表现的正是女性生殖崇拜。

祖先崇拜是从生殖崇拜中孕育出来的，是为适应人类社会传宗接代并回答氏族是从哪里来的困惑而出现的。最早的祖先只能是女性，中国古代文献中有许多感生神话，如《太平御览》引《诗含神雾》说华胥踏大人迹而生伏羲；《河图稽命徵》说附宝见大电光感而生黄帝；《太平御览》引《春秋合诚图》说庆都遇赤龙而生尧；《太平御览》引《帝王世纪》说握登见大虹意感而生舜，修已吞神珠而生禹；《史记·殷本纪》说简狄吞玄鸟卵生契；《史记·周本纪》说姜嫄践巨人迹而生后稷；《史记·秦本纪》说女修吞玄鸟卵而生大业。上述神话虽然是在较晚时代产生的，但所反映的应是更远古的史前时期女性始祖的崇拜。祖先崇拜观念的出现，使人类的感情世界更加丰富，血缘关系进一步加强，亲情关系进一步加深。最终当氏族制度确立之后。人们改变了过去那种对死者漠不关心的态度，依据当时人类社会的生活模式，去想象鬼魂世界，妥善安置死去亲人的尸体，并举行一定的仪式，追思远祖近宗，祈求祖先鬼魂的保佑。由此而产生了葬俗。

由上可见，史前葬俗的出现与以“万物有灵论”、灵魂观念和祖先崇拜为代表的原始宗教的出现有着密切的关系。根据考古发现，中国已知最早的墓葬发现于旧石器时代晚期，在北京周口店山顶洞下室，曾发现三具随葬有装饰品、周围撒有赤铁矿粉的人类头骨化石，显然是有意识安葬的[7]。

上述发现表明，埋葬习俗的发生，大约在旧石器时代中期之末到旧石器时代晚期之初。

二、墓形的分类

墓，作为放置尸体的固定设施，是随着社会的发展而不断变化的。最初的时候，对尸体的处理非常简单。《周易·系辞下》云："古之葬者，厚衣之以薪，葬之中野，不封不树，丧期无数。"即用茅草裹尸，放置荒野，并不挖墓穴。后来，人们可能不忍心看到亲人尸体被禽兽所食，开始掩埋尸体，于是专用于放置尸体的墓出现了。开始时，由于人类经常利用天然洞穴作为住所，故也常利用天然的洞穴或岩棚作为墓地以安置尸体，如山顶洞人的墓就与住所处于同一洞穴之中。进入新石器时代之后，一方面，由于农业的发生，人们视土地为生存之本，认为人死入土才是返本归根，灵魂才能得到安宁；另一方面，新石器时代的居住形式也发生了变化，人们开始挖穴造屋，营定居生活。本着"事死如事生"的观念，有意识地营造象征死者房屋的墓穴的葬俗也就逐渐流行起来。中国古代的墓，有以下几种主要形式，各种形式的墓不仅具有时代的特征，而且具有鲜明的地域特色。

（一）岩洞墓

利用天然岩洞作为墓地始自旧石器时代晚期，新石器时代华南的一些地方仍较流行。由于华南岩溶地形发育良好、岩洞众多，利用天然岩洞安葬死者的习俗不仅开始较早，而且延续时间很长，如新石器时代初期的江西万年仙人洞[8]；广东封开黄岩洞[9]、灵山（今属广西）石塘墟滑岩洞[10]等均发现岩洞墓。在广西，除较早的桂林甑皮岩等遗址[11]外，在西北部山区的南丹县一带，至宋代甚至明清时期仍较流行[12]，形成显著的地域性葬俗特征。特别是在甑皮岩遗址中，墓地和住所同处一洞，显然是旧石器时代岩洞墓葬俗的延续。

（二）堆土墓

这类墓的特征是没有墓坑，大概是把尸体直接放置在地面上，然后用土掩埋。在我国长江中下游的马家浜文化、崧泽文化、薛家岗文化、河姆渡文化、屈家岭文化中发现的墓葬，多不见墓穴，可能是在地面直接堆土掩埋尸骨的。长江中下游一带，由于河流纵横、水网密布，地下水位很浅，不宜由地面向下挖穴造墓，于是，人们采取了在地面堆土掩埋尸骨的埋葬方式。因而，堆土墓是一种具有浓厚地域特色的墓葬形式。在长江流域的一些地方，堆土墓一直延续到两周时期，如安徽屯溪[13]（图11-2），江苏句容浮山果园[14]、溧水乌山[15]、金坛鳖墩[16]等地发现的西周时期墓葬，就是平地堆土埋葬的堆土墓。

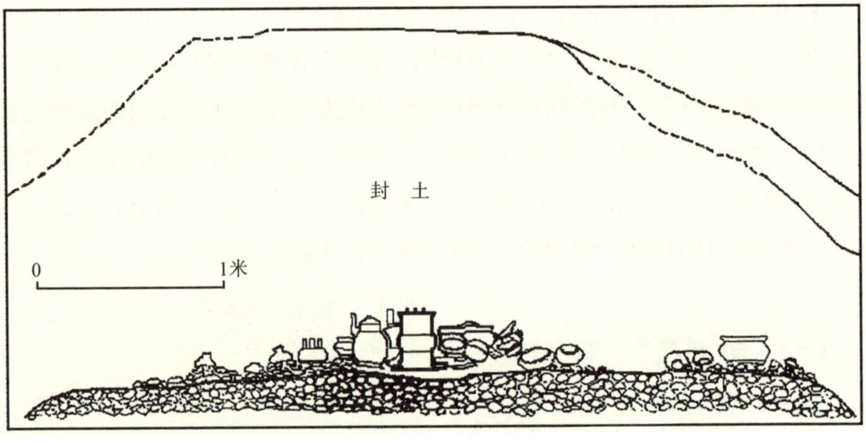

图11-2　安徽屯溪M1墓室剖面图

（三）土墩墓

这类墓是先在地面堆筑高大的土堆，然后再在其上挖造墓穴。土墩墓适应了南方多河流湖泊、地下水位较浅的条件，主要流行于长江下游太湖周边地区的良渚文化中。

良渚文化有60%左右的遗址属所谓的“土墩遗址”，这种土墩系人工堆筑而成，一般高约6米，也有少数高度在2米左右。许多土墩上发现有由祭坛和墓葬组合而成的所谓祭坛墓地，尤以早期的赵陵山、张陵山，中期的瑶山（图11-3）和反山，晚期的寺墩和福泉山最为典型。

浙江余杭区长命乡雉山村的反山遗址，是一座高约5米，东西长约90米，南北宽30米左右的人工堆筑土墩，墩上发掘清理了7 座良渚文化的长方形竖穴土坑墓[17]。值得注意的是，在上海青浦福泉山遗址，发现良渚文化时期的居民，在当地崧泽文化遗址和墓地的高地上面，专为建造墓地而堆筑起土墩，其上共发现10座墓。在早期文化层内发现3座平地堆土掩埋的墓葬（T2M1、T3M2、T3M3），可能是崧泽文化葬俗的遗风，其余7座墓均发现于晚期人工堆筑土墩之上[18]。由此推测，堆土墓和土墩墓在长江下游一带先后出现，它们之间可能有承袭、演变关系。

（四）积石墓

积石墓是一种用天然风裂石块、采用压缝交叠的方法在地面筑成的墓室。多分布在东北地区，如辽宁红山文化的牛河梁“积石冢”（图11-4），

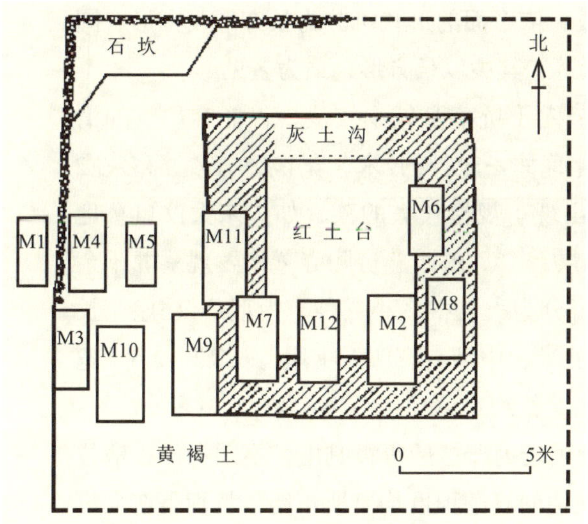

图11-3 浙江瑶山祭坛墓地平面图

图11-4 辽宁牛河梁积石冢

以石垒墙，以石筑墓，以石封顶，平面有方形、圆形等[19]；辽东半岛小珠山文化晚期旅顺四平山和老铁山也发现有积石墓[20]。这类墓多分布在山梁或高坡上，墓内埋有数人至数十人不等。积石墓始自史前时期，一直延续到南北朝时期，是东北地区具有显著地域特征的墓葬。

（五）贝丘墓

贝丘墓是一种利用食余贝壳堆积掩埋尸体的墓葬。多见于东南沿海地区，如在粤东一带分布有较多的贝丘遗址，其中以广东潮安陈桥村[21]和池湖凤地[22]、鲤鱼墩、罗山咀、深湾等遗址为代表。鲤鱼墩M1为仰身直肢葬，墓的底部有狮蚶海月片铺垫，随葬有石锛、纺轮、穿孔狮蚶壳和螺壳饰物等；罗山咀墓葬随葬有穿孔鳖甲饰物[23]。这些墓均埋在贝丘之中，形成滨海地区具有显著特色的墓葬类型。

（六）竖穴土坑（圹）墓

这类墓是中国古代最为流行、数量最多的墓形之一，广泛分布于黄河流域及华北、东北、西北各地，长江流域及华南的某些地区也有发现。竖穴土坑墓是由地面垂直下挖而成，依平面的形状可分为长方形、方形、圆形或椭圆形、三角形、不规则形等，其中以长方形墓最为多见。

新石器时代早期的长方形竖穴土坑墓多较小较浅，仅能容尸，如渭水流域的老官台文化和仰韶文化墓葬一般长约2米，宽1米左右，深多在2米以内。新石器时代中、晚期出现了规模较大的墓，如山东大汶口墓地M10长4.2、宽3.2米，墓底有二层台[24]。山西襄汾陶寺墓地发现墓葬千余座，均为长方形竖穴土坑墓，可分为大、中、小三种。大型墓仅6座，长2.9～3.2、宽2～2.75、深0.7～2.1米；中型墓有四五十座，长2.2～2.5、宽0.8～1、深2米以上；小型墓最多，长约2、宽0.4～0.6、深0.5～1米[25]。

夏商周时期的竖穴土坑墓有了较为严格的等级制度，不同身份、地位的死者，其墓葬规模的大小和结构的复杂程度均有所不同，特别是在墓道的设置方面，有着较严格的规定。依据墓的平面形状，可细分为“亞”字形、“中”字形、“甲”字形等几种形式。

（1）“亞”字形墓

即方形或长方形竖穴土圹墓室的四边各有一条斜坡状墓道，平面略呈“亞”字形，故称。在商代后期的安阳殷墟侯家庄西北岗商王陵区，共发现这种形制的墓8座[26]，其结构可分为墓道、墓室、椁室三部分。墓道均为4条，其中南墓道较长，应为主墓道。以HPKM1001为例，墓室平面作“亞”字形（图11-5），总面积712.75平方米；墓室南北长18.9、东西宽13.75、深10.5米；4条墓道中南墓道最长，长30.7、宽7.8米；椁室位于墓室中间，平面呈“亞”字形，高约3米，地板铺以柏木，室壁亦用木板搭成。西周王墓形制尚不清楚，但2001年，在洛阳东周王城东南部第27中学发现了一座“亞”字形大墓，墓室长6.6、宽5米，墓道长约30米；出土的一件青铜鼎有“王作宝尊彝”铭文，这座“亞”字形大墓应是东周天子的陵墓[27]。可知“亞”字形墓为商周时期最高等级的墓葬形制。西汉时期的帝王陵墓仍为竖穴土圹的“亞”字形，如汉太上皇陵[28]和汉景帝阳陵等，均为有四条墓道的“亞”字形墓。

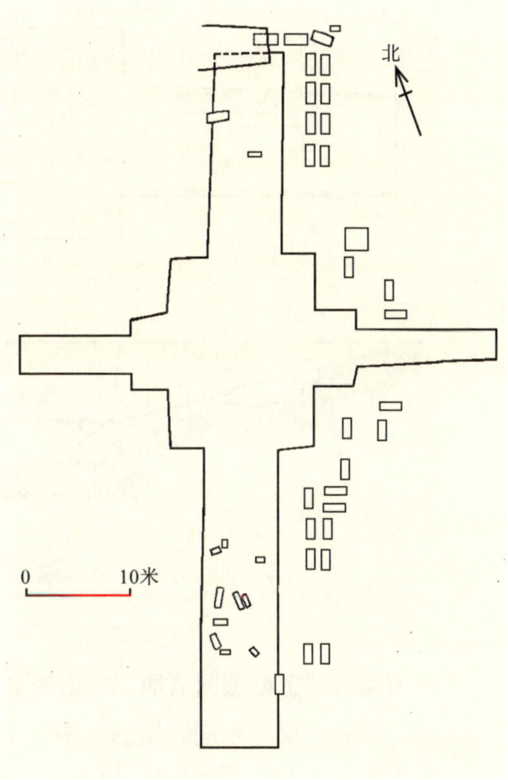

图11-5 殷墟HPKM1001平面图

（2）“中”字形墓

即方形或长方形竖穴土圹墓室相对的两侧各有一条斜坡状墓道，平面略呈“中”字形（图11-6），故称。这种形制的墓，最早见于商代后期，西周、东周时期均有发现。商代的“中”字形墓主要发现于安阳殷墟的侯家庄王陵区、大司空村和后岗墓地等，河南辉县琉璃阁也发现1座（M150）。西周时期的“中”字形墓，在陕西沣西张家坡西周墓地[29]、北

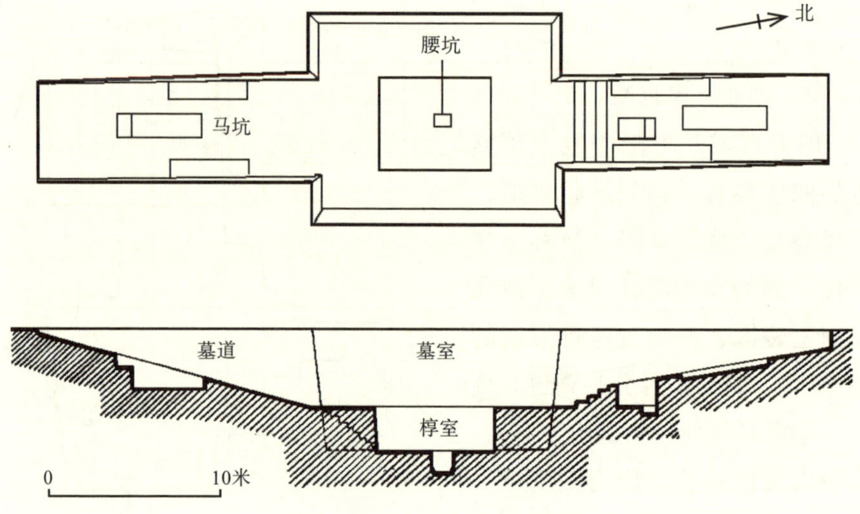

图11-6　殷墟武官村大墓平、剖面图

京琉璃河黄土坡燕国墓地、河南浚县辛村卫国墓地、山西天马-曲村晋侯墓地等均有发现。东周时期的“中”字形大墓，在陕西凤翔秦公陵园、河北平山中山王陵、邯郸周窑（M1）、淮阳马鞍冢（M4）、河北易县燕下都（M16）等地均有发现。这类墓的墓室长、宽均在10余米乃至20米以上，墓主人都是国君或与其地位相近的人。例如，凤翔秦公1号大墓全长300米，面积5334平方米；墓室长59.4、宽38.45～38.8、深24米，被葬者可能是秦景公[30]。

（3）“甲”字形墓

即在方形或长方形墓室的一侧有一条斜坡状墓道，平面略呈“甲”字形，故称。这种形制的墓出现在商代后期，流行于整个商周时期。商代的“甲”字形墓主要见于安阳殷墟，共发现7座，规模一般较“中”字形的墓小，其中武官村M260传出“后母戊”大鼎（图11-7），可知这类墓主人的地位很高。两周的“甲”字形墓见于山西晋侯墓地、陕西宝鸡茹家庄強伯墓、长安张家坡井叔墓[31]、凤翔秦公陵园、山东临淄河崖头、洛阳金村、河南固始侯古堆和信阳长台关等列国墓地。这类墓的墓室长宽多在10米以上，墓主人的身份也很高，如茹家庄的两座“甲”字形墓，是強伯和

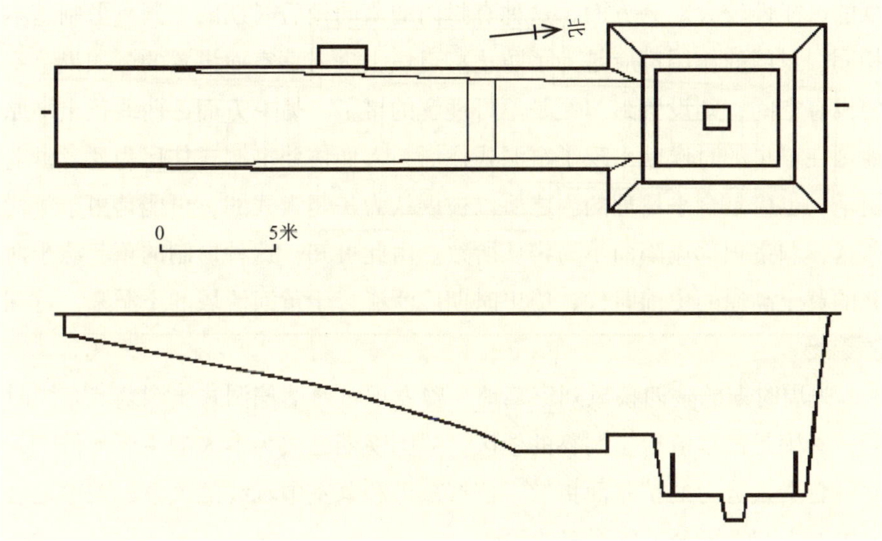

图11-7　殷墟武官村M260平、剖面图

其夫人井姬的墓；侯古堆大墓据考为宋景公妹“句吴夫人”墓。可知，“甲”字形墓的墓主人可能是天子之姬妾、国君和其夫人及高级贵族。

此外，商周时期的一些大型无墓道墓，多有棺椁和丰厚的随葬品，其身份地位也较高。例如，殷墟“妇好墓”[32]（可能是商王武丁的姬妾），墓圹作长方形，南北长5.6、东西宽4、深8米，出土有铜、玉、骨、象牙、陶、蚌器共1928件，其中仅铜器就达460件。河南三门峡上村岭虢太子墓，墓室长近6米，附葬有10辆车、20匹马，但无墓道。这类墓的主人可能是王及诸侯的子弟、姬妾或一般贵族。

（七）土洞墓

土洞墓是先挖一竖穴式土坑（墓道），然后在坑底部一侧壁挖一横穴式墓室而成。这类墓最早出现并流行于西北的黄土高原地区。在青海柳湾的马家窑文化马厂类型墓葬中，有387座带墓道的所谓“凸”字形墓（图11-8），墓道与墓室之间常用成排的木棍或木板封闭，起着封门的作用[33]。对于这种形制的墓，过去多认为是带墓道的竖穴土坑墓，现在看来属土洞墓的可能性较大。一方面，这种有封门的墓同稍后时期的土洞墓形制基本相同，封门的作用都应是为了防止墓道填土进入墓室而设置的，如果墓室内没有空间，则设置封门便是不可理解的事了。另一方面，西北黄土高原地区在很早的时候就出现了窑洞式住居，人们仿照窑洞式住房为死者营造阴宅，也应是合乎情理的。之所以被误认为是竖穴式的，可能是由于年代久远，洞室顶部塌陷而不易辨认所致。由此可知，这种形制的墓起源于西北的黄土高原的史前时代，历史时期广泛流行于黄河流域的土洞墓，可溯源于此。

先周时期的陕西扶风刘家墓地，曾发现过所谓偏洞式土洞墓。东周时期，秦国是最早流行土洞墓的地区，战国晚期已成为秦人的主要葬俗[34]，并随着秦人势力的扩张而扩散。依据墓道和墓室中轴线的关系，关中地区战国秦土洞墓可分为以下三种类型。

平行式，即在长方形竖穴墓道下部的一侧横向掘出洞室，使洞室的轴线与墓道的轴线平行（图11-9，1）。

直线式，即在长方形竖穴墓道下部的一端挖出洞室，使洞室与墓道处于同一条轴线上（图11-9，2）。

垂直式，即在长方形竖穴墓道下部的一侧挖出洞室，使洞室轴线与墓道轴线相互垂直而呈“T”字形（图11-9，3）。

秦汉及其以后，土洞墓成为中国古代主要的墓形之一，广泛流行于黄

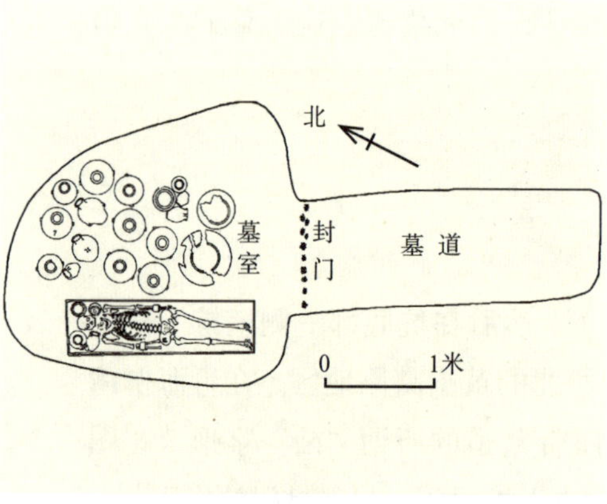

图11-8 青海柳湾墓地M408平面图

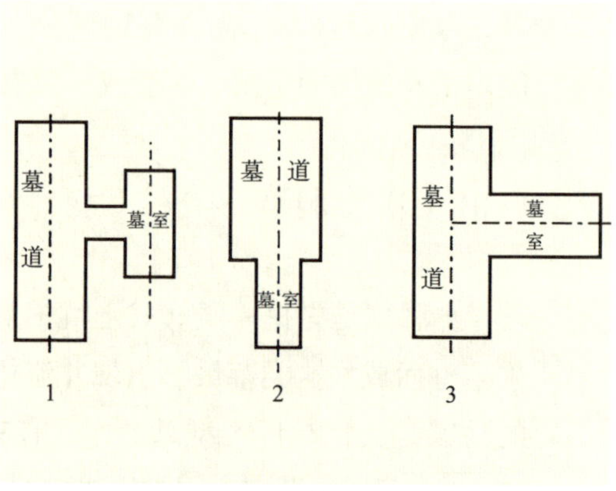

图11-9 关中地区战国秦土洞墓的分类示意图
1. 平行式 2. 直线式 3. 垂直式

河流域及北方广大地区。汉代土洞墓的墓道有长方形竖井式或长斜坡式，多在墓道底部的一端开挖洞室，洞室的前部一侧或两侧设有耳室，规模一般不大。

（八）砖室墓

砖室墓，即用砖砌筑墓室的墓。最早的砖室墓多为竖井式墓道，墓室系在横穴式土洞内用大型空心砖砌筑而成，故也常称之为“空心砖墓”。空心砖墓出现于战国中晚期，西汉时流行于中原地区，东汉时绝迹。西汉前期的墓室呈长方形，形似木椁，应为仿木椁而做，亦可称为“砖椁”；西汉中晚期顶部砌成两面坡状，形似房屋。西汉晚期有些空心砖墓规模较大，结构也较复杂，如河南偃师新莽时期的一座空心砖墓，可分为前、中、后室和左、右耳室（图11-10）；还有空心砖和长方形小砖并用者，如河南洛阳辛村M61，前、后室用空心砖构筑成平脊两面坡顶，左右侧室和耳室则用小砖券成弧形顶[35]。墓室内的砖面上往往有花纹，有的还绘有彩色壁画。

从西汉中晚期开始，出现了主要用长方形小型砖，局部使用楔形、榫卯砖砌筑墓室的墓葬，墓室顶部或券成圆弧顶，或叠涩成穹隆状（图11-11）。西汉后期多为券顶单室，新莽至东汉前期流行前室穹隆顶、后室弧顶的前后室墓，东汉后期出现前、后室双穹隆顶墓（图11-12）。汉以后，

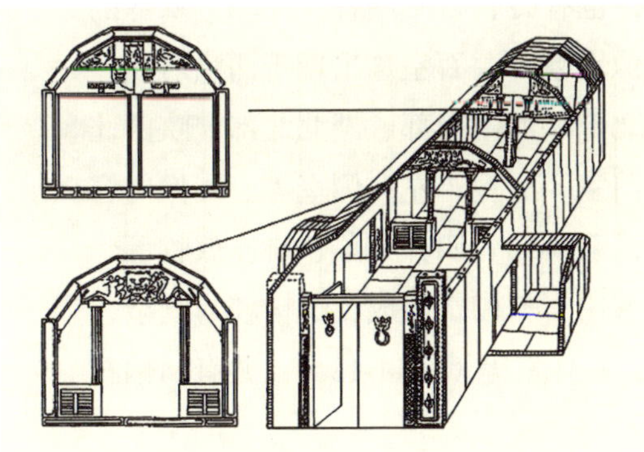

图11-10 偃师新莽时期空心砖墓结构示意图

图11-11 内蒙古和林格尔东汉穹隆顶砖室墓

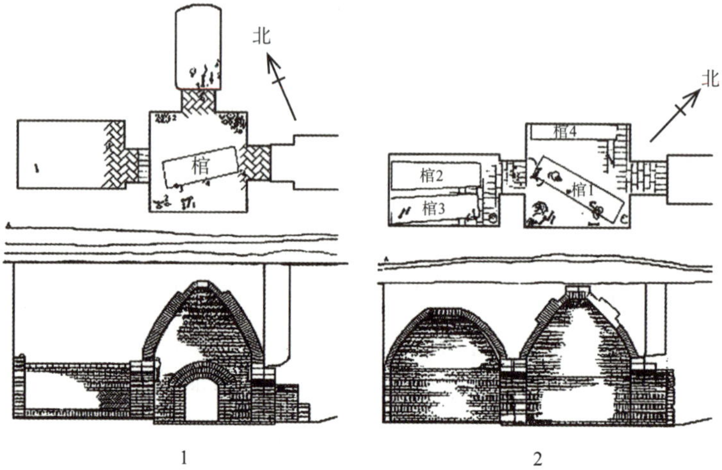

图11-12 陕西神木大保当东汉墓结构图

1. M10（前室穹隆顶，后室弧顶） 2. M13（前、后室双穹隆顶）

双穹隆顶墓流行于魏晋南北朝及隋唐贵族墓中。大型砖室墓往往绘有壁画，内容有车骑出行、宴饮庖厨、乐舞百戏、忠臣义士、神仙祥瑞、天象四神等。东汉时，在四川、陕西、江苏等地的砖室墓中出现了嵌入模印画像砖为装饰的墓葬，被称为“画像砖墓”。画像砖均模印，有的还施有彩绘；内容有讲经、神仙、宴饮、乐舞、农业、渔猎等。

（九）石室墓

石室墓，墓室系用石材构筑而成，也有砖、石并用者。大部分墓葬的石材上雕刻有各种画像，故也称“画像石墓”。石室墓出现于西汉后期，盛行于东汉，主要分布于山东、江苏北部、河南南部、湖北北部、陕西北部、四川等地。墓葬规模多较大，有前室、后室、左右侧室等。画像内容有车骑出行、宴饮庖厨、乐舞百戏、伏羲女娲、四神天象、耕作放牧等。例如，徐州青山泉白集东汉石室墓，系用石料砌筑而成，结构较为复杂，墓室分为前室、中室、后室、左耳室、右耳室等（图11-13），共有24幅石刻画像[36]。

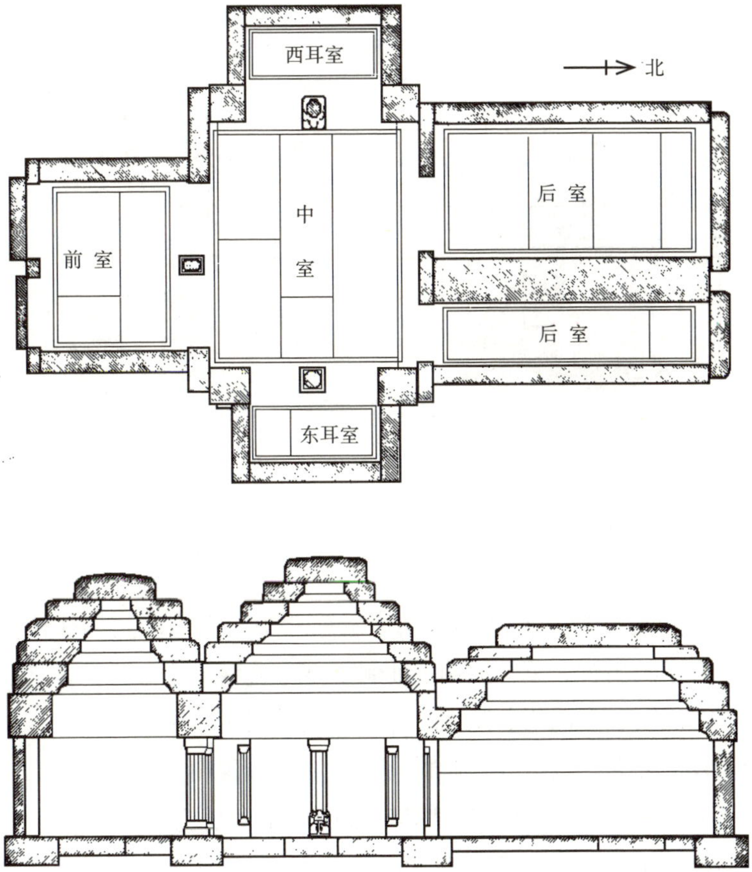

图11-13　徐州青山泉白集东汉石室墓结构图

（十）崖墓

人工开凿于山崖岩石的横穴式墓，出现于西汉时期，在河北、山东、江苏等地均有发现；东汉时，四川境内特别流行，并延续到三国六朝时期。崖墓往往几十座聚集于一处，规模大小不一，小者仅有一室，大者有前、后室或多室。墓主人身份有帝王、贵族，也有一般平民。位于西安市东郊白鹿原东北隅的汉文帝霸陵，因山为陵，凿崖为墓。位于河北满城县陵山上的刘胜及其妻窦绾墓，南北并列于陵山东坡。其中刘胜墓全长51.7米，最宽处37.5米，最高处6.8米；两墓的形制和结构大

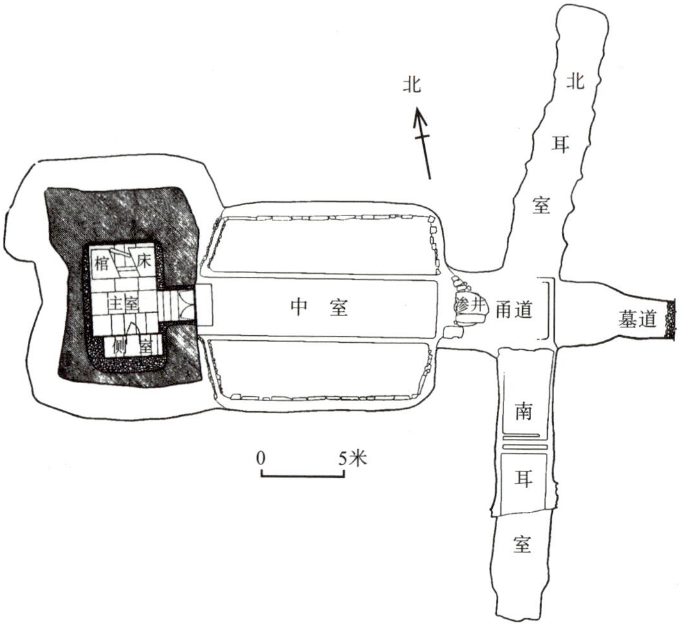

图11-14 河北满城西汉刘胜墓平面图

体相同，由墓道、甬道、南耳室、北耳室、中室和主室组成[37]（图11-14）。河南永城市芒砀山的西汉梁国王陵的结构更为复杂，如位于芒砀群山中的保安山二号墓，系开凿于山岩之中的大型崖墓，东西全长210.5米，最宽处72.6米，最高处4.4米，是由东西两条墓道、3条甬道、前庭、前室、后室、34个侧室，以及回廊、隧道等构成的巨大地下建筑群；总面积1600平方米，总容积6500立方米[38]。

三、葬式的分类

葬式即埋葬的方式。中国古代除土葬外，还有火葬，如在甘肃临洮寺洼山墓地曾发现一座火葬墓，内有一件保存有火葬骨灰的陶罐和6件陶器[39]。但就绝大部分时间和地域而言，土葬一直是古代埋葬的最主要形式，具体说来，土葬的埋葬方式可分为以下几种。

（一）埋葬人数的分类

1. 单人葬

所谓单人葬即一座墓埋葬一人。中国古代大多数时间和地域文化均以单人葬为主。新石器时代如前仰韶时期的老官台文化、裴李岗文化等，仰韶文化的西安半坡、宝鸡北首岭、临潼姜寨墓地和龙山时代的襄汾陶寺墓地等，均以单人葬为主。商、周时期的墓葬也多为单人葬，即使是夫妻，也实行所谓的“同茔异穴”合葬，即夫妻埋于同一墓地，但葬于不同的墓穴。

2. 合葬

史前时期的合葬墓，指同一墓穴埋葬2人以上者。考古发现的史前合葬墓，人数少者2～3人，多者可达数十人。例如，在陕西渭南史家墓地，共清理墓葬43座，其中40座为合葬墓，每墓少者4人，多者如M5埋有51具人骨[40]。新石器时代早、中期的合葬墓多为同性合葬或男女多人合葬，如半坡M38为女性4人合葬墓；元君庙M440为男女多人合葬墓（图11-15）[41]。新石器时代晚期出现成年异性同穴合葬，如属齐家文化的甘肃武威皇娘娘台M24为成年一男二女合葬墓[42]；山东大汶口墓地M38为一对成年男女与一女孩的合葬墓[43]。这些变化反映的应是社会组织与家庭婚姻的改变。

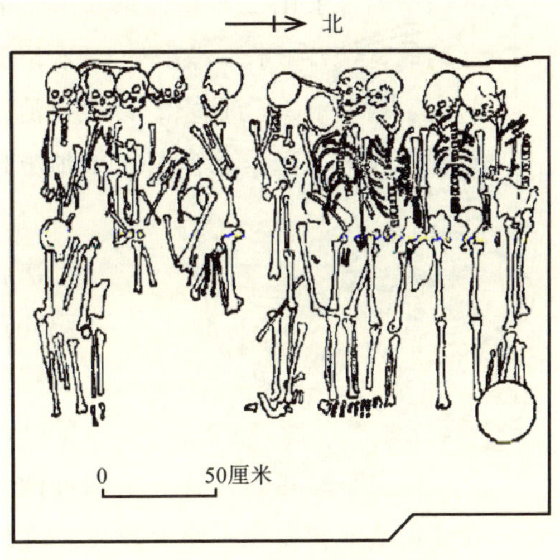

图11-15　元君庙墓地M440平面图

历史时期的合葬，均指夫妻合葬，可分两种情况：一是同穴合葬，即夫妻葬于同一墓穴之中；另一是异穴合葬，即夫妻分别葬于两个紧靠的墓穴中。商代殷墟王陵区只有商王的陵墓，他们的妻妾并不与王陵在同一茔域，可知当时还没有夫妻合葬之俗。大约从西周开始，出现了夫妻同茔异穴合葬，如陕西宝鸡茹家庄強伯与其夫人井姬墓，河南浚县辛村卫侯和卫夫人墓等，均属此类。春秋战国以来这种情况更为普遍，如在山西长治分水岭晋、韩墓地中，大、中型贵族墓均男女两两成对，并列在一起，被认为是夫妻同茔异穴合葬墓[44]。

西汉帝陵仍承袭了夫妻异穴合葬的古俗，“汉帝后同茔，则为合葬，不合陵也。诸陵皆如此”（《史记·外戚世家》集解引《关中记》）。大约从西汉中晚期开始，中、小型墓葬中出现了夫妻同穴合葬，至东汉出现了两代甚至多人数代葬于一墓的葬俗。以后各代夫妻同穴合葬遂成定制。

（二）埋葬次数的分类

1. 一次葬

即对死者遗体一次性处理的埋葬方式。一次葬是中国古代最主要的埋葬方式，广泛流行于华南、华北、东北、西北各地。

2. 二次葬

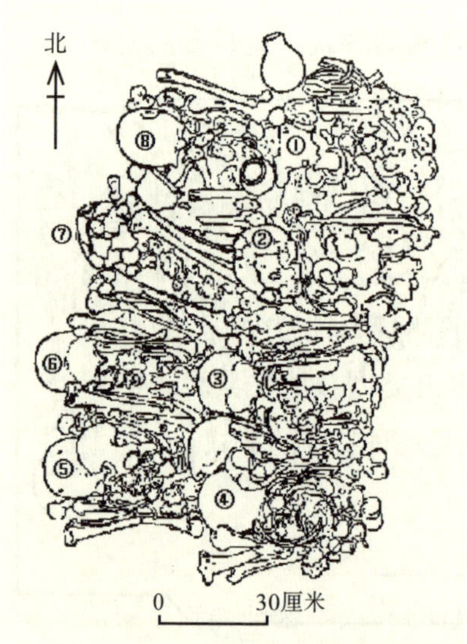

图11-16　史家墓地M2平面图

是对死者的尸体或遗骨进行两次或两次以上处理的埋葬方式。史前的二次葬主要流行于黄河流域，在东北、华南的一些地方也有发现。二次葬依埋葬人数划分，可分为单人二次葬、多人二次合葬和集体二次合葬三类。例如，在西安半坡[45]和宝鸡北首岭[46]等遗址发现有单人二次葬，多是将骨骼大体按人体相应部位摆放，也有的杂乱地堆成一堆，把头骨放在最上面。在渭南史家（图11-16）、华县元君庙等墓地发现有大量的多人二次合葬墓，每一墓穴中均叠放着数具到数十具人骨，骨骼多摆放成长方形的一堆，头骨放在上面。在华阴横阵[47]，则流行集体二次合葬，即在一个大坑中，又挖若干小坑，每一小坑又集体合葬数具到数十具尸骨。此外，在华南的广东曲江石峡遗址也发现有较多的二次葬，所不同的是多为单人葬[48]。二次葬反映的可能是迁葬习俗。当氏族离开原居住地而迁徙到另外一个地方时，为了能使死者团聚而进行异墓地迁葬；或是氏族为使不同家族的死者集中一处埋葬而整理墓地时进行的同墓地迁葬。在陕西南郑龙岗寺墓地共发现423座仰韶文化半坡类型的墓葬，其中，有23座单人二次葬墓和8座多人二次合葬墓，还有14座虽有随葬品但无尸骨或仅有极少量人体残骨的“空墓”[49]，当是整理墓地时迁葬的遗迹。石峡墓地的二次葬墓，均有两套随葬品，一套是迁来原一次葬的残破陶器；另一套是第二次埋葬时又放入的，反映的也是迁葬的习俗。此外，中国古代有聚族而葬的族墓制度，即使客死他乡者，也必须归葬族茔。如因条件限制不能及时归葬者，可暂时埋于死地，待条件允许时，将遗骨迁回故乡族墓地中埋葬，从而形成二次葬。

（三）尸体放置方式的分类

1. 仰身直肢葬

即面部向上、身体仰卧伸直、上肢垂放于两侧的葬式。这种葬式是中国史前乃至以后的历史时代各时期葬俗中放置尸体的主要形式，普遍存在于各考古学文化之中。

2. 侧身直肢葬

即将尸体侧卧伸直放置的葬式。史前时期的侧身葬较为少见，仅在少数墓地发现有个别的例子。例如，青海柳湾半山类型墓地，共发现墓葬257座，其中侧身直肢葬墓仅有两座，因而可能是一种特殊的葬式。

3. 俯身葬

即将尸体面部向下或向两侧、身体俯卧伸直的葬式。这种葬式主要流行于长江下游的马家浜文化中，在浙江嘉兴县马家浜[50]、江苏吴县草鞋山[51]、常州圩墩[52]等遗址发现200多座墓，绝大多数为俯身葬。长江中游的大溪文化中也有一定数量的俯身葬[53]。黄河流域这种葬式较少，如在宝鸡北首岭遗址共清理了451座墓，其中俯身葬仅14座。故一般认为，黄河流域的这种葬式，可能具有特殊的含意，可能是对非正常死亡或凶死者的一种处理方式。

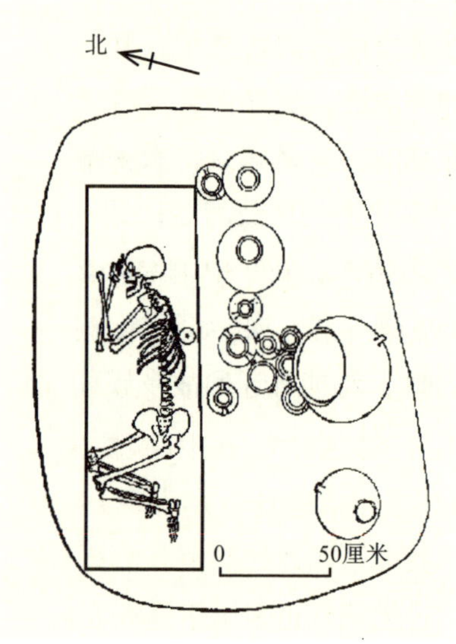

图11-17　青海柳湾墓地M1260平面图

4. 屈肢葬

主要是指将尸体的下肢向上卷曲的葬式。依尸体放置的姿态可分为仰身屈肢、侧身屈肢（图11-17）、蹲踞葬等形式。根据有关民族学资料，屈肢是在人刚死之时用布带、绳索之类将下肢向上捆扎所致[54]。史前时期屈肢葬比较集中地流行于甘青地区的马家窑文化、长江中游的大溪文化和西辽河流域的小河沿文化中。在广西南宁的贝丘遗址和桂林甑皮岩遗址等也发现有蹲踞式屈肢葬。在春秋战国时期，屈肢葬在秦人中仍较盛行，被认为是秦人葬俗的重要特征之一。

四、葬具的分类

所谓葬具，是指殓藏尸骨、随葬品的器具，包括“棺”和“椁”两类。棺，是直接装殓尸体的器具。《说文》：“棺，关也，所以掩尸。”椁，是围砌或套在棺外的设施，用于放置随葬品等。《说文》：“椁，葬有木椁也。”段玉裁注：“木椁者，以木为之，周于棺，如城之有郭也。”葬具的出现，是葬俗发展到一定阶段的产物。最初，人死之后或“厚衣之以薪”，用茅草裹尸了事，或将尸体直接放置在墓穴之中。之后，随着葬俗的发展，“后世圣人易之以棺椁”（《周易·系辞下》），出现了真正的葬具。考古发现最早的葬具，是距今约7000年的新石器时代中期，到了新石器时代晚期已较为流行。中国古代的葬具依材料的不同，可分为陶棺、石棺（椁）、木棺（椁）等几类。

1. 陶棺

指的是陶质的葬具。陶棺出现在史前时期，中国古代文献称之为“瓦棺”，《礼记·檀弓》有“有虞氏瓦棺”的记述。史前的陶棺，一般用实用生活器皿代用。常见的用作陶棺的器皿有陶瓮、陶缸、陶罐、尖底瓶、陶鼎、陶盆、陶钵等，尤以大型的陶瓮作为主葬具的较为多见，故常被统称为“瓮棺”。

瓮棺葬最早出现并流行于黄河中游的仰韶文化时期。在渭水流域及其邻近地区，瓮棺主要用于盛殓婴幼儿的尸骨，并常被埋葬在居住房屋的附近；这类瓮棺一般由一件陶瓮（或陶罐）和一件陶钵或陶盆扣合而成，盆或钵底一般打有小孔。在洛阳、郑州地区，瓮棺有多种组合，其中以大型小口尖底瓶为葬具的瓮棺最具特色。这种瓮棺葬在王湾遗址一期发现43座[55]。在郑州大河村发现不同时期的瓮棺62座，其中第四期的瓮棺葬中有两座使用了尖底瓶、38座使用了陶鼎为葬具[56]。这类葬具也多用于埋葬婴幼儿。

在河南伊、洛河流域一带，在相当于仰韶文化庙底沟期的文化遗存中，常发现一种用于成年人二次葬的大型陶缸，由于这种陶缸最早发现于伊川土门遗址[57]，故被称为“伊川缸”。例如，在河南临汝（今汝州）阎村曾发现11座以底部有孔的陶缸作为葬具的“瓮棺葬”，其中有一件陶缸上绘有著名的“鹳鱼石斧图”[58]。1993～1994年，在河南汝州洪山庙遗址中发现并清理了一座大型瓮棺合葬墓，墓为长方形，东西长约6.3、南北宽3.5、深0.3～0.36米；墓内排列有序地放置着136件瓮棺，瓮棺均为大口、直壁、平底的陶缸，缸上有半球形器盖相扣，缸和盖的口沿下均对称地装有鸟喙状纽，为上下捆绑之用；陶缸上多绘有彩画，除了一些装饰性的图案外，还有人物、动物、植物、生产工具、日月等（图11-18）[59]。这些被称为“伊川缸”的陶缸，均发现于墓葬之中，应是专为埋葬死者而烧制的葬具，反映了这一地域文化的葬俗特色。

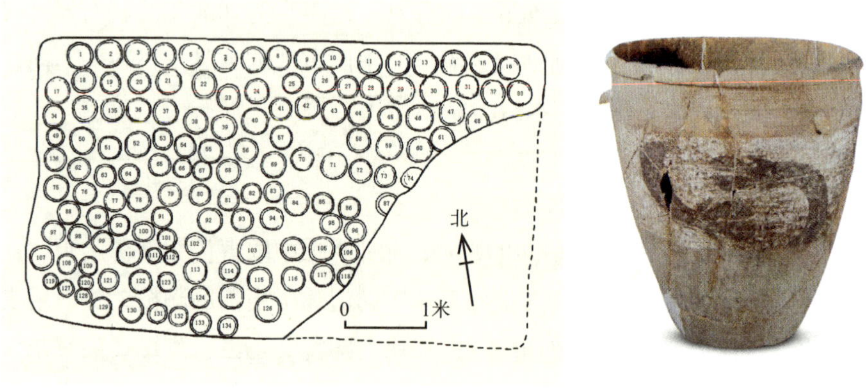

图11-18　河南汝州洪山庙遗址M1平面图及瓮棺

2. 石棺（椁）

石棺（椁）是用石材制作的葬具，棺是直接盛殓尸体的葬具，椁则是放置随葬品的外棺。石棺主要流行于中国西北、东北地区的新石器时代和青铜器时代；在西南地区四川川西高原、西藏的藏东高山峡谷和云南滇西北横断山高山峡谷区的青铜器时代乃至更晚时期也有石棺分布[60]。石椁则见于北朝及以后的一些贵族墓。

中国有关石棺的最早记载，见于《史记·秦本纪》："是时蜚廉为纣石北方，还，无所报，为坛霍太山而报，得石棺。"但考古发现，早在仰韶文化时期，就已有了石椁的雏形。例如，陕西华县元君庙墓地M458的长方形墓穴四周二层台上，堆放三至四层砾石，厚约20厘米，形似石椁[61]。龙山时代的陕西神木石峁墓地多使用石棺，其结构是在墓坑底和四周衬铺石板，上面再盖石板而呈棺材状[62]。甘肃景泰县张家台马家窑文化半山类型墓地，清理出11座石棺墓[63]。东北地区最早的石棺墓见于红山文化（图11-19），在辽宁牛河梁的积石冢群中，每座积石冢内，一般都埋葬有数十人，分别依各自的身份而被安置在大小各异的、用石板拼对而成的长方形石棺中，棺上再覆以石块构成一座积石冢的整体。一般石棺长约1.5米，宽约0.5米，最大的石棺长、宽各约3.5米[64]。红山文化的石棺是迄今发现时代最早的石棺墓例。此外，在东北地区属青铜时代的西团山文化、夏家店上层等文化中也发现有较多的石棺葬，一般认为是中国古代边地民族的一种葬俗。

北朝隋唐时期，中原地区的一些贵族也有用石棺椁者。如西安北周凉州萨保史君墓，出土庑殿式石椁[65]，太原隋代虞弘墓出土汉白玉庑殿顶石椁[66]，西安隋李静训墓有石椁和石棺[67]。有唐一代禁止丧葬用石棺椁，《通典·棺椁制》载："大唐制，诸葬不得以石为棺椁及石室。"但皇亲国戚似不在此禁列，已发现唐代的许多王公贵族墓多使用石棺椁，如唐永泰公主李仙蕙墓[68]、章怀太子李贤墓[69]、懿德太子李重润墓[70]、金乡县主夫妇墓[71]等后室西侧均置庑殿式石椁一具；淮安靖王李寿的葬具为歇山顶石椁[72]，开国郡公郑仁泰则为拱顶石椁[73]。特别是近年来发掘的唐让皇帝李宪惠陵，出土了一具庑殿顶石椁（图11-20）[74]，依据椁内朽痕看，里面原应置有木棺。据此推测，唐代皇帝陵内也应有石椁一类葬具。

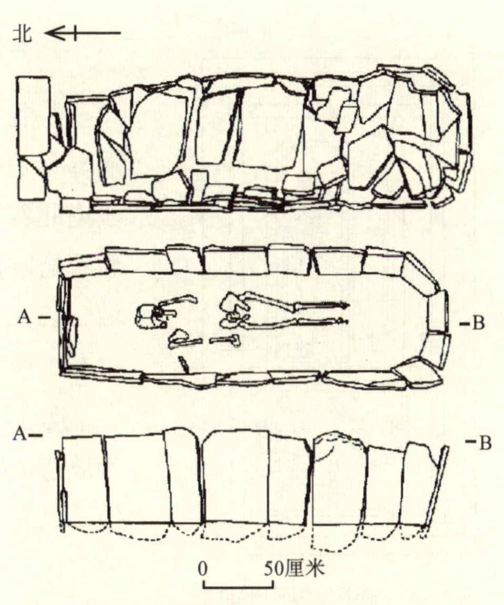

图11-19　内蒙古南台子遗址红山文化M7石棺

图11-20　唐李宪墓石椁

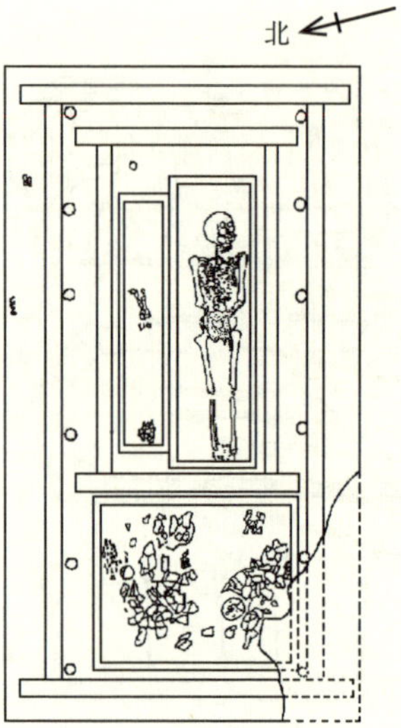

图11-21 临朐朱封M1平面图

3. 木棺（椁）

木棺（椁），指的是用木材制作的葬具。木质葬具是中国古代最主要的葬具类型，广泛分布于南北各地，流行于各个时代，其渊源可追溯到新石器时代。史前的木质葬具主要流行于黄河流域，长江下游的崧泽文化中、晚期，良渚文化中也有少量发现。

迄今考古发现最早的木棺雏形是仰韶时期的半坡遗址M152，在该墓穴四壁曾发现木板痕迹，但不见底板和盖板[75]。龙山时代的晋西南陶寺墓地的大、中型墓均发现木棺痕迹[76]。在黄河下游的大汶口文化中、晚期的一些大墓中，也曾发现木质葬具，如大汶口M10，墓底有二层台，根据遗迹推测应有用原木卧叠构成的“井”字形木椁，并另有棺类葬具[77]。山东龙山文化大型墓葬中普遍有木质葬具，如在诸城呈子遗址中，占总数5.7%的大型墓葬均有木质葬具；泗水尹家城发现一座有椁有棺的大墓；临朐朱封发现一座有两椁一棺的大墓（图11-21）[78]。

目前发现史前木棺数量最多的是黄河上游甘青地区的马家窑文化和齐家文化，最具代表性的是青海柳湾墓地。在柳湾墓地共清理了半山类型墓葬257座，广泛使用木质葬具；马厂类型墓葬872座，其中729座墓有木质葬具，占总数的83.6%；齐家文化墓葬366座，其中有木质葬具的288座，占总数的78.7%[79]。葬具多用松柏类木材制成，可分为梯形木棺、吊头木棺、长方形木棺、独木棺和垫板等几种类型（图11-22）。

商周时期的贵族墓中，均有用木材构筑的椁室，内置殓尸的木棺和随葬品等。而不同身份等级的人，所用的木材种类和棺椁数目均有规定，从而形成棺椁制度。由于年代久远，商周时期墓内棺椁多已腐朽，其形制、数目多不清楚，但从少数保存较好的例子来看，椁用圆木或枋木构建，有的还有主、副椁或头箱、脚箱、边箱之分。如河南洛阳西窑M501是西周一棺一椁墓，整个椁室用圆木砌成；圆木加工很少，灰痕中仍能辨出树皮存

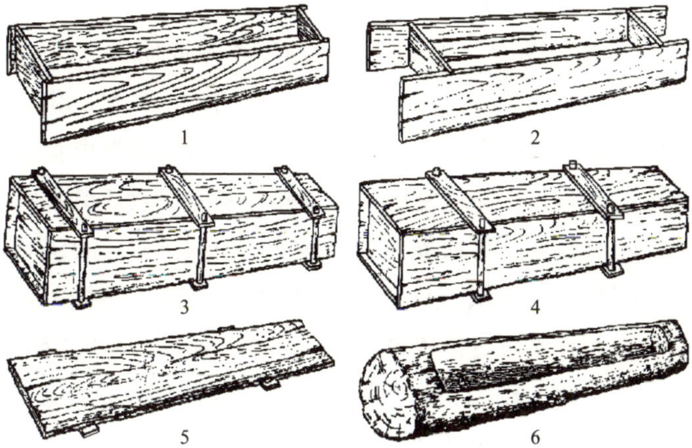

图11-22 青海柳湾半山类型木葬具结构示意图

1. 梯形木棺 2. 吊头木棺 3、4. 长方形木棺 5. 垫板 6. 独木棺

在[80]。陕西凤翔秦公一号墓的椁室平面呈曲尺形，分主椁和副椁两部分，系用枋木垒筑而成。其中主椁室四壁及底均为双层，椁盖为3层，又用单层枋木隔成前后室；副椁室四壁、底及盖均为单层；主、副椁之间有小门相通[81]。湖南长沙战国墓M406为两棺两椁，外椁与内椁之间的空隙是放置随葬品的边箱[82]（图11-23）。陕西户县宋村东周时期的五鼎墓椁室有脚箱，内置随葬品[83]。

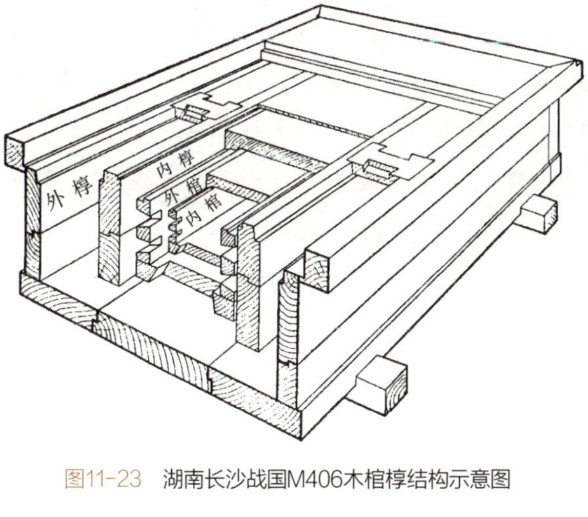

图11-23 湖南长沙战国M406木棺椁结构示意图

汉代的高等级贵族墓仍用木质棺椁。据研究，汉代陵墓中的葬具主要有梓宫、便房和黄肠题凑。天子之棺因用梓木做成而称“梓宫”。“梓宫者，礼，天子敛以梓器。宫者，存时所居，缘生事亡，因以为名。”（《太平御览》卷五百五十引《风俗通》）其他达官显贵也有用梓木为棺者，但只能称“梓棺”[84]。“便房”位于梓宫之前，象征皇帝生前居住飨宴之所。帝王的木椁是所谓的黄肠题凑，即用柏木枋垒成的框形结构。所谓黄肠题凑，《汉书·霍光传》颜注引苏林曰：“以柏木黄心，致累棺外，故曰黄肠；木头皆向内，故曰题凑。”即“黄肠”是因所用的柏木色淡黄而得名；“题凑”则因枋木头皆向内，即题凑四壁。如北京大葆台1号汉墓的黄肠题凑，用15000多根长0.9米的柏木叠垒而成（图11-24），构成长18、宽10.8、高3米的长方框形椁室[85]；椁室后半部放置五重木棺，前半部即所谓便房[86]。

图11-24 北京大葆台1号汉墓黄肠题凑

参考书目

[1] 王仲殊：《中国古代墓葬概说》，《考古》1981年第5期。

[2] 曾骐：《我国史前的墓葬》，《史前研究》1985年第2期。

[3] 王仁湘：《我国新石器时代墓葬方向研究》，《中国原始文化论集》，文物出版社，1989年。

[4] 许宏：《略论我国史前时期瓮棺葬》，《考古》1989年第4期。

[5] 洛阳市文物工作队：《洛阳北窑西周墓》，文物出版社，1999年，第267页。

[6] 陕西省考古研究所：《陇县店子秦墓》，三秦出版社，1998年。

[7] 咸阳市文物考古研究所：《塔尔坡秦墓》，三秦出版社，1998年。

[8] 刘庆柱、李毓芳：《西汉十一陵》，陕西人民出版社，1987年。

[9] 山西省考古研究所、太原市文物考古研究所、太原市晋源区文物旅游局：《太原隋虞弘墓》，文物出版社，2005年。

[10] 陕西省考古研究所：《唐李宪墓发掘报告》，科学出版社，2005年。

注释

[1] 贾兰坡：《远古的食人之风》，《化石》1979年第1期。

[2] 恩格斯：《路德维希·费尔巴哈和德国古典哲学的终结》，《马克思恩格斯选集》（第四卷），人民出版社，1972年，第219、220页。

[3] 贾兰坡：《北京人》，《中国历史的童年》，中华书局，1982年，第57页。

[4] 吴汝康：《古人类学》，文物出版社，1989年，第212、213页。

[5] 郭大顺、张克举：《辽宁省喀左县东山嘴红山文化建筑群址发掘简报》，《文物》1984年第11期；辽宁省文物考古研究所：《辽宁牛河梁红山文化“女神庙”与积石冢群发掘简报》，《文物》1986年第8期；卜昭文：《辽西发现5000年前的祭坛女神庙积石冢群址》，《光明日报》1986年7月25日。

[6] 西北大学文博学院考古专业：《陕西扶风案板遗址第五次发掘》，《文物》1992年第11期。

[7] 贾兰坡：《旧石器时代文化》，科学出版社，1957年。

[8] 江西省文物管理委员会：《江西万年大源仙人洞遗址的试掘》，《考古学报》1963年第1期。

[9] 广东省文物管理委员会：《广东南路地区原始文化遗址》，《考古》1961年第11期。

[10] 莫稚：《略论广东的新石器时代文化》，《中国考古学会第三次年会论文集（1981）》，文物出版社，1984年。

[11] 广西壮族自治区文物工作队、桂林市革命委员会文物管理委员会：《广西桂林甑皮岩洞穴遗址的试掘》，《考古》1976年第3期。

[12] 广西壮族自治区博物馆：《广西南丹县里湖岩洞葬调查报告》，《文物》1986年第11期。
[13] 安徽省文化局文物工作队：《安徽屯溪西周墓发掘报告》，《考古学报》1959年第4期。
[14] 镇江市博物馆浮山果园古墓发掘组：《江苏句容浮山果园土墩墓》，《考古》1979年第2期。
[15] 刘兴、吴大林：《江苏溧水发现西周墓》，《考古》1976年第4期。
[16] 镇江市博物馆、金坛县文化馆：《江苏金坛鳖墩西周墓》，《考古》1978年第3期。
[17] 浙江省文物考古研究所：《浙江余杭反山发现良渚文化重要墓地》，《浙江学刊》1989年第3期。
[18] 上海市文物保管委员会：《上海青浦福泉山良渚文化墓地》，《文物》1986年第10期。
[19] 辽宁省文物考古研究所：《辽宁牛河梁红山文化“女神庙”与积石冢群发掘简报》，《文物》1986年第8期。
[20] 旅大市文物管理组：《旅顺老铁山积石墓》，《考古》1978年第2期。
[21] 莫稚：《广东潮安的贝丘遗址》，《考古》1961年第11期。
[22] 潮安县博物馆：《潮安池湖凤地新石器贝丘遗址》，《汕头文物》1977年第4期。
[23] 杨式挺、黄凤好、陈红冰等：《广东新石器时代文化及其相关问题的探讨》，《史前研究》1986年第21期。
[24] 山东省文物管理处、济南市博物馆：《大汶口——新石器时代墓葬发掘报告》，文物出版社，1974年。
[25] 中国科学院考古研究所山西工作队、临汾地区文化局：《1978～1980年山西襄汾陶寺墓地发掘简报》，《考古》1983年第1期。
[26] 中国社会科学院考古研究所：《殷墟的发现与研究》，科学出版社，1994年。
[27] 刘富良、安亚伟：《洛阳：从车马坑找到东周王陵》，《文物天地》2002年第3期。
[28] 刘庆柱、李毓芳：《西汉十一陵》，陕西人民出版社，1987年，第163页。
[29] 中国社会科学院考古研究所沣西发掘队：《长安张家坡西周井叔墓发掘简报》，《考古》1986年第1期。
[30] 韩伟、焦南峰：《秦都雍城考古发掘研究综述》，《考古与文物》1988年第5、6期合刊。
[31] 中国社会科学院考古研究所沣西发掘队：《陕西长安张家坡M170号井叔墓发掘简报》，《考古》1990年第6期。
[32] 中国社会科学院考古研究所：《殷墟妇好墓》，文物出版社，1980年。
[33] 青海省文物管理处考古队、中国社会科学院考古研究所：《青海柳湾——乐都柳湾原始社会墓地》，文物出版社，1984年，第53～84页。
[34] 陕西省考古研究所：《陇县店子秦墓》，三秦出版社，1998年。
[35] 黄明兰、郭引强：《洛阳汉墓壁画》，文物出版社，1996年。
[36] 南京博物院：《徐州青山泉白集东汉画像石墓》，《文物》1981年第2期。
[37] 中国社会科学院考古研究所、河北省文物管理处：《满城汉墓发掘报告》，文物出版社，1980年。

[38]　河南省文物考古研究所：《永城西汉梁国王陵与寝园》，中州古籍出版社，1996年。
[39]　夏鼐：《考古学论文集》，科学出版社，1961年，第30页。
[40]　西安半坡博物馆、渭南县文化馆：《陕西渭南史家新石器时代遗址》，《考古》1978年第1期。
[41]　北京大学历史系考古教研室：《元君庙仰韶墓地》，文物出版社，1983年。
[42]　甘肃省博物馆：《武威皇娘娘台遗址发掘简报》，《考古学报》1960年第2期。
[43]　山东省文物管理处、济南市博物馆：《大汶口——新石器时代墓葬发掘报告》，文物出版社，1974年。
[44]　王仲殊：《中国古代墓葬概说》，《考古》1981年第5期。
[45]　中国科学院考古研究所、陕西省西安半坡博物馆：《西安半坡——原始氏族公社聚落遗址》，文物出版社，1963年。
[46]　中国社会科学院考古研究所：《宝鸡北首岭》，文物出版社，1983年。
[47]　黄河水库考古队陕西分队：《陕西华阴横阵发掘简报》，《考古》1960年第9期。
[48]　广东省博物馆曲江县文化局石峡发掘小组：《广东曲江石峡墓葬发掘简报》，《文物》1978年第7期。
[49]　陕西省考古研究所：《龙岗寺》，文物出版社，1990年。
[50]　浙江省文物管理委员会：《浙江嘉兴马家滨新石器时代遗址的发掘》，《考古》1961年第7期。
[51]　南京博物院：《江苏吴县草鞋山遗址》，《文物资料丛刊》（3），文物出版社，1980年。
[52]　常州市博物馆：《江苏常州圩墩村新石器时代遗址的调查与试掘》，《考古》1974年第2期；吴苏：《圩墩新石器时代遗址发掘简报》，《考古》1978年第4期。
[53]　四川长江流域文物保护委员会文物考古队：《四川巫山大溪新石器时代遗址发掘记略》，《文物》1961年第11期；四川省博物馆：《巫山大溪遗址第三次发掘》，《考古学报》1981年第4期。
[54]　宋兆麟：《云南永宁纳西族的葬俗——兼谈对仰韶文化葬俗的看法》，《考古》1964年第4期。
[55]　北京大学考古实习队：《洛阳王湾遗址发掘简报》，《考古》1961年第4期。
[56]　郑州市博物馆：《郑州大河村遗址发掘报告》，《考古学报》1979年第3期。
[57]　中国科学院考古研究所洛阳发掘队：《1959年豫西六县调查简报》，《考古》1961年第1期。
[58]　临汝县文化馆：《临汝阎村新石器时代遗址调查》，《中原文物》1981年第1期。
[59]　河南文物考古研究所：《汝州大型瓮棺合葬墓内出土的彩陶图案》，《中国文物报》1994年12月11日第3版。
[60]　童恩正：《试论我国从东北至西南的边地半月形文化传播带》，《文物与考古论集》，文物出版社，1986年，第19～23页。
[61]　北京大学历史系考古教研室：《元君庙仰韶墓地》，文物出版社，1983年。

[62] 戴应新：《陕西神木县石峁龙山文化遗址调查》，《考古》1977年第3期。
[63] 甘肃省博物馆：《甘肃景泰张家台新石器时代的墓葬》，《考古》1976年第3期。
[64] 辽宁省文物考古研究所：《辽宁牛河梁红山文化“女神庙”与积石冢群发掘简报》，《文物》1986年第8期。
[65] 西安市文物保护考古所：《西安市北周史君石椁墓》，《考古》2004年第7期。
[66] 山西省考古研究所、太原市文物考古研究所、太原市晋源区文物旅游局：《太原隋虞弘墓》，文物出版社，2005年。
[67] 唐金裕：《西安西郊隋李静训墓发掘简报》，《考古》1959年第9期。
[68] 陕西省文物管理委员会：《唐永泰公主墓发掘简报》，《文物》1964年第1期。
[69] 陕西省博物馆乾县文教局唐墓发掘组：《唐章怀太子墓葬发掘简报》，《文物》1972年第7期。
[70] 陕西省博物馆乾县文教局唐墓发掘组：《唐懿德太子墓发掘简报》，《文物》1972年第7期。
[71] 西安市文物保护考古所：《唐金乡县主墓》，文物出版社，2002年。
[72] 陕西省博物馆、文管会：《唐李寿墓发掘简报》，《文物》1974年第9期。
[73] 陕西省博物馆、礼泉县文教局唐墓发掘组：《唐郑仁泰墓发掘简报》，《文物》1972年第7期。
[74] 陕西省考古研究所：《唐李宪墓发掘报告》，科学出版社，2005年。
[75] 中国科学院考古研究所、陕西省西安半坡博物馆：《西安半坡——原始氏族公社聚落遗址》，文物出版社，1963年。
[76] 中国社会科学院考古研究所山西工作队、临汾地区文化局：《1978～1980年山西襄汾陶寺墓地发掘简报》，《考古》1983年第1期。
[77] 山东省文物管理处、济南市博物馆：《大汶口——新石器时代墓葬发掘报告》，文物出版社，1974年。
[78] 中国社会科学院考古研究所山东工作队：《山东临朐朱封龙山文化墓葬》，《考古》1990年第7期。
[79] 青海省文物管理处考古队、中国社会科学院考古研究所：《青海柳湾——乐都柳湾原始社会墓地》，文物出版社，1984年。
[80] 洛阳市文物工作队：《洛阳北窑西周墓》，文物出版社，1999年，第267页。
[81] 韩伟、焦南峰：《秦都雍城考古综述》，《考古与文物》1988年5、6期合刊。
[82] 中国科学院考古研究所：《长沙发掘报告》，科学出版社，1957年。
[83] 陕西省文管会秦墓发掘组：《陕西户县宋村春秋秦墓发掘简报》，《文物》1975年第10期。
[84] 刘庆柱、李毓芳：《西汉十一陵》，陕西人民出版社，1987年，第165～167页。
[85] 北京市古墓葬发掘办公室：《大葆台西汉木椁墓发掘简报》，《文物》1977年第6期。
[86] 鲁琪：《试谈大葆台西汉墓的“梓宫”“便房”“黄肠题凑”》，《文物》1977年第6期。

第十二讲

古代墓葬（下）

一、封土与墓上建筑

1. 封土

封土，指墓室之上高出地面的土堆，也叫“坟”“坟丘”。《礼记·檀弓上》记述孔子将他的父母合葬于防的时候说：“吾闻之，古也墓而不坟，今丘也，东西南北之人也，不可以弗识也，于是封之，崇四尺。”郑玄注：“聚土曰坟。”孔颖达疏曰：“不但在乡，若久乃归还不知葬之处所，故云不可不作封坟记识其处。”可知，墓上封土是中国古代葬俗发展到一定阶段才出现的。封土的目的是为了封护墓室，也有标识墓位甚至还含有显示墓主等级地位的作用，即所谓“审棺椁之厚薄，营丘垄之大小，高卑薄厚之度，贵贱之等级也”（《吕氏春秋》）。

最早的封土墓大约出现在春秋战国之际。例如，河南固始侯古堆大墓（约5世纪中叶），地处50多米高的丘陵之上，人工土冢高约7米，直径达55米[1]。河北易县燕下都战国时期的“虚粮冢”墓区有13个土冢，“九女台”墓区有10座冢墓，长、宽30～40米，高6～7米。山东临淄战国时期的“四王冢”（《水经注》所记为田齐的威、宣、缗、襄四王墓）均有封土（图12-1）。湖北江陵楚纪南城（郢）附近的大批战国时的楚墓均有封土，

图12-1 山东临淄战国时期的“四王冢”远景

一般直径3～10米，高2.3～5.6米，有些大冢直径有百余米，高10多米[2]。

秦汉以来除崖墓外，一般墓葬多有封土，帝后陵墓的封土顶小而底大，整体似“覆斗形”。汉代又称帝陵封土为“方上”（图12-2），“方”是因封土底部和顶部平面均为方形，故称其为“方”；“上”则指帝陵地面上的墓冢[3]。据《汉旧仪》记载，汉代墓葬封土的大小依身份也有差别，帝陵高12丈，列侯高4丈，关内侯以下至庶人各有等差。

图12-2 西汉高祖长陵封土

2. 墓上建筑

史前、商代、西周墓均没有发现过封土，可能恪守“不封不树”的古俗。但从考古发掘的史前和商周时期墓地多无打破现象推测，当时地面上应有标识墓位的标志。一些大型墓上应有享堂一类的建筑，如安阳殷墟妇好墓墓口之上压有一座房基（图12-3），南北长6.5、东西宽5米，基上排列有柱洞，推测可能是享堂遗址[4]。东周时的一些墓上也发现有享堂遗迹，如凤翔春秋秦公陵区的许多墓口上发现有春秋秦的板瓦、筒瓦、柱洞、散水等建筑遗迹，其中12号陵园M37钻探发现一座保存较完整的墓上建筑基址，有散水和夯土墙基等，将墓室和部分墓道覆盖于下（图12-4）[5]。

有些墓既有封土又有享堂。例如，河南辉县固围村战国时期的魏王墓，位于天然岗坡整治而成的长方形平台上［面积（150×135）平方米］，其上并列着3座大墓（可能是魏王和其王后墓），其中居中的M2

（魏王墓）上发现有砾石散水、柱础和堆积达半米厚的瓦片层，推测享堂原是七开间的瓦顶建筑[6]。又如，中山国王墓的享堂建在百米见方、高15米的封土之上。1977年，出土了战国时中山王陵园总平面规划图——“兆域图铜版”[7]，图上有三座大墓、两座小墓的名称、尺寸和中山王的一段诏令（图12-5）。图中在一“凸”字形平台上有五座享堂，正中的“王堂”和两侧的“哀后堂”“王后堂”均“方二百尺”，再两侧的“夫人堂”方“百五十尺”。可知享堂的大小也有等级的差别。

图12-3 殷墟妇好墓墓上建筑复原图

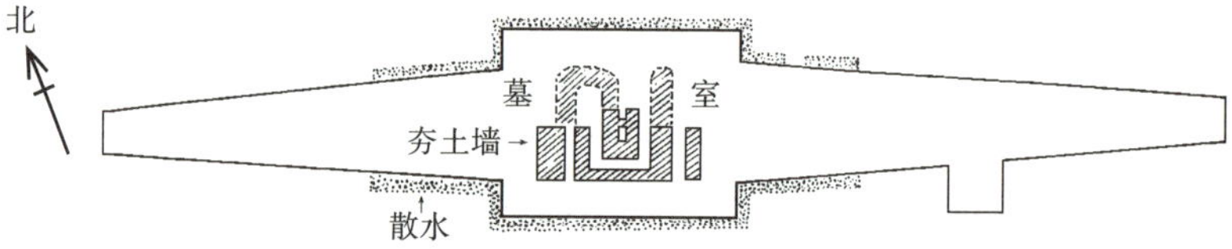

图12-4 陕西凤翔秦公12号陵园M37墓上建筑平面示意图

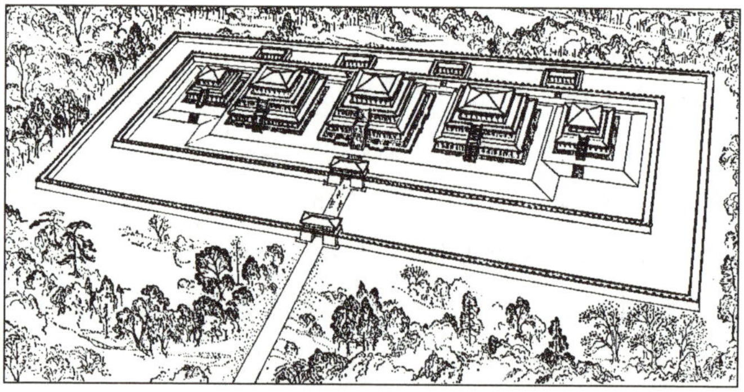

图12-5 河北中山王陵陵园及墓上建筑复原图

二、墓域设施

至少从新石器时代开始，氏族聚落附近就有了专门埋葬死者的墓地，并有了一些与墓祭有关的设施。例如，东北红山文化墓地中发现的祭坛，甘肃永靖秦魏家齐家文化墓中发现可能是祭祀遗迹的“石圆圈”等。商周时期的茔域中有无地面设施尚不太清楚。秦汉时期，贵族墓域一般有垣墙，墓园有门，门前有阙。墓园内墓前设祠堂，祠堂前立墓碑，神道两侧有石人、石兽、石柱等。如《水经注》卷二十二记述：洧水“东南流，迳汉弘农太守张伯雅墓，茔域四周，垒石为垣，隅阿相降，列于绥水之阴，庚门表二石阙，夹对石兽于阙下。冢前有石庙，列植三碑，碑云：德字伯雅，河南密人也。碑侧树两石人，有数石柱及诸石兽矣”。

1. 祠堂

祠堂又称祠室或冢舍，诸侯王者称祠庙，一般建于墓前或附近，供祭祀之用。秦始皇陵园中发现有寝殿，内设皇帝起居衣冠几杖象生之具，供后人祭祀。西汉时期，不仅天子陵园中有寝殿，达官贵族墓域中也设有祠堂，如西汉中期的河北满城汉墓前建有木构祠庙，顶铺瓦。东汉时期，祠堂较为流行，且多用石料修建，现存者如山东长清“孝堂山石祠”[8]（图12-6）和嘉祥“武氏石祠”等。

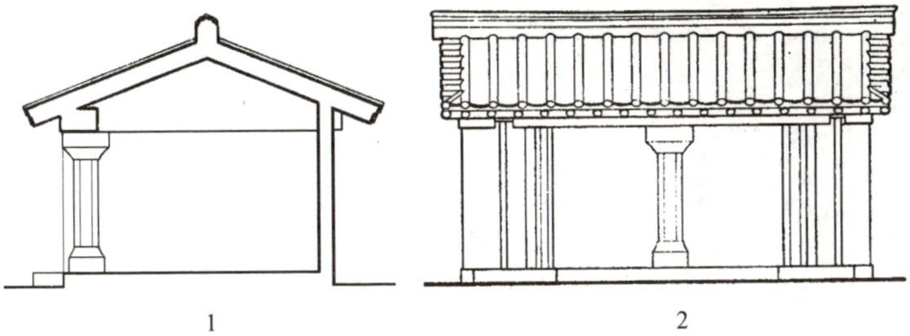

图12-6　山东肥城孝堂山墓祠

1. 剖面　2. 正面

2. 墓碑

墓碑立于祠堂前或墓前。关于墓碑的起源，《释名·释典艺》曰：“碑，被也，此本葬时所设也，施鹿卢以绳被其上，引以下棺也。臣子追述君父之功，美以书其上。后人因焉，无故建于道陌之头，显见之处，名其文就，谓之碑也。”

汉碑一般为长方形石刻，起源于西汉，流行于东汉及其以后。碑由趺（即碑座）、碑身、碑首3部分组成。碑身刻有文字，其上端即碑首，碑首往往有题额，也称碑额。汉碑一般为方趺，也有个别为龟趺；碑首多圭形，也有圜形（图12-7）；碑身与碑首之间有穿（即圆孔）。碑文多隶书，碑额多篆书。内容多颂功、记事，一般记有死者姓名、籍贯、生平经历、死亡日期、家族世系以及对死者的颂辞等。

1 2

图12-7 东汉墓碑拓本
1. 圜首碑（景云碑） 2. 圭首碑（鲜于璜碑）

3. 石人、石兽

墓碑前神道两侧立有石人、石兽等，“皆以表饰坟垄如生前之象仪卫耳”（唐代封演《封氏闻见记》）。墓前有人或动物石像始自西汉，如西汉霍去病墓前即有石人、石兽等（图12-8）[9]；张骞墓前也有石虎。东汉时普遍流行，以后逐渐成为定制。汉代人物雕像有亭长、门卒等以示守卫墓域；动物雕像则有狮、虎、马、羊等。狮、虎类动物多附双翼，东汉时称天禄、辟邪，《后汉书·孝灵帝纪》：“复

图12-8 霍去病墓前马踏匈奴石雕

修玉堂殿，铸铜人四，黄锺四，及天禄、虾蟆。”注曰：“邓州南阳县北有宗资碑，旁有两石兽，镌其膊一曰天禄，一曰辟邪。”南北朝时，将位于帝陵前的独角兽谓之麒麟，双角兽谓之天禄；位于王侯墓前的无角兽谓之辟邪[10]。

4. 石阙

阙出现于先秦时期，本为都城、宫殿、祠庙门前两旁的建筑物。《释名·释宫室》曰：“阙，阙也；在门两旁，中央阙然为道也。”秦汉以来阙也用在贵族陵园中，贵族墓域多设门，门外立阙，也有阙、门合一的阙门。一般官吏用一对单阙；诸侯、二千石以上者用二出阙，由一主阙、一子阙构成；皇帝则用三出阙，由一主阙、二子阙构成[11]。考古发现，秦始皇陵园东、西内外城门之间有两组三出阙[12]；汉景帝阳陵的南门则是三出阙门[13]。墓阙在东汉时进一步流行，多用石料修建，雕刻有各种画像，并勒题额，或标官职、姓名，或记营造年月。现存的东汉石阙主要分布在河南、山东和四川等地。其中以四川雅安高颐阙[14]的形制和雕刻最为精美，是汉代墓阙的代表作品（图12-9）。

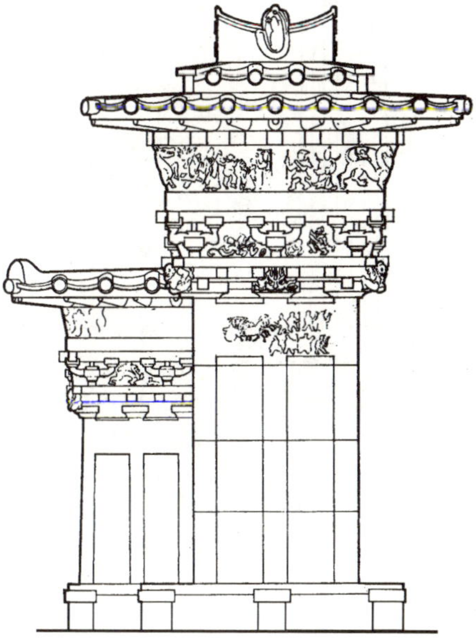

图12-9 四川雅安高颐阙

5. 墓表（神道柱）

汉代有的墓阙前还立有柱形墓表一对，用来标识墓域神道。西汉时期的墓表可能是木质的，《汉书·淮南厉王刘长传》颜师古注曰：“表者，竖木为之，若柱形也。”东汉改用石质，如北京发现的东汉秦君墓墓表，为柱状，下有座，上端托矩形平板，刻有“汉故幽州书佐秦君之神道”[15]（图12-10，1）。南北朝以来仍流行，由于它有指示墓前神道的作

1 2

图12-10 墓表（神道柱）
1. 汉秦君墓 2. 梁萧景墓

用，形制呈柱形，刻文中也往往有“×××之神道”字样，故也称为“神道柱”[16]。如南京梁萧景墓前“梁故侍中中抚将军开府仪同三司吴平忠侯萧公之神道”的神道柱（图12-10，2）等，承袭了汉以来的基本形制，保存完好[17]。

三、埋葬习俗与制度

中国古代受灵魂不死观念的支配，一般按照“事死如事生、事亡如事存”的原则安葬死者，如聚族而葬，象征死者生前的聚落；为死者修筑象征房屋的墓穴，使其得以安居；随葬各种生产、生活用具，以供死者在鬼魂世界使用等，由此而产生了种种埋葬习俗。因此埋葬习俗实际上是现实生活习俗的反映。概括起来，中国古代的埋葬习俗大体有以下几种。

（一）族墓制度

自有埋葬之始，就有了以氏族为单位的聚族而葬的埋葬制度，并因此而形成了氏族公共墓地。史前的氏族公共墓一般位于居住区附近，如西安半坡聚落墓地、陕西临潼姜寨聚落墓地等。氏族公共墓地，只能埋葬本氏族成员，这是氏族埋葬制度的一项严格的规定。此外，氏族墓地在墓葬方向[18]上有着高度的一致性。由于观念、信仰等方面的不同，不同文化的墓向有所不同，但同一文化的同一墓地的墓向则基本相同。例如，甘肃永靖秦魏家齐家文化墓地的墓向均向西北方向（图12-11）。史前时期

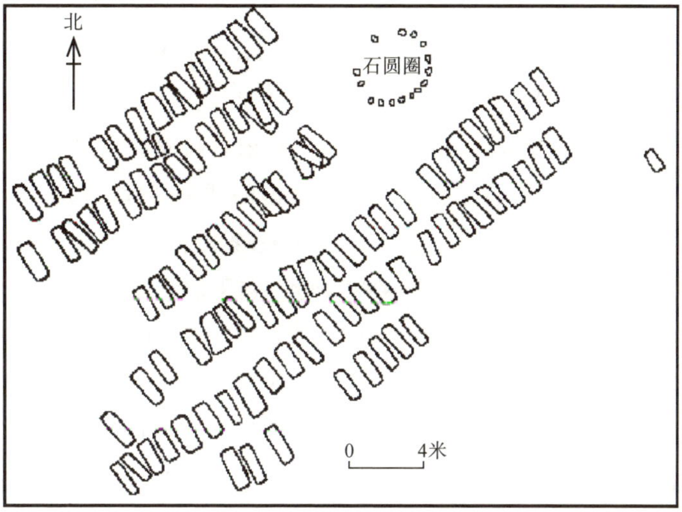

图12-11　甘肃秦魏家齐家文化墓地平面图

埋葬制度的这一原则为商周及以后的历史时期所承袭，夏商周时期，“葬于北方北首，三代之达礼也”（《礼记·檀弓下》）。考古发掘的商周贵族墓葬如安阳殷墟商代王陵区的商王墓、河南浚县辛村卫国墓、陕西长安张家坡西周“中”字形大墓、山西曲沃的晋侯墓等均向南或偏南；陕西凤翔秦公墓、秦始皇帝陵、汉代帝陵及一般平民墓葬多向东；隋唐时期的墓葬无论尊卑均向南等。到了夏商周时期，由氏族埋葬制度逐渐演变为以血缘关系和婚姻关系为基础的族墓制度，并成为中国古代长期流行的最基本的埋葬制度。《周礼·地官·大司徒》曰：“以本俗六安万民……二曰族坟墓。”郑玄注：“族犹类也。同宗者，生相近，死相迫。”依这一制度，同一族的死者必须葬于同一墓地，从而形成“族墓地”。有时即使因某种原因而客死他乡，也必须“叶落归根”，归葬于族墓地之中。据《周礼·春官》记载，先秦时的族墓地分为两种，即“公墓”和“邦墓”。

所谓“公墓”即“王之墓域”，是埋葬王室、国君等贵族的墓地。这类墓地由冢人掌管，按照宗法等级关系排定墓位，即“先王之葬居中，以昭穆为左右。子孙各就其所出王，以尊卑处其前后。凡诸侯居左右以前，卿大夫士居后，各以其族。……凡有功者居前，以爵等为丘封之度，与其树数”（《周礼·春官·冢人》）。

所谓“邦墓”即“万民所葬地”，是下层贵族和一般平民的墓地。这类墓地由“令国民族葬而掌其禁令”（《周礼·春官·墓大夫》）的墓大夫掌管。在邦墓地中，也有明确的规划，不同家族又各依其家族而有自己的“私墓域”。同一家族墓域中，大概也是依尊长卑幼有序排列的。

“《周礼》是战国时编纂的书，其所说的两种族葬，应该是当时还实际存在而加以规一化的葬制。”[19]从考古发现来看，至少在商代后期已有了“公墓”和“邦墓”的区别。如安阳殷墟侯家庄–武官村一带应是商王陵所在的“公墓”，而以孝民屯为中心、以小型墓为主的殷墟西区墓地，则是“邦墓”性质的。西周及其以后，这两种墓地的区分更为明显，如山西曲村–天马一带的晋侯墓地、北京琉璃河董家林古城附近黄土坡燕侯墓地、陕西凤翔秦公陵园等应是各诸侯国的公墓；山西曲村晋侯墓地附近大面积的中小型墓区、凤翔秦雍城南郊八旗屯墓地等则应是邦墓性质的墓地。上述墓地的墓葬间少有打破关系，说明当时对墓地确有一定的规划和管理。特别是河南陕县上村岭虢国墓地，先后发现的500余座墓葬，有国君、太子、大夫、士等各等级的贵族，他们身份虽有高低之分，但均应与国君有一定的宗法关系，故这一墓地应属“公墓”。

秦汉及其以后的历史时期，虽然埋葬制度有所变化，但仍有帝王陵园和埋葬一般国民的墓域之分，并成为中国古代埋葬制度的基本原则。如汉、唐的帝王陵墓均有规模宏大的墓园，并显示了唯我独尊的气势。而一般国民和贵族，则在都城之外或故乡聚族而葬，如陕西潼关吊桥的汉代杨氏家族墓地[20]，陕西长安韦曲附近的唐代显贵韦氏家族墓地等[21]。

（二）棺椁制度

黄河流域新石器时代中晚期就已出现了木质葬具，夏商周时期的贵族墓已普遍使用棺椁，并对不同身份、地位、等级的人使用棺椁的材质、数目进行了规定，从而逐渐形成了棺椁制度，即所谓“君松椁，大夫柏椁，士杂木椁”（《礼记·丧大记》），又“天子棺椁七重，诸侯五重，大夫三重，士再重”（《庄子·杂篇》）等。

由于木质的棺椁易腐，考古发掘的一些大型墓葬的棺椁数目不甚清楚，但从部分保存较好的墓葬中，可见这一制度的存在。例如，陕西凤翔秦公1号大墓，虽然棺的数目由于盗扰而难以确知，但有用柏木建构的主、副椁各1具；河南三门峡上村岭虢国墓地的一座5鼎墓中用双棺一椁，符合大夫棺椁三重的礼制[22]。也有同礼制不符者，如西周宝鸡強伯墓仅有一椁二棺；山西长治春秋时的一座5鼎墓（M7），则有一椁三棺。可知棺椁制度有时并不严格执行，但一般说来棺椁的多寡确是墓主生前地位高低的重要标志之一。

秦汉时期的高等级贵族仍用棺椁，天子之棺称“梓宫”，天子之椁为黄肠题凑。有时经皇帝特许或赐给一些诸侯王或少数重臣使用黄肠题凑。考古发现了一批汉代黄肠题凑墓[23]，如北京大葆台汉墓、江苏高邮天山汉墓、湖南长沙象鼻嘴和陡壁山汉墓、河北石家庄小河沿汉墓和定县北庄汉墓等，均属诸侯王或王后的墓葬。此外，据文献记载，汉宣帝曾赐给霍光“梓宫、便房、黄肠题凑各一具”（《汉书·霍光传》）；汉哀帝也曾下诏“令将作为贤（董贤）起冢茔义陵旁，内为便房，刚柏题凑”（《汉书·佞幸传·董贤传》）。此外，西汉其他贵族墓也多使用木质棺椁，如湖南长沙马王堆3座西汉墓，其中M2是第一代轪侯利苍墓，用一椁二棺；M1是利苍之妻墓，用一椁四棺；M3是利苍儿子的墓，用一椁三棺[24]。湖北江陵凤凰山M168墓主可能是江陵丞，用一椁二棺[25]。反映出西汉贵族仍沿用先秦旧俗，但对棺椁的数目似乎并没有严格的规定。这与《汉书·叙传》的“值汉初定，与民无禁”（颜师古注“国家不设衣服车旗之禁”）的情况相符。西汉中晚期特别是东汉以来，随着砖室墓和石室墓的大量流行，墓室本身起到了“砖椁”“石椁”的作用，墓内多有棺无椁，棺椁制度逐渐衰落。

（三）随葬制度

随葬，是中国古代埋葬习俗的一个普遍特征，其渊源可追溯到旧石器时代晚期的山顶洞人墓地。中国古代的随葬习俗仍是在“事死如事生，事亡如事存”观念下出现和发展的，由此而逐渐形成中国古代的厚葬之风和埋葬习俗的特色。

史前时期墓葬的随葬品，多以实用器为主，同一墓地各墓的差别不大，反映出氏族成员的地位基本相同。依随葬品的功用可大致分为生活用具、生产工具、装饰品等几类。依质地可分为陶、石、骨、木器等类别。

陶器是史前时期最主要的生活用具，也是最主要的随葬品之一。随葬的陶器组合一般由炊器、水器、食器、容器等数件组成，也有仅随葬其中一类或两类的。生产工具也是史前墓葬中很常见的随葬品种类之一。依制作原料分，有石、骨、角、蚌、陶器等，其中石器最多；依用途分，有斧、锛、铲、镰、凿、刀、锥、锉、针、匕、矛、镞、鱼叉、纺轮、磨盘、磨棒等。用装饰品随葬的例子可追溯到旧石器时代晚期的山顶洞人墓葬，山顶洞人墓葬发现有穿孔兽牙等。新石器时代各文化中均较为流行，较常见的有骨珠、牙饰、陶环及发笄等。

从新石器时代中晚期开始，一些大墓中就随葬有表示身份、地位、等级的礼仪性用品，如象征神权、王权、兵权的琮、璧、钺等。如良渚文化的一些大墓中盛行用玉质礼器琮、璧、钺等随葬。到了夏商周时期，随着宗法礼制的形成，墓形大小、随葬品多寡及种类有了较大的差别，逐渐形成了以青铜礼器为核心的随葬制度。

商周随葬品方面的等级差异，主要表现在青铜鼎、簋等青铜礼器的使用上。商代的“亞”字形、“中”字形、“甲”字形大墓往往随葬有大型青铜鼎，如HPKM1004号“亞”字形大墓曾出土鹿方鼎和牛方鼎，分别高60.9厘米和73.3厘米，重60.4千克和110.4千克，堪称王室重器；传出土后母戊大方鼎的也是一座“甲”字形大墓。可知早在商代时，鼎就是一种重要的礼器。

“周因于殷礼”（《论语·为政》），青铜器仍作为重要的礼器而常见于大型墓葬中。但西周早期以后，礼器中的酒器相对减少，食器的比例逐渐增加。最常见的礼器有鼎、簋、盘、匜、壶、豆等，特别是鼎、簋的配置最为突出。用于宴飨等活动的鼎一般形制、花纹相同或相似，大小依次递减而有序排列，常成奇数组合。这种成组有序排列的鼎即古人所谓的“列鼎而食”的“列鼎”[26]。与鼎相配的簋大小、形制相同，多为偶数组合。周代的礼制规定：天子九鼎八簋，诸侯七鼎六簋，大夫五鼎四簋，士三鼎二簋或一鼎。这种鼎簋制度，出现于西周早期，形成于西周中后期，用于日常的宴饮、祭祀、婚冠、丧葬等活动中，用以表示死者的身份地位。

考古发现最早的列鼎见于陕西宝鸡茹家庄M1的甲室，系弶伯之妾的墓室，出土了1组5件“形制相同，大小相次”的列鼎，4件簋也“形制、大小雷同”[27]。但这种“形制相同，大小相次”的列鼎多发现于西周后期和东周。如山西天马–曲村晋侯墓地未被盗的晋侯墓（M91）出有七鼎六簋[28]。河南三门峡上村岭西周晚期到春秋的虢国墓地[29]的随葬情况最能反映这一时期的鼎簋制度。如属国君的M2001和M2009分别随葬七鼎六簋和九鼎，M1052虢太子用七鼎六簋，他们应是虢国最高等级的贵族；M2010、M1706、M1810、M2012等墓葬用五鼎四簋，应属大夫一级的贵族；M1705等5座墓用三鼎，还有20多座墓用一鼎，他们应属士一级的贵族。东周时期，随着“礼崩乐坏”，诸侯称霸，出现了一些僭越现象，天子和诸侯都用九鼎，卿用七鼎，大夫用五鼎，士用三鼎或一鼎。如湖北随县曾侯乙墓用九鼎[30]，山西太原南郊金胜村的一座春秋晚期大墓，出土了1件高近1米、口径达1.04米的大型镬鼎和一组7件列鼎，死者可能是晋国的一位赵姓正卿；山西长子东周7号墓出土了一组5件列鼎，死者当是晋国的一位大夫；侯马上马墓地的M11、M15等春秋时期墓，均随葬3鼎，当为士一级的小贵族墓[31]。上述发现表明，两周贵族墓葬中，鼎、簋等青铜礼器的配置是有规定的，是随着地位的高低而增减的。

此外，东周以来，墓葬的随葬品中明器逐渐增多。“明器”一词始见于《礼记》，“孔子谓：为明器者，知丧道矣，备物而不可用也。……其曰明器，神明之也。涂车、刍灵，自古有之，明器之道也”。所谓“明器”，是专为随葬制作的器物，供死者享用，“夫明器，鬼器也”（《礼记·檀弓上》），也可称之为“冥器”[32]。

从考古发现来看，新石器时代就出现了少量专供随葬用的陶器，如陕西宝鸡北首岭早期墓葬中，有一小部分陶器不见于居址，如鼎（三足罐）“形制都很小，当是明器”[33]。河南安阳殷墟墓葬中，曾出土少量铅器，种类有礼器如鼎、簋、觚、爵等，工具如锛、凿、刀、锥等，武器如戈、镞等，这些铅器“质脆薄，制作粗糙，皆为明器”[34]。东周时期的中原诸国的中、小型墓，普遍出现了仿铜陶礼器或铜明器。陕西春秋战国秦墓随葬品中“时代早，尚有一些实用器物。进入战国，铜器微型化，完全变为明器”[35]。如凤翔高庄春秋晚期至战国早期秦墓中出土的“铜礼器微型化，成套的礼器竟可握于一掌之中”，还有鼎、簋、壶、豆等仿铜陶礼器[36]，当为明器。

东周时期明器中另一引人注目的现象是出现了模型明器和模拟人形的俑。早期的模型明器可能是所谓的“涂车”，即泥或陶做的车子模型。在陕西凤翔高庄秦墓中发现陶囷、陶灶和陶车轮等；凤翔西村战国秦墓中出土陶屋模型[37]；西安南郊秦墓中也发现有陶囷、陶灶、人俑等[38]（图12-12）。最早的俑可能是用茅草扎成的人形，称“刍灵”，用来代

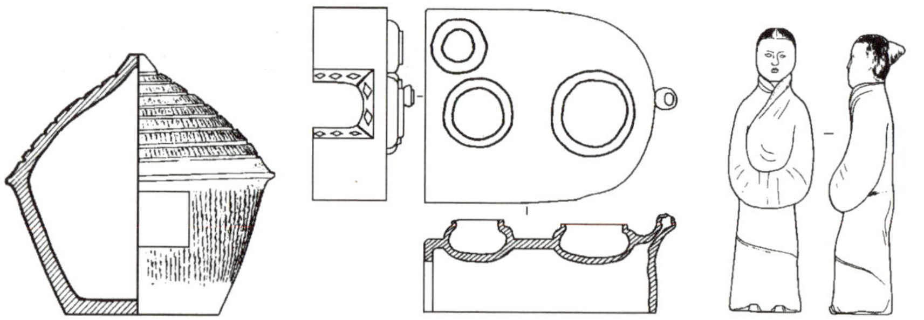

1 2 3

图12-12 西安南郊茅坡战国秦墓出土器物

1. 陶囷 2. 陶灶 3. 人俑

图12-13 咸阳战国骑马俑

替活人殉葬，后改为用陶、木制作。在山东临淄郎家庄春秋战国之际的1号墓陪葬坑中，出土了成组的陶俑，形体很小，高仅10厘米左右[39]；在陕西铜川枣庙春秋战国秦墓中发现一批泥塑成型后再施彩绘的人俑和牛、羊、狗等，个体也很小[40]；西安南郊战国秦墓中也发现有陶人和马俑；在咸阳战国秦墓中，发现了中国目前已知最早的骑马俑[41]（图12-13）。南方的楚墓中则流行木俑，有的彩绘出眉目须发、衣裙甲胄，有的穿着衣物。

秦汉以来，以青铜礼器为核心的随葬制度逐渐

衰落，反映现实生活的“明器”大量流行。自东周出现陶人俑以来，秦汉时期开始大量流行。秦始皇陵兵马俑坑出土数千件和真人等高的大型陶俑。西汉的帝王陵墓和高级贵族也多有陶俑随葬，如西汉诸帝后陵园及其附近的从葬坑中均埋有大量的陶俑，有兵俑、宦者俑、侍女俑、伎乐俑、驭手俑等，但形体比秦俑小得多。咸阳杨家湾汉墓中出土陶俑近300个，多为兵马俑。除了人俑外，还有大量的陶塑动物，有马、牛、羊、猪、狗、鸡等。东汉陶俑继续流行，模型明器的种类也在不断增多，除传统的仓、灶、井外，楼阁（图12-14）、坞堡、水田、碓房、猪圈等模型明器也广泛流行。

图12-14　河南焦作白庄出土东汉陶仓楼

魏晋南北朝隋唐时期，镇墓俑和出行仪仗俑逐渐流行，并成为较固定的组合。镇墓俑有镇墓兽（一般2件，一人首，一兽首）、天王俑（足下踏怪兽或小鬼者）、武士俑（右手执物，左手执盾）和十二时俑（兽首人身，即鼠、牛、虎、兔、龙、蛇、马、羊、猴、鸡、狗、猪十二生肖）。魏晋南北朝时期的出行仪仗俑以牛车为中心，仪杖俑披甲持盾、击鼓吹号，有较浓厚的军事性质；唐代盛行以马、驼为主体的外出仪仗俑群。除了陶俑外，还有瓷俑、三彩俑等（图12-15）。

图12-15　西安唐墓出土三彩骑马俑

宋代以后，以俑随葬的习俗日渐衰落，这可能是受纸明器的流行影响所致。元明时期，除少数王公贵族墓外，一般墓葬中已不再随葬俑。

（四）外藏制度

“外藏”一词，最早见于汉代文献。《汉书·霍光传》记载：霍光死后，汉宣帝“赐金钱、缯絮、绣被百领，衣十五箧，璧、珠玑，玉衣、梓宫、便房、黄肠题凑各一具，枞木外藏椁十五具，东园温明，皆如乘舆制度”。颜师古注引东汉服虔注曰：“（外藏）在正藏外，婢妾之藏也。或曰厨、厩之属也。”可知，“外藏”是相对于“正藏”而言的，为正藏的附属部分。一般认为，汉代的“正藏”是指墓室内的梓宫、便房、题凑等设施及随葬品，象征帝王宫室及宫内生活。正藏之外的婢妾、厨、厩之属和象征百官衙署等埋藏设施为“外藏”。“外藏”多位于墓主椁室之外或墓外，是附属于墓主“正藏”的埋葬设施与埋葬物品。由于汉代帝王陵墓的外藏设施多为地下坑道式的木构架，结构类似于“椁”，故文献中称“外藏椁”。

有学者认为，“把墓的结构分为正藏与外藏椁这种汉制，实际从春秋晚期已经发其端，战国时至少已成为好几个诸侯国的王陵制度”[42]。也有学者认为，其发生的时间，可上溯到商周时期[43]。

从商代后期开始，贵族墓附近出现了车马坑，用真车马从葬。多年来，先后在河南安阳殷墟西区和大司空村大中型墓附近，发现了一些车马坑，如在属殷墟西区第八墓区的孝民屯南地发现一座车马坑（编号M1613），内埋一辆车、两匹马[44]。这些位于墓葬附近的车马坑，应具有外藏性质，或可看作外藏的肇始。

两周贵族墓葬和车马坑，更多的是在宗法礼制约束下的一种等级制度的体现。无论是墓室内的葬具、随葬品和殉人等，还是墓外的车马坑，多反映的是贵族宫内生活及出行的威仪与等级。山西晋墓的发掘表明，一般三鼎以上的墓多从葬有车马坑，五鼎以上的墓则随葬有编钟。从葬车马数目的多少，也有规定，即所谓“天子驾六马、诸侯驾四、大夫三、士二、庶人一”（《逸礼·王度记》）。考古发现两周车马坑用马的数目有1车2马、1车4马和1车6马。例如，河南陕县上村岭虢国墓地中，虢太子墓的车马坑埋车10辆、马20匹，两座五鼎墓的车马坑各埋车5辆、10匹马，均为

1车2马[45]。北京琉璃河董家林燕国故城黄土坡墓地，发现一座埋有1车4马的车马坑[46]，或许是某位燕侯墓的从葬坑（图12-16）。特别是近年来，在洛阳东周王城东北部的王陵区内（洛阳市王城广场）发现了一座包括“天子驾六”的车马坑，南北长42.6、东西宽7.4米，共葬车26辆，其中驾马6匹者1辆、4匹者8辆、两匹者15辆[47]。这座车马坑应是为某位周天子陵墓附葬的，反映的是最高等级贵族的出行威仪。上述车马坑，虽有一些外藏的性质或因素，但尚未形成系统。

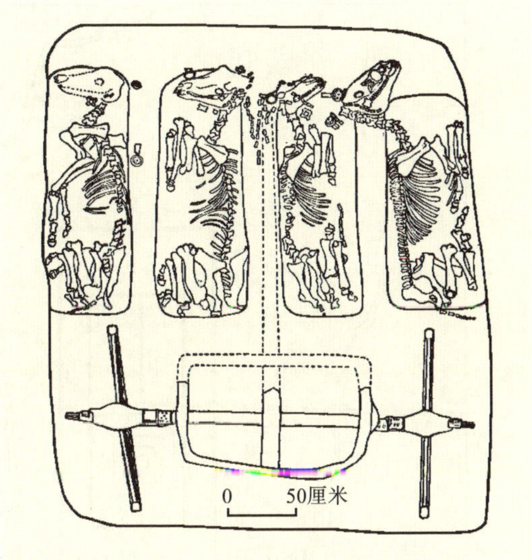

图12-16　北京琉璃河西周车马坑平面图

战国以来，陵墓营建的观念有所改变，传统礼制的影响日渐减弱，力图反映王权体制的“若都邑”设计理念兴起。正如《吕氏春秋·安死》所描述的：“世之为丘垄也，其高大若山，其树之若林，其设阙庭、为宫室、造宾阼也若都邑。”秦汉以来，以真车马附葬的制度渐衰，但帝王陵园出现了大量的坑道式木建构从葬坑，可能就是所谓的“外藏椁”。这些从葬坑的分布由内到外，可分为若干层次，从而形成了一个完整的外藏系统。

秦始皇陵区已经发现约184座各种类型的从葬坑，有兵马俑坑、文吏俑坑、马厩坑、珍禽异兽坑、石铠甲坑、百戏俑坑等（图12-17）。这些从葬坑，从空间布局上形成以帝陵为中心由内向外的四个层次，即地宫之内最靠近陵寝正藏的从葬坑（目前还不清楚），依文献描述，其内“奇器珍怪，徙藏满之”（《史记·秦始皇本纪》），应象征宫内生活；内城之内发现有铜车马坑、K0003、K0006等从葬坑，其中K0006发现一批文官陶俑，可能象征某个中央官府机构；内外城之间的从葬坑中K9801出土了大批石质甲胄，K9901出土一批象征秦代宫廷娱乐活动的百戏类陶俑；外城之外发现有兵马俑坑、马厩坑、动物府藏坑、青铜水禽坑等。上述四个层

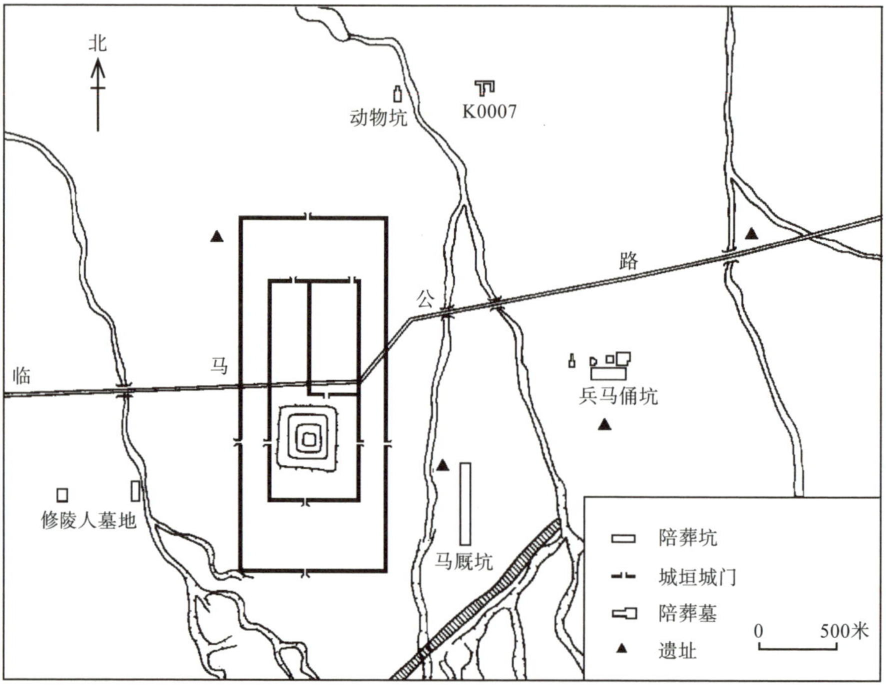

图12-17 秦始皇陵园重要遗迹分布示意图

次的陪葬坑构成了秦始皇陵园一套完整的外藏系统，证明了古代陵寝制度中的外藏系统于战国晚期、秦统一时已经基本形成[48]。

汉承秦制，西汉的帝王陵园中也发现分层次排列的大量从葬坑。如考古调查和发掘工作做得较多的汉景帝阳陵的帝后陵园内外发现大量的从葬坑，仅帝陵陵园内就分布从葬坑86座（图12-18）。这些从葬坑内埋藏有大量的陶兵马俑，陶羊、狗、猪等和陶仓，以及陶、铜、漆器等，还出土有“宗正之印”“太官令印”“内官丞印”“左府之印”“右府”“宦者丞印”“仓印”“甘泉仓印”“别藏官印”“永巷厨印””东织寝官”及“东织令印”等中央管理机构的铜印章和封泥等。这些陪葬坑可能是象征管理皇宫事务的政府机构。此外，在帝陵的西北（北区从葬坑）和东南（南区从葬坑），各分布24座从葬坑。这些从葬坑中排列着密集的武士俑群，还有粮仓、各种动物俑和陶、铁、铜生活用具等。其中南区2、16、17、21号坑内出土了龟纽“车骑将军”“军大右仓”“军武库丞”“军武

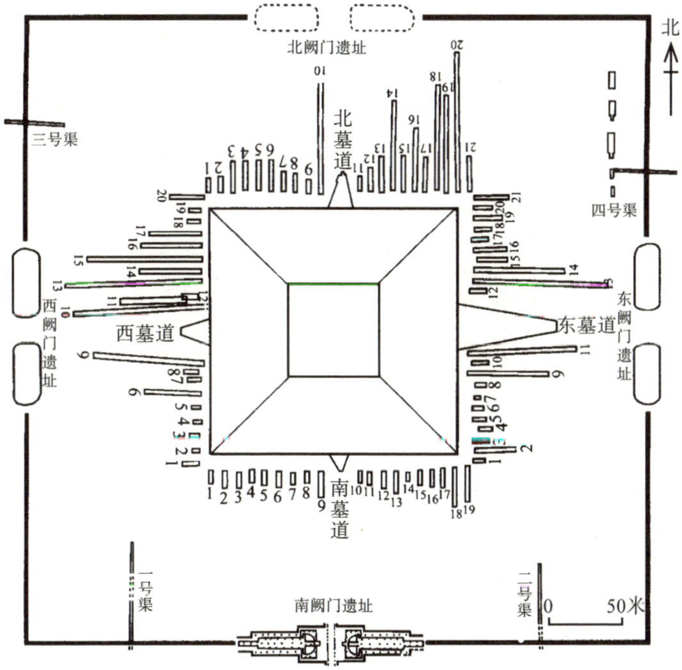

图12-18　汉阳陵帝陵平面图

库兵”“军武库器”“左府”等印章。展示了汉代的军旅场景，可能与西汉的“南军”“北军”有一定的关系[49]。

西汉时期诸侯王陵墓也有“外藏椁”的[50]，如山东章丘吕台汉墓[51]和危山一号汉墓[52]、山东临淄齐王墓[53]、湖南长沙象鼻嘴一号汉墓[54]、河南永城西汉梁王墓[55]、江苏徐州狮子山楚王墓[56]等。其中西汉早期章丘吕台汉墓陪葬坑最多，达36座，少者仅1座。西汉中后期的诸侯王陵墓鲜见从葬坑的现象，大概到了西汉末年以后这种葬制逐渐消失。

（五）人殉制度

商周时期的埋葬制度另一显著特点就是用活人为死去的贵族从死殉葬，即所谓的人殉[57]。

用人殉葬的习俗可追溯到史前时期。例如，河南濮阳西水坡仰韶时代早期的M45，平面呈不规则形，南北长4.1、东西宽3.1、深0.5米；墓内埋葬4人，墓主为一头南足北的中年男性，两侧摆塑有一龙一虎；墓的东、西、北三面分别葬有12～13岁的少年，其中一女性头部有刀砍痕迹[58]。显然，这些少年个体并非正常死亡，具有殉葬的性质。近年来，在山西芮城清凉寺发掘了一处龙山时代墓地，属第一阶段的M61，墓主为一仰身直肢的中年男性，随葬有较多的玉石器，墓主脚端的M51葬有一面向M61、双手反剪呈跪式的中年男子，无随葬品，可能是被活埋的殉人；属第二阶段的墓葬中有殉人的墓约占一半，墓主多为成年男性；殉人多分布在墓内熟土二层台上，大多数殉1人，也有少数墓殉葬2人；殉人的年龄一般在10岁以下，少数在12～14岁，多是被活埋或现场处死后埋入的（图12-19）。如M52，墓主为一青年男性，仰身直肢葬，随葬有玉琮；在墓内东南角的熟土二层台上葬一俯首屈肢的儿童[59]。但总体看来，中国史前时期人殉的现象并不多见，上述发现可看作殉葬习俗的滥觞。

1

2

图12-19 山西芮城清凉寺墓地人殉现象

1. M51和M61 2. M52

商周时期殉葬之风盛行，殉人的多少也与墓主的等级有关，即所谓“天子杀殉，众者数百，寡者数十。将军大夫杀殉，众者数十，寡者数人”（《墨子·节葬》）。被殉葬者多为死者的爱妾、近臣、近亲、侍从、婢女等。殉人一般葬在椁室、墓室、二层台或墓道之内，有的还有棺椁及随葬青铜器等，应有一定的身份地位。中原地区目前已知最早的殉人墓是郑州白家庄二里冈上层时期的M3，殉有1人[60]。商代后期殉人之风特盛，如安阳侯家庄M1001号“亞”字形大墓的墓室、椁室、墓道等处共发现殉人23人，其中墓室底部的9个小坑中各有一持戈人，应为商王的卫士；椁室周围的四阶上有殉人11人，多有棺木和随葬品，可能是死者的亲近侍从；西墓道的殉人有墓坑及随葬铜器，地位可能稍高，或为近臣。又如武官村大墓，墓室底部的腰坑殉有1人，二层台东侧殉17人，西侧殉24人[61]。西周早期殉人之俗仍很普遍，如陕西长安沣西张家坡182座西周墓中9座发现有殉人，多者殉4人，少者殉1人[62]。陕西宝鸡茹家庄西周弶伯（BRM1）与其夫人井姬墓（BRM2）的二层台上共发现7具殉人骨骼，有儿童和青壮年。此外，BRM1分为甲、乙两椁室，乙室为墓主“弶伯”，甲室为其妾，随葬铜器铭文中有“儿”字；从发掘情况看，两人系一次同时下葬，则弶伯之妾“儿”应为从死性质[63]。东周时殉人现象逐渐减少，但一些大型墓中仍有殉人现象，特别是秦国，殉人之风尤盛。文献记载秦武公六年“始以人从死”；秦穆公卒“从死者百七十七人，秦之良臣子舆氏三人名曰奄息、仲行、鍼虎，亦在从死之中”（《史记·秦本纪》）。考古发现，秦国早在西周晚期就有了殉人的葬俗。甘肃礼县大堡子山发现的两座被认为是秦襄公和秦文公的大墓二层台上，就发现有殉人[64]。陕西凤翔春秋时的秦公1号大墓，椁室周围四阶上共有殉人164人，可分为两类：一类分布在曲尺形椁室周围，共计72具，葬具为用枋木垒成长2.35、宽1.5、高1.4米的木箱，内置长1.6、宽0.66米的框架置放尸体，被称为“箱殉”，地位可能较高；另一类分布在箱殉以外靠近墓室四壁处，共94具，葬具为长约2、宽0.7、高1米，壁厚仅0.04米的薄材，被称为“匣殉”，地位应稍低[65]。战国时期，秦献公曾下令“止从死”（《史记·秦本纪》），殉人现象虽未绝迹，但已少见。秦汉及其以后，随着陶俑的大量使用和帝王陵墓陪葬制度的出现，殉人习俗逐渐消失。

（六）人牲制度

人牲是把活人作为祭品——牺牲，杀之以祭祀祖先或死者的亡灵。夏商周时期的人牲多用于宗庙、墓地或埋葬时祭祀祖先或死者的亡灵。

用人作为祭品的例子也可追溯到史前时期，但多用于建筑的奠基。如西安半坡遗址，在一号房址（F1）南壁下的白灰层中，发现一个人头骨，旁边还有一个破碎的粗陶罐[66]，可能是奠基时的遗存。在郑州西山仰韶晚期城址中，多座房基底部和城墙基部都发现有盛放婴儿骨骼的陶器，应是杀婴奠基的遗迹[67]。在龙山时期的河南登封王城岗城址内的一些夯土建筑遗址下面，往往发现有成人和儿童的骨架，有完整的，也有被肢解的[68]。上述遗迹可能是出于某种信仰而祈求居住安全的一种行为。

史前时期也有墓祭的习俗，但所用牺牲多为动物，尚未确定有用人者。如甘肃永靖秦魏家和大何庄齐家文化墓地附近发现5座用扁平砾石组成的“石圆圈”，直径4米左右，旁边有卜骨、牛、羊骨架等[69]。其中第1号“石圆圈”附近有一具砍头母牛及未出生的小牛，第5号“石圆圈”西边有一具羊骨架，它们当为墓祭时的牺牲。山西襄汾陶寺墓地，有4座墓旁另挖有小坑，分别埋有1～14件猪下颌骨[70]。以上这些遗迹位于或临近墓地，应同墓地的祭祀或埋葬等活动有密切的关系。

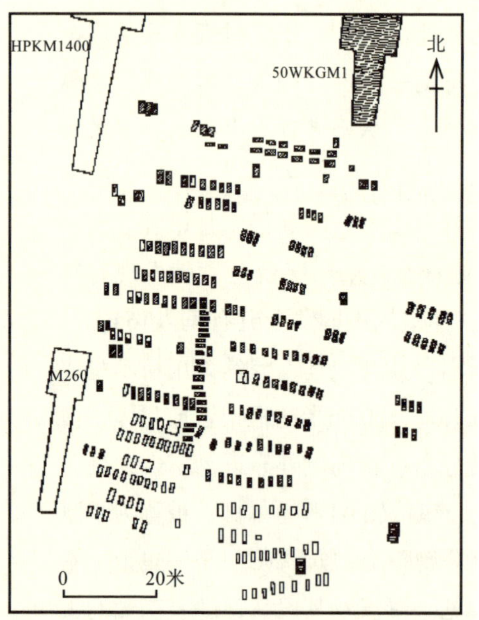

图12-20　殷墟武官村北地祭祀坑分布图

商周时期贵族埋葬或墓祭时，往往要用大量的人牲，他们的身份多为奴隶和战俘等。人牲一般见于墓道、填土或墓附近的祭祀坑中，多身首分离、有首无身或有身无首。据甲骨卜辞统计，商王祭祀共用人牲1.4万人，其中武丁一代就有9000余人。考古发掘中也发现大量的商代人牲遗迹，如安阳侯家庄M1001号大墓的四条墓道中，共发现人头骨27组73个，均面向墓室排列；在南墓道还发现无头尸骨8组59具。这些无头尸骨和头骨当是为墓主人举行葬礼时被杀的人牲[71]。此外在安阳王陵区先后共发现1400余个祭祀坑，其中1976年清理的191个坑可分为22组（图12-20），每组应为一次祭祀活动的遗迹，少者1坑，多者达47坑；除一部分埋车和马、牛、羊等动物外，绝大多数坑内埋有人骨，有的身首分离，有的有身无头，有的只有头骨。人牲的男性多为年龄在15～35岁的青壮年，女性年龄在22～28岁，还有6～10岁的儿童[72]。这些人牲均属蒙古人种，其中接近于东亚类型者居多，还有接近于南亚及北亚类型者。“体质上的这种多种类型，可用殷人同四邻方国部落的征战中，虏获不同方向的异族战俘来解释。”[73]

两周墓中也偶见人牲，如凤翔秦公1号大墓的填土中，先后发现人骨20具，均放置在长70～80、宽50～60厘米的土坑中，无葬具和随葬品，应属填埋过程中祭祀的人牲。人牲与人殉制度一样，东周以后逐渐消失。

参考书目

[1] 王世民：《中国春秋战国时代的冢墓》，《考古》1981年第5期。

[2] 杨鸿勋：《战国中山王陵及兆域图研究》，《考古学报》1980年第1期。

[3] 段清波：《古代阙制研究——以秦始皇帝陵三出阙为基础》，《西部考古》（第一辑），三秦出版社，2006年。

[4] 罗哲文：《孝堂山郭氏墓石祠》，《文物》1961年第Z1期合刊。

[5] 龚良：《陵墓葬有翼神兽石刻的发展及其艺术源流》，《华夏考古》1994年第1期。

[6] 高炜：《汉代的“黄肠题凑”墓》，《新中国的考古发现与研究》，文物出版社，1984年，第443～447页。

[7] 段清波、张颖岚：《秦陵外藏系统》，《考古》2002年第11期。

[8] 焦南峰：《汉阳陵从葬坑初探》，《文物》2006年第7期。

[9] 黄展岳：《古代人牲人殉通论》，文物出版社，2004年。

[10] 薛新民：《山西芮城清凉寺史前墓地死者身份解析》，《西部考古》（第一辑），三秦出版社，2006年。

注释

[1] 固始侯古堆一号墓葬发掘组：《河南固始侯古堆一号墓发掘简报》，《文物》1981年第1期。

[2] 参阅王世民：《中国春秋战国时代的冢墓》，《考古》1981年第5期。

[3] 刘庆柱、李毓芳：《西汉十一陵》，陕西人民出版社，1987年，第159、160页。

[4] 中国社会科学院考古研究所：《殷墟的发现与研究》，科学出版社，1994年，第71页。

[5] 韩伟、程学华：《秦陵概论》，《考古学研究》，三秦出版社，1993年，第558、559页。

[6] 中国科学院考古研究所：《中国田野考古报告集第一号：辉县发掘报告》，科学出版社，1956年。

[7] 杨鸿勋：《战国中山王陵及兆域图研究》，《考古学报》1980年第1期。

[8] 罗哲文：《孝堂山郭氏墓石祠》，《文物》1961年第Z1期合刊。

[9] 傅天仇：《陕西兴平县霍去病墓前的西汉石雕艺术》，《文物》1964年第1期。

[10] 龚良：《陵墓葬有翼神兽石刻的发展及其艺术源流》，《华夏考古》1994年第1期。

[11] 焦南峰：《汉家陵阙》，《中国文物报》1999年11月30日第1版。

[12] 段清波：《古代阙制研究——以秦始皇帝陵三出阙为基础》，《西部考古》（第一辑），三秦出版社，2006年，第304～327页。

[13] 焦南峰：《西汉帝陵考古发掘研究的历史及收获》，《西部考古》（第一辑），三秦出版社，2006年，第289～303页。

[14] 陈明达：《汉代的石阙》，《文物》1961年第12期。

[15] 北京市文物工作队：《北京西郊发现汉代石阙清理简报》，《文物》1964年第11期。

[16] 管玉春：《试论南京六朝陵墓·石刻艺术》，《文物》1981年第8期。

[17] 南京市文管会、南京博物院：《南京市及其附近古迹调查报告》，《文物参考资料》1951年第7期。

[18] 在考古学上，墓葬方向简称“墓向”，没有墓道的墓向，一般指的是死者埋葬时的头向；有墓道的墓向，则指的是墓道的方向，若有两条以上墓道，则指主墓道的方向。

[19] 北京大学历史系考古教研室商周组：《商周考古》，文物出版社，1979年，第196页。

[20] 陕西省文物管理委员会：《潼关吊桥汉代杨氏墓群发掘简记》，《文物》1961年第1期。

[21] 负安志：《陕西长安县南里王村与咸阳飞机场出土大量隋唐珍贵文物》，《考古与文物》1993年第6期。

[22] 中国科学院考古研究所：《上村岭虢国墓地》，科学出版社，1959年。

[23] 高炜：《汉代的“黄肠题凑”墓》，《新中国的考古发现与研究》，文物出版社，1984年，第443～447页。

[24] 何介钧、张维明：《马王堆汉墓》，文物出版社，1982年。

[25] 纪南城凤凰山一六八号汉墓发掘整理组：《湖北江陵凤凰山一六八号汉墓发掘简报》，《文物》1975年第9期。

[26] 郭宝钧：《山彪镇与琉璃阁》，科学出版社，1959年，第11、43、45页。

[27] 卢连成、胡智生：《宝鸡㺀国墓地》，文物出版社，1988年。

[28] 北京大学考古学系、山西省考古研究所：《天马–曲村遗址北赵晋侯墓地第五次发掘》，《文物》1995年第7期。

[29] 中国科学院考古研究所：《上村岭虢国墓地》，科学出版社，1959年；河南省文物考古研究所、三门峡市文物工作队：《三门峡虢国墓》第一卷（上），文物出版社，1999年；杨育彬、袁广阔：《20世纪河南考古发现与研究》，中州古籍出版社，1997年，第415页；侯俊杰：《三门峡虢国墓地2009号墓获重大成果》，《光明日报》1999年11月2日；河南省文物考古研究所、三门峡市文物工作队：《三门峡虢国墓地M2010的清理》，《文物》2000年第12期；河南省文物考古研究所、三门峡市文物工作队：《三门峡虢国墓地M20130的发掘清理》，《文物》2000年第12期。

[30] 湖北省博物馆：《曾侯乙墓》，文物出版社，1989年。

[31] 山西省考古研究所：《山西考古四十年》，山西人民出版社，1994年，第169～185页。

[32] 杨泓：《明器》，《中国大百科全书·考古卷》，中国大百科全书出版社，1996年，第335、336页。

[33] 中国社会科学院考古研究所：《宝鸡北首岭》，文物出版社，1983年，第92页。

[34] 中国社会科学院考古研究所：《殷墟的发现与研究》，科学出版社，1994年，第522页。

[35] 韩伟：《略论陕西春秋战国秦墓》，《考古与文物》1981年第1期。

[36] 陕西省雍城考古队：《陕西凤翔高庄秦墓地发掘简报》，《考古与文物》1981年第1期。

[37] 雍城考古队：《陕西凤翔西村战国秦墓发掘简报》，《考古与文物》1986年第1期。

[38] 西安市文物保护考古所：《西安南郊秦墓》，陕西人民出版社，2004年。

[39] 山东省博物馆：《临淄郎家庄一号东周殉人墓》，《考古学报》1977年第1期。

[40] 陕西省考古研究所：《陕西铜川枣庙秦墓发掘简报》，《考古与文物》1986年第2期。

[41] 咸阳市文物考古研究所：《咸阳石油钢管钢绳厂秦墓清理简报》，《考古与文物》1996年第5期；孙德润：《由咸阳骑马俑谈到战国秦骑兵》，《考古与文物》1996年第5期。

[42] 俞伟超：《汉代诸侯王与列侯墓葬的形制分析——兼论“周制”“汉制”与“晋制”的三阶段性》，《先秦两汉考古学论集》，文物出版社，1985年。

[43] 李如森：《汉代“外藏椁”的起源与演变》，《考古》1997年第12期；段清波、张颖岚：《秦陵外藏系统》，《考古》2002年第11期。

[44] 中国社会科学院考古研究所：《殷墟的发现与研究》，文物出版社，1994年，第138～146页。

[45] 中国科学院考古研究所：《上村岭虢国墓地》，科学出版社，1959年。

[46] 琉璃河考古工作队：《北京附近发现的西周奴隶殉葬墓》，《考古》1974年第5期。

[47] 刘富良、安亚伟：《洛阳：从车马坑找到东周王陵》，《文物天地》2002年第2期。

[48] 段清波、张颖岚：《秦始皇帝陵的外藏系统》，《考古》2003年第11期。

[49] 焦南峰：《汉阳陵从葬坑初探》，《文物》2006年第7期。

[50] 刘振东：《中国古代陵墓中的外藏椁——汉代王、侯墓制研究之二》，《考古与文物》1999年第4期。

[51] 崔大庸、王金贵、房道国：《章丘洛庄汉墓发现32座陪葬坑和祭祀坑》，《中国文物报》2001年3月14日第1版；济南市考古研究所、山东大学考古系、山东省文物考古研究所：《山东章丘市洛庄汉墓陪葬坑的清理》，《考古》2004年第8期；河南省文物考古研究所：《永城西汉梁国王陵与寝园》，中州古籍出版社，1996年。

[52] 鲁波：《济南章丘发现汉代兵马俑坑》，《中国文物报》2003年1月10日。

[53] 山东省淄博市博物馆：《西汉齐王墓葬随葬器物坑》，《考古学报》1985年第2期。

[54] 湖南博物馆：《长沙象鼻嘴一号汉墓》，《考古学报》1981年第1期。

[55] 河南省商丘市文物管理委员会、河南省文物考古研究所、河南省永城市文物管理委员会：《芒砀山西汉梁王墓地》，文物出版社，2001年。

[56] 狮子山楚王陵考古发掘队：《徐州狮子山西汉楚王陵发掘简报》，《文物》1998年第8期；韦正、李虎仁、邹厚本：《江苏徐州市狮子山西汉墓的发掘与收获》，《考古》1998年第8期。

[57] 黄展岳：《古代人牲人殉通论》，文物出版社，2004年。

[58] 濮阳市文物管理委员会、濮阳市博物馆、濮阳市文物工作队：《河南濮阳西水坡遗址发掘简报》，《文物》1988年第3期。

[59] 薛新民：《山西芮城清凉寺史前墓地死者身份解析》，《西部考古》（第一辑），三秦出版社，2006年，第94～105页；山西省考古研究所、运城市文物局、芮城县文物局：《山西芮城清凉寺新石器时代墓地》，《文物》2006年第3期。

[60] 河南文物工作队第一队：《郑州市白家庄商代墓葬发掘简报》，《文物》1955年第10期。

[61] 中国社会科学院考古研究所：《殷墟的发现与研究》，文物出版社，1994年，第101～112页。

[62] 中国科学院考古研究所：《沣西发掘报告》，文物出版社，1962年，第117页。

[63] 卢连成、胡智生：《宝鸡強国墓地》，文物出版社，1988年。

[64] 礼县博物馆、礼县秦西垂文化研究会：《秦西垂陵区》，文物出版社，2004年。

[65] 韩伟、焦南峰：《秦都雍城考古发掘研究综述》，《考古与文物》1988年第5、6期合刊。

[66] 中国科学院考古研究所、陕西省西安坡博物馆：《西安半坡——原始氏族公社聚落遗址》，文物出版社，1963年。

[67] 国家文物局考古领队培训班：《郑州西山仰韶时代城址的发掘》，《文物》1999年第7期。

[68] 河南省文物研究所、中国历史博物馆考古部：《登封王城岗与阳城》，文物出版社，1992年。

[69] 中国科学院考古研究所甘肃工作队：《甘肃永靖大何庄遗址发掘报告》，《考古学报》1974年第2期。

[70] 中国社会科学院考古研究所山西队：《山西襄汾县陶寺遗址发掘简报》，《考古》1980年第1期。

[71] 中国社会科学院考古研究所：《殷墟的发现与研究》，科学出版社，1994年，第106页。

[72] 中国社会科学院考古研究所：《殷墟的发现与研究》，科学出版社，1994年，第112～121页。

[73] 中国社会科学院历史研究所、中国社会科学院考古研究所：《安阳殷墟头骨研究》，文物出版社，1985年，第106页。

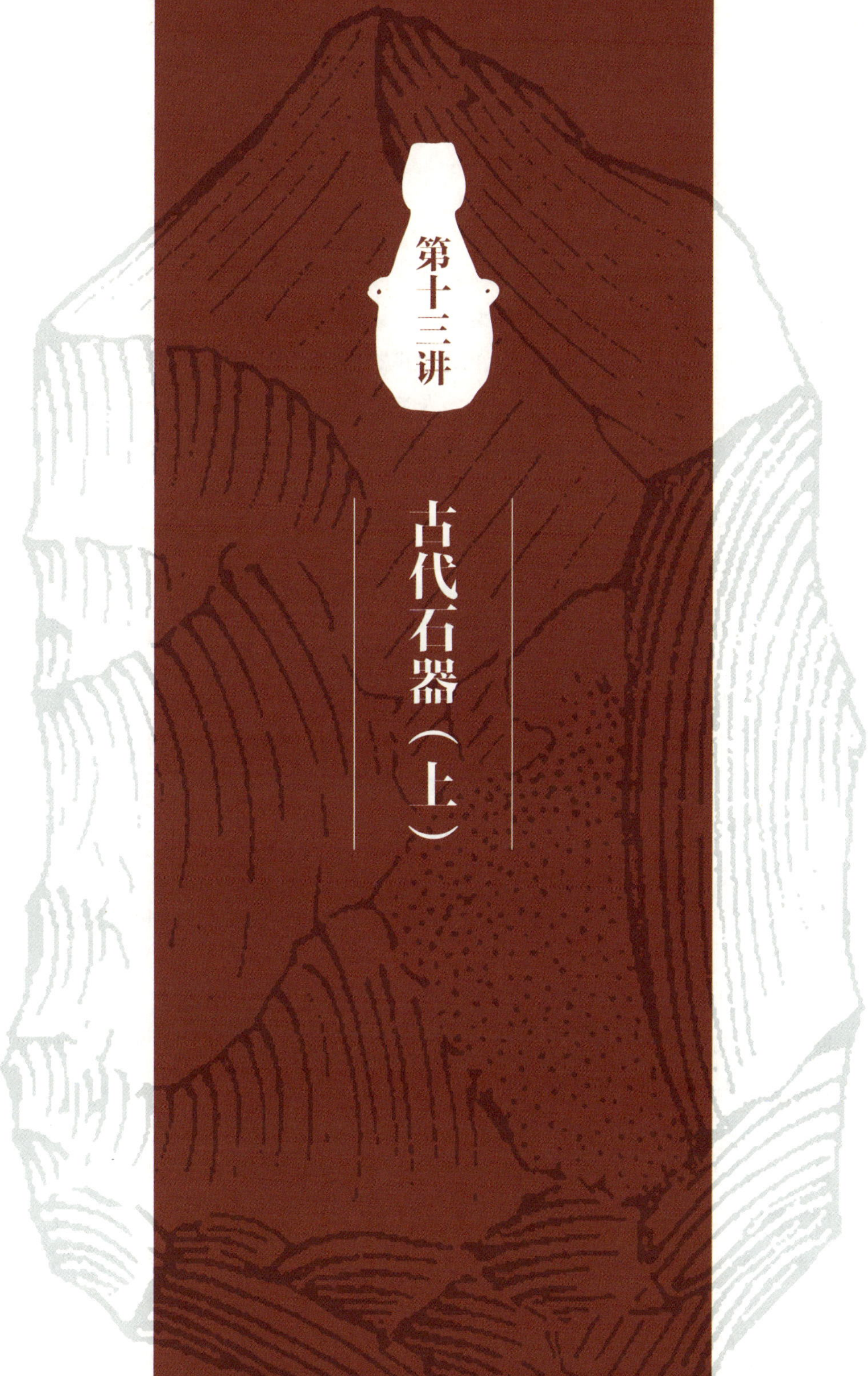

第十三讲

古代石器（上）

一、石器与石器时代考古

在人类历史初期，由于生产力水平极其低下，人类对周围自然环境的认识和利用极端贫乏无力，生产工具和武器多是用天然石料制成的。这种用石头制作的工具就叫作“石器”，人类主要使用石器进行生产劳动的时期就叫作“石器时代”。石器制作技术的演变，大体经历了三个阶段，即旧石器（打制石器）、细石器（压制石器）和新石器（磨制石器）。

最初的时候，人们只是用一块石头打击另一块石头，修整出粗糙的尖或边刃作为工具使用。用这种打制的方法制作的石器就叫作“旧石器”，人类主要使用旧石器进行生产劳动的时期，叫作“旧石器时代”。旧石器时代考古以旧石器时代的人类及其活动遗留下的各种文化遗存为主要研究对象。其中，最重要的是当时人类制作的各种打制石器。实际上，当时人类的工具除了石器之外，还应有用竹、木等材料制作的工具，诸如木棒、竹矛之类，只是由于这些种类的工具易于腐坏，很难保存至今。故旧石器就成了最能反映当时人类采集、狩猎等经济活动的工具，也是旧石器时代考古的最主要研究对象之一。

人类通过长期的打制石器实践，石器制作技术不断提高。到了旧石器时代晚期，已能用间接打击法从细小石核上剥落细石叶，并进一步压制加工成更为精致、细小的石器——细石器，用于装备复合工具如骨柄的刀、镰等的刃部。细石器仍是一种打制石器，这种技术广泛流行于旧石器时代晚期到新石器时代，甚至更晚的历史时期也有发现。

大约在距今1万年前后，人类又发明了用磨的方法制作石器——新石器。通常把人类主要使用新石器进行生产劳动的时代称“新石器时代”。但实际上，新石器时代与旧石器时代的区别，除了磨制石器外，还有农业和制陶等，今天我们所说的新石器时代，不仅仅是一个简单的磨制石器时代了。但无论如何，磨制石器是新石器时代最重要的工具，是新石器时代考古研究的重要对象之一。

二、旧石器的制作与研究方法

（一）旧石器的制作方法

关于旧石器制作方法的研究，主要依靠对考古发掘获得的各种石器制作痕迹的仔细观察，有时还要经过模拟打制试验和参考有关民族学资料才能得以究明。一般说来，制作一件适合于某种用途的石器，大体需要经过以下步骤和方法。

1. 选择原料

在打制石器之前，首先要选择合适的原料。旧石器是以天然的岩石为原料、以作为工具使用为目的、经过打制而成的。然而，并不是自然界所有的岩石都适合制作石器，而对原料的要求，除了易于获得外，还要便于打制和利于使用。这就要求岩石应具有一定的硬度、韧性和脆性。

首先，所选择的石料要有一定的硬度。自然界的岩石硬度可分为10度，地质学家选择了10种岩石作为对比标准，制定了硬度表（表13-1）。比较、鉴别岩石的相对硬度时，一般是用两种岩石相互刻划，硬度大的岩石可以刻动硬度小的岩石。实验表明，用于制作旧石器的岩石硬度不宜太大，过硬的岩石很难加工成所需的形状；也不宜太软，因为硬度较小的岩石虽然容易制作，但使用效果很差。通过对考古发掘获得的大量旧石器岩

表13-1　岩石硬度表

硬度	岩石	硬度	岩石
1	滑石	6	长石
2	石膏	7	石英
3	方解石	8	黄玉
4	萤石	9	刚玉
5	磷灰石	10	金刚石

石硬度鉴定得知，旧石器时代人类一般选用5度以上的岩石制作石器，大部分石器的硬度在6～7度。

其次，所选用的石料还必须具有一定的韧性和脆性。有些岩石虽然硬度较大，但韧性较差或是太脆，用这样的石料制作的石器，在使用过程中，刃口很容易损坏或折断，影响使用寿命。此外，脆性较差的岩石在打击过程中，不容易形成锋利的刃口，所以也不适用。

在符合上述条件的各类岩石或矿物中，以燧石和火石最为理想，这类岩石不仅硬度较大（7度左右），而且具有一定的韧性和脆性，质地细腻，容易打成各种形状的合用石器。但在我国，燧石的产量少、分布范围小，用这类石料制作的石器也较少。根据大量的考古资料，我国旧石器时代人类制作石器的主要原料有石英（可分为结晶体的水晶和块体的脉石英两种）、石英岩（由砂岩变质而成）、硅质灰岩、角页岩、砂岩、安山岩、闪长岩等。其中，石英和石英岩分布广、产量多，是旧石器时代最常用的原料。这些原料多采自居住地附近河滩的砾石，或拣选自附近山坡上合用的岩块。一般说来，旧石器时代的人类尚不具备从原生岩层中直接开采石料的技术与能力。

2. 打击石片

选好石料后，首先要从石料上打下合用的石片，然后再加工成所需的石器。因此，打击石片在石器加工工序上称为“第一次加工”。用于打击石片的工具可分为两类：一类是选用长条形或圆形砾石作为打击石料的石锤（又称作“硬锤”），也可使用木棒、角棒或骨棒（又通称为“软锤”）等作为打击工具；另一类是打击石片或加工石器时作为底垫物的石砧，多选用大而平的石块或砾石。

（1）石核、石片各部位的名称

在打击石片以前，首先要在石料上选择或打出一个平面，这个平面叫作“台面”。利用石料的自然平面作为台面的叫“自然台面”；人工打出的台面叫“人工台面”。然后沿着台面的边沿选择一点，用石锤用力敲击，便可打下石片来。石锤在台面上的着力点叫“打击点”。剥落石片后，剩余的石料叫“石核”；在石核上留下的凹陷面叫“石片阴面”

或“石片疤”。在石片上，台面的一端叫“顶端”或“近端”，与台面相对的一端叫“尾端”或“远端”；从石核上剥离开来的那个面叫“劈裂面”或“石片阳面”，与劈裂面相对的一面叫“石片背面”；打击点台面与劈裂面的夹角叫“石片角”。在劈裂面上，往往有一个顶尖在打击点之下的半锥状凸起，叫“半锥体”，在半锥体附近，有时可见一个小的凹陷面，叫“锥疤”。此外，打击石片时，由于打击力向下传导，在石片的劈裂面上往往遗留有一道道以打击点为圆心的弧线状纹和由打击点放射出的小裂纹，分别叫“同心波纹”和“辐射线”（图13-1）。

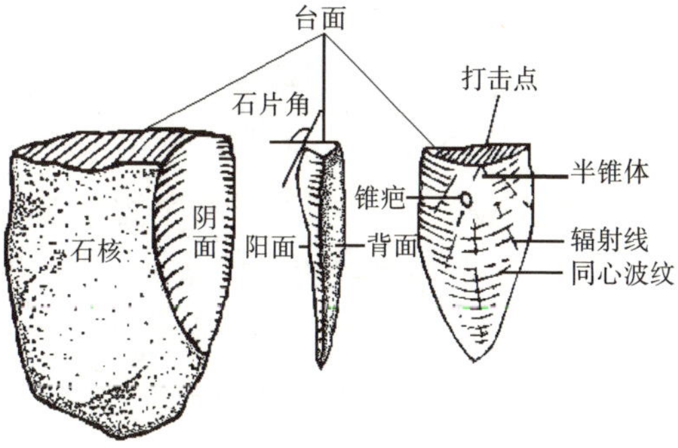

图13-1　石核、石片各部位的名称

（2）打击石片的方法

中国旧石器时代打击石片的方法，可分为直接打击法和间接打击法两类，前者流行于整个旧石器时代，后者出现于旧石器时代晚期。

1）直接打击法

直接打击法，是用两块石头直接碰击剥落石片的方法。根据对出土的各类石片、石核的观察研究和模拟实验，可再细分为以下几种方法。

锤击法，是用石锤直接敲击石核产生石片的方法。具体做法是，将石核用手托着或放在地下，然后用石锤沿着台面边缘打击而剥落石片（图13-2）。用这种方法打下的石片，一般较薄而长，台面较小；石片角多在

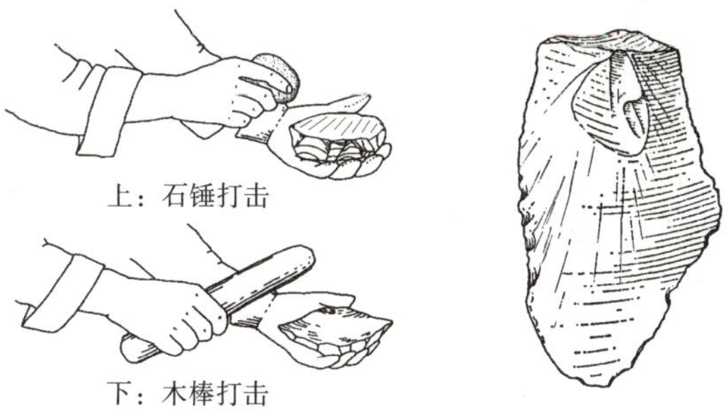

图13-2　锤击法与庙后山锤击石片

90°～110°；打击点集中，半锥体明显；在质地较好的石片上可清楚地看到同心波纹和辐射线等特征。

碰砧法，是用石核直接碰击石砧产生石片的方法。具体做法是，双手紧握石核，将台面边缘对准置于地上的石砧边缘猛烈碰击而剥落石片（图13-3）。用这种方法产生的石片一般较厚而宽，台面较大，石片角多在100° 以上；打击点粗大而散漫，半锥体浅凸或不清，有时可见双锥体者。

砸击法，是把石核放在石砧上，用石锤砸击石核而产生石片的方法（图13-4）。用这种方法产生的石片，由于打击时尾端受到石砧的反作用力，也有类似打击点的痕迹，因此常被称为“两极石片”。典型的砸击石片一般形体较小，常呈近长方形，多无台面、半锥体和同心波纹。此外，在中国西南地区，还流行锐棱砸击法。这种方法选用的石料多是扁平椭圆形砾石；砸击时先将砾石稍倾斜地立放在石砧上，使砾石的一侧边棱与石砧接触，然后用石锤连续砸击另一侧边棱。用这种方法产生的石片台面一般呈锐棱状，打击点粗大，劈裂面平坦，辐射线清楚，并有弧凸状同心波

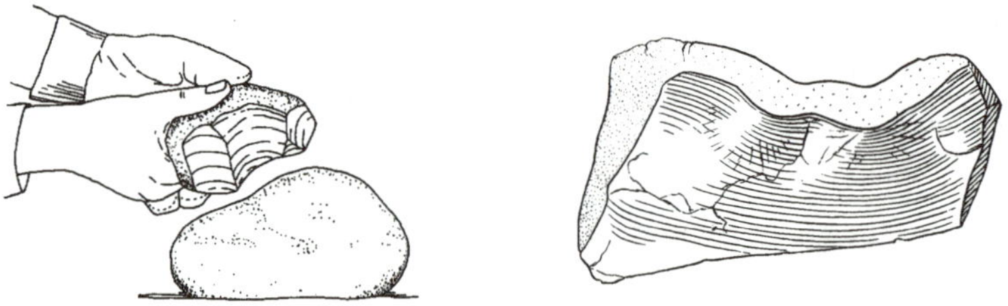

图13-3 碰砧法与丁村双锥体石片

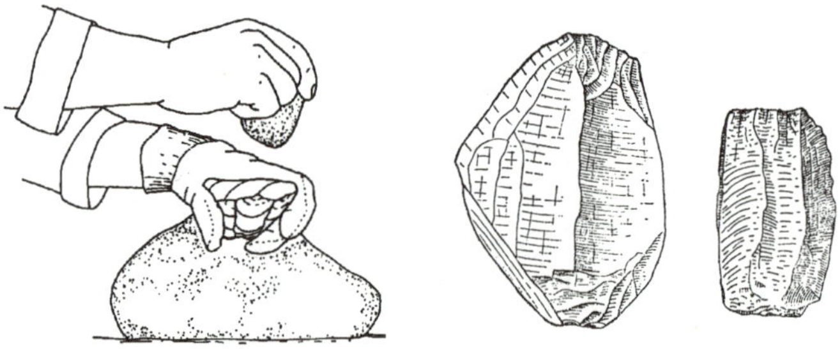

图13-4 砸击法与北京猿人砸击石核、石片

纹。石片的背面多为原砾石面，整体形状多呈椭圆形。

2）间接打击法

间接打击法，是通过一个中介体传导打击力或压力而产生石片的方法。根据考古发现的石核、石片观察和有关民族学资料，间接打击法可分为以下两种。

击钎法，也称为“石锤间接打击法”，即把石核在地上或石砧上放稳固，然后用一根带尖的硬木棍或骨棒压在石核台面边缘，再用石锤打击棍棒的上端，使打击力通过木棍传向石核，从而产生石片（图13-5，1）。用这种方法剥落的石片一般较薄而长，两侧缘接近于平行；石片的台面较小，打击点和半锥体均不甚明显；石片背面常有一条或两条纵向的棱脊，横断面多呈三角形或梯形。

压剥法，亦称“胸压法”，是见于美国印第安人中的一种剥落石片的方法[1]。具体做法是，把石核在地上放平稳并用双脚夹牢，然后把一个尖端装有硬尖的“T”形工具的尖部压在石核边缘，再用胸部猛压横木，即可剥下细长规整的石片或石叶（图13-5，2、3）。

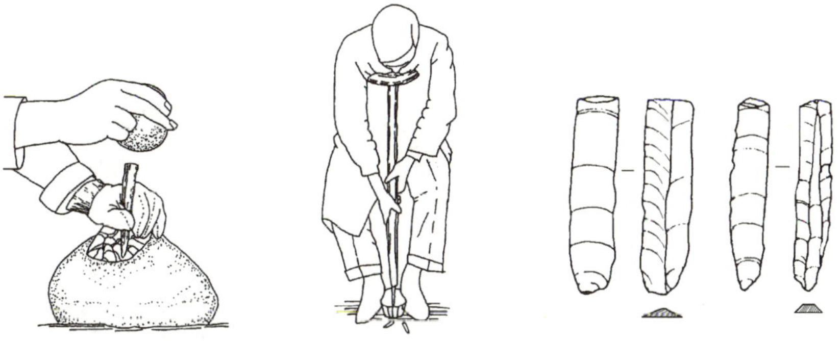

1　2　3

图13-5　间接打击法与细石叶

1. 击钎法　2. 胸压法　3. 细石叶

3. 加工修整

对石料第一次加工所得的石片或石核，为了适合某种用途的需要而必须再进行加工修整，这在石器制作工序上称为“第二次加工”。利用石片加工的石器叫“石片石器”，利用石核加工的石器叫“石核石器”；有时也可用砾石直接加工修整成石器，这类石器叫“砾石石器”。对石片或石核的加工修整同打击石片一样，也可分为直接修整和间接修整两种技术，主要有以下两种方法。

（1）锤击修整法

是直接修整技术中最主要的一种方法，流行于整个旧石器时代。用石锤之类的“硬锤”修整出的石器，刃口上遗留下的疤痕多较短而深，刃缘多呈不甚平齐的连续缺口状；用骨、木棒之类的“软锤”修整时，由于这类工具有一定的弹性，打击力的传导较均匀，石器上遗留下的疤痕一般较长而浅，刃缘也较平齐。锤击修整法的具体加工方式也是多种多样的，可分为“单面加工”和“两面加工”两大类。

单面加工，指的是只修整石器的一面，即加工的痕迹（石片疤）只遗留在石器的一个面上，故也称为“一面加工”。若由劈裂面向背面打击，加工痕迹均留在背面，就叫“向背面加工”（图13-6）；若由背面向劈裂面打击，加工痕迹都落在劈裂面上，就叫“向劈裂面加工”。我国旧石器时代的单面加工石器，大多数是向背面加工者。

两面加工，指的是加工修整石器的两面，即石器的两面都遗留有加工痕迹。若在石片的一侧边缘上，连续交互向背面和劈裂面打击，使之形成一弯曲状刃口，就叫“交互加工”（图13-7）；若在石片相对的两侧边缘上修整，即先在一侧边缘上向背面打击，然后翻转石片，在相对的另一侧

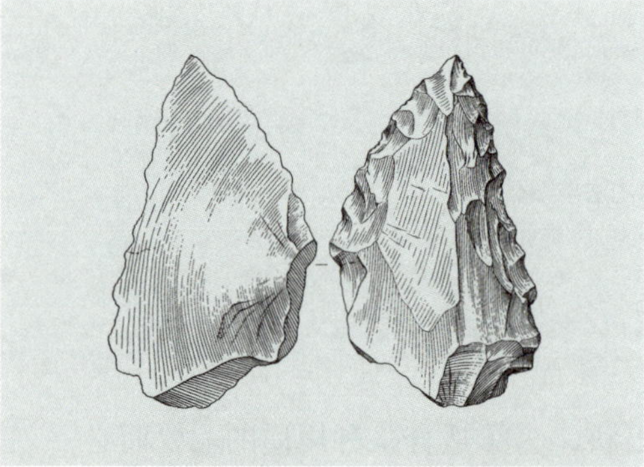

图13-6 山西襄汾丁村单面加工尖状器（向背面加工）

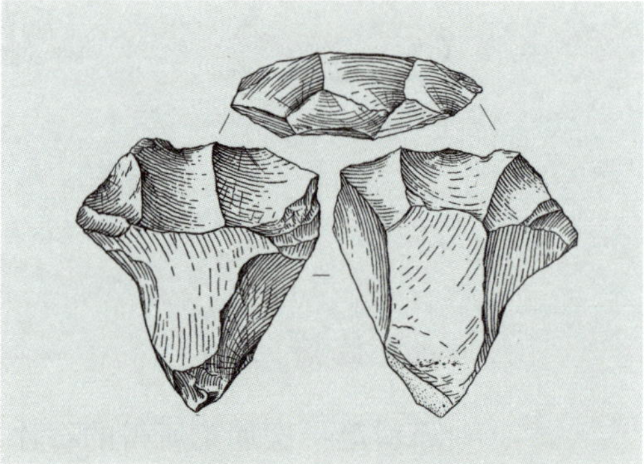

图13-7 山西襄汾丁村两面交互加工单边刃砍砸器

边缘上向劈裂面打击，使石器左右两侧刃口的打击方向错向而行，就叫“错向加工”。

（2）压制法

压制法作为一种较为先进的间接加工修整技术，是在旧石器时代晚期伴随着间接打击石片技术而出现的。近代美洲及澳大利亚的一些土著居民，仍使用这种方法加工修整石器。具体做法是将被加工物握在手上或放在石砧上，然后另一手握带尖的硬木棍或骨棒，用手腕的力量不断地连续挤压石片的边缘等部位，使之形成一个个排列有序、平远窄长的小石片疤，最后加工成非常规整的石器（图13-8）。

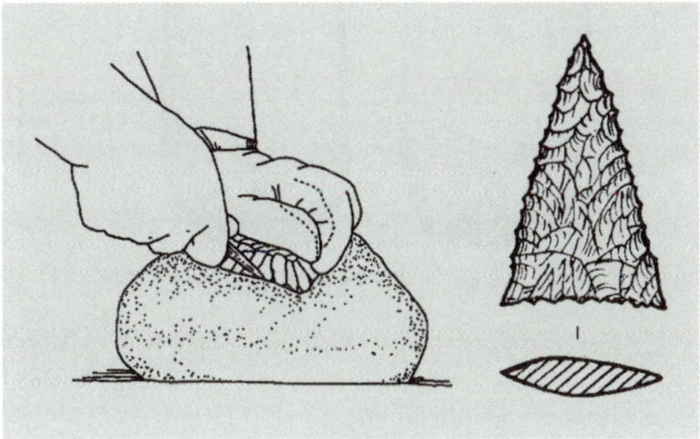

图13-8　压制法与压制石镞

（二）中国旧石器的主要类型

石器是指经过二次加工形成的石工具，或是虽未经过加工修整但可确定有人类使用痕迹的石片或石块。关于石器的分类，在世界各国均有所不同，但一般依据功用和形状来划分。若以功用划分，可分为加工工具和使用工具两大类。

1. 加工工具类

所谓加工工具类的石器，指的是专用于剥落石片、修整石器的石质工具。主要有石锤和石砧两种。

（1）石锤

石锤是剥落石片或加工修整石器的打击工具。一般选用大小、轻重合适且便于手握的长条形或圆形、椭圆形砾石作为石锤使用。在使用过程中，石锤自身也会破损，故各类石锤都遗留有使用痕迹。这些痕迹多是一些散漫的浅形凹坑或不规则的破损面。长条形石锤的使用痕迹多在两端

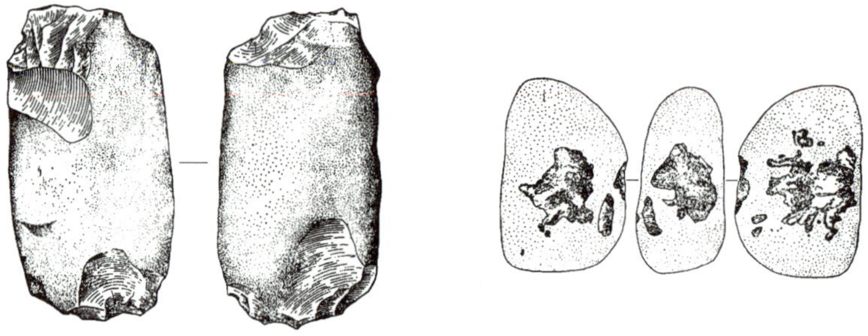

1 2

图13-9 石锤与石砧
1. 石锤 2. 石砧

（图13-9，1），圆形石锤多在一面或几面分布，扁圆形或椭圆形石锤则主要分布于一侧或几侧边缘。

（2）石砧

石砧是砸击石片或修整石器时的底垫工具，一般是较大的、便于放平稳的砾石或石块，其使用面往往较为平整。使用痕迹一般位于石砧平面的中部，为一处或几处较为集中的凹坑。有的凹坑呈密集点状，可能是下端呈尖形的石核受力后形成的；有些呈条形，可能是下端呈薄刃状的石核造成的（图13-9，2）。

2. 使用工具类

使用工具类指的是日常生产、生活中使用的石工具。我们一般所说的石器，在大多数场合下指的是这一类石工具。我国发现的使用工具类的旧石器，有砾石石器（用自然的砾石直接修整的石器）和石片石器（用剥落的石片经二次加工修整的石器）两大类，又依功用和形状划分，可分为刮削器、砍砸器、尖状器、锥（或钻）、雕刻器、球形器等主要类型。

（1）刮削器

刮削器多用小片单面加工而成，也包括一些有使用痕迹的石片。刮削器具有形体小、轻、薄的特征，刃角小而锋利；依刃口形状，又可分为直刃、凸刃、凹刃、端刃、圆头等形式。主要用于刮削狩猎用的棍棒等竹、木工具，也可用于刮、割兽皮、兽肉等，是我国最常见的旧石器之一（图13-10）。

（2）砍砸器

砍砸器多用砾石、石核和大石片等经单面或两面交互加工而成。砍砸器具有形体大、厚、重的特征，刃角大而厚钝；依刃口形状及加工特征可细分为单边刃、多边刃、盘状、斧形等形式。主要用于砍伐树木和砸击硬果壳或敲骨吸髓等，故也被称为“砍伐器”或“砍斫器”，也是我国最常见的旧石器之一（图13-11）。

（3）尖状器

尖状器是一种有尖刃的石工具，其基本特征是所谓的“两边夹一角”[2]，即修整石片或石核的两个边并使之相交成尖刃，而仅修整一侧边或剥片时自然形成尖者，均不属此器类。尖状器类的石器形体有大有小、相差悬殊；多用石片制成，也有用石核加工的。加工修整常用错向加工法。其功用大型者可用于挖掘，小型者可用作切割等，还可作为投射器（如标枪）或突刺工具（如矛）的器头等（图13-12）。

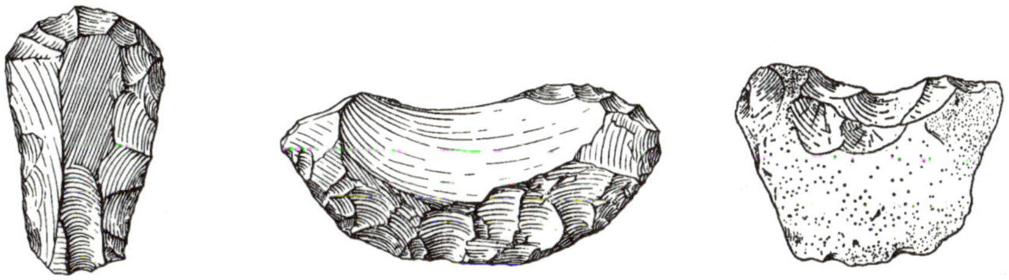

1　2　3

图13-10　刮削器

1. 端刃　2. 弧刃　3. 凹刃

1　2　3

图13-11　砍砸器

1. 多边刃砍砸器　2. 单边刃砍砸器　3. 砾石砍砸器

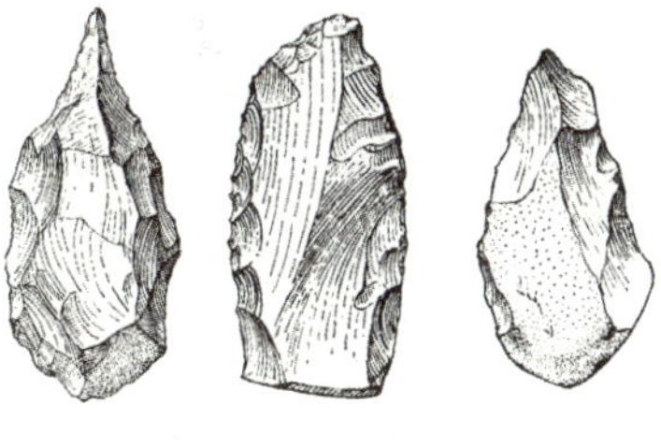

1　2　3

图13-12　尖状器

1. 三棱大尖状器　2. 舌形尖状器　3. 砾石尖状器

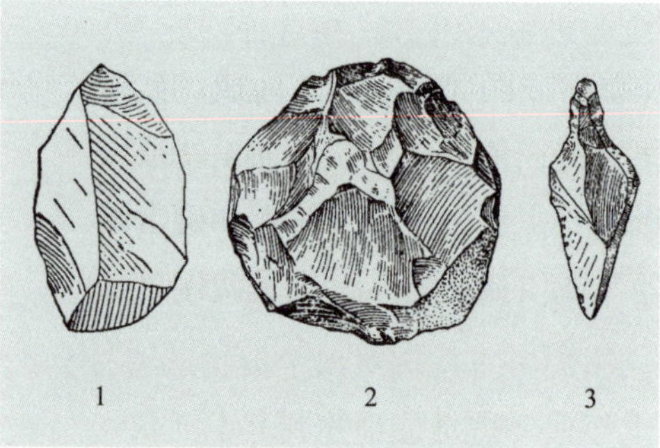

图13-13 雕刻器、石球与石锥
1. 雕刻器 2. 石球 3. 石锥

（4）锥（或钻）

锥（或钻）是从尖状器中派生出的一种小型钻孔工具。锥钻类石器的形体多较小，长度多在2～3厘米，多用小石片加工而成。其基本特征是尖端细锐、器身较宽，尖与器身之间形成双肩，尖刃两侧常有因旋转使用而剥落的小疤痕（图13-13，3）。

（5）雕刻器

雕刻器是一种有凿形刃的工具。其制法是，在石片的一端先后向左、右两侧打击，使之形成一屋脊形小平刃，类似于现代的雕刻刀。其功用推测可能是在骨、木材料上雕刻花纹或在岩石上刻画等用（图13-13，1）。

（6）球形器

球形器是一种球形工具，有大有小，大者重量超过1000克，小者不足100克。多用质地稍软的石灰岩等经打击、磕碰而成。旧石器时代早期的石球制作粗糙，球面棱角分明，称为“多面体石球”；旧石器时代中期以后的石球，由于使用了两个石球对击磕碰的方法加工毛坯，球体较圆。一般认为，石球可能是一种狩猎用的投掷工具（图13-13，2）。

（三）旧石器的研究方法

1. 旧石器的清洗与编号

新出土的石器往往粘有很多泥土或污物等，故先要经过认真、仔细的清洗才能进行观察。清洗时可先将石器放在水盆内浸泡，待所附着的泥土松软后，用毛刷轻轻刷去晾干即可。需要注意的是，清洗标本时应避免用尖硬工具剔刮或石器相互碰撞而造成新的伤痕，特别是对那些风化较为严重、表面酥软的石器更应小心。有条件时，可将石器放在水或溶有清洁剂的水中，然后用超声波振荡器平稳振动，使附着之泥土或污垢脱落。

清洗后的石器或其他石制品，应逐一进行编号。过去在有些地区，曾经在野外调查的基础上对各旧石器地点统一进行了编号，在这种情况下，器物编号的内容一般为发现时间、地点编号、出土器物序号，如山西丁村出土“丁村人”化石的地点出土的某件石器编号为54.100：1，其中前两位数字代表发现年代，中间三位数字代表地点编号，比号之后的数字为出土器物的序号。文化层单一的地点或遗址，在标本编号时可略去层位号。这种编号法记录的内容较为简单。依据现代田野考古发掘对出土器物的编号方法，器物编号的内容应包括有发掘出土年代、遗址或地点代号、工区或探方号（如没有分工区或没有划布探方可略去此项）、层位号、出土石器序号等，如1986DT18②：568，即表示1986年大荔（D）甜水沟（T）第18地点第2层第568件石器。

2. 旧石器的观察

（1）对碎屑的观察

过去的研究中，往往只注重打击痕迹清楚的标本，而对加工石器或剥落石片过程中产生的碎屑不太关心。近年来在国外的发掘与研究中，人们认识到，遗址中的一些细小石质碎片或碎屑（1厘米以下者），由于是人类剥落石片或加工石器的过程中产生的，也能在一定程度上反映出人类制作石器的过程和特征。如把剥落下的石片、碎屑和剩余的石核再拼接起来，恢复到石料的原状，则可再现石片生产的全过程。因此，在对包括碎屑在内的石制品观察过程中，注意寻找有关“接合关系”，是十分重要的。从20世纪90年代初开始，我国的一些学者尝试对泥河湾盆地岑家湾、飞梁遗址出土的石制品进行拼合研究。在岑家湾1383件石制品中，可拼合的达462件、134个拼合组（图13-14，1），拼合率高达33.4%[3]；飞梁遗址1990年出土108件石制品中，有19件可拼合，拼合率为17.95%[4]；湖北郧县学堂梁可拼合的标本有22件、9组（图13-14，2），其中有5件石制品出自同一水平层位，相距20厘米，可大体拼合为一脉石英砾石[5]。上述拼合研究，为研究当时人类制作石器的方法和过程提供了十分重要的证据。

不仅如此，学者们还发现，通过对这些碎屑的大小、形状和数量的观察分析，可获得许多前所未有的信息。人们先通过实验，认识了不同石质、不同打击或加工方法产生的碎屑的特征，如用燧石制作一件手斧，可

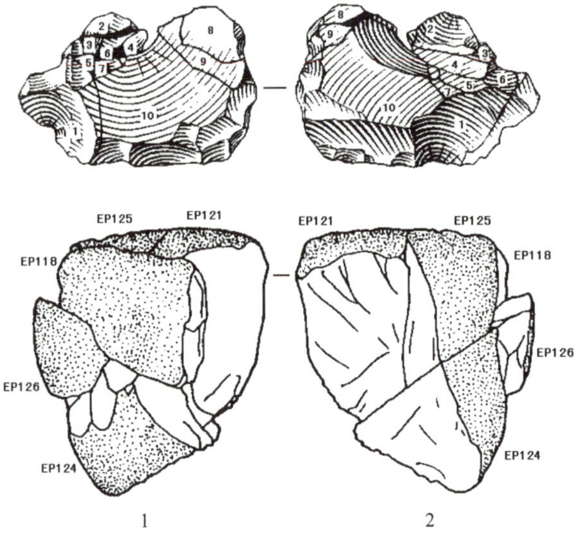

图13-14　石制品拼合
1. 河北阳原岑家湾　2. 湖北郧县学堂梁

产生1毫米以上的碎片4618块（图13-15）；以黑曜石为原料，用石锤剥落11片石片，可同时产生1厘米 以上的小石片77件，1～3毫米的碎片181块，1毫米以下的细小碎屑1000余块，这些碎片和碎屑分布在以打击点为中心的1平方米的范围内[6]。然后，依据这些特征来判断遗址中发现的碎屑哪些是在剥片的过程中产生的，哪些是在修整石器的过程中产生的；根据碎片的形状和数量等方面的差异，来判别不同的打击或加工修整方法如压剥法同直接打击法等。为了获得这些信息，学者们一方面在发掘中注意收集细小碎片，甚至采用了“过筛法”和“水选法”；另一方面注意有关碎屑集中分布地点情况，以判断遗址中石器制作的具体地点。

图13-15　欧洲实验考古制作手斧产生的碎屑

（2）对石片和石核的观察

对石片、石核的观察，除应特别注意有无“接合关系”之外，主要观察台面、背面和劈裂面三个部位。首先，石片、石核台面的变化，往往反映了剥片的技术水平。因此，要逐一观察标本台面的变化和打击点的特征，区分出自然台面、打击台面和修整台面（图13-16），并进行分类和记录。其次，石片背面的变化往往反映了剥片的过程。在未经修理的石核上剥下的石片，背面应为原石料的自然面；在多次剥落石片后的石核上再次剥片，背面上往往留有凹陷的原石核阴面；用压剥法剥落的细长石片，由于多次剥片，背面常有一道或两道棱脊而使断面呈三角形或梯形。再次，石片劈裂面（阳面）半锥体、锥疤、辐射线、同心波纹等是人工石片特有的痕迹，这些痕迹一方面同原料的质地有关，质地细腻的原料上，上述特征较为显著，反之则不甚明显；另一方面也同打击技术有关，不同的打击法在石片上遗留的痕迹不尽相同。因此，观察石片的特征，可了解打片的方法和技术水平。

1　　2

图13-16　人工修整台面与自然台面

1. 人工修整台面石核　2. 自然台面石片

（3）对石器的观察

所谓石器，一般指经过二次加工修整的标本或有使用痕迹的标本。石器有用石片加工而成的（石片石器），也有用砾石直接加工的（砾石石器）或用石核修整而成的（石核石器）。人类制作石器的主要目的是使用，故上述各类石器的二次加工的痕迹多遗留在刃口部位，因此，应特别注意标本刃口部位的加工痕迹及其特征，依据石器的大小、形状、刃口的特征，区分出不同类型与形式的石器，并注意各类石器数量的增减和组合上的变化。

有时候，人们也直接把自然的石块或有锋利边缘的石片作为工具使用，这样的标本上往往遗留有肉眼可见的使用痕迹。如用一些长条形的砾石作为石锤使用，这样的标本两端常由于砸击而破损；用一些大而平整的石块作为石砧，这样的标本中部常有集中的、凹陷性疤痕；用一些有锋利边缘的石片作为小刀刮削、切割使用，这样的标本边刃常遗留有细小的疤痕等。近年来，国内外的一些学者日益对传统的肉眼观察法感到不满足，开始用高倍显微镜和扫描电镜来观察史前人类使用石器时遗留下的各种细微痕迹。人们发现，工具作用于不同物质对象（如骨、角、木头、皮肉等）时，遗留下的使用痕迹不同，而这些使用痕迹相当耐久，即使用化学试剂也不易擦掉。因此，先通过实验，对不同质地材料的使用痕迹进行观察，确立对比的标准，然后与旧石器上的微磨损痕迹进行比较，即可确定工具的不同用途。

3. 旧石器的测量与统计

（1）标本的测量

石片、石器标本的测量主要包括以下几项（图13-17）。

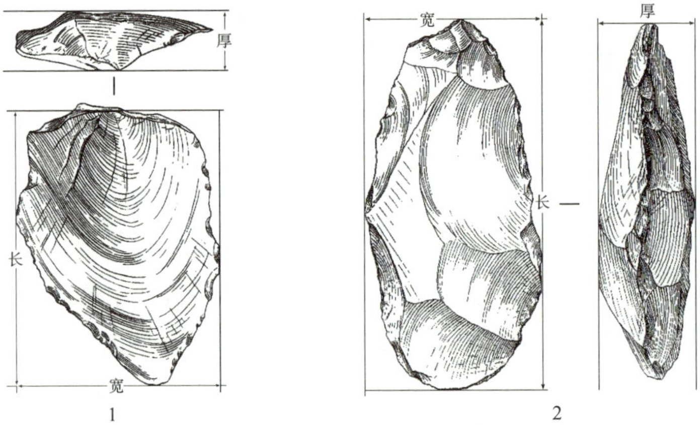

图13-17 石片、石器测量示意图

1. 石片测量示意图 2. 石器测量示意图

1）石片长：由顶端的打击点向尾端引直线，再由尾端点向此直线引垂线，该垂线的垂足与顶端间的距离即为石片长。

2）石片宽：垂直于石片长的两侧最大距离即为石片宽。

3）石片厚：石片劈裂面与背面间的最大距离。

4）石片角：通过打击点台面与劈裂面石片轴间的夹角（图13-1）。

5）石器长：石器的长轴或与长轴平行的最大距离。

6）石器宽：与石器长垂直的最大距离。

7）石器厚：石器主平面与相对另一面间的最大距离。

8）石器刃角：两面刃石器以刃缘的某一合适点为顶点的两刃间的夹角；单面刃石器则是修理痕迹最远点向刃缘延伸与背面的夹角；尖刃角，则是以尖刃两侧修理最远点延伸至尖顶构成的角。

根据上述测量值，通过计算，可进一步得出石片的长宽指数（宽÷长×100）和宽厚指数（厚÷宽×100）。长宽指数大于100者说明该石片为横长石片，小于100者则为纵长石片。由于不同的打击剥片方法产生的石片形态不同，如锤击法产生的石片多为纵长型。统计、分析上述测量值，即可大体反映一个遗址剥片的主要方法。

（2）标本的统计

标本的统计数据一般通过表格来计算和分析。每一文化层或遗迹单位应有一张统计表，统计内容应包括原料分类、加工技术分类、器形分类、测量值等（表13-2）。统计的标本数量一般应在100件以上才具有一定意义，数量太少则误差率大、有效程度较小，难以代表该文化或遗存的性质和特征。

表13-2　××遗址（地点）××层石制品统计表

石制品／项目		石核			石片			石器			合计
								砍器	刮器	尖器	
原料	石英										
	燧石										
	砂岩										

续表

项目＼石制品		石核			石片			石器			合计
								砍器	刮器	尖器	
打片法	锤击										
	碰砧										
	砸击										
修整法	单面										
	两面										
	其他										
测量值	长度										
	宽度										
	厚度										
	角度										
合计											

统计上述表格的数据，即可反映某一遗址石制品在原料、制法、类型等方面的特征；将同一遗址不同文化层的数据进行比较，即可反映纵向的以石制品为代表的文化变化过程。对一个遗址石制品的观察、统计，又为不同遗址间的比较奠定了基础。这样，通过若干遗址石器的比较研究，可逐步建立起一个地区乃至更大区域的旧石器时代的文化体系。

三、中国旧石器文化的时空分布

自1920年法国学者桑志华在泾水上游的甘肃庆阳赵家岔首次发现了旧石器[7]以来，中国旧石器考古有了很大的发展，逐步积累了大量的研究资料。在这样的基础上，许多学者对中国旧石器文化进行了研究，取得了许多引人注目的研究成果，使我们有可能就中国旧石器文化的总体特征做进一步的探索。一般说来，石器作为开发环境的工具，同人类所处的自然环境及可利用的资源密切相关，而不同环境资源的开发和利用，又导致不同经济类型的产生。故石器的制作技术、形体大小及类别方面的差异，往往是不同的生态环境和经济文化类型的反映。大体说来，以秦岭–淮河一线为界，中国旧石器文化可分为两大主要技术系统，即北方地区的石片石器–刮削器系统和南方地区的砾石石器–砍砸器系统。

（一）北方的石片石器－刮削器系统

1. 北方地区的环境特征与文化分布

以黄河流域为中心的中国北方地区，是我国旧石器时代人类文化遗存最主要的分布区域之一。这一文化区域以华北地区为中心，包括甘肃东部、宁夏和内蒙古南部、陕西、山西、河南中部和北部、河北、山东等省（自治区）。华北地区地处中纬度地带、暖温带区域，气候温和半湿润，更新世时大部分地方的植被属疏林草原或灌丛草原。更新世时，几次全球性的气候剧烈变化，对这一地区影响较大，特别是更新世晚期的末次冰期的巨大影响，加速了黄土堆积和植被草原化过程。与人类共生的动物主要是马、牛、羊、鹿等草原性动物。

依据考古发现和自然环境特征，华北地区的旧石器文化主要分布在桑干河流域、周口店地区、晋豫陕交界地带、渭水流域等区域内（图13-18）。从旧石器时代初期起，在河北、山西北部的桑干河流域就孕育出以小型石片石器为主要特征的小长梁文化；北京猿人文化也以中小型石器为主。旧石器时代中期的许家窑文化，中小型石器占了绝大多数。一般认为，以刮削器和小尖状器为主的小型石片石器系统文化，主要是一种适应草原或以草原环境为主的文化类型。刮削器和小尖状器等轻型工具主要用于切割和刮削等，反映的是草原环境下的采集与狩猎活动，其中狩猎经济占有相当的比重。因此，石片石器－刮削器系统的石器文化，应主要是在适应草原环境下产生和发展的，反映的应是草原环境的采集与狩猎经济。

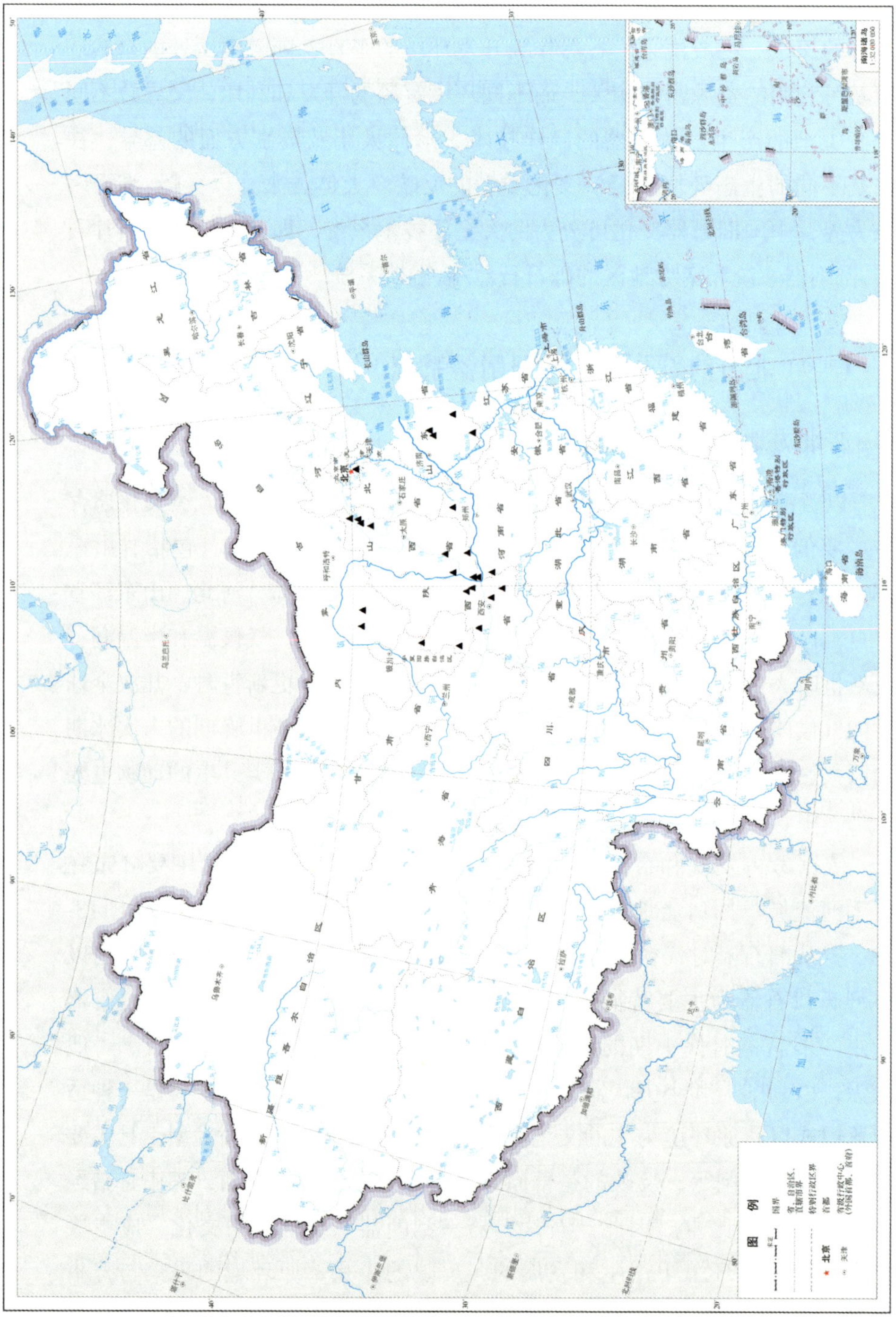

审图号：GS京（2022）0719号

图13-18　华北旧石器时代主要遗址、地点分布示意图

2. 石片石器－刮削器系统基本特征

这一系统文化的基本特征：石片和用石片制作的石片石器在全部石制品中占有较大比例，石核和砾石石器相对较少；各种石器以单面加工为主；石器的基本类型是刮削器、尖状器和砍砸器，其中以刮削器为主，尖状器也具有重要地位，砍砸器数量较少。如在泥河湾盆地的东谷坨地点中，刮削器占86.5%，尖状器占11%，砍砸器仅占2%。小长梁遗址中，刮削器占62%，尖状器占11.7%，雕刻器占8.8%，钻具占8.8%，砍砸器仅占2.9%[8]。北京猿人的石器中，石片石器占石器总数的71.53%；在各类石器中，刮削器最多，占75%，尖状器次之，占14%，砍砸器仅占5.4%。在许家窑遗址中，经统计的包括石核、石片在内的389件石制品中，石片占37.79%，刮削器占38.56%，尖状器占4.11%，砍砸器仅占0.26%。另外，这一系统的石器文化从早到晚是连续发展的，不同时期的石器在基本特征大体一致的前提下，随着时间的推移，石器的制作技术不断进步，类型由简单向复杂、由粗糙向精细演化，最终演化出细石器并过渡到新石器时代。

3. 文化区系的研究

由于自然环境和文化环境方面的差异，从旧石器时代早期开始，华北北部和南部的旧石器文化又表现出某种程度的地域性差别。如晋、豫、陕交界地区同桑干河流域的旧石器文化就有明显的不同，似乎可细分为两个不同的文化区系[9]。

一是以山西和河北北部的桑干河流域为中心，包括北京周口店等地的华北北部文化区。这一文化区地处暖温带的北部，气候相对干凉，自然植被以草原为主。从更新世早期开始，就孕育出以小型石器为主要特征的旧石器文化。代表性文化遗存有旧石器初期河北桑干河流域的阳原马圈沟[10]、小长梁[11]、东谷坨[12]等；旧石器早期的北京周口店北京猿人文化[13]、河北阳原岑家湾[14]等；旧石器中期的周口店第15地点、阳高许家窑遗址[15]（图13-19）等；旧石器晚期的朔县峙峪遗址[16]和阳原虎头梁遗址[17]等。石器的特点：打片以砸击法为显著特色，锤击法也是经常使用的重要方法，少见碰砧法，石片多形体较小，石片角也较小，大多在90°～110°；石器以中、小型者居多，类型也较为复杂，主要器形有刮削器、尖状器、雕刻器、石锥等。同其他文化区相比也存在显著的区别，如刮削器占绝对优势，小型尖状器亦居于重要地位，并有一定数量的雕刻器，砍砸器的数量较少，缺乏三棱大尖状器等。中更新世晚期以后，其影响可波及东北南部的辽宁营口金牛山、喀左鸽子洞等。

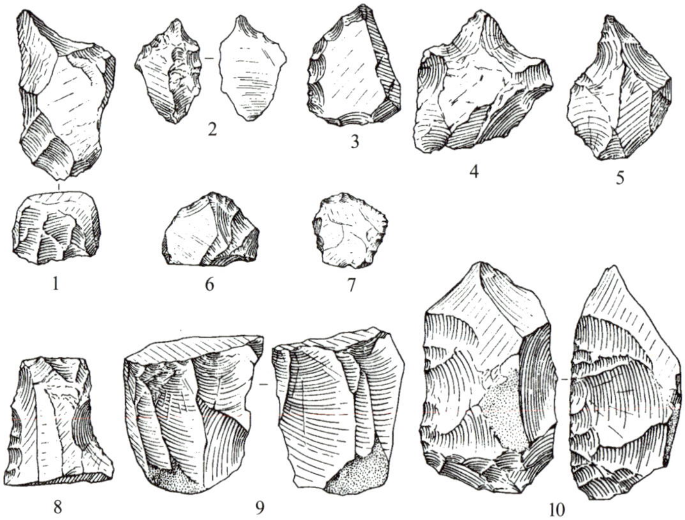

图13-19 许家窑遗址石器

1、4、5. 尖状器 2. 石钻 3. 雕刻器 6～8、10. 刮削器 9. 棱柱状石核

二是以晋、豫、陕交界地区为中心，包括汾河中下游等地区在内的华北南部文化区。这一文化区地处暖温带南部的河谷和丘陵地带，气候相对暖湿，自然植被中森林较多。又因此区地处中国南、北两大文化区的交界地带，受南方文化因素的影响较多。从旧石器时代初期开始，就形成了以大型石器为特色的旧石器文化体系。代表性文化遗存有旧石器初期的山西芮城西侯度[18]、陕西蓝田公王岭[19]等；旧石器早期的山西芮城匼河[20]、河南三门峡水沟和兴会沟[21]等；旧石器中期的山西襄汾丁村旧石器[22]（图13-20）等。遗址或石器地点总数约在100处以上。石器的特点：打片多用碰砧法，也有锤击法，石片多较粗大，石片角也较大，一般在115°～120°；器形较为简单而形体相对较大，主要有砍砸器、刮削器、三棱大尖状器、

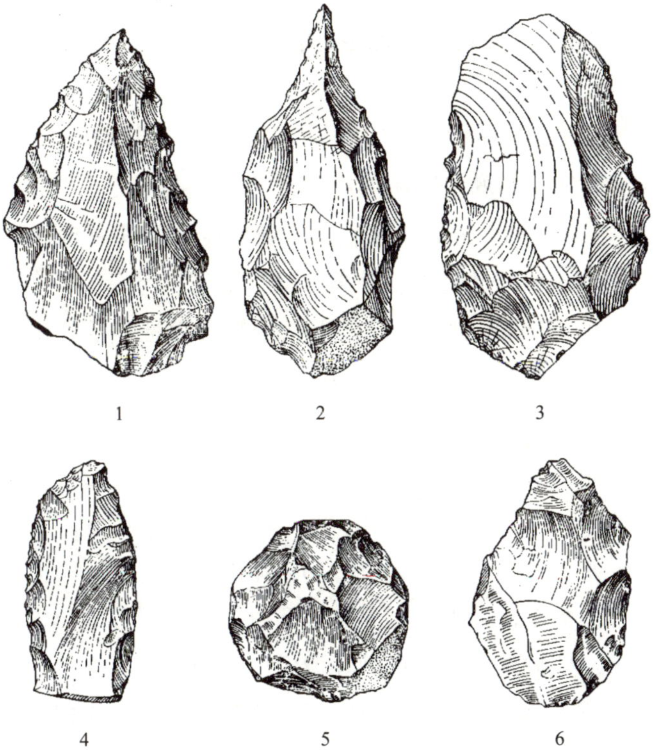

图13-20　丁村旧石器
1、2、4. 尖状器　3. 多边砍砸器　5. 石球　6. 单边砍砸器

小尖状器和石球等。同华北北部文化区相比确有较大的差别，如石器的器形一般较大，砍砸器的比例较高，三棱大尖状器器形特殊，基本不见雕刻器等，较早阶段有少量的砾石石器等。特别是砾石石器的存在，说明在旧石器时代初期和早期，秦岭南、北两侧有着一定程度的文化交流与联系。

可以看出，上述两个文化区及其特征，至少在旧石器时代早、中期是比较明显的。分布于不同区域的这两个文化系统，既相互区别，又相互影响。到了旧石器时代晚期，由于黄土高原的形成，整个华北地区的气候逐渐向干凉的方向发展，植被也逐渐草原化。在这种环境气候的影响下，小型石器系统文化逐渐向南扩散，并在华北旧石器时代文化发展、演变的过程中占据了主导地位，两种类型的旧石器文化渐趋统一而向细小化发展，使得文化样貌更趋复杂，最终演化出典型的细石器。

（二）南方的砾石石器－砍砸器系统

1. 南方地区的环境特征与文化分布

以长江流域为中心的中国南部地区，是我国古人类化石和旧石器的主要分布区域之一。考古发现与古生物学研究表明，这一地区的更新世时期，与人类化石伴生的动物化石种类，以喜温暖、习惯于栖息于森林的动物为主，并以“大熊猫–剑齿象动物群”最具代表性。反映出旧石器时代人类的生活环境，是多森林、多水流、兼有草原的自然景观，属温暖湿润的亚热带气候。华南地区不仅发现有丰富的古猿化石，而且是我国古人类和旧石器文化的主要分布区之一。依据环境和人类文化特征，南方旧石器文化主要分布在长江上游、长江中下游、岭南及云贵地区等。

古环境研究表明，秦岭–淮河一线以南的广大地区，特别是长江中下游和岭南一带，更新世以来的大多数时间里，多为暖湿的热带或亚热带气候，森林广布，植被繁盛。在这种环境中生活的人们，大量的砍伐工具是必不可少的。旧石器时代，主要流行用于劈砍、砸击、挖掘的大型砍砸器和大尖状器等粗大砾石石器，小型工具少见或不见。这类以重型工具为主的文化，反映的是一种森林环境的采集狩猎经济，其中森林采集占有重要地位。因此，砾石石器–砍砸器系统的石器文化，应是适应森林环境而产生和发展的，反映的应是森林环境下的采集与狩猎经济。

2. 砾石石器–砍砸器系统基本特征

这一系统文化的基本特征：用砾石和石核制作的石器在全部石制品中占很大比重，石片石器相对较少；各类石器以单面加工为主，许多石器不经修理一次成形；在石器组合中以砍砸器占主要成分，其次是尖状器，刮削器较少。近年来发现的湖南沅水、澧水流域旧石器地点群，广西百色旧石器地点群，陕西汉水上游梁山旧石器地点群，安徽水阳江旧石器地点群等石器均具有共同特征（图13-21）。如以砾石石器为主，各类石器中砍砸器数量最多（陕西南郑龙岗寺41.7%，安徽水阳江30%，湖南沅水60%），刮削器很少；工具的总体特征是大而厚重。南方地区至今未发现旧石器时代的细石器遗存。

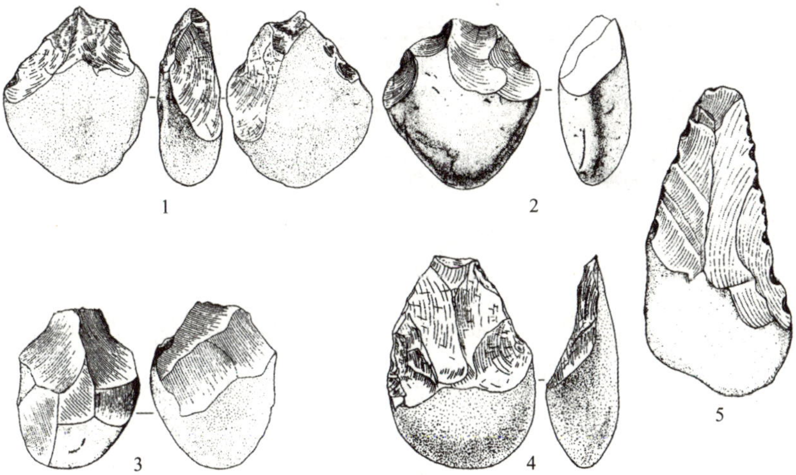

图13-21　南方砾石石器

1、4. 湖北郧县学堂梁　2. 广西百色　3. 陕西汉中梁山　5. 安徽陈山

3. 文化区系的研究

南方地区不同地方的自然地理环境、气候、植被等方面也有所差异，如西部的四川盆地、西南的云贵高原、东部的长江中下游平原等。因此，各地的旧石器除了某种程度的共性外，也存在一定的差异。

南方地区以大型的砾石石器为主的遗址或地点主要分布在汉水流域、长江中下游平原和南岭以南的百色盆地等区域。代表性的石器遗存有陕西梁山旧石器[23]、湖北郧县学堂梁旧石器[24]、安徽水阳江流域旧石器[25]、湖南沅水和澧水流域旧石器[26]及广西百色旧石器等[27]。这一类型的旧石器文化分布地域广、延续时间长，是南方旧石器时代文化的主流和代表。

长江上游的四川盆地的旧石器文化中，以砾石、小石块或石核为原料加工的各类石器较多。例如，四川富林的石器[28]中，用小石块或小石核制作的石器占石器总数的56%。在有些石器组合中，砍砸器占据相当重要的地位，如四川铜梁的石器组合中（图13-22），砍砸器所占比例达33%[29]。石器文化的主体面貌与云贵高原者相去甚远，而与南方的砾石石器系统文化较为接近。

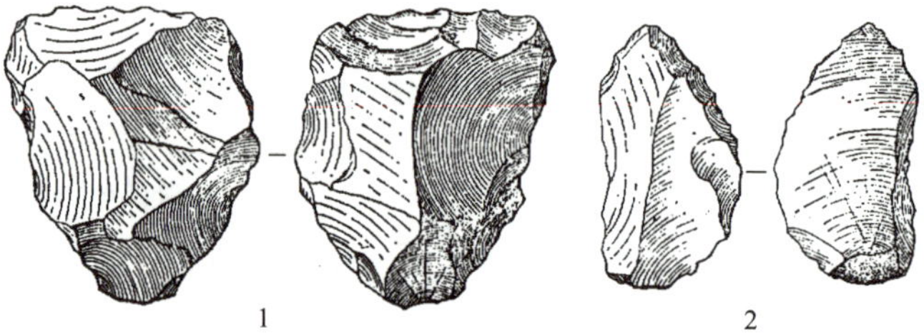

图13-22 四川铜梁旧石器
1. 砍砸器 2. 尖状器

西南云贵高原地区，旧石器时代早期的观音洞文化[30]中（图13-23），石片石器和中、小型石器所占比例较多，刮削器数量较多。旧石器时代晚期的贵州普定穿洞[31]和兴义猫猫洞[32]旧石器遗存中，流行“锐棱砸击法”剥片和反向加工（由背面向劈裂面打击）技术。这种技术大约出现于旧石器时代中期的贵州水城硝灰洞石器[33]中，旧石器时代晚期开始发展起来，一直流行到新石器时代乃至更晚。在三峡地区的新石器时代和商周时期遗存中仍有大量锐棱砸击石片[34]，具有鲜明的地域特点。

上述中国两大技术系统的旧石器文化，在中国旧石器文化的发展过程中，既相对独立，又相互影响，共同构成中国旧石器文化的主体和基本格局，从而表现出环境与人类文化发展的密切关系和不同自然环境差异造成的文化特色。

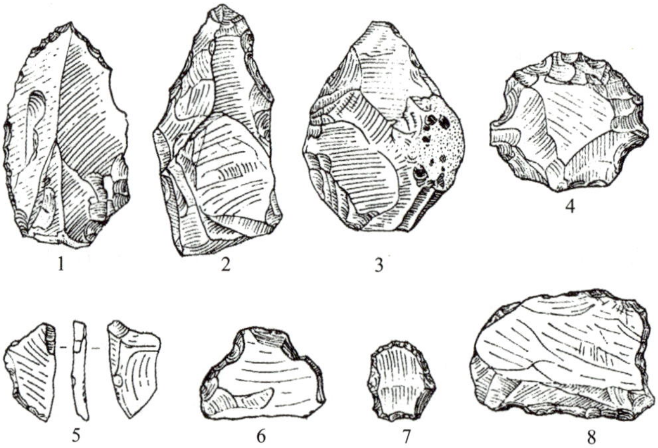

图13-23 贵州黔西观音洞遗址旧石器
1、2. 尖状器 3. 砍砸器 4、6～8. 刮削器 5. 雕刻器

参考书目

[1] 裴文中、张森水：《中国猿人石器研究》，科学出版社，1985年。

[2] 贾兰坡：《贾兰坡旧石器时代考古论文选》，文物出版社，1984年。

[3] 吴汝康、吴新智、张森水：《中国远古人类》，科学出版社，1989年。

[4] 苏秉琦：《中国通史》（第二卷），上海人民出版社，1994年。

[5] 张森水：《中国旧石器文化》，天津科学技术出版社，1987年。

[6] 吕遵谔：《中国考古学研究的世纪回顾：旧石器时代（考古卷）》，科学出版社，2004年。

[7] 王幼平：《旧石器时代考古》，文物出版社，2000年。

[8] 王幼平：《更新世环境与中国南方旧石器文化发展》，北京大学出版社，1997年。

[9] 〔日〕加藤晋平、鹤丸俊明：《图录石器の基礎知識》（先土器），柏書房，1980年。

[10] 张宏彦：《中国史前考古学导论》，高等教育出版社，2003年。

注释

[1] 陈淳：《细石器的打制技术和用途》，《史前研究》（辑刊），史前研究编辑部，1990～1991年，第260～264页。

[2] 张森水：《中国旧石器文化》，天津科学技术出版社，1987年。

[3] 谢飞、凯西·石克·屠尼克：《岑家湾遗址1986年出土石制品的拼合研究》，《文物世界》1994年第3期。

[4] 李君：《泥河湾盆地旧石器时代早期遗址石制品初步研究》，《青果集：吉林大学考古系建系十周年纪念文集》，知识出版社，1998年。

[5] 李天元：《郧县人遗址的发现与研究》，《中国考古学研究的世纪回顾：旧石器时代（考古卷）》，科学出版社，2004年，第331、332页。

[6] 〔日〕樱井准也：《石器の微细剥片は何を物语るか》，《新视点日本的历史》（1），新人物往来社，平成五年，第48～53页。

[7] 黄为龙：《我国最初发现的旧石器地点究竟在哪里？》，《化石》1979年第3期。

[8] 李君：《泥河湾盆地旧石器时代早期遗址石制品初步研究》，《青果集：吉林大学考古系建系十周年纪念文集》，知识出版社，1998年。

[9] 参阅严文明：《旧石器时代早期的文化特征及其分区》，《中国通史》（第二卷），上海人民出版社，1994年，第23～26页。

[10] 河北省文物研究所：《马圈沟旧石器时代早期遗址发掘报告》，《河北省考古文集》，东方出版社，1998年。
[11] 尤玉柱：《河北小长梁旧石器遗址的新材料及其时代问题》，《史前研究》1983年第1期。
[12] 卫奇：《东谷坨旧石器初步观察》，《人类学学报》1985年第4期。
[13] 裴文中、张森水：《中国猿人石器研究》，科学出版社，1985年。
[14] 谢飞、成胜泉：《河北阳原岑家湾发现的旧石器》，《人类学学报》1990年第3期。
[15] 贾兰坡、卫奇：《山西阳高县许家窑旧石器时代文化遗址》，《考古学报》1976年第2期。
[16] 贾兰坡、盖培、尤玉桂：《山西朔县峙峪旧石器时代遗址发掘报告》，《考古学报》1972年第1期。
[17] 盖培、卫奇：《虎头梁旧石器时代晚期遗址的发现》，《古脊椎动物与古人类》1977年第4期。
[18] 贾兰坡、王建：《西侯度——山西更新世早期古文化遗址》，文物出版社，1978年。
[19] 戴尔俭：《陕西蓝田公王岭及其附近的旧石器》，《古脊椎动物与古人类》1966年第1期。
[20] 贾兰坡、王择义、王建：《匼河——山西南部旧石器时代初期文化遗址》，科学出版社，1962年。
[21] 黄慰文：《豫西三门峡地区的旧石器》，《古脊椎动物与古人类》1964年第2期。
[22] 裴文中、吴汝康、贾兰坡等：《山西襄汾县丁村旧石器时代遗址发掘报告》，科学出版社，1958年。
[23] 阎家祺、魏京武：《陕西梁山旧石器之研究》，《史前研究》1983年第1期。
[24] 李天元：《郧县人遗址的发现与研究》，《中国考古学研究的世纪回顾：旧石器时代（考古卷）》，科学出版社，2004年，第331、332页。
[25] 房迎三：《水阳江旧石器地点群的考古发掘与研究》，《文物研究》（第11辑），黄山书社，1998年。
[26] 袁家荣：《略谈湖南旧石器文化的几个问题》，《中国考古学会第七次年会论文集》，文物出版社，1992年。
[27] 何乃汉、邱中郎：《百色旧石器的研究》，《人类学学报》1987年第4期。
[28] 张森水：《富林文化》，《古脊椎动物与古人类》1977年第1期。
[29] 李宣民：《铜梁旧石器文化之研究》，《古脊椎动物与古人类》1981年第4期。
[30] 李炎贤、文本亨：《贵州黔西观音洞旧石器时代文化的发现及其意义》，《古人类论文集》，科学出版社，1978年，第77～93页。
[31] 曹泽田：《贵州新发现的穿洞旧石器时代文化遗址》，《贵州社会科学》1982年第4期。
[32] 曹泽田：《猫猫洞旧石器文化之研究》，《古脊椎动物与古人类》1982年第2期。
[33] 曹泽田：《贵州水城硝灰洞旧石器文化遗址》，《古脊椎动物与古人类》1978年第1期。
[34] 西北大学考古队、万州区文物管理所：《万州中坝子遗址发掘报告》，《重庆库区考古报告集·1997卷》，科学出版社，2001年。

第十四讲

古代石器（下）

一、细石器及相关问题研究

（一）“细石器”的基本概念

“细石器”，是一种形状细小的打制石器，但并非所有小型石器均为细石器。所谓“细石器”，一般以间接打击法（击钎法、压剥法等）产生的细石核、细石叶及其加工品为限[1]。但严格地讲，细石核本身并不属于工具，细石器应指的是有使用痕迹的石叶或用石叶加工而成的石器，它们主要是作为装备复合工具的石刃而专门制作的。

过去曾把含有细石器的遗存统统概括为“细石器文化”，但实际上，所谓的“细石器文化”，包含了不同时代、不同地域、不同文化的许多遗存，很难仅用“细石器”一项内容概括。一是虽然这些不同文化中的细石器制作有着相同或相近的工艺，但文化的其他方面也存在着许多差异；二是细石器仅仅是一种文化诸多工具中的一种，与细石器共存的往往还有其他打制或磨制石器。尽管如此，广泛存在于史前时期的各时代、各地域、各文化中的细石器遗存，有着相同或相近的工艺传统，而这正是远古时期不同文化之间相互联系的纽带，也是我们探索文化传播与文化之间的相互交流的重要线索。

1. 原料

石器制作主要受两方面因素的制约和影响：一是制作技术，二是制作原料。细石器是用间接打击和压制技术制作的，但若无符合要求的原料，首先很难产生细长规整的细石叶。因此，在一定的技术条件下，原料是决定石器形态的重要因素之一。基于这种认识，也有学者认为：细石器是在“有石英、玛瑙、石髓、燧石等石材和具有一定技法的条件下，所制造的工具”[2]。制作细石器的原料一般要求硬度较大、质地细腻。我国发现的细石器，原料主要有燧石、火石、硅质岩、石髓、水晶、玛瑙等。

2. 细石核

细石核是剥落细石叶的母体，一般形体较小，台面多经细致的修理。我国常见的细石核有柱状、锥状、楔形、船形等类型（图14-1），又可归为圆体石核和扁体石核两大类。

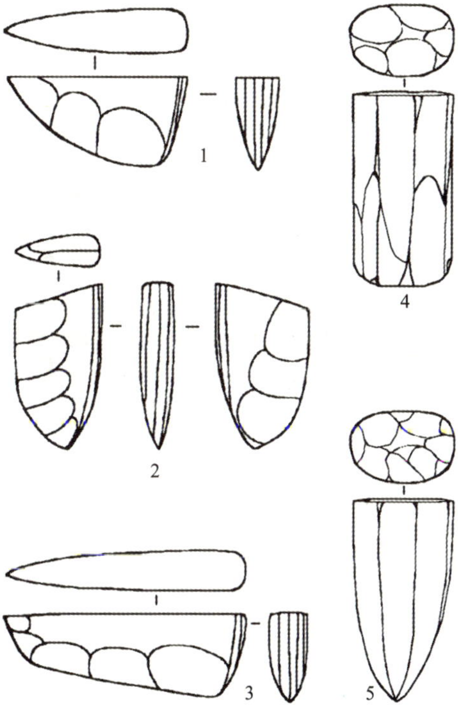

图14-1　石核分类模式图
1. 宽楔形石核　2. 窄楔形石核　3. 船形石核
4. 柱状石核　5. 锥状石核

圆体石核主要有柱状、锥状（图14-1，4、5）、半锥状三类。柱状石核，即两端均有台面，四周有剥片痕迹，整体呈柱状。锥状石核一端有台面，与台面相对的一端呈尖形者，亦称“铅笔头状”。半锥状石核，即锥形的二分之一左右。

扁体石核主要有楔形石核，即台面略呈狭长三角形，一边有剥落石叶的细长疤痕，相邻的一边经仔细修整呈刃状者（图14-1，1、2）；楔形石核又可细分为宽楔形和窄楔形两种（图14-2，2、3）。船形石核，即石核体窄长，一端遗有剥片痕迹、相邻的底部经修整而整体似船形者（图14-2，1）。

3. 细石叶

细石叶是一种用间接打击法从细石核剥落的细小石片，呈窄长细薄、两侧缘平行或大体平行的叶形，故名细石叶。细石叶一般长3～5、宽0.5～1、厚仅0.2厘米左右。其宽长比最大者接近1∶10，厚长比有的接近1∶20。台面较小，打击点和半锥体均不甚清楚。石叶的背面常有一条或两条纵向的棱脊，横断面呈梯形或三角形（图14-3）。

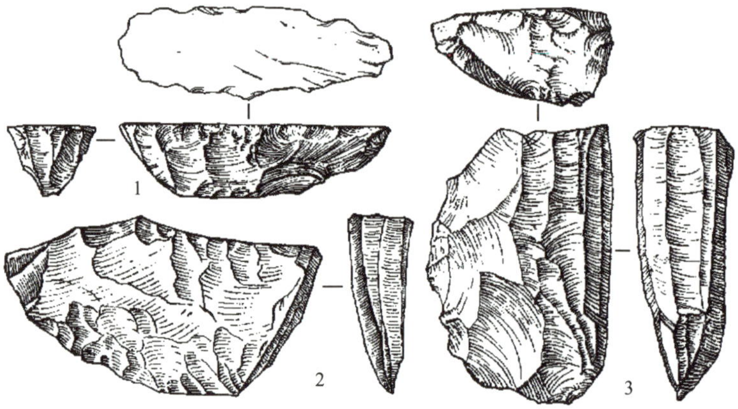

图14-2 扁体石核
1. 船形石核 2. 宽楔形石核 3. 窄楔形石核

图14-3 细石叶（刃）

4. 细石器

用石叶加工而成的石器，主要用于装备复合工具的刃部。如截去石叶两端弯曲部分而成的长方形石刃，可镶嵌到骨、木柄的凹槽内，作为复合工具的刀、镰（图14-4）等使用；用细石叶压制而成的石镞，可用于装备弓箭；此外，还有用石叶制作的小尖状器或小型圆头刮削器（拇指盖状刮削器）等，也可能是装备在某种复合工具上使用的。在我国新石器时代的黑龙江密山新开流遗址、齐齐哈尔昂昂溪遗址，辽宁沈阳新乐遗址，内蒙古自治区巴林左旗富河沟门遗址、翁牛特旗石棚山墓地、敖汉旗兴隆洼遗址、扎鲁特旗南宝力皋吐遗址[3]（图14-5）等，甘肃永昌县鸳鸯池墓地、武威县皇娘娘台遗址，青海省西宁朱家寨遗址、乐都县柳湾墓地，西藏自治区昌都市卡若遗址等，共发现嵌有细石刃的骨柄器80余件[4]。这类工具主要分布于东北、西北和西南地区，而这正是史前时期细石器遗存的主要分布地，可知它们同细石器制作技术密切相关。

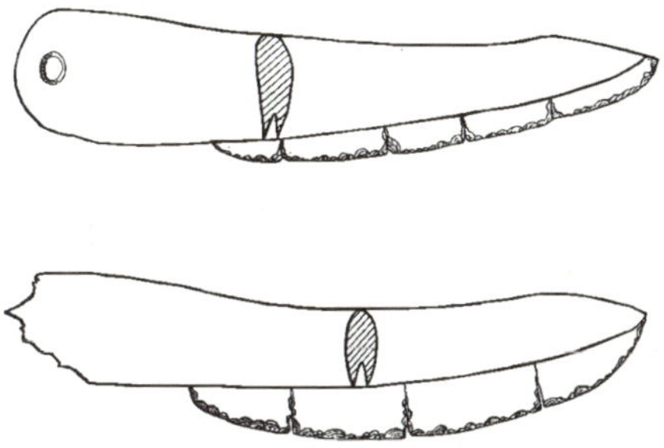

图14-4　内蒙古昭乌达盟翁牛特旗石棚山墓地红山文化骨柄石刃刀

图14-5　内蒙古扎鲁特旗南宝力皋吐遗址出土骨柄石刃刀

（二）中国细石器的特征与分布

细石器出现于旧石器时代晚期，盛行于中石器时代或新石器时代早期，在有些地方甚至延续到新石器时代晚期或更晚。细石器在世界范围有

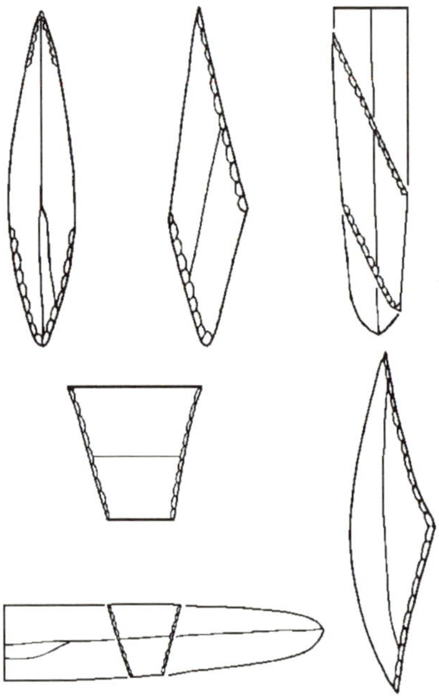

图14-6　欧洲几何形细石刃及加工示意图

着相当广泛的分布，由于文化传统等方面的差异，各地细石器的制作技术与形状不尽相同。大体说来，世界细石器可分为两大技术系统[5]。

一是以几何形细石器为主要特征的技术系统。主要分布于欧洲地中海周围及西亚和北非等地区。这一系统细石器的特点是：利用圆体石核剥下的窄长石叶，加工成三角形、梯形、半月形、不规则四边形等几何形的石刃（图14-6），镶嵌在柄上作为箭、刀、镰等复合工具使用。

二是以细石叶细石器为主要特征的技术系统。主要分布在东亚、东北亚及北美地区。这一系统细石器的特征是：利用扁体或圆体石核剥落下的细长石叶，加工成长方形石刃或柳叶形、三角形石镞等，镶嵌在骨、木柄上，作为刀、箭、镰等复合工具使用。

中国发现的细石器属细石叶细石器技术系统，出现于旧石器时代晚期，流行于新石器时代早期，在东北的一些地方，甚至延续到历史时期。中国的细石器遗存，主要分布在华北、东北、西北、西南等地，包括黑龙江、辽宁、吉林、内蒙古、河北、河南、山西、山东、陕西、宁夏、甘肃、青海、新疆、西藏、云南、广东等十多个省（自治区）。

东北地区：主要分布在松嫩平原、呼伦贝尔草原、辽河及西拉木伦河流域。代表性遗址或地点有黑龙江的呼玛十八站[6]、海拉尔区松山[7]、昂昂溪[8]及嫩江沿岸诸地点[9]、密山新开流等[10]，辽宁的新乐文化[11]等。此外，在辽宁西部及内蒙古东部的红山文化、富河文化诸遗址中也发现有细石器遗存。

华北地区：主要分布在桑干河流域、山西西南部、山东沂河和沭河流域及内蒙古的浑善达克沙漠。代表性遗址或地点有山西沁水下川[12]、阳原虎头梁[13]、蒲县薛关[14]、吉县柿子滩[15]，河南许昌灵井[16]，山东临沂凤凰岭[17]、郯城马陵山[18]及日照、临沭诸地点[19]等。此外，在黄河流域的前仰韶时期、仰韶时期诸遗存中也有少量发现。

西北地区：主要分布在腾格里沙漠、巴丹吉林沙漠、洮河流域、渭水流域等地。代表性地点有陕西大荔沙苑诸地点[20]，宁夏高仁[21]，内蒙古西部巴丹吉林沙漠的乌科套海[22]，新疆哈密七角井子、吐鲁番阿斯塔那、喀什苏坦巴克等[23]，青海贵南拉乙亥遗址等[24]。此外，甘肃马家窑文化、齐家文化遗存中也有少量的细石器。

西南地区：主要分布在西藏、云南、广东的一些地方，共有42个含细石器的遗址或地点[25]。代表性遗址或地点有西藏聂拉木县亚里村[26]、中扎卢令和双湖玛尼[27]、昌都卡若[28]等，云南元谋大那乌、下棋柳、老鸦塘等[29]，广东南海区西樵山等[30]。

上述主要的细石器遗存自东北至西南略呈半月形分布。从这一地理分布上可以看出，它们绝大多数分布在沙漠、草原或高原地带，主要是适应草原或稀树草原环境而产生和发展的，反映的应是草原地带的采集和渔猎经济。

（三）关于细石叶细石器技术系统的起源与传播问题

如前所述，以细石叶细石器为特征的细石器遗存，广泛分布在东亚、东北亚及北美地区，包括中国、蒙古高原、俄罗斯的东西伯利亚、朝鲜半岛和日本列岛等国家和地区。对于这一广大区域内细石器的起源问题，国内外学者历来有不同看法。主要有“华北起源说”和“东西伯利亚起源说”两种观点。

1. 华北起源说

中国学者多主张“华北起源说”。贾兰坡先生认为：“这个问题的解决取决于在亚洲地区更新世晚期的石器文化中找到发达细石器技术的萌芽和组成细石器文化的石器原始类型。”[31]从华北地区旧石器文化的演化过程来看，细石器是华北“小型石器系统”文化长期演化的结果。

“由于这个传统的古老地点都集中在华北地带，因此我们相信它起源于华北地区。”[32]中国的旧石器考古研究表明，早在旧石器时代早期，华北就出现了以小型石器为特征的文化，如在桑干河流域的小长梁、东谷坨旧石器地点和北京猿人文化的石器组合中，存在着大量形式多样的小型石器；旧石器时代中期的许家窑遗址石器，不但显示出更为熟练的剥片技术，石器类型更加小型多样，而且出现了原始棱柱状石核（图14-7，1）；旧石器时代晚期的峙峪（距今28945年 ± 1370年）、小南海（距今22150 ± 500～11000 ± 500年）和萨拉乌苏遗址中已可能有了间接剥片技术，显示出细石器的萌芽，特别是在峙峪遗址中，不仅发现有细石器遗存中常见的石镞、拇指盖状刮削器等，还出土了一件原始楔形石核（图14-7，2），被认为是华北细石器工艺技术的先驱。在稍晚的下川文化（距今23900 ± 1000～16400 ± 900年）和河北阳原虎头梁遗址（距今11000～9000年）的石器组合中，已出现了以典型楔形、锥状、柱状石核（图14-7，3～6）及细石叶为代表的细石器。

安志敏先生认为：“细石器的制作，是为了适应复合工具的特殊需要而产生的一种工艺技术，其典型代表，只能包括细石叶及其所由剥离的母体—细石核。探索细石器的起源也必须从这里着眼。”[33]中国华北旧石器

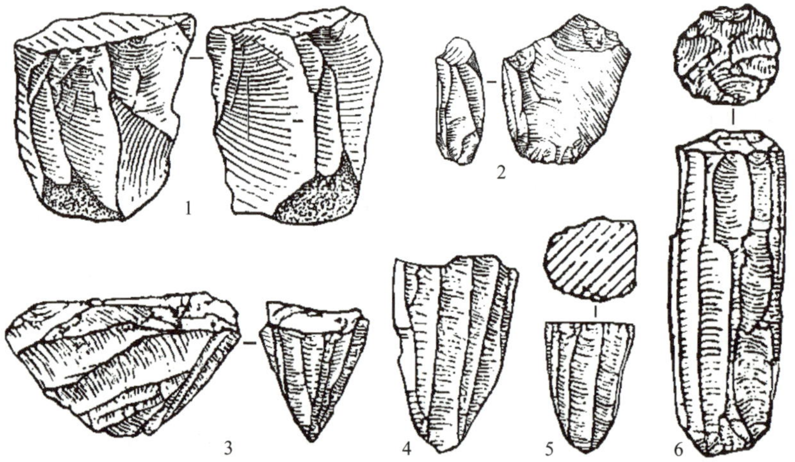

图14-7　华北地区旧石器时代的细石核

1. 许家窑原始棱柱状石核　2. 峙峪原始楔形石核　3～6. 下川典型楔形、锥状、柱状石核

晚期的石器，在小型化的同时，还出现了细石核和细石叶的雏形，如宁夏灵武水洞沟有柱状石核和石叶，山西峙峪有扁体石核和石叶等，只有在这个基础上才能进一步产生间接打击法的典型细石器。时代稍晚的下川、虎头梁等地，已出现典型的细石器。“这就充分证明华北黄河流域是细石器起源的真正中心。”

陈淳先生则从细石核的类型、分布、发展和变化方面进一步论证了华北起源的可能性[34]。他认为：亚洲和北美细石核的主要类型是楔形和锥形石核，而中国华北地区的一些早期遗址如下川的同类石核形制带有一定原始性，后期遗址如虎头梁、海拉尔等的石核形制则较为进步，类型上有一定特化的趋势；蒙古国、东西伯利亚的细石核类型和工艺与我国内蒙古、东北的细石核接近，而日本、朝鲜的细石核类型和工艺与我国华北黄河中游地区的细石核较为接近；从细石核的分布上可以发现其工艺和类型有两种情况：向东北亚、西北美方向显示出一种特化的趋势，略呈衰退迹象；向朝鲜、日本显示出一种发展趋势。这两种分布上的特点和趋势，都和华北细石器传统的分布和发展情况密切相关，说明东北亚、西北美与华北地区在细石器传统上有着密切的渊源关系。

关于细石器的传播，学者们认为：典型的细石器在华北出现以后，一支向东北，从宁夏、内蒙古，经蒙古高原和我国东北地区传播到东西伯利亚，再进一步向东扩散到朝鲜半岛和日本列岛；在距今10000年左右，东西伯利亚的细石器通过白令海峡到达北美的阿拉斯加。另一支向西，经河西走廊到达新疆，然后向西北经新疆的喀什扩散到中亚的乌斯秋尔特高原；向西南经黄河上游、青藏高原到达云南和广东。

2. 东西伯利亚起源说

在西到叶尼塞河流域和贝加尔湖、东达太平洋沿岸、南至黑龙江的东西伯利亚的广大地区，分布着丰富的、以楔形石核等为代表的细石器遗存。苏联和日本的一些学者则根据西伯利亚的发现，主张“东西伯利亚起源说”。

在西伯利亚勒拿河支流阿尔丹河流域，20世纪60年代以来，有许多有关细石器遗存的重要发现[35]。在阿尔丹河第三阶地的乌斯季米利Ⅱ遗址，

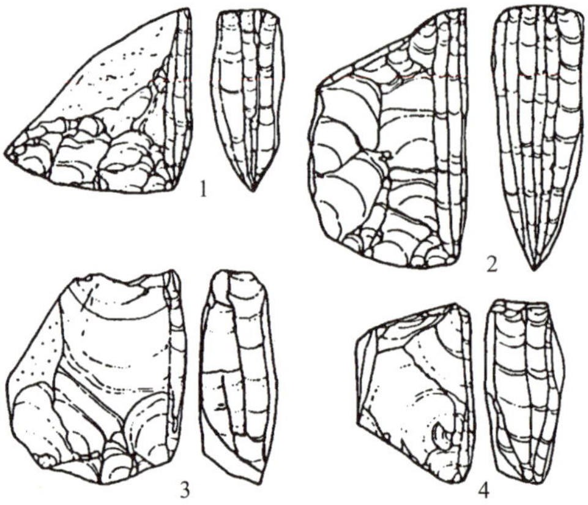

图14-8 东西伯利亚阿尔丹河流域楔形石核
1、2. 久克台洞穴遗址 3、4. 埃加茨遗址

1968年发现包含猛犸化石和楔形石核、石片等地层；^{14}C年代测定为距今35400年±600年和距今33000年±500年，是西伯利亚已知最早的细石器遗存之一。在阿尔丹与马亚河交汇处上游10千米的埃加茨，1970年在含猛犸象化石的地层中发现楔形石核（图14-8，3、4）和两面加工的椭圆形石器等，依据地质学推测距今35000～30000年前。在阿尔丹与依西奈河交汇处的第三级阶地依西奈Ⅰ地点，发现有楔形石核、细石刃、石片等，依据地质学和考古学推测，约距今25000～21000年前。在阿尔丹河支流久克台河右岸的一处洞穴遗址中，1967年出土了猛犸象化石和典型楔形石核（图14-8，1、2），依据^{14}C测定上层和中层为距今13110～12100年前，下层推测距今16000～14000年前。

依据上述发现，苏联学者莫恰诺夫认为，楔形石核最早出现于阿尔丹河流域。日本有学者也认为：楔形石核出现在阿尔丹河流域之后，向贝加尔湖及黑龙江流域扩散，再进一步分布到东亚各地和北美的阿拉斯加；其中，有一支经俄罗斯的萨哈林岛，传到日本的北海道[36]。但对这一观点，特别是年代问题也有不同的意见。如有学者因乌斯季米利等遗址的^{14}C样品来自河水泛滥形成的堆积中，对其中包含的楔形石核是否能早到2万多年前产生疑问[37]。此外，细石器的出现是石器制作技术发展进步的产物，对细石器的研究必须放在更广泛的旧石器文化基础之上，考察这一技术同以前技术的联系，才有可能对它的出现做出合理的解释。但遗憾的是，目前我们对西伯利亚的旧石器文化知道得还不多，要充分说明这里的细石器制作技术同以前旧石器文化的联系，以及最早的楔形石核为什么会在这里出现，还有不少困难。

总之，关于东亚、东北亚细石器的起源问题，是一个尚需进一步深入探讨的重要研究课题，而问题的最终解决，一方面有待于新的考古发现，另一方面需要各国考古学家紧密合作。

二、新石器的制作方法与分类

（一）新石器的制作方法

新石器即磨制石器，磨制石器的制作比打制石器要复杂得多。一般说来，需经选材、打割、修琢、磨光、穿孔等步骤。

1. 选材

制作磨制石器的第一步就是选择合用的石材。根据考古发现的磨制石器原料鉴定，新石器时代制作石器的主要原料有闪长岩、玄武岩、片麻岩、石灰岩、砂岩、石英岩、燧石、辉绿岩、碧玉、玉髓、蛋白石等。石材的来源，一是就地取材，在居址附近的河滩或附近山坡上捡拾、开采合用的材料。二是通过交换等方式从其他地方获得。如西安半坡遗址出土的石器原料经鉴定有玄武岩、石英岩、辉绿岩等40种，其中一部分产自西安及其附近，其余产于关中以西地区，或为交换所得[38]。

2. 打割

选择好石材后，根据需要用打击或锯割法制出毛坯。一般较厚重的石斧、石锛之类的工具，多先将石料打成所需的大体形状。湖北宜都红花套遗址[39]，是一处石器制造场所，通过对大量原料、半成品和毛坯的观察，大型石器如石斧等，是先将砾石打成斧的初形（图14-9），然后修琢、磨制。制作较轻薄的石器如刀、铲之类，则先打片或从页岩上剥片，然后打击或切割成所需的形状。锯割的方法，据有关民族学资料，可能是用木片或石片加砂加水往复磨切，以截断石材。在陕西扶风案板遗址[40]和旬邑下魏洛遗址[41]中，就曾发现过遗留有割痕的石材和石器（图14-10）。

图14-9 湖北宜都红花套遗址石斧坯上的打击痕迹

图14-10 陕西旬邑下魏洛遗址有锯割痕迹的石料

图14-11 红花套遗址有修琢痕迹的石斧坯

3. 修琢

即对毛坯通体整形、找平的工序。用石锤或有硬尖的石、骨、角质工具，轻轻琢去毛坯表面棱角使其平整，修整成所需的规整器形。经过修琢的标本表面，多遗留有麻点状疤痕。在湖北宜都红花套遗址就有经修琢的石斧坯（图14-11）。也有些石器是用修琢法制成的，如裴李岗、磁山文化中常见的石磨盘，就是修琢而成的。用页岩制作的石刀之类的工具，则多不经修琢这一工序。

4. 磨光

磨制技术在旧石器时代晚期就已出现，但当时主要用于制作骨器和装饰品。从新石器时代开始，广泛用于制作各种工具。其方法是在砺石（即磨石）上加砂加水，以增大摩擦力，并根据需要磨出一定的形状和刃口。新石器时代初期和早期的磨制石器，多仅局部磨制，即仅磨制石器的刃部使之锋利，其余部分仍保留有打琢痕迹或原石料的自然面。新石器时代中、晚期以后逐渐变为通体磨制。砺石在我国许多新石器时代遗址中均有发现，多用平整而质地较粗的砂岩，砥磨面上常留有长条形凹槽。

5. 穿孔

有些石器根据使用的需要还要穿孔。据有关考古发现和民族学资料，史前石器的穿孔方法大约有以下几种。

（1）石钻钻孔法

钻孔工具多为燧石等硬度较大的石质尖形钻具。具体的钻孔法又可细分为两种：对钻法，即先钻石器之一面，然后再钻相对的另一面，使之对穿成孔，所成之孔的形状多为相对的漏斗状。直钻法，即从石器的一面直钻使之成孔的方法，所成之孔呈漏斗状。石钻在旧石器时代就已出现，新石器时代考古中也时有发现，有学者曾进行实验考古学研究。

在黑龙江昂昂溪曾采集到各种燧石、玛瑙钻200余件，可分为长型（纵轴长3厘米左右）、短型（纵轴长1.3～1.8厘米）、微型（纵轴长1.1～1.3厘米）三类。用昂昂溪钻具一手握石料，一手握石钻徒手两面对钻，0.6厘米厚的砾石片3小时左右可钻穿，0.8厘米厚的岫岩玉约4小时可钻透。将钻头固定在拉弓式钻杆上，以每分钟150～200转速度蘸水钻孔，0.4厘米厚砾石片60分钟即可钻穿。将钻头固定在现代金属钻床上两面对钻，以每分钟300～350转速度伴水钻孔，0.5厘米厚砾石片40分钟成孔，0.5厘米厚岫岩玉10分钟可钻透[42]。

在江苏丹徒磨盘墩遗址中，共发现422件黑色燧石质石钻，也可分长身、短身和三角形、凿形等形式（图14-12）。将磨盘墩短身黑色燧石钻（硬度为7°）固定在拉弓式木工钻上，以每分钟200转的速度伴水施钻，一块0.3厘米厚的玉石片（硬度为5.5°）10分钟成孔，石钻头基本无磨损。将石钻固定在金属钻床上，以每分钟300转伴水两面交互施钻，0.3厘米厚的玉石片5分钟成孔，0.5厘米厚的玉石片10分钟被钻通[43]。

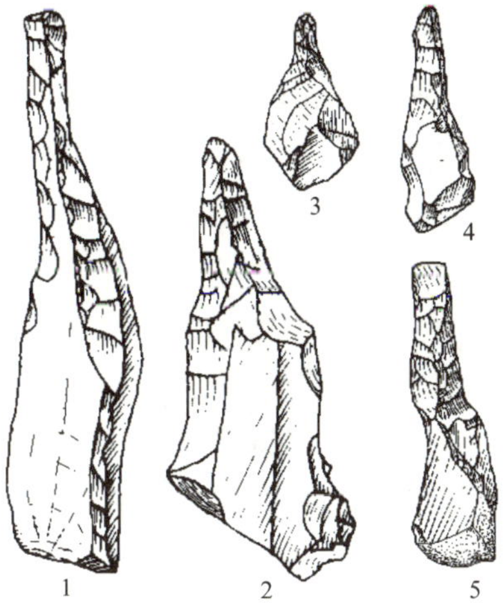

图14-12 江苏丹徒磨盘墩遗址石钻
1、4. 长身钻 2、3. 短身钻 5. 凿形钻

（2）管钻法

钻具为骨管或竹管，所成之孔的形状多呈直筒状，孔壁上有旋转摩擦痕迹。从民族学和相关的考古资料得知，钻孔时，用竹管或骨管加砂加水转动，穿透后去掉管中石芯，即成一直孔。这种穿孔之法，多见于长江流域和华南地区。在长江下游地区的马家浜文化、崧泽文化、良渚文化和广东的石峡文化的石铲或玉铲上之孔，孔壁较直，应为管钻法成孔。在南京北阴阳营遗址还发现有管钻法遗留的石芯[44]（图14-13）。

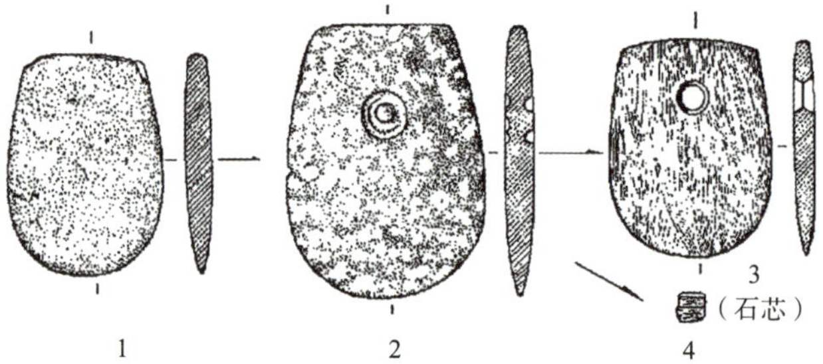

图14-13 南京北阴阳营遗址石器管钻法穿孔示意图

1. 尚未钻孔 2. 钻孔未透 3. 钻孔完成 4. 石芯

（3）琢孔法

琢孔法即用一带有硬尖的工具，由石器两面轻敲细琢而成一粗孔。这种方法最早见于华南地区新石器时代初期和早期的一些粗大、厚重的石器。如江西万年仙人洞和广西桂林甑皮岩出土的圆形有孔石器（图14-14，1），所穿之孔多为较粗大的漏斗状，孔壁上布满麻点状敲琢小疤痕，应为敲琢而成。陕西扶风县案板遗址龙山时代早期遗存中发现的双孔石刀（图14-14，2），也应是琢孔法穿孔。

图14-14 琢孔石器

1. 广西桂林甑皮岩遗址琢孔石器 2. 陕西扶风案板遗址琢孔石刀

此外，还有用两种以上方法穿孔的，如黄河流域的一些长方形石刀上，先用一尖硬的工具在石器的两面反复地刻划，使之成两端细、中间粗的长沟，沟中部再用石钻钻孔（图14-18，1）。也有的是先在石器上琢出凹坑，再用石钻钻孔。

（二）新石器的主要类型

磨制石器是新石器时代最主要的生产工具。中国新石器时代的磨制石器，分布广、沿用时间长，各地、各文化的石器形态不尽相同，依据磨制石器的主要功能和形状，可分为以下几大类。

1. 农业生产工具类

（1）石铲

石铲主要是一种挖掘或用于翻土的工具，用于农业或挖穴（沟）修屋、筑墓等。多作扁薄梯形或宽长方形，刃多呈弧形，无孔或中部偏上处有一孔。石铲有用板状页岩或泥岩制成，也有用玉石或其他较好材料制作的。如河南陕县庙底沟遗址发现的石铲，近长方形，磨制圆弧形刃，顶部及上部两侧打出凹缺[45]，便于装柄和用绳索固定（图14-15，1）。此外，新石器时代中晚期还常见一种穿孔石铲，河南登封王城岗遗址1~4期出土的有孔石铲，有的有一孔，有的为上下两孔；铲的正面遗留有木柄纵向磨

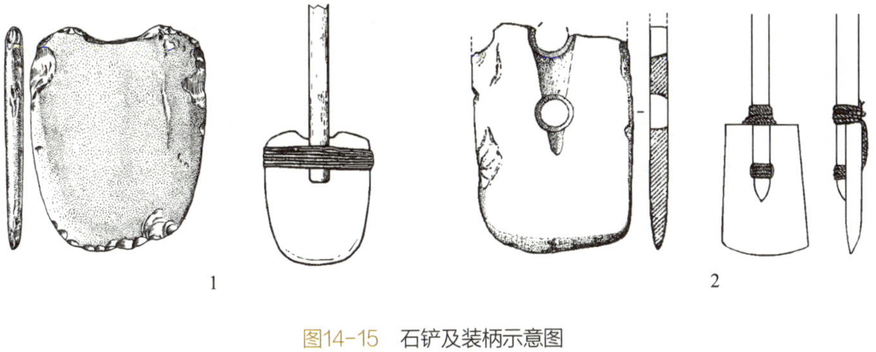

图14-15　石铲及装柄示意图

1. 庙底沟遗址　2. 王城岗遗址

痕“柄槽”，背面有绳索的磨痕[46]。据此痕迹研究，得知石铲的孔与穿系绳子固定木柄有关，而木柄是竖向装配的[47]（图14-15，2）。

（2）石锄

石锄是一种用于农业中耕松土的工具，多作长方形或近梯形，中部偏上处穿一大孔，便于装柄（图14-16）。石锄主要见于新石时代中晚期，南京北阴阳营的石锄略作长方形，开一长圆形孔；良渚文化石锄作“凸”字形。此外，浙江吴兴钱山漾良渚文化的一种通体磨制的石耘田器，也应是一种中耕松土的农具。

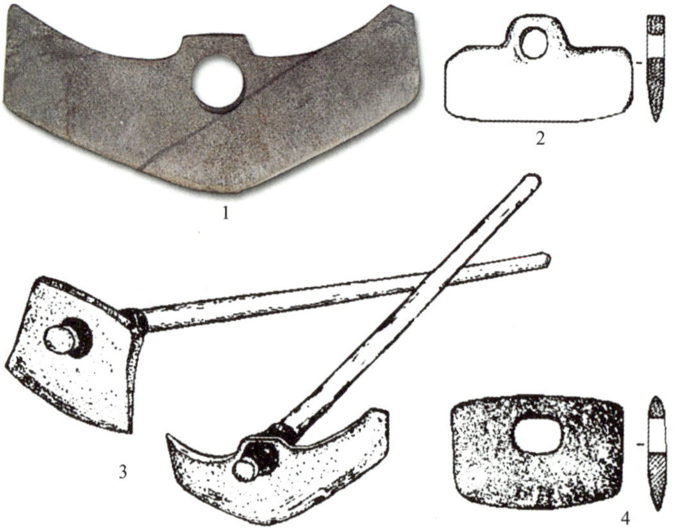

图14-16　石锄及装柄示意图
1. 钱山漾石耘田器　2. 良渚文化石锄　3. 石锄装柄示意图　4. 北阴阳营石锄

（3）石镰

石镰是一种主要用于农业收割的工具，多作窄长条形，厚背薄刃。河南新石器时代早期裴李岗文化中的石镰整体略呈半月形，前端尖而后部宽，刃呈锯齿状（图14-17，1）。据研究，这种齿状刃的镰刀，具有锯割的作用，适于收割稍硬的小茎秆植物[48]。新石器时代中晚期的石镰，如山东日照两城镇和浙江良渚文化的石镰为半月形或三角形平刃（图14-17，3、4）。这种样式的石镰直到商周时期仍在使用。

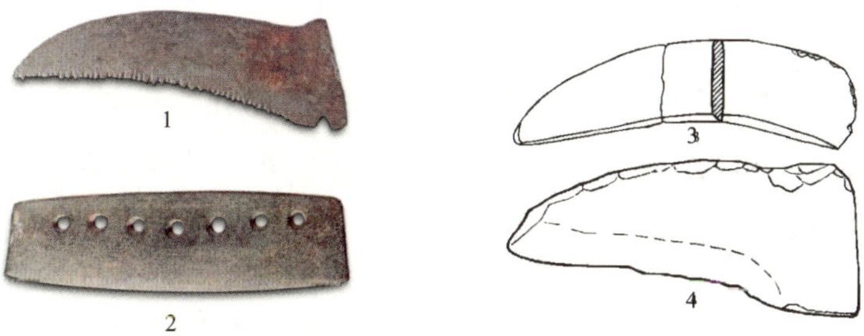

图14-17　石镰与多孔石刀

1. 裴李岗文化齿刃石镰　2. 北阴阳营多孔石刀　3. 山东两城镇石镰　4. 良渚文化石镰

（4）*石刀*

石刀系手握直接使用的工具，主要用于切割，也可用于农业作摘穗工具使用。石刀沿用时间较长，从新石器时代早期到商周时期均有发现。同形制的铁刀在汉代称为“銍（铚）”，《说文》曰：“銍，获禾短镰也。”《释名》曰：“銍，获黍铁也。銍銍，断黍穗声也。”石刀多用板状页岩锯割磨制而成，也有用石片修琢磨制的；整体形态有长方形、梯形、半月形等（图14-18）；刃部形状有直刃、凹刃、凸刃等。黄河流域仰韶和龙山时期流行长方形穿孔石刀和两侧带缺口的石刀；西南及东北的一些文化中，有时可见半月形直背弧刃刀或弧背直刃刀。长江中下游的南京北阴阳营遗址（图14-17，2）和安徽潜山薛家岗遗址[49]，发现有形体较长的多孔石刀，最多者达13孔，有的还绘有红色花纹，可能是用于礼仪或

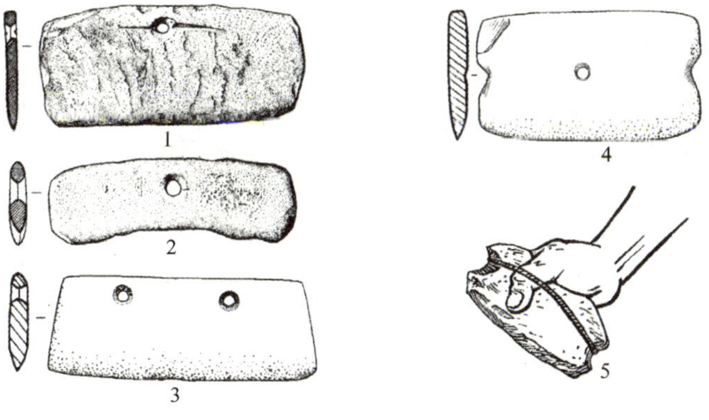

图14-18　石刀

1. 长方形刀　2. 凹刃刀　3. 梯形刀　4. 两侧带缺口刀　5. 两侧带缺口刀使用方法

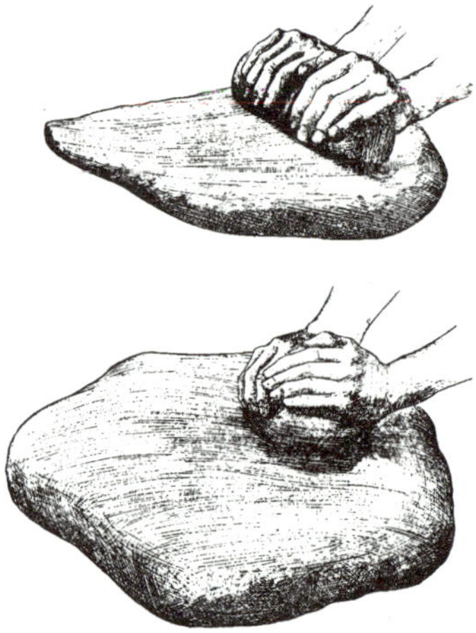

图14-19 石磨盘与磨棒及使用示意图

祭祀。

（5）石磨盘和磨棒

石磨盘最早见于旧石器时代晚期，在山西沁水下川文化中曾有发现[50]。新石器时代最早的石磨盘与磨棒，见于河北徐水南庄头新石器时代初期遗址中[51]，石磨盘、磨棒配合使用，主要用于谷物加工（图14-19）。磨盘多用大而平的石块琢磨而成，形状有近长方形、圆形、椭圆形、鞋底形、圭形等；磨盘中部因经常使用而低洼或呈浅坑状。磨棒多作长圆柱形或椭圆形，直接利用合适的砾石或稍经琢磨而成，用于滚动碾磨或旋转研磨。

2. 木材加工工具类

（1）石斧

石斧的主要功用是劈砍，是砍伐树木和加工木材的工具。石斧多用长条形砾石或大石片打磨而成，形体作窄而厚的纵长方形或梯形，具双面刃。早期石斧多仅磨刃部，中、晚期多通体磨光。黄河中游的仰韶时期

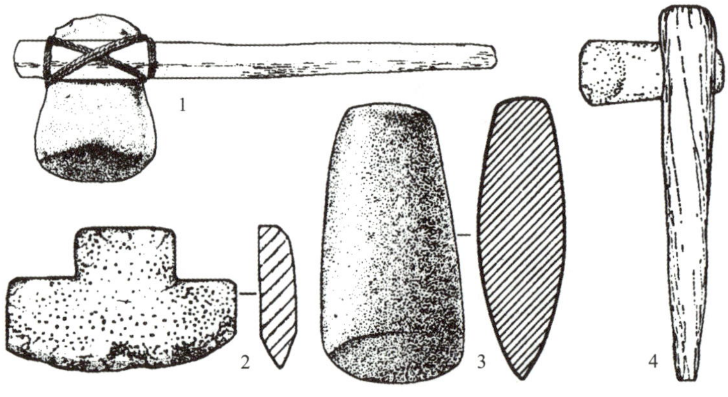

图14-20 石斧及装柄示意图

1. 捆扎法 2. 有肩石斧 3. 石斧 4. 榫接法

多流行横断面呈椭圆形的石斧（图14-20，3），龙山时期斧体变得稍小而薄，有的斧身中部穿有一孔；华南的广东西樵山、广西隆德大龙潭、福建昙石山和台湾的圆山等遗址则发现有一定数量的有肩石斧（图14-20，2）。依据河南临汝阎村陶缸上的“鹳鱼石斧图”[52]和江苏溧阳发现的带有木柄的石斧、锛等资料[53]，得知石斧的安柄法有捆扎法（图14-20，1）和榫接法（图14-20，4）等。

（2）石锛

锛是木材加工工具，主要用于枋木和板材的粗加工。石锛多用砾石或石片加工而成，形体为窄长方形或梯形，单面刃。新石器时代黄河流域主要流行梯形石锛，多通体磨光（图14-21，1）；长江流域及华南则流行有段石锛（图14-21，3）。不同形态的石锛可能装柄方法有所不同，山东莒县陵阳河大汶口文化陶器上发现的似曲尺形柄锛形器刻划符号，唐兰先生释为“斤”字[54]，近代华北一些地方木匠仍使用这类工具在大圆木上修整平面，被称为“平斤”。据此推测，有段石锛可能是利用曲尺形树枝为柄，将石锛捆扎上去的（图14-21，2）。

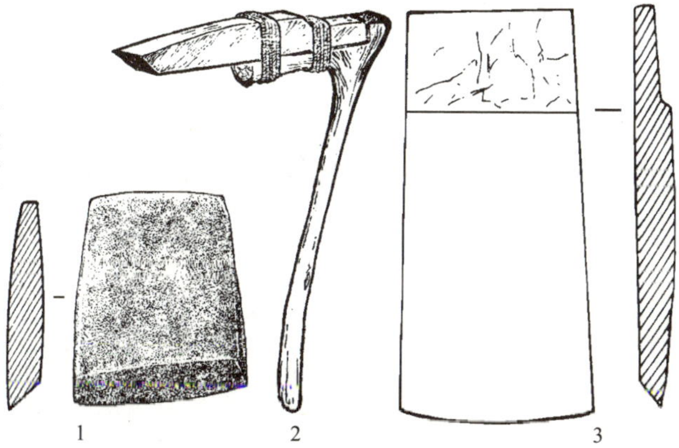

图14-21　石锛及有段石锛装柄示意图
1. 梯形石锛　2、3. 有段石锛

（3）石楔

石楔是用于纵裂大型原木制作枋木或板材的工具（图14-22）。石楔形似斧，形体较厚，自刃部至顶端有竖向擦痕，顶端及两侧也常有使用时的

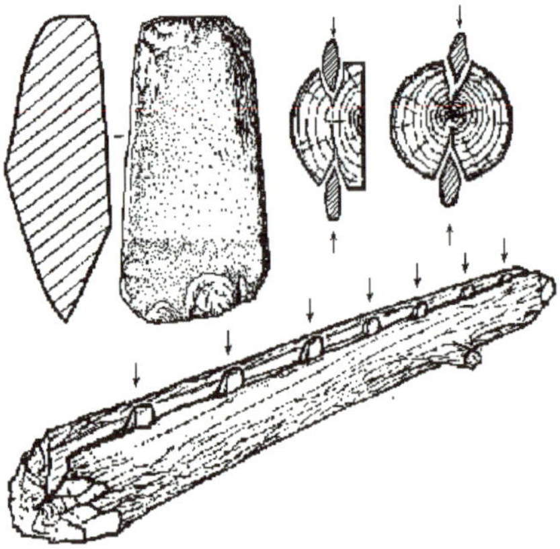

图14-22 河姆渡遗址石楔及使用示意图

砸痕。这类工具过去常被归入石斧之中，但实际上，这两种工具的使用痕迹是不一样的。石斧劈砍时的痕迹主要遗留在刃部及附近。而利用石楔破裂木材时，主要是由于撑胀而造成木材纵向裂断，故要求石楔有足够的厚度和长度；使用石楔时，需捶击顶端以楔入木材，故顶端常见有捶击而破损痕迹；在木材尚未完全纵断时，如欲取出石楔，则需左右横击顶端两侧，使之逐渐上升，故顶端两侧也往往留有砸痕甚至破损[55]。在浙江余姚河姆渡遗址发现有这种石楔和枋木、板材等；在良渚文化中，也常见厚度大于刃宽的石楔。在黄河流域新石器时代各文化中，也常见顶端破损而被称为石斧的工具；在西安半坡遗址中，也有木板的印痕。可知石楔是新石器时代广泛流行于南北各地的一种木材加工工具。

（4）石凿

石凿主要用于在木材或骨料上凿孔等，多呈窄长条形，单面或两面刃（图14-23）；使用时需用木锤捶击凿顶以挖制卯口，故石凿的顶部有时也可见到砸击痕迹。石凿广泛见于新石器时代的南北各地、各文化中。在

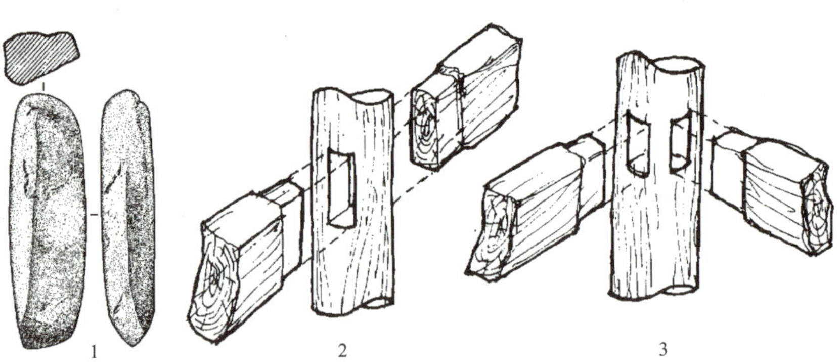

图14-23 半坡遗址石凿与河姆渡遗址带有榫卯的木构件

1. 石凿 2、3. 木榫卯构件

河南陕县庙底沟遗址中发现凿有方孔的鹿角槌。特别是在浙江余姚河姆渡遗址，发现大量的带有榫卯的木构件和石凿、骨凿等加工卯口工具，说明在距今六七千年前，长江下游一带的榫卯木结构技术已达到了相当高的水平[56]。

3. 武器或狩猎工具类

（1）石矛

矛是一种近距离突刺的武器或狩猎工具，多用石片或页岩加工而成，作梭形或柱叶形。新石器时代的石矛边刃和锋部多经磨制或通体磨光（图14-24，1、2），在东北和北方地区也有用石片压制而成的矛等。

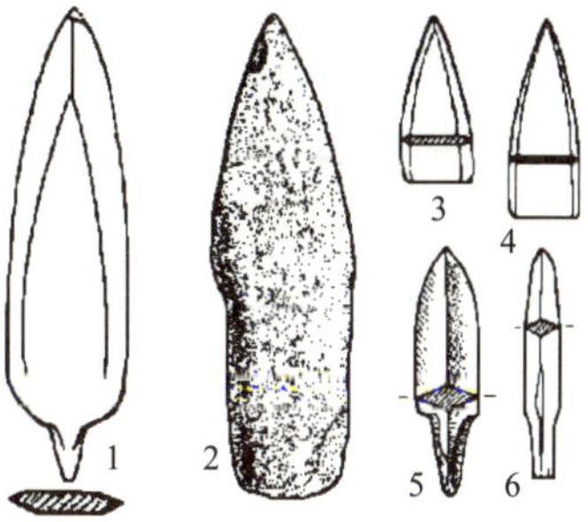

图14-24　石矛与石镞
1、2. 石矛　3～6. 石镞

（2）石镞

广泛流行于华北、东北和华南各地，形式多样。北方及东北各地新石器时代早期多为用石叶压制而成的三角形、叶形石镞[57]。黄河、长江流域及华南地区则多为用页岩磨制的三角形或镞身呈三棱体、四棱体、圆锥体等多种形式的镞（图14-24，3～6）。

（3）石（玉）钺

石（玉）钺是一种用于劈砍的武器，器身较薄而略呈梯形，宽弧刃，中部有一穿孔，整体似石铲，与夏商周时期的玉、铜器的钺相似，故名。这种石器过去常被称作斧或铲。但实际上，同石斧相比，装柄方法相似，但石斧一般厚重而无孔，钺身多较薄而宽，且往往有1～3个穿孔。同石铲相比，器形确实很相似，但装柄方法却不同；石铲是掘土工具，应竖向装柄才符合使用要求（图14-15），而石钺是劈砍武器，只有横向装柄才能实现其功能。山西襄汾陶寺墓地M1364随葬的一件石钺，横置于死者头部右侧，并且出土时尚留有涂饰红彩的木柄痕迹，证明其为横向装柄[58]。浙江良渚文化瑶山遗址也发现有数量较多的石、玉钺（图14-25），有的钺孔还残留有索状捆扎痕迹，钺的木柄已朽但痕迹犹存，长约80厘米，木柄首端和末端有玉饰[59]。特别是在江苏海安青墩遗址发现了一件有柄陶钺模型

（图14-26），分柄和穿孔斧两部分，柄前端有浅槽可嵌入斧，槽后有三孔，可穿绳缚住斧使其固定在槽内[60]。由此得知，石钺是嵌入横柄一端的未通透的卯口中，与柄呈直角，并通过钺身的穿孔用绳索捆扎加以固定。石（玉）钺出现于新石器时代中晚期，可能是由斧、铲一类的工具转化功能而成为武器或礼器。新石器时代晚期的石（玉）钺多通体磨光，制作精美，在陶寺、瑶山等墓葬中出土数量较多，但没有使用痕迹，可能是象征权力、地位的礼器。

图14-25　浙江良渚文化瑶山遗址出土的钺
1. 玉钺　2. 石钺

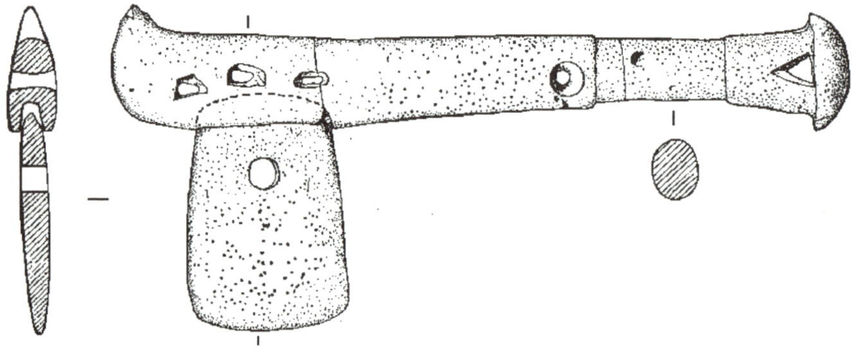

图14-26　江苏海安青墩遗址有柄陶钺模型

三、中国新石器的时空分布及特点

（一）中国新石器的发展过程

中国磨制石器的发现可追溯到遥远的古代。中国古代文献记载最多的是石斧一类的磨制石器，由于往往是在雨后得之，故常称之为“雷斧”“霹雳楔”等。如宋人沈括曾记述：“世人有得雷斧、雷楔者，云雷神所坠，多于震雷之下得之。而未尝亲见。元丰中，予居随州，夏月大雷震一木折，其下乃得一楔，信如所传。凡雷斧多以铜铁为之，楔乃石耳，似斧而无孔。”（《梦溪笔谈·神奇》）这些记述反映出古代磨制石器被雨水冲刷出露而发现的情况。

自19世纪中期英国考古学家约翰·卢伯克依据石器的制作技术把石器时代细分为旧石器时代和新石器时代以来，磨制石器的研究日益受到重视。此后，随着考古发现的增多和研究的深入，人们认识的新石器时代已不仅仅是一个磨制石器时代了。尽管如此，磨制石器是人们最早认识的新石器时代的重要特征之一，磨制石器又确实是新石器时代生产工具方面的一个显著特征，故仍是这一时期考古的重要研究内容之一。

磨制石器是以磨制技术为中心的，而磨制技术早在旧石器时代晚期就已出现。在北京周口店山顶洞、辽宁海城小孤山等遗址出土的骨针、装饰品等，就已使用了磨制和钻孔等技术。特别是近年来，在陕西宜川龙王辿遗址发现了一件与细石器、打制石器、石磨盘共存的磨制石铲尤其引人注目。该石铲长12.7、宽9.2、厚0.8厘米；以页岩为材料，利用页岩的层状节理剥片后琢打成舌形，顶端刃部两面磨制呈弧形刃；据初步的年代测定，并参照周边其他遗址的材料，其绝对年代应为距今2万～1.5万年前后[61]。这应是目前国内发现最早的磨制石器之一，为磨制石器的起源提供了极为重要的资料。现在中国新石器时代考古分期的基础上，对磨制石器的发生发展、演变过程考察如下。

新石器时代初期（距今约12000～9000年）：在中国华南、华北的一些地方发现了少量的磨制石器，多为刃部局部磨光者，大多数石器仍为打制石器或细石器。在华南地区全新世早期的一些洞穴遗址中发现有少量的磨制石器，如在广东阳春独石仔（距今14900年±300年）[62]、封开黄岩洞（距今11930年±200年～10950±300年）[63]和广西柳州白莲洞（距今12900年±150年）[64]等遗址中，发现少量与陶器共存的局部磨光石斧、石锛和穿孔石器，但大部分石器仍为打制的砍砸器、刮削器等。华北地区的河北徐水南庄头遗址（距今10500～9700年），则发现有与陶器共存的石磨盘与磨棒等[65]。但总体看来，新石器时代初期，磨制石器数量少，制作较粗糙，使用不普遍，尚处于萌发期。

新石器时代早期（距今约9000～7000年）：磨制石器已普遍出现，在中国南北各地的新石器时代早期文化中均有发现。在华北的磁山、裴李岗、老官台等文化，东北地区的兴隆洼文化，长江流域的湖南澧县彭头山遗址、石门皂市下层遗存等普遍发现有磨制石器。早期的磨制石器数量和种类均已明显增加，出现了整套的农业生产用石器，如翻地的石铲、收割的石镰，加工粮食的石磨盘、磨棒等。但早期的石器仍多为局部磨制者，各类打制石器仍占相当比例，如陕西临潼白家村遗址，共出土老官台文化石器92件，其中打制石器31件，占33.7%；磨制石器61件，占66.3%[66]。

新石器时代中期（距今约7000～5000年）：磨制石器进一步发展，已逐渐取代打制石器，成为农业生产、木材加工和狩猎等活动的主要工具，并开始由局部磨光向通体磨光过渡，磨制石器的种类和数量进一步增多，制作原料除就地取材外，还可能有了原料的交换。如半坡遗址出土石器1342件，大部分是磨制石器；制作原料除一部分产自本地附近外，大部分产于关中以西地区[67]。在石器制作技术方面，钻孔工艺开始流行，方法多样；有些石铲和各类石刀如长方形、梯形、半月形等，刀体上多钻有孔，长江中下游地区的北阴阳营和薛家岗等还发现较多的多孔石刀。

新石器时代晚期（距今约5000～4000年），石器的制作技术进一步提高，普遍为通体磨光，制作精致，穿孔技术发达。此外，各地还发现数量较多的磨制石钺、石镞、石矛等武器。如在山西襄汾陶寺墓地M3015，发现有成组的石镞，每组10枚至22枚不等，共110多枚，推测原是捆绑成束或插在箭箙内[68]。除实用工具外，在山西襄汾陶寺墓葬、山东的大汶口文化墓葬、太湖流域的良渚文化墓葬，还出现了一些用玉制作的、可能用于礼仪的玉斧、玉钺等。特别是以良渚文化制玉工艺为代表的石器制作技术（玉器也可包括在广义的石器之中），达到了很高的水平。

（二）中国新石器时代石器的区域分布特征

自然环境是人类文化赖以存在的物质基础，而人类主要是通过工具、技术、组织等文化方面的要素同所处自然环境发生联系的。中国古代，各地的自然环境条件不同，导致不同地域的人类使用不同的工具去开发环境、获取生产生活资源，形成不同的文化。反映在石器方面，中国的新石器时代的石器不仅有时间过程的演变，而且有空间方面的分布特点。

新石器时代的东北、华北北部、西北及青藏高原的广大地区，由于地势较高、气温较低或降水量较少，草原广泛发育。在这一水热、植被条件的限制下，农业难以产生和发展，人类所能从事的主要是采集、狩猎经济，逐步形成了以采集、狩猎为基本特征的经济文化。新石器时代，陶器和磨制石器虽已发生，但始终没有得到充分发展。而开发草原环境资源的特有工具——细石器，自旧石器时代晚期以来，就一直是这一区域最具特色的主要工具，新石器时代诸遗址中的石器，均有细石器、打制石器和磨制石器三种。其中磨制石器数量相对较少，主要有石斧、锄形器等几种，仅在辽宁沈阳新乐遗址发现3件磨制直背弧刃石刀[69]。许多遗址中细石器往往占重要地位，如黑龙江密山市新开流遗址，上、下文化层共发现石器400件，其中压制的石镞等细小石器就达348件，占石器总数的87%[70]。在东北、西北和西南地区含细石器的遗址中，普遍发现嵌有细石刃的骨柄器[71]。可知新石器时代这一广大区域是细石器的主要分布地，也是诸文化的主要工具。

新石器时代的黄河流域特别是中下游地区，气候温和半湿润，大部分地区分布着结构松软而易于耕作的黄土。特别是黄土高原，黄土广阔丰厚，具有较好的直立性，土壤的渗水性强而地下水位一般较深。与这种自然环境相适应，最早经人工驯化而成栽培作物的只能是耐干旱、易生长的粟类，并逐渐产生出以旱田粟作农业为主要特征的史前文化。因此这里的石器与粟作农业文化的发生发展密切相关。早在旧石器时代晚期的山西沁水下川遗址和陕西宜川龙王辿遗址，就出现了与野生谷类加工有关的石磨盘。新石器时代的生产工具主要是石铲、石刀、石镰、石斧、石锛、石凿和石磨盘、磨棒等。其中农业生产工具主要是石铲、石刀、石镰等。石铲是最常见的翻土、掘地工具，用于农业耕种或掘土修建房屋、墓葬等。石铲始见于旧石器时代晚期的陕西宜川龙王辿遗址，自新石器时代早期起，广泛见于黄河流域各文化中。如河南陕县庙底沟遗址第一期遗存中就发现130多件[72]；新石器时代早期的收割工具有石镰和石刀、陶刀等，裴李岗文化主要用齿刃石镰，仰韶和龙山时期则大量流行长方形穿孔石刀和陶刀，如半坡遗址发现石刀、陶刀217件，占农业生产工具的32.78%[73]。石磨盘、磨棒则是粟作农业文化中最常见的粮食加工工具。又如在黄河中游的黄土地带，穴居（竖穴或横穴）是自古至今最主要的建筑形式之一，而这类建筑所需要的木材相对较少，加工也较简单，除砍伐用的石斧外，锛、凿之类的木材加工工具相对较少，如安阳后岗遗址一期的石铲占石器的10%，石斧占2.33%，石锛仅占1%[74]。

新石器时代的长江流域，较之今天更为温暖、降水量更多，加之土壤中所含黏土较多而渗水性较差，因而平原地带水网密布，山区林木茂盛。在这种水热、土壤等条件下，最早驯化出的栽培作物只能是喜水的稻类，因而水田稻作农业是这一地区史前乃至以后的历史时期最主要的农业生产形式。在新石器时代早中期，水田稻作农具主要是各种骨木器，基本不见石磨盘和磨棒。如在浙江余姚河姆渡遗址第4层，发现有大量的水稻遗存和“干栏式”建筑遗迹；石器仅见斧、凿之类的木材加工工具；农业工具主要是骨木质的，最具特色的是用动物肩胛骨或髋骨制作的骨铲，共出土了170余件，还发现有木铲[75]。新石器时代晚期的良渚文化出现了石犁和耘田器等农具，石犁呈等腰三角形，长15～50厘米，是安装在木犁床上使用的，它的出现标志着犁耕农业的开始[76]。为适应“干栏式”建筑对木材加工的需要，长江流域的磨制石器主要是用于木材加工的石斧、石锛、石楔、石凿等，如大溪遗址第三次发掘墓葬中随葬的石斧、锛、凿的数量分别占石工具总数的56.7%、30.6%、0.82%，其他石器数量均很少[77]。此外，长江中下游地区新石器时代中期以来的石器，多为磨制石器，且通体磨光者较普遍，钻孔技术发达，制作技术较黄河流域仰韶时期进步。例如，湖北松滋桂花树遗址发现大溪文化晚期石斧、锛、凿等几乎都是通体磨制的[78]；大溪文化之后的屈家岭文化的石器也几乎都是磨制的，用管钻法穿孔，有些制作得很精致[79]；安徽潜山薛家岗第三期出土的142件石器全部是磨制的，有些还进行了抛光，其中管钻的穿孔石器100件，占70%以上[80]。特别是良渚文化玉器制作经过了裁料、成型、穿孔、雕刻、抛光等工序，显示出很高的工艺技术水平。

史前的武夷山、南岭以南的广大区域，大部分在北纬28°以南，处于热带或亚热带的南部，气候炎热多雨，水热资源极为丰富，植物生长茂盛，种类繁多，多为常绿阔叶树。华南地区新石器文化的某些因素如磨制石器和陶器等出现较早，但优越的自然环境条件和充足的食物资源，限制了文化发展的速度。采集、渔捞经济延续的时间较长，谷物种植经济出现较晚，贝丘遗址多，洞穴遗址多，是这一区域新石器时代文化的显著特征。如前所述，在广东阳春独石仔、封开黄岩洞和广西柳州白莲洞等新石器时代初期遗址中，就已出现了少量的磨制石器，但大部分石器仍为打制的砍砸器、刮削器等，具有浓厚的旧石器时代遗风。如独石仔洞穴中出土了243件石制品，绝大部分为打制的砍砸器、刮削器和石锤、石砧等，局部磨制石器只有石斧和穿孔石器两种共16件[81]。黄岩洞出土石制品122件，也大部分为打制石器，磨制石器仅石斧和穿孔石器各一件[82]。新石器时代早期的广西桂林甑皮岩遗址的石器，打制和磨制各占一半左右，但磨制石器仅有斧、锛、矛等几种[83]。沿海地区的早期贝丘遗址中出土的石器，也多为打制，磨制石器的种类和数量都很少。如广东东兴的几处贝丘遗址中出土有砍砸器、网坠、手斧状和三角状器等大量打制石器，其中数量最多的是一种具有尖刃的采蚝工具——“蚝蛎琢”（图14-27），达204件，还有一些可能是砸击贝壳的敲砸器等[84]，反映出浓烈的渔捞文化特色。新石器时代晚期，开始出

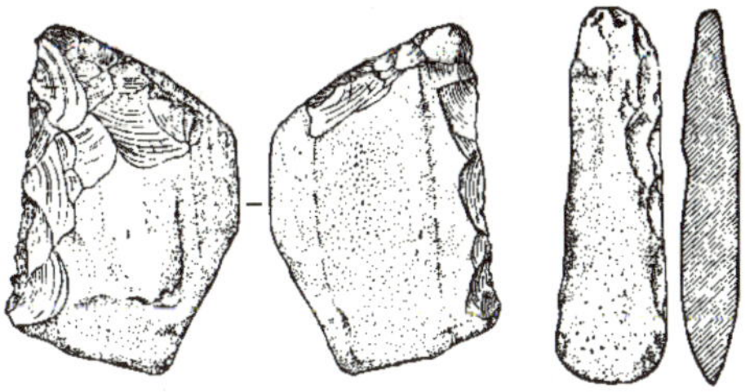
1　　2

图14-27　广东东兴贝丘遗址出土的石器
1. 打制蚝蛎琢　2. 磨制石凿

现了农业，随之磨制石器的种类和数量增加并居于主要地位。如广东曲江石峡遗址，发现有稻的遗存，出土的石器有镢、斧、锛、凿、钺、镞等，多通体磨光，并用管钻法穿孔[85]。福建闽侯昙石山遗址出土的石器大多经过磨制，器形有斧、铲、刀、镰、锛、凿、钺、镞等[86]。

参考书目

[1] 贾兰坡：《中国细石器的特征和它的传统、起源与分布》，《古脊椎动物与古人类》1978年第2期。

[2] 安志敏：《海拉尔的中石器遗存——兼论细石器的起源和传统》，《考古学报》1978年第3期。

[3] 佟柱臣：《试论中国北方和东北地区含有细石器的诸文化问题》，《考古学报》1979年第4期。

[4] 陈淳：《中国细石核类型和工艺初探——兼谈与东北亚、西北美的文化联系》，《人类学学报》1983年第4期。

[5] 〔日〕麻生优、加藤晋平、藤本强：《日本の旧石器文化・日本周边の旧石器文化・シベリア》，雄山阁出版株式会社，昭和五十一年（1976年）。

[6] 〔日〕加藤晋平：《シベリア先史文化と日本》，六兴出版，1985年。

[7] 佟柱臣：《中国新石器研究》，巴蜀书社，1998年。

[8] 王波、辛健：《细石器石钻工具的实验考古学研究》，《旧石器时代论集——纪念水洞沟遗址发现八十周年》，文物出版社，2006年，第302～310页。

[9] 杨鸿勋：《论石楔与石扁铲》，《建筑考古学论文集》，文物出版社，1987年。

[10] 肖梦龙：《试论石斧石锛的安柄与使用——从溧阳沙河出土的带木柄石斧和石锛谈起》，《农业考古》1982年第2期。

注释

[1] 安志敏：《海拉尔的中石器遗存——兼论细石器的起源和传统》，《考古学报》1978年第3期。

[2] 佟柱臣：《试论中国北方和东北地区含有细石器的诸文化问题》，《考古学报》1979年第4期。

[3] 内蒙古文物考古研究所：《文物考古年报》，内部资料，2006年。
[4] 云翔：《试论石刃骨器》，《考古》1988年第9期。
[5] 安志敏：《海拉尔的中石器遗存——兼论细石器的起源和传统》，《考古学报》1978年第3期。
[6] 魏正一、于志耿：《呼玛十八站新发现的旧石器》，《求是学刊》1981年第1期。
[7] 安志敏：《海拉尔的中石器遗存——兼论细石器的起源和传统》，《考古学报》1978年第3期。
[8] 黄慰文、张镇洪、缪振棣等：《黑龙江昂昂溪的旧石器》，《人类学学报》1984年第3期。
[9] 黑龙江省博物馆：《嫩江沿岸细石器文化遗址调查》，《考古》1961年第10期。
[10] 黑龙江省文物工作队：《密山县新开流遗址》，《考古学报》1979年第4期。
[11] 沈阳市文物管理办公室：《沈阳新乐遗址试掘报告》，《考古学报》1978年第4期。
[12] 贾兰坡、盖培、尤玉柱：《山西朔县峙峪旧石器时代遗址发掘报告》，《考古学报》1972年第1期。
[13] 盖培、卫奇：《虎头梁旧石器时代晚期遗址的发现》，《古脊椎动物与古人类》1977年第4期。
[14] 王向前、丁建平、陶富海：《山西蒲县薛关细石器》，《人类学学报》1983年第2期。
[15] 张文君：《山西吉县柿子滩旧石器遗址试掘记》，《考古与文物》1990年第1期。
[16] 周国兴：《河南许昌灵井的石器时代遗存》，《考古》1974年第2期。
[17] 临沂地区文管会：《山东临沂县凤凰岭发现细石器》，《考古》1983年第5期。
[18] 山东文物考古研究所、临沂地区文管会、郯城县图书馆：《山东郯城马陵山细石器遗存调查报告》，《史前研究》1987年第1期。
[19] 胡秉华：《临沂、临沭、郯城、日照细石器遗址》，《中国考古学年鉴（1984）》，文物出版社，1984年，第117页 。
[20] 安志敏、吴汝祚：《陕西朝邑大荔沙苑地区的石器时代遗存》，《考古学报》1957年第3期。
[21] 钟侃：《宁夏陶乐县细石器遗址调查》，《考古》1964年第5期。
[22] 佟柱臣：《试论中国北方和东北地区含有细石器的诸文化问题》，《考古学报》1979年第4期。
[23] 羊毅勇：《试论新疆的细石器》，《史前研究》1987年第4期。
[24] 盖培、王国道：《黄河上游拉乙亥中石器时代遗址发掘报告》，《人类学学报》1983年第1期。
[25] 任海：《从自然环境看中国南方细石器的分布》，《史前研究》1987年第3期。
[26] 戴尔俭：《西藏聂拉木县发现的石器》，《考古》1972年第1期。
[27] 安志敏、尹泽生、李炳元：《藏北申扎、双湖的旧石器和细石器》，《考古》1979年第6期。
[28] 西藏自治区区管理委员会：《西藏昌都卡若遗址试掘简报》，《文物》1979年第9期。

[29] 张兴永、赵萍、张广义等：《元谋盆地考察记》，《化石》1974年第2期。
[30] 曾骐：《西樵山东麓的细石器》，《考古与文物》1981年第4期。
[31] 贾兰坡、盖培、尤玉柱：《山西朔县峙峪旧石器时代遗址发掘报告》，《考古学报》1972年第1期。
[32] 贾兰坡：《中国细石器的特征和它的传统、起源与分布》，《古脊椎动物与古人类》1978年第2期。
[33] 安志敏：《海拉尔的中石器遗存——兼论细石器的起源和传统》，《考古学报》1978年第3期。
[34] 陈淳：《中国细石核类型和工艺初探——兼谈与东北亚、西北美的文化联系》，《人类学学报》1983年第4期。
[35] 〔日〕麻生优、加藤晋平、藤本强：《日本の旧石器文化・日本周边の旧石器文化・シベリア》，雄山阁出版株式会社，昭和五十一年（1976年）。阿尔丹河流域发现资料均引自该书，不再另行注出，第182～297页。
[36] 〔日〕橘昌信：《シベリアから日本列岛へ》，《季刊考古学》第29号（1989年）。
[37] 〔日〕尾原洋：《シベリア・極東旧石器研究新動向》，《考古学ジャ-ナル》第283号（1987年）。
[38] 中国科学院考古研究所、陕西西安半坡博物馆：《西安半坡——原始氏族公社聚落遗址》，文物出版社，1963年。
[39] 红花套考古发掘队：《红花套考古遗址发掘简报》，《史前研究》（辑刊），《史前研究》编辑部，1990～1991年。
[40] 西北大学文博学院考古专业：《扶风案板遗址发掘报告》，科学出版社，2000年。
[41] 西北大学文化遗产与考古学研究中心、陕西省考古研究所：《旬邑下魏洛》，科学出版社，2006年，图版五四，1～5。
[42] 王波、辛健：《细石器石钻工具的实验考古学研究》，《旧石器时代论集——纪念水洞沟遗址发现八十周年》，文物出版社，2006年，第302～310页。
[43] 南京博物院、丹徒县文教局：《江苏丹徒磨盘墩遗址发掘报告》，《史前研究》1985年第2期。
[44] 南京博物院：《南京市北阴阳营第一、二次发掘》，《考古学报》1958年第1期。
[45] 中国科学院考古研究所：《庙底沟与三里桥》，科学出版社，1959年，第58页，图三九，3。
[46] 河南省文物研究所、中国历史博物馆考古部：《登封王城岗与阳城》，文物出版社，1992年。
[47] 李京华：《登封王城岗夏文化城址出土的部分石质生产工具试析》，《农业考古》1991年第1期。
[48] 云翔：《齿刃铜镰初论》，《考古》1985年第3期。
[49] 安徽省文物工作队：《潜山薛家岗新石器时代遗址》，《考古学报》1982年第3期。

[50]　王建、王向前、陈哲英：《下川文化——山西下川遗址调查报告》，《考古学报》1973年第3期。

[51]　保定地区文物管理所、徐水县文物管理所、北京大学考古系等：《河北徐水南庄头遗址试掘简报》，《考古》1992年第11 期。

[52]　临汝县文化馆：《临汝阎村新石器时代遗址调查》，《中原文物》1981年第1期。

[53]　肖梦龙：《试论石斧石锛的安柄与使用——从溧阳沙河出土的带木柄石斧和石锛谈起》，《农业考古》1982年第2期。

[54]　唐兰：《从大汶口文化的陶器文字看我国最早文化的年代》，《光明日报》1977年7月14日。

[55]　杨鸿勋：《论石楔与石扁铲》，《建筑考古学论文集》，文物出版社，1987年。

[56]　杨鸿勋：《河姆渡遗址早期木构工艺考察》，《建筑考古学论文集》，文物出版社，1987年。

[57]　张宏彦：《东亚地区史前石镞的初步研究》，《考古》1998年第3期。

[58]　中国科学院考古研究所山西队：《1978～1980年山西襄汾陶寺墓地发掘简报》，《考古》1983年第1期。

[59]　浙江省文物考古研究所：《余杭瑶山良渚文化祭坛遗址发掘简报》，《文物》1988年第1期。

[60]　南京博物院：《江苏海安青墩遗址》，《考古学报》1983年第 2 期。

[61]　尹申平、王小庆：《陕西宜川龙王辿遗址考古发掘取得重大收获》，《中国文物报》2006年12月1日第2版；中国社会科学院考古研究所、陕西省考古研究所：《陕西宜川县龙王辿旧石器时代遗址》，《考古》2007年第7期。

[62]　邱立诚、宋方义、王令红：《广东阳春独石仔新石器时代洞穴遗址发掘》，《考古》1982年第5期。

[63]　宋义方、邱立斌、王令红：《广东封开黄岩洞洞穴遗址》，《考古》1983年第1期。

[64]　周国兴：《白莲洞遗址的发现及其意义》，《史前研究》1984年第2期。

[65]　保定地区文物管理所、徐水县文物管理所、北京大学考古系等：《河北徐水南庄头遗址试掘简报》，《考古》1992年第11期。

[66]　中国社会科学院考古研究所：《临潼白家村》，巴蜀书社，1994年。

[67]　中国科学院考古研究所、陕西西安半坡博物馆：《西安半坡——原始氏族公社聚落遗址》，文物出版社，1963年。

[68]　中国科学院考古研究所山西队：《1978～1980年山西襄汾陶寺墓地发掘简报》，《考古》1983年第1期。

[69]　沈阳市文物管理办公室：《沈阳新乐遗址第二次发掘报告》，《考古学报》1985年第2期。

[70]　黑龙江省文物工作队：《密山县新开流遗址》，《考古学报》1979年第4期。

[71]　云翔：《试论石刃骨器》，《考古》1988年第9期。

[72]　中国科学院考古研究所：《庙底沟与三里桥》，科学出版社，1959年。

[73] 中国科学院考古研究所、陕西西安半坡博物馆：《西安半坡——原始氏族公社聚落遗址》，科学出版社，1963年。
[74] 中国科学院考古研究所安阳发掘队：《1971年安阳后冈发掘简报》，《考古》1972年第3期。
[75] 浙江省文物管理委员会、浙江省博物馆：《河姆渡遗址第一期发掘报告》，《考古学报》1978年第1期。
[76] 牟永杭、宋兆麟：《江浙的石犁和破土器——试论我国犁耕的起源》，《农业考古》1981年第2期。
[77] 四川省博物馆：《巫山大溪遗址第三次发掘》，《考古学报》1981年第4期。
[78] 湖北省荆州地区博物馆：《湖北松滋县桂花树新石器时代遗址》，《考古》1976年第3期。
[79] 中国科学院考古研究所：《京山屈家岭》，文物出版社，1965年。
[80] 安徽文物工作队：《潜山薛家岗新石器时代遗址》，《考古学报》1982年第3期。
[81] 邱立诚、宋方义、王令红：《广东阳春独石仔新石器时代洞穴遗址的发掘》，《考古》1982年第5期。
[82] 宋义方、邱立斌、王令红：《广东封开黄岩洞洞穴遗址》，《考古》1983年第1期。
[83] 广西壮族自治区文物工作队、桂林市革命委员会文物管理委员会：《广西桂林甑皮岩洞穴遗址的试掘》，《考古》1976年第3期。
[84] 广东省博物馆：《广东东兴新石器时代贝丘遗址》，《考古》1961年第12期。
[85] 广东省博物馆曲江县文化局石峡发掘小组：《广东曲江石峡墓葬发掘简报》，《文物》1978年第7期。
[86] 福建省博物馆：《福建闽侯昙石山遗址发掘新收获》，《考古》1983年第12期。

第十五讲

古代陶器（上）

一、陶器研究的意义

（一）陶器在人类文化史上的意义

陶器是用陶土加水和其他掺和料，经成型、晾干、烧制而成的器具。早期的陶器主要用于制作日常生活所用的各种容器和炊器，后来也用于制作工具或其他用具、建筑材料和陶塑艺术品等。

陶器是人类第一次改变了一种自然物的性质而创造出的一种新物品，是史前时期人类最主要的发明之一，也是人类文化发展史上的重要里程碑，在科技史和人类文化史上均具有十分重要的意义。

首先，从考古发现来看，最早的陶器多为炊器。陶器的出现，使得史前人类经常性地炊煮食物成为可能，从而大大地改善了史前人类的饮食生活，促进了人类体质和文化的不断进步。

其次，陶器的出现和广泛使用往往与农业或定居生活相关联，因为只有相对稳定的定居生活，才能为陶器的生产与使用提供基础与条件。故陶器的发明对于促进定居生活和农业生产的发展有着积极的作用。

再次，陶器的生产为以后金属器的冶铸、瓷器的出现提供了基本的技术与经验。如果没有长期制陶的基础，很难想象人类会使用窑炉、坩埚和泥范大量冶铸金属器；而瓷器的出现更与人类长期的制陶经验密不可分。

最后，随着人类文化的发展，陶器的应用也日益广泛。如陶质的砖瓦等建筑材料广泛地应用于房屋建造，促进了建筑业的发展；陶塑艺术品更是作为历代人类精神文化的载体之一，成为研究古代美术史和不同民族审美观、宗教观等方面的重要对象。

（二）陶器在考古学研究上的意义

陶器是新石器时代的重要发明，也是考古学研究的重要对象之一。早在19世纪后期，美国学者摩尔根就提出了蒙昧、野蛮、文明三个前后相继的人类文化发展阶段，并认为野蛮时代始于陶器的制造[1]。恩格斯肯定了摩尔根的分期法，也认为野蛮时代低级阶段是“从制陶术开始”[2]的。20世纪以来，在中亚和西伯利亚发现许多有陶器的遗址，但出土的石器大多数为打制石器，文化面貌也与旧石器时代有显著的不同。于是有学者主张新石器时代是从陶器的出现开始的，甚至有人把新石器时代称为“陶器时代”[3]。随着史前考古学发现与研究的深入，人们认识到新石器时代不仅仅是一个磨制石器时代，也不仅仅是一个陶器时代，但陶器仍是新石器时代的最重要的基本特征之一，也是考古学最重要的研究对象。

陶器是古代人类相当长时间内日常生活中最常用的器具之一，具有分布广、数量大、易保存等特点，即陶器易生产，广泛见于新石器时代以来各时期、各民族文化中；陶器易碎、易更新，是古代诸民族文化中生产量最大的产品之一；陶器耐腐蚀、耐风化，即使长期埋藏在地下或暴露在地表也不易改变其物理、化学性质，是最常见的古代遗物之一。正是陶器具有的上述特点，使得陶器研究在考古学上有着特殊的重要意义。

首先，陶器分布广、数量大、易保存，广泛见于古代各地、各时期的遗址中，是田野考古调查中最易见易得的古代遗物，因而是探寻古代遗址的最重要标志之一。在田野考古工作中，经常可在地表、冲沟断崖等处发现古代陶器或陶器的碎片等，而这正是我们寻找古代遗址的指示物，许多古代重要遗址的发现，正是最初由遗址或其周边陶片发现所提供的线索。如著名的河南渑池仰韶村遗址的发现，正是基于最初调查时发现的一些彩陶片和磨制石器而找到的。

其次，陶器易损坏、易变化，在时间过程中变化较快，是考古学判断古代遗迹、遗物相对年代和考古学文化分期的最重要依据之一。美国学者威廉A. 朗艾克对菲律宾吕宋岛北部卡林阿地区的陶器使用寿命进行了长期观察和研究，得知烹调用陶器平均使用寿命只有3～5年，最长的9～13年[4]。因此，使用寿命短的陶器较之石器或金属类器物更容易把握其年代的准确性和精确性。陶器的易变性特征则反映在不同时期的考古学文化中是有不同的陶器组合，同一考古学文化的不同发展阶段陶器也有所变化，可以较好地反映考古学文化在时间过程中变化的阶段性特征，陶器也就成为古文化遗存分期断代的最常用器物。如黄河中游的仰韶文化流行红陶、彩陶和尖底瓶、圜底或平底钵等为代表的陶器群。到了龙山时期，上述陶器消失了，出现了以灰陶和三足器（鼎、斝、鬲等）等为代表的陶器群。即使在同一文化的不同时期，陶器也会有所变化，如仰韶文化的尖底瓶，由早期的杯形口到中期的重唇口，最后演变为晚期的平唇口或喇叭口。而陶色和陶器在器类、形态、花纹等方面的变化，正是考古学家区分不同文化或同一文化发展阶段变化的重要依据。

再次，陶器空间分布的区域性特征也很鲜明，是考古学区分不同的考古学文化或同一考古学文化不同区域类型的重要依据之一。古代不同地区的考古学文化均有陶器，而不同文化的陶器在形态、花纹或制法等方面又有所不同，考古学特别是史前考古学，正是在很大程度上通过不同遗址或不同地区考古遗存陶器的比较研究，并依据它们的异同来区分考古学文化或文化类型的。如黄河下游大汶口文化以长流鬶、高柄杯等为代表的陶器群与黄河中游仰韶文化以尖底瓶、圜底钵等为代表的陶器群有明显的不同，它们应属不同的考古学文化。

总之，陶器是考古学研究的重要对象之一，陶器在反映考古学文化时空变化方面，有着其他类别遗物难以替代的作用。因此，陶器的研究，历来受到考古学家的关注，特别是在史前和夏商周考古中，陶器是最受考古学家重视的一类器物。当然，陶器的研究虽然重要，但也不能替代其他类别遗物和遗迹的研究，对古代任何一种考古学文化的研究，只有尽可能全面观察各种文化遗存，才有可能得出较为客观的认识。

二、陶器的制作方法

依据考古学对古代陶器的观察、模拟陶器制作实验和有关民族学资料记录或对现代民族制陶术的考察，陶器制作一般要经过陶土加工、制坯成型、修饰施纹、烧制成器等工序。

（一）陶土加工

陶土即制陶用土，是制陶的主要原料。我国史前时期的陶土主要是一些低钙高铁易熔黏土以及少数高铝质黏土。古代各地的先民，多根据本地区的资源条件，就近选择合适的黏土作为陶土。如华北的黄土地区，人们常选择红土、再生黄土或黑土等黏土作为原料。但并非自然界所有的黏土都适合制陶，太细的黏土，制成陶坯后易干裂，需要加入掺和料；而含砂较多的土，可塑性较差，做坯时不易成型，应先行淘洗。所以一般制陶以前，先要根据需要选择或加工陶土。

1. 筛选或淘洗

在制作一般的粗陶时，只要把选择的陶土经过适当地筛选即可使用。若要制作精细的陶器，则需经过淘洗。把黏土浸入水中，经搅动而使植物细末及杂质上浮，去掉杂质即成很纯净的细土。仰韶文化中常见的细泥红陶器，胎质细腻而纯净，应多是用这种经过淘洗的陶土制成的。

2. 加入掺和料

有时，人们根据陶器的用途等，需要在陶土中加入适当的砂粒、蚌壳末、陶片碎末、草末等掺和料。目的：减低陶土黏性，制坯时不致黏附手指，易于成型；防止干裂，即阴干时，不致因不平衡收缩而绽裂或变形；使陶质疏松，火烧时水分易于逸出，陶器不致绽裂；增加陶土熔点，使烧制时不致因火力过高而部分熔化。

一般炊器中多加石英砂粒（夹砂陶），以增加熔点和耐急冷急热性能。其他容器则依人们的习惯加入不同的掺合料。如长江中下游的浙江余姚河姆渡遗址、桐乡罗家角遗址、湖南石门皂市下层遗存、大溪文化、屈家岭文化诸遗址中，常见有所谓的“夹炭陶”。实验考古学研究表明，有些夹炭陶可能是在陶泥中掺和碾碎的植物叶、皮壳等，经入窑火烧炭化后形成的；也有些则是直接在陶泥中掺和炭化的稻壳而成的[5]。黑龙江省昂昂溪遗址陶器中有掺和蚌壳末者；甘肃寺洼文化中则有掺和碎陶末者。

（二）制坯成型

经过选择、加工的陶土，加水和成软硬合适的陶泥后，即可用来制作陶坯。我国新石器时代陶坯成型的方法主要有以下几种。

1. 手制

手制，即直接用手制作陶坯的方法。手制法应是最早的陶器制坯方法，沿用时间也较长，具体又可细分为以下几种。

（1）捏塑法

即用手直接捏制成型，一般小型陶器或小型的人物、动物塑像等多用此法成型。新石器时代一些遗址中出土的小罐和小杯等，表面常有凹凸不平的手指印痕，应是用手捏塑留下的。浙江余姚河姆渡遗址发现的陶塑小猪[6]，湖北天门石家河遗址出土的鸡、狗、猪等陶塑动物[7]，均是用手直接捏塑的。陕西扶风案板遗址出土的仰韶文化陶塑人像，高2.7～6.6厘米，可明显地看出用手直接捏塑的特征[8]（图15-1）。

图15-1 案板遗址陶塑人像

（2）泥片贴筑法

泥片贴筑法，是指将泥料做成泥片，然后粘贴、粘接泥片制坯的方法。用这种方法制作的陶器断面上可见斜向叠压的纹理，内壁上也可见泥片接贴的痕迹[9]。这种方法多见于一些新石器时代初期和早期文化中，如江西万年仙人洞遗址、湖北城背溪遗址、湖南皂市下层遗存及广西桂林甑皮岩遗址等见此种方法制作的陶器。

（3）泥条盘筑法

泥条盘筑法，即先将坯泥搓成长条状，然后螺旋形向上盘筑（图15-2）；或将泥条围成圆圈状，然后分层依次叠筑。通常是每接好一圈后，须待其稍干后再接一圈。陶坯成型后再里外抹平。这种方法最早也见于新石器时代早期，之后流行于各文化中。如陕西临潼白家遗址的三足罐，内壁虽经过修整，但底部仍可见泥条盘筑的痕迹。仰韶文化中也常见留有泥条盘筑痕迹的陶器，如许多尖底瓶的内壁可清晰地看到泥条盘筑的遗痕（图15-3）。

图15-2　泥条盘筑法示意图

图15-3　尖底瓶内壁泥条盘筑痕迹

2. 模制法

模制法是用专门烧制的陶模具或已烧制好的陶器作为模具，在外表敷泥成型的方法。模制法出现稍晚，在黄河流域，最早见于新石器时代早期，盛行于新石器时代晚期。在甘肃秦安大地湾一期陶片中，普遍存在分层现象，有的陶器内壁无任何修整痕迹，可能是利用模具成型的，也被称为模具敷泥法[10]。长安客省庄遗址的一些陶鬲袋足内，可见清楚的内绳纹，而且形制较为规整，可能是用成品鬲作内模制坯的[11]。在山西夏县东下冯遗址发现有龙山时期的实心鬲形器——鬲模[12]。制坯时，一些简单的陶器，可能是直接在模具或作为模具的陶器外表粘贴泥片制坯，形态较复杂的陶器如鬲，可能是在模器上用泥条盘筑成型的[13]（图15-4）。也有的鬲是用单足模三足分制，然后再拼接器身的。

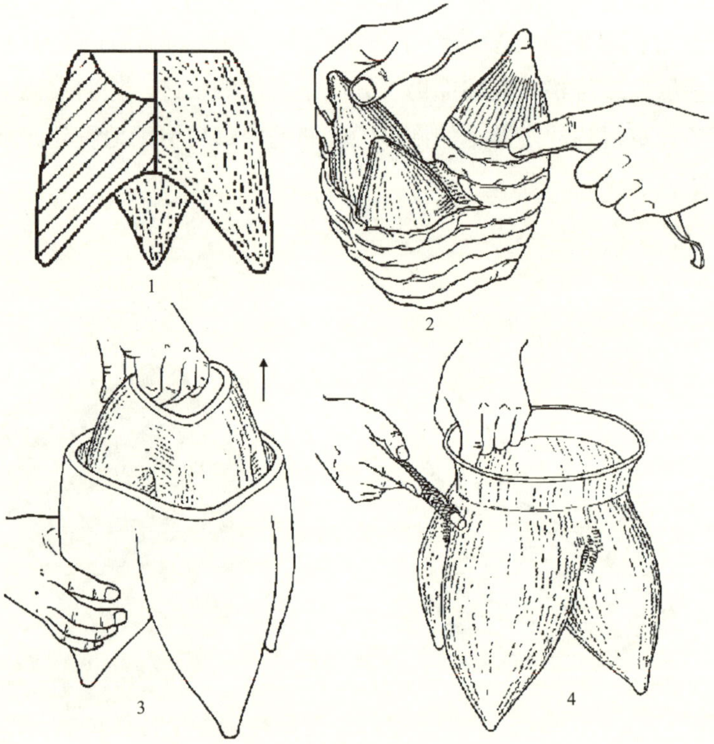

图15-4 陶鬲制坯过程示意图（据李文杰）
1. 东下冯陶鬲模 2. 在模具上盘筑泥条 3. 提出模具 4. 粘接口部和修饰施纹

3. 轮制法

即将泥料放在转动的轮盘上，用手提拉成各种需要的器形坯胎。用这种方法制成的陶器，器形规整、器壁均匀，器表常留有一圈圈平行的轮纹，器底则有线割的偏心纹（图15-5）。轮制陶大约出现于新石器时代中期，在黄河流域仰韶文化、大汶口文化和长江流域马家浜文化等均发现少量的轮制陶器，但这一时期多用于修整器物口沿部。龙山时代轮制陶大量出现，山东龙山文化陶器大多数是轮制的，特别是龙山文化的蛋壳黑陶，器壁厚仅0.5～1毫米，器形规整精致，代表了史前时期制陶术的最高水平。夏商周及其以后，轮制陶更为普及。

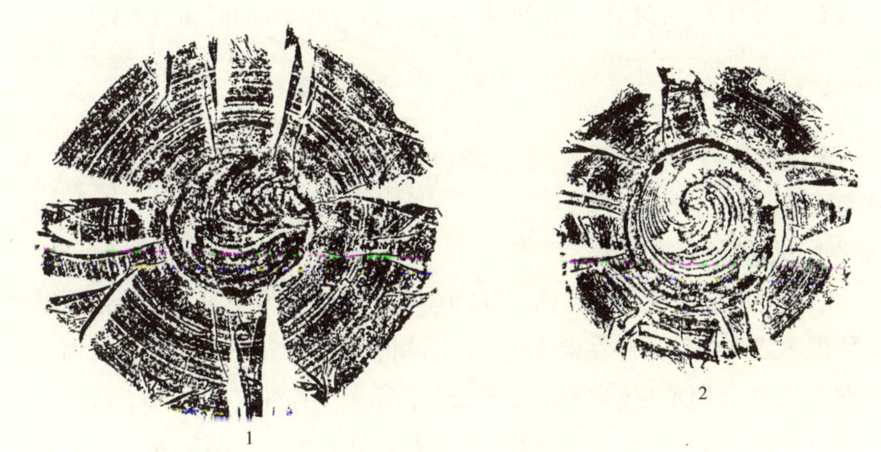

图15-5　陕西华县泉护村一期陶器底部轮纹
1. 外底　2. 内底

（三）修饰施纹

在陶坯制好半干时，还需要进行表面修整或饰绘各种纹样，以达到美观、耐用等目的。大体说来，修整施纹法主要有以下几种。

1. 表面磨光

在陶坯尚未完全晾干时，还要用石或骨制的光滑器具，反复打磨陶坯的表面，目的在于进一步整形和弥合一些小的裂缝，还可排出部分水分，使器壁更加坚实而致密，坯体表面光滑。经过磨光的陶坯烧成之后，表面光滑亮泽，被称为“磨光陶”。渭水流域仰韶文化的细泥红陶多经表面磨光；江汉平原的大溪文化和屈家岭文化中，也有这种磨光陶。

2. 涂施色衣

色衣又叫陶衣，是涂在器表的色层，目的是增加陶器表面的光洁度和美观性。具体做法是，把很细的泥浆涂敷在陶坯表面，经烧后即成各种颜色的陶衣。常见的陶衣有红、棕、白等颜色。一般泥浆中若含有较多的铁元素，则烧成后呈红色或棕色；白衣中则可能是含有较多的三氧化二铝或方解石、石膏等。涂施陶衣的做法多见于黄河流域仰韶时期诸文化中。

3. 施纹绘彩

施纹绘彩，即在陶坯表面施绘各种纹样，以达到美观的效果。具体做法有以下几种。

（1）拍压

拍压，即拍打滚压施纹法。在陶坯半干时，先将垫子（一般选用平而光的砾石或陶垫等）垫在器内壁，然后用有纹饰的拍子拍打坯体表面，这样做既可进一步使坯体致密，又可在器表拍印下各种纹样（图15-6，1）。或将绳子缠在细木棍上，然后在器表滚压而印出绳纹（图15-6，2）。常见的拍印纹有绳纹、篮纹、方格纹、席纹等。

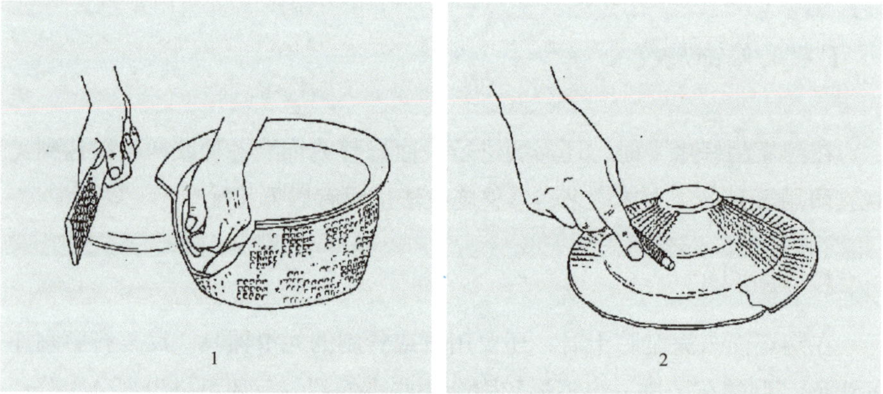

图15-6　拍压法施纹示意图（据李文杰）
1. 拍打法　2. 滚压法

（2）戳刺

用竹、木、骨等材料制作的尖硬工具或直接用手指甲，在器表戳刺而成的纹样。常见的戳刺纹有锥刺纹、篦点纹、指甲纹等。如仰韶文化陶器中有锥刺或指甲戳刺构成的三角图案（图15-7，1）。

（3）刻划

用尖硬工具在器表刻划而成的纹样。常见的刻划纹有弦纹、网状纹及其他几何形纹等。此外，在河姆渡遗址中还有刻划的猪纹和植物纹样等

1

2

图15-7 戳刺与刻划纹陶器
1. 仰韶文化戳刺纹钵 2. 河姆渡遗址刻划猪纹盆

（图15-7，2）。

（4）贴附

贴附，即在器表贴附泥条或其他凸出于器表的纹样。一般在大型的容器表面常贴附数周泥条，称为“附加堆纹”，目的主要是加固器壁，以防破裂。也有装饰性的如乳钉纹、动物堆塑等（图15-8，1）。

（5）镂孔

镂孔，即用刻刀或其他尖硬工具在器表镂刻的、由孔洞构成的纹样。主要见于陶豆一类圈足器的柄部。常见的镂孔有圆形、方形、三角形等（图15-8，2）。

1

2

图15-8 贴附纹、镂孔陶器
1. 西安南殿村堆塑蛇纹陶盆 2. 屈家岭文化镂孔陶豆

（6）彩绘

彩绘系用一种富含着色剂或基本不含着色剂的天然矿物为颜料，在陶坯表面绘制的各种图案花纹。古代彩绘陶器分为烧前彩和烧后彩两类，烧前彩，即在陶坯上绘彩纹，并依着色剂成分的不同，烧造后分别呈现出不同的颜色。

一般红彩的着色剂主要是氧化铁，其原料可能是赭石（赤铁矿）或朱砂（硫化汞）；黑彩的着色剂主要是铁和锰，其原料可能是一种含铁、锰较高的红土；白彩基本上没有着色剂，可能是氧化镁含量较高的黏土、高铝质黏土或用方解石、石膏等配制而成。在临潼姜寨M87出土有石砚、石磨棒、水杯及赤铁矿颜料块一组用于绘画的工具[14]（图15-9）；在陕西宝鸡北首岭、甘肃兰州白沟道坪等遗址，也发现有用于调色的分格陶、石盘等。许多彩绘图案线条流畅、形象生动，很可能使用了一种类似于毛笔的绘画工具，这种工具可能是用鸟兽的细毛或某种植物的纤维制作的。在黄河流域的新石器时代，这种工艺始见于老官台文化，盛行于仰韶文化（图15-10，1）和马家窑文化，在黄河下游的大汶口文化，江汉平原的大溪文化和屈家岭文化中也较流行。到了新石器时代晚期，除甘青地区的马家窑文化外，大部分地方已衰落。烧后彩，是在烧好的陶器表面涂绘彩纹，颜色易受保存条件的影响而脱落；主要流行于汉唐时期（图15-10，2）。

1

2

图15-9　姜寨遗址出土绘画工具

1. 石砚、颜料　2. 陶水杯

1　　2

图15-10　古代彩陶

1. 仰韶文化彩陶瓶　2. 西汉彩绘陶仓

（四）烧制成器

烧制是制陶的最后一道工序，一般要等陶坯阴干之后才能进行。当将陶坯加热至600℃以上、彻底排除了坯体中的水分后，黏土就失去了可塑性而烧结硬化。一般烧造时的火候高、陶土细则硬度大，反之火候低、陶土含砂多则硬度小。据测定，中国新石器时代的陶器烧成温度一般在600～900℃，最高者不超过1000℃，但南方的硬陶的烧成温度较高，在1000℃左右。烧成后的陶器常呈现出红、灰、黑等颜色，还有极少量的白陶。陶色的差异与陶土的成分、陶窑结构、烧造技术等方面有密切的关系。

图15-11 半坡遗址陶窑复原图

（1）红陶

大多数陶土中均含有一定量的铁元素，烧制时如能让空气与之自由接触，就会形成氧化气氛，铁元素就会被氧化成为三氧化二铁（Fe_2O_3）而使陶器呈红色。因此，若陶土中所含铁元素较多、在露天烧造或用敞口式陶窑烧制（图15-11），则很容易烧出红陶来。最早的陶器可能是在露天堆柴烧造的，如老官台文化早期的陶器，具有硬度小、火候低、陶色以红或褐色为主等特点，但器表陶色不均匀而常杂有灰或褐斑，可能是陶器与燃料直接接触而引起局部渗碳或熏烤所致。目前最早的陶窑，见于新石器时代早期的裴李岗文化，到了仰韶文化时期，陶窑大量出现。较早阶段的陶窑形体小、构造简单，由火膛、火道、窑室等部分构成。烧陶时可能不封闭窑顶，陶器主要是在氧化焰中烧成的，故陶色多呈红色。

（2）灰陶

在烧造过程中如果通风不畅或在烧制末期封闭窑顶，就会因供氧不足产生还原气氛，坯体中的铁元素就被还原成四氧化三铁（Fe_3O_4），产品的颜色就会呈现灰或深灰色。属黄河流域龙山时代早期的庙底沟遗址第二期陶窑，由火口、火膛、火道和窑室组成，依窑室壁残留的弧度，推测窑顶可能是半球形的（图15-12）。这种结构的陶窑，有利于提高烧成温度，控制烧造过程和最后的封窑而形成还原焰，故陶器多呈灰色或深灰色。

（3）黑陶

关于黑陶的制作工艺可能有两种：一是用烟熏法进行短期渗碳，即在烧造将近结束时，用泥封窑顶和窑门，并在窑顶渗水而使窑室内产生浓烟，烟中的碳很快渗入赤热的坯体孔隙中而将陶器熏黑。用这种方法制作的黑陶胎质较为致密。山东龙山文化的黑陶，可能是用这种工艺制作的。二是由于陶土中掺有较多的植物茎、叶、壳等，在烧造过程中，植物炭化而使陶胎呈黑色，但胎质较为疏松；也有些则是直接在陶泥中掺和炭化的

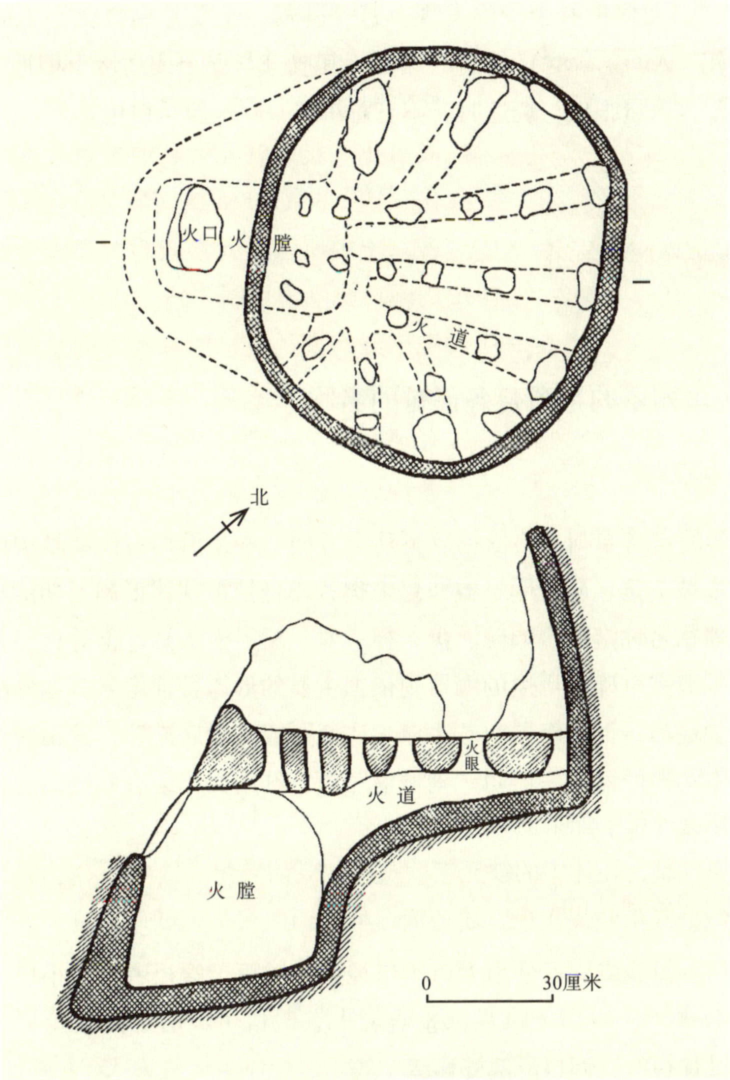

图15-12　庙底沟遗址第二期陶窑

稻壳而成，胎质较紧密。这种方法主要流行于长江中下游的一些新石器时代文化中。此外，美洲印第安人还有一种黑陶工艺，方法是把陶坯放在松脂烟的大火焰上熏烤，烧成后的陶器色黑、光滑而坚实。

（4）白陶

在黄河下游的大汶口文化、龙山文化和长江中下游的罗家角遗址、大溪文化和商文化中有少量的发现。这类陶器，主要是用氧化镁（MgO）或氧化铝（AlO）等含量较高的黏土（其成分与瓷土或高岭土相近）制作的，由于含铁量很低，烧造时若不有意渗碳，则一般呈白色。

三、陶器的分类

（一）陶器的定名及各部位的名称

1. 陶器的定名原则

陶器的定名原则主要依据以下几个方面：一是沿用古代文献中记录的名称，如鼎、簋、鬲、斝、盉、豆之类；二是依据现代形制、功能相同或相近的器物名称定名，如碗、盘、杯、盆、罐、壶、缸、瓮等；三是不能确定或不能完全确定用途的陶器则依据主要的形态特征定名，如仰韶文化以小口尖底为特征的陶器叫“小口尖底瓶”或“尖底瓶”；龙山时代器内壁刻划有沟槽的盆形陶器叫“刻槽盆”等；红山文化绘有彩纹的筒状陶器叫“筒形器”等。

2. 陶器各部位的名称

口——指器口，可分为大口（口径大于或等于腹径者）、小口（口径小于腹径者）、直口（口沿部垂直者）、敛口（口沿部内敛者）、敞口（或曰“侈口”，即口沿部外侈者）等。

盖——指可扣合在其他陶器器口部分的陶器。盖的器体部分多呈敞口浅腹，盖纽有蘑菇形或圈形、半环状等。

流——指附着在口部便于倾倒液体的部分，可分为槽状和管状两种。带有管状流的陶器有盉，带槽状流的陶器有鬶等。

唇——指器口边缘长出的部分，可分为平唇、卷唇、叠唇等。

颈——指口与肩之间的部分，可分为长颈、短颈、粗颈、细颈等。

肩——指颈与腹之间的部分，可分为圆肩、折肩等。

腹——指肩以下至器底的部分，可分为直腹、鼓腹、球腹、曲腹等。

底——指器底，可分为圜底（半球状者）、尖底（底部聚成尖者）、平底等。

足——指附在器底的凸出部分，使器底不能直接接触放置面。可分为实足（实心者）、空足（中空）、圈足（圆圈状者）等。

耳——把手，指附着在器口、颈、肩、腹部可用手把持的部分。可分为桥形、鸡冠状、牛角状等（图15-13）。

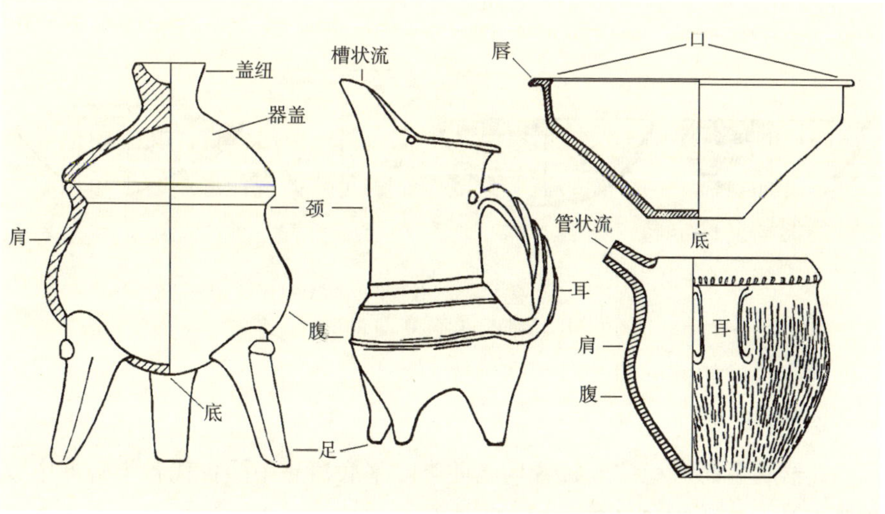

图15-13　陶器各部位的名称

（二）陶器的分类

分类是陶器研究中最基础的作业，陶器的分类主要依据其用途或形态，而不同的分类在考古学研究中均有其意义。如以形态分类可反映出不同类别陶器最突出的形态特征，而用途分类则主要反映陶器的功能。

1. 依据形态分类

即主要依据陶器的形态特征进行分类，如以器底的特征可分为以下几类。

（1）圜底器

凡器底凸出如半球状者，均可归入圜底器类。早在新石器时代初期江西万年仙人洞遗址就发现有圜底器，但主要流行于新石器时代的早、中期。如山东后李文化有圜底罐，北辛文化有圜底釜。渭水流域老官台文化中有圜底钵；仰韶文化的圜底器数量和种类较多，有圜底钵、圜底盆、圜底釜、圜底罐等（图15-14）。长江下游的河姆渡文化最具特色的陶器是数量较多的圜底釜。这类陶器放置时多与器座配合使用。

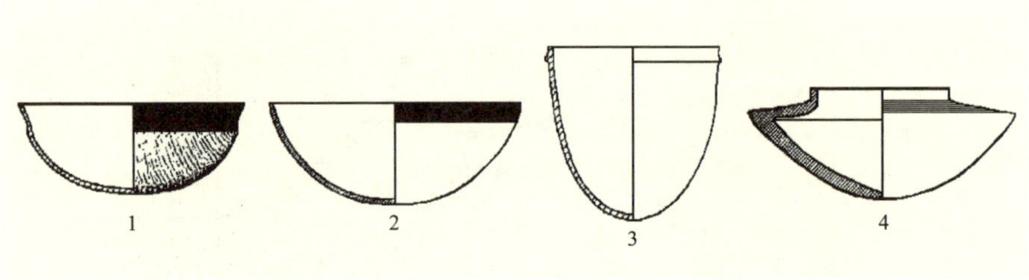

图15-14 圜底器

1、2. 圜底钵 3. 圜底罐 4. 圜底釜

（2）平底器

凡器底平而可稳定放置者均属此类。平底器是中国古代各类陶器中数量最多的一类，广泛见于史前、夏商周和汉唐各时期各民族文化中。主要有盆、罐、缸、瓮、盘、瓶、壶、杯等。

（3）尖底器

凡器底下部聚成一尖者均属此类。尖底器主要见于新石器时代，特别是仰韶文化时期较为流行，有尖底瓶、尖底罐等（图15-15），其中尖底瓶是仰韶文化各遗址普遍存在的典型陶器之一。山东大汶口文化中也有一定数量的尖底罐。

（4）圈足器

凡器底附有圈状足者均属此类。圈足器最早见于新石器时代早期，黄河流域前仰韶时期的老官台文化、裴李岗文化均有圈足碗等；仰韶时期的河南洛阳王湾、郑州大河村、荥阳秦王寨等遗址均有一定数量的圈足器；

龙山时代圈足器较常见，有碗、杯、豆等。长江下游的河姆渡文化、马家浜文化和良渚文化中，均有一定数量的圈足器。但新石器时代陶圈足器主要分布在长江中游，早在新石器时代早期的皂市下层就出现了圈足器，在新石器时代中晚期的大溪文化、屈家岭文化（图15-16）和石家河文化的陶器中，圈足器是主要的器类之一，器形有杯、碗、豆、壶等。历史时期陶圈足器也较为常见，有簋、盘、壶等。

图15-15　仰韶文化尖底陶器

1. 尖底瓶　2. 尖底罐

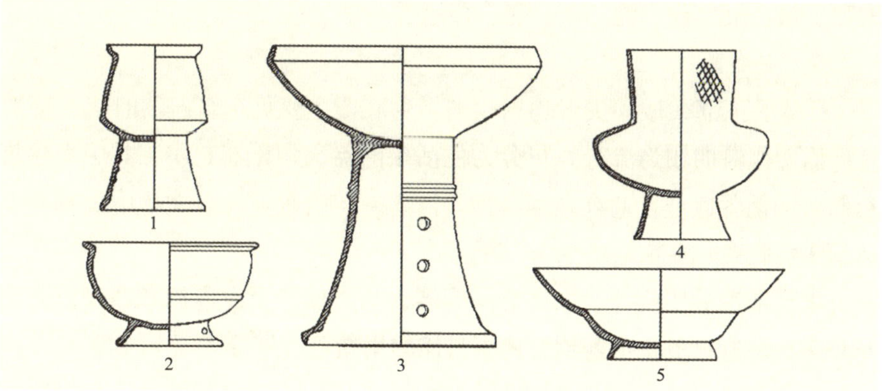

图15-16　屈家岭文化陶圈足器

1. 杯　2、5. 碗　3. 豆　4. 壶

（5）三足器

凡器底附三足者均属此类，又可分空三足与实三足两类。其中实三足器出现于新石器时代早期，空三足器出现于中晚期。黄河流域前仰韶时期的老官台文化、裴李岗文化、磁山文化均有一定数量的三足器，如三足罐、三足钵等；仰韶时期的三足器主要是鼎，见于河南洛阳王湾、郑州大河村，河南安阳后岗一期等；黄河下游的大汶口文化出现并流行空三足器鬶等。长江流域的马家浜文化、崧泽文化、良渚文化和屈家岭文化也有一定数量的鼎。龙山时代早期开始出现了空三足器斝，龙山时代晚期出现空三足器鬲，还有甗、鬶、三足瓮等（图15-17）。夏商周时期，鼎、鬲、甗等仍是最常见的三足器。战国以后，陶鼎等仍常见，但空三足器已衰落。

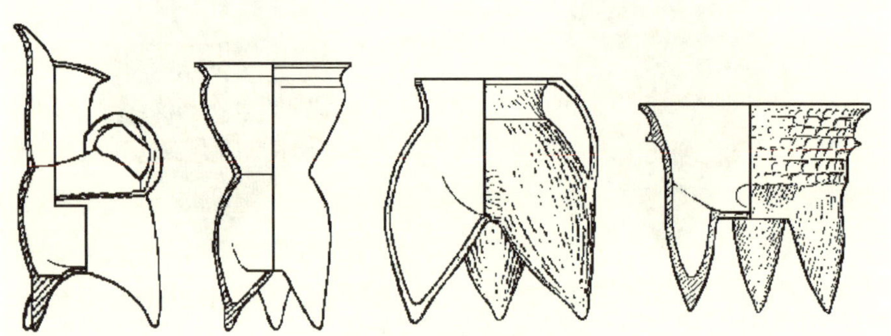

图15-17 空三足器

1.鬶 2.甗 3.鬲 4.斝

2. 依用途分类

依据陶器的用途分类，可分为生活用陶器、陶乐器、陶工具、陶建筑材料、陶塑等。

（1）生活用陶器

指日常生活用陶器，大多为陶容器，是史前乃至夏商周和西汉以前数量最多、最常见的一类陶器。依据具体的用途，可细分为以下几类。

1）炊器

为炊煮食物用陶器，常见者有罐、鼎、鬲、斝、甗、甑、釜、灶和釜灶等，实用的陶炊器外表，多留有烟熏痕迹。炊器均为夹砂量较多的夹砂陶，陶质较疏松，目的是在烹煮食物时不会因冷热变化而开裂。新石器时代初期和早期的陶炊器，多为平底或圜底的罐类，江西万年仙人洞、吊桶环和湖南道县玉蟾岩等发现的陶器，均为夹粗砂陶罐；新石器时代早期的老官台文化、裴李岗文化和后李文化等，陶炊器也多为各种夹砂罐类。新石器时代中期出现了圜底釜、灶、甑、鼎等（图15-18）。新石器时代晚期出现了陶斝、鬲、甗，还有釜和灶连为一体的釜灶。夏商周时期一般民众仍多使用陶炊器，主要有陶鼎、鬲、甗、釜等。汉代以后，随着铁器的普遍使用，陶炊器逐渐衰落，为铁炊器所替代。

2）饮食器

为餐饮用陶器，常见者有碗、钵、盘、瓶、壶、杯、豆、盆、簋等。饮食器多为泥质陶，也有夹少量细砂者。饮食器出现于新石器时代早期，在黄河流域前仰韶时期的老官台文化、裴李岗文化、磁山文化和后李文化等，出现圜底钵、圈足碗等（图15-19）；新石器时代中晚期有钵、盆、碗、盘、豆等，大汶口文化和龙山文化则流行鬶和高足杯等。长江流域彭头山文化开始出现钵等，大溪文化、屈家岭文化、石家河文化流行圈足的豆、杯、碗、盘等。长江下游的马家浜文化、崧泽文化、良渚文化中则常见圈足豆等。夏商周时期陶器的使用仍较普遍，有簋、豆、盂等食器，特别是各种酒器如爵、觚、杯、尊、壶等较多见；秦汉时期陶饮食器有案、盆、樽、盘、碗、豆、

图15-18　仰韶文化陶釜与陶灶

图15-19　老官台文化陶圈足碗

图15-20　仰韶文化陶缸

魁、锺、钫、耳杯等。东汉以后随着瓷器的普及，陶器逐渐衰落。

3）储物器

为储藏食物或水等的陶器，器形多较大，常见者有瓮、缸等。多为泥质，也有夹少量砂者，胎较厚而紧密。新石器时代的陶瓮多敛口，缸则为敞口或直口，缸的腹部往往有几周附加堆纹（图15-20），目的在于加固缸体，使之盛物时不致开裂。此外，新石器时代晚期至商周，北方还流行一种下附三足的瓮，器形较大，也应是储物陶器。

（2）陶乐器

中国古代将乐器分为金、石、土、木、革、丝、竹、匏八音，其“土”指的就是陶乐器。考古发现的陶乐器主要有陶鼓、陶号、陶埙等。

1）陶鼓

属打击乐器，一般呈筒状或大喇叭状，过去常被称为“异形陶器”“喇叭形陶器”等。陶鼓最早见于新石器时代中期大汶口文化遗存中，山东邹县野店遗址[15]出土的陶鼓为筒形，平底，口沿外饰一周乳钉状凸纽，腹中部着彩，器壁或器底有数量不等的镂孔。甘青地区新石器时代晚期马家窑文化发现较多喇叭形陶鼓，在青海民和阳山墓地也出土了3件[16]；甘肃兰州永登县乐山坪墓葬中出土了7件[17]（图15-21），通渭李家坪、定西堡子坪等遗址也有发现。这类陶器呈一头大、一头小的大喇叭状，喇叭口外

图15-21　甘肃永登乐山坪陶鼓

沿有一周鹰嘴状或乳钉状泥凸，当系蒙置鼓皮、固定革面的；器身两头各有一半环状器耳，可穿绳挂置或背携演奏。此外，山西陶寺墓地中也曾出土过类似的陶器[18]。这类陶器应是《周礼·春官·龠章》记载的“掌土鼓豳龠”的“土鼓”。郑玄注引杜子春云：“土鼓以瓦为匡，以革为两面，可击也。”

2）陶号

属吹奏乐器，形如牛角，当为仿牛角号陶乐器。陶号发现较少，目前仅见数例。在山东莒县陵阳河大汶口文化墓地出土了1件，口径8.5厘米，通长39厘米；陕西华县井家堡仰韶文化中期墓葬中出土了1件，通长42厘米（图15-22）。这种牛角状陶号能吹出洪亮的声响，可能作为部族集会或战争时发号施令之用。

图15-22　陕西华县井家堡仰韶文化陶号

3）陶埙

是中国古代最古老、流传最久、最具代表性的一种吹奏乐陶乐器。史前时期的埙形态多样，有卵形、椭圆形、球形、管形、橄榄形等，有的仅有吹孔，有的吹孔、音孔俱全。最古老的陶埙出土于距今7000年左右的浙江余姚河姆渡遗址第4层，呈卵形，只有吹孔而无音孔，可吹出两个音[19]；西安半坡仰韶文化遗址出土2件被称为“陶哨”的橄榄形埙，只有吹孔而无音孔[20]；山东省潍坊市姚官庄龙山文化遗址也出土1件，呈蒜头形，顶端有一吹孔，埙体一侧有1个音孔[21]；山西万泉县（现为万荣县）

图15-23 河南辉县琉璃阁商代陶埙

荆村遗址出土吹孔和两音孔陶埙，能吹出3个音[22]。商周时期的埙音孔增多，如甘肃玉门火烧沟遗址出土四音孔鱼形陶埙，能吹出4个音。河南辉县琉璃阁商墓，出土3件陶埙（图15-23），均有1个吹孔、5个音孔[23]；安阳妇好墓出土3件陶埙，均有1个吹孔、5个音孔，可吹出12个音[24]。周代的乐器八音分类中，埙被列为土类乐器。这一时期的埙已可配合其他乐器演奏乐曲了，《诗经·小雅》中就有“伯氏吹埙，仲氏吹篪”埙篪相和的记载。

（3）陶工具

陶器不仅广泛用于生活，而且用于生产领域，用于制作陶刀、陶纺轮、陶锉等工具和金属品铸造的模、范、坩埚等。

1）陶刀

图15-24 仰韶文化陶刀

是一种陶质刀形工具，多见于新石器时代，特别是仰韶文化各遗址中常见（图15-24），仅半坡遗址就出土陶刀150件。陶刀多用陶器的残片制成，器形为长方形或梯形等，刀的中部多穿有一孔，刃部经磨制，与同时期的石刀形状相同，其作用可能也是用于切割或收割。

2）陶锉

是一种陶制锉磨工具。多见于新石器时代仰韶时期（图15-25）。西安半坡遗址曾出土880件，有长条形、梭形、月牙形等，多为细泥红陶。制法是先将陶土做成所需器形，再在外表敷压一层粟粒之类的颗粒，经焙烧后颗粒毁去，外表就呈蜂窝状麻面。其用途可能是供鞣皮或平整陶器使用[25]，或认为此物用于洁手或洗涤。

图15-25　仰韶文化陶锉

3）陶纺轮

是一种陶制纺线工具，出土数量较多，从新石器时代到夏商周各时期遗址中均有发现。其形制有圆饼形、圆锥形、半球形等，中部穿孔以纳柄；多为泥质红陶或灰陶，素面或饰简单的纹饰，长江中游屈家岭文化有的陶纺轮还有彩绘（图15-26）。

图15-26　屈家岭文化陶纺轮

4）陶冶铸用具

主要指用于铜、铁冶铸的陶器，有陶模、陶范和坩埚等。用于冶铸铜、铁器的模和范有石、铜、陶等材质，其中陶范因其原料广泛、易于制作、耐火性高、透气性好等，应用最为普遍，是夏商周以来铜器铸造最主要的模、范具。熔铜的坩埚也多是陶制的（参阅第十七讲）。铸铁陶范在春秋战国时期就有发现，汉代以来，铁器大量生产，各地的铸铁遗址中均有大量陶范出土。河南巩义市铁生沟村汉代冶铁遗址，是汉代冶铁遗址中出土陶范及其相关冶铸遗迹、遗物最丰富的一处[26]。

（4）陶建筑材料

随着制陶业的发展和人类生活的需要，陶制品逐渐用于建筑领域，先后出现了陶水管、陶井圈和砖、瓦等建筑材料。

1）陶水管

是用于供、排水的管状陶制品，出现于新石器时代晚期，是最早出现的建筑材料。在河南淮阳平粮台城址南门和东城墙中部之下埋设有陶水管

图15-27 安阳殷墟陶水管

道，可能是排水管；陶水管为泥质陶，外表饰篮纹；管体呈筒状，一端口径大、一端口径小，便于使用时套接[27]（图9-3）。夏商周及其以后的城址中，也常有发现，如河南偃师二里头遗址、郑州商城、安阳殷墟（图15-27），陕西周原和丰镐遗址及东周列国城址和秦咸阳遗址等均有发现。不仅有子母口相接的直筒状，还有弯头、三通陶水管等。在河南登封战国阳城内，发现了由陶水管道和蓄水池组成的供水设施[28]。

2）陶井圈

是用于水井壁支护，以防坍塌的圈状陶制品，一般口径60～100厘米，高30～50厘米，圈壁较厚。水井出现于新石器时代，早期的水井多是一个土坑状的渗井，有的用木材支护井壁。陶井圈的使用大约始于战国时期，在河南新郑的郑韩故城，曾发现十多口使用陶井圈的水井[29]，河北的燕下都城址中也有发现。秦汉时期，使用陶井圈的水井发现较多，如秦咸阳作坊遗址发现的水井，陶井圈少者数节，多者十余节[30]（图15-28）。汉以后，多用砖砌护井壁。

图15-28 秦咸阳水井及陶井圈

3）瓦

目前已知最早的瓦发现于龙山时代，见于陕西延安芦山峁、宝鸡桥镇、榆林石峁、甘肃灵台桥村等遗址，出土有筒

图15-29 汉代带瓦当的筒瓦

瓦、板瓦等。西周时期，在陕西周原[31]和丰镐两京的建筑遗址[32]，均发现大量的瓦，并可确认是用于建筑的材料。东周及汉唐各时期，瓦的使用渐广，全国各地均有发现。古代的瓦主要有板瓦和筒瓦两种，其制法是先做出圆筒形泥坯，经修整施纹后再行切割。板瓦将直径较大的泥筒四等分，每片瓦约为泥筒的四分之一，使用时仰置于屋顶两椽之间，前后相覆相接，形成瓦垅，以承泄雨水；筒瓦是将直径稍小的泥筒二等分切割，每片瓦是泥筒的二分之一，使用时覆压于左右相邻的板瓦之上，遮挡两块板瓦之间的缝隙，以防雨水漏入屋内（参见图10-5）。位于屋檐的筒瓦瓦头有下垂的部分，叫瓦当（图15-29），用以遮挡屋檐的椽头，也有装饰的作用。先秦时期的瓦当多半圆形，当面上无纹或饰有动植物纹样；秦汉以来的瓦当均为圆形，当面上饰卷云纹、葵纹等纹样；有的还有文字，多为宫殿、官署、陵园建筑的名称，如“蕲年宫当”“宗正宫当”“京师仓当”“长陵西当”“巨杨冢当”等，是确定古代建筑的名称、用途等方面的重要依据；也有一部分是吉祥语，如“长生无极”“千秋万岁”“长乐未央”等。

4）砖

砖是用黏土制成长方形或方形土坯，经干燥烧制而成的建筑材料，用于砌筑宫室、庙宇、陵墓、城堡等。砖的起源似可追溯到史前时期，在宝鸡市仝家崖和岐山县孙家遗址仰韶时期的堆积中，曾发现似砖的陶制品[33]。在山西陶寺遗址曾发现103件陶板，有平行四边形、梯形等，有的背部还附着有白灰浆或泥垢[34]，但上述形态似砖的陶制品，是否用于建筑或如何用于建筑还不清楚。20世纪60年代以来，先后在周原及其邻近地区多次发现西周时期的砖，其中在陕西扶风云塘西周灰坑中发现2件背面四角各有一乳钉的四钉砖[35]。在陕西岐山赵家台西周遗址出土有长方形条形砖和空心砖，其中条形砖均残，厚4～6厘米；空心砖通长100、宽32、高21厘米。此外还发现了一座可能是专门烧制砖的陶窑[36]。据研究，四钉砖的表面没有任何踩踏、摩擦痕迹，可能是贴护外墙面以防风雨侵蚀的；条形砖用于铺地或砌护墙面；空心砖则可能用于铺筑踏步或台阶[37]。战国、秦汉时期的宫室建筑中出现了专用于铺地的方砖（图15-30），如秦咸阳宫殿遗址[38]和汉长安城未央宫建筑遗址[39]中均发现有这样的实例。战国至汉代的大型空心砖（图15-31）除用于建造宫室的踏步或护栏外，还用于修筑墓室；从西汉中晚期开始，长方形小型砖也开始用于修筑墓室（参阅第十一讲）。东汉以后，砖被更为广泛地用于砌墙、砌护井壁和修筑城堡等建筑领域。

图15-30　汉代铺地方砖

图15-31　汉代龙纹空心砖

（5）陶塑

陶塑是以陶土为主要材料，用捏塑、模制、贴附、雕镂、镶嵌和彩绘等方法塑造的人物、动物形象或器物模型。史前的陶塑以各种动物塑像为多，广泛见于南北各地各文化中，形式有单独的动物塑像、贴附在器物上的动物装饰和动物形陶器等，种类有猪、狗、鸡、羊等家畜和鸟、猫头鹰、象、熊、豹、猴、鼠、龟、鳖、鱼、蛇、蛙、蟾蜍、蜥蜴、壁虎等野生动物。人物塑像发现较少，可分为人头形陶器和单独人物陶塑两类。人头形陶器以仰韶文化（图15-32）和马家窑文化为多，多塑在陶器的盖纽或口部；单独人物陶塑见于仰韶文化和红山文化。特别是在辽宁省喀左县东山嘴红山文化祭祀遗址中出土的小型的陶塑女像[40]（见图11-1）和建平县与凌源市交界的牛河梁“女神庙”遗址出土的大型女性头像（图15-33）和肢体残片[41]。这些陶塑人像多与原始宗教信仰有关。商周时期，动物陶塑如虎、羊、牛、龟、鱼等时有所见，但人物塑像仍较少，1937年在安阳殷墟小屯东北地宫殿宗庙遗址曾出土3件陶人[42]。春秋以后，用俑随葬逐渐成为一种制度，开始流行陶俑，还出现了陶囷、陶灶和陶车轮等模型

图15-32　仰韶文化陶壶

图15-33　牛河梁女性头像

明器。汉唐时期是陶塑大发展时期，除寺庙的塑像外，考古发现的陶塑多为墓葬的随葬品，陶塑的种类也不断增多，有各种人物、动物和模型明器等，反映了不同时代的风貌和艺术特色（参阅第十二讲）。

参考书目

[1] 冯先铭：《中国陶瓷》，上海古籍出版社，2001年。

[2] 李文杰：《中国古代制陶工艺研究》，科学出版社，1996年。

[3] 刘敦桢：《中国古代建筑史》，中国建筑工业出版社，1980年。

[4] 中国历史博物院馆：《华夏文明史图鉴》（第一集），朝华出版社，2002年。

[5] 王仁波：《秦汉文化》，学林出版社，2001年。

[6] 张宏彦：《中国史前考古学导论》，高等教育出版社，2003年。

[7] 俞伟超：《中国早期的“模制法”制陶术》，《文物与考古论集》，文物出版社，1986年。

[8] 李文杰、郎树德、赵建龙：《甘肃秦安大地湾一期制陶工艺研究》，《考古与文物》1996年第2期。

[9] 吕骥：《从原始氏族社会到殷代的几种陶埙探索我国五声音阶的形成年代》，《文物》1978年第10期。

[10] 刘军社：《论砖的起源与发展》，《西部考古》（第一辑），三秦出版社，2006年。

注释

[1] 〔美〕摩尔根著，杨东莼、张栗原、冯汉骥译：《古代社会》，商务印书馆，1971年，第2～17页。

[2] 〔德〕恩格斯：《家庭、私有制与国家的起源》，《马克思恩格斯选集》（第四卷），人民出版社，1972年，第19页。

[3] 〔苏〕蒙盖特著，中国科学院考古研究所资料室译：《苏联考古学》，1963年，第67页。

[4] 〔美〕威廉A. 朗艾克：《菲律宾吕宋岛北部卡林阿地区陶器的使用寿命》，《考古学的历史·理论·实践》，中州古籍出版社，1996年。

[5] 李文杰：《中国古代制陶工艺研究》，科学出版社，1996年。

[6] 浙江省文物管理委员会、浙江省博物馆：《河姆渡遗址第一期发掘报告》，《考古学报》1978年第1期。

[7] 北京大学考古系、湖北省文物考古研究所、湖北省荆州地区博物馆等：《石家河遗址调查报

告》，《南方民族考古》（第五辑），四川科学技术出版社，1993年。
[8] 西北大学文博学院考古专业：《扶风案板遗址发掘报告》，科学出版社，2000年。
[9] 俞伟超：《中国早期的“模制法”制陶术》，《文物与考古论集》，文物出版社，1986年。
[10] 李文杰、郎树德、赵建龙：《甘肃秦安大地湾一期制陶工艺研究》，《考古与文物》1996年第2期。
[11] 中国科学院考古研究所：《沣西发掘报告》，文物出版社，1962年。
[12] 中国社会科学院考古研究所、中国历史博物馆山西省文物工作委员会东下冯考古队：《山西夏县东下冯龙山文化遗址》，《考古学报》1983年第1期。
[13] 李文杰：《中国古代制陶工艺研究》，科学出版社，1996年。
[14] 西安半坡博物馆临潼县文化馆：《临潼姜寨遗址第四至十一次发掘纪要》，《考古与文物》1980年第3期。
[15] 山东省博物馆、山东省文物考古研究所编：《邹县野店》，文物出版社，1985年。
[16] 青海省文物考古研究所：《民和阳山》，文物出版社，1990年。
[17] 尹德生、魏怀珩等：《原始社会晚期的打击乐器——兰州市永登县乐山坪陶鼓浅析》，《史前研究》（辑刊），1988年。
[18] 中国社会科学院考古研究所山西工作队：《1978～1980年山西襄汾陶寺墓地发掘简报》，《考古》1983年1期。
[19] 浙江省文物管理委员会、浙江省博物馆：《河姆渡遗址第一期发掘报告》，《考古学报》1978年第1期。
[20] 中国科学院考古研究所、陕西省西安半坡博物馆：《西安半坡》，文物出版社，1963年。
[21] 山东省文物考古研究所、山东省博物馆、中国社会科学院考古研究所山东队等：《山东姚官庄遗址发掘报告》，《文物资料丛刊》（5），文物出版社，1981年。
[22] 吕骥：《从原始氏族社会到殷代的几种陶埙探索我国五声音阶的形成年代》，《文物》1978年第10期。
[23] 中国历史博物院馆：《华夏文明史图鉴》（第一集），朝华出版社，2002年。
[24] 中国社会科学院考古研究所：《殷墟的发现与研究》，科学出版社，1994年，第245页。
[25] 中国科学院考古研究所、陕西省西安半坡博物馆：《西安半坡——原始氏族公社聚落遗址》，文物出版社，1963年。
[26] 河南省文化局文物工作队：《巩县铁生沟》，文物出版社，1962年。
[27] 河南省文物研究所、周口地区文化局文物科：《河南淮阳平粮台龙山文化城址试掘简报》，《文物》1983年第3期。
[28] 河南省文物研究所、中国历史博物馆考古部：《登封王城岗与阳城》，文物出版社，1992年。
[29] 河南省博物馆新郑工作站：《河南新郑郑韩故城的钻探和试掘简报》，《文物资料丛刊》（3），文物出版社，1980年。
[30] 陕西省考古研究所：《秦都咸阳考古报告》，科学出版社，2004年，第34～43页。

[31] 陕西周原考古队：《扶风召陈西周建筑群基址发掘简报》，《文物》1981年第3期。

[32] 中国社会科学院考古研究所丰镐发掘队：《陕西长安沣西客省庄西周夯土基址发掘报告》，《考古》1987年第8期。

[33] 刘军社：《论砖的起源与发展》，《西部考古》（第一辑），三秦出版社，2006年。

[34] 中国社会科学院考古研究所山西队、山西省考古研究所、临汾市文物局：《山西襄汾陶寺城址2002年发掘报告》，《考古学报》2005年第3期。

[35] 罗西章：《扶风云塘发现西周砖》，《考古与文物》1980年第2期。

[36] 陕西省考古研究所：《陕西岐山赵家台遗址试掘简报》，《考古与文物》1994年第2期。

[37] 刘军社：《周砖刍议》，《考古与文物》1993年第6期。

[38] 陕西省考古研究所：《秦都咸阳考古报告》，科学出版社，2004年。

[39] 中国社会科学院考古研究所汉城工作队：《汉长安城未央宫第四号建筑遗址发掘简报》，《考古》1993年第11期。

[40] 郭大顺、张克举：《辽宁省喀左县东山嘴红山文化建筑群址发掘简报》，《文物》1984年第11期。

[41] 辽宁省文物考古研究所：《辽宁牛河梁红山文化“女神庙”与积石冢群发掘简报》，《文物》1986年第8期。

[42] 中国社会科学院考古研究所：《殷墟的发现与研究》，科学出版社，1994年，第246页。

第十六讲

古代陶器（下）

一、陶器的起源

考古学上所谓陶器的起源，通常以陶容器的出现为标志。这一问题的研究涉及陶器的起源时间和地点、陶器制作技术的发明、最初陶器的用途等。近年来，随着环境考古研究的深入，相关学者开始关注诸如陶器是在适应什么样的自然环境、满足人类什么样的需求下出现的这样的问题。

（一）关于陶器起源的时间和地点

关于陶器起源时间的确定，关键在于最古老陶器的发现。中国自20世纪20年代由瑞典学者家安特生发掘河南渑池仰韶村遗址并确立了仰韶文化以来，在很长时间由于缺乏仰韶文化以前的资料，陶器起源问题一直是困扰考古学界的难题。从20世纪中叶开始，亚洲的一些地方开始发现距今1万年前的陶器，使得世界探寻陶器起源的目光向亚洲聚焦。

图16-1 日本上野月见野遗址隆线纹陶器

日本从20世纪60年代开始，先后在九州的长崎县福井和泉福寺洞穴遗址、四国的爱媛县上黑岩遗址等，发现了距今1万年以前的陶器[1]。后来在本州的上野月见野遗址（图16-1）等许多地方也发现古老的陶器，这些陶器的年代约距今13000～12000年[2]。

在俄罗斯的东西伯利亚地区阿穆尔河（黑龙江）中下游和滨海地区的奥西波夫卡（Osipovka）、嘎夏（G a sha）、富米（Khummy）等遗址，也先后发现很古老的陶器，年代大约距今13000～10000年[3]。其中位于哈巴罗夫斯克市附近的嘎夏遗址的年代距今12960年±120年[4]，校正年代距今14400～13750年[5]。

中国早在20世纪60年代就在江西省万年县仙人洞遗址发现年代较早的陶器，经^{14}C测年，下层兽骨的年代为距今8825年±240年。石灰岩地区的动植物标本往往含大量的古老碳酸盐，使测定的年代有可能偏早，所以学者们对仙人洞的测年数据多持谨慎态度。从20世纪80年代后期起，中国南方和北方又有了一系列突破性重要发现。

在北方，1986～1987年和1997年，河北徐水县南庄头遗址发现有石磨盘、磨棒和数十块陶片[6]，^{14}C测年数据为距今10500～9700年[7]，其中第6层底部灰坑木炭^{14}C测年校正年代为距今10900～10200年[8]。1995～1997年，在河北阳原县虎头梁村西的一条冲沟——于家沟的第3层粉细砂层中，发现了打制石器、细石器和几块陶片等[9]，热释光测定年代为距今11120年[10]。1995年和1996年，在北京怀柔县转年村发现有细石器、磨制石器和陶器等，年代为距今9800～9200年，如经树轮校正，可达到距今10000年左右[11]。

在南方，1973年就在广西桂林甑皮岩遗址发现了古老的陶器，最新研究表明，甑皮岩遗址文化堆积可分为五期，年代为距今12000～7500年，其中第一期遗存约距今12000～11000年[12]，出土了一件圜底釜形器（图16-2），系捏制而成，烧成温度不超过250℃，处于泥塑品向陶器的过渡状态，对于研究陶器的起源具有重要的意义。1980年，在广西柳州市大龙潭鲤鱼嘴下文化层（第一期文化）出土了火候很低的8块陶片[13]；经对这一层下部螺壳^{14}C测年为距今21020年±450年、18560年±300年，上部人骨^{14}C测年为距今11450年±150年、10510年±150年[14]。1988年，在广西桂林庙岩洞穴遗址第5层发现了几块极为粗糙的陶片[15]，陶片的^{14}C测定校正年代为距今17300～15900年[16]。1993年和1995年，在江西省万年县仙人洞与吊桶环遗址，出土了陶器、稻属植硅石等遗存，年代

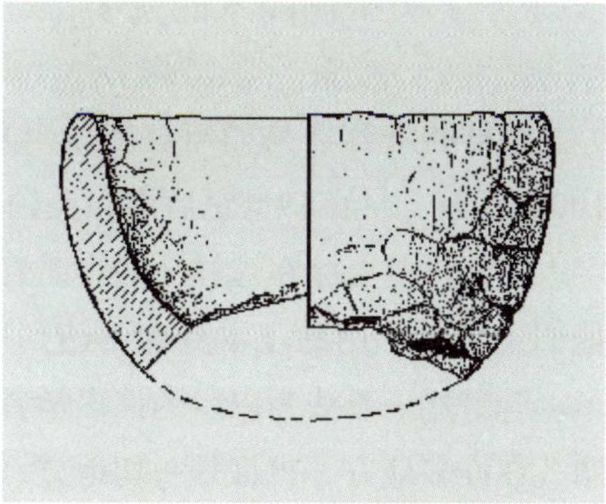

图16-2　甑皮岩第一期圜底泥釜

约距今14000～11000年[17]。1993年和1995年，在湖南省道县玉蟾岩遗址，发现可能属两个陶器个体的陶片[18]，陶片的^{14}C年代测定并校正数据为距今16150～15400年[19]。

华南地区遗址大都位于石灰岩地区，由于石灰岩地区特有的碳富集现象，过去对某些年代数据尚存在一些争议。1979年中国社会科学院考古研究所碳十四实验室和北京大学历史系考古专业碳十四实验室，对广西石灰岩地带集中采样测定，得知在这里动植物标本虽可能受石灰岩环境的影响导致所测年代偏早，但一般不会早出两千年[20]。因此可以肯定以上华南大部分遗存的年代即使扣除碳富集的最大偏差以后，仍然在距今1万年以前。

就世界范围而言，西亚、北非和欧洲至今尚未找到超过距今1万年前的陶器[21]。已知最古老的陶器，多发现在东亚、东北亚和东南亚，这些地方最古老的陶器均超过了距今1万年前。早在20世纪二三十年代，日本学者滨田耕作就曾依据东西伯利亚的调查资料，提出了日本陶器大陆起源说[22]；山内清男依据对陶器纹饰的研究，也主张绳纹陶器是大陆文化传播的结果[23]。但就目前已知的资料来看，中国北方和南方、俄罗斯东西伯利亚和日本列岛发现的最早陶器，从器形、纹样等方面多有不同，目前还看不出各地陶器之间有什么必然的联系，许多学者主张陶器的多元起源论。当然，如果我们把陶器的起源放在旧石器时代晚期细石器的起源与传播背景之下思考的话，不能排除相邻地区之间如俄罗斯远东地区、中国的东北地区和日本列岛之间文化传播的可能性。但这还需要今后更多的、新的考古资料来论证。

（二）关于制陶术的发明

最早的陶容器是如何被制作出来的？这一问题的探索至少可追溯到100多年前。早在19世纪后期，美国学者摩尔根就曾论及制陶术的发明：“人们先将黏土涂在这样一些容易着火的容器之上以免被烧毁，以致后来他们发现单单用黏土本身即可达到这个目的，于是世界上便出现制陶术了。”[24]这一看法为以后的许多学者所接受。恩格斯甚至认为：“可以证明，在许多地方，也许是一切地方，陶器的制造都是由于在编制的或木制的容器上涂上黏土使之能够耐火而产生的。”[25]中国人类学家林惠祥也认为："陶器的制法有贴土于筐篮上而烧成的，这种制法使陶器上留了筐篮的纹。"[26]然而，上述观点并未得到迄今为止考古发现的证实，从已知最古老的陶容器上看不到用这种方法制陶的痕迹。

陶器是火与黏土结合的产物，而制陶术的基础是对火的利用、控制和对黏土性质的认识。人类用火的历史已经很久远了，黏土经火烧后可变硬也可能在很早的时候就被人类所认识。旧石器时代早期的北京猿人遗址中就发现有烧土块；旧石器时代晚期时，人类可能已发明了人工取火的方法，火的使用更为普遍，人类甚至已开始用黏土塑造人或动物像了。在欧洲的比利牛斯山脉的蒂多杜贝尔洞穴，发现有黏土塑成的野牛[27]；在捷克斯洛伐克摩拉维亚布，发现有距今30000～26000年前用黏土制作且被火烧过的动物和妇女小塑像[28]；在俄罗斯西西伯利亚的克拉斯诺亚尔斯克附近玛依纳遗址也发现有烧制的人形陶塑[29]。这些陶塑动物或人像的制作技术，正是以后陶容器发明的基础。

尽管目前我们还不能确知这种技术最初是如何被发明的，但由于可用于制陶黏土分布的广泛性和人类用火的普遍性，当人类认识到（或许是由于某种偶然事件）黏土的可塑性和烧结性后，就可能根据需要用黏土直接捏制和烧造成所需的陶器。从亚洲各地发现的古老陶器来看，制法、纹饰等方面均有所不同，"每个地方的人民，只要条件成熟，都可以进行类似的试验而发明陶器，因此陶器起源的单中心说是不能成立的。只有认识到这一点，才能说明为什么各地早期陶器在制法、形状和纹饰上都有较大差别的事实"[30]。当然，最初陶的造型，不排除利用一些自然物如葫芦之类做模或模仿它们的形状。

（二）关于陶器发明的社会需要

在人类文化史上，任何一项成功的发明，都必须依赖于这样一些条件：人类社会的需要和一定的文化（技术）基础。只有在某种文化基础之上，适应社会的某种需要，经过发明者的社会实践，才能产生某种发明。近年来，随着环境考古研究的推进，人们开始思考陶器是在适应什么样的自然环境、满足人类什么样的需求下而出现的问题。

世界各地发现的最古老的陶器多是用于炊煮食物的，因此陶器的发明应与人类炊煮食物的需求密切相关。传统的观点认为，陶器的出现与农业有关。中国古代就有“神农耕而作陶”的传说（《太平御览》卷八三三引《周书》）。农业的出现，使粮食成为人们的基本食物，为了烹煮不便于烧烤的颗粒性粮食，必须要有新的炊具。“这种对一种新的耐烧的炊具的强烈要求，是发明陶器的主要原因。”[31]江西省万年县仙人洞与吊桶环遗址出土了陶器、稻属植硅石等，湖南道县玉蟾岩则发现有与陶器共存的、具有由野生稻向栽培稻过渡特征的稻粒等，显示出这些地方可能有了最初的农业。这些发现或许为陶器起源是基于农业生活需求的观点提供了证据。

但学者们很快发现，农业并非是促使陶器发明的唯一原因。世界有些地方，农业发生之初并无陶器，如西亚曾有过一个所谓“前陶新石器”阶段。也有些地方如日本的绳纹文化，从草创期开始就已出现了陶器，但很长时间并无农业。还有有些地方如俄罗斯的西伯利亚和中国华南的一些地方，最早的陶器出现时，人们的生活主要依靠渔猎采集。日本学者渡边诚认为，陶器是为了处理坚果类食物而发明的。其证据是在鹿儿岛县的黑土田遗址出土有隆起线纹陶器，同时发现有储存橡树籽的窖穴，表明橡树籽是当时这些地方人类的主要食物之一。而这种带有硬皮的果实，只有经过煮才易于剥皮食用。因此他认为，陶器正是为了处理这类坚果类食物的需要而出现的[32]。当然，可能还有其他的原因，在日本的绳纹文化和中国华南沿海地区新石器时代较早阶段的遗址中，古老的陶器往往与食余的大量贝类或螺壳共存，如广西柳州市大龙潭鲤鱼嘴贝丘遗址下文化层发现有与古老陶器共存的大量螺壳。因此，日本学者冈本明郎认为，陶器的起源可能与炊煮贝类食物的需要有关[33]。

总之，最初的陶器主要是适应人类炊煮食物的需要而起源的。但由于不同地区可开发或利用的自然资源不同，人类所需要处理或炊煮的食物也就不同；有些地方陶器的出现可能同炊煮谷类食物有关，有些地方则是为了处理坚果或贝螺类食物。这种不同地区人类社会需求的差异性，导致了陶器起源的多元性。此外，考古学家对西亚、中国和日本等地最早陶器的研究中发现，拥有这些陶器的先民，均营定居或相对定居生活。这说明陶器的起源与人类的定居生活关系密切，人类的定居生活应是陶器发明的前提和条件。过去认为只有农业出现之后，人类才有可能营定居生活。实际上，只要有丰富和稳定的食物资源，无论哪种经济生活，人类都有可能相对稳定地在一个地方生活很长时间。

二、史前陶器

（一）新石器时代初期的陶器

新石器时代初期（约距今10000～9000年），是陶器的起源阶段。发现陶器的遗址主要有河北徐水县南庄头、河北阳原县于家沟、北京怀柔县转年村、江西省万年县仙人洞与吊桶环、湖南省道县玉蟾岩、广西柳州大龙潭鲤鱼嘴和桂林庙岩遗址等。上述南、北各地发现的陶器无论在数量上还是种类上均很少，且在器形、纹饰等方面存在着一定的差异。

1. 北方地区

北方的河北阳原于家沟遗址的数块陶片均为夹砂陶，火候低，质疏松，其中最大的一块似为平底罐类器。河北徐水县南庄头遗址先后发现了50多块陶片（图16-3），均夹有石英砂或蚌壳末；陶色为灰色或黄褐色，烧制火候低，质地极为疏松；器表均饰有绳纹，颈部有附加堆纹。器形多

图16-3　河北徐水南庄头遗址陶片

罐类，器腹壁较直，平底，不少陶片上可见烟熏的痕迹，当为炊器；少数陶片从口沿部看，可能是钵类器。北京怀柔转年遗址陶器以夹砂褐陶为主，质地较疏松，颜色不匀，除个别口沿外部施附加堆纹等外，均为素面陶；器形仅有筒腹罐和盂两类。

2. 南方地区

图16-4 湖南道县玉蟾岩遗址陶器

南方的江西万年仙人洞和吊桶环等遗址发现陶片200余块，多夹砂陶，陶色多红褐色或灰褐色，烧成温度不高。纹饰较早阶段为类似浅篮纹的条形纹，其次为无纹的素面陶，绳纹陶较晚。制法可能有泥片贴塑和泥条（圈）叠筑两种。器形可能有圜底罐（或釜）形器。湖南道县玉蟾岩遗址发现的陶片，多黑褐色或红褐色的夹砂陶，陶质疏松、制作粗糙，陶胎厚薄不匀；器形为尖圜底釜形器（图16-4）。广西柳州大龙潭鲤鱼嘴第一期的陶片，多夹砂陶，陶色多红色或黑色，火候低，质地软，胎壁厚；饰有粗、细绳纹，以粗绳纹居多。

上述新石器时代初期的陶器有着一些共同的特征，如多采用普通的易熔黏土为原料，多夹粗砂，胎质较厚而疏松；均手制，可能有泥片贴塑和泥条（圈）叠筑法等；陶器均可能是露天堆烧，烧制温度低，在600～800℃；器形和纹饰简单等。但南、北两地的陶器也存在着一些明显的差异，如北方多平底器，饰绳纹或附加堆纹，南方多圜底器，条形纹出现较早，绳纹稍晚。因此，两地的陶器可能是各自独立起源的，其中南方略早于北方。

（二）新石器时代早期的陶器

新石器时代早期（约距今9000～7000年），是陶器的初步发展阶段，已成为各地新石器文化的主要器类。这一时期陶器以夹细砂的红陶为主，也有少量泥质陶；烧造火候较低，多在600～800℃；数量和种类较初期有所增加，这一时期文化，主要分布在东北、华北、华中和华南地区。各地区陶器在器形、纹饰、陶质、陶色等方面有较为鲜明的地域性特征。

1. 东北地区

东北地区新石器时代早期文化主要为分布在内蒙古西喇木伦河南岸和辽宁省辽西地区的兴隆洼文化。该文化因1983年首次发现于内蒙古自治区敖汉旗兴隆洼遗址而得名[34]，是一种定居式农业与渔猎并重的文化，已发现同类遗址50余处。陶器多为夹砂褐陶，火候较低，胎壁较厚，均手制；纹饰主要是压印的横“之”字形纹，还有网纹和弦纹等；器形主要有筒形罐和钵两类（图16-5），多为平底器。

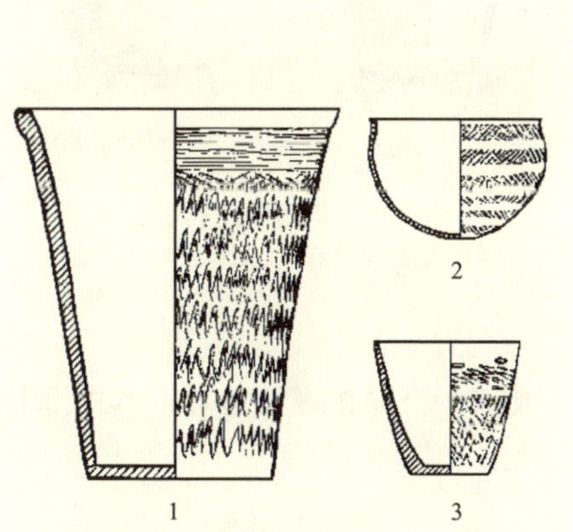

图16-5　兴隆洼遗址陶器
1、3. 筒形罐　2. 钵

2. 华北地区

华北地区是新石器时代早期文化的主要分布区域之一，主要有老官台文化、裴李岗文化[35]、磁山文化和后李文化等[36]，这些文化大体同时，均属定居式粟作农业文化。华北地区新石器时代早期的陶器已成为日常生活的必需品，多为夹砂红褐陶，也有少量泥质陶；陶器的颜色多不纯正，胎质较疏松，烧成温度较初期稍有提高；陶器均手制，有捏塑、泥片贴塑和泥条盘（叠）筑法等。

老官台文化因1956年首次发现于陕西华县老官台村而得名[37]，主要分布于渭水流域和汉水上游，已发现同类遗址40余处[38]。陶器以夹细砂的红陶或红褐陶为主，常有外红内黑的现象；纹饰以交错粗绳纹、斜行或直行细绳纹为主，还有少量简单的彩绘。器形有平底器、圜底器、圈足器和三

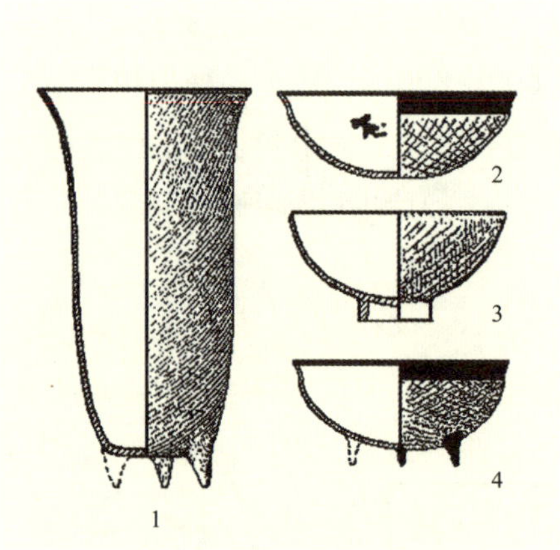

图16-6　老官台文化陶器
1. 筒形三足罐　2. 圜底钵　3. 圈足碗　4. 三足钵

足器等，其中最具有代表性的陶器有筒形三足罐、三足钵、圜底钵和圈足碗等（图16-6）。

裴李岗文化以1977年首次发掘的河南新郑裴李岗遗址为代表[39]，主要分布于河南中、南部。陶器以红陶或褐陶为主，灰陶很少。在裴李岗遗址发现有陶窑，陶器烧成温度在820～920℃。多手制；多素面陶，有纹饰者仅占10%左右，以压印点纹和折线篦纹为主；器形有三足钵、双耳壶、圜底钵、圈足钵（或碗）、深腹罐、盘等，其中双耳壶最具代表性（图16-7）。

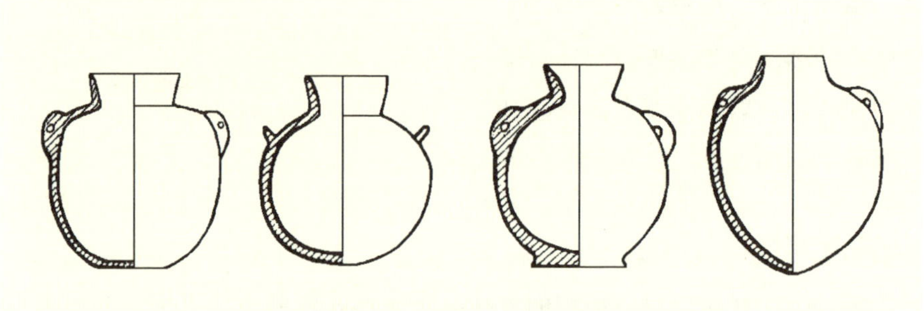

图16-7　裴李岗遗址双耳壶

磁山文化以1976年发现的河北武安磁山遗址一、二期遗存为代表[40]，主要分布于河北南部武安县境内的洺河流域和三河市等地。陶器以红褐陶为主，多手制而质粗疏；纹饰流行细绳纹，还有篦纹和编织纹等；器形主要有盂、深腹罐、小口长颈双耳壶、三足钵、圜底钵、圈足碗、支架等，其中盂、小口长颈壶、靴形支架等最具特征（图16-8）。

后李文化以1988～1990年发掘的山东临淄后李官庄遗址相关遗存为代表[41]，主要分布在鲁中南山地北缘的山前平原上。陶器有夹细砂红褐和灰

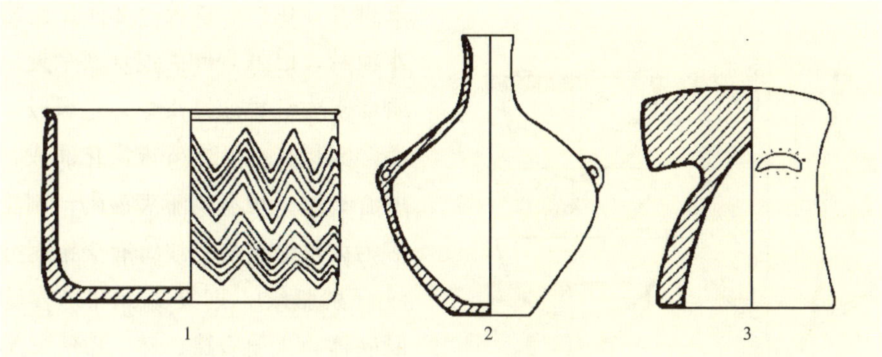

图16-8　磁山文化陶器

1. 盂　2. 小口长颈壶　3. 靴形支架

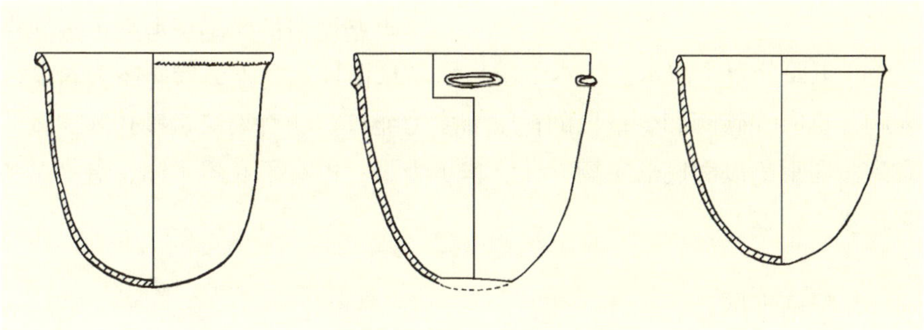

图16-9　后李文化圜底釜

褐陶两种，未见泥质陶；多手制，以泥条盘（叠）筑法为主；以素面为主，纹饰简单，有戳压的指甲纹、小窝纹等；器形主要有圜底釜、鼓腹罐、圈足盆、深腹碗、匜形器、直口壶、钵、杯、盘、支脚等，其中圜底器最多（图16-9），达90%以上。

3. 华中地区

华中地区是新石器时代早期文化的主要分布区域之一，主要有彭头山文化和皂市下层文化。其中彭头山文化较早，皂市下层文化稍晚，它们均属稻作农业文化。陶器以红陶为主，也有少量白陶，主要流行泥片贴筑法；器形和纹饰均较简单。

彭头山文化遗存1984年首次发现于湖南澧县彭头山遗址，1988年正式

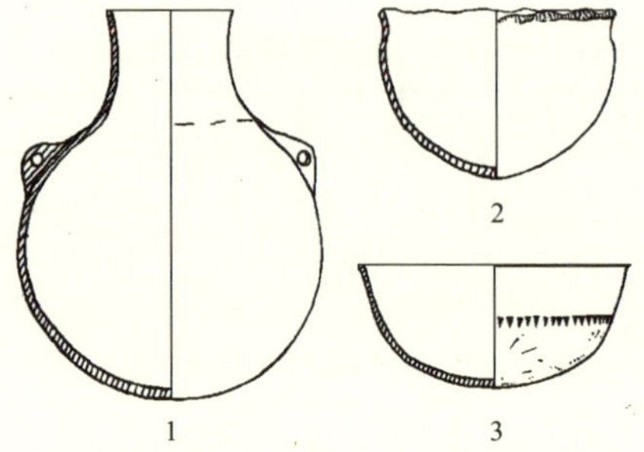

图16-10 彭头山遗址陶器
1. 双耳罐 2. 釜 3. 钵

发掘并命名[42]，主要分布于湖南澧水流域，已发现同类遗址20余处。陶器多为红色或红褐色，色斑驳，胎多夹稻壳、叶之碎末炭化而成，胎心乌黑，也有少量夹砂陶；制法多为泥片贴筑法；纹饰有交错粗绳纹、戳刺纹、划纹等；器形多为圜底器，主要有罐、钵、釜等器类（图16-10）。

皂市下层文化因1978～1981年发掘湖南石门县皂市遗址下层而得名[43]，主要分布于澧水、沅水下游，已发现遗址20余处。陶器多为夹砂红褐陶，也有夹碳陶和少量白陶；纹饰多为绳纹，还有划纹、镂孔和少量的彩陶；器形仍以圜底器（罐、钵、釜）为主，也有平底器（钵、盘等）和圈足器（碗等）。

4. 华南地区

华南地区新石器时代早期陶器主要发现于广西桂林甑皮岩遗址第二至五期遗存中[44]。这里的陶器多为夹砂红陶，有的还含有一定量的炭，可能是原料中含有的草木茎叶炭化后形成的；陶器的质地粗疏，捏之即碎；火候很低，烧成温度仅680℃左右；纹饰以绳纹为主，也有少量划纹和席纹等；陶器皆手制，主要是泥片贴筑法；器形主要有圜底罐、钵等（图16-11），有少量的平底器和三足器。

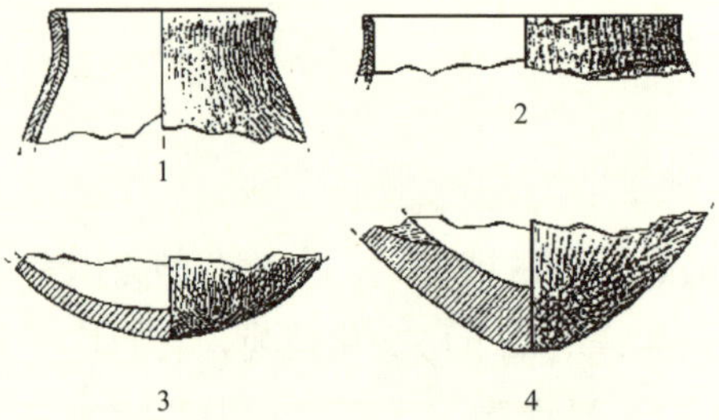

图16-11 甑皮岩遗址第三、四期陶器
1、2. 罐口部 3、4. 圜底罐底部

上述新石器时代早期陶器，仍采用普通的易熔黏土为主要原料，还新出现少量的白陶；掺和料除砂外，还有植物茎叶等；制法除捏制外，普遍使用泥片贴筑和泥条盘筑法；器类较初期增多，有平底器、圜底器、圈足器和三足器等。此外，各地陶器的地域性特征逐渐明显，如华北地区主要用泥条盘筑法，流行圈足器和三足器；长江流域和华南地区则多用泥片贴筑法，圜底器较多见，不见或少见三足器和圈足器。

（三）新石器时代中期的陶器

新石器时代中期（约距今7000～5000年），是陶器的进一步发展阶段，陶器已成为日常生活中最主要和最常见的器具之一。这一时期陶器仍以红陶为主，但泥质陶的数量猛增；烧造温度有了提高，多在800℃左右；装饰工艺有了明显进步，彩陶的大量流行是这一时期制陶业最鲜明的特征；种类和器形也进一步增多。这一时期的文化，仍主要分布在东北、华北、华中和华南地区，各地区陶器的地域性特征进一步增强。

1. 东北地区

东北地区新石器时代中期文化或遗存主要有内蒙古东部和辽宁西部的赵宝沟文化、红山文化，辽宁沈阳的新乐遗址[45]，黑龙江密山市的新开流遗址[46]和齐齐哈尔附近的昂昂溪遗址[47]等。其中赵宝沟文化、红山文化和新乐遗址以定居农业为主，陶器相对发达，新开流和昂昂溪遗址主要以渔猎采集为主，细石器和骨制渔猎工具较为发达，陶器虽已使用，但始终没有得到充分的发展。

赵宝沟文化1982年首次发现于内蒙古自治区敖汉旗赵宝沟村附近[48]，属东北地区新石器时代中期较早阶段的文化，主要分布在大凌河、教来河流域。陶器以夹砂黄褐色和黑色陶为主；纹饰有几何纹、划纹和压印纹等；器形有筒形罐、尊形器、钵和碗等（图16-12）。

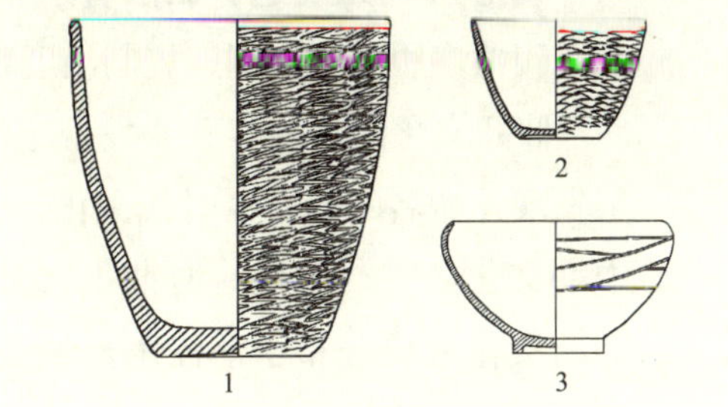

图16-12　赵宝沟文化陶器
1. 筒形罐　2. 平底钵　3. 圈足钵

红山文化因1935年首次发掘于内蒙古自治区赤峰市红山后遗址而得名[49]，属东北地区新石器时代中期中、晚阶段的文化，主要分布于内蒙古昭乌达盟老哈河流域、辽宁朝阳和锦州地区、河北北部燕山地区。红山文化陶器多为夹砂红褐陶，器表常饰纵“之”形纹，还有少量彩陶；器形主要有小口双耳罐、筒形罐、斜口罐、碗、盆、彩绘筒状无底器等（图16-13）。此外，辽宁喀佐县东山嘴[50]和凌源市牛河梁遗址[51]中，出土有陶塑女像（参见图11-1、图15-33）。

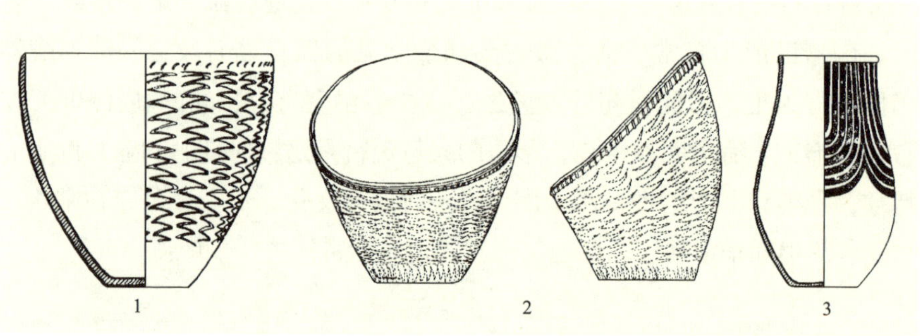

图16-13 红山文化陶器

1. 筒形罐 2. 斜口罐 3. 彩陶垂腹罐

2. 华北地区

华北地区新石器时代中期，有仰韶文化、王湾一期文化、大河村文化、秦王寨文化、后岗一期文化、大司空一期文化、北辛文化和大汶口文化等。这一时期文化均以红陶为主，有一定数量的细泥红陶，纹饰以绳纹为主，彩陶较为发达；制法普遍采用泥条盘筑法，并出现了慢轮修整技术；陶器多用陶窑烧制，烧制温度相应提高，颜色较为纯正。

仰韶文化因1921年首次发现于河南渑池县仰韶村而得名[52]，是中国最早发现并命名的新石器时代文化，也是黄河中游最具代表性的新石器时代中期文化之一，故这一时期也常被称为“仰韶时期”或“仰韶时代”。仰韶文化主要分布于渭泾水流域、汉水上游、丹江上游及晋豫陕交界地区[53]，可分为早（距今7000～6000年）、中（距今6000～5500年）、晚（距今5500～5000年）三期。陶器以红陶为主，有夹砂陶和泥质陶两类，特别以大量的细泥红陶和彩陶为突出特点；制法以泥条盘筑为主，出现了慢轮修整技术；纹饰有绳纹、附加堆纹、戳刺纹和彩陶等，彩陶纹样有鱼纹和各种植物纹等；主要器形有尖底瓶、圜（平）底钵、圜（平）底盆、罐、缸、瓮、杯等（图16-14）。

以洛阳王湾遗址一期为代表的遗存[54]、以郑州大河村遗址（一、二期）为代表的遗存[55]和以荥阳秦王寨遗址为代表的遗存[56]，主要分布于河南中部的郑州—洛阳之间，是前后相继的三种文化，年代分别相当于仰韶文化早、中、晚期。这一系统文化的陶器以红陶为主，有灰陶和极少量的白陶，有的施有白色陶衣；纹饰以绳纹较常见，还有弦纹、附加堆纹、镂孔和一定数量的彩陶。彩陶纹样有圆点纹、圆圈纹、新月纹、网纹、锯齿纹、S纹、X纹等；器形有与仰韶文化相同或相近的尖底瓶和圜底钵等，但陶器组合中以数量较多的三足鼎和圈足豆等为主要特征（图16-15）。

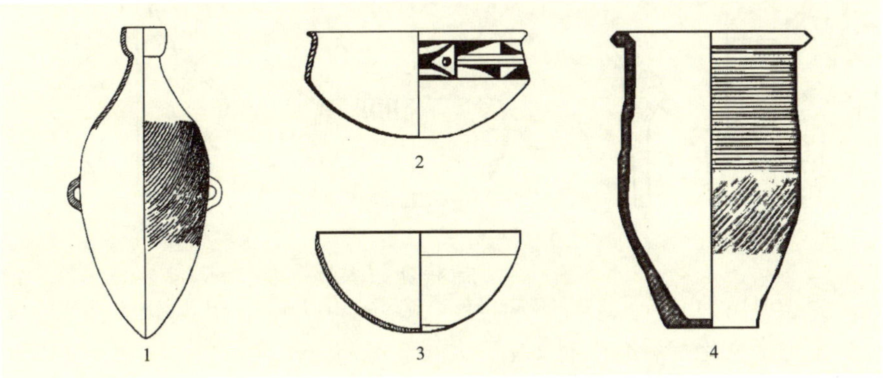

图16-14　仰韶文化早期陶器

1. 尖底瓶　2. 圜底盆　3. 圜底钵　4. 罐

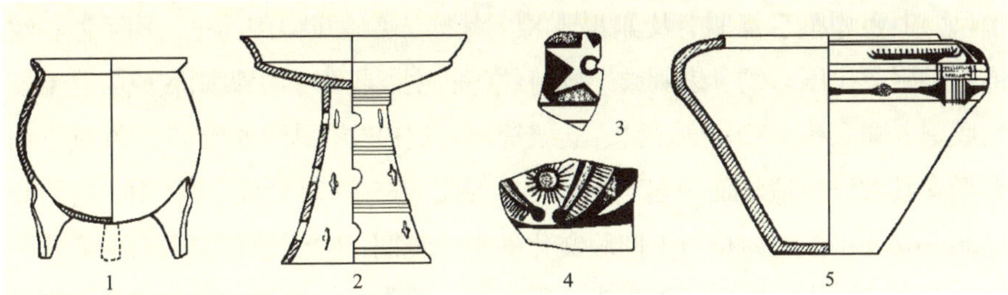

图16-15　大河村文化陶器

1. 鼎　2. 圈足豆　3～5. 彩陶

后岗一期文化和大司空一期文化，是前后相继的两种文化，主要分布于冀南豫北地区。其中后岗一期文化因1931年首次发现于河南安阳后岗遗址而得名[57]，年代相当于仰韶文化早期。陶器以红陶为主，还有很少量的灰陶和黑陶；制法多为泥条盘筑，并使用慢轮修整口沿的技术；纹饰有细绳纹、弦纹、划纹、锥刺纹、附加堆纹等；彩陶数量少而纹样简单，主要器形有平凹底红顶碗（可能因扣合烧造而使口沿部氧化呈红色、器体还原为灰色的陶碗）、圜底钵、长颈瓶、鼎、盆等（图16-16）。大司空一期文化因1958～1959年首次发现于河南安阳大司空遗址而得名[58]，年代相当于仰韶文化中晚期。陶器有灰陶和红陶，灰陶较多；纹饰有篮纹、绳纹、方格纹、划纹、附加堆纹等，彩陶较少；主要器形有平底钵、斜腹碗、折腹盆、鼓腹罐等。

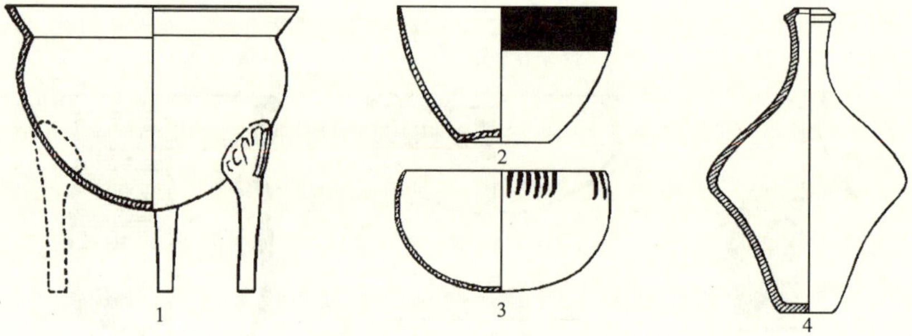

图16-16　后岗一期文化陶器

1. 鼎　2. 凹底红顶碗　3. 圜底钵　4. 长颈瓶

北辛文化和大汶口文化是黄河下游前后相继的两种文化。其中北辛文化因1964年首次发现于山东省滕县北辛村而得名[59]，相当于仰韶文化早期或稍早，主要分布于鲁中南及苏北地区。陶器以夹砂黄褐陶为主，均手制；纹饰有贴附纹、压印纹、剔刺纹、乳钉纹等；主要器形有深腹圜底或尖底鼎、圜底釜、圜底钵、双耳壶、盆、支架等。大汶口文化因1959年首次发掘于山东泰安县大汶口遗址而得名[60]，其早（约距今6300～5500年）、中（约距今5500～4800年）期约相当于仰韶文化的中、晚期，主要分布在山东和苏北一带。大汶口文化陶器以红陶为主，还有灰、黑陶和极少量的硬质白陶；制法有手制、轮制等；纹饰常见者有划纹和镂孔等，还有少量简单的红色彩绘；

器形以三足器、圈足器较为发达，典型器物有釜形鼎、钵形鼎、罐形鼎、镂孔圈足豆、高柄杯、大口尊、袋足鬶等（图16-17）。

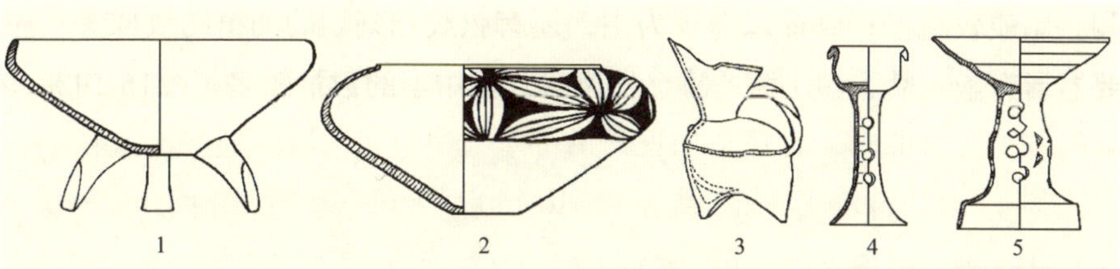

图16-17　大汶口文化陶器

1. 钵形鼎　2. 彩陶钵　3. 袋足鬶　4. 高柄杯　5. 镂孔圈足豆

3. 华中地区

华中地区新石器时代中期文化主要有分布于长江中游的大溪文化，分布于长江下游的河姆渡文化、马家浜文化和崧泽文化等。陶器以红陶为主，以大量夹炭陶为显著特征，以大量的圈足器为主要特征。

长江中游的大溪文化，是1925年在四川巫山县调查时发现的，1959年正式发掘后提出文化命名[61]，约与黄河中游的仰韶文化同时或稍晚（距今6400～5300年），主要分布于西至川东三峡地区、东抵汉水、北达湖北北部的广大范围内，其中以湖北宜昌和荆州地区分布较为密集。陶器以红陶为主，也有黑陶和少量灰陶；纹饰以圆形、长方形、新月形戳印纹为主，也有瓦纹和镂孔等，还有少量的彩陶；器形以圈足器（杯、碗、盘）为主，次为平底器（壶、罐、瓶），还有釜和鼎等（图16-18）。

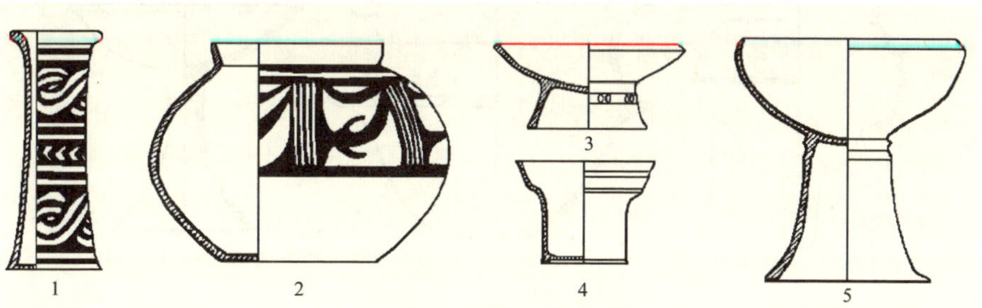

图16-18　大溪文化陶器

1. 彩陶瓶　2. 彩陶平底罐　3. 圈足盘　4. 腹杯　5. 圈足豆

河姆渡文化以1973年首次发掘的浙江余姚河姆渡遗址第3～4层为代表[62]，约距今7000～6000年，主要分布在杭州湾以南的宁（波）绍（兴）平原及沿海的舟山群岛等地。陶器多为夹有稻叶、茎、壳的夹碳黑陶和灰陶，胎质较疏松；纹饰以绳纹为主，还有弦纹和刻划的动植物纹样等；主要器形有釜、鼎、盆、盂、罐、器座等，其中釜的数量较多（图16-19）。

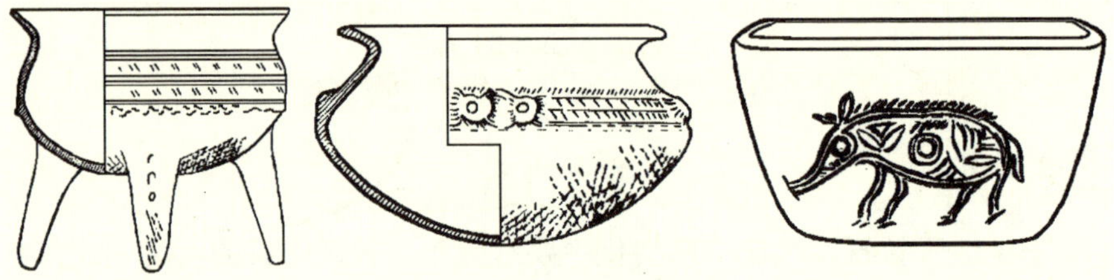

图16-19 河姆渡遗址陶器

1. 鼎 2. 釜 3. 盆

马家浜文化以1959年首次发掘的浙江嘉兴马家浜遗址为典型代表而命名[63]，年代大体同河姆渡文化同时，主要分布于南达钱塘江北岸、西北到江苏常州一带的太湖地区。陶器以红褐陶为主，有的掺有蚌壳末，部分为外红内黑；纹饰有刻划纹、绳纹和附加堆纹等，有的遗址有极少量的彩陶；器形多腰沿釜、圈足豆、扁锥足鼎和罐等（图16-20）。

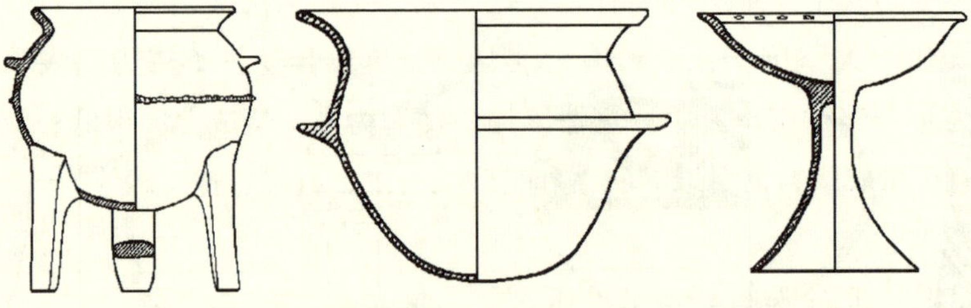

图16-20 马家浜文化陶器

1. 扁锥足鼎 2. 腰沿釜 3. 圈足豆

崧泽文化以1960年首次发掘的上海青浦县崧泽遗址中层（下层为马家浜文化）为代表而命名[64]，是由马家浜文化发展而来的新石器时代中期后段文化，约距今5900～5300年。陶器以夹砂红褐陶为主，也有灰陶和掺和稻壳的夹炭陶；纹饰多弦纹、划纹和镂孔，也有少量彩陶；器形有鼎、豆、釜、罐等，以镂孔高圈足豆最具特色（图16-21）。

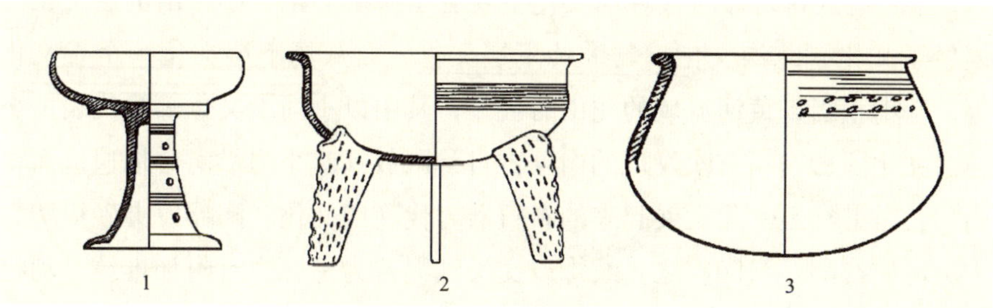

图16-21　崧泽文化陶器

1. 镂孔高圈足豆　2. 盆形鼎　3. 圜底釜

4. 华南地区

华南地区陶器出现虽很早，但发展较缓慢，一直到新石器时代中期，制陶业仍不发达。由于特殊的地理环境，这一地区史前时期多洞穴或贝丘遗址，反映的是一种以渔猎采集为主的经济生活；陶器一般出土较少，制作粗糙，火候较低，类型简单。可大体确定为新石器时代中期的遗存有广东增城金兰寺遗址下层和台湾台北县的大坌坑文化等贝丘遗址。其中金兰寺遗址下层[65]的陶器，多粗砂红陶或黑陶，还有泥质红陶；器形有罐、豆、钵等，其中少量陶器上有赭红色条形、叶脉状花纹，应是一种含有彩陶的文化。大坌坑文化以台湾台北县大坌坑贝丘遗址下层为代表，年代测定为距今5480年±55年；陶器以加砂褐陶为主，烧成温度很低；流行绳纹，有少量彩陶；器形以圜底器和平底器为主，有罐、瓮、碗等[66]。

（四）新石器时代晚期的陶器

新石器时代晚期（约距今5000～4000年），是陶器大发展阶段。这一时期的陶器以灰陶为主，还有黑陶；烧成温度多在800℃以上，胎质较硬；普遍使用轮制法成型，还有模制法；流行篮纹，大部分地方彩陶衰落；陶器的种类和器形多样化。这一时期的文化，广泛分布于东北、西北、华北、华中、华南各地区。

1. 东北地区

东北地区新石器时代晚期文化主要有小河沿文化、小珠山上层文化、偏堡子文化、北沟文化、莺歌岭下层文化、石灰场下层文化、金谷文化等，基本相当于黄河流域的龙山时代[67]，其中以小河沿文化等为代表。小河沿文化因1974年首次发现的内蒙古自治区敖汉旗小河沿南台地遗址而得名[68]，是继红山文化发展起来的新石器时代晚期文化。陶器以夹砂褐陶为主，泥质红陶、黑陶次之。纹饰以交叉细绳纹为主，也有附加堆纹、动物形纹、几何形纹等；有一定数量的彩陶，多为黑彩和红彩；器形主要有鼓腹罐、筒形罐、盆、豆、壶等（图16-22）。

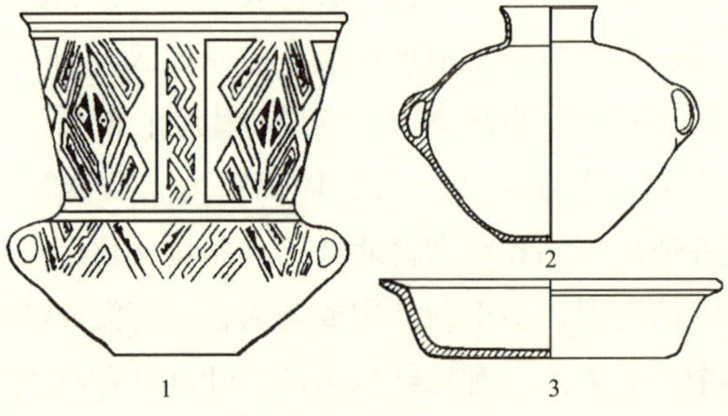

图16-22　小河沿文化陶器

1. 彩陶尊　2. 双耳鼓腹罐　3. 平底盆

2. 西北地区

西北的甘肃中北部和青海东南部一带，气候较为干凉，新石器时代中期以前仅见一些细石器类遗存，少有含陶器的人类文化遗存发现。从新石器时代中期之末开始，这一区域的人类文化开始繁盛起来，出现了以彩陶为显著特征的马家窑文化和之后的齐家文化。

马家窑文化因1924年首次发现于甘肃临洮县马家窑遗址而得名[69]，这是一支受仰韶文化强烈影响而发展起来的新石器时代晚期文化（约距今5100～4000年），主要分布在东起陇山，西到河西走廊和青海东北部，北达甘肃北部，南抵甘南山地的广大地区。可分为马家窑期（距今5100～4650年）、半山期（距今4650～4350年）和马厂期（距今4350～4050年）三个发展阶段。陶器以红陶为主，也有少量灰陶；多手制，主要采用泥条盘筑法；纹饰以绳纹为主，也有少量的附加堆纹、刻划纹、篮纹等。彩陶数量很多，一般遗址彩陶约占总数的20%～30%，有些墓地的随葬陶器中彩陶可达80%以上；彩绘多用黑彩，也有红彩，花纹有鸟纹、鱼纹、蛙纹、蝌蚪纹等动物纹样，还有垂幛纹、旋涡纹、水波纹、圆圈纹、网纹等几何纹样；器形主要有壶、钵、盆、罐、瓶等（图16-23）。

齐家文化因1924年首次发现于甘肃广河县齐家坪而得名[70]，属新石器时代晚期至青铜时代早期文化。主要分布在甘肃、青海境内的黄河沿岸及其支流渭水、洮河、大夏河、湟水等流域。陶器以红陶为主，多手制，轮制者较少；纹饰有绳纹、篮纹、划纹、附加堆纹等；彩陶数量较少，彩绘以黑彩为主，红彩较少，纹样有宽带纹、三角纹、网纹、菱形纹等；主要器形有带耳罐、鬲、甗、盆、碗、豆等，特别是双大耳罐最具特色（图16-24）。

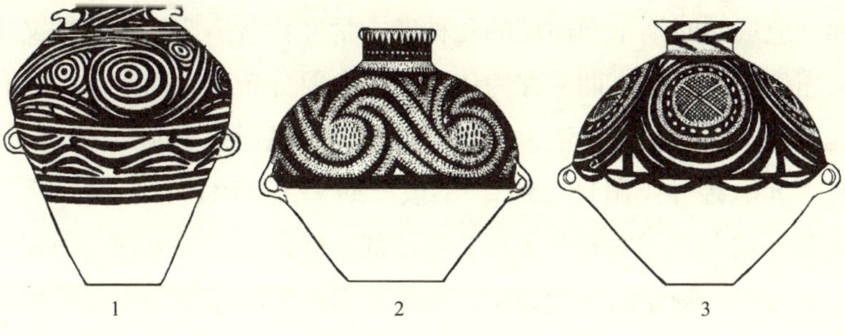

图16-23　马家窑文化彩陶

1. 旋涡纹彩陶瓮（马家窑期）　2. 旋涡纹双耳罐（半山期）　3. 圆圈纹双耳罐（马厂期）

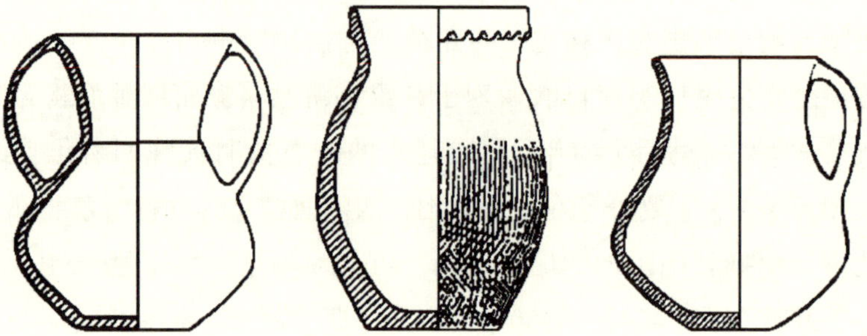

图16-24 齐家文化陶器
1. 双耳罐 2. 侈口罐 3. 单耳罐

3. 华北地区

华北地区是新石器时代晚期最主要的文化分布区之一，早在20世纪20年代，就在山东历城龙山镇发现了著名的龙山文化。以后在黄河中下游各地发现的同时期遗存，既有明显的区别，又存在着一定的共性，所以往往把这一时期称之为“龙山时代”或“龙山时期”[71]。华北地区龙山时代的陶器以灰陶为主，也有黑陶；制法有手制、模制和轮制等；纹饰流行篮纹和绳纹等，彩陶已经衰落；器形以各种三足器为主要特色。可分为前（约距今4900～4500年）、后（约距今4500～4000年）两个发展阶段。

前段以斝的出现为显著标志之一，代表性遗存有庙底沟二期文化、案板三期文化、常山下层类遗存和大河村五期类遗存，这几类遗存的文化内涵有相同或相近之处，但在分布地域、陶质陶色和器形等方面也存在若干差异，应属同时期不同地域的几种考古学文化[72]。庙底沟二期文化以河南陕县庙底沟遗址第二期遗存为代表[73]，主要分布在晋西南、豫西和关中东部地区；陶器以灰陶为主，器形有盆形鼎、罐形鼎、圈足碗、圈足豆、圈足杯、斝、罐等（图16-25）。案板三期文化以陕西扶风县案板遗址第三期遗存为代表[74]，主要分布在关中西部，特别是在漆水河、漳河一带的分布较为密集；陶器以灰陶为主，主要器形有喇叭口细颈圆肩平底瓶、刻槽盆、筒形罐、单耳或双耳罐、单耳或双耳壶、单耳或双耳杯、鼎、斝、釜灶等（图16-26）。常山下层类遗存以甘肃镇原常山遗址下层遗存为代表[75]，主要分布在泾水上游，关中西部的北山山地边缘等地；陶器以橙黄色为主，有少量的彩陶；器形主要有侈口圆肩罐、大口深腹罐、单耳罐、双耳罐、浅腹盆等。大河村五期类遗存以河南郑州大河村遗址第五期遗存为代表，主要分布于河南中、东部一带。陶器以灰陶为主，有少量白陶；器形主要有凿形足鼎、敛口钵、深腹罐、圈足杯、盆、豆、壶等。

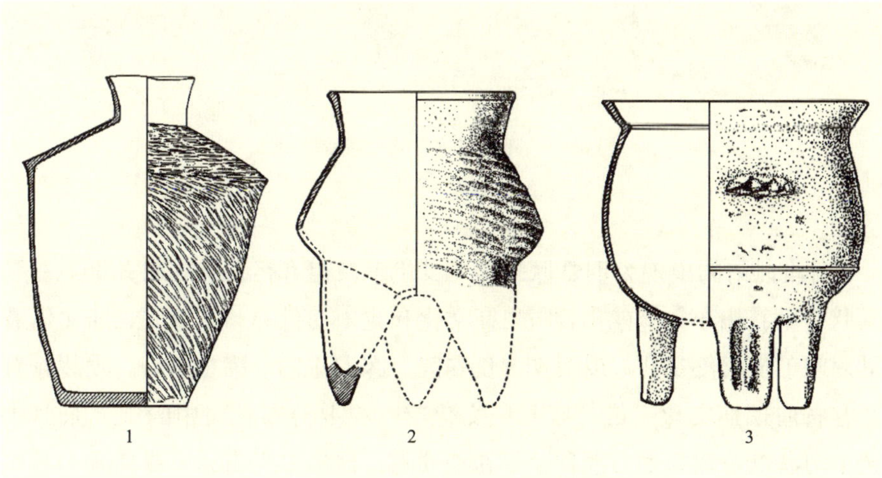

图16-25　庙底沟遗址第二期陶器

1. 罐　2. 斝　3. 鼎

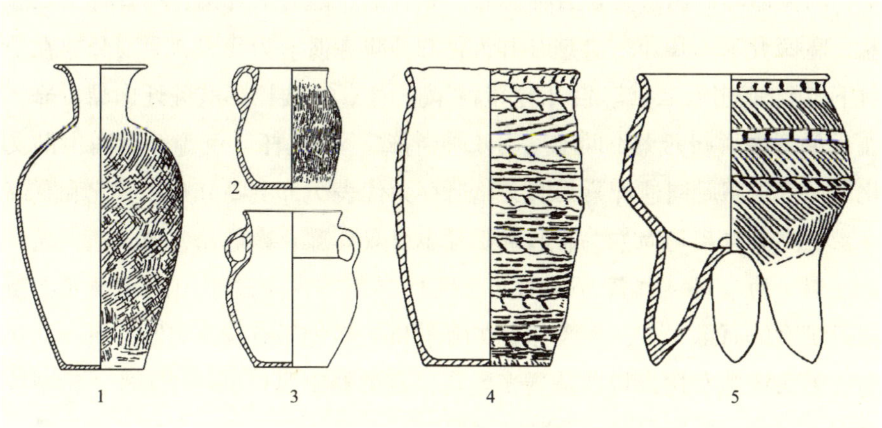

图16-26　案板遗址第三期陶器

1. 瓶　2. 单耳罐　3. 双耳罐　4. 筒形罐　5. 斝

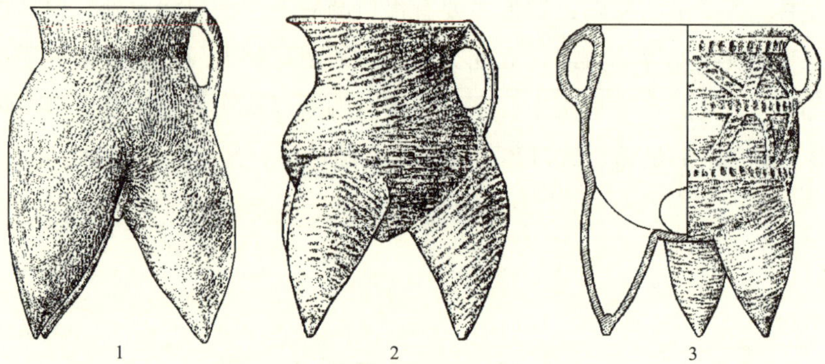

图16-27 客省庄遗址第二期陶鬲、斝
1、2. 鬲 3. 斝

后段以鬲的出现为重要标志之一，代表遗存有客省庄二期文化、王湾三期文化、陶寺类遗存、后岗二期文化和龙山文化等。客省庄二期文化最早发现于陕西长安县（现西安市长安区）客省庄遗址第二期[76]，故被称为“客省庄二期文化”或“客省庄文化”，主要分布在关中的中、东部地区；陶器以灰陶为主，也有少量的红褐陶；器形以折肩罐、双耳罐、三耳罐、敞口浅腹盆、鬲、斝、豆等为代表（图16-27）。王湾三期文化以河南洛阳王湾遗址第三期遗存为代表，主要分布在豫西地区；陶器以灰陶为主，不见彩陶；器形主要有罐形鼎、斝、鬶、甑、双耳罐、单耳杯、双腹盆、高柄豆等。陶寺类遗存以山西襄汾县陶寺遗址为代表，主要分布在汾河下游及其支流浍河流域；陶器以灰陶为主，主要器形有釜灶、鼎、斝、甑、单耳罐、折腹盆、扁壶、小口折肩罐、单把杯、豆等。后岗二期文化以河南安阳后岗遗址第二期文化遗存为代表[77]，主要分布在豫北和冀南一带；陶器以灰陶为主；器形主要有小口双耳罐、罐形鼎、斝、甗、甑、盆、碗、豆、杯、盘等。龙山文化因1928年首次发现于山东历城龙山镇城子崖遗址而得名[78]，主要分布在山东和江苏北部地区；陶器有黑陶和灰陶，黑陶特别发达，特别是蛋壳黑陶，有的器壁厚仅0.5～1毫米；轮制技术十分突出，器形浑圆、胎壁厚薄均匀、造型规整；器形主要有盆形鼎、罐形鼎、三足盘、高圈足豆、蛋壳陶高柄杯及鬶、斝、甗等（图16-28）。

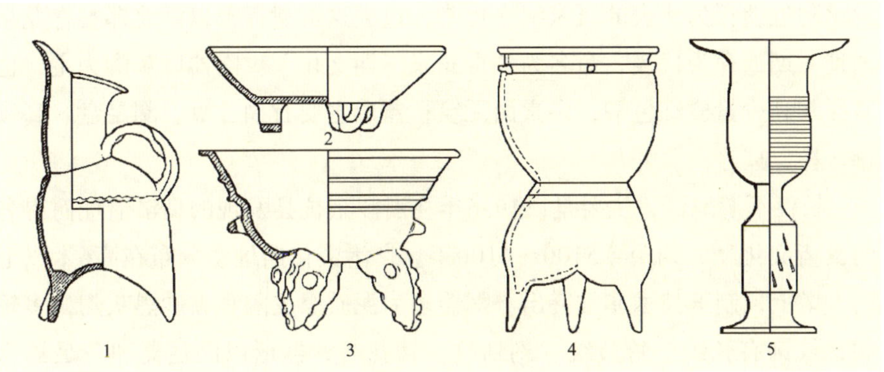

图16-28　龙山文化陶器
1. 鬶　2、3. 鼎　4. 甗　5. 蛋壳陶高柄杯

4. 华中地区

华中地区新石器时代晚期文化主要有长江中游的屈家岭文化、石家河文化，长江下游的良渚文化等。陶器以泥质黑、灰陶为主，有少量红褐陶；制法有手制和轮制；纹饰常见弦纹和镂孔，有的文化有少量彩陶；器形中三足器和圈足器较发达。

在长江中游地区，较早阶段有以1965年首次发现的湖北京山县屈家岭遗址命名的屈家岭文化[79]，主要分布于江汉平原，波及川东、豫南、鄂东和陕西的丹江上游等地；陶器以泥质黑、灰陶为主，也有少量橘红色蛋壳陶；纹饰常见弦纹和镂孔，还有少量彩陶；器形中圈足器较为发达（豆、杯、盘、壶），还有罐、鼎、盆、甑等，其中蛋壳彩陶和彩绘陶纺轮是屈家岭文化的重要特征之一（图16-29）。较晚阶段主要是以湖北天门石家

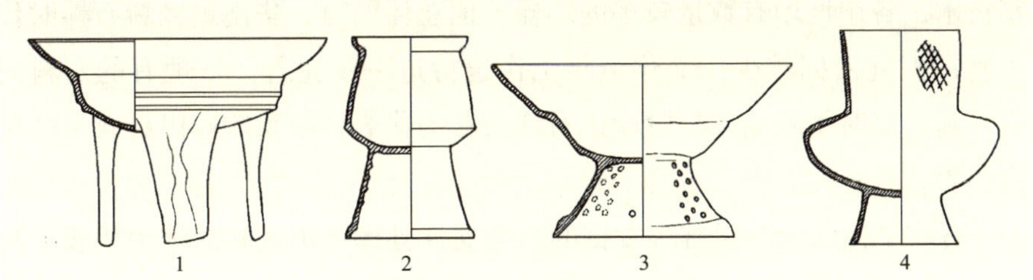

图16-29　屈家岭文化陶器
1. 盆形鼎　2. 圈足杯　3. 双腹豆　4. 彩陶壶

河镇附近遗存为代表的石家河文化[80]，过去这类遗存曾以湖北郧县青龙泉遗址三期遗存为代表，命名为“青龙泉三期文化”。陶器以灰陶为主，也有黑陶和少量橘红色陶；多素面无纹；器形主要有鼎、豆、圈足盘、高领罐、杯、缸等。

长江下游地区，主要是以1936年在浙江余杭县发现的良渚遗址而得名的良渚文化[81]，约距今5100～4100年。良渚文化遗址多分布在高6米以上的土墩上，制玉技术非常突出。陶器多为泥质黑皮陶和夹砂黑灰陶，多轮制；纹饰有弦纹、竹节纹、刻划纹、镂孔等；器形以圈足器和三足器为主，有豆、鼎、壶、盘、杯等（图16-30）。

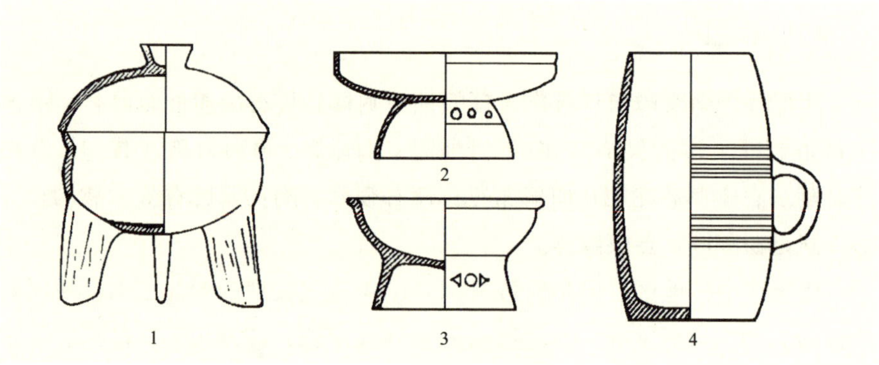

图16-30　良渚文化陶器

1. 鼎　2、3. 豆　4. 杯

5. 华南地区

进入新石器时代晚期后，华南地区的制陶业开始发达起来，出现了轮制技术，各遗址均有数量较多的陶器。但总体而言，华南地区新石器时代中晚期遗址发掘较少，文化编年工作也待进一步完善。依现有的资料而言，新石器时代晚期较早阶段以石峡文化为代表，较晚阶段以昙石山文化为代表。

石峡文化以1973年首次发掘的广西曲江县狮子山石峡遗址为代表，约距今4900～4700年[82]。主要分布于广东北部地区。石峡遗址曾发现有稻的遗存，证明这是一种稻作农业文化。陶器多为灰褐陶，有轮制和模制两种，多素面陶，纹饰有绳纹、弦纹等；器形有鼎、釜、三足盘、豆、壶、缸、瓮等（图16-31）。

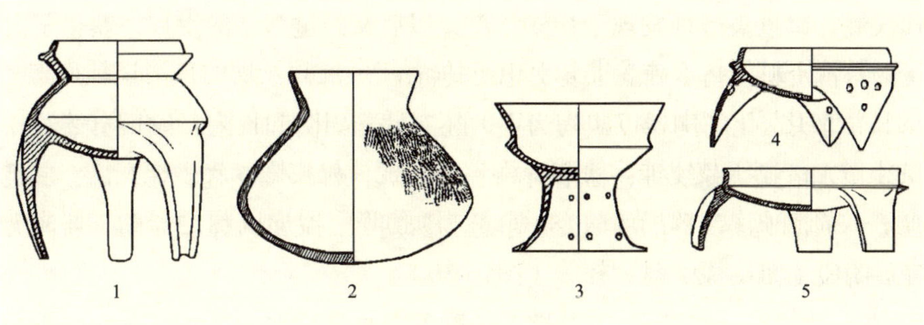

图16-31　石峡文化陶器
1.鼎　2.釜　3.豆　4、5.三足盘

昙石山文化以1954年首次发掘的福建闽侯县昙石山遗址而得名，距今约3300年[83]。主要分布于闽江下游地区。陶器多为夹砂红陶或灰陶；纹饰有绳纹、篮纹、镂孔和几何形印纹，还有少量彩陶；器形有釜、鼎、罐、碗、盆、钵、豆、壶、杯等。

三、夏商周汉唐陶器

（一）夏商周陶器

夏商周时期，陶器仍是一般民众最常用的生活用具，但由于青铜器的发达，陶器开始逐渐退化。这一时期的陶器，原料除一般的黏土外，从商代早期开始，已有一部分用高硅质黏土烧制的硬陶，还有少量的釉陶或“原始瓷器。陶器成型仍采用手制、模制和轮制法；纹饰以绳纹为主，还有弦纹、划纹、云雷纹等。陶器的烧造温度有了提高，如河南安阳殷墟的硬陶和白陶，烧成温度1000～1050℃”[84]。在器形方面，除日用生活陶器外，出现了仿铜陶礼器等明器，并从春秋时期开始逐渐流行。

1. 夏代的陶器

夏文化主要分布在晋西南和豫西地区，其中河南偃师二里头文化最具代表性。二里头遗址发现于1959年[85]，以后又经过多年的发掘，获得了大量的考古资料，基本确立了夏文化及其特征。

二里头文化的陶器以灰陶为主，还有磨光黑陶和褐陶；纹饰有篮纹、绳纹、方格纹、弦纹等；器形有罐、鼎、鬲、甗、斝、盆、豆、簋、三足盘等。依据地层及器形的演变，可分为四期[86]，又可大体归为前、后两大发展阶段（图16-32）。

前一阶段（包括第一、二期），陶器有数量较多的磨光黑陶和褐陶；纹饰以篮纹和细绳纹为主，也有少量的方格纹；器形中的鼎、盆、甑、罐等多宽折沿，三足盘的盘腹较深、足较矮。

后一阶段（包括第三、四期），陶色以灰陶为主，纹饰以粗绳纹为主，还有回纹和云雷纹等；器形中的盆、罐等多为卷沿圜底，三足盘变为浅盘高足，新出现了鬲、斝、大口尊、圜底盆等，接近于二里冈早商文化的同类器。

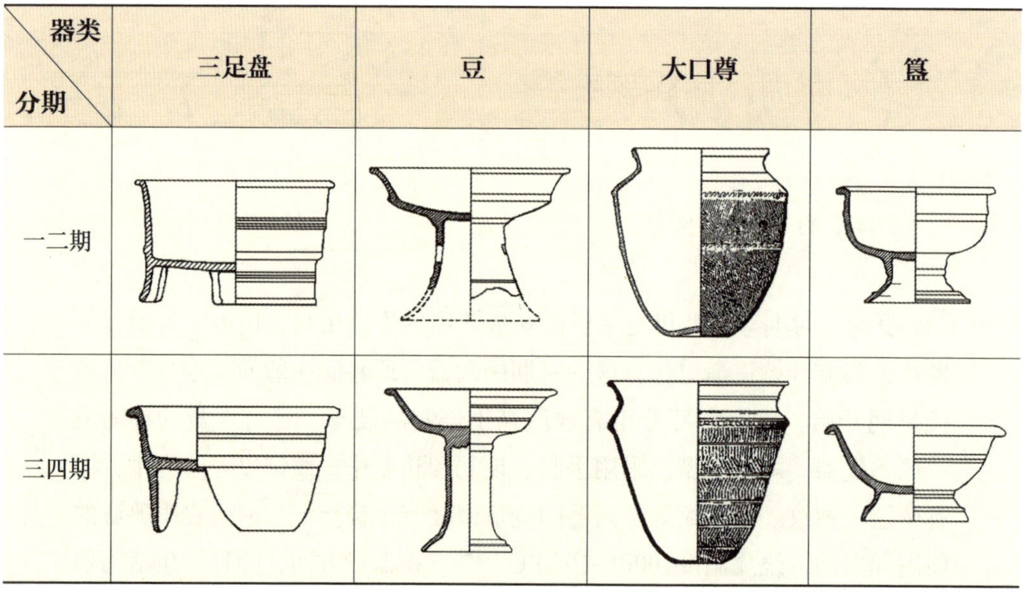

图16-32　二里头遗址陶器分期图

2. 商代的陶器

据《夏商周年表》，商代始于公元前1600年，终于公元前1046年，前后延续近600年。一般以盘庚迁殷为界，将商文化分为前、后二期，前期以郑州二里冈遗址为代表，后期以安阳殷墟为代表。

（1）商前期陶器

郑州市二里冈遗址[87]的商文化堆积可分为上、下两层，分别代表了商前期前、后两个发展阶段。陶器以灰陶为主，制法有模制和轮制；器形有鬲、甗、斝、簋、大口尊、瓮、觚、爵等。前段的陶器器壁一般较薄，绳纹较细；鬲的实足根较瘦长，器高大于器宽；大口尊体较粗短，口径约与肩径相等；真腹豆较多。后段的陶器器壁一般较厚，绳纹略粗；鬲的实足根稍粗短，器高大于或等于器宽；大口尊体较瘦长，口径大于肩径；假腹豆常见（图16-33）。

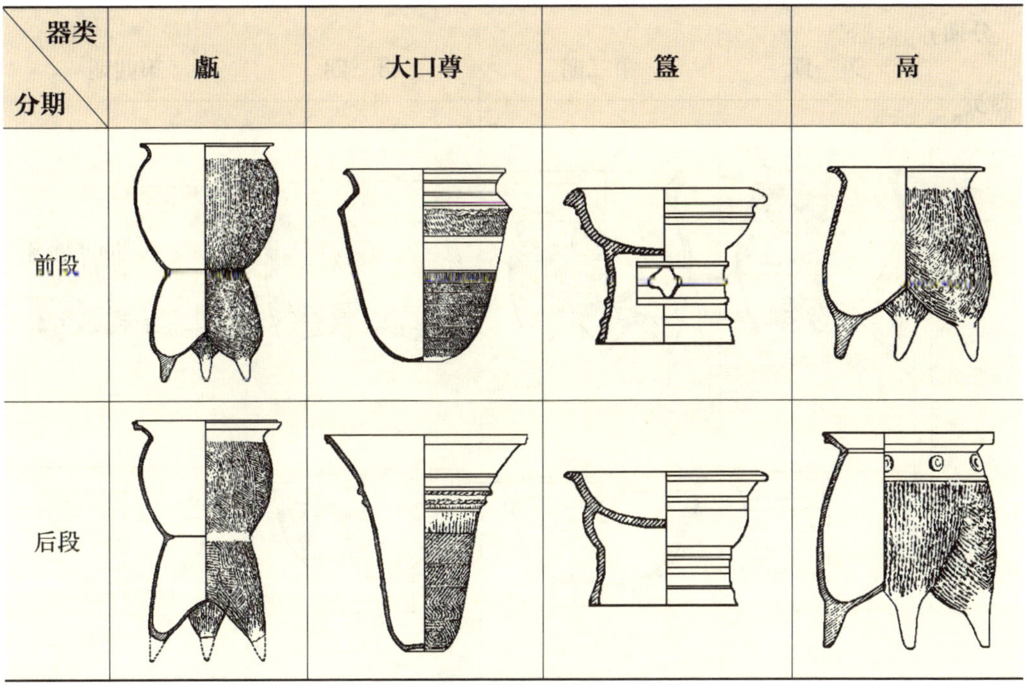

图16-33 二里冈遗址陶器分期图

（2）商后期陶器

河南安阳殷墟的陶器以灰陶为主，还有红陶、黑陶和白陶；制法主要是模制和轮制；纹饰有绳纹和刻划纹等；器形有鬲、簋、盆、豆、罐、尊、盘、爵、觚等。依据大司空村和小屯村等地点的发掘资料，一般分为四期[88]。第一期（相当于商王盘庚、小辛、小乙时代）的陶器以灰陶为主，也有红陶和刻纹白陶；纹饰多为绳纹；鬲呈长方体，裆与实足较高。第二期（相当于武丁、祖庚、祖甲时代）的陶器亦以灰陶为主，红陶极少，刻纹白陶常见；陶鬲腹稍深，三足变矮、胎变厚、绳纹变粗。第三期（约相当于廪辛、康丁、武乙、文丁时代）陶器的绳纹普遍变粗；陶鬲接近于方体，裆与实足较矮；新出现了一种三角绳纹圈足陶簋。第四期（约相当于帝乙、帝辛时代）的陶器中泥质红陶增多，除三角划纹外，新兴网状划纹；陶鬲体扁宽，矮裆，无实足尖；表面饰三角纹的陶簋最多（图16-34）。

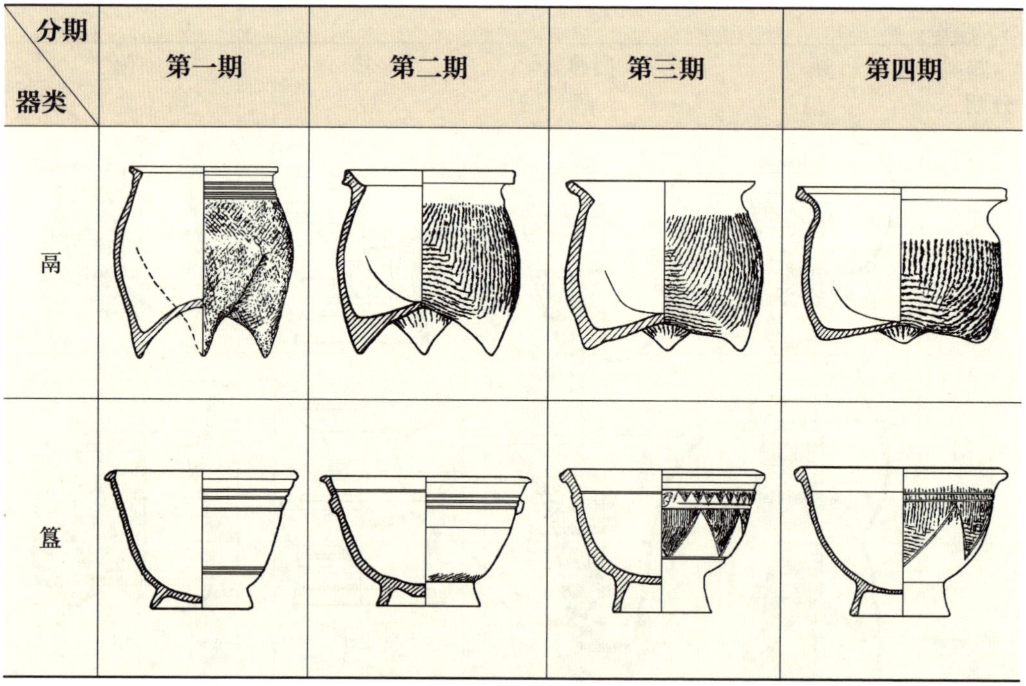

图16-34 殷墟陶器分期图

3. 周代的陶器

（1）西周陶器

自文王作邑于丰（沣西），武王作邑于镐（沣东）后，周人的政治中心东移到今西安西边的长安区的沣水两岸。依据沣西张家坡遗址的发掘资料[89]，西周的陶器以灰陶为主，也有一定数量的红陶；制法有手制、模制、轮制等；纹饰以绳纹为主，还有划纹、弦纹、附加堆纹等；器形有鬲、甗、甑、鼎、簋、豆、盂、碗、盘等。其中，陶鬲绝大多数为三足间裆部相联、看不出明显分界的“联裆鬲”（又因三足间腹壁常内凹，故也常称之为“瘪裆鬲”）。陶器的演变可分为三期[90]：早期（相当于武、成、康、昭、穆王时期），鬲多尖锥足瘪裆，豆为粗柄深盘，簋有圈足。中期（相当于共、懿、孝、夷王时期），鬲裆变低，腹稍鼓；豆柄变细，中腰有凸棱；簋的圈足变高。晚期（相当于历王、共和行政和宣、幽王时期），器形中已不见圈足簋，流行素面平底盆；鬲多作矮裆，足尖作乳头状；豆为浅盘细柄，中腰有凸棱（图16-35）。

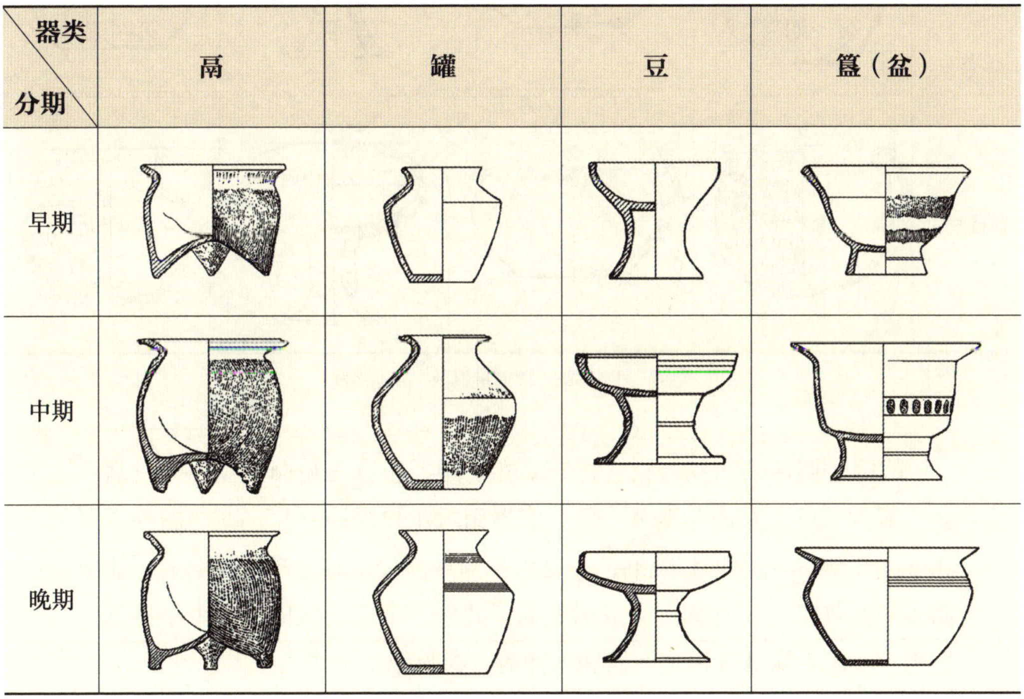

图16-35　西周陶器分期图

（2）东周陶器

东周时期的政治中心移到洛阳，这里发现的陶器仍沿袭了西周时期的传统，但有了一些变化。多数地方仍以灰陶为主，红陶或褐陶较少；制法以轮制为主；纹饰仍以绳纹为主，还有弦纹、划纹、附加堆纹等。器形主要有鬲、鼎、釜、盆、豆、罐等。

春秋早期陶器组合为鬲、盆、罐，特征与西周晚期接近；春秋中期的陶器组合为鬲、盆、豆、罐，鬲足根很矮，接近釜形；豆盘较深；罐领较矮。春秋晚期的陶器组合为鼎、豆、罐、釜等，鬲逐渐消失，炊器被圜底釜替代；豆盘稍浅，且多有盖，柄较高；罐领较高[91]（图16-36）。

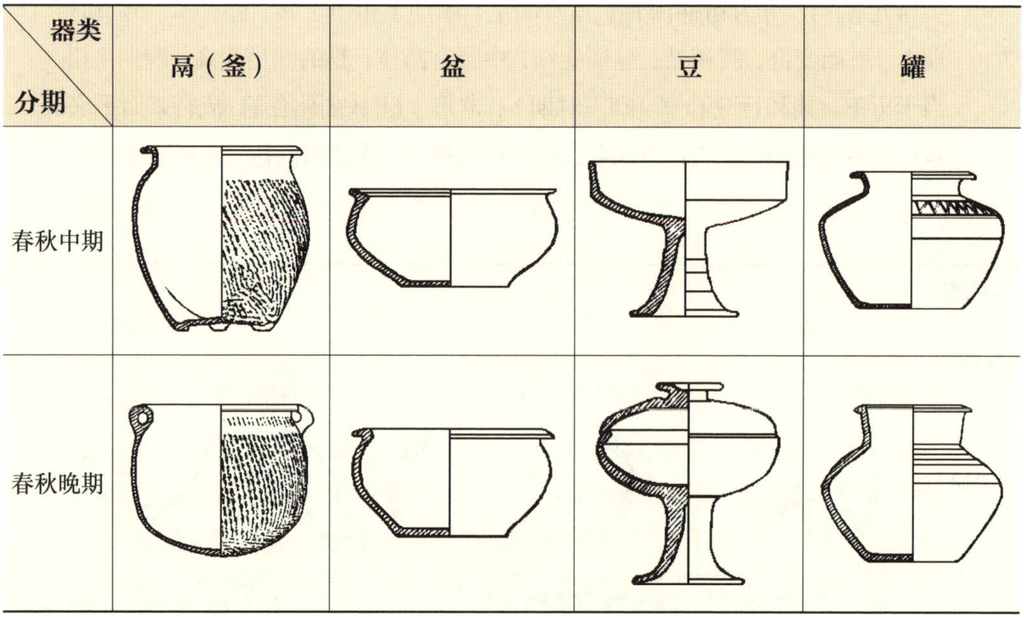

图16-36　洛阳王湾遗址春秋中晚期陶器

战国时期仿铜陶礼器较盛行，墓葬的陶器组合常见鼎、豆、壶或鼎、盒、壶等。以西安南郊秦墓为例，陶器组合主要是鼎、盒、壶、釜等（图16-37），从战国早期到晚期，鼎足由高向矮演变，蹄足越来越明显；壶由高领向低领变化；盒盛行于战国晚期。此外，中原地区的一些中小型墓，出现了陶囷、陶灶等模型明器和人俑等（参见第十一讲）。

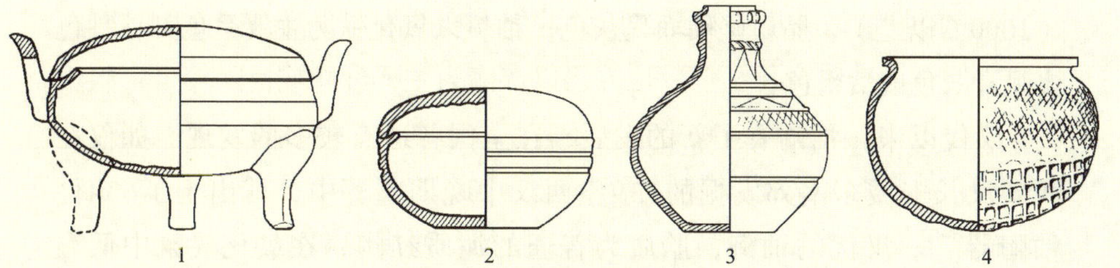

图16-37　西安南郊战国秦墓陶器组合

1.鼎　2.盒　3.壶　4.釜

（二）汉唐时期的陶器

汉唐时期，由于漆器和瓷器的日益流行，陶器的制作日渐衰落。除部分日用陶容器和陶质建筑材料发现于遗址外，大部分陶器发现于墓葬，多为随葬用各种陶明器。这一时期的陶器有一般的灰陶或红陶，还有硬陶和釉陶。特别是釉陶，是这一时期制陶业的突出成就之一。

1.汉代的釉陶

所谓“釉陶”，是指表面施釉的陶器。中国古代的釉陶可分为两种：一种以高铝低铁黏土为原料，胎质较硬，表面有青灰或青绿薄釉，火候高达1200℃左右，属高温釉陶器。因其性质间于陶与瓷之间，也被称为“原始瓷器”。另一种以普通陶土为原料，胎质较软，表面多施绿色、黄褐色等含铅釉；因铅的熔点较低，在釉料中起到了助熔的作用，可以在700～800℃烧成，故这种釉陶属低温釉陶器。

施釉的陶器最早见于商周时期，在河南郑州二里冈遗址曾发现有釉陶残片，器表有一层淡绿色或黄绿色薄釉[92]；安阳殷墟发现的釉陶多呈深浅不同的绿色，器形有豆、瓿、罐、壶、器盖等[93]。陕西长安张家坡等西周遗址曾出土少量带釉陶片，胎作青灰色，表面有青色或黄绿色釉，器形有豆和罐两种[94]。南方的一些地方发现釉陶器较多，如江苏句容浮山果园20多座西周墓中就出土了140多件釉陶器，胎色青灰或灰白色，施青灰、青绿或浅黄釉，器形以豆、碗、罐最多[95]。上述釉陶烧造温度均较高（1000℃以上），胎质坚硬而呈灰色；釉料以氧化铁为主要呈色剂，釉色多呈青灰色或黄褐色。

汉代以来，釉陶有了新的发展，在全国各地有较多的发现。如仅在西安汉长安城东南郊发掘的139座西汉中晚期墓葬中，就出土了634件釉陶器[96]。汉代的釉陶，胎质为普通的泥质红陶，在氧化气氛中低温（700～800℃）烧制而成。釉料一般是以铅的化合物为助熔剂，又称“铅釉陶”。釉色有绿或黄褐色等（图16-38），绿釉以铜元素为呈色剂，黄褐色釉则以铁元素为呈色剂。低温釉陶主要流行于北方地区，南方各地施釉器物的质地较硬，烧成温度较高，属商周以来的高温青釉系统。

图16-38 西汉绿釉鼎和褐釉罐

西汉时期的釉陶器，最早出现在汉武帝时期，西安范南村M170西汉早期墓中，出土了12件黄褐或红褐色釉陶器[97]。西汉中期以后釉陶逐渐流行，东汉时期十分发达。如在上述长安汉墓中出土634件釉陶器，属西汉中期的釉陶器81件，占总数的13%；西汉晚期394件，占62%；新莽时期158件，占25%。早期的釉陶多仅施黄褐或绿色等单色釉，其中黄褐色釉又略早，绿釉稍晚；西汉晚期以后出现了同时施黄褐、绿或酱红等的复色釉；东汉时期盛行绿釉。

汉代的釉陶质较软，釉易脱落，实用性差，故多见于墓葬的随葬品中，基本上都是明器。西汉早期的釉陶器有壶、豆、盒、仓、灶、甑等；西汉中晚期主要有鼎、豆、壶、仓、奁、罐、熏炉和人俑及马、牛、羊、猪等动物塑像等；东汉时期有壶、樽、罐、洗、博山炉、仓、井、灶等，还有建筑模型、人俑及猪、狗、鸡等动物陶塑。

2. 唐三彩

唐三彩是唐代以黄、褐、绿为基本釉色的铅釉陶器的总称。唐三彩之名史无记载，相传20世纪初期修陇海铁路时，在洛阳附近的唐代墓中出土了一批多彩釉陶器[98]，时人称之为唐三彩，于是唐三彩之名出现并沿用至今。

唐三彩是在汉代以来黄、绿釉陶的基础上，对胎质和釉色不断改进而来的。北魏太和八年（484年）司马金龙墓发现了大批绿釉和黄釉的陶俑[99]。在安阳北齐范粹墓[100]和濮阳李云墓[101]里出土的铅釉陶器，以白色黏土作胎，造型规整，黄釉里挂有绿色彩带（图16-39），已经接近唐三彩了。唐三彩以高岭土或其他白色黏土为原料，先将坯胎入窑经1100℃素烧，取出后上釉再经800℃左右氧化焰焙烧而成。三彩的釉料是铅和石英配制的透明釉，如果在釉料中加入适量的氧化铜后呈绿色，加入适量的氧化铁呈黄褐色，加入氧化钴则呈蓝色，并在此基础上配成了深绿、浅绿、赭黄、浅黄、天蓝、褐红、茄紫等色彩。在一件釉陶器上，往往是多种色彩并存，因此所谓“三彩”实则是“多彩”。

图16-39 北齐范粹墓出土釉陶瓶

早在高宗麟德元年（664年）郑仁泰墓中，就出土了一件蓝彩罐[102]，其做法与后

图16-40 唐李凤墓出土三彩双联盘

来的三彩器物的做法完全一样；稍晚的高宗上元元年（674年）李凤墓中出土有三彩双联盘（图16-40）、三彩榻和十多件三彩器的碎片[103]。这是目前已知唐三彩出现的最早年代。其后出有三彩器的纪年墓葬有唐永泰公主李仙蕙墓（706年）、唐章怀太子李贤墓（706年）、唐懿德太子李重润墓（706年）、唐越王李贞墓（718年）、唐鲜于庭诲墓（723年）等。天宝以后出土有三彩的唐墓渐少。故唐三彩主要流行于高宗至玄宗年间。唐三彩窑址主要有陕西耀州区黄堡镇唐代的三彩窑址[104]，河南巩义市黄冶唐代三彩窑址[105]等。这些窑址主要分布在唐东、西两京附近，说明中原地区是唐三彩的主要产地。

唐三彩主要见于墓葬中，故大部分是明器。主要有生活用具、模型明器及人和动物俑等几大类。生活用具有尊、壶、瓶、罐等水器或酒器；盘、碗、盂、钵、盆、杯等饮食用具（图16-41），盂、砚台等文房用具；

图16-41 唐永泰公主墓三彩碗（左）和巩义黄冶窑出土三彩钵（右）

唾盂、香炉、枕等寝室用具。模型明器有各种房屋、庭院、水池、仓库、马车、牛车等。人俑有天王、武士、文官、贵妇、少女、男僮、侍女、男装女人、牵马俑、牵驼俑、乐舞俑、骑马击鼓俑、骑马舞乐俑、骑骆驼舞乐俑、骑马射猎俑以及镇墓俑等，动物俑有各种形态的马、驼、驴、牛、狮、虎、狗、羊、猪、鸡、鹅、鸭、兔等。

唐三彩不仅盛行于唐代，也影响到以后各代并传播到周边其他国家，是驰名中外的艺术品。目前国外发现唐三彩的有印度尼西亚、伊拉克、埃及、朝鲜、日本等国。在唐三彩的传播过程中也影响到一些国家的陶器生产，如西亚有“波斯三彩”，朝鲜半岛有“新罗三彩”，日本有“奈良三彩”等。唐以后，三彩器逐渐衰落，但制作工艺并未中断，以至有所谓的“宋三彩”“辽三彩”“金三彩”等，元代也有生产，但施釉方法简单，制作工艺等远不如唐三彩。到明清两代，铅釉黄绿彩主要用于琉璃瓦的制作。

参考书目

[1] 严文明、安田喜宪：《稻作、陶器和都市的起源》，文物出版社，2000年。

[2] 王涛：《国外早期陶器的发现与研究》，《中原文物》2007年第2期。

[3] 赵朝洪、吴小红：《中国早期陶器的发现、年代测定及早期制陶工艺的探讨》，《陶瓷学报》2000年第4期。

[4] 张之恒：《中国新石器时代文化》，南京大学出版社，1988年。

[5] 中国社会科学院考古研究所：《偃师二里头——1959年~1978年考古发掘报告》，中国大百科全书出版社，1999年。

[6] 河南省文化局文物工作队：《郑州二里岗》，科学出版社，1959年。

[7] 中国社会科学院考古研究所：《殷墟的发现与研究》，科学出版社，1994年。

[8] 中国科学院考古研究所：《沣西发掘报告》，文物出版社，1962年。

[9] 西安市文物保护考古所、郑州大学考古专业：《长安汉墓》，陕西人民出版社，2004年。

[10] 李知宴、朱捷元：《精湛的艺术瑰宝——唐三彩》，《考古与文物》1980年第1期。

注释

[1] 〔日〕芹泽长介：《绳文土器の起源》，《绳文土器大成》（第1卷），讲谈社，1982年。

[2] 〔日〕堤隆：《日本列岛晚冰期人类对环境的适应和陶器的起源》，《稻作、陶器和都市的起源》，文物出版社，2000年。

[3] 王涛：《国外早期陶器的发现与研究》，《中原文物》2007年第2期。

[4] 〔俄〕奥克拉德尼科夫等：《アムール河下流ガーシ多层位集落遗迹の研究》，《古代文化》第42卷5号。

[5] 赵朝洪、吴小红：《中国早期陶器的发现、年代测定及早期制陶工艺的探讨》，《陶瓷学报》2000年第4期。

[6] 保定地区文物管理所、徐水县文物管理所、北京大学考古系等：《河北徐水南庄头遗址试掘简报》，《考古》1992年第11期；李君：《徐水南庄头遗址又有重要考古发现》，《中国文物报》1998年2月11日第1版。

[7] 保定地区文物管理所、徐水县文物管理所、北京大学考古系等：《附录2：南庄头遗址^{14}C年代测定与文化层孢粉分析》，《河北徐水县南庄头遗址试掘简告》，《考古》1992年第11期。

[8] 赵朝洪、吴小红：《中国早期陶器的发现、年代测定及早期制陶工艺的探讨》，《陶瓷学报》2000年第4期。

[9] 泥河湾联合考古队：《泥河湾盆地考古获重大成果》，《中国文物报》1998年11月15日第1版。

[10] 赵朝洪、吴小红：《中国早期陶器的发现、年代测定及早期制陶工艺的探讨》，《陶瓷学报》2000年第4期。

[11] 郁金城、李建华、李超荣等：《北京转年新石器时代早期遗址的发现》，《北京文博》1998年第3期。

[12] 中国社会科学院考古研究所、广西壮族自治区文物工作队、桂林甑皮岩遗址博物馆等：《桂林甑皮岩》，文物出版社，2003年。

[13] 柳州市博物馆、广西壮族自治区文物工作队：《柳州市大龙潭鲤鱼嘴新石器时代贝丘遗址》，《考古》1983年第9期。

[14] 原思训：《华南早期新石器^{14}C年代数据引起的困惑与真实年代》，《考古》1993年第4期。

[15] 谌世龙：《桂林庙岩遗址的发掘与研究》，《中石器文化及有关问题研讨会论文集》，广东人民出版社，1999年。

[16] 赵朝洪、吴小红：《中国早期陶器的发现、年代测定及早期制陶工艺的探讨》，《陶瓷学报》2000年第4期。

[17] 张弛：《江西万年早期陶器和稻属植硅石遗存》，《稻作、陶器和都市的起源》，文物出版社，2000年。

[18] 袁家荣：《湖南道县玉蟾岩1万年以前的稻谷和陶器》，《稻作、陶器和都市的起源》，文

物出版社，2000年。
[19] 赵朝洪、吴小红：《中国早期陶器的发现、年代测定及早期制陶工艺的探讨》，《陶瓷学报》2000年第4期。
[20] 北京大学历史系考古专业^{14}C实验室、中国社会科学院考古研究所^{14}C实验室：《石灰岩地区碳-14样品年代的可靠性与甑皮岩等遗址的年代问题》，《考古学报》1982年第2期。
[21] 王涛：《国外早期陶器的发现与研究》，《中原文物》2007年第2期。
[22] 滨田耕作：《日本古代の土器》，《史前学杂志》1929年第4期。
[23] 山内清男：《绳纹土器の起源》，《ドルメン》1939年第5期。
[24] 〔美〕摩尔根著，杨东莼、张栗原、冯汉骥译：《古代社会》，商务印书馆，1971年，第16页。
[25] 〔德〕恩格斯：《家庭、私有制与国家的起源》，《马克思恩格斯选集》（第四卷），人民出版社，1972年，第19页。
[26] 林惠祥：《文化人类学》，商务印书馆，1991年，第314、315页。
[27] 贾兰坡：《欧洲旧石器时代艺术》，《中国大百科全书·考古卷》，中国大百科全书出版社，1986年，第357、358页。
[28] 〔日〕深泽百合子：《土器の使用のはじまり（ヨーロッパ）》，《考古学ジマナル》第239号，1984年。
[29] 〔日〕芹泽长介：《土器の制作のはじまり》，《考古学ジマナル》第239号，1984年。
[30] 严文明：《稻作、陶器和都市的起源》，文物出版社，2000年。
[31] 宋兆麟、黎家芳、杜耀西：《中国原始社会史》，文物出版社，1983年，第170、171页。
[32] 〔日〕渡边诚：《日韩におけるドングリ食と绳文土器の起源》，《名古屋大学文学部研究论集》，1987年。
[33] 〔日〕冈本明郎：《日本における土器の自然的社会的背景について》，《考古学研究》1962年第4期。
[34] 中国社会科学院考古研究所内蒙古工作队：《内蒙古敖汉旗兴隆洼遗址发掘简报》，《考古》1985年第10期。
[35] 开封地区文管会、新郑县文管会：《河南新郑裴李岗新石器时代遗址》，《考古》1978年第2期。
[36] 栾丰实：《试论后李文化》，《海岱地区考古研究》，山东大学出版社，1997年。
[37] 张忠培：《关于老官台文化的几个问题》，《社会科学战线》1981年第2期。
[38] 张宏彦：《渭水流域老官台文化分期与类型研究》，《考古学报》2007年第2期。
[39] 开封地区文管会、新郑县文管会：《河南新郑裴李岗新石器时代遗址》，《考古》1978年第2期。
[40] 邯郸市文物保管所、邯郸地区磁山考古队短训班：《河北磁山新石器遗址试掘》，《考古》1977年第6期。
[41] 栾丰实：《试论后李文化》，《海岱地区考古研究》，山东大学出版社，1997年。

[42] 湖南省文物考古研究所、澧县文物管理所：《湖南澧县彭头山新石器时代早期遗址发掘简报》，《文物》1990年第8期。
[43] 湖南省博物馆：《湖南石门县皂市下层新石器遗存》，《考古》1986年第1期。
[44] 中国社会科学院考古研究所、广西壮族自治区文物工作队、桂林甑皮岩遗址博物馆：《桂林甑皮岩》，文物出版社，2003年。
[45] 沈阳市文物管理办公室：《沈阳新乐遗址试掘报告》，《考古学报》1978年第4期。
[46] 黑龙江省文物工作队：《密山县新开流遗址》，《考古学报》1979年第4期。
[47] 梁思永：《昂昂溪史前遗址》，《梁思永考古论文集》，科学出版社，1959年。
[48] 中国社会科学院考古研究所：《敖汉旗赵宝沟——新石器时代遗址》，中国大百科全书出版社，1997年。
[49] 〔日〕东亚考古学会：《赤峰红山后—热河省赤峰红山后史前遗迹》，似玉堂，1938年。
[50] 郭大顺、张克举：《辽宁省喀左县东山嘴红山文化建筑群址发掘简报》，《文物》1984年第11期。
[51] 辽宁省文物考古研究所：《辽宁牛河梁红山文化“女神庙”与积石冢群发掘简报》，《文物》1986年第8期。
[52] 安特生：《中国远古之文化》，《地质汇报》第5号，1923年。
[53] 张宏彦：《关于仰韶文化时空范围的界定问题》，《考古与文物》2006年第5期。
[54] 北京大学考古实习队：《洛阳王湾遗址发掘简报》，《考古》1961年第4期。
[55] 郑州市博物馆：《郑州大河村遗址发掘报告》，《考古学报》1979年第3期。
[56] 孙祖初：《秦王寨文化研究》，《华夏考古》1991年第3期。
[57] 梁思永：《梁思永考古论文集》，科学出版社，1959年；中国科学院考古研究所安阳发掘队：《1971年安阳后岗发掘简报》，《考古》1972年第3期。
[58] 中国科学院考古研究所安阳发掘队：《1958～1959年殷墟发掘简报》，《考古》1961年第2期。
[59] 中国社会科学院考古研究所山东队：《山东滕县北辛遗址发掘报告》，《考古学报》1984年第2期。
[60] 山东省文物管理处、济南市博物馆：《大汶口——新石器时代墓葬发掘报告》，文物出版社，1974年。
[61] 四川长江流域文物保护委员会文物考古队：《四川巫山大溪新石器时代遗址发掘记略》，《文物》1961年第11期；四川省博物馆：《巫山大溪遗址第三次发掘》，《考古学报》1981年第4期。
[62] 浙江省文物管理委员会、浙江省博物馆等：《河姆渡遗址第一次发掘报告》，《考古学报》1978年第1期；河姆渡遗址考古队：《河姆渡遗址第二次发掘的主要收获》，《文物》1980年第5期。
[63] 浙江省文物管理委员会：《浙江嘉兴马家浜新石器时代遗址的发掘》，《考古》1961年第7期。

[64] 上海文物保管委员会：《上海市青浦县崧泽遗址的试掘》，《考古学报》1962年第2期；黄宣佩、张明华：《青浦县崧泽遗址第二次发掘》，《考古学报》1980年第1期。
[65] 莫稚：《广东考古调查发掘的新收获》，《考古》1961年第12期。
[66] 张光直：《中国南部的史前文化》，《“中央研究院”历史语言研究所集刊》第42本第1分册，1967年。
[67] 赵宾福：《东北新石器文化的分期与特点》，《求是学刊》2004年第4期。
[68] 辽宁省博物馆、昭乌达盟文物工作站、敖汉旗文化馆：《辽宁敖汉旗小河沿三种原始文化的发现》，《文物》1977年第12期；李恭笃、高美璇等：《试论小河沿文化》，《中国考古学会第二次年会论文集》（1980年），文物出版社，1982年。
[69] 〔瑞典〕安特生著，乐森璕译：《甘肃考古记》，地质专报甲种第5号，农商部地质调查所印行，1925年。
[70] 〔瑞典〕安特生著，乐森璕译：《甘肃考古记》，地质专报甲种第5号，农商部地质调查所印行，1925年。
[71] 严文明：《龙山文化和龙山时代》，《史前研究》1981年第6期。
[72] 张宏彦：《渭泾水流域龙山时代早期诸文化的比较研究》，《史前研究》，三秦出版社，1998年。
[73] 中国科学院考古研究所：《庙底沟与三里桥》，科学出版社，1959年。
[74] 西北大学文博学院考古专业：《扶风案板遗址发掘报告》，科学出版社，2000年。
[75] 中国社会科学院考古研究所泾渭队：《陇东镇原常山遗址发掘简报》，《考古》1981年第3期。
[76] 中国科学院考古研究所：《沣西发掘报告》，文物出版社，1962年。
[77] 中国科学院考古研究所安阳工作队：《安阳后岗新石器时代遗址的发掘》，《考古》1982年第6期。
[78] 傅斯年、李济、董作宾等：《城子崖山东历城县龙山镇之黑陶文化遗址》，中央研究院历史语言研究所，1934年。
[79] 中国科学院考古研究所：《京山屈家岭》，科学出版社，1965年。
[80] 北京大学考古系、湖北省文物考古研究所、湖北省荆州地区博物馆等：《石家河遗址调查报告》，《南方民族考古》（第五辑），四川科学技术出版社，1993年。
[81] 施昕更：《良渚》，《西湖博物馆考古报告集》（第1册），1938年。
[82] 广东省博物馆：《广东曲江石峡墓葬发掘简报》，《文物》1978年第7期。
[83] 福建省文物管理委员会、厦门大学人类学博物馆：《福建闽侯昙石山新石器时代遗址第二至第四次发掘简报》，《考古》1961年第12期。
[84] 李文杰：《中国古代制陶工艺研究》，科学出版社，1996年。
[85] 徐旭生：《1959年夏豫西调查“夏墟”的初步报告》，《考古》1959年第11期。
[86] 中国社会科学院考古研究所：《偃师二里头——1959年～1978年考古发掘报告》，中国大百科全书出版社，1999年。

[87] 河南省文化局文物工作队：《郑州二里岗》，科学出版社，1959年。

[88] 中国社会科学院考古研究所：《殷墟的发现与研究》，科学出版社，1994年。

[89] 中国科学院考古研究所：《沣西发掘报告》，文物出版社，1962年。

[90] 北京大学历史系考古教研室商周组：《商周考古》，文物出版社，1979年，第149～154页。

[91] 北京大学历史系考古教研室商周组：《商周考古》，文物出版社，1979年。

[92] 河南省文化局文物工作队：《郑州二里岗》，科学出版社，1959年。

[93] 中国社会科学院考古研究所：《殷墟的发现与研究》，科学出版社，1994年，第238～240页。

[94] 中国科学院考古研究所：《沣西发掘报告》，文物出版社，1962年。

[95] 镇江市博物馆：《江苏句容浮山果园土墩墓》，《考古》1979年第2期。

[96] 西安市文物保护考古所、郑州大学考古专业：《长安汉墓》，陕西人民出版社，2004年。

[97] 西安市市保护考古所：《西安龙首原汉墓》，西北大学出版社，1999年。

[98] 李知宴、朱捷元：《精湛的艺术瑰宝——唐三彩》，《考古与文物》1980年第1期。

[99] 山西省大同市博物馆等：《山西大同石家寨北魏司马金龙墓》，《文物》1972年第3期。

[100] 河南省博物馆：《河南安阳北齐范粹墓发掘简报》，《文物》1972年第1期。

[101] 周到：《河南濮阳北齐李云墓出土的瓷器和墓志》，《考古》1964年第9期。

[102] 陕西省文物管理委员会、礼县文教局：《唐郑仁泰墓发掘简报》，《文物》1972年第7期。

[103] 富平县文化馆、陕西省博物馆、陕西省文物管理委员会：《唐李凤墓发掘简报》，《考古》1977年第5期。

[104] 陕西省考古研究所：《唐代黄堡窑址》，文物出版社，1992年。

[105] 河南省文物考古研究所、中国文物研究所、日本奈良文化财研究所：《黄冶窑考古新发现》，大象出版社，2005年。

第十七讲

古代青铜器（上）

一、青铜器与青铜时代

（一）铜与青铜器

图17-1　西周青铜器

铜（Cu）是人类最早认识和使用的金属之一。天然的纯铜称为红铜，也叫紫铜。红铜具有良好的可锻性、可塑性以及一定的强度和硬度，所以很早就引起了人们的注意。后来，在铜中加入适量的锡（Sn）而冶炼出合金铜，这种合金铜的锈常呈青绿色，因而被称为青铜或锡青铜（图17-1）。用青铜制造的器具称青铜器。此外，还有铜、锌（Zh）合金的黄铜和铜、镍（Ni）合金的白铜等，但这两种合金铜出现较晚，在人类文化史上的意义也远不如青铜。

青铜比红铜有显著的优点：一是熔点低。红铜的熔点一般是1083℃，若加锡15%，熔点降低到960℃；若加锡25%，熔点降低到800℃。这样的温度在当时的条件下是很容易办到的。二是硬度大。一般红铜的硬度是布林氏（Brinell）硬度计的35°，加锡5%，其硬度增至65°；加锡10%，硬度增至165°。这样就可视不同器类的需要，酌情增减锡的比例，铸成硬度不同的器具。三是青铜铸件不易出砂眼。由于青铜有这些优点，便很自然地取代了红铜，成为青铜时代最主要的金属器，进而起到了划时代的作用。

（二）青铜时代

人类用铜的历史可追溯到遥远的史前时期，最早的铜器多为一些锻打或熔铸的小型红铜饰物等。青铜出现之后，便很快广泛地用于制作工具、武器和其他日用器具，极大地促进了人类文化的发展，使人类文化的发展进入了一个新的时代——青铜时代。

中国的青铜器出现于史前时期，繁盛于夏商周时期。因此，中国的青铜时代相当于夏商周时期的大部分时间。秦汉以后，随着传统礼制的日渐衰微，以礼器为中心的青铜器制造业逐渐衰落。此外，铁器制造业的发展，使得生产工具和武器多用铁制造；西汉以来漆器的普及和东汉以来瓷器的发展，生活用器也多为漆器或瓷器。因此，汉唐时期，青铜器已渐渐被其他器物所取代，失去了先秦时期在社会生活中的重要地位。

中国古代的青铜器，不仅形制纹饰精美而为世界所罕见，而且许多青铜器上铸刻有铭文（金文或曰钟鼎文），具有十分重要的史料价值，同时也是研究文字发展演变的珍贵资料。因此，青铜器的研究，在考古学研究中具有重要地位。

二、青铜器的冶铸工艺

（一）铜矿的采掘与冶炼

我国有着丰富的铜及其他金属矿资源。据《管子·地数》记载，出铜之山467处。《山海经》记载，出铜之山30处，出锡之山5处。这样的数字虽然未必可信，但说明当时确已发现不少矿产。此外，矿床露头常因矿物种类不同而使岩石和土壤呈现各种特殊颜色，有些种类的矿物常常共生。《管子·地数》就记载了根据这些现象找矿的经验："上有丹沙者，下有黄金；上有慈（即磁）石者，下有铜金（黄铁矿或黄铜矿）；上有陵石者，下有铅、锡、赤铜；上有赭（赤褐色）者，下有铁。此山之见荣（矿苗露头）者也。”铜器中所含的微量元素也表明，各地铸造铜器的原料多采自附近的含铜矿脉。如镇江附近商周墓葬和窖藏出土的铜块中含有较大比重的铅和微量的锑，而中原青铜器的原料中不含锑，铅的含量很低。考古发现的商周时期古铜矿采冶遗址主要有内蒙古自治区林西县大井、湖北大冶铜绿山和阳新港下、湖南麻阳九曲湾、江西瑞昌铜岭、安徽铜和南陵等多处[1]。

内蒙古自治区林西县大井，发现一处东周时期的大型露天式铜矿采冶遗址，面积达2.5平方千米。地表可见露天开采坑道47条，最深的达17米；发现石锤、石斧、石凿等采矿工具1500余件；其中一个矿坑就采出矿石1000余吨。附近还发现铜炼炉12座，并留有大量的木炭和炼渣，可知采掘的铜矿一般就在采场附近冶炼[2]。

湖北大冶铜绿山和湖南麻阳九曲湾是矿井式地下开采遗址，使用时间主要是东周时期。铜绿山遗址的范围为2平方千米左右。采掘时开拓了成组竖井和平巷，架设了相当完整的木质框架支护（图17-2）。铜绿山的矿井深距地表四五十米；麻阳九曲湾，有一条巷道斜长140米，垂直深度约

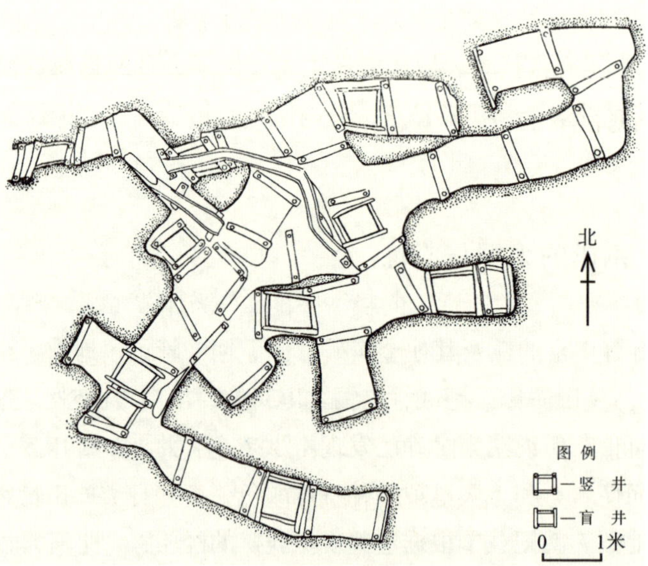

图17-2 湖北大冶铜绿山采矿遗址井巷平面图

80米。井巷中发现有采掘（斧、锤、钻等）、装运（筐、篓等）、提升（辘轳、木、钩、大绳等）与排水（水槽、木桶、木勺等）用具等。铜绿山矿井附近发现有10座炼铜的竖炉遗迹，周围散布有大量的木炭、孔雀石［是一种氧化铜，化学成分$CuCO_3 \cdot Cu(OH)_2$］、碎矿用的石锤、石砧等；地表覆盖有厚厚的炉渣，初步估算总量超过40万吨。模拟实验表明，用铜绿山春秋时期的这种竖炉炼铜，可连续加料、连续排渣和间断放铜，具有较高的熔炼能力；炉渣中的含铜量仅0.7%，反映了春秋时期冶铜工艺已达到相当高的水平[3]。

（二）青铜器的铸造工序

新石器时代晚期的铜器多为冷锻法直接锤打成型，也有一部分是单范铸造的。到了夏商周时期及其以后，青铜器绝大部分是范铸而成的。在河南偃师二里头遗址、郑州商城遗址、安阳殷墟遗址、陕西沣西张家坡遗址及东周列国都邑遗址几乎都发现有铸铜作坊遗址，往往出土有坩埚残块、木炭、铜锭、铜渣及数以万计的陶范，说明商周王室及诸侯所用的青铜器大多是就地生产的。特别是在山西侯马晋都新田的牛村古城南，发掘了面积达7000平方米的铸铜遗址，出土了陶范5万余块，其中完整或能配套的近千件[4]，为研究古代青铜器的铸造工序提供了大量的资料。根据考古发现的铸铜遗存的研究和铜器铸造痕迹的观察，铸造一件青铜器需要经过制范、熔铜、浇铸等一系列工序。

1. 制范

范是铸造青铜器的模具，依制作材料可分为泥范（或曰陶范）、石范和铜范三类。其中，石范在山西夏县东下冯二里头文化遗址（图17-3，1）和江西清江吴城商代遗址等地有发现，数量不多，多为铸造刀、镞等小型器物或工具的模具。铜范在山东临淄有发现，是铸造齐国刀币“齐法化”的模具；陕西发现有汉代铸造五铢钱铜范（图17-3，2）等。而陶范因其原料（黏土和砂子等）广泛、易于制作、耐火性高、透气性好等，应用最为普遍。陶范的制作需要经过制模、翻范、分范、烘范等工序。

1

2

图17-3 石范与铜范

1. 夏县东下冯遗址石䦆范 2. 西汉五铢钱范

制模即先制造出想要铸造的器形的模型（或叫“母范”或“母型”）。制模的材料一般为经过选择和加工（掺入细砂）泥料，经塑造形状、雕刻花纹而成（图17-4）。形状简单的工具或武器等，也可用木质材料做模，或直接用青铜器作模。结构特别复杂的器物或器物部件，还可用蜂蜡等材料制成蜡模，然后外敷泥料制成铸型，待阴干后入窑焙烧，使蜡熔化流出，形成与蜡模完全相同的型腔，用于浇铸铜液，这种方法叫作熔模法，也叫“失蜡法”或“拔蜡法”。用这种方法铸出的铜器，表面光洁，没有外范分割的痕迹。河南淅川下寺春秋时期楚墓出土的铜禁和鼎表面的兽头及足耳等附件和湖北随县擂鼓墩曾侯乙墓出土的尊、盘（图17-5）等均是用“失蜡法”铸造的。商周时期的青铜器容器类，很少有在器形、花纹、尺寸方面完全相同的，因此，泥质模型，一般一器一模，即

图17-4 山西侯马出土的陶模

图17-5 湖北随县曾侯乙盘

一模只使用一次；木质或铜质模具则可反复使用多次。

泥质模型做好后，经烘烤定型，便可在模型上翻范（图17-6）。据对河南洛阳北窑西周铸铜遗址出土的陶范研究[5]，范土的主要成分是黏土、石英细砂、蚌壳末等。外范（现代铸工学称为“型”）可分为内外两层，内层土质细腻，含有目视不能辨识的极细砂粒和少量蚌壳末；外层范土稍粗，可见细砂粒和蚌壳、植物谷壳之类的痕迹。外范的制作程序：为保证铸面的光洁度和增强铜液的流动性，先用加有少量蚌壳末的细范泥拍打成厚1～1.5厘米的平片，捺贴在泥模上，用力压紧使泥模的花纹能清晰地翻印在泥片上，这层细范泥即为内层，可称为“面泥”（相当于现代铸工学上的“面砂”）。然后再用加有较多细砂和少量植物碎末（烧后会留下空隙，改善铸范的透气性）的范泥抹在面泥上，形成外层，可称之为“背泥”（相当于现代铸工学上的“背砂”）。

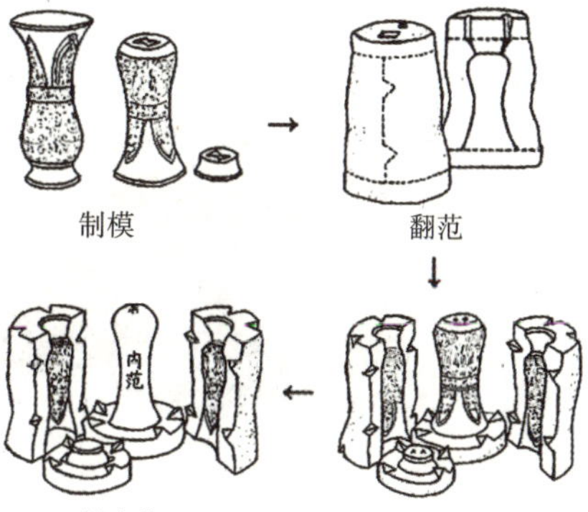

图17-6　陶范制作流程示意图

范泥半干后，即可根据需要在器物的耳、足、边、角等处，用刀切割分范（或曰“分型”），并在各片范之间的相接面上做出三角形或长方形榫卯，以使合范时能紧密稳固。

外范制好后还要制作内范（现代铸工学上称“芯”），内外范之间的空隙，即为浇铸后铜器壁的厚度。内范的制作可能有两种：一是利用翻范后的泥模做成，即将泥模刮去与器物厚度相等的一层，剩余部分即可作为范芯；二是另行制作。此外，商—春秋时期的青铜器铭文一般是铸在器内壁的，需要铸铭的铜器，则还要在内范上反刻文字。

内、外范做好之后，经阴干、入窑烘烤，使之脱水定型，便可用于浇铸。在山西侯马东周铸铜遗址，不仅出土了1万余块陶范（图17-7），而且发现有烘范

图17-7　山西侯马出土人形范

窑。估计烘烤时窑内温度可达到800℃左右[6]。

2. 熔铜

图17-8　河南安阳殷墟熔铜坩埚

由铜矿石冶炼出的是较粗的红铜，铸造时必须根据需要加入适量的锡、铅等再精炼成合适的铜液。熔铜的工具有用草拌泥制作的坩埚（图17-8），或是外敷草泥的大口尊、大口缸等，也有体积较大的熔铜炉（用于铸造大型青铜器）。

至少在商代后期，人们已经掌握了一定的青铜合金配剂法，即根据需要在铸造不同的铜器时加入不同剂量的锡或铅，以得到不同强度、硬度及韧性的青铜器。约成书于战国时期的《周礼·考工记·六齐》，是世界最早的青铜合金配比文献："金有六齐（剂）：六分其金而锡居一，谓之钟鼎之齐。五分其金而锡居一，谓之斧斤之齐。四分其金而锡居一，谓之戈戟之齐。三分其金而锡居一，谓之大刃之齐。五分其金而锡居二，谓之削杀矢之齐。金锡半，谓之鉴燧之齐。"现依陈梦家先生的解释[7]列表如下（表17-1）。

表17-1　先秦青铜器合金配比表

《周礼·考工记·六齐》		铜		锡	
类别	铜锡配比	比例	百分比/%	比例	百分比/%
钟鼎之齐	六分其金而锡居一	6/7	85.71	1/7	14.29
斧斤之齐	五分其金而锡居一	5/6	83.33	6/1	16.67
戈戟之齐	四分其金而锡居一	4/5	80.00	1/5	20.00
大刃之齐	三分其金而锡居一	3/4	75.00	1/4	25.00
削杀矢之齐	五分其金而锡居二	5/7	71.43	2/7	28.57
鉴燧之齐	金锡半	1/2	50.00	1/2	50.00

从19世纪20年代起，许多学者就开始对商周青铜器的合金成分及《周礼·考工记·六齐》的科学性进行了研究。近年来上海博物馆的吴来明先生对已发表的40多份国内外文献、涉及626件各类青铜器的定量分析数据进行了总结性研究[8]。

实验表明，钟（图17-9）体中含锡量低于13%～14.8%时，音色最佳；同时加入少量的铅（小于3%），则可加快声波衰减，便于成套演奏。含锡量太高则钟体强度和韧性不够而易碎；含铅过量则音色恶化[9]。考古发现的钟鼎之类的锡青铜礼器合金配比，至少从商晚期到战国相当稳定，锡的平均含量保持在14%～16%，同“钟鼎之齐”基本一致。如著名的后母戊鼎的合金比例是：铜84.77%、锡11.64%、铅2.79%。若把锡和铅加在一起则共占14.43%，大体与“钟鼎之齐”相合[10]。又如对战国时期著名的曾侯乙编钟进行检测得知，钟体合金成分中锡占12.5%～14.6%、铅为1%～3%。这个配比也与“钟鼎之齐”大体相合。

斧（图17-10）、锛、锄、镢等工具和农具，在使用中要触硬物、遭磨损、受冲击。因此要求材料有好的综合机械性能，即强度和硬度高，耐磨性好并有足够的韧性。“斧斤之齐”的合金配比锡为16.67%。研究表明，

图17-9　西周铜甬钟

图17-10　西周铜斧

这样的锡青铜具有最大的强度（$35kg/mm^2$）、较高的硬度（约HB165）和一定的塑性，是符合工具类器物的使用要求的。检测表明，中原地区斧斤之类工具的合金配比，到商晚期，锡含量平均达到16.5%，并在中原地区一直保持到春秋战国时期。这与《考工记》的“斧斤之齐”基本一致。

戈、戟、矛、刀、剑、矢等兵器，都需要良好的综合机械性能。若分类考察，矢镞类的远射兵器需要的硬度高些，而剑、刀、戈（图17-11）、戟等劈砍、勾刺兵器则同时需要较高强度和韧性，使之不易折断。《考工记》中的“戈戟之齐”锡含量高达20%，而实际检测商周时期的绝大部分戈、戟的平均锡含量都低于14%；西周剑的锡含量均小于14%；商中晚期的刀和东周绝大部分剑及商周时期的镞的含锡量均与“斧斤之齐”相当。这样的配比材料塑性较高，与现代铸钢相当；强度也较高，仅硬度略低，符合以强度和韧性为首要条件的刀、剑、戈、戟之类兵器的要求；而镞类器虽然要求硬度高，以利射入目标，但作为一种大量消耗的兵器，只要能保证一定的机械性能，就没有必要加大锡的消耗量。因此，商周时期青铜兵器的化学成分完全符合使用要求，但与《考工记》中的“戈戟之齐”锡占20%、“大刃之齐”锡占25%、“削杀矢之齐”锡占28.57%的配比相差甚远。

鉴燧是指照面的铜镜和聚光的阳燧（图17-12）。因此要求表面光滑，色泽白亮；作为日用品，又要求有一定的强度和韧性。《考工记》中鉴燧合金中锡含量高达50%，这样的合金的颜色呈银白色，并有很高的硬度，但材质极脆，一碰就碎，磨削时易落屑，很难加工成光滑的镜面。实际检

图17-11　战国铜戈

图17-12　战国铜镜

测考古发现的铜镜表明，西周晚期到春秋时期的铜镜合金配比尚处于低锡阶段；从战国直到隋唐，铜镜的合金配比一直保持在锡22%～25%、铅6%左右。实验表明，这样的配比同样具有近灰白的颜色，具有较好的磨削性能；加6%左右的铅利于降低熔点以便铸出精美的背纹。因此，“鉴燧之齐”中的锡含量偏高，与实际制作的标准不符。

综上所述，在长期的生产实践中，至少到商代后期已基本形成了初步青铜合金的配比法则；经过西周时期的进一步总结完善，到了春秋战国时期，冶铸匠师已真正掌握了各种青铜的性能，并能在实际生产中随意应用。《周礼·考工记·六齐》虽成书于战国时期，但实际上，“六齐”是对商周以来青铜合金配剂法的总结。其中，钟鼎、斧斤之剂的记述是基本正确的，但兵器和鉴燧的配比记述却与实际成分有较大的差别。

3. 浇铸

陶范出窑之后，就可趁热合范浇铸。一般造型简单的如工具和兵器等用单范或双合范铸造，一范可使用多次。造型较为复杂的青铜容器或有銎的工具或武器等，则用复合范（内范和外范）铸造，一套范只能使用一次。例如，铸造1件铜鬲，需用6块外范（腹范2、鋬范2和底范2）和1块内范。1件铜爵需要16块陶范。战国时期曾侯乙墓出土的甬钟，铸造时最多曾用了136块陶范。

浇铸可分为“浑铸法”“分铸法”和“叠铸法”等几种。“浑铸法”是一次将整器浇铸完成。这种方法浇铸小型器物较为容易，对于大型器物，则需用大型熔铜炉熔铜，或用多个坩埚同时熔铜，在较短的时间内一次浇铸完成。否则就会形成冷隔现象。如商后期的后母戊鼎（图17-13）重达875千克，当时一个坩埚一次只能熔铜12.5千

图17-13　商后母戊方鼎

克，则一次需要70个坩埚同时熔铜，紧密配合，才能完成。“分铸法”常用于一些结构较为复杂的器物，即分别铸出器体和附件，再将附件附在器体上，浇铸铜液后合为一体；或先铸出附件，再将附件嵌入器体范中浇铸成型。商代已经使用了分铸法，西周和东周时期更加熟练。“叠铸法”是将若干烘烤过的陶范叠合组装起来，用一个总浇口，一次可浇铸出十多个或更多的铸件。这种方法出现于战国时期，多用于铸造货币或小型器物。据研究，临淄发现的“齐法化”铜模具就是用于翻制这种陶范的。

三、青铜器的装饰工艺

（一）青铜器的花纹装饰工艺

中国古代青铜器表面往往有各种纹样，这些纹样既有装饰性质，也可能具有某种社会或宗教含意，不同时期、不同文化的花纹也有所变化。因此，青铜器纹样是研究青铜器的重要内容之一。青铜器装饰工艺主要有范铸法、填漆法、错嵌法、镶嵌法、线刻法、鎏金银法、包金银法等方法[11]。有时一件青铜器仅用一种装饰工艺，有的则同时用两种以上。现介绍如下。

1. 范铸法

范铸法，即通过陶范铸造纹样的工艺，这种工艺是中国古代，特别是商—战国时期青铜器最主要的装饰工艺。先在泥模上雕塑出所要装饰的纹样，通过翻范把纹样反印在外范上，待外范半干时，再修整并将纹样的细部雕出。也有在外范上直接雕刻纹样的。东周时期，则采用花纹印版在泥模上捺印以提高工效。合范浇铸后，即可铸造出各种各样的装饰纹样来（图17-14）。

图17-14　范铸法铜器

1. 商范铸法铜簋　2. 山西侯马东周铸铜遗址出土陶模版

2. 填漆法

填漆法，即用黑或红漆装饰青铜器的工艺，它们或被填于纹地上来陪衬烘托主纹，或填在纹槽中构成主纹。填漆工艺早在商代晚期就已出现（图17-15），在河南罗山蟒张商墓中出土的4件铜鼎，就是以黑漆填嵌在云雷纹中衬底的[12]。湖北江陵望山2号楚墓中出土的铜尊上的变形龙纹，是用黑漆在纹槽中填饰的；同墓中出土的饰圆涡纹的铜缶，就是这种工艺[13]。广东肇庆战国墓出土的铜器上，通体饰勾连鸟纹和云气纹，其纹线细处错银，粗处填朱漆[14]。

图17-15　商代晚期填漆法铜尊

3. 错嵌法

错嵌法，即先在青铜器上铸或凿、刻出口窄底宽的纹槽，然后将金或银或红铜的丝、条片等捶打嵌入槽内，最后错磨平整[15]。这种工艺的特点是利用两种或两种以上不同金属的色泽对比形成鲜丽的图案（图17-16）。错嵌法流行于春秋战国时期至汉代，如河南汲县山彪镇出土的战国时期的“水陆攻战纹鉴”[16]，鉴腹四周表现古代攻战的图案，全部用红铜错嵌而成；山西长治分水岭出土的错金纹豆和盘[17]等。所错图形除了各种纹样外，还常见文字等，如“鄂君启节”和“秦虎符”等，都有错金文字。

1

2

图17-16 错嵌法铜器

1. 战国错银几何纹扁壶 2. 战国错金银铜鼎

4. 镶嵌法

镶嵌法，即用漆或桐油等黏合物将蚌片、绿松石（是含铜的磷酸盐，又名土耳其玉，颜色多呈蓝绿色）、玛瑙等物镶嵌在铸就的青铜器表面纹槽中。早在二里头文化中，就发现有镶嵌绿松石的铜牌（图17-17，1）；商代镶嵌绿松石主要见于兵器和一些小型器物上；西周到春秋时期镶嵌工艺不很发达，这样的标本少见；战国时期镶嵌工艺发展到鼎盛阶段，不仅有镶嵌绿松石者，还有镶嵌孔雀石、玉和玛瑙者，而且常与错金银工艺同施于一器，组成绚丽的图案。如陕西宝鸡市陈仓乡刘家台出土的铜壶，就镶嵌有绿松石、白玛瑙和金片[18]。汉代青铜器镶嵌工艺也较发达，如河北满城西汉墓出土的鎏金嵌银及绿松石"甄氏壶"，是难得的艺术珍品（图17-17，2）。

1

2

图17-17　镶嵌法铜器

1. 二里头遗址嵌绿松石铜牌　2. 西汉鎏金镶嵌"甄氏壶"

5. 线刻法

线刻法，即用刻刀在铜器表面刻出细如发丝的图案（图17-18）。这种工艺出现在春秋晚期，战国时期较为流行；一般刻于器壁较薄的壶、鉴、奁等器物上。纹样主要有人物活动、车马建筑、花草树木、珍禽异兽等。如河南辉县赵固出土的"宴乐射猎纹铜鉴"[19]和辉县琉璃阁出土的"乐舞狩猎纹奁"[20]等。据刻痕观察，刻镂工具应为斜刃小型刀具。战国时确已有了钢的使用，故刻刀或为钢制。

1

2

图17-18 线刻法铜器

1. 战国线刻宴乐狩猎攻战纹壶 2. 战国线刻宴乐狩猎攻战纹壶局部

6. 鎏金银法

鎏金银法，即把黄金在400℃左右的温度下溶解于水银（即汞），制成泥膏状金汞剂，俗称“金泥”（如鎏银则制成银汞剂的“银泥”），涂在铜器表面，再用火温烤，使水银蒸发逸走，使黄金固着于器表[21]。这种工艺约出现于春秋晚期，战国时期及其以后逐渐流行。在山东曲阜曾发现春秋战国之交的鎏金长臂猿，洛阳烧沟曾出土过战国时期的鎏金带钩[22]。西汉以来，鎏金铜器发现较多，如西汉武帝茂陵从葬坑出土的鎏金铜马（图17-19），高62、长76厘米；造型优美，工艺精湛，是中国古代鎏金铜器中十分罕见的精品之一。

图17-19 西汉鎏金铜马

7. 包金银法

即在铜器表面包一层极薄的金片或银片。这种技术大约在商时期已出现，如在四川广汉三星堆发现的青铜人头像，有的面部包有薄金面罩[23]（图17-20）；河南浚县辛村西周时期的墓中曾发现包金的矛柄和兽头[24]。战国时期包金银的铜器发现较多，如辉县琉璃阁、寿县蔡侯墓、临淄郎家庄、陕县后川等地均有发现[25]。

图17-20　四川广汉三星堆二号坑出土金面铜人头像

（二）青铜器花纹的分类

夏商周青铜器装饰纹样的题材，大体可分为动物、植物、几何图案、人物及社会活动等几类[26]。

1. 动物纹样

动物纹样是中国古代青铜器上最常见的一类纹样，主要有兽面、龙、牛、羊、马、猪、虎、象、兔、鹿、鸟、龟、蛇、鱼、蛙、蚕、蝉等。现择常见者介绍如下。

（1）兽面纹

兽面纹是一种用夸张的手法，描绘的一种粗眉巨眼、突鼻阔口的兽面形纹样，象征古代一种贪食的凶兽饕餮的面形，故也称“饕餮纹”。《吕氏春秋·先识览》云：“周鼎著饕餮，有首无身，食人未咽，害及其身，以言报更也。”即言周鼎铸饕餮图像是为了戒人贪吃。故宋代以来的学者也称其为“饕餮纹”。实际上，这类纹样有各种动物头部的正视图案，如牛角形、羊角形、鹿角形、曲折角形等，因此许多学者主张称其为“兽面纹”[27]。兽面纹的特点是以鼻梁为中线，两侧的角、眉、目、耳等作对称排列（图17-21）。兽面纹产生于商代早期，商代中期至西周早期常作为器物上的主题纹饰；西周晚期以后退居次要地位，常用作器耳或器足上的[22]装饰。

图17-21 商周时期的兽面纹

（2）龙纹

图案取传说中龙的形象，有角，长体屈曲，卷尾利爪，身披鳞甲。宋代以来的著录中，凡表现为一足的类似爬虫图案均称为“夔”，实际上，这类似龙的一足“夔”，应是龙形动物侧面写形，可归入龙纹类[28]。商代已有躯体蜿曲如蟒蛇的龙纹；西周时期的龙则有的身体蜿蜒，两两相对。有的作回首状，尾上卷或下卷，身体呈“S”形；有的一首居中，两身左右蜿蜒（图17-22）。也有的龙纹表现为蟠曲形态，有的蟠如球形。西周晚期的龙纹发展为几何图形化的装饰。

图17-22　商周青铜器龙纹

（3）蛇纹

无角及爪，身体曲折，头部较宽大，有一双突出的眼睛。蛇纹出现于商代，西周时不多见，东周时蛇纹盛行。商周时期青铜器上的蛇纹均不作主纹使用，有的排列成带状（图17-23）。东周时的蛇纹变小，有做卷曲交连状者，也称之为蟠虺纹。

图17-23　商周青铜器蛇纹

（4）鸟纹

青铜器上的鸟纹比较形象，尖喙长尾，作前视或回首状。鸟纹盛行于商代至西周，商代早期的鸟纹多短身短尾，长冠后飘，一般不作主纹；商代末期到西周中期鸟纹大量出现，多长身长尾，长尾后卷；鸟头上有上翘或下垂的冠者，也称为凤鸟（图17-24）。

图17-24 西周青铜器鸟纹

此外，常见的动物纹样还有龟纹、鱼纹、蛙纹、蝉纹等（图17-25）。龟纹有首、足、甲、尾等龟的全形，多施于盘、盂、鉴等水器的内底或外底。鱼纹常与龟纹、龙纹配合而施于水器类的盘、鉴的底部或侧壁。商代

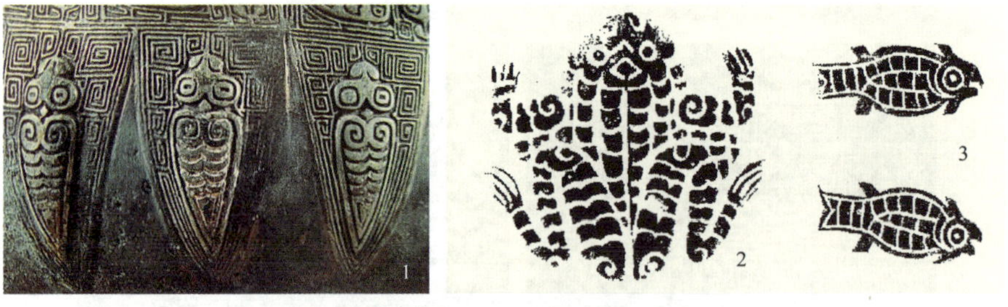

图17-25 商周青铜器蝉纹、蛙纹、鱼纹

1. 蝉纹 2. 蛙纹 3. 鱼纹

的鱼纹背鳍和腹鳍各有两个，形象较为呆板；西周时期鱼纹少见；春秋战国时期的鱼纹常有一个背鳍，鱼口多张开，形象较生动。蛙纹（或蟾蜍纹）作为纹饰在青铜器中少见，仅在水器中有数例。蟾蜍作全形，背部有斑纹或圆形疙瘩纹，见于商和西周时期。蝉纹多以三角形图案表现蝉体，不带蝉足；也有长形的蝉纹，带蝉足，流行于商代至西周。

2. 植物纹样

植物纹样在商周时期青铜器装饰纹样中并不多见。商代中晚期和西周早期仅有仰叶纹、垂叶纹、四瓣花纹等；西周晚期出现藻纹、粟纹、圆花纹等；春秋战国时期出现了树木、花草纹等。

3. 几何纹样

几何纹样在商周青铜器的各种装饰纹样中，数量仅次于动物纹样。常见者主要有云纹、雷纹、涡纹、鳞纹、弦纹、瓦纹、波浪纹、重环纹、圈带纹等。其中连续的圆形回旋线条构成的几何图形称云纹，连续的方形回旋构图也称雷纹，二者也常合称云雷纹。涡纹是圆形几何图案，近似水涡。鳞纹形似鱼鳞，常上下几层重叠；最早见于商代晚期，盛行于西周晚期至春秋时期（图17-26）。乳钉纹形似凸起之乳突状，排成单行或方阵，或各置于斜方格中。弦纹为器表凸出之横线，一般为1～3道，盛行于商周时期。圈带纹由排列成带的圆圈组成，也称连珠纹；圆圈中有的有一圆点，有的没有；多饰在器物的肩部或器盖的边缘等部位。波曲纹的线条曲折如波浪起伏。瓦纹由平行的凹槽组成，形如一排排瓦沟，也称平行沟纹或直棱纹。

图17-26　商周青铜器具常见的几何纹样

1. 云纹　2. 涡汶　3. 勾连雷纹　4. 鳞纹

4. 人物及人事活动纹样

商代青铜器纹样中开始出现人面纹，饰于鼎腹部正中，眉、目、口、鼻俱全，呈半浮雕状，形象生动。春秋战国时期，由于错嵌、刻镂等装饰新工艺的出现，青铜器纹样更加精细艳丽，产生用写实手法表现的宴乐、舞蹈、狩猎、攻战、采桑等现实社会生活图像（图17-27）。

图17-27 商周青铜器人物及人事活动纹样
1. 商代铜器上的人面纹 2. 战国水陆攻战纹拓本

（三）青铜器铭文

青铜器铭文，是指铸造或刻凿在青铜器上的文字，其中主要是青铜礼器上的铭文，也称金文或钟鼎文。商代到西周时期的铭文一般是铸成的，春秋时期的铭文有铸造的也有刻凿的，战国及其以后，则多为刻凿或错嵌的。目前已知最早的青铜器铭文是商代晚期的。

商代铜器的铭文字数较少，较早的铭文仅几个字，内容大都是族徽、人名或父祖名等。如安阳殷墟妇好墓出土的青铜器有“妇好”铭，后母戊鼎有“后母戊”铭等。商代晚期开始有了长达数十字的铭文，内容大抵是受赏而为父辈作器，如西安发现的商晚期的“臣高鼎”，器内壁铸有4行17字铭文[29]（图17-28）；河南安阳后岗祭祀坑出土的戍嗣子鼎有铭文30字，是经过考古发掘出土的商代青铜器中铭文最长者。

西周有铭文的铜器较多，且多长篇。内容有祭典训诰、征伐功勋、赏赐册命、盟誓契约等。现存最长的铭文是清道光年间出土于陕西岐山的毛

图17-28　商代晚期“臣高鼎”及铭文拓本

公鼎，计32行499字，记述了周宣王诰诫，是一篇完整的册命。1976年出土于陕西扶风县庄白青铜器窖藏的史墙盘，共18行284字，记述了周文、武、成、康、昭、穆六王的重要史事及作器者家世。1976年出土于陕西临潼西周窖藏的利簋（图17-29），内底有铭文4行32字，记述了周武王伐商之事，是现知最早的一件西周青铜器，具有极为重要的史料价值。特别是2003年1月，在陕西眉县杨家村的一个西周青铜器窖藏中，出土了鼎、

图17-29　西周早期利簋及铭文拓本

鬲、壶、盉等27件青铜器，件件有铭文，总字数超过4000字。其中“逨盘”内铸有21行372字铭文，记述了西周单氏家族8代人辅佐12位王（文王至宣王）征战、理政、管理林泽的历史，具有极高的史料价值。

东周时铸刻铭文的铜器日益减少，且一般都很简短，长篇较为罕见，铭文的史书性质日趋衰落。列国文字也不统一，吴、楚等国之器的铭文，有时书成鸟篆，如“宋公栾”戈等，装饰性功能加强。战国时期铜器铭文的内容多为记载督造官吏与作器工名、制作地点、器物所有者等，所谓“物勒工名，以考其诚”。东周时期的铭文大都是刻成的，也有用错金、银法做成的，如著名的“鄂君启节”[30]和“秦虎符”[31]等。“鄂君启节”，1957年4月于安徽省寿县城东丘家花园出土，共4件。其中车节3件、舟节1件，每节均有错金篆书（图17-30）。这是战国时期楚王颁发给鄂君启的免税凭证，分载水陆两路由鄂至郢所经城邑，是研究战国时期交通及经济等方面的珍贵史料。

图17-30　东周错金篆书“鄂君启节”

秦汉时期的铜器，特别是宫廷贵族使用的铜容器和度量衡器上，往往也刻有铭文。铭刻一般有铸造时间、置用地、监造者和工匠姓名、容积和重量、批次和编号等内容。例如，1961年西安市未央区三桥镇高窑村发现了一批西汉青铜器，其中“南宫锺”，肩部横刻有“南宫锺，容十斗，重五十一斤，天汉四年造”16字隶书铭文；“上林共府钫”口沿外侧刻有“上林共府，初元三年受东郡东阿宫钫，容四斗，重廿一斤。神爵三年卒史舍人，工光造。第一”共35字；“上林鸿嘉二年鉴”口沿下刻有“上林铜鉴，容五石，重百卅二斤，鸿嘉三年四月，工黄通造。八十四枚，第卅三”共29字（图17-31）[32]。由上述铭文得知，这些铜器是汉上林苑用器，有的是从东郡调入的，有的则是上林苑制造的。

图17-31　西汉上林铜鉴及铭文拓本

参考书目

[1]　马承源：《中国青铜器》，上海古籍出版社，1988年。

[2]　杜迺松：《中国古代青铜器小辞典》，文物出版社，1980年。

[3]　《中国青铜器全集》编辑委员会：《中国青铜器全集》（1～12），文物出版社，1996～1998年。

[4]　陕西文物局：《陕西文物精华》，陕西人民美术出版社，1993年。

[5]　西安市文物保护考古所：《西安文物精华——青铜器》，世界图书出版公司，2005年。

[6]　李京华：《中国早期冶铜技术初探》，《文物研究》1990年第6期。

[7]　史树青：《我国古代的金错工艺》，《文物》1973年第6期。

[8]　叶小燕：《我国古代青铜器上的装饰工艺》，《考古与文物》1983年第4期。

[9]　温廷宽：《几种有关金属工艺的传统技术方法》，《文物参考资料》1958年第3期。

[10]　高鲁冀：《中国古建筑中的鎏金与贴金》，《考古与文物》1980年第4期。

注释

[1]　刘诗中、曹柯平、唐舒龙：《长江中下游地区的古铜矿》，《考古与文物》1994年第1期。

[2]　北京钢铁学院中国冶金史编写组：《中国古代冶金》，文物出版社，1978年。

[3]　夏鼐、殷玮璋：《湖北铜绿山古铜矿》，《考古学报》1982年第1期。

[4]　山西省考古研究所：《侯马铸铜遗址》，文物出版社，1993年；山西省考古研究所：《侯马

陶范艺术》，普林斯顿大学出版社，1996年。
[5] 叶万松：《我国西周前期青铜铸造工艺之研究》，《考古》1984年第7期。
[6] 参阅山西省文管会侯马工作站：《1959年侯马“牛村古城”南东周遗址发掘简报》，《文物》1960年第Z1期；张万钟：《侯马东周陶范的造型工艺》，《文物》1962年第Z1期。
[7] 陈梦家：《殷代铜器三篇》，《考古学报》1954年第1期。
[8] 吴来明：《“六齐”、商周青铜器化学成分及其演变的研究》，《文物》1986年第11期。
[9] 叶学贤、贾云福、周孙录等：《化学成分、组织、热处理对编钟声学特性的影响》，《江汉考古》1981年第1期。
[10] 杨根、丁家盈：《司母戊大鼎的合金成分及其铸造技术的初步研究》，《文物》1959年第12期。
[11] 参阅叶小燕：《我国古代青铜器上的装饰工艺》，《考古与文物》1983年第4期；吴镇烽：《商周青铜器装饰艺术》，《考古与文物》1983年第5期。
[12] 信阳地区文管会：《河南罗山县蟒张商代墓地第一次发掘简报》，《考古》1981年第2期。
[13] 湖北省文化局文物工作队：《湖北江陵三座楚墓出土大批重要文物》，《文物》1966年第5期。
[14] 广东省博物馆：《广东肇庆市北岭松山古墓发掘简报》，《文物》1974年第11期。
[15] 史树青：《我国古代的金错工艺》，《文物》1973年第6期。
[16] 〔日〕梅原末治：《洛阳金村古墓聚英》，京都版，1943年，图版拾玖、贰拾。
[17] 边修成：《山西长治分水岭126号墓发掘简报》，《文物》1972年第4期。
[18] 陕西文物局：《陕西文物精华》，陕西人民美术出版社，1993年。
[19] 中国科学院考古研究所：《辉县发掘报告》，科学出版社，1956年。
[20] 郭宝钧：《山彪镇与琉璃阁》，科学出版社，1959年。
[21] 温廷宽：《几种有关金属工艺的传统技术方法》，《文物参考资料》1958年第3期；高鲁冀：《中国古建筑中的鎏金与贴金》，《考古与文物》1980年第4期。
[22] 中国科学院考古研究所：《洛阳烧沟附近的战国墓葬》，《考古学报》1954年第2期。
[23] 四川省文物考古研究所：《三星堆祭祀坑》，文物出版社，1999年。
[24] 郭宝钧：《浚县辛村》，科学出版社，1964年，第62页。
[25] 叶小燕：《我国古代青铜器上的装饰工艺》，《考古与文物》1983年第4期。
[26] 杜廼松：《中国古代青铜器小辞典》，文物出版社，1980年。
[27] 马承源：《中国青铜器》，上海古籍出版社，1988年，第324、325页。
[28] 马承源：《中国青铜器》，上海古籍出版社，1988年，第328、329页。
[29] 西安市文物保护考古所：《西安文物精华——青铜器》，世界图书出版公司，2005年，第5页。
[30] 殷涤非、罗长铭：《寿县出土的“鄂君启金节”》，《文物参考资料》1958年第4 期。
[31] 黑光：《西安市郊区发现秦国杜虎符》，《文物》1979年第9期。
[32] 西安市文物保护考古所：《西安文物精华——青铜器》，世界图书出版公司，2005年。

第十八讲

古代青铜器（下）

一、史前时期的铜器

冶铜术的发明，是中国古代文化发展的最重要技术成果之一。目前已发现的最早的铜器或与制作铜器有关的遗迹、遗物，主要分布在黄河流域的山东、河南、山西、陕西、甘肃、青海等省的仰韶和龙山时代诸文化中（图18-1）。

（一）仰韶时期的铜器发现

早在1942年，就在山西榆次源涡镇遗址发现一块陶片上附有铜炼渣[1]。后经化验知其含铜47.67%、硅26.81%、钙12.39%、铁8%，应为冶铜剩下的炼渣[2]。研究者认为："从过去发表的资料和现存北京大学考古教研室的部分陶片标本来看，源涡镇该遗址的文化性质与太原义井遗址基本一致，是仰韶文化晚期分布于晋中地区的一种地方类型，年代当在公元前3000年左右。"[3]

1973年，在陕西临潼姜寨遗址的F29房址的居住面上，出土了一块半圆形铜片。经鉴定，含铜66.54%、锌25.5%、铅5.92%，属黄铜[4]。该房址属仰韶文化早期，故这是已报道的最早的铜器残片。

1977～1978年，甘肃东乡林家遗址马家窑文化地层中，发现一把铜刀和一些铜器碎块，刀背略呈弓形，柄较短，系单范铸成。经激光光谱分析，其中铜和锡的含量较多，当属青铜[5]。年代学研究表明，林家遗址马家窑文化地层年代经^{14}C测定，为公元前3280～前2740年[6]，约相当于黄河中游仰韶晚期，是中国目前已知最早的青铜刀。

此外，曾在山东泰安大汶口遗址M1随葬的一件骨凿上，发现附着的铜绿，含铜率为99%，或为铜器加工的遗迹。该墓属大汶口文化晚期，年代约为公元前3000～前2600年[7]。

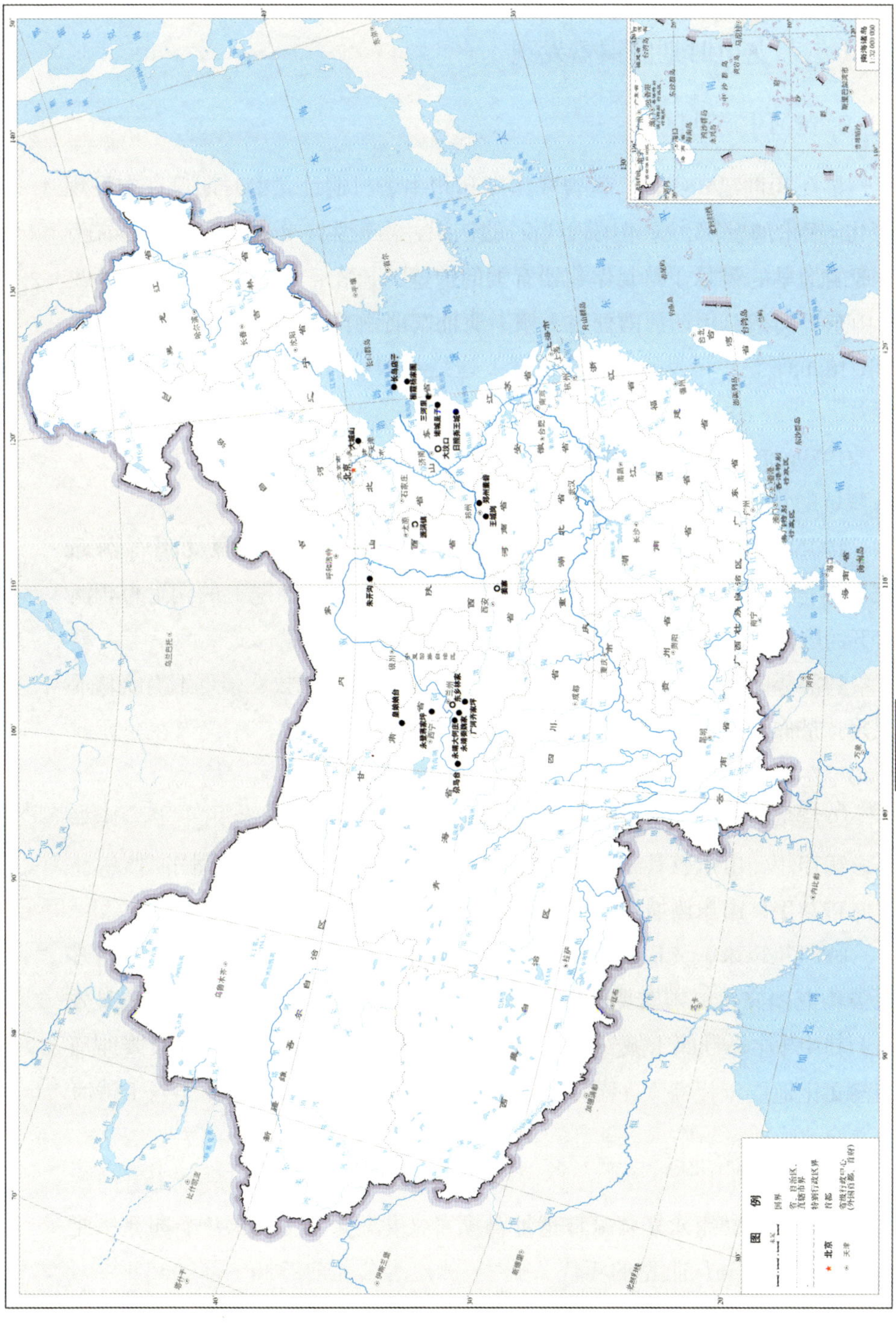

图18-1　黄河流域史前时期铜器出土地点分布示意图

审图号：GS京（2022）0719号

（二）龙山时期的铜器发现

1. 黄河中游地区

早在20世纪50年代，就曾在河南郑州牛砦村遗址龙山时期遗存中发现熔化青铜的炉壁残块，但限于当时的认识，发掘者未予报道，后经有关专家检验分析，确认了这是熔化铅青铜的炉壁[8]。

1977～1981年，河南登封王城岗遗址发现铜容器（可能是铜鬶）残片1件，表面平整，可见一小段合范缝。这是我国目前已知最早的铸造铜容器残片[9]。

1979～1980年，河南淮阳平粮台龙山时期城址H15中发现一块铜渣[10]，该灰坑的年代经^{14}C测定为距今4355年±175年（经树轮校正）。

1975年，河南临汝煤山遗址龙山时期的H28、H40两个灰坑中，发现泥质熔铜炉底残块，内面有6层铜液痕迹。经化验，炉壁上的铜近似值为95%，应为熔化红铜的炉子[11]。

1983年，山西襄汾陶寺遗址M3296出土铃形铜器1枚，顶部遗有浇注不足形成的孔洞缺陷，为红铜铸造[12]。

2. 黄河下游地区

1974年，山东胶县三里河遗址龙山文化层中发现了两段黄铜锥[13]。

1978年，山东诸城呈子遗址曾发现1块铜片[14]。

1981年以来，先后在山东栖霞杨家圈遗址发现一段残铜锥，并在许多探方的龙山文化层内发现铜炼渣和炼铜原料；山东长岛北长山店子遗址发现1块圆铜片；日照王城安尧遗址发现有铜炼渣；牟平照格庄遗址发现有青铜锥[15]。

3. 黄河上游地区

1975年，甘肃永登蒋家坪遗址马家窑文化马厂类型地层中，发现一把残青铜刀[16]。马厂类型的年代，据^{14}C测定为公元前2330～前2055年[17]。相当于黄河中下游的龙山时代晚期。

继马厂类型之后的齐家文化，年代约在公元前2055～前1900年，在龙山时代中年代最晚，出土的铜器也最多，其后期可能已进入青铜时代。甘肃武威皇娘娘台遗址出土铜器30件，有铜锥15、铜刀6、铜钻头2、铜凿1、铜环1、铜条形器1、残铜片4件[18]。

甘肃永靖大何庄遗址发现铜匕1、残铜片1件[19]。甘肃永靖秦魏家遗址发现铜锥1、铜指环2、铜饰2、残铜片2件[20]。甘肃广河齐家坪遗址发现铜空首斧1、铜镜1面（素面，正中微凹，直径6厘米）[21]。甘肃广河西坪遗址发现铜刀 1 件，长18.3厘米[22]。青海贵南尕马台遗址发现有铜指环、铜泡、铜镜，其中铜镜直径9厘米，厚0.3厘米，背饰七角星纹[23]（图18-2）。

图18-2　青海尕马台遗址齐家文化铜镜

总之，从考古发现看，中国铜器及其制作技术，早在新石器时代中晚期就已出现了。史前时期黄河流域发现的铜器有自然的红铜，也有人工冶炼的合金青铜，但并非有意识配制的，而是由共生矿冶炼而得到的[24]。史前的铜器多为小型的手工工具和生活用具如刀、锥、镜、环之类，有锻造，也有单范铸造的（表18-1）。新石器时代中晚期虽然出现了铜器，但数量和品种都很少，当时的生产工具中占绝大多数的仍是石器。铜器在社会生产、社会生活中的实际地位不大。同世界许多古文化用铜的历史一样，“在金属工匠学会将铜与锡或砷熔合以生产青铜和其他有韧性的铜之前，铜的经济效用（就其锋利的刃口而言）是不明显的。一旦合熔的优越性被人们所了解，铜就在农业和战争中起了比较重要的作用”[25]。

表18-1　中国史前时期铜器发现统计表

<table>
<tr><th colspan="3">出土地点</th><th>出土铜器或相关遗物</th><th>文化类型</th><th>年代（BC）</th></tr>
<tr><td rowspan="5">黄河下游</td><td rowspan="5">山东</td><td>泰安大汶口</td><td>铜屑（红铜）</td><td>大汶口文化</td><td>3000～2600</td></tr>
<tr><td>胶县三里河</td><td>铜锥（黄铜）</td><td rowspan="4">龙山文化</td><td rowspan="4">2600～2000</td></tr>
<tr><td>诸城呈子</td><td>铜片</td></tr>
<tr><td>栖霞杨家圈</td><td>铜锥</td></tr>
<tr><td>长岛北长山</td><td>铜片</td></tr>
<tr><td rowspan="7">黄河中游</td><td>陕西</td><td>临潼姜寨</td><td>铜片（黄铜）</td><td>仰韶早期</td><td>4675 ± 135</td></tr>
<tr><td rowspan="2">山西</td><td>榆次源涡镇</td><td>铜渣</td><td>仰韶晚期</td><td>3000</td></tr>
<tr><td>襄汾陶寺</td><td>铜铃</td><td>陶寺类型</td><td>2085</td></tr>
<tr><td rowspan="4">河南</td><td>登封王城岗</td><td>铜容器残片（铅锡青铜）</td><td rowspan="4">王湾三期类型</td><td rowspan="4">2500～2000</td></tr>
<tr><td>临汝煤山</td><td>炉壁残块（红铜）</td></tr>
<tr><td>郑州牛砦村</td><td>炉壁残块</td></tr>
<tr><td>淮阳平粮台</td><td>铜渣</td></tr>
<tr><td rowspan="8">黄河上游</td><td rowspan="7">甘肃</td><td>东乡林家</td><td>铜刀等（锡青铜）</td><td>马家窑类型</td><td>3280～2740</td></tr>
<tr><td>永登蒋家坪</td><td>铜刀（锡青铜）</td><td>马厂类型</td><td>2330～2055</td></tr>
<tr><td>武威皇娘娘台</td><td>铜刀（红铜）、铜锥（青铜）等</td><td rowspan="6">齐家文化</td><td rowspan="6">2055～1900</td></tr>
<tr><td>永靖大何庄</td><td>铜匕、残铜片（红铜）</td></tr>
<tr><td>永靖秦魏家</td><td>铜斧（红铜）、铜锥（青铜）等</td></tr>
<tr><td>广河齐家坪</td><td>铜空首斧、铜镜等</td></tr>
<tr><td>广河西坪</td><td>铜刀</td></tr>
<tr><td>青海</td><td>贵南尕马台</td><td>铜指环、铜镜等（锡青铜）</td></tr>
</table>

二、夏商周时期的青铜器

夏商周时期是中国古代青铜器发展的繁荣时期，青铜器已广泛用于社会生活的许多方面，成为社会文化的主要内容。但这一时期的“国之大事，在祀与戎”（《左传·成公十三年》），戎所以攘外安内，祀所以通天通神，故青铜器主要用于制作礼器、乐器和兵器等。“夫礼者，所以定亲疏，决嫌疑，别同异，明是非也。”（《礼记·曲礼》）“制礼义以分之，使有贫富贵贱之等。”（《荀子·王制》）所谓“礼”，即统治秩序，用于别上下，明贵贱。这些等级制度体现在日常生活和丧葬制度等各个方面，如祭祀、宴饮、丧葬、婚冠等活动。于是一些青铜器被赋予特殊的意义，成为礼制的体现，即所谓藏礼于器，这类器物就称为“礼器”。商周时期的大部分青铜容器和乐器等均为礼器。

（一）容器

青铜容器，是夏商周时期最主要的器类之一，种类繁多，包括炊器、食器、酒器、盥器等。大部分青铜容器皆为礼器。

1. 炊器

（1）鼎

鼎为炊器或食器，主要用于煮或盛鱼、羊、豕肉等，用于祭祀、燕享等。青铜鼎是在新石器时代陶鼎的基础上发展而来的，最早见于二里头遗址，盛行于商周时期。鼎的形状有三足圆鼎，也有四足方鼎。商代的鼎足有尖锥和圆柱形，腹较深；西周至春秋战国鼎多兽蹄足，腹渐变浅；春秋中晚期至战国秦汉时期，鼎渐变矮[22]且多有盖（图18-3）。

商周时期的鼎大者高过1米，如商代“后母戊”方鼎，方形四足，高133厘米，重875千克（图17-13）；西周时期的大盂鼎，圆形三足，高100

图18-3 商周时期青铜鼎

1. 商代柱足鼎 2. 西周兽足鼎 3. 春秋带盖鼎

厘米，重153千克。这类鼎可能是煮肉的炊器。《仪礼·少牢馈食礼》中有“羊镬”“豕镬”。据郑玄解释，镬是一种煮肉的大鼎。所谓“羊镬”“豕镬”就是煮羊或猪肉的大鼎。又《仪礼·有司彻》有“卒爨，乃升羊、豕、鱼三鼎”，即把煮熟的肉盛在另一种鼎内，然后摆列，用以祭祀祖先或宴请宾客。这类鼎形制、花纹相同或相似，大小依次递减而排列有序，多为奇数。有学者认为，这种成组有序排列的鼎即“列鼎而食”的“列鼎”[26]。这种“列鼎”，用于祭祀、宴饮、朝聘、丧葬、婚冠等活动的仪式上，不同等级的贵族使用数量不同，即所谓天子九鼎，诸侯七鼎，大夫五鼎，元士三鼎，从而形成了“列鼎制度”。

（2）甗

甗为炊器，相当于现代的蒸锅，其器形源自新石器时代的陶甗。铜甗主要流行于商周至战国时期，有圆体三足和方体四足两类。甗的全器分为上、下两部分，上部叫甑，置食物；下部为鬲，置水。有的铜甗的甑部与鬲部铸成一体，称合体甗。合体甗的甑与鬲之间有一带孔的铜片，叫箅。有的甗的甑部与鬲部可分可合，称分体甗，甑的底部有箅孔（图18-4）。此外，在河南安阳殷墟妇好墓曾出土三联甗，甗作中空长方体，其上有3个灶孔，分别置三甑，甑底有箅孔[27]。

1　　2

图18-4　商周时期青铜甗

1. 商代分体甗　2. 西周合体甗

（3）鬲

鬲（lì）为炊器。《尔雅·释器》谓鼎“款足谓之鬲”，《汉书·郊祀志》谓鼎“空足曰鬲”。可知鬲的形状似鼎而空足，便于炊煮加热。铜鬲最初是仿新石器时代的陶鬲制成的，商代前期的鬲多无耳，后期口沿上一般有两个立耳；商后期和西周前期的鬲多高领、短足，有附耳；西周晚期到春秋的鬲多折沿、弧裆，无耳，有的腹部有扉棱（图18-5）。

1　　2　　3

图18-5　商周时期铜鬲

1. 商代晚期铜鬲　2. 西周早期铜鬲　3. 西周晚期铜鬲

2. 食器

（1）簋

簋（guǐ）为食器，用以盛黍、稷、稻、粱等。簋也是商周时期最重要的礼器之一，西周以来常和鼎配合使用并用偶数，即天子八簋，诸侯六簋，大夫四簋，士二簋。簋的基本形态一般为圆腹、侈口、圈足。商代的簋多无盖，有耳或无耳。商代早期的簋多无耳圈足，商晚期以后双耳簋渐增多；西周中晚期和春秋的簋常带盖，有两耳或四耳，还出现了圈足下加方座或附有三足的簋（图18-6）。其中，清道光年间出土于陕西岐山的西周武王时期的大丰簋（又称天亡簋或朕簋），四兽耳，方座；腹内壁有铭文76字，记载了武王灭商后为其父文王举行的祭典，铸造这件簋作为纪念，反映了西周初年的历史。1978年，陕西扶风县齐村出土的西周厉王㝬簋，高59厘米，重60千克，是目前所见商周青铜簋中最大的，有“簋王”之称；该簋有铭文124字，为周厉王为祭祀先祖所作的祝词，是为数不多的西周王器之一[28]。战国以后，簋就很少见了。

1　　2　　3

图18-6　商周时期青铜簋

1. 商代圈足簋　2. 西周方座簋　3. 春秋圈足下加三足簋

（2）盨

盨（xǔ）为食器，用来盛黍、稷、稻、粱等。器体呈椭圆形，敛口，二耳，圈足，有盖。盖上一般有4个矩形纽，仰置时成为带4足的食器。盨出现于西周中期（图18-7），春秋后期消失。

（3）簠

簠（fǔ）为食器，用来盛黍、稷、稻、粱等。器体呈长方形，盖与器的大小、形状相同，合上为一器，打开则为相同的两个器皿。西周时期出现，流行到战国末年。早期的簠足短、口外侈。春秋战国时期的簠足变高，口不外侈，器变深（图18-8）。

图18-7　西周青铜盨

图18-8　春秋青铜簠

（4）敦

敦（duì）为食器，用来盛黍、稷、稻、粱等。青铜敦出现于春秋中期，流行于春秋晚期到战国时期。敦上下内外皆圆，盖与器体合成球体或卵圆体。有的敦盖与器体造型完全相同，故盖也能翻转过来使用。有的敦盖和器都作半球形，合起来成为球形，俗称"西瓜敦"（图18-9）。

（5）豆

豆用于盛腌菜、肉酱之类的食物。豆的器体浅如盘，下有柄及圈足。早在新石器时代就有陶豆，青铜豆出现在商代后期，但较少见，西安老牛坡商代后期遗址中曾发现1件青铜豆，豆盘内有"父癸"铭文[29]。西周时的青铜豆盘腹多较浅，无盖、无耳。春秋及其以后的青铜豆腹较深，有的盘侧有耳，有的有器盖（图18-10）。

图18-9 战国青铜敦

图18-10 春秋青铜豆

图18-11 西周青铜爵

3. 酒器

（1）爵

爵为饮酒器，陕西扶风县云塘出土的西周白公父爵有“白公父作金爵，用飨用酌”铭文[30]。爵是中国古代最早出现的青铜礼器之一，见于河南偃师二里头遗址。爵的造型为圆腹，前有倾酒用的槽状流，后有尖锐的尾，口上有二柱（少数为单柱或无柱），旁有鋬（把手），下有三尖足（图18-11）。商周时期较盛行，春秋战国时期少见。商前期为平底、二柱短而紧靠流折；商后期、西周时多为凸底，柱离流折较远。

（2）角

角（jué）为饮酒器，形似爵而无流，口两翼均若尾，无柱，部分有盖，主要流行于商周时期。商代角有的口部呈“V”形，有的口部呈凹弧形，下附三锥形足。西周多为凹弧形口，有的有盖（图18-12，1）。

（3）觯

觯（zhì）为饮酒器，圆或扁腹，侈口，圈足，多有盖，形似尊而形体较小。《礼记·礼器》有“宗庙之祭，尊者举觯，卑者举角”的记载。可知饮酒器的使用也有尊卑之分。觯初见于商晚期（图18-12，3），主要流行于商周时期，春秋时期极少见。

（4）觚

觚（gū）为饮酒器，长身侈口，口和底均呈喇叭状。商前期觚体较粗短（图18-12，2），商后期及西周觚体细长。

1

2

3

图18-12　商周时期青铜角、觚、觯

1. 西周青铜角　2. 商青铜觚　3. 商青铜觯

（5）尊

尊为盛酒器，形体较大。一般称尊者，有三种器形：一是有肩大口尊，形态为大口、折肩或圆肩，圈足，商代较多见（图18-13，1）。二是觚形尊，无肩似觚而形体粗大，主要流行于商至春秋时期（图18-13，2）。三是鸟兽尊或称牺尊，器形为象、牛、羊、虎、猪、鸟等各种动物形态，见于商至春秋时期（图18-13，3）。

1

2

3

图18-13 商周时期青铜尊

1. 商有肩大口尊 2. 西周觚形尊 3. 西周牛尊

（6）觥

觥，也称为兕觥（sì gōng），为盛酒器或饮酒器。《诗·周南》有“我姑酌彼兕觥”句。觥体为椭圆形或方形，圈足或四足，有流和錾，有盖作兽头形或长鼻上卷的象形。觥出现于商晚期（图18-14，1），沿用至西周早期。

（7）卣

卣（yǒu）为盛酒器。一般为圆体或椭圆体，深腹，圈足，有盖和提梁，也有作鸟兽形的。《诗·大雅》有“秬鬯一卣”。则卣可能是祭祀时，用于盛名为“秬鬯”（jù chàng）的香酒的祭器，流行于商晚期和西周早期（图18-14，2）。

（8）彝

彝为盛酒器，或为调和酒、水之器。彝也是古代青铜礼器的通称。《尔雅·释器》：“彝，卣、罍，器也。”郭璞注曰：“皆盛酒尊，彝其总名。”彝为高方身，腹较直，带有屋脊形器盖，有的带扉棱。见于商晚期至西周（图18-14，3）。

1 2 3

图18-14 商周时期青铜觥、卣、彝

1. 商代青铜觥 2. 西周青铜卣 3. 西周青铜彝

（9）壶

壶为盛酒器。《诗·大雅·韩奕》有“清酒百壶”，说明壶这类青铜器，是用于盛酒的。青铜壶主要流行于商至汉代或更晚，形式多样。商代多扁圆带贯耳，圈足；西周壶有圆形和方形，长颈，大腹，有盖，兽耳衔环；春秋战国壶有圆形，也有方形（图18-15）。

1　　2　　3

图18-15　商周时期青铜壶

1. 商扁圆壶　2. 西周方壶　3. 春秋圆壶

图18-16　商代青铜斝

（10）斝

斝（jiǎ）为温酒器。《礼记·明堂位》：“灌尊，夏后氏以鸡彝，殷以斝，周以黄目。”故斝也用作祭祀时盛酒灌地降神的灌器。斝的器形出现于新石器时代的陶器中，属炊器。青铜斝最早见于二里头文化，主要流行于商代至西周早期。青铜斝一般为圆口，两柱、一鋬、三足，无流及尾（图18-16）。商代斝多平底，三锥状足；商晚期和西周早期斝有三柱状足者。

（11）盉

盉（hé）为盛酒器，或说是调和酒、水的器具。圆口，有盖，有嘴，有鋬，下有三足或四足（图18-17）。盖和鋬之间有链相连接。青铜盉出现于商代早期，盛行于商晚期至西周。商代盉多款足（空心足），周代的盉款足较少，春秋战国出现圆腹有提梁的盉。

图18-17　西周青铜盉

4. 盥器

（1）盘

盘为盥洗时的盛水器。商周时贵族宴饮时，宴前饭后要行沃盥之礼。《礼记·内则》："进盥，者奉槃（盘），长者奉水，请沃盥，盥卒授巾。"青铜盘出现于商早期，主要流行于商晚期至战国。盘多圆形，浅腹。商盘无耳，圈足；西周至春秋多附耳，有圈足（图18-18）。著名的西周虢季子白盘呈长方体，长130.2、宽82.7、高41.3厘米，可能用于盛水或沐浴用（图1-2）。

（2）匜

匜（yí）为盥洗的浇水器。《仪礼·公食大夫礼》："小臣具槃匜，在东堂下。"匜为长椭圆形，前有流后有鋬，亦有带盖者。匜出现于西周中期，盛行于西周晚期至东周（图18-19）。

图18-18　西周墙盘

图18-19　春秋青铜匜

（二）乐器

最早的青铜乐器发现于晋西南的陶寺遗址。1983年，陶寺M3296出土了1件铃形铜器。夏商周时期的青铜乐器种类和数量渐多，有些乐器如钟等也是礼器。依据礼制，不同等级的贵族，各有其使用礼乐器的规定。

1. 铙

铙为乐器，形似铃而较大，有中空的短柄可安把，是我国最早使用的青铜打击乐器，流行于商代晚期，周初沿用。《说文》："铙，小钲也。军法，卒长执铙。"又《周礼·地官·鼓人》："以金铙止鼓。"可知铙是退军时用以指示停止击鼓的。铙又称钲，《说文》金部："钲，铙也，似铃，柄中上下通。"使用时用手执把，铙口朝上，用木槌敲击。特大的铙使用时要插在铙座上。一般以大、中、小三件为一组（图18-20），也有五件一组者，如1976年安阳妇好墓出土了大小相次的五件组铙。

图18-20　商代晚期组铙

2. 钟

钟为古代祭祀或宴飨时使用的打击乐器，可能是从商代的铙演化而来的。目前所见最早者为西周时期。西周以来的青铜钟可分为甬钟、纽钟和镈钟三种类型。其中甬钟和纽钟常大小相次组成编钟。钟也是礼器，西周以来，天子用4套编钟，诸侯3套，大夫2套，士1套。

甬钟：钟口内凹呈弧形，钟顶有筒形甬（钟柄）（图17-9），多大小相次成组地悬挂在钟架上，称为编钟。最早的甬钟多3件一组，西周晚期时有8件一组者；东周时期的河南信阳长台关楚墓中出土了14件一组编钟。

纽钟：钟口内凹呈弧形，钟顶有半圆形纽者（图18-21）。始见于西周，盛行于东周，亦多大小相次成组地悬挂在钟架上，组成编钟。

图18-21 东周时期的纽钟

镈钟：大型单个打击乐器，亦称特钟（图18-22）。镈钟口平而有悬纽。盛行于春秋战国时期，是贵族宴飨或祭祀时，与编钟、编磬相和使用的乐器。

1978年，湖北随县曾侯乙墓出土了45件甬钟，19件纽钟、1件镈钟、共65件。出土时分为三层8组悬挂于钟架上，同时出土有6个“T”字形彩绘木槌和两根彩绘木棒，是用来敲钟的。

图18-22 战国镈钟

3. 鼓

鼓是用于战争中指挥进退和宴飨、祭祀的乐器。1977年湖北崇阳县出土了一面横置的两面鼓，属商代器（图18-23，1）。大量的铜鼓出于西南少数民族地区（图18-23，2），可能出现于春秋时期，但大多数相当于汉代或汉代以后。

1

2

图18-23 商周时期青铜鼓
1. 湖北商代青铜鼓 2. 云南战国青铜鼓

（三）兵器

“国之大事，在祀与戎。”兵器是国家军事力量的重要体现，故也是夏商周时期最重要的青铜器之一。这一时期的兵器主要有戈、矛、戟、剑等。这些兵器是研究中国古代兵器史、战争史的重要资料。

1. 戈

戈是商周时期的主要格斗兵器，用于横击、钩杀和啄击。戈由铜制的戈头、柲（bì，即柄）和柲下端的铜鐏（zūn，柲下端的铜套）三部分组成。《礼记·曲礼上》：“进戈者前其鐏。”戈头可分为内、援两部分（图18-24）。援有锋刃，援的后下部转折部分称“胡”，胡上有小孔称“穿”，用以穿绳索固定于柲上；“内”用于安木或竹制的柲。商代的戈有三种形式：直内、曲内、有銎戈，一般无胡，商代晚期出现有胡戈；西周戈多短胡，有1～3穿；春秋战国戈胡变长，多为3～4穿，有的胡部还带有齿刃，援也变得狭长而上扬。

2. 矛

矛是格斗用的长柄“刺兵”，是商周时期最常见的兵器之一。新石器时代就有石矛，商代开始出现青铜矛。青铜矛头包括“身”“骹（qiāo）”两部分。矛身有锋刃，中线称“脊”，两侧为翼（或称叶）；骹中空，略呈锥形，用以插柲（柄），两旁常有环纽，以系璎珞；柲端的铜饰称“镦（duì）”。《礼记·曲礼上》：“进矛戟者前其镦。”商矛一般形体宽大（图18-25），春秋战国的矛向细长演变。

3. 戟

戟是戈和矛的合体，兼有钩、刺两种功能。将矛和戈用柲联装成一件兵器的例子最早见于河北藁城台西商墓，系戈、矛分铸合装。西周出现了合铸为一体的戟。春秋战国时期合铸戟少见，多为戈、矛分铸合装者（图18-26）。

4. 剑

剑属短兵器，是以前刺为主，也可用侧刃劈砍的卫体和格斗兵器。由“身”和“茎”两部分构成。剑身中线凸起称“脊”，脊两侧成坡状称“从”（zòng），从外的刃称“锷”。剑茎即把手，有圆形和扁形两种。茎端称“首”，茎和身之间有护手的“格”（图18-27）。最早的青铜剑见于周初，春秋时渐多，至战国盛行。春秋时期，吴、越国铸剑技术名扬天下，为春秋各国所称道。《周礼·考工记》曰：“吴粤（越）之剑，迁乎其地而弗能为良。”1965年湖北江陵望山一号楚墓中出土了一柄保存完好的青铜剑，通长55.7厘米，柄长8.4厘米，身宽4.6厘米。剑身满饰菱形花纹，剑格两侧以蓝色琉璃镶嵌花纹。剑身近剑格处有“越王鸠（勾）浅（践）自作用剑”8字鸟篆铭文。

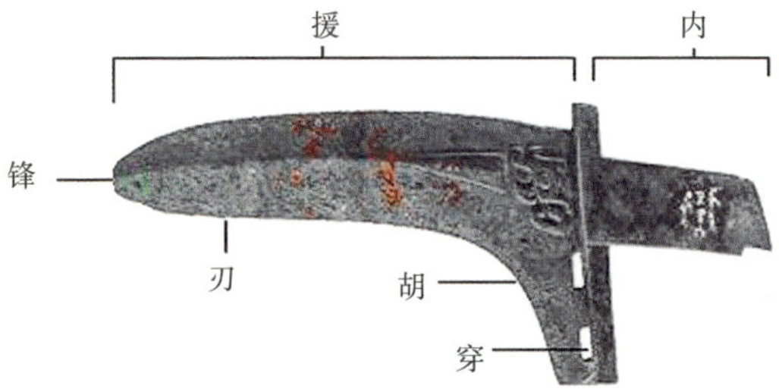

图18-24 青铜戈头各部位名称图

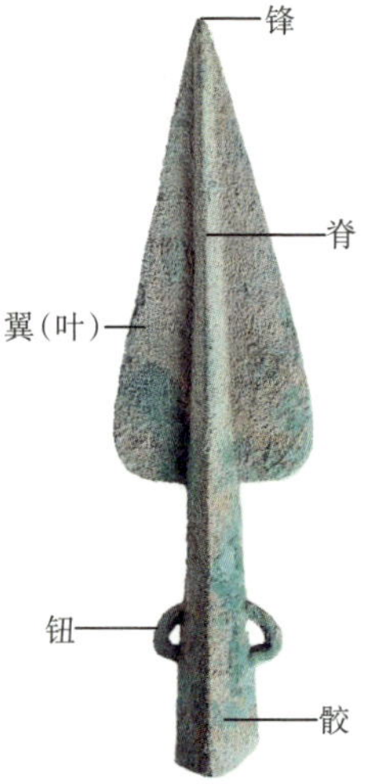

图18-25 商青铜矛

图18-26 战国合装铜戟

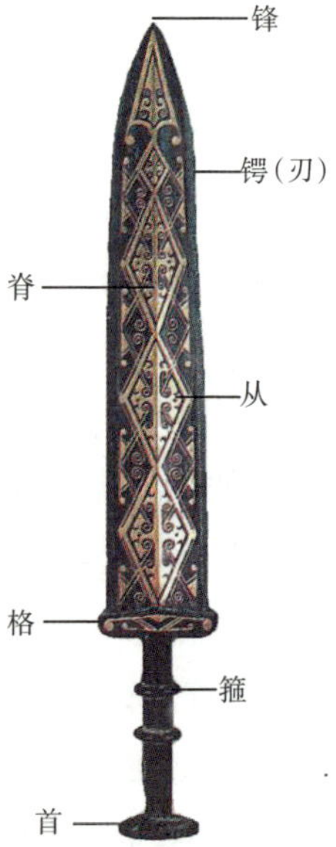

图18-27 战国青铜剑

5. 刀

刀为单侧刃的劈砍兵器。商代不多见，商晚期有一种柄饰马头的短刀，只能充作卫体兵器之用。另有一种直背长刀，刀尖向后钩，最长约80厘米，宽10厘米，但数量极少，当不是主要的格斗兵器；西周时有一种背上有銎孔可装柄的铜刀，数量也很少。东周时出现环首长刀，如四川新都战国墓出土的铜刀，环首直背，长53厘米，柄宽12厘米（图18-28）。

图18-28　战国环首铜刀

6. 钺

钺是用于劈砍的格斗兵器或刑杀器，形似大斧。一说大型者是钺，小型者称鉞[31]。钺刃部宽而呈弧形，有内和穿，用于安柄。其中有些装饰精美者，可能用于仪仗，是统帅权威的象征。西周宣王时的虢季子白盘铭有“赐用钺，用征蛮方”。早在新石器时代就有石钺或玉钺，青铜钺出现于商代早期，流行至战国时期。河南安阳妇好墓出土的两件铜钺，一件刃宽37.3厘米，重8.5千克，另一件刃宽38.5厘米，重9千克。器身均铸有“妇好”铭文。此外，还有铁刃铜钺，是用陨铁锻成器刃，然后嵌铸在铜钺上。1972～1973年，河北藁城台西遗址M112出土了一件铁刃铜钺；1977

年，北京平谷县刘家河商代中晚期墓中出土了一件铁刃铜钺。西周时的钺有的内部带銎孔（图18-29）。

1　2　3

图18-29　商周时期铜钺
1. 商铁刃铜钺　2. 商铜钺　3. 西周铜钺

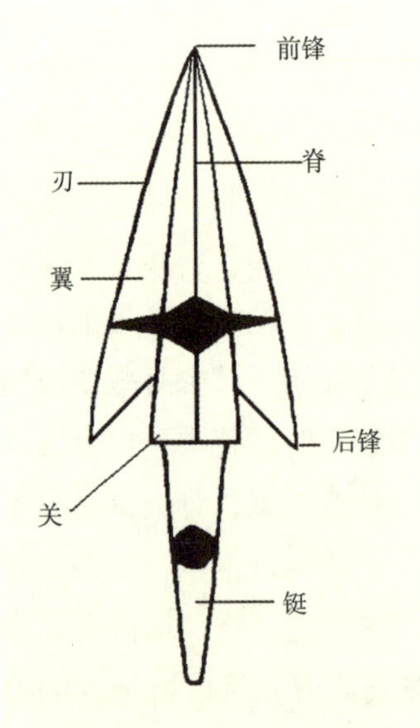

图18-30　商代青铜镞

7. 镞

镞即弓箭的箭头，属远射兵器。镞由镞身和连接箭杆的“铤”构成。青铜镞出现于二里头文化时期，商周时期大量流行，至汉代仍使用。商代的青铜镞以扁平凸脊双翼式镞为基本形态，两翼侧刃前聚成锋，向后成倒刺或曰后锋（图18-30）。西周时仍有双翼式镞，有的双翼呈镂空状。东周时出现三棱式或圆锥式镞，提高了穿透力。汉代虽然出现了铁镞，但青铜镞仍时有发现。

8. 弩机

弩是利用机械力量射箭的弓，弩机是装在弩的木臂后部的铜质机件（图18-31）。弩机包括钩弦的“牙”、瞄准的“望山”和扳机“悬刀”等部分。扳动悬刀，所钩的弦弹出，箭就被发射出去了。弩机最早见于春秋晚期，战国及秦汉、魏晋时盛行，各地均有大量的发现。

图18-31　秦始皇陵园出土的铜弩及弩机

三、秦汉时期的青铜器

汉唐时期，青铜器渐渐失去了礼制含意和中心地位，逐渐向日用器转化。但秦汉时期，先秦礼制的遗俗犹在一定程度上存在，青铜器如鼎、锺、钫等仍是贵族常用的器具之一。故青铜制造业，仍是手工业特别是官府手工业的一个重要生产部门。汉以后，青铜器的数量、种类进一步减少，仅用于铜镜或一些日用杂器的制作。

（一）日用青铜器

秦汉时期的青铜容器的种类较之商周时期已大大减少，主要有鼎、锺、钫、壶、鉴、洗、銗、釜等。这一时期的青铜容器转向朴素风格，多为素面，但鎏金银和错嵌工艺仍相当发达，青铜器的装饰工艺也达到了较高的水平。

1. 鼎

鼎仍是秦汉时期最常见的青铜器之一。这一时期的鼎同战国的鼎形态相似，略呈扁圆体，腹较浅，多有盖，下附三矮兽足，多素面无纹饰。1999年，秦始皇陵园K9901T1G2过洞的西南棚木之上出土了一件青铜鼎[32]，上部有方形立耳，底部有三蹄状矮足；通高61厘米，重212千克，是目前已知秦代最大的青铜鼎（图18-32，1）。汉代的鼎往往有铸造时间、铸造者、铸造编号、容积、重量等内容的铭文，如1961年西安西郊三桥镇高窑村出土的"上林"鼎，通高36厘米，重11.8千克，素面，口沿下有"上林铜鼎容一石，并重六十斤，鸿嘉二年（公元前19年）六月工李音造。五十合，第十一"铭文（图18-32，2）。又如三桥镇高窑村出土的泰山宫鼎，通高35.2厘米，重15.3千克，上腹部有"泰山宫鼎，容一斗，具盖，并重六十二斤二两。甘露三年（公元前51年）工王意造，第百一十六"[33]铭文。

1

2

图18-32　秦汉时期铜鼎

1. 秦始皇陵园出土的青铜鼎　2. 西汉上林鼎

2. 锺

锺为盛酒器，应承自东周时期的同类器，一般为圆体，细颈，肩部常有对称铺首衔环，圈足。陕西咸阳塔尔坡秦墓中曾出土这类青铜器。汉代这类青铜器常自铭为“锺”。如西安三桥镇高窑村出土的西汉“河间食官锺”上有“酒，河间食官锺，容十斗，重一钧四斤四两”铭文（图18-33，2）。2003年，西安北郊枣园村一座大型西汉墓中出土了一件鎏金朱雀纽铜锺，通高78.7厘米，锺内尚存26千克酒[34]（图18-33，1）。1968年，河北满城中山靖王刘胜墓出土了一件“楚大官”锺，通高59.5厘米，通体用鎏金银饰卷云纹和三角纹等，黄白相映，光彩夺目；底部有“楚大官，糟，容一石□，并重二钧八斤十两，第一”铭文（图18-33，3）[35]。

1　　　2　　　3

图18-33　西汉铜锺
1. 西汉鎏金朱雀纽铜锺　2. 西汉“河间食官锺”　3. 楚大官锺

3. 钫

钫为盛酒器，器体呈方形。1975年，湖北云梦睡虎地秦墓中出土过一件鸟纽铜钫[36]（图18-34，1）。汉代这类铜器常自铭为“钫”，如1961年在西安西郊三桥镇高窑村出土的“上林共府”铜钫，口沿下有“上林共府，初元三年受东郡东阿宫钫，容四斗，重廿一斤。神爵三年卒史舍人，工光造。第一”共35字（图18-34，2）。此外，1964年西安市莲湖区南小巷出土了一件铜钫，通高61.5厘米，通体饰极细的错金银勾连云纹（图18-34，3），做工精细，是难得的汉代青铜器精品之一。

1　　2　　3

图18-34　汉代铜钫

1. 湖北云梦秦铜钫　2. 上林共府铜钫　3. 错金银云纹铜钫

4. 壶

壶为酒器或水器。秦和西汉早期壶有细长颈圆壶、呈扁椭圆形的扁壶、呈鱼形的壶等。有的壶口部呈蒜头状，故也称“蒜头壶”，如陕西咸阳长陵车站发现的秦代蒜头壶，通高37厘米，细长颈，圆腹，下附矮圈足（图18-35，1）。三桥镇高窑村出土的西汉河间食官扁壶，壶体呈扁椭圆形，腹部有“酒，河间食官榼，容二斗，重十一斤二两”铭文。陕西府谷县新民乡出土的一件汉代铜扁壶，还彩绘有朱雀和云气纹（图18-35，2）。1999年，陕西榆林走马梁汉墓中出土了一件鱼形壶，壶呈丰腴鱼形，颈为鱼首，下附圈足[37]（图18-35，3）。

1　　2　　3

图18-35　秦汉时期铜壶
1. 秦细颈蒜头壶　2. 汉彩绘扁壶　3. 汉鱼形壶

5. 匜

匜为水器或酒器，秦汉时期发现较少。1975年，湖北云梦睡虎地秦墓中出土了一件铜匜[38]。2003年，西安北郊枣园村一座大型西汉墓中出了一件铜匜（图18-36），高9.8厘米，狭长槽状流，素面无纹饰[39]。《说文》曰："匜，似羹魁，可以注水、酒。"此器与内装酒的鎏金朱雀纽铜锺同出，或为注酒器。

6. 鉴

鉴为盛水器，出现于西周，流行于春秋至汉代。鉴形似盆而器形较大，大口，深腹，平底。西安三桥高窑村曾出土西汉铜鉴9件，其中8件有铭文，均自铭为"鉴"。如上林铜鉴有"上林铜鉴，容五石，重百廿五斤。阳朔四年五月工周博造。二百四十枚，第八十二"铭文。上林豫章观鉴有"上林豫章观铜鉴，容五石，重九十九斤。初元三年受东郡。第四百九十五"铭文（图18-37）。

图18-36 西汉青铜匜

图18-37 上林豫章观铜鉴

7. 洗

洗为盥洗器，形似鉴而小。《仪礼·士冠礼》曰："设洗直于东荣。"郑玄注曰："洗，承盥洗者弃水器也。"其基本形制为，圆形，腹两侧多有铺首衔环，平底或圜底，有的下附三足。如1976年出土于西安市雁塔区曲江乡的西汉"初元四年洗"，高20.3、口径43.6厘米。口沿上面刻"内春"二字，内面刻"初元四年供工殷造，护谊成佐忠主守右丞音守令宣者。重廿五斤"铭文（图18-38，1）。1964年西安市莲湖区西关南小巷又出土一件汉代铜洗，高14.2、口径27.5厘米。腹部有铺首衔环，圜底下附三人形足[40]（图18-38，2）。

1 2

图18-38 汉代铜洗
1. 初元四年洗 2. 人形足洗

8. 鋗

鋗为容器。器形呈盆形。西安三桥镇高窑村曾出土一件自铭为“鋗”的铜器。宽沿，敞口，平底内凹，高19.2厘米，口径50厘米。外腹壁刻有“上林昭台橱铜鋗，容一石，重廿斤”铭文（图18-39，1）。可知这类铜器或为庖厨用具。又口沿上刻“第十百廿六”，可知生产量较大，应为常用的一类铜器。

9. 魁

魁为盛食器，一般为圆形，平底，有柄。1993年，陕西扶风县案板遗址一座东汉墓中曾发现一件置于陶案上的龙柄陶魁，内有1陶勺[41]。可知这类器是盛汤羹的食器。西安曾发现一件汉代铜魁，高13、口径22厘米；柄向下弯曲，柄端作龙首形（图18-39，2）。

1　　2

图18-39　汉代铜鋗、铜魁

1. 上林昭台橱铜鋗　2. 龙柄铜魁

10. 甗

甗为炊器。秦汉时期的炊器也常有青铜铸造的，主要有釜、甑等。1977年西安未央区小白杨第二机砖厂出土了一套由釜、甑、盆组成的青铜甗（图18-40，1）。其中，铜釜上有“赵氏，十一斤”、铜甑上有“赵氏，八斤”、铜盆上有“赵氏，八斤十二两”铭文[42]，可知这套青铜甗为赵氏所有并套合使用的。

11. 樽

樽为汉代主要的盛酒器之一。器形有筒形和盆形两类，器底多附三足，有的器盖作博山形。如2002年西安市未央区郭家滩出土了一件汉代筒形铜樽（图18-40，2），通高28厘米，器盖作博山形，盖顶有圆孔；腹中部有相对的两个兽首衔环，外壁饰山峰、禽兽、云气等纹样；底附三跽坐人形足[43]。

1　　2

图18-40　汉代铜甗、樽
1. 赵氏甗　2. 铜樽

12. 鍪

鍪为炊器，相当于釜。鍪战国至秦汉时期流行，一般为圜底，鼓腹，高领。战国时期的鍪肩部有一环状耳；秦至西汉中期，肩两侧各有一环耳，一耳较大，一耳较小；西汉晚期至东汉，两耳等大。如1975年湖北云梦睡虎地秦墓中出土的铜鍪（图18-41，1），高15.3厘米，肩两侧设一大一小环形器耳[44]。西安发现的西汉晚期的铜鍪，高15.2厘米，器底有烟炱，肩两侧有一对等大环形器耳[45]（图18-41，2）。

1

2

图18-41　秦汉时期铜鍪
1. 云梦秦铜鍪　2. 西安汉铜鍪

13. 灶

灶为炊器。铜灶最早见于春秋时期，山西太原赵卿墓曾出土虎形铜灶[46]。战国、秦汉以来，以灶为明器的随葬现象非常普遍，其中绝大多数为陶灶，也有少量铜灶出土。汉代的铜灶有单眼和三眼灶。如1992年陕西榆林市鱼河镇郑家沟出土了一具汉代单眼铜灶，通高27.5厘米。灶台面上有火眼，上置套合的铜釜、甑、盆，烟筒呈张口昂首龙形[47]（图18-42，1）。此外，汉代还有三眼铜灶，如西安发现的西汉晚期的三眼铜灶，灶面“品”字形分布三个火眼，上置一大两小三个铜釜；灶是分铸组装的，各个部件均可拆卸[48]（图18-42，2）。

1

2

图18-42　汉代铜灶
1. 单眼灶　2. 三眼灶

14. 温酒炉

温酒器。汉代的温酒炉一般由耳杯、炉体和承灰盘组成，使用时杯中盛酒，炉内燃炭火加温。1981年，陕西兴平县豆马村茂陵一号无名冢一号从葬坑出土一件西汉温酒炉[49]。炉体呈椭圆形，口沿有4个方形支柱，炉壁三角形镂空，底有三蹄形足，并有两排条形排灰孔；炉底下有承灰盘，炉上置铜耳杯（图18-43）。炉壁口沿外侧刻铭文“阳信家铜炉，重二斤七两，三年曹孟所买，第六，函池”；耳杯底有铭文“阳信家铜杯，容二升，重十五两，三年曹孟所买，第五，函池”。类似的温酒炉在山西、河北、安徽、湖南等地均有发现，均属西汉遗物。

图18-43　西汉“阳信家”温酒炉

15. 灯

灯为照明用具。灯最早出现于战国时期，秦汉时期广为流行，形式多样，可分为三类：一是高座灯，上有浅盘，用以插烛或盛油；二是行灯，浅圆灯盘，盘侧有执柄，常自铭为“行灯”或“行烛灯”，用于夜间导行；三是艺术造型灯，式样繁多，有人形、动物形、树形等[50]。1964年，西安莲湖区南小巷出土一件豆形高座灯，高17厘米，上有灯盘，中有柱，下有座及承盘（图18-44，1）。2002年，西安市机电变压器厂出土一件行灯，灯盘较浅，平底下附三兽蹄形足，盘侧有执柄（图18-44，2）。1986年，河北满城中山靖王刘胜妻窦绾墓中出土了一件宫女跽坐形灯，通体鎏金，通高48厘米[51]。此灯的设计十分巧妙，整体由头部、身躯、右臂、灯座、灯盘和灯罩六部分组成，采取分铸组合的方法制作，各部均可拆卸。灯罩由两片弧形板合拢而成，可活动，以调节光照度和方向。灯上有9处刻铭，计65字，其中有“长信家”和“长信尚浴”等字，故称为“长信宫灯”（图18-45）。此灯设计之精巧，制作工艺水平之高，人物造型之精美，在汉代宫灯中首屈一指。

1

2

图18-44　汉代铜灯

1. 汉高座灯　2. 汉行灯

图18-45　西汉长信宫灯

（二）铜车马

从商代后期开始，就有用真车、真马、真人殉葬的习俗。秦汉时期，随着模型明器的流行，出现了青铜模型车马明器。在古代，造车是一个十分复杂的工程，需集合若干专门的工匠和技术人员，“故一器而工聚焉者车为多”（《周礼·考工记》）。秦汉时期铜车马及相关的人物造型，最能体现这一时期青铜铸造的技术水平与艺术成就。

1. 秦铜车马

1980年，秦始皇陵西侧外藏坑发现两乘铜车马，作前后排列，分别编号为一号车、二号车[52]。计有两辆单辕双轮车、2组8匹铜驾马和两尊铜御官俑，是按照当时真车马的二分之一比例制作的。

铜车　一号车通长225、高152厘米。其中辕长183.4厘米；舆广74厘米，进深48.5厘米；轮径66.4厘米（图18-46）。车上建有车伞，并有弩、

图18-46　秦始皇陵一号铜车马

矢、盾、箙等兵器。车舆内有一站立的铜御官俑。一号车应是充当出行先导和警卫的立车。二号车通长317、高106.2厘米；舆广78厘米，进深124厘米；轮高59厘米。车舆是密闭的车厢，分前、后两室。前室有一跽坐的御官俑，后室供车主人乘坐。车舆上有椭圆形伞盖。二号车是主人乘坐的安车（图18-47）。两车共重23吨，由7000多个零部件组装而成。最大的部件如二号车伞盖，长246厘米，面积2.5平方米；最小的零件如辔缰的销钉，重量尚不足克。整个车的制作，使用了铸造、锉磨、抛光、错嵌等部件的制作工艺和铸焊、钎焊、活叶铰链、子母扣、纽环扣、销钉等部件连接技术[53]，显示了极高超、精湛的青铜器制作工艺水平。

图18-47　秦始皇陵二号铜车马

铜马　通高90、长110厘米，重180千克左右。其中，二号车左服马最大，高93.2、长114厘米，重212.97千克。8匹马均塑成伫蹄昂首，健壮机警的姿态。从整体形态到细部刻画，都做到了高度逼真，如强健的筋肌，分明的骨突，甚至鼻孔、口腔、牙齿也都惟妙惟肖，不仅做到形似，而且力求做到神似，是秦代最为典型的青铜艺术珍品。

铜御官俑　一号车御官俑站立在车舆内，高92厘米，重70.6千克（图18-48）；二号铜车上的御官俑跽坐于车舆前室，高51厘米。御官俑头戴鹖冠，身着长襦，腰际佩剑，足蹬方口齐头翘尖履，手握辔绳，神态严肃恭谨。整体塑造准确、细腻、生动，显示出高超的青铜塑造艺术，是秦汉时期青铜人物造型中最具代表性的作品。

2. 汉铜车马

汉代的铜马或铜车马，在考古发掘中时有发现，如1975年贵州兴义万屯东汉墓出土的铜车马、1980年广西贵县风流岭出土的西汉铜马及铜御者俑、1976年湖南衡阳道子坪出土的东汉铜马及牵马俑、1981年陕西兴平豆马村一座茂陵陪葬墓的从葬坑中出土的一匹鎏金铜马等。

1969年，甘肃武威雷台东汉墓中出土了一组铜车马出行仪仗俑群（图18-49），计有车14辆，马39匹，牛1头，骑俑和奴婢俑等45件和1件铜奔马[54]。铜车有车队前导的斧车，主人乘坐的轺车和扈从辇车；马有主人骑乘的主骑，备用的从骑和骑俑等。其中铜马的造型最引人注目，四肢强劲，肌肉鼓凸，张嘴翘尾，矫健剽悍，特别是铜奔马（习称“马踏飞燕”），高34.5、长45厘米；马作凌空奔驰状，三足腾空，右后足正巧踏在一只疾飞的鸟背上。铜奔马的造型，巧妙地利用了力学平衡的原理，解

图18-48　秦始皇陵一号车铜御官俑

图18-49　甘肃武威雷台汉墓出土铜车马仪仗俑群

图18-50　甘肃武威雷台汉墓出土铜奔马

决了铜马三足腾空的落点与支点，再现了骏马奔驰得最美妙的瞬间，有着极强的艺术感染力，堪称汉代最优秀的青铜艺术品（图18-50）。

参考书目

[1] 安志敏：《中国早期铜器的几个问题》，《考古学报》1981年第3期。

[2] 严文明：《论中国的铜石并用时代》，《史前研究》1984年第1期。

[3] 北京钢铁学院冶金史组：《中国早期铜器的初步研究》，《考古学报》1981年第3期。

[4] 冯庚武、周天游：《三秦瑰宝——陕西新发现文物精华》，陕西人民出版社，2001年。

[5] 中国社会科学院考古研究所：《殷墟妇好墓》，文物出版社，1980年。

[6] 陕西周原考古队：《陕西扶风云塘、庄白二号西周青铜器窖藏》，《文物》1978年第11期。

[7] 张仲立：《秦陵铜车马与车马文化》，陕西人民教育出版社，1994年。

[8] 甘肃省博物馆：《武威雷台汉墓》，《考古学报》1974年第2期。

[9] 中国社会科学院考古研究所、河北省文物管理处：《满城汉墓发掘报告》，文物出版社，1980年。

[10] 西安市文物管理委员会：《西安三桥镇高窑村出土的西汉铜器群》，《考古》1963年第2期。

注释

[1] 〔日〕和岛诚一：《山西省河东平野及び太原盆地北半部に於ける先史学の调查の概要》，《人类学杂志》1943年第4期。
[2] 安志敏：《中国早期铜器的几个问题》，《考古学报》1981年第3期。
[3] 严文明：《论中国的铜石并用时代》，《史前研究》1984年第1期。
[4] 韩汝玢、柯俊：《姜寨第一期文化出土黄铜制品的鉴定报告》，《姜寨——新石器时代遗址发掘报告》，文物出版社，1988年。
[5] 北京钢铁学院冶金史组：《中国早期铜器的初步研究》，《考古学报》1981年第3期。
[6] 张学正、张明川、郭德勇：《谈马家窑、半山、马厂类型的分期和相对年代》，《中国考古学会第一次年会论文集》，文物出版社，1980年。
[7] 山东省文物管理处、济南市博物馆：《大汶口——新石器时代墓葬发掘报告》，文物出版社，1974年。
[8] 李京华：《河南冶金考古概述》，《华夏考古》1987年第1期。
[9] 河南省文物研究所、中国历史博物馆考古部：《登封王城岗遗址的发掘》，《文物》1983年第3期。
[10] 河南省文物研究所、周口地区文化局文物科：《河南淮阳平粮台龙山文化城址试掘简报》，《文物》1983年第3期。
[11] 中国社会科学院考古研究所河南二队：《河南临汝煤山遗址发掘报告》，《考古学报》1982年第4期。
[12] 中国社会科学院考古研究所山西工作队、临汾地区文化局：《山西襄汾陶寺遗址首次发现铜器》，《考古》1984年第12期。
[13] 昌维地区艺术馆、考古研究所山东队：《山东胶县三里河遗址发掘简报》，《考古》1977年第4期。
[14] 严文明：《论中国的铜石并用时代》，《史前研究》1984年第1期。
[15] 严文明：《论中国的铜石并用时代》，《史前研究》1984年第1期。
[16] 北京钢铁学院冶金史组：《中国早期铜器的初步研究》，《考古学报》1981年第3期。
[17] 严文明：《甘肃彩陶的源流》，《文物》1978年第10期。
[18] 甘肃省博物馆：《甘肃武威皇娘娘台遗址发掘报告》，《考古学报》1960年第2期。
[19] 中国科学院考古研究所甘肃工作队：《甘肃永靖大何庄遗址发掘报告》，《考古学报》1974年第2期。
[20] 中国科学院考古研究所甘肃工作队：《甘肃永靖秦魏家齐家文化墓地》，《考古学报》1975年第2期。
[21] 安志敏：《中国早期铜器的几个问题》，《考古学报》1981年第3期。
[22] 严文明：《论中国的铜石并用时代》，《史前研究》1984年第1期。
[23] 青海省文物管理处考古队：《青海省文物考古三十年》，《文物考古工作三十年》，文物

出版社，1979年。

[24] 北京钢铁学院冶金史组：《中国早期铜器的初步研究》，《考古学报》1981年第3期。

[25] 〔美〕B.M.费根：《地球上的人们——世界史前史导论》，文物出版社，1991年，第427页。

[26] 郭宝钧：《山彪镇与琉璃阁》，科学出版社，1959年，第11、43、45页。

[27] 中国社会科学院考古研究所：《殷墟妇好墓》，文物出版社，1980年。

[28] 罗西章：《陕西扶风发现西周厉王时㝬簋》，《文物》1979年第4期。

[29] 刘士莪：《老牛坡西北大学考古专业田野发掘报告》，陕西人民出版社，2002年，彩版一四。

[30] 陕西周原考古队：《陕西扶风云塘、庄白二号西周铜器窖藏》，《文物》1978年第11期。

[31] 马承源：《中国青铜器》，上海古籍出版社，1988年，第64页。

[32] 陕西省考古研究所等：《秦始皇陵园考古报告（1999）》，科学出版社，2000年。

[33] 西安市文物管理委员会：《西安三桥镇高窑村出土的西汉铜器群》，《考古》1963年第2期。

[34] 西安市文物保护考古所：《西安北郊枣园大型西汉墓发掘简报》，《文物》2003年第12期。

[35] 中国社会科学院考古研究所、河北省文物管理处：《满城汉墓发掘报告》，文物出版社，1980年。

[36] 孝感地区第二期亦工亦农文物考古训练班：《湖北云梦睡虎地十一座秦墓发掘简报》，《文物》1976年第9期。

[37] 冯庚武、周天游：《三秦瑰宝——陕西新发现文物精华》，陕西人民出版社，2001年。

[38] 孝感地区第二期亦工亦农文物考古训练班：《湖北云梦睡虎地十一座秦墓发掘简报》，《文物》1976年第9期。

[39] 西安市文物保护考古所：《西安北郊枣园大型西汉墓发掘简报》，《文物》2003年第12期。

[40] 西安市文物保护考古所：《西安文物精华——青铜器》，世界图书出版公司，2005年。

[41] 西北大学文博学院考古专业：《扶风案板遗址发掘报告》，科学出版社，2000年。

[42] 西安市文物保护考古所：《西安文物精华——青铜器》，世界图书出版公司，2005年。

[43] 西安市文物保护考古所：《西安文物精华——青铜器》，世界图书出版公司，2005年。

[44] 孝感地区第二期亦工亦农文物考古训练班：《湖北云梦睡虎地十一座秦墓发掘简报》，《文物》1976年第9期。

[45] 西安市文物保护考古所：《西安文物精华——青铜器》，世界图书出版公司，2005年。

[46] 山西省考古研究所、太原市文物管理委员会：《太原金胜村251号春秋大墓及车马坑发掘简报》，《文物》1989年第9期。

[47] 冯庚武、周天游：《三秦瑰宝——陕西新发现文物精华》，陕西人民出版社，2001年。

[48] 西安市文物保护考古所：《西安文物精华——青铜器》，世界图书出版公司，2005年。

[49] 咸阳地区文管会、茂陵博物馆：《陕西茂陵一号无名冢一号从葬坑的发掘》，《文物》1982年第9期。

[50] 马承源：《中国青铜器》，上海古籍出版社，1988年，第306～308页。

[51] 中国社会科学院考古研究所、河北省文物管理处：《满城汉墓发掘报告》，文物出版社，1980年。

[52] 秦始皇兵马俑博物馆、陕西省考古研究所：《秦始皇陵铜车马发掘报告》，文物出版社，1998年。

[53] 张仲立：《秦陵铜车马与车马文化》，陕西人民教育出版社，1994年。

[54] 甘肃省博物馆：《武威雷台汉墓》，《考古学报》1974年第2期。

后　记

在西北大学从教30余年，先后讲授了“史前考古学”“田野考古学”“考古学通论”“人类学概论”“环境考古学”等考古专业本科和研究生课程；多次主持或参加田野考古调查、发掘和相关学术课题的研究。多年的教学、科研实践和探索，取得了一些经验和成果，积累了相关的资料，对中国考古学的学科体系、理论与方法、基本内容和研究成果有了较多的了解和较深的认识。在这样的基础上，依据大学教学中的课时安排特点，逐渐形成《中国考古学十八讲》这部书稿，并于2008年由陕西人民出版社首次出版。

《中国考古学十八讲》是一部有关中国考古学的基础性入门教材，可供考古学、历史学等专业教学时参考。本教材的结构以专题为纲，以时代为序，力求较为全面地介绍中国考古学的系统基础知识和主要研究成果。每讲的内容既相对独立，又前后关联；既注重基础性和全面性，又突出知识性和学术性。便于读者掌握中国考古学的理论方法和系统知识，了解中国考古学研究的现状和主要研究成果，为进一步学习考古学奠定基础。

我以为，大学教材作为专门知识传播的重要载体，编写的最基本原则是正确性、准确性和时代性。所谓正确性，是指传授的必须是学术界普遍认可的专业知识及基本的理论与方法；所谓准确性，是指相关专业知识及理论、方法的原理、定义等的描述和介绍必须精准，不能让读者产生亦此亦彼的歧义；所谓时代性，是指任何学科的理论、知识与研究方法等都会随着时代的发展、科学研究的进步而不断发生变化，特别是考古新发现，往往会改变过去的认识，新的理论与方法也在不断地创新。因此，考古学教材也应随着时代的发展而不断地修订，使之能传授最新的知识和研究成果。

从2008年自今，《中国考古学十八讲》出版已十多年了。一方面，这本教材得到了学界许多专家和广大读者们的肯定和鼓励，同时也提出了一些很好的建议与意见；另一方面，近年来新的考古发现与研究成果不断涌现，书中的某些内容需要进一步补充、修订和完善。于是2019年，我们开始了这部教材的再版修订。在这项工作中，西北大学文化遗产学院考古学系翟霖林副教授承担了主要任务，如在查阅大量的中外文献的基础上，依据考古新发现与研究成果对相关内容进行补充和完善；对书中全部文字、图表、注释进行仔细校对等。前后历时数月，耗费了大量的时间和精力。因此，这本教材的第二版，实际是由我与翟霖林副教授共同完成的。

然而，中国考古学涉及的时空领域和知识十分宽广，考古学的发展也是日新月异，要在有限的篇幅中准确地把握好考古学的方方面面难度也很大。虽经这次修订，文中不足之处仍在所难免，企盼有关专家和广大读者们继续批评指正，以便使这部教材在今后不断得以完善。

本书在修订和出版过程中，得到了西北大学校领导、教务处和文化遗产学院的大力支持，也得到了文化遗产学院考古学系的诸位同事的关心和帮助；科学出版社的王光明先生与董苗女士为编辑本书做了许多辛勤的工作。谨此一并表示衷心的感谢。

张宏彦

2019年12月谨记